全國高等院校古籍整理研究工作委員會資助項目
（教古字【2017】1727號）

國家古籍整理出版專項經費資助項目

中古姓氏佚書輯校

李德輝 輯校

鳳凰出版社

圖書在版編目（CIP）數據

中古姓氏佚書輯校 / 李德輝輯校. -- 南京 : 鳳凰出版社, 2020.7
ISBN 978-7-5506-3229-5

Ⅰ. ①中… Ⅱ. ①李… Ⅲ. ①姓氏—研究—中國 Ⅳ. ①K810.2

中國版本圖書館CIP數據核字(2020)第118027號

書名	中古姓氏佚書輯校
輯校	李德輝
責任編輯	李相東
裝幀設計	徐　慧
出版發行	鳳凰出版社(原江蘇古籍出版社) 發行部電話025-83223462
出版社地址	江蘇省南京市中央路165號,郵編:210009
出版社網址	http://www.fhcbs.com
照排	南京凱建文化發展有限公司
印刷	蘇州市越洋印刷有限公司 江蘇省蘇州市吴中區南官渡路20號,郵編:215104
開本	718毫米×1005毫米　1/16
印張	45
字數	647千字
版次	2020年7月第1版
印次	2020年7月第1次印刷
標準書號	ISBN 978-7-5506-3229-5
定價	198.00圓 (本書凡印裝錯誤可向承印廠調换,電話:0512-68180638)

目　録

前　言

姓氏書即記載人物姓氏源流、家族宗支傳衍的古書，起源於漢魏，流行於六朝隋唐，在中古時期的社會政治生活中發揮過重要作用。此後雖然歸於消歇，但繼之而起的家譜族譜又蔚爲大國，更加壯觀，其價值亦不可忽。在傳統的四部分類中，姓氏書多被放置在史部譜牒類或譜系類，少數被歸類到雜史類，表明爲我國圖書的固有品種及學術的固有門類。然而由於種種原因，姓氏書在古籍整理中一向是最受輕視、用力最少的一類，已有的成果多是針對《元和姓纂》《古今姓氏書辯證》《通志・氏族略》等譜系類專書的輯佚和考證，尚未顧及姓氏書的全體，無論從文獻輯佚還是校勘、考證、注釋等層面看，都還頗有可爲。清人雖有一些姓氏書的輯本，但是一則七零八落，遺漏甚多，二則只輯佚，不校勘，更不考證、注釋。今人雖也研究姓氏書，但多數是從姓氏譜牒之學入手的，研究做得專而深，於文獻整理及文學研究、其他研究用力較少。打開中國知網檢索，可以看到，已有的成果多是關於姓氏文化及人名研究的，針對的也是《廣韻》《世本》《元和姓纂》《古今姓氏書辯證》《姓氏急就篇》等名著，而不是立足於上古中古姓氏書之全體的研究。另一部分成果如虞萬里、任國瑞、吴建華、曹濤先生的論文，是研究姓氏譜牒之學的，而不是古籍整理的，這就爲我們的進一步探索留下了一定的空間。姓氏書作爲傳統文獻的一個重要門類，不僅其本身特色鮮明，而且在文獻流傳、後人徵引上也自有特點，不同於其他文獻。很顯然，作爲一類重要古籍，其文獻特徵及學術價值並未得到充分完滿的揭示。由於對其自身特徵及文獻流傳保存的特點都認識不够，這又妨礙了人們對它的科學整理和有效利用。可見無論從文獻整理研究還是開發利用方面看，都還是留有餘地的。鑒於此類古書過去學界一向用力較少，文獻總量較大，學術價值較高，亡書佚書過多，且多數處於未經系統深入整理和開發利用的原始狀態，有必要就其文獻特點、佚文分布、主要用途及整理方法做一次深入系統的探討，將其有用之處一一揭示出來，並根據其文獻特徵，就佚文輯録、文字校勘及資料編纂，提出一整套操作性强的方法，用於指導人們的古籍整理與研究。鑒於文獻總量較大，文獻整理和專題研究的基础薄弱，必須整合學界力量，策劃較大的研究工程，可以考慮從其學術價值的揭示和研究方法的探討入手，提出開展綜合性研究的學術建議，號召國内外學術界儘早集合力量，開展此類文獻的綜合性的輯佚，早日編出集衆多佚書於一編的文獻集成。有條件的話，還應開展校勘注釋考證工作，讓它能够物盡其用。

一、姓氏書的編撰背景及文獻分布

漢魏兩晉南北朝隋唐時期，世家大族在政治、文化上有很高的地位、很大的影響，誇耀門第，區分郡望，分别士庶，是當時非常濃厚的社會風氣。那時候，四方士大夫要在官場和社會上立足，就必須諳練門閥，熟悉族姓。正是適應這一需要，漢唐間士大夫，編撰了數百種姓氏書，供士子研讀。學習這類書籍，掌握好這方面的專門知識，遂成爲這一時期士人的時代性的選擇。自魏晉到隋唐，姓氏書從婚姻到仕宦、家族和門第都派得上用場。在選官、命爵這兩件事情上，門第高下都是最重要的考量標準，而門第、郡望，往往又和姓氏譜牒相連接，因此姓氏學在魏晉隋唐，有着非常雄厚的社會基礎，並有國家層面的政治制度做保障，這樣就確保了不會是一時之制，可以經久。而且這麼做，不僅使得新舊門第士族的地位更高，也提高了姓氏書的政治地位，强化了它的作用。即使到了唐代，門地的地位還是非常重要。那時候，三品以上的官員，或以德行，或以勛勞，或以文學而致位貴顯，本來是不全靠門第立身的，門地的地位似乎受到挑戰，但是傳統的勢力、舊有的觀念仍然非常强大，那些來自前朝的衰世舊門，仍然以門地自負，依托富貴，棄廉忘耻。由於傳統觀念的作用，世人也以門第高下爲貴，而不以官品勳勞爲尚。而且，姓氏學在東晉南北朝是直接爲選官服務的，是爲了保證士族利益而存在的。因爲和政治掛鈎，姓氏學在魏晉以後就官制化了，譜系之學、譜系之書，在那一時期有明確的制度保證，風氣一直延續到唐末都不曾衰歇。對此，宋儒鄭樵《通志·氏族略序》開篇即有十分簡明扼要的論述，云："自隋、唐而上，官有簿狀，家有譜系。官之選舉，必由於簿狀；家之婚姻，必由於譜系。歷代並有圖譜局，置郎、令史以掌之。仍用博通古今之儒，知撰譜事。凡百官族姓之有家狀者，則上之，官爲考定詳實，藏於秘閣，副在左户。若私書有濫，則糾之以官籍。官籍不及，則稽之以私書，此近古之制，以繩天下，使貴有常尊，賤有等威者也。所以人尚譜系之學，家藏譜系之書。"①指出正是由於和官制、婚姻相結緣，用來取士和選舉，姓氏書的編撰、譜系之學的研究纔能派上實際生活的用場，有了這種鮮明强烈的實用性，這種學問纔能代有傳人，生生不息，而且官書和私牒在材料和叙述上可以取長補短，互糾偏失。鄭氏的話，也賦予我們的研究以有益的啓發。雖然到了宋代，誇耀門第、炫耀郡望的時代風氣轉衰，人們已經不太講姓氏郡望了，但是宋人對於姓氏書的研究興趣，却反而變得空前濃厚，仍然編撰了不少的姓氏書，其中尤以叙述某個家族姓氏人物的家譜、族譜比較多見，專門的綜合性的姓氏書反而比較少見了。家譜和族譜這兩種書，代替了從前十分多見的總譜、郡譜、宗譜、韻譜，成爲新的時代風尚。需要指出的是，宋人修譜，乃是一種起自民間的自發行爲，不是由官方主持，而是由民間文士主事。官方也不再設置什麽圖譜局，置郎、令史去掌管，官府不再掌管很多的士族簿狀，私家却開始有譜系了。隨着士族和門閥的消亡，姓氏譜牒和婚姻、選舉脱節，官之選舉，不再"由於簿狀"；家之婚姻，也不再"由於譜系"，而是各自另有依據，官方主持的譜牒之學失去了社會政治基礎，歸於消亡，聲勢不再。民間修譜，秉承和弘揚的乃是一種不

① （南宋）鄭樵：《通志·氏族（略）序》，（南宋）鄭樵撰，王樹民點校：《通志二十略》，上册，《氏族略第一》，中華書局 1995 年版，第 1 頁。

忘祖宗的宗族文化觀念，而不是漢唐式的士族、門閥觀念，更無官學色彩可言。雖然在性質上别是一系，但漢唐的譜牒和宋明的家譜是一脉相承的。若是忽略其差異，而專從文獻淵源和流變上去辨析其承傳變異之點，發掘其前後聯繫，則對於文獻輯佚和校勘注釋將大有好處。宋人儘管熱衷修譜，但也面臨資料缺失，叙述無由的苦惱。出於對相關史料的需要，他們常常必須根據新的編撰目的和要求，對前代流傳下來的舊譜改編節録，徵引稱述，讓它以不同的面貌存在，因此姓氏書的輯佚决不是一件簡單的事，而應做綜合的考察，知道還有名亡實不亡的情況存在，並非盡是亡書。這些特點，應該引起充分的注意，不能將二者割裂。

此外，宋人還特别喜歡綜輯文獻，分門别類編撰出大大小小的類書，將前代及本朝的同類文獻，集中編排，分條摘引，以見其源流演變之迹。故在宋代，類書是保存前代及本朝姓氏書的佚文最多的文獻門類。十多種宋人編撰的類書中，都設有"姓氏"一門，廣引古書，叙述姓氏之事。從材料來源看，顯然都是輯録前代和當代的姓氏書而編成，並非都是編者的新撰，但是因成書年代較早，故裹面還是保存了很多今天所不傳的古姓氏書的文字，只是未能一一注明出處而已。宋代還特别喜歡刊刻不同種類的詩文總集及文人别集，這兩類文獻之中，也有宋人編撰的大量的家譜、宗譜、族譜，或作者代爲他人撰寫的家譜、族譜的序跋或題記。此外，宋人編撰的晉唐文人别集、總集的注解中，也引用有爲數不等的姓氏書的文字。宋人還特别喜歡考證辯論，不少宋代文人學者都長於文獻考據之學，爲此而編撰過很多的野史、筆記、雜考、雜纂，而以考證和評論文字居多，其中也有不少屬於姓系譜牒之學的内容。上述這些子史雜著，林林總總，每一小類的内部都各有數十種書，其中也有一些引及姓氏書的佚文或是相關考證文字的。

前文所述，還僅僅是就宋代姓氏書的文獻分布而言，尚未顧及姓氏書在古籍中的文獻分布這個大問題。至於宋代以前及以後的五經古注、字書韻書、正史和編年史的舊注、子書古注、類書雜纂、説部之書裹面，可供輯録的姓氏書的文字就更多了，乃至集部的文學類書籍裹面,都有文可輯。唐宋以下的數十種專門的姓氏書,多數内容都是來自前代及本朝的姓氏書,其文字本身就是從摘録和輯佚而來。後來,這些書又成爲更晚的姓氏書及家譜族譜、經史古注及類書的摘録和徵引對象。像這樣的書,更是輯佚的淵藪,當善加利用。

以上論述了姓氏書的編撰由來、文獻分布及流傳特點,表明關鍵的朝代在於唐宋,特别是宋代,無論從文獻種類、性質還是姓氏譜牒之學的具體内容看,宋代都是從上古、中古的古典時代過渡到近世的關鍵朝代。由宋而下,風氣演進,至於元明,民間仍然十分重視編撰家譜、族譜,只是綜合性的叙述一國一地姓氏家族人物的總彙式的姓氏書,已經十分少見了,族譜、家譜則到處都有,沿襲的仍是宋代風尚。直到清代,類似的著述仍然不時可見,都是起自民間,自發自願,從南到北,全面開花,數量和種類多得難以計算。南宋初,鄭樵編《通志》,其中《藝文略四》"譜系類",彙總歷代的姓氏學著作,不論存亡,兼收並蓄,蔚爲大觀。下設帝系、皇族、總譜、韻譜、郡譜、家譜等六個小類,共輯出姓氏書一百七十部,二千四百一十一卷。其中帝系十九部、七十二卷。皇族戚里二十部、百五十三卷。總譜四十三部、一千七十四卷。韻譜八部、五十八卷。郡譜十二部、八百四十九卷。家譜六十八部、二百五卷,搜羅幾無遺漏。前人的撰述雖繁,但後來絶大多數都失傳了。現在能看到的同類著作,時代屬於中古,而又專記士族的,只有唐人林寶的《元和姓纂》、宋人鄧名世的《古今姓氏書辨證》和章定的《名賢氏族言行類稿》、王應麟的《姓氏急就篇》。以上四書,多記周秦漢唐兩宋人物,叙其姓氏起源、郡望、世系、姓名、官職、封爵。各姓人物,去除重複,多達五萬餘。除此四書以外,均爲亡書佚書,至今未有全輯全校本。遍查古籍,有佚文可供輯録的尚有四十餘種,只要對其精心搜輯,嚴格考辨,科學編排,編撰出來的書,就將對世人有用。若以傳世文獻爲基礎,利用現有的石刻史料、域外漢籍,對其加以校勘比對、考證説明,這些看似無用的資料,就將變得有用了。若能將這些零碎散亂的佚書佚文作爲一個有獨特價值的學術整體來對待,加以開發利用,那就更有意義了。只要我們不畏繁難,廣事搜羅,互相參校,深入考訂,做深入系統的整理,就能爲先秦到唐宋的文史研究提供内容豐富、記載可靠的研究資料，學術價值較高。清人孫星衍曰："姓氏與郡望相屬，乃知宗派所出……及宋南遷，士夫復多喪其譜牒，至明太祖不能舉曾、高之名。其後官無譜局，私撰家狀者率皆未見古書，不能遠考漢唐世數。數典而忘其祖，非族而神不歆，實搢紳先生之所耻。"①岑仲勉先生在1940年代，感於族姓之學衰亡淪替，遂發憤而作《元和姓纂四校記》，其《自序》首云："姓氏之不知，民族烏乎立？先進之國，類皆置重譜牒，凡以嚴内外之防，明種族之别也。"②可見古人姓氏書之作，確有深意。而上古、中古的文史研究，均以人物研究爲起點，爲重點。離開了這個支點，一切的後續研究都無從談起。可是，却存在巨大的資料缺失。當今的各項研究，對於人物研究的依賴越來越大，但傳世的資料却是有限的，更何况有限的資料還未能得到充分的利用。人物研究的面是如此之廣，不會只集中在名人身上。除了少數人爲史上名人，正史有記載外，其餘多數爲不知名者，社會下層人物，舊史多無記載，要考索他們的生平和學術，非借助姓氏書不可。姓氏書的體例是以族系爲準記載各姓人物，不是以身份爲準的，一般會要以族系爲單位，將各地各姓的代表性人物，按照世系次序依次記述。在排列上，不是以官位大小爲序，而是以族姓昭穆、兄弟排行爲準，按照輩分高低依次往下載録，一般會記到名字、官爵、贈謚、子嗣、著述等幾個方面。加上它在品種上還包括帝系、皇族、總譜、韻譜、郡譜、家譜等六個不同類别，從中央到地方，從上層到下層，各個州郡、各級人物都會講到，不會有大的遺漏，這就保證了其在記述上的全面性和可靠性。特别是總譜，乃是取各個州郡的私家譜牒、彙編各種族譜、宗譜的資料而成，全面覆蓋了一個國家、多個地域的不同宗族，相當有代表性。宗譜和家譜則細化到具體的家族和家庭，記得更詳盡，也

① （清）孫星衍：《校補元和姓纂四校記輯本序》，（唐）林寶撰，岑仲勉校記，孫望審定，陶敏、郁賢皓整理：《元和姓纂（附四校記）》卷首，中華書局1994年版，上册，第4頁。

② 岑仲勉：《元和姓纂四校記自序》，（唐）林寶撰，岑仲勉校記，孫望審定，陶敏、郁賢皓整理：《元和姓纂（附四校記）》卷首，中華書局1994年版，上册，第7頁。

更確切。六個類型互補，就保證了姓氏書在叙述上的全面性、概括性和代表性。姓氏書的重要性，正是在這些細節上得到充分的展現。此類書雖然看似無關緊要，實則關係到民族史、家族史、移民史、人口史、區域開發史及地方文化史，於文學史研究亦不無關係。時至今日，這些研究都遭遇到程度不等的瓶頸，大家都在想方設法尋求突破。要想將上述研究引向深入，從以往投入不够的較爲冷僻的文獻史料整理入手，拓展學術資源，未嘗不是一個有效的途經。

基於以上的考慮，我們覺得很有必要編撰一部集成性的姓氏書，書名根據佚文的文獻分布情况，擬定爲“中古姓氏佚書輯校”。全書的研究目標，是對明清以前的關於姓氏的佚書佚文，做一次全面的輯録和考辨。姓氏書多亡佚於宋，宋以後雖也續有編撰，但已非主流。繼之而起的家譜族譜，已經流於庸俗尋常，和純粹的姓氏書已經不是一事了，故重點的搜輯對象應當確定在元代以前，以切合選題中確定的“中古”之意。這麽做，目的在於爲文史研究提供一份新的有用的資料，拓展文史研究的探索面，豐富研究的學術資源。具體的做法是首先進行文獻普查，摸清佚書佚文的底子，然後廣泛搜集佚文，分别注明出處，通過各種校勘方法，改正所輯文字的訛、脱、衍、倒。鑒於姓氏書的内容多陳陳相因，因襲前代，因緣附會，頗有矛盾之處及不實之詞，對於這些諸書記載的互異之處及錯誤之點，亦應當稍事考訂，稍加説明，使得整理出來的姓氏書，更爲完整少誤，更便理解和使用。爲此，我們將特别强調文字校勘和文獻辨僞，凡底本文字有訛、奪、衍、倒，均加校勘；有自他書竄入的僞文，必加指正。具體的操作，將採用定本附校勘記的方法，先是正底本文字的謬誤，再寫出相應的校勘記，以爲説明。凡誤標書名的來自他書的文字，均指出其真正出處，還其舊貌。前人校勘弄錯了的問題，亦儘量指正。經過這樣整理的姓氏書，相信將更爲科學。本書將十分重視校勘考證，相關佚文互相對照，互相發明，以便揭發和糾正引文中存在的問題。這些工作，補前人所未及，提高了姓氏佚書的學術價值，使其能够更好地爲今人所用，頗有意義。

二、姓氏書的學術價值及主要用途

對於古代姓氏書的學術價值，當代很多人是缺乏充分理解和必要認識的。原因之一，在於內容冷僻，事件瑣細，專講姓氏，不及其他，所記又多限於地方姓氏、家族門第，不是史上名人和重大歷史事件。書中竭力宣揚的那些前人重視的東西，比如門第、族姓、昭穆、世系、宗法、儒學、血統、家風、書法、文章、土地、莊宅、墳墓之事，都已時過境遷，今人不再重視。情形如此，也就自然降低了它的使用價值，不在公衆閱讀的範圍内。原因之二，是成書、名著過少，亡佚之書、普通著作過多。僅有的《元和姓纂》等四部姓氏書，重在中古士族，其本身的代表性就有限，再則從史學研究來看，的確也不是什麽公認的史學名著，僅《姓纂》一書因爲具有特殊的史料價值，而獲得過少數文史考證專家的垂青，而多數學者都不太認可。至於知名度和學術價值次於《姓纂》的其他書，就更不受重視了，大家都以爲可有可無。而今人的不重視、不關注，部分原因又是緣於對姓氏書之起源、性質和用途、價值、意義的不瞭解，緣於相關知識的缺乏。其實，姓氏關係到很多前代文學家的生平與創作，關係到國家、民族的起源和地方開發，與婚姻、家族、門第、移民、人口等問題也甚有關係，其學術價值也因爲牽涉面較廣而不斷增强。

姓氏之學，在古代的學術體系中，屬於史學内部的一個門類，因此，姓氏書的學術價值，首先體獻在史學上。古代的目録學著作，自《隋書・經籍志》以下，多數的史部文獻中，都設有"譜牒類"或"譜系類"，專門收録前代和本朝人編撰的姓氏書，其内部還各有流别，如按照收録對象及叙述範圍分，有總譜、郡譜、韻譜、宗譜；按照身份分，有皇族譜、宗室譜、士族譜、望族譜。論性質，在人物傳記、雜史和圖譜三者之間，兼具三者的内容和色彩。不取具體的著作來論次，只就其整體而言，則此類書籍，是家族傳記、人物雜史和姓氏圖譜三者的複合。一些史志目録就根據姓氏書的這一特點，而將一些姓氏書放到雜史類，而不是譜牒類。比如西晉隱士皇甫謐撰寫的記上古帝王姓氏族系之事的著名姓氏書《帝王世紀》，《隋書》卷三三《經籍志二》就將其列入史部"雜史類”，視爲雜史，並不以爲姓氏書或是編年史。其歸類的依據，就是書中多記上古雜事，而並未限於姓氏一科。《舊唐書》卷四六《經籍志上》也承襲了這一觀念，仍將此書置於史部雜史類。此外，六朝文士張愔等撰的《帝系譜》二卷，鄭樵的《通志略》亦重複收録，一見《藝文略三》“編年·運曆，”作“《帝系譜》二卷，唐張愔撰”①，誤撰人張愔爲唐人。一見《藝文略四》“譜系·帝系”，作“《帝系譜》二卷，張愔等撰”②。可見部分姓氏書，實爲譜牒和雜史的複合，不能簡單對待。另一部分姓氏書，則兼具有傳記色彩，因所記均爲家族人物，多據碑傳、行狀改寫，以傳記體行文，保留了人物傳記的部分叙述要素，本身就可以視爲古傳記的一個變種。例如《宋史·藝文志三》“譜牒類”著録的黄恭之《孔子系葉傳》三卷、《文宣王四十二代家狀》一卷、《闕里譜系》一卷、令狐峘《陸氏宗系碣》一卷、陸師儒《陸氏英賢記》三卷、《蔣王惲家譜》一卷、王方慶《王氏譜》一卷、《徐商徐詵家譜》四卷、《錢氏集録》三卷，就是這樣的著作，譜系之外，還有叙事，未嘗不可以當傳記看。而作爲姓氏書的主流的一脉，則仍然謹守漢唐舊規，保持古典風範，專載姓氏譜系，以此爲職。部分著作，還以圖表的形式，將一個或多個家族的姓氏宗支依次叙述，區分層次，理清脉絡，旁行斜上，圖表譜系的特點就更加分明了。載於《宋史·藝文志三》“譜牒類”的陸景獻《吴郡陸氏宗系譜》一卷、毛漸《毛氏世譜》一部、曾肇《曾氏譜圖》一卷、洪興祖《韓愈年譜》一部、周文《汝南周氏家譜》一卷，都是這樣的著作。

到了宋代，社會風氣發生了明顯的轉向。自北宋以降，漢唐舊門相繼衰亡，新興庶族知識階層崛起，成爲新時代社會上的中流砥柱，社會上不再重門第，講郡望，而對於家族的歷史和現狀，則甚爲關注，因此大量編撰家譜、宗譜、族譜、家乘、家傳，一般的宗譜、郡譜、韻譜之類的古典姓氏書，則很少再編撰了。相承至於金、元、明、清，風氣不僅未有衰

① (南宋)鄭樵:《通志·藝文略》,(南宋)鄭樵撰,王樹民點校:《通志二十略》,下册,《藝文略第三》,中華書局 1995 年版,第 1534 頁。

② (南宋)鄭樵:《通志·藝文略》,(南宋)鄭樵撰,王樹民點校:《通志二十略》,下册,《藝文略第三》,中華書局 1995 年版,第 1586 頁。

變,反而愈來愈濃厚。與此同時,圖書出版業也日益發達,集部文獻大量增加,民間對於修撰譜系的熱情,持續高漲,因此又出現了無數的家譜、族譜、宗譜,以及圍繞這些譜系之書而撰寫的序跋、題記,皆在古姓氏書之外,别爲一類,名爲文章,實乃譜系,屬於史學著述,文學價值並不高,也没有多少文學意味可言,仍然只能當史學著述看待。今《明史·藝文志二》"譜牒類"記載的三十八部、五百零四卷譜牒之書,《千頃堂書目》卷十"譜系類"著録的一百多種譜系之書,多數都是這類著作,僅從書名就可看出這一點。書名中,多帶有宗譜、宗支、年表、世系、圖譜、姓名録、世家、系録、家譜、家乘、家録、世史之類字眼,"家"取代了從前的"國"和"州",成了叙事的基本單位。表面上看,以家庭或宗族爲叙述單位是遺漏了國家和州郡,專注於一姓一族,過於具體,減損了其書的學術價值,但這也不全是壞事,因爲這麽做,最起碼也增强了内容的翔實性、叙事的詳盡度,讓叙事的觸角,深入到社會底層的各個側面。無數個這樣的家庭都有譜系,叠加起來,無形中就形成了一個反映宋元明清社會面貌的巨大資料庫,大大拓展了此類著作反映生活的面,使得它們變成了反映時代風貌和社會變動的珍貴資料,這又增强了它的有用性,這麽看來,其價值又不減反增。

《隋書·經籍志二》"譜系類"著録隋代以前的古姓氏書四十一部、三百六十卷,通計亡書,合五十三部、一千二百八十卷。卷末小序叙其緣起與體例云:"氏姓之書,其所由來遠矣。《書》稱:'别生分類。'《傳》曰:'天子建德,因生以賜姓。'周家小史定繫世,辨昭穆,則亦史之職也。秦兼天下,剗除舊迹,公侯子孫,失其本繫。漢初,得《世本》,叙黄帝已來祖世所出。而漢又有《帝王年譜》,後漢有《鄧氏官譜》。晉世,摯虞作《族姓昭穆記》十卷。齊、梁之間,其書轉廣。後魏遷洛,有八氏、十姓,咸出帝族。又有三十六族,則諸國之從魏者。九十二姓,世爲部落大人者,並爲河南洛陽人。其中國士人,則第其門閥,有四海大姓、郡姓、州姓、縣姓。及周太祖入關,諸姓子孫有功者,並令爲其宗長,仍撰譜録,紀其所承。又以關内諸州,爲其本望。其《鄧氏官譜》及《族姓昭穆記》,

晉亂已亡，自餘亦多遺失。今録其見存者，以爲譜系篇。”①從圖書生産和學術流變的角度叙其緣起，辨其流别，可謂簡明扼要，對於人們正確認識此類古書的來歷和特點很有好處。也表明此類古書，本爲“定繫世，辨昭穆”而備。到了六朝、隋唐，逐漸用來别士庶，定等級，選官員。至今日，則這些用途都已作廢，只能把它們當成一個研究古代社會政治經濟文化文學的資料庫了。

説到中古時期的姓氏書，就不能不提及唐林寶《元和姓纂》（十卷）、宋鄧名世《古今姓氏書辯證》（四十卷）、章定《名賢氏族言行類稿》（六十卷）、王應麟《姓氏急就篇》（二卷）這四書。以上四書，是迄今爲止保存相對完整的四部中古姓氏書，其他的則都是亡書、佚書。以上四書，各姓人物去除重複，合計多達五萬餘，是一個存量巨大的人物研究資料寶庫。書中記載的，都是去今遥遠的周、秦、漢、唐、兩宋人物。因多非聞人，僅爲中下層官員或庶民，故向遭輕視。然而要是從上古中古人物研究來説，則不可或缺。但是篇幅最大、採摭最豐的《類稿》，至今仍未有全校全注本，《辯證》雖有江西人民出版社 2006 年的點校本，但是整理研究工作做得並不到位，對於底本文字並未細校，對於所述人物、史事，亦未細考，除了簡單的文字校勘以外，既不考訂人物，也不輯録佚文。《姓纂》雖有四庫館臣從《永樂大典》輯出之際的初次校勘，和孫星衍、洪瑩、羅振玉、岑仲勉、郁賢皓、陶敏等著名學者的相繼整理，但是這些前賢的研究成果，一則多數成書年代較早，未能充分利用新中國建立以來迄今新出的大量石刻文獻和域外漢籍，導致大量的文字、人物、史事，當校未校，當考未考，當辨未辨。由於整理工作文獻引用主要靠手工翻閲，故傳統文獻利用得也不充分；二則不以校文爲主，而以考證爲事，重點都放在了考證人物、辨析史料、説明史事上，爲此而旁徵博引，不遺餘力。有限的文字校勘工作，普遍做得比較保守、拘謹，都是嚴守清人校書之成法，只指出底本文字之誤，並不輕改原文，對校法用得過多，本校法、他校法、理校法用得較少。由於校書方法單一化，對姓氏

① （唐）魏徵等：《隋書》卷三三《經籍志二》，中華書局 1973 年版，第 990 頁。

書和姓氏學的研索也不够深入，留下很多的遺憾，不少隱藏較深的問題未能揭出；三則考證簡單，遺漏過多。除了岑仲勉《元和姓纂四校記》外，其他諸書都不以人物考訂爲主。五萬多人，多數都是只存人名，人物事迹大體考證清楚明白了的不到三分之一；四則未作全面輯查，遺漏古書太多。《姓纂》《辯證》二書，均爲清人輯本。館臣輯録之時，迫於程限，行事匆忙，都未能廣事搜輯，遺漏佚文尚多，僅《姓纂》可輯的佚文就多達千餘條。總此四事，可見無論從校勘輯佚還是人物考證看，拓展的餘地都是很大的。若以傳世文獻爲基礎，利用現有石刻史料、域外漢籍，將此四書作爲一個有獨特價值的學術整體對待，互相參校，深入考訂，做深入系統的整理，就能爲漢唐兩宋文史研究提供一份非常豐富、厚重、可靠的研究資料，學術價值是極高的。而若是不取專書整理和研究的方式，而取整體的眼光，就古代姓氏學的亡佚之書，做一次總體式的集成式研究，在具體的操作上專攻一路，只從文獻輯佚和文字校勘、文獻辨僞的角度着眼，也是有一定的學術拓展空間的。

以上論述了姓氏書的價值意義，及本書編撰的緣起。但多數是從傳統學術的角度，取整體的眼光來談的，説得還比較粗糙、籠統。若是轉换視野，專從古籍整理、文獻史料考證及民族史、家族史及地方開發史、區域文學史等歷史科學研究的角度看，則其學術價值體現在以下七個方面：

首先，是人物研究的資料寶庫，文學家生平事迹研究的重要基石。從事古代文史研究，遇到的一個最大困難，就是人物生平事迹的研究資料不同程度的缺乏，導致很多前代文人的基本事實，都無法弄清楚，而這又制約了文學史研究和其他研究的進一步深入。年代越早，生平事迹研究的資料越匱乏。以朝代而論，這種情况唐代要比宋代嚴重，唐以前又要比唐代嚴重。而姓氏書的大宗和主流，恰恰都在中古，而且所記的多是正史所無或是記載甚少的中下層人物，這就在很大程度上彌補了這一資料的缺失。那些流行於過去的姓氏書，拿來取士人，論婚姻，講閥閲已經没有用了，拿來做人物事迹研究却很有用，記載越詳細，内容越完整的就越是有用。今人從事漢唐文學研究，在人物基本情况的研究方面，每每遇到困難，很多人物的家世、生平、著述、子嗣等，常常都搞不清楚。而這些缺失的研究資料，在中古姓氏書中，却每每可以尋找到。僅以《元和姓纂》及《古今姓氏書辯證》爲例，裏面就有大量的社會底層的人物史料，在很大程度上彌補了正史記載的不足。每姓人物，均記其起源、郡望、世系、姓名、官職、封爵、著述、子嗣。其中提到的多數情況，皆爲後人所不知，而且具有較高的可信度和可靠性。因爲這些姓氏書上面的記載，都是根據當時各個家族子孫後代提供的行狀、墓志、碑記、家傳等而改寫的，除了記載人物功過的少數地方有所隱諱或誇飾以外，其他方面大都是可靠的，值得信賴的。特别是關於人物的基本信息，都是一些不好編造、不能改寫的客觀存在。像人物的姓氏，各個姓氏的得姓授氏的由來，一姓人物的繁衍、分化、遷徙、支派，同一姓氏的各個分支、子孫後代的世系、人名、官職、爵位、贈謚、子嗣、著述等，都不是可以隨便捏造的，更不可能有誇大，必須據實直書。這就保證了姓氏書中人物記載的可信度。而且姓氏書的編撰還各有體例，各有特殊的叙述對象，如皇族譜、宗室譜、士族譜、地方望族譜，書名及材料的編排已經昭示了入譜者的家世、身份、地位，使用起來更加方便。今人利用這些資料，從事古代作家的生平事迹研究，往往創獲頗多。舉例來説，陶敏先生撰寫的《全唐詩作者小傳補正》，使用《元和姓纂》的資料多達 238 條。他的學術代表作《全唐詩人名彙考》，使用《姓纂》的次數更多。我撰寫的《全唐文作者小傳正補》，裏面引用《元和姓纂》多達 444 次。而我 2016 到 2019 年参加西北大學主持的《全唐文重編》工作，爲此而撰寫的新著《全唐文小傳訂補》，也使用《姓纂》378 次。以上所述，還僅僅止於《姓纂》一書，《姓纂》之外的其他古姓氏書，還未涉及，作用就如此之大。可以毫不誇張地説，離開了《姓纂》和《古今姓氏書辨證》等中古姓氏書，離開了上萬篇唐代墓誌、碑傳及其他雜刻，《全唐詩》中的二千五百多個詩人，《全唐文》中的三千多位作者，有多數人的家世、生平、著述都將變得無法考知，頂多只能略知一二，人們寄予厚望的《全唐詩》《全唐文》小傳訂補一事，將無從下手。列於兩書的清人編撰的四五千位唐代文人的作者傳記，都將無法得到準確、清晰、詳盡的釋證，清人編撰的《全唐詩》作者小傳及《全唐文》作者小傳，將仍是錯漏百出，不可使用，唐代文學研究將受到嚴重制約。

其次，是石刻史料研究的最重要依憑。石刻史料儘管自周秦以下各朝都有，但在中古時期尤爲多見，對中古文史研究也更加有用，這是因爲魏晉隋唐等中古時代，基本文獻仍然過於缺少，文獻存量不够仍是一個重要問題，嚴重制約着學術探索的深入。很多事情，都因爲資料不足而得不出結論，只能存闕存疑，或是僅僅得出主觀片面的甚至是錯誤的結論。人們著書立説，常常只能在一二片段零散的材料的基礎上，結合個人的知識和見解，進行推斷。由於是依靠知識來推測的，結論就難免會帶有一定的不確切性，必然隨着新資料的發現和研究的深入而不斷修正已有的結論。受此影響，研究成果也趨於碎片化，十分不便於人們的瞭解、掌握和利用。兩千多年前孔子所説的"文獻不足故也，足則吾能徵之矣"[①]，至今仍然是一個無法徹底解決的大問題。以孔子之智慧，在文獻不足的情況下，對於前代禮儀制度上的疑難問題，尚且只能存闕存疑。杞、宋兩國的文獻不足，雖孔子亦不能證夏、殷之禮，而況於一般之士乎？而石刻史料却在一定程度上可以彌補資料的缺乏，而且比較多見、易得，能够爲研究提供諸多的便利。石刻史料多數屬於文人私撰，帶有民間性、自發性。論文體，都是雜體傳記，以碑傳、墓志、題記爲主體。這三類文獻，都是記載人物生平事迹的，所記人物、事件，不僅會在那一時期的經書、史乘、子書、文集中得到反映，也會在姓氏書中得到記載，因爲姓氏書是專載人物姓氏族系的，而且是以家族和宗支爲單位叙述的。其對各姓人物姓氏、世系、事迹的叙述，都不是空無依據的，而是有着不同的史料來源的，其中最重要、最主要的史料來源，就是各個家族人物的行狀、碑傳。這些文章，當時主要是以紙質文獻的形式存在，部分則已經刻石，成爲石刻史料。這樣就形成了姓氏書和墓志、碑傳互爲映照、互相補充的依存關係，姓氏簿録從此也

① 《論語·八佾》，見程樹德：《論語集釋》卷五《八佾上》，中華書局 1990 年版，第 160 頁。

和碑刻、行狀結下了不解之緣。舊籍也正是基於這層關係，往往將二者連稱、並舉。《隋書・經籍志二》"職官類"有《陳百官簿狀》二卷，《舊唐書・經籍志上》"列代職官類"載有《大建十一年百官簿狀》二卷。這些官簿，都是據私家傳狀編撰的。《南齊書》卷五二《賈淵傳》載："（永明中）……出爲句容令。先是，譜學未有名家，淵祖弼之，廣集百氏譜記，專心治業。晉太元中，朝廷給弼之令史、書吏，撰定繕寫，藏秘閣及左民曹。淵父及淵，三世傳學。凡《十八州士族譜》，合百帙、七百餘卷，該究精悉，當世莫比。永明中，衛軍王儉抄次《百家譜》，與淵参懷撰定……中興元年卒，年六十二。撰《氏族要狀》及《人名書》，並行於世。"①《南史》卷五九《王僧孺傳》："轉北中郎諮議參軍，入直西省，知撰譜事……武帝以是留意譜籍，州郡多離其罪，因詔僧孺改定《百家譜》。始，晉太元中，員外散騎侍郎平陽賈弼，篤好簿狀，乃廣集衆家，大搜群族，所撰十八州一百一十六郡，合七百一十二卷，凡諸大品，略無遺闕，藏在秘閣，副在左户。及弼子太宰參軍匪之，匪之子長水校尉深，世傳其業。太保王弘、領軍將軍劉湛，並好其書……集《十八州譜》七百一十卷、《百家譜集抄》十五卷、《東南譜集抄》十卷。"②《通典》卷三引沈約上書："'宜選史傳學士諳究流品者，爲左人郎、左人尚書，專共校勘。所作卑姓雜譜，以晉籍及宋永初景平籍在下省者，對共讎校。若譜注通籍有卑雜，則條其巧謬，下在所科罰。'帝以是留意譜籍，詔御史中丞王僧孺改定《百家譜》，由是有令史、書吏之職，譜局因此而嚴……（宋劉）湛爲選曹，始撰《百家譜》，以助銓序，傷於寡略。齊王儉復加，得繁省之衷。僧孺爲八十卷，東南諸族，别爲一部，不在百家之數。"③以上記載，清晰地

① （南朝・梁）蕭子顯：《南齊書》卷五二《賈淵傳》，中華書局 1972 年版，第 907 頁。

② （唐）李延壽：《南史》卷五九《王僧孺傳》，中華書局 1975 年版，第 1461—1462 頁。

③ （唐）杜佑撰，王文錦等點校：《通典》卷三《食貨三》，中華書局 1988 年版，第 61 頁。引文中"别爲一部"之"别"，點校者據《通典》他本校改作"則"，實爲誤改，校勘者不知此"則"爲"别"之形訛，過於相信版本對校及所謂宋元舊本，而不細緻考察原文之含義，導致所改違背作者原意，今不取，仍從《通典》庫本及《南史》卷五九、《通志》卷一八一、《玉海》卷五〇，作"别"。

展現了官簿和私狀的密切聯繫，表明姓氏簿的主要史料來源，恰恰就是四方士族私撰的各種傳狀。而且此事在六朝，是由吏部選曹和譜局掌管。官府選舉、銓叙，需要甄别士流，區分等級，每每下到地方徵集簿狀，前述史籍引文中的"廣集衆家，大搜群族"，指的就是衆家私牒、傳記、家狀。等到這些資料搜集齊全之後，在西省當值的知撰譜事的官員，就會和吏部的左民郎、左民尚書，以及秘書省中諳究流品的史傳學士，共同校勘，編撰官譜，以保證記載的精確可靠。由於有了這些制度保障，譜和狀的聯繫就更穩定了，趨於長期化、固定化，直到唐亡，士族衰微，這一制度纔被廢止。然而石刻和姓氏書二者，畢竟性質和歸屬各異，資料來源不同，其間記載，必有不同之處。對於其中正確的可靠的部分，可以互相補充、解釋；片面或失誤的部分，可以互相揭發、糾正。互相利用對方，能够提高自身的使用價值。而要是離開了姓氏書和其他子、史、集部文獻，墓志、碑傳中的人物、事迹也會變得孤立，不可理解，不可解釋了，再好的墓志，在我們的手裏也將是一篇無用的古物。墓志所記都是具體的家族人物，其内容是片段的，零散的，但是所記的人事，却産生於具體的社會歷史環境，是當時社會的一個具體存在。要想對它的内容有確切的理解，非得借助相關的紙質文獻不可，因爲只有紙質文獻裏面的東西纔是相對完整的，連續的，墓志裏面記録的那些都是孤立的、零散的東西，只有將它重新放回到其當日的那個整體的文獻體系當中，纔能得到完整的理解和準確的解釋。而相對來説，叙述家族人物最爲完整連貫，自成體系的，莫過於姓氏書了。所以姓氏書和石刻史料這兩類文獻，自古以來都是姻親，是不能割裂的，只有連帶使用，纔能讓其價值倍增。人們每每發現，姓氏書中記載的那些周、秦、漢、唐人物、事件，看似無名、冷僻，但在魏晉南北朝隋唐的墓志、碑刻中，却每每可以找到，而且偶爾還有記載不一致的地方。這些相互間的矛盾和抵牾之處，也爲進一步的研究提供了綫索。很多時候，姓氏書所載和碑刻所載，都可以互相釋證，互爲補充，而不是互相否定，弃而不用，這樣就形成了姓氏書和墓志碑刻互相依賴的文獻依存關係，二者缺少對方，就成爲説不清、道不明的孤證，難以得到充分的理解和證實。

這樣就形成了考證家特别是那些從事古代人物生平事迹研究的專門的考證家,都特别關注石刻,喜歡墓志,同時又特别重視姓氏書的現象,而一般的文學研究者或史學研究者,對此却頗爲不以爲然,漠視它的存在,不關注,不使用。

第三,是探索民族起源的寶貴資料。姓氏書本來就是記録姓氏、家族、宗支和門第的,有着研究民族起源的天然便利。姓氏都歸屬於不同的家族,家族是民族的基本單位,所以姓氏仍是考察民族起源的出發點之一。雖然自漢代以後,姓、氏連稱,似無區别,但其實不是一事。氏要出現得晚一些,氏都是從姓中派生出來的。在古書中,常可看到,同一個大的宗族,氏可以有多個,而姓却只有一個。姓都是起源於始祖第一代,乃上古時代的天子所賜,以彰功德,下民是不能自命其姓的。傳説黄帝有二十五子,得姓者十四人,爲十二姓,後來分别發展爲二十五宗。封地多數在中原,少數或在蠻夷。像這樣的例子,我們還可以舉出多個。至於賜姓的緣由,一般的規律是因某事而賜姓。可見先民得姓的過程,其實就是民族起源的歷程,氏則是後面幾代的事。這也表明,歷史的發展順序是先有姓,後有氏。同一姓的下面,有多個不同的氏,每個氏又會派生出若干的宗支,若干個宗支彙集起來,就成爲宗族。多個地方的不同宗族聯繫起來,便成爲今日的漢民族。這一歷程,大約在漢代就已完成,所以自漢代以後,就很少增加姓氏了,即使偶有增加,也是魏晉、隋唐民族大融合而帶來的漢化的胡姓。古姓氏之所以多集中在漢以前,而不是以後,就是因爲這個道理。《史記》卷一《五帝本紀》末段裴駰《集解》"棄爲周,姓姬氏"句下引《世本》云:"《春秋左傳》:'無駭卒,羽父請謚與族,公問族於衆仲。衆仲對曰:天子建德,因生以賜姓,胙之土而命之氏。諸侯以字爲氏,因以爲族。官有世功,則有官族,邑亦如之。公命以字爲展氏。'以此言之,天子賜姓命氏,諸侯命族。族者,氏之别名也。姓者,所以統繫百世,使不别也。氏者,所以别子孫之所出。故《世本》之篇，言姓則在上，言氏則在下也。”[①]同書卷八《高祖紀》“高祖，沛豐邑中陽里人，姓劉氏”句下司馬貞《索隱》：“按：高祖，劉累之後，别食邑於范，士會之裔，留秦不反，更爲劉氏。劉氏隨魏徙大梁，後居豐。今言‘姓劉氏’者是。《左傳》：‘天子建德，因生以賜姓，胙之土，命之氏。諸侯以字爲謚，因以爲族。’説者以爲天子賜姓命氏，諸侯命族。族者，氏之别名也。然則因生賜姓。若舜生姚墟，以爲姚姓。封之於虞，即號有虞氏是也。若其後子孫，更不得賜姓，即遂以虞爲姓，云‘姓虞氏’。今此云‘姓劉氏’，亦其義也。故姓者，所以統繫百代，使不别也。氏者，所以别子孫之所出。”[②]兩段引文，都以簡明的語言，道盡了姓和氏的區别，闡明了氏和族的聯繫，表明氏是宗族的標志，姓則爲同一個始祖所出所賜。比氏更早的姓，起源於天子封侯建國之初，與奴隸社會的分封制、宗法制都有關係。忽略姓、氏的不同，合而觀之，則先民姓氏的獲得，都是因爲當時社會或政治生活中的某件具體的人事，與社會發展、政治制度、文化觀念都有關係，應當從這些方面去理解姓氏獲得與民族起源的關係，這樣就爲我們揭示了民族起源和發展的主要途經。一定程度上也可以理解爲先民獲得姓氏的方式、方法，實際上也昭示了民族起源的基本路徑。漢魏以前的上古姓氏書，有一項重要内容，那就是追溯和叙述各個姓氏的起源，必須講清楚先民是怎樣獲得這個姓氏的，其由來和含義何在。《世本》《公子譜》《帝王世紀》《風俗通》《潛夫論》等上古姓氏書裏面，都有大量這方面的内容，是叙述姓源的典範著作。即使成書於唐宋的年代較爲晚近的姓氏譜牒之書中，叙述姓源也仍然是一項重要職能，不可或缺的。無論家傳、家譜還是宗譜、總譜，叙述各姓人物，首先涉及的事情，就是這個姓氏的起源，所謂“得姓授氏之始”“得姓命氏之由”。爲此，鄭樵《通志》卷二五《氏族略序》歸納出古人得姓受氏者的三十二個類别、三十二種情况，網羅幾無

① （西漢）司馬遷撰，（南朝・宋）裴駰集解：《史記》卷一《五帝本紀》，中華書局1959年版，第45—46頁。

② （西漢）司馬遷撰，（南朝・宋）裴駰集解：《史記》卷八《高祖本紀》，中華書局1959年版，第341頁。

遺漏，計有以國爲氏、以邑爲氏、以鄉爲氏、以亭爲氏、以地爲氏、以姓爲氏、以字爲氏、以名爲氏、以次爲氏、以族爲氏、以官爲氏、以爵爲氏、以凶德爲氏、以吉德爲氏、以技爲氏、以事爲氏、以謚爲氏、以爵系爲氏、以國系爲氏、以族系爲氏、以名氏爲氏、以國爵爲氏、以邑系爲氏、以官名爲氏、以邑謚爲氏、以謚氏爲氏、爵謚爲氏、代北複姓、關西複姓、諸方複姓、代北三字姓、代北四字姓等。以上所述，大體囊括了中國古代的"氏族之道"。除了最後五種時代較晚，爲北朝胡姓之事以外，其餘的前面二十七種情況，説的其實都是中華民族的主體——漢族的起源，所不同者，是從姓氏的來源這個角度所作的追述。而從民族史和國家形成史的角度看，追查中華姓氏的來源，也就等於在追查漢民族的起源，因爲漢、魏以下的各姓人物，恰恰都是漢民族的主體，其姓氏的獲得，大都在先秦兩漢，兩漢以下出現的姓氏已經比較少了，所以，姓氏學、民族史和上古史的研究是具有密切關聯的，甚至是深度結合的。從歷史發展的角度看，天子建國之始，也就是臣民受氏之初，二者具有同一性。民族起源、國家創始只有從臣民受氏的角度入手，纔能獲得更深切的理解。從姓氏學的角度來學習和把握民族史，會產生許多新鮮而切實的體會，獲得不同於一般的泛覽古書的不同感受。考察前述鄭樵所舉的例子，發現所舉的人物和事件，絶大多數都在先秦，有不少還在三皇五帝等傳聞時代，記載帶有傳説性，不確定性；部分是在夏、商、周，所記較有依據，可以信從。若是忽略其可靠性，對於所載之是否確切不加深究，只取其整體來觀察，則可知其中記述的盡是洪荒年代的歷史傳聞及商、周時期的人物故事，盡爲上古時期的先民之事，讓我們知道家族、婚姻與私有制，即是民族起源的源頭和國家興起的因由。

第四，是家族史研究的重要依憑。自古以來，綜合性的姓氏書的編撰，其體例都是姓下分氏，氏下分支，支下分門，門下分家，按照輩份依次叙述的。無論所述的姓氏爲何，門第、家族都是其中的基本單位，而最小的單位，就是家庭。故家族史研究，是姓氏書的固有用途所在，而且是它的主要用途之一。家族史的研究之所以和姓氏書的編撰有關係，還在於漢唐間一般的姓氏書以及私家譜牒，叙述先輩事迹多不可靠,讓人無法憑信。姓氏書的編撰者公私兼有,家族史則都是私人撰寫的,無人管制,可以任憑私意誇大或縮小,不受官方力量的影響。於是各位作者秉筆之際,各懷私意,奮筆塗抹,改寫修飾。那些起自微末的,往往諱言先世之卑賤;後來顯貴的,往往神化先祖之出身;由貧而富的,往往避而不録其祖先。總之就是有所忌諱、誇飾或遮掩,不肯都説實話。宋、元間的士大夫,所謂賢人君子,耻於後代不能識其先人,感於前代姓氏書或私家譜牒的不可靠,於是紛紛起來編撰家譜、族譜,力求叙述之合實。可見也是來自姓氏書中史料的不可靠,産生出一種反推力,促進了宋元以來的家族史研究,借助的依舊是民間的力量。唐末五代到北宋二百年來,起自微末的庶族和平民最多,從前那種依託門第而興起的由貴族支配的貴族化宗族逐漸消亡,地方上的宗族式的家族社會成爲主流,微末的民族越來越普遍化、民衆化,祠堂、族譜和族田成了他們的主要標志。他們對於修譜普遍懷有强烈的欲望,希望借助修撰譜牒來載明族系源流的人也極多。這兩種人,對於修撰家譜、族譜都是懷有强烈需要的。而漢唐間的那些地位很高的舊門閥、世族、勛貴,却紛紛衰落,淪亡殆盡,因此家譜、族譜的撰寫,最先是在北宋時期成爲風氣。此後,這種現實需要愈來愈迫切,因此家族史的研究,家譜的撰寫,借助着這種民間的力量,在宋元以後得到長足的發展。我們看到,宋代以後,不再流行編撰普通的姓氏書了,却喜歡編撰家譜、族譜。這兩種譜的來源,就是漢唐間流行的一般姓氏書,從中派生出來的一個支脉。正是基於對前代姓氏書的體例和行文的模仿,同時也是出於對這種氏族文化的延續,宋元以下盛行的家譜、宗譜、族譜,其開頭的一段,必然要追述本家族的由來,叙述本姓氏的起源,很少有例外的。這樣一來,就不僅使得家族、門户和姓氏的起源結緣,也使得晚出的家譜、族譜和早期的姓氏書掛鈎,故而家族史研究,也構成姓氏學的一項重要内容。早在魏晉,因爲長期的社會動亂,公卿士大夫的子孫就不能言其先祖了。到了北宋仁宗朝歐陽修的時代,人們就更不瞭解自己的家族史了。想要編撰本家本族的族譜,追述先祖先世的名諱、輩分、事迹,每每苦於無所依憑。無奈之下,只能摘抄前代姓氏書的記載,而不復考察其然否。姓氏的由來與發展,因此更加不可考;姓氏書記載的混亂與不可依據,至此更增一層。而此前却不是這樣的。魏晉隋唐,"人尚譜系之學,家藏譜系之書。自五季以來,取士不問家世,婚姻不問閥閲,故其書散佚而其學不傳"①。"自秦、漢以來,仕者不世,然其賢人君子猶能識其先人,或至百世而不絶……蓋自唐衰,譜牒廢絶,士大夫不講,而世人不載。於是乎由賤而貴者,耻言其先;由貧而富者,不録其祖,而譜遂大廢"②。家譜、族譜之作,蓋即由此。家族史研究的重要性,在這些環節也得到更加鮮明的體現。

第五,是上古神話研究的重要史料。神話都集中在上古,古神話中有一項重要内容,就是姓氏,特别是上古帝王、諸侯、名臣及地方名士、氏族代表人物的姓氏,不但記述他們的姓氏,而且連帶叙述了姓氏的由來、用字和具體的含義。每個主要姓氏,其姓的獲得,都不是源於本人,而是得自天子,源於神靈,以彰功德,這樣就將個人能力、德行和天子的權力意志、價值判斷連結在一起。不僅如此,還和和上天的意志相連接,表明姓的獲得,乃是天子所賜,神靈所啓,是神聖的,不容挑戰的。通過這樣的手段,很多一般的姓氏都被神化了,各姓的第一代或起初幾代人,特别是其中的著名人物、關鍵人物,所謂"初祖",都被描述成偉大的神靈,不再是普通人,他的後代也每每以此自豪。姓氏書因此是神話色彩最爲濃厚的古書之一。我們看到,很多的姓氏書中都有某某姓氏的初祖,"吞某某"或受某某動物、植物、事物之氣的感發,而"意感"受孕,生下某某著名後人的記載。如王符的《潛夫論·五德志》就説:"大人迹出雷澤,華胥履之,生伏羲。……後嗣姜嫄,履大人迹,生姬棄。……太妊夢長人感己,生文王。……有神龍首,出常羊,感妊姒,生赤帝魁隗,身號炎帝,世號神農,代伏羲氏。……後嗣慶都,與龍合婚,生伊堯,代高辛氏。……武王克殷,而封其胄於鑄。含始吞赤珠,尅曰'玉英

① (南宋)鄭樵:《通志·氏族(略)序》,(南宋)鄭樵撰,王樹民點校:《通志二十略》,上册,《氏族略第一》,中華書局 1995 年版,第 1 頁。

② (北宋)蘇洵著,曾棗莊、金成禮箋注:《嘉祐集箋注》卷一四《蘇氏族譜·譜例》,上海古籍出版社 1993 年版,第 371 頁。

生漢’。龍感女媪,劉季興。……大星如虹,下流華渚,女節夢接,生白帝摯青陽,世號少暤(皞)。”①僅這一段話,就記載神話故事七則,論内容,都是上古帝王之母的受孕和帝王本人的出生之由,説他們的出生,都是得自天命,秉承天意,與後世的君權神授本質相同,意在神化他的出身,讓下民臣服,接受他的統治。因爲所述事情多數都是得自傳聞,因緣附會,所以其可靠性是不高的。但是後世之人,偏偏要將姓氏的起源、宗支的發展依次記述下來,而且條分縷析,有根有據,枝葉分明,後世儒者一加查考,却發現錯誤百出,因此姓氏書中記述姓源的部分,恰恰也是最不可信的部分,遭到的質疑最多。後人之所以對古代姓氏書常持懷疑、否定態度,就是因爲其中無論叙述姓源的部分,還是姓氏發展的部分,都大量摻假,經不起查核。話説回來,雖然大量記載的都是上古時期的神話人物事迹,其中有不少是後人附會上去的不實之詞,難以據信,甚至事屬虚無,但是這些書的價值却不是可以輕易否定的。儘管不少文史考據學者不太相信姓氏書的記載,但是書中所記之事,在民間的信仰者仍然極多。這類神話式的内容的大量增加,也增强了姓氏書在民間的親和力,讓它能够吸引民間人士,贏得普通讀者。而且,姓氏書叙述姓氏,都不是籠統的,而是具體到某姓某氏,明文記載其得姓命氏於上古時期的某個傳説人物,這樣一來,就固化了某個神話人物和某一姓氏及其所屬家族的血緣關係,使得神話史和地方姓氏、家族文化結緣,也神化了這個氏族,樹立了先民的偉大形象,贏得後人的景仰、敬慕與尊崇。

第六,是地方開發史和區域文學史研究的重要依憑。古來姓氏的興起、家族的繁衍,都是由於某個地域,和地域文化及地方開發不可須臾割離。而漢唐以來各體姓氏書的編撰體例,也是先叙其得姓之源,次叙其郡望所繫,二者相連而下,從而形成了姓與望不可分割的密切關聯。以姓繫郡,以人繫地,向來是姓氏書編撰的固有體制。加上還有專

① (漢)王符著,(清)汪繼培箋,彭鐸校正:《潛夫論校正》卷八《五德志》,中華書局 1985 年版,第 384—392 頁。

載地方人物的士族譜、望族譜，而宋元以降晚出的家譜族譜，也都有意弘揚地域文化，表彰家族人物。可見自古以來，各個姓氏的人物都是因地域而起，和區域文化結緣。在魏晉隋唐，士族譜和望族譜尤爲流行，地位特别高，自上而下都受到重視，其編撰往往將士族、郡望相連接，標榜各地的重要姓氏及所出人才。唐太宗貞觀八到十二年，由太宗授意，吏部尚書高士廉主編的第一部屬於唐代的總譜《大唐貞觀氏族志》，就是講究郡望，區分高下的。此後高宗、武后、玄宗、代宗、德宗、文宗諸帝時期編撰的總譜，仍然是這種體例。上述姓氏書的通行體例，就是每個州郡的下面，依次羅列出本州的幾個主要姓氏。高士廉主編完成的大型綜合性姓氏書《大唐氏族志》，就是以姓氏繫郡望，用途則是備選舉，别士庶。《通典》卷三載沈約奏疏稱："始，晉太元中，員外散騎侍郎賈弼好簿狀，大披群族，所撰十八州百一十六郡，合七百一十二卷，士庶略無遺闕。其子孫代傳其業。"[①]《唐會要》卷三六載，貞觀八年，高士廉爲編撰全國性的姓氏書，而奉詔搜集地方上的氏族譜牒之書，"普索天下譜諜"，凡得八十五郡，三百九十八個姓。如太原郡有十一姓，清河郡有七姓，會稽郡有七姓，吴興郡有七姓，豫章郡有五姓，潭州有五姓，等等。後來，他又在此基礎上編撰了《貞觀氏族志》，採用的還是這種體例，凡得"二百九十三姓，千六百五十一家，分爲九等，頒於天下"[②]。可見自魏晉到隋唐，郡姓都是主要的姓氏，郡與姓有着割不斷的天然聯繫。這些所謂郡姓，都是各地的代表性姓氏，對於地方開發是做出了貢獻的。這些人有相當多是自外地遷入的外來户，本來就是比較有政治地位和經濟文化實力的人物，擁有入住地的居民所不具有的能力和資源。他們因某個事件突發，或是生存條件改變，而被迫離開原籍，遠徙他鄉。而且，其遷入還不是一二人、三數人，而是舉族遷徙，入籍當地，聚族而居，子孫繁衍，生育長養。因爲族中有人，自有傳統，詩禮傳家，又變成當地的文化家族或具有政治影響、經濟實力的民户、地方宗族，其對地

① (唐)杜佑撰，王文錦等點校：《通典》卷三《食貨三》，中華書局 1988 年版，第 61 頁。

② (宋)王溥：《唐會要》卷三六《氏族》，中華書局 1955 年版，第 664 頁。

方開發和區域文化發展的貢獻,亦可想而知。部分人士還是以文學起家的文學家族的代表人物,創作有文學作品,甚至在當時產生過不同程度的影響,對於區域發展是做出過貢獻的。他們的生平事迹、人智活動,本來就是可以從地方開發史和區域文學史研究的角度做出評判的。而且,唐代的姓氏書,還"以地望明貴賤","以官品分等第",多數州郡都有自己的望姓和著族,等於從地域上分出了等級高低和人才高下,從政治制度層面肯定了氏族人物對於地方開發的貢獻大小。有了這些細緻的分等和分類,就更便於我們把握姓氏人物、姓氏書和地方文化複雜關係了,研究可以更加細化,精緻化,不至於籠統言之,模糊述説。而地域文學史的研究,也因爲姓氏書提供的新資料,而獲得了新的推動力,能够據以做出新的闡釋。憑藉這些來自地方家族的文獻資料,我們可以更加詳盡、具體地考察文學家和地域的關係,考察文學家和地域的結合度,更爲精準地把握文學創作和地域的關係,對於作品和地域的關係做更爲具體切實的把握,這對理解作品内涵,判斷藝術價值,評價作家成就都有好處。

第七,是移民史和人口史研究的重要資料。移民史和人口史是關係密切的兩大研究領域,和多個學科、多種史料都有關聯。人口的遷移有着多重原因,有内在的,也有外在的。外在的原因是來自外部的各種不可抗拒的因素,比如戰争、灾害、饑荒,這是移民的主要原因和動力。在古代社會生産力低下的情况下,人民群衆對於土地的依賴都是十分强烈的,氣候變化和土地條件對於作物、産量有着直接的影響,吃飯和温飽始終是一個根本問題。一旦發生自然灾害或是戰争、動亂,或是陡然發生了某個危害到家族成員生存和發展的重大事件,就有可能發生人口遷移,從一地而遷移到另一地,尋求新的安身之地、托命之鄉。戰争、灾害和饑荒都還只會促使人口向自然條件較好的地方遷移,與姓氏譜系之學也没有很大的關聯,而避難、避仇、避寇、避禍等行爲却直接關係到家族成員的生死存亡,是人口遷徙的直接動因,姓氏書中必然提到的重要内容。並且這些因素,都會促使人口向着地理位置相對偏僻遥遠、生存條件較差的地方遷移,與家族史及地方開發的關係更爲密切。很多的姓氏書中,都提到了“避”這個關鍵字,表明這種躲避,是緣於某個對家族危害性大的具體事件,促使人們趨利避害。比如班固所在的班氏家族,本來是連姓氏都没有的最普通的秦地平民。其始祖在秦滅楚之際,因避亂而遷至晉、代之間,因而得爲班氏。始皇之末,班壹又避地於樓煩,因此班氏子孫又成爲邊境居民,以財富而雄於北邊。其後,子孫又因爲官而遷徙到上谷、長安。在易代之際或是其他的兵亂、灾害之秋,類似這樣的避亂式的遷徙,最爲多見。歷史上因爲避仇、避亂、避難而遠徙他鄉的,爲數不少。如既氏,據應劭《風俗通》,本爲吴人,乃吴夫概王之後,子孫因避仇家加害,而改爲既氏。孫陽氏,《風俗通》載其先本爲漢代景氏,景丹封櫟陽侯。丹曾孫汾,避亂隴西,因封爲氏。又圈氏,《風俗通》云本姓卷氏,乃鄭穆公之後。秦末爲博士,避難,改爲圈氏。會氏,鄶仲之後,避難,去邑爲會氏。𪎭氏,本鞠氏。漢尚書令鞠譚,生閎,避難湟中,因居西平,改姓𪎭氏。以上所引,還僅限於《風俗通》一書,就如此之多,可見躲避灾難是促成移民的重要原因,具有相當大的普遍性。避兵難和避灾荒等多重力量的綜合作用,促使人口遷移和分布,趨於大體的平衡。而且每種躲避,隨之而來的都是入籍當地,隱姓埋名,甚至改易姓氏,變成土著。總之都不是人口的自然增長,而是借助外界的推力。遷移的基本方向,是從自然條件較好的狹窄、稠密之區,遷向自然條件較差的中原周邊地區,從中原向着四裔,從北方遷到南方,從中部遷到西部或東部邊緣地帶,從而在一定程度上減小人口數量分布的地域差别。當然,人口遷移是有着時間性和地域性的,人口數量的變化,以及由於數量增減而產生的影響和結果,是要在較長時間内纔能顯示出來的。對於上述現象從姓氏學的角度加以闡釋,很有必要,也很有好處。這體現在:首先是遷徙原因的具體化,讓後人瞭解到遷徙行爲的背後所隱藏的更多、更深的東西,從而也對遷徙動機做更精准的把握。其次是遷徙路徑和規模的明確化、具體化,再次,還有利於遷移結果的準確評估。我們看到,漢唐的姓氏書中,以及宋代以後的家譜、族譜當中,每每有某姓人物本非當地民,其始祖或遠祖的某一代因爲某個原因,而自某地遷入某地,入住到某某鄉的或模糊或明確的記載。一般來説,是家譜、族譜要詳於郡譜、總譜。要是將這些記載也作爲一種史料也納入進來,我們就有可能繪製出一幅移民路綫圖,對於移民的規模、批次、時間、人物、事件、效果,也會有更清楚的瞭解和更準確的評估。借助這些資料,移民史和人口史的研究,就能走向局部的深入。像這樣的新史料的加入,不僅會帶來研究思路和方法的改變,也會帶來研究結論的變化。看似冷僻的姓氏書的資料,也能够發揮意想不到的作用。這背後的原因在於,姓氏書作爲文獻史料,其價值本來就具有多重性,客觀上也要求研究者的多角度、多路徑,而不是簡單化、單一化。惟其如此,研究纔能日新。

三、本次整理的研究方法及本書的特點

姓氏書的價值既然如此之高,用途如此之大,那麽進一步地整理,也就成爲文史研究者的應盡職責。姓氏書在過去由於多種原因,一直遭到輕視忽視,常被看成無足輕重之書,導致很多人都不瞭解,不重視,不願意投入。對它的整理和研究,遂成爲當今古籍整理和研究的一大缺陷。情形如此,我們更應加快加緊這項研究。正是基於以上的認識,我們纔不畏繁難,主動站出來要編撰這部著作。著作的研究目標,是要對現存文獻中可以輯録到的姓氏書及姓氏文,做一次全面的輯録和復原,讓這些長期以來零碎的分散的文字,通過精心的編校,成爲科學、集中、有序的學術成果,真正做到古爲今用。

爲此,首先想方設法做好文獻輯佚,使得佚書佚文搜求完備,儘量減少重要遺漏。作爲一部綜合性、集成性的姓氏輯佚之書,資料搜輯完備是它的主要價值所在。如果還出現了文獻輯集上的重要遺漏,那就是失敗的,不可原諒的。爲此,就必須廣徵文獻,不斷積累,反復搜求。文獻種類上,不僅傳統的四部文獻必須重點對待,就是敦煌遺書、域外漢籍、出土文獻也不能放過。至於佛、道二藏,以其容量之豐富、品類之繁多,亦不能忽視。

想要做到佚文搜輯完備,僅僅從文獻門類上下工夫還不够,還得

對佚文保存情況有深刻的理解和正確的認識。前已述及，姓氏書自魏晉隋唐而下，有着陳陳相因、代代相承的特點。不少姓氏書雖然原書不在，但已經被後人吸收改編到其新著作中去了，以另一種面目存在。根據宋人鄭樵《通志・校讎略》的觀點，古書雖多，但"有亡者，有雖亡而不亡者，有不可以不求者，有不可求者"①，當區别對待。姓氏書的特點正在于"雖亡而不亡""不可以不求"。原著不在，可於相關的後代之書中求之。鑒於姓氏書的條文是講述人物姓氏家世事迹的，不好隨便編造改寫，其承襲改寫的成分較之其他文獻必然尤爲繁多。如果我們多在這方面下工夫，留意前代姓氏書的文字被後代之書承襲改寫的特點，採獲必將更加豐富。

其次，還必須輔之以必要的文字校勘和史料考訂。歸納起來，主要有編、正、補、辨四件事，都必須做好。"編"即精心編排佚文佚書，即使找不到原編體例，無法復其舊觀，最起碼也必須做到編排的集中、有序、便於閱讀。而且，輯録的文字也要準確無誤，經得起查驗核對，必須忠於原文，不能出現誤差，與原書不合的情況。"正"即通過各種校勘方法，改正底本文字的訛、脱、衍、倒，當改則改，勇於承擔責任，不必事事處處謹小慎微。"補"即補輯相關資料，置於佚文之末，以備讀者參考。"辨"指辨析指正那些與其他書籍記載的不同之處，指出其乖異傳疑之處和不可盡信之點。相信通過上述方法整理出來的姓氏書，文意應當更加完整，文字也會更加可讀。上述四條中，最後一條尤爲重要，因爲姓氏書恰恰是僞冒、諱飾、掩蓋、誇大、歪曲最爲嚴重的一類文獻之一，人們使用起來本來是很不放心的。而且，宋代以下的姓氏書，多數還是私家譜牒，無關宏旨，各懷私意，真僞雜陳，帶有强烈的民間性和通俗性，用傳統學者的話説，是一種俚俗之書，在過去一向是遭人輕視的，即使現在也未能徹底改變這一傳統看法。而且，前人的這些看法也不是全無根據，全無道理的，對於其中的文字和記載，確實必須加强鑒别和

① （南宋）鄭樵：《通志・校讎略・書有名亡實不亡論》，（南宋）鄭樵撰，王樹民點校：《通志二十略》，下册，《校讎略第一》，中華書局 1995 年版，第 1807 頁。

分辨,考核其可信度和可靠性。如果不對其先下一番去粗取精、去僞存真的工夫,得來的勢必仍是一堆無用的史料。只有經過以上四個方面的處理,姓氏書纔能得到有效利用。如若不然,輯佚工作就没有意義,所做的事情就僅僅止於翻書抄書,有見必録,成了梁啓超所説的“抄書匠”。這是輯佚的大忌諱,應當儘量避免的。

姓氏書作爲一類古文獻,其本身雖不可忽,但存在的問題也是極爲嚴重的。一則漢唐以上的古姓氏書,亡書、佚書多,成書、好書少,但對研究有大用場的,恰恰是漢唐,而不是此後;宋代以後的姓氏書雖然相對完整,多爲成書,但其時代晚出,價值偏低。人們想要憑藉姓氏書來從事中古文史研究,客觀上存在現成之書過少,“文獻不足徵”的困難。二則即使有幾十部佚書可供輯録,也是存文過於寡少,解決不了重要問題。多數佚書都是僅存數十條,而且幾乎每一條文字都是十分簡短,很少看到集中連片的長篇文字,這就大大減損了它的使用價值。第三,那些爲數不多的佚文,還有一部分不是前人的完整引用,而是意引、轉引、摘抄,甚至稱而不引,看不到原貌。可見佚文保存情況過於不理想,過於零落、簡短、破碎,不便使用,在姓氏書中是十分普遍的。人們之所以不怎麽使用姓氏書,佚文保存情況過差也是重要原因之一,其本身的不理想狀態在很大程度上限制了人們對它的使用。第四,姓氏書素來多僻姓、奇字、異體字、異讀字,録文的準確性因此是一個不可忽略的重要問題,必須引起高度重視。而且其文獻流傳中,還多數靠抄録前代的舊書編成,其間的文字的錯訛之多之大,必然是相當驚人的,如不精加校勘,輯佚工作勢必没有意義。

根據宋人鄭樵研究,南宋以前的古姓氏書,多達一百七十部。但今天可以見到的相對完整的宋代以上的關於士族人物的姓氏書,僅有四部,其他的多數是亡書,只存書名,未見佚文,无法輯復。僅有不到四十種書,雖然也有佚文可輯録,但也所剩無多,多數書的佚文就是幾十條甚至寥寥數條,跟亡書其實差别不大,輯佚的基礎薄弱。若是僅僅滿足於輯録存文較多的佚文,而不搜集其他資料,那找到的研究資料就將極爲有限。鑒於姓氏書文獻本身的特殊性,有必要採取特殊的整理和研究方法對待。

爲此，本書採用以下三種方法，做相應的處理：

第一，擴大佚書、佚文的搜求範圍。一般的佚書含義，僅限於亡佚的古書。一般的佚文，主要是指那些存文較多的連續性文字，不連續的片段文字一般是不收録的。本書則將宋、元、明三代文人别集中家譜、族譜的序跋、題記也視爲佚文，加以收録。此外還將宋、元學術筆記及雜事類筆記中論述或記載姓氏的連續性文字也視爲姓氏書的佚文，加以收録。又將那些僅爲意引、摘録、撮述，並非照録原文的文字，也加收録。這些文字，看似過於零碎，僅爲片段遺文，但也是中古姓氏書佚文的一種存在方式，前人徵引文獻的一種方式，不必過於拘泥於當今通行的古籍整理規範，固執地認爲這樣的佚文不便輯録，不宜輯録。須知古籍中此類文字也爲數不少，如果不加輯録，就會造成文獻的重要遺漏。就此次輯佚工作而言，也不能形成集中、連片的佚書輯本，達不到研究目的。筆者多年設想的對中古姓氏書做一次全面、深入、科學、有序整理的美好願望，也將成爲一句空話，未能很好地拓展姓氏譜牒研究的學術資源，等於自縛手脚，没有必要。必須解放思想，更新觀念，特殊問題特殊對待。鑒於姓氏書中文字，有前文所述的“名亡實不亡”“亡於前而備於後”的特點，還應該考慮輯入那些經過考察實際上出自某書某文，只是未能標明出處的文字，將其視爲特殊的佚文，加以輯入，而不能拘泥於引文出處標注的有無。

第二，輯録佚文的時候，標準也要適當放寬，不能死守成法，只輯録連續、完整的佚文。對於經書、史籍、子書和其他文獻中的那些不是完整、連續的引用，僅爲摘抄關鍵詞句，或是撮述文意的少量佚文，也要加以輯録。其中文意有殘缺，語氣有脱節的地方，還必須在相關引文的前或後，適當加上圓括弧，補録上相關的文字，以便閲讀理解。經過這麽處理，又能得到一批新的佚文，擴大了輯佚的範圍，增加了文獻的容量，好處是明顯的。鑒於姓氏書引文的上述特點，這麽做也是必要的。

第三，採用特殊辦法，調整編校體例，特設“附録”和“備考”兩種體例，來處理那些特殊情况的佚文。“附録”專收那些在内容上具有相關性但不是引文的古籍文字。“備考”專收和底本文字意思相近但又有差異的文字，或是同一條目而文字略異，或是不同條目、不同來源而内容相近，凡此之類，均加收録，以備查考。

以上三條，構成了本書在輯佚和校文上的基本特點，即方法靈活，視野開闊，廣搜博採，加强甄辨，十分重視同類資料的互相取校，互相發明。

李德輝

二〇一八年四月二日初稿

二〇一九年二月七日校畢

凡　例

一、本書專爲中古文史研究而備，主要用於姓氏研究、人物研究、文學史研究、家族史研究、宗族研究及移民與中國文化的關係研究等問題，具有資料積累性質和文獻查詢性質。

二、所輯録的姓氏書，包括以下四種類型：(1) 已經散佚的、此次新輯或重輯的古姓氏書的佚文，超過全書篇幅的一半。(2) 史書和子書中叙述姓氏譜系的連續性文字，如《史記・太史公自序》《漢書・序傳》《宋書・自序》《北史・序傳》中對司馬氏、班氏、沈氏、李氏姓系源流的叙述，《馬氏南唐書・世裔譜》對南唐李氏家族世系的叙述，《容齋隨筆》《學林》《游宦紀聞》中記沈氏、李氏、楊氏家族史之文字，《梁谿漫志》卷三、卷九論唐代重視氏族風氣的兩則筆記，《邵氏聞見録》卷一六對河南甯氏及河南劉氏兩個洛陽大家族的家世事迹的記載，《黄氏日抄》卷三二對《闕里譜系》一文的引録，朱長文《樂圃餘稿》卷九《朱氏世譜》叙述朱氏家族歷代源流的文字，均出宋人之手，具有家世事迹考證的學術價值，或是家譜、族譜的性質，年代較早，事屬中古，加以輯録，很有必要。(3) 宋明政典、類書中論述姓氏的連續性文字，實爲作者撰寫的姓氏學研究的專題論文，是古代姓氏譜牒之學的重要基石。如鄭樵《通志・氏族略序》、章如愚《群書考索・氏族篇》、林駉《古今源流至論》三書中對姓氏譜系之學的綜論，羅泌《路史》中的《國姓衍慶紀原》《氏姓之牒》兩篇氏族譜牒之學方面的專論，唐順之《稗編》卷三四《氏族・論氏族》的氏族學論文，均係作者綜述歷代的姓氏譜牒文字而成，各有來源，各有見解。雖然其所援據之書已不可見，但改寫之文仍在，具有特殊的史料價值，可當做另一種形態的姓氏古佚書對待，加以輯録。(4) 載於宋元明代文人文集中的家譜、族譜,及作者爲他人撰寫的家譜、族譜的序跋,亦爲數不少,各有價值,亦加輯録。

三、所輯姓氏書,嚴格按照作者的時代先後排列。有生年作爲依據的,依其生年。無生年者,據卒年。生、卒年均不可考知者,依其所在的朝代先後。每個朝代,均依帝王的在位順序及年號排列,以清眉目。

四、所輯姓氏書的佚文,均詳細交代出處,説明援據文獻,以便讀者稽查和覆按。各條佚文别有出處的,分别以圓括弧逐條注明所出書名、卷數。多條文字而出自同一書、同一卷次的,止於最末一條或一篇文章的末尾,以圓括弧注出書名、卷數,並不逐條注明出處,以避行文之繁瑣。單篇文章因爲篇幅較長,獨立性强,故即使是出自同一書、同一卷,亦每篇文章單獨注明出處,以便理解。

五、同一條佚文如有多種古籍徵引,則取時代最早、存文最多的一種作爲底本録文,後出的文獻而有參考價值者,接着排出。各書之間,以分號隔開,一例置於佚文之末的圓括弧中,首見者爲據以録文之書,後面列出者爲參校之書。

六、姓氏書之文字,自古多誤,如不校勘,必不可讀。故此次所輯文字,均適當校勘,正訛補脱,删衍乙倒,以便閲讀理解。各條校勘記,均較之正文低二格排列,改以小五號字排出,以便與正文相區别,易於讀者辨認。

七、佚文中的避諱字,一例以圓括弧注明其所避的本字。錯别字則加以校勘,不以圓括弧注明。

八、佚文中的異體字,如非有特殊含義,不可强行統一者,一律統一爲標準的繁體字。

九、所輯文字,因原書體例並不可考見,故不復强行求其原編之次序,均依經、史、子、集的部類順序排列。同一部類之書,則依古籍之時代先後。

十、所輯文字,如在内容上與他書所載存在明顯的抵牾或不合,亦偶加考按,説明致誤的原因及差異所在。

十一、某些姓氏書,時代屬於上古中古,原書久佚,内容稀見,舊籍徵引,或非原文,僅爲編撰者的意引或摘録,均經後人改寫。但因佚文存世無多,故均視爲佚文,而加編録。爲便於閱讀理解起見,同時也是爲了保持文意的完整、連續性,連同前後的相關文字一并輯入。這是本書鑒於姓氏書佚文的特殊性而採取的特殊處理方式,希望讀者理解。

十二、各書前面,都撰有簡短的輯校説明。爲了行文簡潔起見,各書前面的輯校説明,一般詳於對著述内容、文獻流傳、佚文情況和學術價值的説明,而略於作者事迹的交代。並不詳細交代作者生平事迹,只以簡注的形式注明作者生卒年及事迹出處。作者如係劉知幾、歐陽修、鄭樵那樣的名儒,則僅以圓括弧注明生卒年,其餘内容,概不涉及。

十三、佚文如果出自前人的學術筆記,而筆記又别有條目名稱,且此名稱爲作者原稿所有,而非後人的加題,則予以保留。

十四、散見於古籍中的非直接引用而屬間接稱述或評論性文字,因内容與本書具有相關性,故亦加輯録,置於末尾,作爲附録,其前冠以"附録"二字,與正文隔開一行,以清眉目,避免與所輯佚文相混淆。爲醒目起見,"附録"二字字體用黑體,以便辨認。因是附録,非正文,故即使有誤文亦不校勘,只以圓括弧注明正確之字。

帝　繫

《帝繫》,現存文獻中可以找到和考知的年代最早、最古老的姓氏書,《世本》的姊妹篇。二者的分工是,《帝繫》載帝王世系,《世本》載諸侯卿大夫世系。因原書並未像《世本》那樣叠經後世儒者的修訂注釋,增衍舊文,故舊籍徵引,只見文字,向無卷第,或者僅爲簡單記事之成文,帝王姓名、世系昭穆之羅列,内容不多,本未分卷。成書年代比《世本》還要早,性質亦與《世本》《帝王世紀》相同,皆記周代以前古帝王之名號、家族世系,爲上古史著作。作者無考,當爲商、周史官所記,經春秋戰國以來儒者整理成書。司馬遷著《史記》,其記五帝三皇及夏、商、周三代古史,言上古帝王姓氏家族人物事迹,主要的史料來源即出此書。它跟《世本》一样,雖云出自上古史官之手,似乎記事各有依據,但經查考,發現仍是歷史與傳聞混雜,難以分辨其記載之真僞與事實之有無。杜預、裴駰、孔穎達、陸德明、賈公彦、司馬貞、張守節等晉唐學者曾多次指出此書和《世本》記載之不可靠及與他書所記矛盾抵牾之處,對於讀者利用此書具有警示作用。從考實之角度言,此書所記,確多不可信處,但考慮到上古史之書,捨此書與《世本》及《帝王世紀》等外,别無更好的專書,故仍不可輕棄。由于傳本久遠,原書自西漢中期起即多散佚,僅《大戴禮記》保存了一段較爲完整的文字。雖然僅有五百餘字,但是不僅文字脱誤較多,與他書所記互異,意義互有長短,而且記事多有錯謬乖違,清人曾就此屢加校勘考證。然問題之多,已經不是單純校勘或考證所可解决的,還牽涉到上古史記事本身存在的諸多矛盾及民間傳聞失真、書籍傳寫之誤、古人引用稱述之誤等複雜問題,只能置而不論。也正因爲流傳過程漫長複雜,向無完整之傳本,故自《漢書·藝文志》以下歷代書目，均無著録。可能劉向、劉歆父子在漢成帝朝宫廷校書之時，此書版本就已不可得，故未能載入《别録》和《七略》。因而承《七略》而下，以《七略》爲藍本而改編成書的《漢書・藝文志》即不見著録。原書雖亡，但唐宋以上經史子書之正文及注釋，則引用頗多，稍事搜輯，仍能找到佚文數十條，爲文史研究提供一份新資料。兹先録《大戴禮記・帝繫》篇之原文，次據諸書輯其篇外佚文，以備讀者參稽。散見於古籍中的非直接引用而屬間接稱述或評論性文字，因内容與本書具有相關性，故亦加輯録，置於末尾，作爲附録，其前冠以"附録"二字，與正文隔開一行，以清眉目，避免與所輯佚文相混淆。

少典産軒轅，是爲黄帝。黄帝産玄囂。玄囂産蟜極。蟜極産高辛，是爲帝嚳。帝嚳産放勳，是爲帝堯。黄帝産昌意。昌意産高陽，是爲顓頊。顓頊産窮蟬。窮蟬産敬康。敬康産句芒。句芒産蟜牛。蟜牛産瞽瞍。瞽瞍産重華，是爲帝舜。及産象敖。顓頊産鯀。鯀産文命，是爲禹。黄帝居軒轅之丘，娶于西陵氏。西陵氏之子，謂之嫘祖氏。産青陽及昌意。青陽降居泜水，昌意降居若水。昌意娶于蜀山氏。蜀山氏之子，謂之昌濮氏，産顓頊。顓頊娶于滕奔氏。滕奔氏之子，謂之女禄氏，産老童。老童娶于竭水氏。竭水氏之子，謂之高緺氏，産重黎及吴回。吴回氏産陸終。陸終氏娶于鬼方氏。鬼方氏之妹，謂之女隤氏。産六子，孕而不粥。三年，啓其左脅，六人出焉。其一曰樊，是爲昆吾。其二曰惠連，是爲參胡。其三曰籛，是爲彭祖。其四曰萊言，是爲云鄶人。其五曰安是，爲曹姓。其六曰季連，是爲芈姓。季連産附祖氏。附祖氏産穴熊。季通之裔孫鬻熊，九世至于渠。渠有子三人，其孟之名爲無康，爲句亶王。其中之名爲紅，爲鄂王。其季之名爲疵，爲越章王。昆吾者，衛氏也。參胡者，韓氏也。彭祖者，彭氏也。云鄶人者，鄭氏也。曹姓者，邾氏也。季連者，楚氏也。帝嚳卜其四妃之子，而皆有天下。上妃，有邰氏之女也，曰姜嫄氏，産后稷。次妃，有娀氏之女也，曰簡狄氏，産契。次妃，陳鋒氏之女也，曰慶都氏，産帝堯。次妃，娵訾氏之女也，曰常儀氏，産帝摯。帝堯娶于散宜氏。散宜氏之子，謂之女皇氏。

帝舜娶于帝堯。帝堯之子，謂之女匽氏。鯀娶于有莘氏。有莘氏之子，謂之女志氏。産文命。禹娶于塗山氏。塗山氏之子，謂之女憍氏，産啓。（西漢戴德撰《大戴禮記》卷七《帝繫第六十三》）

案：今《世本》《帝繫》及《大戴禮·五帝德》并《家語·宰我問》、太史公《五帝本紀》，皆以黄帝爲五帝，此乃史籍明文……又《帝繫》《本紀》《家語》《五帝德》皆云，少昊即黄帝子青陽是也。（漢孔安國撰，唐孔穎達疏《尚書序》）

《帝繫》云：禹名文命。（漢孔安國傳，唐孔穎達疏《尚書注疏》卷一）

《帝繫》云：顓頊生窮蟬。窮蟬生敬康。敬康生句芒。句芒生蟜牛。蟜牛生瞽瞍。瞽瞍生舜。

《帝繫》及《世本》皆云：黄帝生玄囂。玄囂生僑極。僑極生帝嚳。帝嚳生堯。（漢孔安國傳，唐孔穎達疏《尚書注疏》卷二）

《帝繫》云：黄帝生昌意。昌意生顓頊。顓頊生窮蟬。窮蟬生敬康。敬康生句芒。句芒生蟜牛。蟜牛生瞽瞍。瞽瞍生舜。即是舜有七廟，黄帝爲始祖。（漢孔安國傳，唐孔穎達疏《尚書注疏》卷三）

《大戴禮·帝系篇》：帝嚳卜其四妃之子，皆有天下。上妃有邰氏之女，曰姜嫄，而生后稷。次妃有娀氏之女，曰簡狄，而生契。次妃陳鋒氏之女，曰慶都，生帝堯。下妃娵訾之女，曰常儀，生摯。以堯與契俱爲嚳子。（漢鄭玄箋，唐孔穎達疏《毛詩注疏》卷二四）

《大戴禮·帝系篇》説，帝嚳卜其四妃之子，皆有天下，云有娀氏女簡狄。（漢鄭玄箋，唐孔穎達疏《毛詩注疏》卷三〇）

案《大戴禮·帝繫篇》云：帝嚳卜四妃之子，皆有天下。長妃有邰氏之女，曰姜嫄，生稷。次妃有娀氏之女，曰簡狄，生契。次妃陳豐氏之女，曰慶都，生堯。次妃陬氏之女，曰常宜，生帝摯。帝嚳崩，帝摯即位，摯崩而堯立。（漢鄭玄注，唐孔穎達疏《禮記注疏》卷七）

依《帝繫》，顓頊、高辛，各有一人爲帝，則重既事顓頊，又事高辛。（漢鄭玄注，唐孔穎達疏《禮記注疏》卷一四）

云“小史掌定繫世”者，周禮：小史之官，掌定《帝繫》《世本》，知世代

昭穆，故云“定繫世，辨昭穆”也。（漢鄭玄注，唐孔穎達疏《禮記注疏》卷三四）

金天氏，帝少皡，《帝系》《世本》文也。

《帝系》《世本》皆云：少皡是黄帝之子，顓頊是黄帝之孫。（晉杜預注，唐孔穎達疏《春秋左傳注疏》卷四一）

《帝系》云：顓頊生窮蟬，窮蟬生敬康，敬康生句芒，句芒生蟜牛，蟜牛生瞽瞍。（晉杜預注，唐孔穎達疏《春秋左傳注疏》卷四四）

《帝系》云：黄帝生玄囂也。

《帝系》《世本》皆爲炎帝即神農氏。（晉杜預注，唐孔穎達疏《春秋左傳注疏》卷四八）

《索隱》：契棄無父，及據帝系，皆帝嚳之子是也。（《史記》卷一三《三代世表》）

《正義》：《帝系》云：堯，黄帝之後。舜，顓頊之後。四凶之内有承黄帝顓頊者，而堯舜竄之，故放逐骨肉耳。四凶者，共工、三苗、伯鯀、及驩兜，皆堯、舜之同姓，故云骨肉也。（《史記》卷一一八《淮南衡山列傳》）

《帝系》：黄帝産青陽、昌意。（《後漢書》卷六九《張衡傳》李賢注引）

《帝系》曰：顓頊娶於滕隍氏女，而生老童，是爲楚先。（《後漢書》卷八〇下《邊讓傳》李賢注引）

（伏羲氏），《帝繫》皆云，蛇身牛首。（《路史》卷一〇）

《帝系》亦云：（帝嚳高辛氏，）方頤。（《路史》卷一八）

帝初取富宜氏，曰皇，生朱皇，即女皇。《世本》《帝系》《漢書》等云：女皇生丹朱。《帝繫》《人表》作散宜氏。（《路史》卷二〇）

嶅……《帝系》作女匽氏。（《路史》卷二一）

按《漢・律志》及《帝系》《三統歷》皆謂（禹）爲高陽五世孫。

《帝系》：有莘氏之子，謂之女志。（《路史》卷二二）

勝潰，勝奔也，高陽允妃，勝奔氏國。《帝系注》：宋衷云：國名。（《路史》卷二九）

《帝繫》曰：黄帝取於西陵氏之子，曰纍祖，實生青陽。（《國語》卷一〇吴韋昭注引）

老童,《帝系》云勝奔氏。

《世本》曰:堯娶散宜氏子,謂之女皇。宋忠曰:是生丹朱。《帝系》《漢書》同。(《太平御覽》卷一三五)

《帝繫》曰:有莘氏之子産文命。(《姓氏急就篇》卷上)

滕氏……《帝繫》曰:顓頊娶滕氏。

《帝繫》曰:黄帝取於西陵氏,曰纍祖,實生青陽。

《帝繫》曰:老童娶于竭水氏。(《姓氏急就篇》卷下)

《帝繫》曰:顓頊娶于騰隍氏女,而生老僮,是爲楚先。其後熊繹事周成王,封爲楚子,居于丹陽。周幽王時生若敖奄,征南海,北至至江漢。其孫武王求尊爵於周,周不與,遂僭號稱王,始都於郢,是時生子瑕,受屈爲客卿,因以爲氏。

《帝繫》曰:顓頊後五世①而生鮌。

《帝繫》曰:瞽叟生重華,是爲帝舜,葬於九疑山,在於沅湘之南。

《帝繫》曰:高辛氏爲帝嚳。帝嚳次妃,有娀氏之女,生契。(漢王逸《楚辭章句》卷一;宋洪興祖《楚詞補注》卷一;《文選》卷三二屈平《離騷經》李善注引)

《帝系》曰:帝堯封于唐,爲火德。(《文選》卷五二班彪《王命論》李善注引)

附　録

世奠繫者,奠,定也,謂辨其昭穆,以世之序而定其繫。繫即《帝繫》《世本》是也。

注云:先王之《繫》《世本》,使知有德者長,無德者短。子春引之者,證《帝繫》《世本》之事,後鄭云,世之而定其繫,謂書於《世本》,以世與繫爲一事解之。又對文言之。王,謂之《帝繫》;諸侯、卿、大夫,謂之《世本》,散則通,故云書於《世本》,《世本》即帝王繫也。

---

① 五世:《文選》卷三二屈平《離騷經》李善注引作"五葉",當爲避唐李世民諱而改。

世奠繫，謂《帝繫》《諸侯卿大夫世本》之屬是也。小史主次序先王之世，昭穆之繫，述其德行。（漢鄭玄注，唐賈公彦疏《周禮注疏》卷二三）

“小史掌邦國之志”者，邦國連言，據諸侯。志者，記也，諸侯國内所有記録之事，皆掌之。云“奠繫世”者，謂定《帝繫》《世本》。云“辨昭穆”者，《帝繫》《世本》之上，皆有昭穆親疏，故須辨之。

云“繫世”，謂《帝繫》《世本》之屬是也者，天子謂之《帝繫》，諸侯謂之《世本》。（漢鄭玄注，唐賈公彦疏《周禮注疏》卷二六）

司馬遷采《帝系》《世本》，以爲《史記》，其《夏本紀》稱禹是顓頊之後，《秦本紀》稱臯陶是顓頊之後，伯益則臯陶之子垂之所出，史無其文，舊説相傳亦出顓頊。（晉杜預注，唐孔穎達疏《春秋左傳注疏》卷二〇）

《索隱》：《五帝德》《帝繫姓》皆《大戴禮》及《孔子家語》篇名。以二者皆非正經，故漢時儒者以爲非聖人之言，故多不傳。

總之不離古文者近是。《索隱》：古文，即《帝德》《帝系》二書也，近是聖人之説。

其所表見，皆不虚言。《索隱》：言《帝德》《帝系》所有表見者，皆不爲虚妄也。

其軼乃時時見於他説。《索隱》：言古典殘缺有年載，故曰有閒。然帝皇遺事散軼，乃時時旁見於他記説，即《帝德》《帝系》等説也，故已今採按，而備論黄帝。

予觀《春秋》《國語》，其發明《五帝德》《帝繫姓》章矣。（《史記》卷一《五帝本紀》）

《帝繫》云：禹娶塗山氏之子，謂之女憍，是生啓也。（《史記》卷二《夏本紀》張守節《正義》引）

太史公曰：五帝、三代之記，尚矣。《索隱》：案，此表依《帝繫》及《系本》，其實叙五帝、三代，而篇唯名《三代系表》者，以三代代系長遠，宜以名篇。

於是以《五帝繫諜》《尚書》，集世紀黄帝以來訖共和，爲《世表》。《索隱》：案，《大戴禮》有《五帝德》及《帝繫篇》，蓋太史公取此二篇之諜及《尚書》，集而紀黄帝以來爲《系表》也。（《史記》卷一三《三代世表》）

世　本

《世本》，唐人避李世民諱，改稱《系本》《系纂》或《代本》，周代原本十五篇，西漢劉向校本二卷，東漢宋衷注本四卷。傳世文獻多作宋衷撰，又作宋均、宋忠、宋仲子(宋衷字仲子)，又或訛作宋表、宋志，實均一人，東漢人，時代在揚雄以後。《漢書》卷八七下《揚雄傳》庫本舊注云："《太玄》，自漢宋衷作解詁"。《隋書》卷三四《經籍志三》子部儒家類《揚子法言》十三卷、《揚子太玄經》九卷、《揚子太玄經》十卷，均標宋衷注。《後漢書》卷四一《宋均傳》載有宋均，南陽安衆人，建初元年，卒於家。卷七四下《劉表傳》載有宋忠，漢魏之交在荆州從劉表，與綦毋闓等撰《五經章句》。但《世本》注者非此二人。唐陸德明《周易注解傳述人》《經典釋文》卷一："《宋衷注》九卷。字仲子，南陽章陵人，後漢荆州五等從事。《七志》《七録》云十卷。"即此人。今存佚文叙事晚至北魏，可能有不少後人增訂之文，非全出宋衷之手。此人乃《世本》之注解者，非作者。司馬遷既然已經採《世本》撰《史記》，則其必爲先秦古籍。從譜牒之學的角度言，此書則爲現存文獻中最古之姓氏書之一，記録黄帝以來至春秋時帝王、諸侯、卿、大夫之名氏、世系、官位，真正的最初作者如《崇文總目》"氏族類"小序所説，乃周代之古史官，具體説，是周王身邊主記王侯名氏次序以辨昭穆的小史，後經戰國間人掇輯西周、春秋以還各種《帝系》、諸侯卿大夫譜牒等書，並冠以"世本"之名，劉向和宋衷都只是後代的整理者和校注者。校注之外，還根據漢代文獻新增了一些内容，但並未做根本性的改寫，見之於《周禮》《尚書》《詩經》及前四史古注中的大量記載，都可證實這一點。《史記索隱》引劉向云："《世本》，古史官明於古事者之所記也，録黄帝已來帝王諸侯及卿大夫系、謚、名、號，凡十五篇也。”《周禮注疏》卷三四：“周禮：小史之官，掌定《帝繫》《世本》，知世代昭穆。”西晉杜預亦“采《太史公書》《世本》，旁引傳記，以爲《世族譜》，略記國之興滅”。《春秋左傳注疏》卷五二：“班固云：司馬遷采《世本》，爲《史記》。而今之《世本》，與遷言不同。《世本》多誤，不足依憑，故杜以《史記》爲正也。”明何楷《詩經世本古義》卷首《原引》自注曰：“按古有《世本》十五篇。司馬遷采《世本》爲《史記》。劉向云：《世本》：古史官明于古事者所記，録黄帝以來帝王、諸侯及卿、大夫系、謚、名、號。又皇甫謐、顔之推皆謂《世本》，左丘明所書，今不傳。”《資治通鑑外紀》卷一云：“《世本》經秦歷漢，儒者改易。”指出此書流傳過程複雜，文獻已非原本，且有部分内容失實，未可作爲信史對待。中唐馬總《意林》卷五謂“楚漢之際，有好事者，作《世本》，上録黄帝，下逮漢末。”此處所記當爲漢代整理先秦舊説成書者，非原作者，且不止一人增益舊文，故首言“楚漢之際”，末云“下逮漢末”，原書並非叙至漢末，而是至春秋時。《後漢書》卷四〇上《班彪傳》、《册府元龜》卷五五八：“又有記録黄帝以來至春秋時帝王、公侯、卿、大夫，號曰《世本》，一十五篇。”此則當爲周代舊本原文，記事皆在先秦，不涉兩漢。古代姓氏書雖多，但專述先秦帝王諸侯卿大夫，且遲至唐代文獻仍保存相對完好，爲衆人所利用，産生深遠影響的姓氏學專著，唯此一種。就此意義上説，此書内容之獨特、記載之專門、年代之久遠，都是不可代替的，其他任何同類著述都不可比擬。鄭樵《通志》卷二五《氏族略序》云：自古“凡言姓氏者，皆本《世本》《公子譜》二書，二書皆本《左傳》。”由此，又派生出古人得姓受氏者的三十二個類别、三十二種情況。又《國語》吴韋昭注本卷首《自序》，自陳其注《國語》：“以《世本》考其流，以《爾雅》齊其訓。”凡此，皆可見此書的經典性。除了姓氏外，《世本》還旁及其他内容，涉及先秦史的多個方面。《春秋左傳注疏》卷三孔穎達注就説：“《世本·氏姓篇》云：‘任姓，謝、章、薛、舒、吕、祝、終、泉、畢、過、言，此十國，皆任姓也。’”此外還有多書、多處提及《世本·氏姓篇》，可見原書乃是專設一門以記姓氏，書中還有其他卷次和門類，如《史記索隱》多次提到的《世本·居篇》，《通典》提到的《世本·作篇》等，知其記事並未僅限於姓氏一科，而是以帝王爲中心，涉及商周社會生活的多個方面。據虞萬里先生研究，原書設有帝系、王侯譜、大夫譜、紀、世家、傳、氏姓、居、作、謚法等十個門類。其中論氏姓一篇，尚存鱗爪，其餘多數亡佚（虞萬里《先秦至唐宋姓氏書之産生與發展》，《社會科學》2010 年第 9 期）。或者原書分十五篇，每一到數篇專記一門内容。只是後代所徵引稱述的，多在姓氏一門，説明其價值主要在此。《崇文總目》卷二“氏族類”小序指出：昔黄帝之子二十五人，得姓命氏，由之德之薄厚。自堯以下，舜、夏、商、周之先，皆同出于黄帝，而姓、氏不同。其後世封爲諸侯者，或以國爲姓。至于公子、公孫，官、邑、謚、族，遂因而命氏。其源流次敘，《帝系》《世本》言之甚詳。秦漢以來，官邑謚族不自别而爲姓，又無賜族之禮。至于近世，遷徙不常，則其得姓之因，與夫祖宗曲次人倫之記，尤不可以不考焉。”準確指出了此書的學術價值和意義。司馬談、班彪二人以爲，此書乃魯定公、哀公之間左丘明撰（説據范曄《後漢書》卷四〇上《班彪傳》、《隋書》卷三三《經籍志二》正史類小序），西晉皇甫謐亦以爲左丘明撰，或者並非全無實據，左丘明即使非最初作者，亦是後來的整理者之一。漢成帝時，又經劉向之手，做進一步的校勘整理，纔成爲一部可用之書。此後又有學者宋忠，在西漢劉向校本的基础上做出簡略注解，故《隋書·經籍志》以爲二書，分别著録，實爲同源異流之一書。正史書目中最早著録此書者，爲《漢書》卷三〇《藝文志》“六藝略·春秋類”，作：“《世本》十五篇，古史官記黄帝以來訖春秋時諸侯、大夫。”此十五篇之底本，當爲其書在西漢中後期之傳本，漢成帝時，爲劉向、劉歆所知見，並做整理，成十五篇，故得以著入《别録》《七略》。班固改寫《七略》，成《漢書·藝文志》，又加轉録。《漢書》卷六二《司馬遷傳》“贊曰”：“孔子因《魯史記》而作《春秋》，而左丘明論輯其本事，以爲之傳。又纂異同爲《國語》。又有《世本》，録黄帝以來至春秋時帝王、公侯、卿、大夫祖世所出。春秋之後，七國並争，秦兼諸侯，有《戰國策》。漢興，伐秦，定天下，有《楚漢春秋》。故司馬遷據《左氏》《國語》，采《世本》《戰國策》，述《楚漢春秋》，接其後，事訖於大漢，其言秦漢詳矣。”所説當本乃父司馬談所撰《史記後傳》，可見此書爲司馬遷父子撰《史記》，班彪作《史記後傳》之重要史料來源。此後,班固和范曄又據以修《漢書》《後漢書》。東晉徐廣作《史記音義》,劉宋裴駰作《史記集解》,初唐陸德明撰《經典釋文》,孔穎達、賈公彦等著《五經正義》,顔師古注《漢書》,李賢注《後漢書》,司馬貞撰《史記索隱》,張守節撰《史記正義》,此書都是最重要的資料來源之一。《史記索隱》徵引尤多,但所見已非全本。《史記》卷三四《燕召公世家》司馬貞《索隱》就提到:"譙周云:'《系本》謂燕自宣侯已上,皆父子相傳,故無所疑。桓侯已下,並不言屬,以其難明故也。按今《系本》無燕代系,宋忠依《太史公書》,以補其闕。尋徐廣作《音》,尚引《系本》,蓋近代始散逸耳。'"可見東漢時宋衷注《世本》,世系就有殘缺,不得不據《史記》來補闕。然而畢竟去古未遠,故漢魏之交譙周作《古史考》,東晉徐廣作《史記音義》,此書大部仍存。至盛唐人所見《世本》,則已非全本,部分亡佚。《史記索隱》另一處還提到,記同一先秦古人,而《世本》《系本》二書,竟然文字互異,互相矛盾,是則唐人所引《世本》《系本》,並非内容全同的同一書,乃是自先秦兩漢古《世本》派生出的兩個不同的注本系統,二者是同源異流的關係。加上漢魏間叠經增補改寫,故致傳本互異。只是考慮到二者同出先秦古本《世本》,今存佚文又無法辨别具體歸屬,何者屬《世本》之文,何者爲《系本》之文,加上漢魏六朝,二書文字已經竄亂,故仍以爲同一書加以輯録。《資治通鑑》卷三胡三省注:"今按:《系本》即《世本》,司馬貞避唐諱,改世爲系。"可見自宋以來即以爲一書。《隋書》卷三三《經籍志二》"譜系篇"著録《世本》三種,按照成書年代先後,依次爲:"《世本王侯大夫譜》二卷。《世本》二卷,劉向撰。《世本》四卷,宋衷撰。"至初盛唐,劉向原校的二卷本已不可復見,所見者只有後出的宋衷四卷注本,另增佚名《世本别録》一卷、宋均撰《帝譜世本》七卷、佚名《世本譜》二卷,載於《舊唐書》卷四六《經籍志上》"雜譜牒類"。《新唐書》卷五八《藝文志二》"譜牒類"增《王氏注世本譜》二卷,或爲高宗朝王方慶所注。另據晁公武《郡齋讀書志》(袁州本卷二下"譜諜類")、陳振孫《直齋書録解題》(卷八"譜牒類"),開元中張九齡撰《姓源韻譜》五卷,亦曾用到此書,以述先秦帝王諸侯卿大夫,不過所用者爲經唐人改寫的《世本圖》,非原著,"捃摭諸書,纂爲此《譜》,分四聲以便尋閱”。此外，柳冲、路敬淳、柳芳、陳湘、孔至、李利涉、林寶、林贊等唐代譜牒學名家，都曾援據此書，以叙先秦人物姓氏，只是所撰之書未標書名，没其出處而已。凡此以上諸書，多爲唐人改寫之本，或節鈔，或注釋，或撰述，可見唐代爲此書影響最大的時代。入宋以後風氣轉變，多數世人不再留意於姓氏之學，此書遂逐漸失傳。至元代所修《宋史》卷二〇三《藝文志二》“譜系類”，以上諸書均不見載，只有經部“春秋類”著録“崔表《世本圖》一卷”，知此書南宋以後失傳。又王應麟著《困學紀聞》，於該書卷八曰：“《世本》今無傳，此可備參考。”亦爲此書亡於宋代之證。但唐代及唐以前經史子集注解及正文引用頗多，即使宋以下四部典籍文獻引用者猶有不少，雖然不一定所引爲原書，而是引自宋人所見唐代載籍，但仍有較高的文獻資料校勘價值，且部分佚文出唐代及先唐典籍之外，故仍不可忽視。諸書佚文去除重複，合計多達千餘條，内容十分豐富。由於此書十分著名，故清人曾對其加以輯集，有王謨、孫馮翼、陳其榮、秦嘉謨、張澍、雷學淇、茆泮林、王梓材等八家輯本。中華書局 2008 年出版了《世本八種》，將上述輯本彙爲一書，甚便讀者。然由於前人輯本都是手工翻閱，採獲未盡，可輯補者猶多，故據諸書重加輯録。諸書者佚文互見者，取存文最豐、訛奪最少者一種録入，而以其他書引用的同條文字互校，以備讀者參考。《顔氏家訓》卷下《書證》：“《世本》，左丘明所書，而有燕王喜、漢高祖，此説出皇甫謐《帝王世紀》。皆由後人所羼，非本文也。”所説甚是。此書之中，確有相當多的内容出自西漢以後儒者增益，真出左丘明之手者未必能有多少。而且諸書所引，不僅互相矛盾，抵牾甚多，而且文字零散，叙事破碎，斷爛紕繆之譏，在所難免。不但如此，而且混淆商周歷史事實與早期民族起源之民間傳聞，使人讀之難辨真僞，多數記載僅可視爲一種上古傳説，不可信以爲真。儘管如此，但考慮到先秦古籍絶少傳本，廣集史料以叙先秦古帝王臣民姓氏者，唯此一書，故仍廣事搜輯，不嫌贋羼。舊籍中原有之宋衷或宋忠、宋均注解，本爲《世本》之附麗，具有互相依存之關係，内容上還可互相説明，不可分割，故亦一并輯録，以備參考。

《世本》云：化益作井。宋衷云：化益，伯益也，堯臣。（魏王弼、唐孔穎達《周易注疏》卷八；《經典釋文》卷二；《玉海》卷一二）

《世本》云：祝融爲市。宋衷云：顓頊臣。（魏王弼、唐孔穎達《周易注疏》卷二四；《經典釋文》卷二）

蒼頡造書，出於《世本》。蒼頡豈伏犧時乎……故《世本》云：蒼頡作書……今《世本》《帝繫》及《大戴禮》《五帝德》并《家語·宰我問》、太史公《五帝本紀》皆以黄帝爲五帝，此乃史籍明文……此等之書，説五帝而以黄帝爲首者，原由《世本》，經於暴秦，爲儒者所亂，《家語》則王肅多私定，《大戴禮》《本紀》出於《世本》，以此而同。（漢孔安國傳、唐孔穎達疏《尚書注疏序》孔穎達《正義》）

若然湯名履而《王侯》《世本》湯名天乙者，安國意蓋以湯受命之王，依殷法以乙日生，名天乙。至將爲王，又改名爲履，故二名也亦可。安國不信《世本》無天乙之名……然案《世本》，堯是黄帝玄孫，舜是黄帝八代之孫，計堯女於舜之曾祖爲四從姊妹。以之爲妻，於義不可。《世本》之言，未可據信。（漢孔安國傳、唐孔穎達疏《尚書注疏》卷一）

《帝繫》及《世本》皆云：黄帝生玄囂，玄囂生僑極，僑極生帝嚳，帝嚳生堯。

《世本》云：容成作曆，大撓作甲子，二人皆黄帝之臣。（漢孔安國傳、唐孔穎達疏《尚書注疏》卷二；晉杜預著，唐孔穎達疏《春秋左傳序》；《顔氏家訓》卷上；《藝文類聚》卷五；《太平御覽》卷一六；《玉海》卷一二）

啓，禹子，《世本》文也。（漢孔安國傳、唐孔穎達疏《尚書注疏》卷四）

皇甫謐等皆言：有扈與夏同姓，並依《世本》之文。

《世本》云：帝堯爲陶唐氏。

《世本》云：昭明居砥石。

《世本》《本紀》皆云：契是帝嚳子。（漢孔安國傳、唐孔穎達疏《尚書注疏》卷六）

太甲，太丁子，《世本》文也。

《世本》《本紀》皆云：太甲崩，子沃丁立，是爲太甲子也。

仲丁是太戊之子。河亶甲，仲丁弟也。祖乙，河亶甲子，皆《世本》文也。（漢孔安國傳、唐孔穎達疏《尚書注疏》卷七）

《世本》云：盤庚崩，弟小辛立。崩，弟小乙立。崩，子武丁立，是武丁爲盤庚弟，小乙子也。（漢孔安國傳、唐孔穎達疏《尚書注疏》卷九）

《世本》云：芮伯，姬姓，是周同姓也。（漢孔安國傳、唐孔穎達疏《尚書注疏》卷一二）

《世本》云：后稷生不窋，爲昭。不窋生鞠陶，爲穆。鞠陶生公劉，爲昭。公劉生慶節，爲穆。慶節生皇僕，爲昭。皇僕生差弗，爲穆。差弗生毀揄，爲昭。毀揄生公非，爲穆。公非生高圉，爲昭。高圉生亞圉，爲穆。亞圉生組紺，爲昭。組紺生大王亶父，爲穆。亶父生季歷，爲昭。季歷生文王，爲穆。據世次，偶爲穆也。

《世本》云：儀狄造酒，夏禹之臣。又云：杜康造酒。（漢孔安國傳、唐孔穎達疏《尚書注疏》卷一三）

《世本》云：杼作甲。宋仲子云：少康子，杼也。（漢孔安國傳、唐孔穎達疏《尚書注疏》卷一九；《毛詩注疏》卷七）

案《世本》：會人即檜之祖也。

《世本》云：懿王徙於犬丘[1]。（漢鄭玄撰，唐孔穎達疏《毛詩譜》）

《世本》云：暴辛公作塤，蘇成公作篪。（漢鄭玄箋、唐孔穎達疏《毛詩注疏》卷一九）

《大戴禮·帝繫篇》：帝嚳卜其四妃之子，皆有天下。上妃有邰氏之女，曰姜嫄，而生后稷。次妃有娀氏之女，曰簡狄，而生契。次妃陳鋒氏之女，曰慶都，生帝堯。下妃娵訾之女，曰常儀，生摯。以堯與契俱爲嚳子。《家語》《世本》，其文亦然。

《世本》云：帝嚳卜其四妃之子，皆有天下。

《世本》云：有邰氏女，曰姜嫄。（漢鄭玄箋、唐孔穎達疏《毛詩注疏》卷二四）

---

① 犬丘：《毛詩注疏》原訛作"大丘"，據《春秋左傳注疏》卷三、卷三一、宋吕祖謙《吕氏家塾讀詩記》卷一四引《世本》改。

《世本》:穆公是康公之十六世孫。(漢鄭玄箋、唐孔穎達疏《毛詩注疏》卷二五)

《世本》云:垂作銚。宋仲子注云:銚,刈也。(漢鄭玄箋、唐孔穎達疏《毛詩注疏》卷二七)

行父是季友之孫,故以季孫爲氏。死,謚曰文子,《左傳》《世本》,皆有其事。(漢鄭玄箋、唐孔穎達疏《毛詩注疏》卷二九)

《世本》云:宋昏公生弗甫何。弗甫何生宋父。宋父生正考甫。正考甫生孔父嘉,爲宋司馬華督殺之,而絶其世。其子木金父降爲士木。金父生祁父。祁父生防叔,爲華氏所偪,奔魯,爲防大夫,故曰防叔。防叔生伯夏。伯夏生叔梁紇。叔梁紇生仲尼。則正考甫是孔子七世之祖,故云孔子之先也。其祖弗父何,以有宋而授厲公。(漢鄭玄箋、唐孔穎達疏《毛詩注疏》卷三〇)

《世本》云:黄帝造太食、旃冕。

杜子春云:……繫謂《帝繫》《諸侯卿大夫世本》之屬是也……諷誦王治功之詩,以爲謚,世之而定其繫,謂書於《世本》也。釋曰:定其繫,繫即《帝繫》《世本》是也。鼓琴,瑟者,詩與《世本》二者雖不歌詠,猶鼓琴瑟而合之,以美之也。注:釋曰:諸侯卿大夫,謂之《世本》,即經世也。云"小史主次序,先王之世,昭穆之繫"者,小史職云,奠繫世,辨昭穆,故知小史次序之云……注云:先王之繫《世本》,使知有德者長,無德者短。子春引之者證《帝繫》《世本》之事,後鄭云"世之而定其繫,謂書於《世本》",以世與繫爲一事解之,又對文言之。王,謂之《帝繫》;諸侯卿大夫,謂之《世本》。散則通,故云書於《世本》。《世本》,即帝王繫也。(漢鄭玄注,唐賈公彦疏《周禮注疏》卷二三)

《世本》曰:巫咸作筮作卜,未聞其人也。(漢鄭玄注,唐賈公彦疏《周禮注疏》卷二四)

小史掌邦國之志者,邦、國連言,據諸侯,志者記也,諸侯國内所有記録之事,皆掌之。云"奠繫世"者,謂定《帝繫》《世本》。云"辨昭穆"者,《帝繫》《世本》之上,皆有昭穆親疏,故須辨之云。

史官主書,故韓宣子聘于魯,觀書大史氏。繫世,謂《帝繫》《世本》

之屬是也，小史主定之。注：釋曰：……云“繫世”，謂《帝繫》《世本》之屬是也者，天子謂之《帝繫》，諸侯謂之《世本》云。（漢鄭玄注，唐賈公彦疏《周禮注疏》卷二六）

《世本》：作曰相，士作乘馬。（漢鄭玄注，唐賈公彦疏《周禮注疏》卷三三）

知者創物。注：謂始闓端造器物，若《世本》作者是也。疏：注釋曰：此知者，即下文聖人，一也……引《世本》作者，無句作磬，儀狄造酒之等，皆非聖知，但佐聖知所爲，則皆由聖知而起，是以聖人之時，有此《世本》所作也。

據《世本·作篇》，多非聖人親爲，要君統臣功，故皆聖人統攝之也。（漢鄭玄注，唐賈公彦疏《周禮注疏》卷三九）

《世本》云：揮作弓，夷牟作矢。注云：揮、夷牟，黄帝臣。（漢鄭玄注、唐孔穎達疏《禮記注疏原目》；《太平御覽》卷三四九；《藝文類聚》卷六〇）

案《世本》：獻子蔑生孝伯。孝伯生惠伯。惠伯生昭伯。昭伯生景伯。

案《世本》：公子友生齊仲。齊仲生無逸。無逸生行父。行父生夙。

案《世本》《傳記》：哀公蔣生悼公寧。寧生元公嘉。嘉生穆公不衍。

《世本》云：仲孫玃生南宫縚。（漢鄭玄注、唐孔穎達疏《禮記注疏》卷六）

案《世本》：大公望生丁公伋。伋生乙公得。得生痼公慈母。慈母生哀公不臣。

案《世本》：靈公生昭子郢。郢生文子木及惠叔蘭。蘭生虎，爲司寇氏。文子生簡子瑕。瑕生衛將軍文氏。（漢鄭玄注、唐孔穎達疏《禮記注疏》卷七）

案《世本》云：（衛）獻公生成子常。當（常）生文子拔。拔生朱，爲公叔氏。

案《世本》：桓公生僖叔牙。牙生戴伯兹。兹生莊叔得臣。臣生穆叔豹。豹生昭子婼。婼生成子不敢。敢生武叔州仇。仇是公子牙六世孫。

案《世本》：向戌生東鄰叔子超。超生左師眇。眇即向巢也，魋是巢之弟。

案《世本》：成子常生襄子班。班生莊子伯。

案《世本》：孝公生惠伯革，其後爲厚氏。《世本》云革，此云鞏。《世本》云厚，此云后，其字異耳。

《齊世本》：懿伯生貞孟。貞孟生成伯高父。（漢鄭玄注、唐孔穎達疏《禮記注疏》卷八）

知穆伯是季悼子之子公甫靖者，《世本》文。

案《世本》云：哀公生悼公寧。寧生元公嘉。嘉生穆公不衍。

案《世本》：悼子紇生平子意如。意如生桓子斯。斯生康子肥。《世本》又云：悼子紇生穆伯靖。

云夫差吴子光之子者，《世本》及《吴世家》文也。（漢鄭玄注、唐孔穎達疏《禮記注疏》卷九）

云仲遂魯莊公之子東門襄仲者，《世本》及《左傳》文也。

案《世本》：叔肸生聲伯嬰齊。齊生叔老。老生叔弓。

案《世本》：慶父生穆伯敖。敖生文伯穀。穀生獻子蔑。

案《世本》：戴公生樂甫術。術生石甫願繹。繹生夷甫傾。傾生東鄉克。克生西鄉士曹。曹生子罕喜。

案《世本》：桓公生僖叔牙。叔牙生武仲休。休生惠伯彭。彭生皮，爲叔仲氏。（漢鄭玄注、唐孔穎達疏《禮記注疏》卷一〇）

案《世本》及譙周《古本》：伏犧制以儷皮。（漢鄭玄注、唐孔穎達疏《禮記注疏》卷一五）

案《世本》：孝公生惠公弗皇。弗皇生隱公，是隱公之祖父也。（漢鄭玄注、唐孔穎達疏《禮記注疏》卷一八）

埶音，《世本》亦作勢。（漢鄭玄注、唐孔穎達疏《禮記注疏》卷二一）

案《世本》：孝公生僖伯彄。彄生哀伯達。達生伯氏瓶。瓶生文仲辰，是公子彄曾孫也。（漢鄭玄注、唐孔穎達疏《禮記注疏》卷二三；《春秋左傳注疏》卷九；《論語注疏》卷五）

案《世本》：康王生昭王。昭王生穆王。穆王生恭王。恭王生懿王。懿王崩，弟孝王立。孝王崩，懿王大子燮立，是爲夷王。（漢鄭玄注、唐

孔穎達疏《禮記注疏》卷二五）

案《世本》：伯禽生煬公熙。熙生弗。弗生獻公具。具生武公敖，是伯禽玄孫，名敖。

云《世本》作曰者，《世本》書名有《作篇》，其篇記諸作事云。（漢鄭玄注、唐孔穎達疏《禮記注疏》卷三一）

《咸池》之樂，至堯之時，更增改修治而用之。周禮大司樂謂之《大咸》。《咸池》雖黄帝之樂，若堯既增修而用之者，則《世本》名《咸池》是也。

案《世本》云：萬生芒。芒生季。季生武仲州。州生莊子降。降生獻子荼。荼生簡子取。取生襄子多。多生桓子駒。駒生文侯斯。（漢鄭玄注、唐孔穎達疏《禮記注疏》卷三八）

《世本》：煬公，伯禽之子，始立煬公。

又《世本》云：作城郭，是有功也。

案《世本》：契生昭明。昭明生相土。相土生昌若。昌若生曹圉。曹圉生根國。根國生冥。（漢鄭玄注、唐孔穎達疏《禮記注疏》卷四六）

案《世本》：莊叔達生得閭叔穀。穀生成叔烝鉏。鉏生頃叔羅。羅生昭叔起。起生文叔圉。圉生悝莊叔。（漢鄭玄注、唐孔穎達疏《禮記注疏》卷四九）

《世本》云：亞圉雲生太公組紺。（漢鄭玄注、唐孔穎達疏《禮記注疏》卷五二）

《世本》文云：臨死遺書曰顧命。

案《世本》及《汲冢古文》並云：禹都咸陽。（漢鄭玄注、唐孔穎達疏《禮記注疏》卷五五）

《世本》云：容成造曆，大撓作甲子。宋忠注云：皆黄帝史官也。（晉杜預注，唐孔穎達疏《春秋左傳序》）

顓頊娶于滕奔氏。《世本》作滕濆。

女隤氏産六子，其三曰籛。案，《世本》作籛鏗。是爲彭祖。其四曰萊言。案，《世本》作求言。

昆吾者，衛氏也。案，氏，《世本》作是，合下共六氏。（《大戴禮記》卷七）

宋之同姓國，依《世本》，子姓，殷時來宋空同，黎比髦目夷蕭。

《世本》：夷，妘姓。

《世本》：莒，己姓。向，姜姓。

《世本》自紀公以下爲己姓。（晉杜預注，唐孔穎達疏《春秋左傳注疏》卷一）

僖伯名彄，字子臧。《世本》云：孝公之子。

《世本》：燕國，姞姓。（晉杜預注，唐孔穎達疏《春秋左傳注疏》卷二）

《世本》云：齊景公亡滕。

《世本》言：隱公之後，仍有六世爲君。

案《世本》：帝舜，姚姓。

其公孟彄，《世本》以爲靈公之子，字公孟，名彄，與季友仲遂相似俱以字配名。

案《世本》：宋督是戴公之孫，好父説之子。華父是督之字，計督是公孫耳。

《世本·氏姓篇》云：任姓，謝、章、薛、舒、吕、祝、終、泉、畢、過，言此十國，皆任姓也。

《世本》：息國，姬姓。（晉杜預注，唐孔穎達疏《春秋左傳注疏》卷三）

《世本》：桓公名軌。

案《世本》云：華父督，宋戴公之孫，好父説之子。孔父嘉生木金父。木金父生祁父。其子奔魯，爲防叔。防叔生伯夏。伯夏生叔梁紇。叔梁紇生仲尼。是孔父嘉爲孔子六世祖。（晉杜預注，唐孔穎達疏《春秋左傳注疏》卷四）

《世本》云：黄帝作冕。宋仲子云：冕，冠之有旒者。（晉杜預注，唐孔穎達疏《春秋左傳注疏》卷四；《論語注疏》卷一五）

《世本》云：楚鬻熊居丹陽，武王徙郢。宋仲子云：丹陽在南郡枝江縣。今南郡江陵縣北有郢城。（晉杜預注，唐孔穎達疏《春秋左傳注疏》卷四）

武公，莊伯子。韓萬，莊伯弟。《世本》《世家》文也。

《世本》：芮、魏皆姬姓。

《世本》:州國,姜姓。曹國,伯爵。

《世本》:隨國,姬姓,不知始封爲誰。(晉杜預注,唐孔穎達疏《春秋左傳注疏》卷五)

《世本》:鄧爲曼姓。

《世本》:荀、賈皆姬姓。

躍爲厲公,《世本》文也。

《世本》本無利公。

羅,熊姓,《世本》文也。(晉杜預注,唐孔穎達疏《春秋左傳注疏》卷六)

《世本》云:郳顔居郳肥,徙郳。宋仲子注云:郳顔别封小子肥於郳,爲小郳子,則顔是郳君,肥始封郳。

《世本》言肥,《杜譜》言友當是一人。(晉杜預注,唐孔穎達疏《春秋左傳注疏》卷七)

黄,嬴姓國,《世本》文。(晉杜預注,唐孔穎達疏《春秋左傳注疏》卷八)

閔公名開,莊公之子,惠王十六年即位。杜《世族譜》云名啓方……從《世本》文。

《世本》:畢萬生芒季,李(季)生武仲州,州即犨也。杜以萬爲犨之祖父,依《世本》也。

戴公名申,《世本》《世家》《文・經傳》皆云:(起閔公二年)十二月,狄入衛,衛人東徙渡河,收集離散,乃立戴公。(晉杜預注,唐孔穎達疏《春秋左傳注疏》卷一〇)

《世本》云:垂作耨。(晉杜預注,唐孔穎達疏《春秋左傳注疏》卷一六)

《世本》:戴公生樂甫術。術生碩甫澤。澤生季甫。甫生子僕伊與樂豫是也。《世本》又云:桓公生公子鱗,鱗生東鄉矔。(晉杜預注,唐孔穎達疏《春秋左傳注疏》卷一八)

皇父,戴公子,《世本》文。

《世本》:偃姓,舒庸、舒蓼、舒鳩、舒龍、舒鮑、舒龔。(晉杜預注,唐孔穎達疏《春秋左傳注疏》卷一九)

魏公,《世本》作徽公。真公一作慎公。

《世本》:華督生世子家。家生華孫御事。事生華元右師。

司馬遷采《帝系》《世本》,以爲《史記》。其《夏本紀》稱:禹是顓頊之後。《秦本紀》稱:皋陶是顓頊之後。伯益則皋陶之子。

《世本》云:戴公生樂甫術。術生碩甫澤。澤生夷父須。須生大司寇吕今。(晉杜預注,唐孔穎達疏《春秋左傳注疏》卷二〇)

《世本》:夙爲衰祖,穿爲夙之曾孫。《世本》轉寫多誤,其本未必然也。(晉杜預注,唐孔穎達疏《春秋左傳注疏》卷二一)

《世本》:艾獵爲叔敖之兄。《世本》多誤,本必不然。(晉杜預注,唐孔穎達疏《春秋左傳注疏》卷二二)

《世本》云:桓叔生子萬。萬生求伯。求伯生子輿。子輿生獻子厥。

錡,服虔亦以爲(魏)犨子,《世本》以爲犨孫。《世本》多誤,未必然也。(晉杜預注,唐孔穎達疏《春秋左傳注疏》卷二三)

《世本》:郤豹生冀芮。芮生缺。缺生克。又云:豹生義。義生步楊。楊生蒲城鵲居。居生至如。《世本》:克是豹之曾孫,至是豹之玄孫,於克爲二從兄弟子。(晉杜預注,唐孔穎達疏《春秋左傳注疏》卷二五)

《世本》云:公明生趙夙。(晉杜預注,唐孔穎達疏《春秋左傳注疏》卷二六)

案《世本》:郤豹生冀芮。芮生缺。缺生克也。又云:豹生義。義生步揚。揚生州,州即犨也。

《世本》:孫氏出于衛武公。至林父,八世,是同姓也。

《世本》云:公孫壽生大司馬虺。虺生司馬澤也。華喜,督之玄孫者。又云:督生世子家。家生秀老。老生司徒鄭。鄭生司徒喜也……又云:莊公生右師戊。戊生司城師也。鱗朱,鱗矔孫者。又云:桓公生公子鱗。鱗生東鄉矔。矔生司徒文。文生大司寇子奏。奏生小司寇朱也。(晉杜預注,唐孔穎達疏《春秋左傳注疏》卷二七)

欒懼是戴公六世孫,《世本》有文也。

荀氏别族,《世本》有文。(晉杜預注,唐孔穎達疏《春秋左傳注疏》卷二八)

《世本》:杞桓公是成公之弟。成公卒而桓公立,至此七十一年。(晉杜預注,唐孔穎達疏《春秋左傳注疏》卷三〇)

《鄭語》及《世本》皆云：偪陽，妘姓，是祝融之孫，陸終第四子求言之後。虞夏以來，世祀不絕。今復繼之，善其不滅姓。

七姓十二國之祖。十三國爲七姓。《世本》《世家》文也。（晉杜預注，唐孔穎達疏《春秋左傳注疏》卷三一）

案《世本》：蔿艾獵是孫叔敖之兄，馮是艾獵之子……《世本》轉寫多誤，杜當考得其真。（晉杜預注，唐孔穎達疏《春秋左傳注疏》卷三二）

太甲，湯孫，《世本》記文也。（晉杜預注，唐孔穎達疏《春秋左傳注疏》卷三四）

（陳鍼宜咎），陳鍼子八世孫，《世本》文也。（晉杜預注，唐孔穎達疏《春秋左傳注疏》卷三五）

宣十二年邲之役，楚有屈蕩，爲左廣之右。《世本》：屈蕩，屈建之祖父。（晉杜預、唐孔穎達《春秋左傳注疏》卷三六）

康叔，周公弟。武公，康叔九世孫，《世本》《世家》文也。

依《世本》：敬仲生莊子。莊子生傾子。傾子生宣子。宣子生厚。厚生止。

《世本》又云：敬仲生莊子。莊子生傾子。傾子之孫，武子偃。據《世本》，則偃爲敬仲玄孫。

據《世本》，高止，敬仲玄孫之子。（晉杜預注，唐孔穎達疏《春秋左傳注疏》卷三九）

周有徐、奄。（杜預）注：二國皆嬴姓。二國皆嬴姓，《世本》文也。

金天氏，帝少皞，《帝系》《世本》文也。

《帝系》《世本》皆云：少皞是黄帝之子，顓頊是黄帝之孫。（晉杜預注，唐孔穎達疏《春秋左傳注疏》卷四一）

杜（預）據《世本》《史記》，作《世族譜》，説諸國滅亡之年。此下十一年，楚滅蔡。十三年，蔡復封。春秋後二世十八年而楚滅蔡也。哀八年，宋滅曹也。滕以春秋後六世而齊滅之。鄭在春秋後五世九十一年。韓滅鄭衛在春秋後十一世。二百五十八年而秦滅衛也。（晉杜預注，唐孔穎達疏《春秋左傳注疏》卷四二）

案《世本》：叔向兄弟有季夙。（晉杜預注，唐孔穎達疏《春秋左傳注

疏》卷四三)

《世本》:舜姓姚氏。(晉杜預注,唐孔穎達疏《春秋左傳注疏》卷四四)

案《世本》:敬仲生莊子。莊子生傾子。(晉杜預注,唐孔穎達疏《春秋左傳注疏》卷四五)

孫伯黶爲晉之正卿,世掌典籍,有功,故曰籍氏,是籍談九世祖也。其九世之次,《世本》云:黶生司空頡。頡生南里叔子。子生叔正官伯。伯生司徒公。公生曲沃正少襄。襄生司功大伯。伯生侯季子。子生籍游。游生談。談生秦是也。

《世本》云:鄭桓公封棫林。(晉杜預注,唐孔穎達疏《春秋左傳注疏》卷四七)

《世本》及《春秋緯》皆言:青陽即是少皞,黄帝之子,代黄帝而有天下,號曰金天氏……而《世本》:己姓出自少皞,非青陽也。

《帝系》《世本》皆爲炎帝即神農氏。炎帝,身號。神農,代號也。

依《世本》:穆王生王子揚,揚生尹。尹生令尹匄。

《世本》云:昆吾者,衛是也。

鄅爲妘姓,《世本》文也。

案《世本》:子游、子瑕,並公孫夏之子。(晉杜預注,唐孔穎達疏《春秋左傳注疏》卷四八)

案《世本》:頃公生子夏勝,勝生子石青是也。(晉杜預注,唐孔穎達疏《春秋左傳注疏》卷四九)

案《世本》:宣公生子夏。夏生御叔。叔生徵舒。舒生惠子晉。晉生御寇。寇生悼子罃。罃是徵舒曾孫。(晉杜預注,唐孔穎達疏《春秋左傳注疏》卷五〇)

《世本》云:胡曹作冕。注云:胡曹,黄帝臣也。(晉杜預注,唐孔穎達疏《春秋左傳注疏》卷五一)

《世本》云:平王生桓王林。林生莊王佗。佗生僖王胡齊。齊生惠王涼。

《世本》云:夷昧及僚。夷昧生光。

班固云:司馬遷采《世本》,爲《史記》,而今之《世本》,與遷言不同,

《世本》多誤，不足依憑，故杜以《史記》爲正也。（晉杜預注，唐孔穎達疏《春秋左傳注疏》卷五二）

案《世本》及《楚世家》云：高陽生稱。稱生卷章。卷章生黎如。（晉杜預注，唐孔穎達疏《春秋左傳注疏》卷五三）

又《世本》云：叔弓生定伯閱。閱生西巷敬叔。叔生成子還。

案《世本》：懿子兼生昭子舉。舉生趙陽。（晉杜預注，唐孔穎達疏《春秋左傳注疏》卷五六）

案《世本》：僖子生昭子莊、簡子齒、宣子其夷、穆子安、廩丘子鑿兹、芒子盈、惠子得。（晉杜預注，唐孔穎達疏《春秋左傳注疏》卷五九）

案《傳》：敬王崩，在此年（哀公十九年），《世本》亦爾。

又《世本》云：魯哀公二十年，是定王介崩，子元王赤立。

案《世本》：敬王崩，貞王介立。貞王崩，元王赤立。宋忠注引《太史公書》云：元王仁生貞王介，與《世本》不相應，不知誰是，則宋忠不能定也。又《帝王世紀》：敬王三十九年，春秋已終。四十四年，敬王崩，子貞定王立。貞定王崩，子元王立。是《世本》與《史記》，參差不同，良以書籍久遠，事多紕繆。（晉杜預注，唐孔穎達疏《春秋左傳注疏》卷六〇）

天子新立衛公子留解云，《世本》及《史記》，並有其事。（漢何休解詁，唐徐彦疏《春秋公羊傳注疏》卷六）

《魯世家》：桓公名允，惠公之子，隱公之弟。以桓王九年即位。《世本》作軌。

案《世本》：孔父嘉生木金父。木金父生祁父。其子奔魯，爲防叔，生伯夏。伯夏生叔梁紇。叔梁紇生仲尼。（晉范甯集解，唐楊士勛疏《春秋穀梁傳注疏》卷三）

案《世本》：（宋公）馮是宋莊公穆公之長子。（晉范甯集解，唐楊士勛疏《春秋穀梁傳注疏》卷五）

按《世本》：隨是國名。（晉范甯集解，唐楊士勛疏《春秋穀梁傳注疏》卷九）

《世本》：季友生仲無佚，佚生行父。（晉范甯集解，唐楊士勛疏《春秋穀梁傳注疏》卷一〇）

（文公十三年）夏五月壬午，陳侯朔卒。《世本》：是陳共公也。

（文公十四年）夏五月乙亥，齊侯潘卒。《世家》及《世本》，是齊昭公也。（晉范甯集解，唐楊士勛疏《春秋穀梁傳注疏》卷一一）

秦伯稻卒。《世本》：秦共公也。（晉范甯集解，唐楊士勛疏《春秋穀梁傳注疏》卷一二）

壬申，鄭伯費卒。案《世本》及《左氏》：鄭伯費是鄭悼公。（晉范甯集解，唐楊士勛疏《春秋穀梁傳注疏》卷一三）

（成公十四年冬十月），秦伯卒。《世本》及《左氏》：是秦桓公也。

（成公十七年十二月），邾子貜且卒。《世本》：邾定人也。（晉范甯集解，唐楊士勛疏《春秋穀梁傳注疏》卷一四）

（襄公元年九月），邾子來朝。《世本》及《左傳》：邾宣公也。

（十五年二月），劉夏逆王后于齊。案《世本》《本紀》：當頃王也。（晉范甯集解，唐楊士勛疏《春秋穀梁傳注疏》卷一五）

鮮虞，姬姓，白狄也者，《世本》文也。（晉范甯集解，唐楊士勛疏《春秋穀梁傳注疏》卷一七）

曹是文王之子，封於曹者，《世本》文。（晉范甯集解，唐楊士勛疏《春秋穀梁傳注疏》卷一八）

文公爲世子，至勉世子也，此蓋《古紀》《世本》之文也。（漢趙岐注，宋孫奭疏《孟子注疏》卷五上）

武王克殷紂，平天下，封功臣昆弟，於是封叔鮮於管，封叔度於蔡。《世本》曰：居上蔡。（漢趙岐注，宋孫奭疏《孟子注疏》卷一四上）

《世本》云：中孫貜生南宫縚。（魏何晏集解，宋邢昺疏《論語注疏》卷五）

老彭，殷賢大夫……《世本》云：姓籛，名鏗，在商爲守藏史，在周爲柱下史，年八百歲，籛音翦。一云即老子也。

云葉公名諸梁，楚大夫，食采於葉，僭稱公者，據《左傳》《世本》文也。（魏何晏集解，宋邢昺疏《論語注疏》卷七）

《世本》云：帝堯爲陶唐氏。（魏何晏集解，宋邢昺疏《論語注疏》卷八）

案《世本》云：獻公生成子當。當生文子枝。枝生朱，爲公孫氏。（魏何晏集解，宋邢昺疏《論語注疏》卷一四）

案《世本》：州仇，公子叔牙六世孫，叔孫不敢子也。（魏何晏集解，宋邢昺疏《論語注疏》卷一九）

《世本》云：禹作宫室。（晋郭璞注，宋邢昺疏《爾雅注疏》卷四；《初學記》卷二四）

《世本》曰：庖犧氏作五十絃，黄帝使素女鼓瑟，哀不自勝，乃破爲二十五絃，具二均聲。

篪，《世本》云：蘇成公所作，長一尺二寸。（晋郭璞注，宋邢昺疏《爾雅注疏》卷五）

《世本》：倕作規。（《重修玉篇》卷三）

《世本》：昌意生高陽，是爲帝顓頊。（《重修玉篇》卷四）

《世本》：顓頊生鯀，鯀生高密，是爲禹也。（《重修玉篇》卷七）

《世本》曰：黄帝臣揮作弓。

《世本》曰：雍父作舂。（《原本廣韻》卷一）

《世本》曰：蚩尤以金作兵器。（《原本廣韻》卷二）

《世本》曰：羅父作杵臼。

網，《世本》曰：庖羲臣芒所作。

《世本》曰：雍父作臼。（《原本廣韻》卷三）

《世本》曰：黄帝時，隸首作數。（《原本廣韻》卷四）

勃，又姓，《世本》：宋右師之後。

《世本》曰：烏曹作簙。

《世本》曰：鯀作郭。

莢，又姓，《世本》有晋大夫莢成僖子。（《原本廣韻》卷五）

《世本》云：奚仲始造車。（《樂書》卷二一）

《世本》：帝嚳命倕作鞀鞞。（《樂書》卷四二）

《世本》曰：暴公作塤，蘇公作篪。（《樂書》卷五六）

班固有言曰：司馬遷據《左氏》《國語》，采《世本》《戰國策》，述《楚漢春秋》，接其後事，訖於天漢，其言秦漢詳矣。至於采經摭傳，分散數家之事，甚多疏略，或有抵捂，亦其所涉獵者廣博，貫穿經傳，馳騁古今上下數千載間，斯已勤矣。（裴駰《史記集解序》）

劉向云:《世本》,古史官明於古事者之所記也,録黄帝已來帝王諸侯及卿大夫系謚名號,凡十五篇也。(《史記索隱》卷首裴駰《史記集解序》)

此以黄帝爲五帝之首,蓋依《大戴禮·五帝德》。又譙周、宋均亦以爲然。

按太史公依《世本》《大戴禮》,以黄帝、顓頊、帝嚳、唐堯、虞舜爲五帝。譙周、應劭、宋均皆同。而孔安國《尚書序》、皇甫謐《帝王世紀》、孫氏注《世本》,並以伏犧、神農、黄帝爲三皇,少昊、顓頊、高辛、唐虞爲五帝。

按皇甫謐及宋衷皆云:玄囂青陽,即少昊也。

《史記集解》:宋衷又云:玄囂青陽,是爲少昊,繼黄帝立者。

顓頊,宋衷云:顓頊名高陽,有天下號也。

帝顓頊生子,曰窮蟬。《索隱》:《系本》作窮係。宋衷云:一云窮係謚也。

高辛,宋衷曰:高辛,地名,因以爲號,嚳名也。(唐司馬貞《史記索隱》卷一)

魚爛不可復全。宋均曰:言如魚之爛,從内而出。(唐司馬貞《史記索隱》卷二)

宋均以爲天一、太一,北極之别名。(唐司馬貞《史記索隱》卷四)

帝皋,宋衷云:墓在崤南陵。

昭王瑕。音遐。宋衷云:昭王南伐楚,辛由靡爲右,涉漢中流而隕。由靡承王遂,卒不復周,乃侯其後于西翟也。

齊武公壽。太公五代孫,獻公子也。宋衷曰:武公十年,宣王大臣共行政,號曰共和。十四年,宣王即位。

晉靖侯宜臼。唐叔五代孫,厲侯之子也。宋衷曰:唐叔已下五代,無年紀。

趙肅侯名語王赧。宋衷云:赧,謚也。(唐司馬貞《史記索隱》卷五)

揜焦明……宋衷曰:水鳥。(唐司馬貞《史記索隱》卷二六)

舜飭下二女於嬀汭。《索隱》:《列女傳》云:二女長曰娥皇,次曰女英。《系本》作女瑩。(《史記》卷一《五帝本紀》司馬貞《索隱》引)

天子賜姓命氏,諸侯命族。族者,氏之别名也。姓者,所以統繫百世,使不别也。氏者,所以别子孫之所出,故《世本》之篇,言姓則在上,

言氏則在下也。(《史記》卷一《五帝本紀》裴駰《集解》引)

《索隱》:又按《系本》:鮌取有莘氏女,謂之女志,是生高密。宋忠云:高密,禹所封國。

《索隱》:《系本》亦以鮌爲顓頊子,顓頊五代而生鮌。

《索隱》:《系本》曰:塗山氏女名女憍,是禹娶塗山氏,號女憍也。

帝少康崩,子帝予立。《索隱》:《系本》云:季佇作甲者也。

帝予崩,子帝槐立。《索隱》:《系本》作帝芬。

帝芒崩,子帝泄立。帝泄崩,子帝不降立。《索隱》:《系本》作帝降。

受豕韋之後。《索隱》:按《系本》:豕韋,彭姓。

帝發崩,子帝履癸立,是爲桀。《索隱》:按《系本》:帝皋生發及桀。

太史公曰:禹爲姒姓,其後分封,用國爲姓,故有夏后氏、有扈氏、有男氏、斟尋氏、彤城氏、褒氏、費氏。《索隱》:《系本》:男作南,尋作鄩,費作弗,而不云彤城及褒……又下云斟戈氏。按《左傳》《系本》皆云斟灌氏。(《史記》卷二《夏本紀》)

昭明卒,子相土立。《集解》:宋忠曰:相土就契封於商。

相土卒,子昌若立。昌若卒,子曹圉立。《索隱》:《系本》作糧圉也。

曹圉卒,《正義》:圉音語,出《系本》。子冥立。《集解》:宋忠曰:冥爲司空,勤其官事,死于水中,殷人郊之。冥卒,子振立。《索隱》:《系本》作核。

帝祖辛崩,弟沃甲立,是爲帝沃甲。《索隱》:《系本》作開甲也。

太史公曰:余以頌次契之事,自成湯以來,采於《書》、《詩》,契爲子姓,其後分封,以國爲姓。有殷氏、來氏、宋氏、空桐氏、稚氏、《索隱》:按,《系本》:子姓無稚氏。北殷氏。《索隱》:《系本》作髦氏,又有時氏、蕭氏、黎氏。(《史記》卷三《殷本紀》)

帝嚳時,陸終之長於夏臺子,昆吾氏之後也。《世本》云,昆吾者衛氏是。

《尚書孔氏序》云:成湯既没,太甲元年,不言有外丙、仲壬。而太史公採《世本》,有外丙、仲壬,二書不同。(《史記》卷三《殷本紀》張守節《正義》引)

慶節卒,子皇僕立。皇僕卒,子差弗立。差弗卒,子毁隃立。《世本》

作榆。

公非卒，子高圉立。《集解》：宋忠曰：高圉能率稷者也，周人報之。《索隱》：世本云：高圉侯侔。

高圉卒，子亞圉立。《系本》云：亞圉雲都。（《史記》卷四《周本紀》裴駰《集解》引）

毁隃卒，子公非立。《世本》作公非辟方。皇甫謐云，公非，字辟方也。

亞圉卒，子公叔祖類立。《世本》云：太公、組紺、諸盩。（《史記》卷四《周本紀》司馬貞《索隱》引）

《世本》云：莘國，姒姓，夏禹之後，即散宜生等求有莘美女獻紂者。（《史記》卷四《周本紀》張守節《正義》引）

懿王之時，王室遂衰，詩人作刺。《集解》：宋忠曰：懿王自鎬徙都犬丘，一曰廢丘，今槐里是也。時王室衰，始作詩也。

威烈王二十三年，九鼎震，命韓、魏、趙爲諸侯。二十四年，崩。《集解》：駰案：宋忠曰：威烈王葬洛陽城中東北隅也。

秦受其獻，歸其君於周，周君王赧卒。《集解》：宋忠曰：謚曰西周武公。（《史記》卷四《周本紀》裴駰《集解》引）

穆王立五十五年，崩，子共王緊扈立。《世本》作伊扈。（《史記》卷四《周本紀》司馬貞《索隱》引）

康公不獻一年，共王滅密。共王崩，子懿王囏立。《世本》作堅。

釐王三年，齊桓公始霸。五年，釐王崩，子惠王閬立。《世本》：名毋涼。（《史記》卷四《周本紀》司馬貞《索隱》引）

四十二年，敬王崩，子元王仁立。徐廣曰：《世本》云：貞王介也。（《史記》卷四《周本紀》裴駰《集解》引）

元王八年崩，子定王介立。《集解》：徐廣曰：《世本》云：元王赤也。皇甫謐曰：元王十一年癸未，三晉滅智伯。二十八年崩，三子争立，立應爲貞定王。《索隱》：《世本》云元王赤，皇甫謐曰貞定王。考據二文，則是元有兩名，一名仁，一名赤。如《史記》，則元王爲定王父，定王即貞王也。依《世本》，則元王是貞王子，必有一乖誤。然此定當爲貞字誤耳。豈周家有兩定王，代數又非遠乎？皇甫謐見此疑而不决，遂彌縫《史記》《世本》之錯謬，因謂爲貞定王，未爲得也。（《史記》卷四《周本紀》）

大業取少典之子，曰女華。女華生大費。《索隱》：扶味反，一音秘。尋費後，以爲氏，則扶味反爲得。此即秦、趙之祖，嬴姓之先，一名伯翳，《尚書》謂之伯益，《系本》《漢書》謂之伯益是也。

《正義》：中音仲，湭音决。宋忠注：《世本》云：仲滑生飛廉。

《索隱》：秦自宣公已上，皆史失其名。今按，《世本》《古史考》，得繆公名任好。

《集解》：徐廣曰：《世本》云：景公名后伯車也。

太史公曰：秦之先爲嬴姓，其後分封，以國爲姓。有徐氏、郯氏、莒氏、終黎氏。《集解》：徐廣曰：《世本》作鍾離。（《史記》卷五《秦本紀》）

始皇以秦昭王四十八年正月生於邯鄲。及生，名爲政，姓趙氏。《集解》：徐廣曰：一作正。宋忠云：以正月旦生，故名正。《索隱》：《系本》作政，又生於趙，故曰趙政。一曰秦與趙同祖，以趙城爲榮，故姓趙氏。

桓公享國二十七年，居雍太寢，葬義里丘北。生景公。《索隱》：《系本》云：名后伯車。

懷公從晉來，享國四年，葬櫟。圉氏生靈公。諸臣圍懷公，懷公自殺。肅靈公，昭子子也。《集解》：徐廣曰：懷公生昭子，昭子生靈公。《索隱》：《紀年》及《系本》無肅字立。

十五年，葬僖公西。《索隱》：按《本紀》，簡公名悼子，即剌龔公之子，懷公弟也。且《紀》及《系本》皆以爲然。

出公享國二年。《索隱》：《系本》謂少主。

出公自殺，葬雍。獻公享國二十三年。《集解》：徐廣曰：靈公子。《索隱》：《系本》稱元獻公，立二十二年。

悼武王享國四年，葬永陵。《索隱》：《系本》作武烈王，十九而立。立三年。（《史記》卷六《秦始皇本紀》）

又按，宋均以爲高祖斬白蛇而神母哭。（《史記》卷八《高祖本紀》）

太史公曰：五帝三代之記尚矣。《索隱》：按此《表》依《帝繫》及《系本》。

帝高。《索隱》：宋忠云：墓在崤南陵。

帝發。《索隱》：帝皋子也。《系本》云：帝皋生發及履癸。履癸一名桀。

帝小甲。太庚弟。殷道衰，諸侯或不至。《索隱》：《殷本紀》及《系本》皆云，小甲，太庚子。

帝沃甲，祖辛弟。《索隱》:《系本》作開甲。

帝廩辛。《索隱》:或作馮辛，《系本》作祖辛。

蜀王，黄帝後世也。《索隱》:按《系本》:蜀無姓，相承云黄帝後世子孫也。且黄帝二十五子，分封賜姓，或於蠻夷，蓋當然也。

漢大將軍霍子孟，名光者，亦黄帝後世也。《索隱》:按《系本》云:霍國，真姓。後周武王封弟叔處於霍，是姬姓，亦黄帝後也。(《史記》卷一三《三代世表》)

《索隱》:《系本》及《律曆志》:黄帝使羲和占日，常儀占月，臾區占星氣，泠綸造律吕，大橈作甲子，隸首作算數，容成綜此六術，而著《調曆》也。(《史記》卷二六《曆書》;唐張鷟撰，明劉允鵬注《龍筋鳳髓判》卷四)

昆吾，陸終之子。虞翻云，昆吾名樊，爲己姓，封昆吾。《世本》云:昆吾，衛是也。(《史記》卷二七《天官書》張守節《正義》引)

《世本》云:夏禹都陽城，避商均也。又都平陽，或在安邑，或在晉陽也。(《史記》卷二八《封禪書》張守節《正義》引)

太伯弟仲雍。《索隱》:《系本》曰:吴孰哉居藩籬。宋忠曰:孰哉，仲雍字。藩籬，今吴之餘暨也。

自號句吴。《集解》:宋忠曰:句吴，太伯始所居地名。

越之界故稱荆蠻……而注引宋忠以爲地名者，《系本・居篇》云:孰哉居藩籬，孰姑徙句吴。宋氏(宋忠)見《史記》有太伯自號句吴之文，遂彌縫解……則《系本》之文，或難依信。

二十五年，王壽夢卒。《索隱》:《系本》曰:吴孰姑徙句吴。宋忠曰:孰姑，壽夢也，代謂祝夢。乘，諸也，壽、孰音相近，姑之言諸也。

徐廣引《系本》云:夷昧生光。引《吴越春秋》云:王僚，夷昧子。今檢《系本》《吴越春秋》，並無此語。

季札賢而壽夢欲立之。季札讓不可，於是乃立長子諸樊，攝行事，當國王諸樊元年。《集解》:駰案:《系本》曰:諸樊徙吴也。

公子光者，王諸樊之子也。《索隱》:《系本》以爲夷昧子也。

斟灌、斟尋，夏同姓。賈氏(賈逵)據《系本》而知也。(《史記》卷三一《吴太伯世家》)

韓宣子，《世本》云:名秦。(《史記》卷三一《吴太伯世家》張守節《正義》引)

王僚二年，公子光伐楚。徐廣曰：《世本》云：夷昧生光。（《史記》卷三一《吴太伯世家》裴駰《集解》引）

乙公卒，子癸公慈母立。《索隱》：《系本》作祭公慈母。

癸公卒，子哀公不辰立。《索隱》：《系本》作不臣，譙周亦作不辰。宋忠曰：哀公荒淫，田遊史作還詩以刺之也。

乃與其黨率營邱人襲攻殺胡公而自立，是爲獻公。《索隱》：宋忠曰：其黨周馬繻人將胡公於貝水殺之，而山自立也。

文公十二年卒，子成公脱立。《索隱》：《系本》及譙周皆作説字。成公九年卒，子莊公購立。《索隱》：《年表》及《系本》並作贖。

初，齊桓公之夫人三：曰王姬、徐姬、蔡姬，皆無子。《索隱》：《系本》：徐，嬴姓。

御鞅言簡公。《索隱》：按《系本》：陳桓子无字，産子亹，亹産子獻，獻産鞅也。

夏五月壬申，成子兄弟四乘如公。《索隱》：《系本》：陳僖子乞産成子常、簡子齒、宣子其夷、穆子安、廪丘子尚豎兹、子芒盈、惠子得，凡七人。杜預又取昭子莊，以充八人之數。按《系本》，昭子是桓子之子，成子之叔父，又不名莊彊。

乃立簡公弟驁，是爲平公。《索隱》：《系本》及譙周皆作敬。（《史記》卷三二《齊太公世家》）

魯公伯禽卒，子考公酋立。《索隱》：《系本》作就。

考公四年卒，立弟熙，是謂煬公。《世本》曰：煬公徙魯。宋忠曰：今魯國。六年，卒子幽公宰立。《索隱》：《世本》：名圉。幽公十四年，幽公弟濆殺幽公而自立，是爲魏公。《集解》：徐廣曰：《世本》作微公。《索隱》：《系本》：濆作弗，音弗。魏作微。

獻公三十二年卒，子真公濞立。《索隱》：濞，《系本》作摯。

二十七年，孝公卒，子弗湟立。《索隱》：《系本》作弗皇。

四十六年，惠公卒，長庶子息攝當國，行君事，是爲隱公。《索隱》：隱公名息，《系本》：名息姑。

慶父竟立莊公子開，是爲湣公。《索隱》：《系本》：名曰啓，今此作開，避漢景帝諱耳。

魯人立齊歸之子裯爲君。《索隱》：《系本》作稠。

郈昭伯亦怒平子。《索隱》:《系本》:昭伯名惡,魯孝公之後,稱郈氏。

臧昭伯之弟會僞讒臧氏,匿季氏。《索隱》:《系本》:臧會,臧頃伯也,宣叔許之孫,與昭伯賜爲從父昆弟也。

魯文公卒東門遂。《索隱》:《系本》并作述……又《系本》:遂産子家歸父,及昭子子嬰也。

十五年,定公卒,子將立,是爲哀公。《索隱》:《系本》:將亦作蔣。

子顯立,是爲穆公。《索隱》:《系本》:顯作不衍。

子叔立是爲平公。《索隱》:《系本》:叔作旅。

子賈立,是爲文公。《索隱》:《系本》作湣公。

桓公發兵擊魯,魯急殺子糾,召忽死,齊告魯生致管仲。魯人施伯曰。《正義》:《世本》云:施伯,魯惠公孫。

野季氏與郈氏。《集解》徐廣曰:一本作厚。《世本》亦然。(《史記》卷三三《魯周公世家》)

十八年卒,子宣侯立。《索隱》:譙周云:《系本》謂燕自宣侯已上,皆父子相傳,故無所疑。桓侯已下,並不言屬,以其難明故也。按今《系本》無燕代系,宋忠依《太史公書》,以補其闕。尋徐廣作《音》,尚引《系本》,蓋近代始散逸耳。

桓侯七年卒。《集解》:駰案:《系本》曰:桓侯徙臨易。宋忠曰:今河間易縣是也。

桓公十一年卒,文公立。《索隱》:《系本》已上文公爲閔公,則湣與閔同,而上懿公之父,又謚文公。

周武王之滅紂,封召公於北燕。《集解》:駰案:《世本》曰:居北燕。宋忠曰:有南燕,故云北燕。(《史記》卷三四《燕召公世家》)

紂平天下,封功臣昆弟,於是封叔鮮於管,封叔度於蔡。《集解》:駰案:《世本》曰:居上蔡。

楚滅蔡三歲,楚公子棄疾弑其君靈王代立,爲平王。平王乃求蔡景侯少子廬,立之,是爲平侯。《集解》:宋忠曰:平侯徙下蔡。《索隱》:今《系本》無者,近脱耳。是年,楚亦復立陳。楚平王初立,欲親諸侯,故復立陳、蔡後。《集解》:駰案:《世本》曰:平侯者,靈侯般之孫,太子友之子。

聲公五年,平公弟通弑聲公代立,是爲隱公。《索隱》:譙周云:《春秋》無

其事。今檢《系本》及《春秋》:悼伯卒,弟露立,謚靖公,實無聲公。(《史記》卷三五《管蔡世家》)

曹叔振鐸者,周武王弟也。武王已克殷紂,封叔振鐸於曹。《集解》:宋忠曰:濟陰,定陶縣。

十五年,吴王僚使公子光伐陳,取胡、沈而去。《索隱》:《系本》云:胡,歸姓。沈,姬姓。沈國在汝南平輿,胡亦在汝南。

殷時或封或絶,周武王克殷紂,求禹之後,得東樓公,封之於杞。《集解》:宋忠曰:杞,今陳留雍邱縣也。

靖公二十三年,卒,子共公立。共公八年卒,子德公立。《集解》:徐廣曰:《世本》曰惠公。《索隱》:《系本》、譙周並作惠公。又云:惠公生成公及桓公。是此系家脱成公一代。

有世家言后稷之後爲周,秦昭王滅之,有本紀言皋陶之後,或封英、六。《索隱》:據《系本》,二國皆偃姓。

周武王時,侯伯尚千餘人。及幽、厲之後,諸侯力攻相并,江、黄、胡、沈之屬,不可勝數。《索隱》:《系本》:江、黄二國,並嬴姓。(《史記》卷三五《陳杞世家》)

舜重之以明德至於遂。《索隱》:宋忠云:虞思之後箕伯直柄中衰,殷湯封遂於陳,以爲舜後是也。

宋忠曰:杞,今陳留雍邱縣故地。

《索隱》:宋忠云:今沛國公邱,是滕國也,薛奚仲之後,任姓,蓋夏殷所封。(《史記》卷三六《陳杞世家》)

衛康叔名封,周武王同母少弟也。《索隱》:康,畿内國名。宋忠曰:康叔從康徙封衛,衛即殷墟定昌之地,畿内之康,不知所在也。

封康叔爲衛君,居河淇間,故商墟。《索隱》:宋忠云:今定昌也。

康叔卒,子康伯代立。《索隱》:《系本》曰:康伯名髡。宋忠曰:即王孫牟也,事周康王,爲大夫。

靖伯卒,子貞伯立。《索隱》:《系本》作箕伯。

悼公五年卒。《索隱》:《系本》:名虔。

敬公十九年卒,子昭公糾立。《索隱》:《系本》云:敬公生檖公舟。

慎公父公子適。《索隱》:《系本》:適作虔。虔,悼公也。

三十五年,成公卒。《集解》:駰案:《世本》曰:成公徙濮陽。宋忠曰:濮陽,帝邱地名。

悼公五年卒,子敬公弗立。《集解》:駰案:《世本》云:敬公,費也。敬公十九年,卒,子昭公糾立。《索隱》:《系本》云:敬公生橈公舟,非也。懷公十一年,公子頹弑懷公而代立,是爲慎公。慎公父公子適。《索隱》:音的。《系本》:適作虔。虔,悼公也。適父,敬公也。慎公四十二年,卒,子聲公訓立。《索隱》:訓亦作馴,同休運反。《系本》作聖公馳。聲公十一年,卒,子成侯遬立。《索隱》:音速。《系本》作不逝。按上穆公已名遬,不可成侯更名,則《系本》是也。(《史記》卷三七《衛康叔世家》)

周公既承成王命,誅武庚,殺管叔,放蔡叔,乃命微子開代殷後,奉其先祀,作《微子之命》以申之,國于宋。《集解》:駰案:《世本》曰宋,更曰睢陽。

成公弟禦殺太子及大司馬公孫固。《正義》:《世本》云:宋莊公孫名固,爲大司馬。(《史記》卷三八《宋微子世家》)

於是遂封叔虞於唐。唐在河汾之東方百里,故曰唐叔虞。《集解》:駰案:《世本》曰:居鄂。宋忠曰:鄂地今在大夏。

晉侯子寧族,是爲武侯。《索隱》:《系本》作曼期。

成侯子福,是爲厲侯。《索隱》:《系本》作輻。

周宣王初立,十八年,釐侯卒,子獻侯籍立。《索隱》:《系本》及譙周皆作蘇。

成師封曲沃,號爲桓叔,靖侯庶孫欒賓。《正義》:《世本》云:欒叔,賓父也。

晉人復立孝侯子郄爲君,是爲鄂侯。《索隱》:《系本》作郄,而他本亦作都。

故知伯乃立昭公曾孫驕爲晉君,是爲哀公。《索隱》:《系本》亦云昭公生禮,桓公子雍生忌,忌生懿公驕。

幽公之時,晉畏反,朝韓趙魏之君。《索隱》:宋忠引此注《系本》,而畏字作衰。

魏文侯以兵誅晉亂，立幽公子止，是爲烈公。《索隱》：《系本》：幽公生烈成公止。

哀公大父雍，晉昭公少子也，號爲戴子。《集解》：徐廣曰：《世本》作桓子雍。注云：戴子。

魏文侯以兵誅晉亂，立幽公子止，是爲烈公。《索隱》：《系本》：幽公生烈成公止。

二十七年，烈公卒，子孝公頎立。《索隱》：《系本》云：孝公傾欣。

十七年，孝公卒，子静公俱酒立。《索隱》：《系本》云：静公，俱也。

十八年，哀公卒，子幽公柳立。幽公之時，晉畏，反朝韓、趙、魏之君。《索隱》：畏，懼也。爲哀弱故，反朝韓、趙、魏也。宋忠引此注《系本》，而畏字作衰。（《史記》卷三九《晉世家》）

楚之先祖出自帝顓頊高陽。高陽者，黄帝之孫，昌意之子也。高陽生稱。稱生卷章。卷章生重黎。《集解》：徐廣曰：《世本》云：老童生重黎及吴回。

有因産而遇灾害者，故美其無害也。《索隱》《系本》云：陸終娶鬼方氏之妹，謂之女嬇。

陸終生子六人，坼剖而産焉。其長一曰昆吾。《集解》：《世本》曰：昆吾者，衛是也。《索隱》：《系本》云：其一曰樊，是爲昆吾。宋忠曰：昆吾，國名，己姓所出。

二曰參胡。《集解》：駰案：《世本》曰：參胡者，韓是也。《索隱》：《系本》云：二曰惠連，是爲參胡。宋忠曰：參胡，國名，斯姓，無後。

三曰彭祖。《集解》：《世本》曰：彭祖者，彭城是也。《索隱》：《系本》云：三曰籛鏗，是爲彭祖。

四曰會人。《集解》：駰案：《世本》曰：會人者，鄶是也。《索隱》：《系本》云：四曰求言，是爲會人。宋忠曰：求言，名也，妘姓所出鄶國也。

五曰曹姓。《集解》：駰案：《世本》曰：曹姓者，邾是也。《索隱》：《系本》云：其五曰安，是爲曹姓。宋忠云：安，名也。曹姓者，諸曹所出也。

六曰季連，芈姓，楚其後也。《索隱》：《系本》云：六曰季連，是爲芈姓。季連者，楚是也。宋忠曰：季連，名也。芈姓，諸楚所出。楚之先芈。

（熊渠）乃立其長子康爲句亶王。《索隱》：《系本》：康作庸，亶作袓。

三十五年，楚伐隨。《正義》：《世本》云：楚武王墓在豫州新息。隨，姬姓也。

武王卒師中，而兵罷。

（三十六年）秋，頃襄王卒，太子熊元代立。（元，）《索隱》：《系本》作完。

楚昭王滅唐。《正義》：《世本》云：唐，姬姓之國。（《史記》卷四〇《楚世家》）

宣王立，二十二年，友初封于鄭。《索隱》：又《系本》云：桓公居棫林，徙拾。宋忠云：棫林與拾，皆舊地名，是封桓公，乃名爲鄭耳。至秦之縣鄭，是鄭武公。

夏，厲公出居邊邑櫟。《集解》：宋衷曰：今潁川陽翟縣。

（七年）秋，厲公卒，子文公踕立。《索隱》：《系本》云：文公徙鄭。宋忠云：即新鄭也。（《史記》卷四二《鄭世家》）

閔公之元年也，共孟生趙衰，字子餘。《索隱》：《系本》云：公明生共孟及趙夙。夙生成季衰。衰生宣孟盾。

趙衰從重耳出亡，凡十九年，得反國。重耳爲晉文公，趙衰爲原大夫，居原，任國政。《索隱》：《系本》云：成季徙原。宋忠云：今雁門原平縣也。

文子生景叔。《索隱》：《系本》云：景叔名成。

晉君使籍秦圍邯鄲。《索隱》：《系本》：籍秦，晉大夫籍游之孫，籍談之子。

荀寅、范吉射與午善。《索隱》：《系本》云：晉大夫逝遨生桓伯林父。林父生宣伯庚。庚生獻伯偃。偃生穆伯吴。吴生寅，本姓荀，自荀偃將中軍，晉改中軍曰中行，因氏焉。元與智氏同祖逝遨，故智氏亦稱荀。范氏，晉大夫隰叔之子，士蔿之後。蔿生成伯缺。缺生武子會。會生文叔燮。燮生宣叔匄。匄生獻子鞅。鞅生吉射也。

荀躒言於晉侯曰。《索隱》：《系本》云：逝遨生莊子首。首生武子罃。罃生莊子朔。朔生悼子盈。盈生文子櫟。櫟生宣子申。申生智伯瑶。

十一月，荀躒、韓不佞、魏哆奉公命，以伐范中行氏。《索隱》：不佞，韓簡子。哆，魏簡子，《系本》：名取也。

魯君先死，乃取代成君子浣，立爲太子。《索隱》：《系本》云：代成君子起，即襄子之子，不云伯魯。

襄子弟桓子逐獻侯，自立於代。《索隱》：《系本》云：襄子，子桓子。

甌越之民也。《正義》：《世本》云：越，芈姓也，與楚同祖是也。

悼襄王卒，子幽繆王遷立，幽繆王遷元年。《集解》：徐廣曰：《世本》云：孝成王丹生悼襄王偃。偃生今王遷。

十年，中山武公初立。《索隱》：《系本》云：中山武公居顧，桓公徙靈壽，爲趙武靈王所滅，不言誰之子孫。

九年，烈侯卒，弟武公立。《索隱》：譙周云：《系本》及説趙語者並無其事。

二十五年，成侯卒，公子緤與太子肅侯争立。《索隱》：《系本》云：肅侯名語。（《史記》卷四三《趙世家》）

十一年，晉獻公卒，四子争更立，晉亂，而畢萬之世彌大，從其國名，爲魏氏，生武子。《系本》云：畢萬生芒季。芒季生武仲州。州與犨。

十九年，反。重耳立爲晉文公，而令魏武子襲魏氏之後，封列爲大夫，治於魏。生悼子。魏悼子徙治霍。《索隱》：《系本》云：武仲生莊子絳，無悼子。又《系本·居篇》曰：魏武子居魏。悼子徙霍。宋忠曰：霍，地名，今河東彘縣也，則是有悼子，《系本》卿大夫代自脱耳。

魏絳卒，謚爲昭子。《集解》：徐廣曰：《世本》曰莊子。《索隱》：《系本》錯也。《居篇》又曰：昭子徙安邑，亦與此文同。生魏嬴，嬴生魏獻子。《索隱》：《系本》云：獻子名荼。荼，莊子之子，無魏嬴也。

獻子生魏侈。《索隱》：《系本》：獻子生簡子取。取生襄子侈。魏侈與趙鞅共攻。范中行氏，魏侈之孫，曰魏桓子。《索隱》：《系本》云：襄子生桓子駒。

桓子之孫，曰文侯都。《集解》：徐廣曰：《世本》云斯也。《索隱》：《系本》：桓子生文侯斯。魏文侯元年，秦靈公之元年也。與韓武子、趙桓子、周威王同時。《索隱》：《系本》：武子名啓章，康子之子。桓子名嘉，襄子之子。

武侯元年，趙敬侯初立。《索隱》：又《系本》：敬侯名章。

懿侯説乃與趙成侯合軍并兵，以伐魏，戰于濁澤。《索隱》：《系本》云：成侯名種。

三十六年，復與齊王會甄。是歲，惠王卒，子襄王立。《索隱》：《系本》：襄王名嗣。

十六年，襄王卒，子哀王立。張儀復歸秦。《集解》：《世本》：惠王生襄王，而無哀王。

二十三年……哀王卒，子昭王立。《索隱》：《系本》：昭王名遬。

十九年，昭王卒，子安釐王立。《索隱》：《系本》：安僖王名圉。

三十四年，安釐王卒，太子增立，是爲景湣王。《索隱》：《系本》：安釐王生景愍王午也。（《史記》卷四四《魏世家》）

韓之先與周同姓，姓姬氏。其後苗裔事晉，得封於韓，原曰韓武子。

《索隱》：按《系本》及《左傳》，舊説皆謂韓萬是曲沃桓叔之子，即是晉之支庶。

武子後三世，有韓厥。《索隱》：《系本》云：萬生賕伯賕。伯生定伯簡。簡生輿。輿生獻子厥。

晉定公十五年，宣子與趙簡子侵伐范中行氏。宣子卒，子貞子代立。貞子徙居平陽。《索隱》：《系本》作平子，名頃，宣子子也。又云：景子居平陽。平陽在山西。宋忠曰：今河東平陽縣。

貞子卒，子簡子代。《索隱》：按《系本》有簡子，名不信。莊子名庚。

幽公十六年，武子卒，子景侯立。《索隱》：《紀年》及《世本》皆作景子名虔。

九年，鄭圍我陽翟。景侯卒，子列侯取立。《索隱》：《系本》作武侯也。

十三年，列侯卒，子文侯立。《索隱》：《系本》無列侯。（《史記》卷四五《韓世家》）

完卒，謚爲敬仲。仲生穉孟夷。《索隱》：《系本》作夷孟思。蓋穉是名，孟夷，字也。

田穉孟夷生湣孟莊。《索隱》：《系本》作閔孟克。

田常卒，子襄子盤代立。《索隱》：《系本》作班。

齊國襄子卒，子莊子白立。《索隱》：《系本》名伯。

莊子卒，子太公和立。《索隱》：《系本》及《史記》者不得録也……今據《系本》《系家》，自成子至王建之滅，秖十代。

十九年，宣王卒，子湣王地立。《索隱》：《系本》名遂。（《史記》卷四六《田敬仲完世家》）

及釐子卒，懿子與魯人南宫敬叔往學禮焉。《索隱》：《左傳》及《系本》：敬叔與懿子，皆孟僖子之子。

仲尼曰：汪罔氏之君，守封禺之山，爲釐姓。《索隱》：《系本》無漆姓。（《史記》卷四七《孔子世家》）

周之興也，以姜原及大任。《索隱》：《系本》云：帝嚳上妃有邰女之女，曰姜原。（《史記》卷四九《外戚世家》）

父平，相釐王、悼惠王。《索隱》：《韓世家》及《系本》並作桓惠王。（《史記》卷五五《留侯世家》）

鮑叔既進管仲，以身下之子孫世禄於齊，有封邑者十餘世。《索隱》：

《世本》云：莊仲山産敬仲夷吾。夷吾産武子鳴。鳴産桓子啓方。啓方産成子孺。孺産莊子盧。盧産悼子其夷。其夷産襄子武。武産景子耐涉。耐涉産微，凡十代。

晏平仲嬰者，萊之夷維人也。事齊靈公、莊公、景公。《索隱》：《世本》及《系本》：靈公名環，莊公名光，景公名杵臼。（《史記》卷六二《管晏列傳》）

昔者鄭武公欲伐胡。《正義》：《世本》云：胡，歸姓也。（《史記》卷六三《老莊申韓列傳》）

吴王僚方用事……久之，楚平王以其邊邑鍾離與吴邊邑卑梁氏俱蠶，兩女子争桑，相攻，乃大怒，至於兩國舉兵相伐。吴使公子光伐楚，拔其鍾離、居巢而歸。《索隱》：二邑，楚縣也。鍾離在六安，古鍾離子之國。《世本》謂之終犂，嬴姓之國，居巢亦國也，桀奔南巢，其國蓋遠。（《史記》卷六三《伍子胥列傳》）

於是資蘇秦車馬、金帛，以至趙，而奉陽君已死，即因説趙肅侯。《索隱》：《世本》云：肅侯名言。

乃激怒張儀入之于秦，於是説韓宣惠王。《索隱》：《世本》：韓宣王昭侯之子也。

又説魏襄王。《索隱》：《世本》：惠王子，名嗣。

因東説齊宣王。《索隱》：《世本》：名辟彊，威王之子也。（《史記》卷六九《蘇秦列傳》）

韓襄王使公仲侈入謝，與秦平武王，竟至周而卒於周，其弟立爲昭王。《索隱》：《系本》云：名側。（《史記》卷七一《樗里子甘茂列傳》）

須賈爲魏昭王使於齊蓋後。《索隱》：《世本》：昭王名遬，襄王之子。（《史記》卷七九《范雎蔡澤列傳》）

固以爲常桀爲瓦室。《集解》：駰案：《世本》曰：昆吾作陶。（《史記》卷一二八《龜策列傳》）

臣瓚曰：《史記》及《世本》：畢萬居魏，昭子徙安邑，文侯亦居之。（《漢書》卷一上《高帝紀上》）

須氏，姞姓之國也。臣瓚曰：密，姬姓之國也，見《世本》。

《系本》亦云：錯叔繡，文王子。

臣瓚曰：《世本》：禹都陽城。

(漢中郡西城),應劭曰:《世本》:嬀虚在西北,舜之居。(《漢書》卷二八上《地理志八上》)

臣瓚曰:按《世本》:越爲芊姓,與楚同祖。(《漢書》卷二八下《地理志八下》)

應劭曰:《世本》:韓哀作御。師古曰:宋衷云:韓哀,韓文侯也,時已有御。(《漢書》卷六四下《終軍傳》)

綏和元年,立二王後,推迹古文,以《左氏》《穀梁》《世本》《禮記》相明,遂下詔,封孔子世爲殷紹嘉公。(《漢書》卷六七《梅福傳》)

《世本》曰:暴辛公作篪,以竹爲之,長尺四寸,有八孔。(《後漢書》卷二《明帝紀》李賢注引)

《東觀記》:有陰子公者,生子方,方生幼公,公生君孟,名睦,即后之父也。今《世本》,睦作陸。(《後漢書》卷一〇上《陰皇后紀》李賢注引)

巴郡南郡蠻,本有五姓:巴氏、樊氏、瞫氏、相氏、鄭氏,皆出於武落鍾離山。《代本》曰:廩君之先,故出巫誕也。(《後漢書》卷八六《南蠻傳》李賢注引;《通志》卷一九七)

《代本》曰:廩君使人操青縷以遺鹽神,曰:"嬰此即相宜。云與女俱生,(弗)宜將去。"鹽神受縷而嬰之,廩君即立陽石上,應青縷而射之,中鹽神。鹽神死,天乃大開也。廩君於是君乎夷城。此已上並見《代本》也。四姓皆臣之。廩君死,魂魄世爲白虎,巴氏以虎飲人血,遂以人祠焉。及秦惠王并巴中,以巴氏爲蠻夷君長,世尚秦女,其民爵比不更。(《後漢書》卷八六《南蠻傳》李賢注引)

涿鹿……《世本》云:在鼓城南。(《後漢書·郡國志五》)

《世本》云:奚仲始作車。《古史考》曰:黄帝作車,引重致遠。其後少昊時,駕牛。禹時,奚仲駕馬。臣昭案:服牛乘馬,以利天下,其所起遠矣,豈奚仲爲始,《世本》之誤?《史考》所説是也。(《後漢書·輿服志上》)

《世本》:承姓,衛大夫成叔承之後也。(《後漢書》卷二七《承宫傳》李賢注引)

順帝既立,石與喜皆以阿黨閻顯江京等,策免,復爲衛尉,卒。子代

嗣。劉攽曰:案《世本》:名代,前拜爲郎時作世。(《後漢書》卷三三《馮魴傳》李賢注引)

《世本》云:公輸作石磑。(《後漢書》卷五九《張衡傳》李賢注引)

《世本》曰:奚仲作車。(《後漢書》卷六〇下《蔡邕傳》李賢注引;《太平御覽》卷七七三;《文選》卷五五陸士衡《演連珠五十首》劉孝標注引)

樂器凡八音……鐘者,《世本》云:黄帝工人垂所造。

八音二曰石。石,磬也。《世本》云:叔所造,不知何代人。又曰:無句作磬。①

八音三曰土。土,塤也。《世本》云:暴新②所造。

八音五曰絲。絲,琴瑟也……琴,《世本》云:神農所造。

瑟,《世本》:宓羲所造。

簫,《世本》云:舜所造。

篪,《世本》云:暴新公③所造。(《宋書》卷一九《樂志一》)

司馬遷著《史記》,自太初已後闕而不録。其後,好事者或頗綴録其時事,然多鄙俗不足以繼其書。彪乃采前人遺事,旁貫異聞,作《後傳》數十篇,因斟酌前史,而譏正其失。略曰:唐虞三代,《詩》《書》所及,世有史官,以司典籍。至於諸侯,國自有史……定、哀之間,魯君子左丘明,論集其文,作《左傳》三十篇……又有記録黄帝已來至春秋時帝王公侯卿大夫,號《世本》十五篇……孝武之世,太史令司馬遷采《左氏》《國語》,删《世本》《戰國策》,據楚漢列國時事,上自黄帝,下訖獲麟,作本紀、世家、列傳、書、表,凡百三十篇,而十篇缺焉。(《後漢紀》卷一三)

《世本》曰:曾姓出自鄫國。(《資治通鑑》卷一胡三省注引)

魯平公薨,子緡公賈立。《世本》:緡作湣。(《資治通鑑》卷四胡三省注引)

《世本》云:揮作弓,夷牟作矢。注云:揮、夷牟,黄帝臣。(《資治通

① 叔所造不知何代人又曰無句作磬:十四字《宋書》原無,據《通典》卷一四四引《世本》補。

② 暴新:《通典》卷一四四作“暴辛公”,是。

③ 暴新公:《通典》卷一四四作“暴辛公”。

鑑》卷六胡三省注引）

《世本》謂黄帝造火食、旃、冕。（《資治通鑑》卷一二胡三省注引）

空侯，《世本》云：空國侯所造。（《資治通鑑》卷四四胡三省注引）

《世本》云：空同，子姓。（《資治通鑑》卷八四胡三省注引）

《世本》曰：魯昭公始作璽。（《資治通鑑》卷二九一胡三省注；《困學紀聞》卷四引）

巴氏，子爵。《世本》云：巴，子國，子孫以國爲氏。

《世本》曰：自紀公已下爲己姓。

會氏，亦作鄫，亦作繒，姒姓，子爵……夏少康封其少子曲烈于鄫。襄六年，莒滅之。鄫太子巫仕魯，去邑爲會氏，見《世本》。

舒蓼氏，《世本》：舒蓼，偃姓，皋陶之後，楚東之境小國也。

舒鮑氏，《世本》：舒鮑，偃姓國也。晉悼公大夫，有舒鮑無終。

諸葛氏，《世本》云：有熊氏之後，爲詹葛氏。齊人語訛，以詹葛爲諸葛。偃姓，皋陶之後。文五年，楚滅之。

密須氏，《世本》：商時姞姓之國……子孫以國爲氏，或去密爲須氏。（《通志》卷二六《氏族略二》）

莢氏，《風俗通》：莢成僖子，晉大夫也，見《世本》。

承氏，衛大夫承成之後，見《世本》，望出千乘。

馮氏，《世本》云：歸姓，鄭大夫馮簡子之後。

閭邱氏，志籍不言所出，然邾國有閭邱，杜預云：皋平南陽縣北，有顯閭亭，本邾地，爲齊所并，往往閭邱氏食邑於此，故以命氏。《釋例》《公子譜》皆略，惟《世本》詳焉。

鍾離氏，姬姓，即鍾氏，以伯州犂居鍾離，故曰鍾離氏，亦省言鍾氏。州犂與晉同祖，而《世本》云：與秦同祖，嬴姓。

狐邱氏，晉大夫狐邱林之後，見《世本》。

廪邱氏，齊大夫廪邱子之後，見《世本》。

東鄉氏，宋大夫東鄉爲人之後，見《世本》。

西鄉氏，《風俗通》：宋大夫西鄉錯之後，見《世本》。

空同氏，《世本》云：子姓，蓋因空同山也。

少施氏，姬姓。《世本》：魯惠公子施父之後。

子楊氏，姬姓。《世本》：季桓子生穆叔，其後爲子楊氏。

子革氏，《世本》：宋司城子革之後。又曰：季平子支孫，亦爲子革氏。

子乾氏，姜姓。《世本》：齊公子都，字子乾之後也。

子泉氏，姜姓。《世本》：齊頃公之子，公子湫，字子泉之後。

子獻氏，嬀姓。《世本》：陳桓公孫子獻之後。

子占氏，《世本》：陳桓子，生書，字子占之後也。

子尚氏，嬀姓。《世本》：陳僖公生廩邱子尚意兹，因氏焉。

乘氏……又乘睢，古賢人，見《世本》。漢有煮棗侯乘昌。乘，平聲，或音賸。又有乘和，治《易》，爲博士。(《通志》卷二七《氏族略三》)

根水氏，《世本》：老童娶根水氏。

嚚氏，亦作梠。《世本》云：元(玄)嚚之後。

參氏，董姓，陸終第二子參胡後，見《世本》。

季隨氏，《世本》：周八士季隨之後。

述氏，魯大夫仲述之後，見《世本》。

季嬰氏，《世本》：晉樓季嬰之後。

季夙氏，《世本》《潛夫論》：晉靖侯孫季夙之後。

大狐氏，姬姓。《世本》：晉大夫大狐伯，生突，生饒，爲大狐氏。其後大狐容爲晉大夫。

去疾氏，姬姓。《世本》：鄭穆公子去疾之後。去疾字子良，又有良氏，所以別族。

彊梁氏，《世本》：衛將軍文子，生慎子會，生彊梁，因氏焉。秦有左庶子長水校尉彊梁皋。

楚季氏，芊姓。《世本》：楚若敖生楚季，因氏焉。陳大夫有楚季融。

季融氏，芈姓。《世本》：楚門廉，生季融，子孫氏焉。

季老氏，子姓，宋華氏有華季老，子孫氏焉，見《世本》。

泥氏，《世本》云：宋大夫卑泥之後。

方叔氏，鼓方叔之後也，見《世本》。

慶父氏,《世本》:楚大夫慶父之後。又慶父藉,爲楚王工正。

仲行氏……《世本》:宋有仲行寅,晉大夫有仲行氏。

韓餘子,《世本》:韓宣子,餘子之後,因氏焉。

幹獻氏,《世本》:宋司徒華定,爲幹獻氏。

右史氏,古者右史記事。周有右史武,見宋衷《世本》。

司寇氏,《世本》云:衛靈公之子,公子郢之後也。郢之子孫爲衛司寇,以官爲氏。司寇亥即其裔也。

司功氏,《世本》云:晉大夫司功景子,士丐弟他,因官氏焉。

餘者,餘子之族也。《世本》於韓餘已言之矣。

《世本》世系,多與經典異同。如春秋世系,有士丐而無景子,亦無弟他。

將軍氏,《世本》:衛靈公子昭,生子郢,生文子才芳,爲將軍氏。

右師氏,《世本》:宋莊公至公子申,世爲右師氏。漢有中郎將右師譚。後漢有博士右師細君。(《通志》卷二八《氏族略四》)

齊季氏……《世本》:魯有大夫齊季窺。

伍參氏,《世本》:楚伍參之後,支孫以爲氏。

伯宗氏,《世本》:晉孫伯起生伯宗,因氏焉。

鬥彊氏,芊姓。《世本》:若敖生鬥彊,因氏焉。

鬥班氏,芈姓。《世本》:鬥彊生班,因氏焉。

《世本》世系及名氏,多與《春秋》《公子譜》不同。《譜》中自無鬥彊,雖有鬥般,又鬥穀於菟之子,若敖之曾孫也。

韓言氏,姬姓。《世本》:晉韓厥生無忌。無忌生襄。襄生子魚,爲韓言氏。

史晁氏,《世本》:衛史晁之後。

尹文氏,《世本》:齊有尹文子,著書五篇。

疏氏,望出東海。漢太子太傅疏廣。廣兄子受。《世本》有疏踦。

恒氏,《風俗通》:楚大夫恒思公之後,見《世本》。漢有東安長恒裴,子孫因居之,望出東海。

瞻葛氏……《世本》:宋景公時,有瞻葛祁,爲大夫。

甫爽氏，《世本》：宋大夫甫爽之後。（《通志》卷二九《氏族略五》）

按，《世本》及《蜀紀》《華陽志》《益州紀》《十三州志》《成都記》等，皆言五丁事。蜀王開明，負力能徙山通石，則目以五丁矣。（《路史》卷三）

蜀之爲國，肇自人皇。《世本》、揚雄《蜀紀》《華陽志》《本蜀論》等語。

《世本》謂蜀王每世相承，爲黄帝後。（《路史》卷四）

後有尊氏、尊盧氏、罇氏。《世本》以尊盧在伏羲後。（《路史》卷八）

《世本》：伏羲臣芒氏，作羅，或作句芒。

《世本》等皆謂黄帝令大橈作甲子。

《世本》諸書皆言鮌置城郭……《世本》蓋因《吕春秋》言鮌以尾爲城。

《世本》云：庖羲瑟五十絃，後黄帝使素女鼓之，哀不自勝，破爲二十五絃，具二均聲，故皆云伏羲所作之瑟，二十五絃。

宋衷云：陽侯，伏羲之臣，蓋大江之神者。

《世本》云：巴郡蠻本有五姓，皆出武落鍾離山。巴氏生黑冗，樊、瞫、相、鄭，四姓之子，俱事鬼神。後巴氏臣四姓，居夷城，爲廩君，世尚秦女。（《路史》卷一〇）

女媧之笙簧，《世本》以爲隨作。（宋）衷注以爲女媧氏之臣，笙、簧二器。（《路史》卷一一）

質沙氏……《世本》《世紀》皆作夙沙……《世本》《唐韻》等言，夙沙氏煮海爲鹽，以爲炎帝之諸侯。

封父氏，《世本》：鄭大夫封父彌真。

《世本》書言：夙沙民叛以歸帝魁。

《世本》皆云：蚩尤作五兵：戈、矛、戟、酋矛、夷矛，黄帝誅之涿鹿之野。（《路史》卷一三）

又宋衷《春秋傳》云：魁，黄帝子孫。（《路史》卷一五）

《世本》云：伯余製衣裳。

《世本》云：涿鹿在彭城，代弗知也……則《世本》之言信矣。

帝馬醫嘗醫龍胲，見《世本》。

《世本》：胡曹作冕。注：黄帝臣。又《世本》云：黄帝作旃冕。

又《世本》云：黄帝臣於則，作扉履。

斷氏，《世本》作段，非密、雖二國。（《路史》卷一四）

《（帝王）世紀》云：少皓名摯，亦見《世本》。

《世本》云：少昊，黄帝之子，名契，字青陽。黄帝歿，契立王以金德號，曰金天氏，同度量，調律吕，封泰山，作九泉之樂，以鳥紀官。

允格封鄀。《寰宇記》：《世本》允姓國。

《世本》云：陶制五刑。

英、六，國名。《世本》：六爲姬姓。

黎氏，《世本》作終犂，魯昭二十四年，滅。

而置莒後。輿期于始，都計二世，兹丕歸莒至紀公，復紀姓。《世本》紀同。（《路史》卷一六）

伊益，《世本》作化益，或宜伯字。

安，姬姓國，而《世本》：蓼亦姬姓，則皆庭堅後也。

勝奔氏曰娽。奔即勝，濆也。《埤蒼》云：娽顓帝之妻名，《世本》《（漢書·古今）人表》皆作女禄。

昭二十五年《疏》引《楚世家》及《世本》：顓頊生偁，偁生卷章。

勝濆一作滕湟，一作勝，其棉水，見《世本》。

取鬼方氏曰嬇。《世本》《帝系》云：鬼方國君之妹女嬇，音蒯。

《世本》云：昆吾者，衛是。

惠連，妘姓，其封参胡。参胡者，韓是。周之鄅子，其後也。後有鄅氏、参氏，並見《世本》。鄅子，妘姓。

其彭祖事，備《黄山君彭祖經中仙傳》，以爲姓籛，名鏗，此出《世本》。

（彭祖）壽七百六十七。《世本》：鏗在商爲守藏史，周爲柱下史。（《路史》卷一七）

嚳之字曰亡斤，黄帝氏之子曰玄枵之後也。《世本》：嚳，黄帝之曾孫。

《世本》：嫄爲上妃。

不窋周家之世，最爲繆亂。《世本》云：公非、辟方、皋圉、侯牟、亞圉、雲都、祖紺、諸□、太公。

《世本》云：孰哉居番離。(《路史》卷一八)

子陽，公族子陽後。子楊，出季桓，《世本》無子陽。

康氏、衛氏、戚氏、僟氏、濮陽氏、元氏、元咺氏、常氏、商氏、凌氏。因采者也。武公孫耳，采于戚，後爲孫氏……凌即凌人，商乃鞅封，仇見《世本》。

《世本》云：錯叔繡封滕。

中行氏，《姓纂》引《世本》爲仲行。

叔向、叔夙，見《世本》。

《世本》有大狐氏、小狐氏。溱爲大狐氏，射姑爲小狐氏。大狐容即大戎氏云。

子革氏，《姓纂》引《世本》云：宋司城子革。又云：季平子支孫，爲子革氏。

辛，《世本》：暴辛公作塤。宋(衷)云：平王諸侯。

漢東之國，隨爲大，楚滅之。有隨氏、少師氏。《世本》：楚滅。

《世本》：中山武公居顧，桓公徙靈壽。

華陰鄭縣有欒都城，故潘邑也。《世本》謂契居蕃是矣。

(契)子昭明，居砥石。《世本》：復還商。

因夷、夷、幹獻，見《世本》。

《世本》：楚大夫公朱臯，出宋公子朱。

故名丘而字仲尼……故《世本》《史記》《家譜》皆作圬頂。緯書言孔子反宇。《世本》云：反首張面。

四十有九表，堤眉谷竅，參臂駢脇，要大十圍，長九尺有六寸，時謂長人。事詳《世本》及《孔子家譜》《祖庭記》等。

嚚見《世本》。(《路史》卷一九)

離磬，《世本》《樂録》云：磬叔所造，乃無句也……《古史考》云：堯時人。

帝初取富宜氏，曰皇，生朱皇，即女皇。《世本》《帝系》《漢書》等云：女皇生丹朱。

《風俗通》：晉大夫有司功景子。《世本》云：匄弟他，晉司功，爲氏。

(《路史》卷二〇)

敬康生于窮係。《史記》曰窮蟬。宋衷以係爲謚。

帝舜,有虞氏,姚姓,見《世本》,因生賜姓。

其先國于虞,始爲虞氏。天子建德,因生以賜姓,祚之土而命之氏。祚土,謂封之。虞命爲虞氏。因生,謂生姚虚,因賜姓姚。此氏姓之别。故《世本》皆上言姓,下言氏。

賈逵、韋昭乃以幕爲虞思,蓋因《世本》等,序舜爲高陽五世孫。

妃以盲,媵以罃。盲即娥皇字。娥媓皇盲,聲相滋也。罃即女英,見《世本》。

《世本》:舜造簫,形參差,象鳳翼,其管長二尺。

夏之世,有箕伯、直柄伯。戲中衰,成湯實之于遂,遂世守之,後爲齊所滅。莊公十二年,齊桓滅之……《袁良碑》云:《世本》:陳遂,舜後。

其複氏則有少西子穆。《世本》:僖子子,子穆安後。

子鞅、子梧、子坊、子芒。《世本》:僖子子,子芒後,一作芏。

子占、子沮。《世本》:烈子後。

子寤、子尚。《世本》:僖子生廩子尚。

丘子石。《世本》:桓子生,子石後。(《路史》卷二一)

《世本》等以爲皋陽生鮌,失其世矣。

趫,《世本》《廣雅》作嬌。

是爲攸女……《世本》:禹納塗山氏,是爲攸女也。

封之高密,以處于擽,是爲有夏,曰夏伯。密,今密之高密,禹之初封。故《世本》云:鯀生高密,是爲禹。宋(衷)云:禹之封國。

(臣)瓚云:《世本》:禹都陽城在大梁之南。

趫,《世本》《世紀》《廣雍》《列女傳》皆作嬌……禹母。(《路史》卷二二)

《世本》:莘國,姒姓,禹後。

《世本》云:季杼作甲。又云:杼作矛。注:少康子輿也。

帝槐,《世本》《外紀》或作魁。

帝將,一曰北成。《世本》《世紀》:帝降或曰北成。

《世本》:皋生發及履癸。

弗（氏），見《世本》。（《路史》卷二三）

廩丘，《世本》：齊大夫廩丘子邑。

虞丘，《世本》又有梁丘、虞丘，皆齊采地。

若水，昌意國……故《世本》云：允姓國，昌意降居爲侯。

密須，子爵。《世本》云：商有密須，文王伐之。

斷，晉地有斷道，即卷楚也，《世本》作段。（《路史》卷二四）

秦城……《世本》云：附庸。

鍾離，子爵。《世本》云：嬴姓國。

鄀，子爵……《世本》云：允姓國，秦入之後，遷南郡。

舒鮑，《世本》云：小國（在舒城西北）。

淮夷，《世本》云：嬴姓，蓋非一，武王所伐，其一也。（《路史》卷二五）

鄂東熊渠，中子紅封之。《世本》。

蓼……《世本》：蓼亦姬姓。

戈，斟姓，是爲斟戈。《左氏》《世本》皆以爲即斟灌氏。

韋，彭姓，商伯元喆之封豕韋也，劉絫更封之，故《世本》謂豕韋防姓，隨韋爲城縣。

周，《世本》《荀子》皆作鄁。

商蕃，契封，在華陰之鄭……故《世本》謂契居蕃。（《路史》卷二六）

莘，姒姓。《世本》。

時郕，春秋之時，來，鄭地，子姓。《世本》：子姓，有時氏、蕭氏。

朸，漢平原有朸縣。音勒。《世本》：牞。

桐，《世本》云：商後國。

豕韋，防姓韋也，見《世本》。

饒……《世本》云：嬀虛在西城西，舜居。

男，《世本》之有男氏，《潛夫》作南。

髦，見《世本》，一作旄。

鐵，衛地……（杜）預云：在戚地南，七國並出《世本》。（《路史》卷二七）

晉，故唐都，鄂夏虛也。《世本》云：叔虞居鄂。

《世本》：中山武公居顧，桓公徙靈壽。

恒，康叔孫封楚……《世本》云：後有恒氏，右文昭之分。

新公采，鄭邑也，一曰隧。《世本》云：周圻内國。

隨，《世本》云：姬姓，楚滅之。（《路史》卷二八）

勝濆，勝奔也。高陽允妃，勝奔氏國。《帝系注》：宋衷云：國名。

胡……按《世本》：胡曹作衣，當不在五帝後。

質沙，帝魁所伐。《世本》之夙沙也。

恒……《世本》云：後有常氏、恒氏，老師常從。

胡，歸姓，《世本》《左傳》皆云胡子國，歸姓，歸姓夔出。

寒，浞國邑……《世本》云：邛姓。

武，《世本》云：夏武羅國，冀都之武邑。

有嫘氏、西陵氏。春秋有西陵。羔，見《世本》。

《世本》云：霍國，真姓。（《路史》卷二九）

吕不韋之書曰：史皇作書，倉頡氏也……據《世本》云："史皇、倉頡同階。"又云："沮誦、倉頡作書。"亦未嘗言爲史官也。及韋誕，傅玄、皇甫謐等，遽以爲黄帝史官，蓋肇繆於宋衷。衷之《世本》注云："倉頡、沮誦，黄帝史官。"抑不知衷何所據而云。末代儒流，莫見其書，更望望交，引以爲《世本》之言，《世本》曷有是哉？（《路史》卷三二《辨史皇氏》）

《世本》：紀姓出于少昊，而帝嚳之子帝堯，猶襲姬姓。

竊觀太史公記首黄帝者，特因于《世本》。（《路史》卷三四）

《世本》《大戴》之書，言昔帝嚳十四妃之子，皆有天下。

單穆公言：后稷勤周，十五世而興。是則《世本》《史記》所爲信者……即稽《世本》，不窋而下，至于季歷，猶一十有七世矣。一十五世而得遽而盡之哉？甚矣！系牒之難理也。

古者有史官，左史記言，右史記事，而氏族之牒，别自一家也。是故有内傳，有外傳，而又有《世本》之書，不可節也。（《路史》卷三五）

湯名履而號天乙……《世本》云：湯名天乙。（《路史》卷三六）

《世本》：雍父踐春爲黄帝之佐……神農之耒耜，亦見于《易》……而《皇圖要覽》若《世本》則以爲垂作耒耨。（《路史》卷三九）

《世本》言：湯五祀。（《路史》卷四一）

《世本》亦謂嬀墟，舜所都，在西城。(《路史》卷四四)

昔西王母獻舜白玉琯……《世本》乃云獻白玉環及玉佩。(《路史》卷四六)

《世本》云：密須，姞姓。(《國語》卷四)

《世本》亦云：越，芈姓也。(《國語》卷一九)

共王名緊扈。《世本》《人物表》作伊扈。

母凉，《世本》及《古今人物表》並作母凉。

毁隃，惟《世本》作僞榆。

公祖，《史記索隱》引《世本》作太公組。(宋宋庠《國語補音》卷一)

赧王，宋忠曰：卒謚西周武公。

《世本》云：西周桓公名揭，居河南。東周惠公名班，居洛陽。(宋鮑彪，元吴師道《戰國策校注》卷一)

(趙)肅侯，成侯子。《世本》：名言。

《世本》云：叔虞居鄂。(宋鮑彪，元吴師道《戰國策校注》卷六)

(魏)昭王，哀王子。《世本》：名速。(宋鮑彪，元吴師道《戰國策校注》卷七)

公劉卒，子慶節立，其後八世而得古公亶甫。慶節子皇僕。皇僕子差弗。差弗子毁隃。《世本》：隃作榆。毁隃子公非。公非子高圉。高圉子亞圉。《世本》作亞圉。(漢趙煜《吴越春秋》卷一)

鯀之父帝顓頊。《世本》亦以鯀爲顓頊子。

《世本》曰：鯀娶有莘氏女，謂之女志，是生高密。宋忠曰：高密，禹所封國。(漢趙煜《吴越春秋》卷四)

宋衷《世本》云：沮誦、蒼頡爲黄帝左右史。(《唐六典》卷八)

《世本》曰：巫咸作鼓。(《唐六典》卷一〇)

黄帝作冕，垂旒，目不邪視也，充纊耳，不聽讒言也。事見《世本》。(《通典》卷五七)

秋祭馬社，臧僕。馬社，始乘馬者。《世本·作》曰："相士作乘馬。"(《通典》卷七八)

《世本》：楚平王孫，有田公它成，豈同族乎？(《荀子》卷三唐楊倞注引)

倕作弓，浮游作矢，而羿精於射。倕，舜之共工。《世本》云：夷牟作矢。宋衷注云："黄帝臣。"

《世本》云：相土作乘馬。(《荀子》卷一四唐楊倞注引)

伯余，黄帝臣。《世本》曰：伯余製衣裳。(漢高誘注《淮南鴻烈解》卷一三)

帝嚳高辛氏，少昊之孫，蟜極之子，生而神靈……都亳。在位十年。元妃有邰氏女曰姜嫄。生后稷。次妃有娀氏女曰簡翟。案《世本》竹(作)簡狄。

氏女曰慶都，生堯。次陬訾。案《大戴禮記》：陬作娵。《世本》又作訾陬。(《金樓子》卷一)

軒轅時史皇，黄帝之臣也。始善圖畫，創制垂法，體象天地，功侔造化，首冠群工，不亦宜哉。見《世本》，與蒼頡同時。(《歷代名畫記》卷四)

《代本》：倉頡作書。

《代本》：隸首造數。(《唐六典》卷二一)

按《世本》，東郡齊國，侯伯。儵子卒，葬此，遂於城内作地道。(《太平寰宇記》卷一)

《世本》云：南有燕。(《太平寰宇記》卷六九)

《世本》云：楚子熊渠，封中子紅於鄂[①]。(《太平寰宇記》卷一一二)

春秋時有鍾離，子國。《世本》云：嬴姓，徐之别號也。(《太平寰宇記》卷一二八)

《世本》云：隨，姬姓也。(《太平寰宇記》卷一四四)

《世本》云：廩君之先，故出巫蜑之先落。(《太平寰宇記》卷一四七)

(金城，)《世本》曰：鯀作城。(《水經注》卷二)

按《世本》：炎帝，姜姓。(《水經注》卷一八)

渭水又東徑巒都城北，故蕃邑，殷契之所居。《世本》曰：契居蕃。

考《春秋》《國語》《世本》言：周宣王二十二年，封庶弟友于鄭。(《水經注》卷一九)

---

① 於鄂：《水經注》卷三五作"爲鄂王"，是。

汝南……故蔡國，周武王克殷，封其弟叔度於蔡。《世本》曰：上蔡也。九江有下蔡，故稱上。（《水經注》卷二一）

洧水又東南徑鄶城南。《世本》曰：陸終娶於鬼方氏之妹，謂之女隤，是生六子。孕而不育。三年，啓其左脅，三人出焉。破其右脅，三人出焉。其四曰萊言，是爲鄶人。鄶人者，鄭是也。（《水經注》卷二二；《太平御覽》卷三七一；《大戴禮記》卷七）

《世本》曰：許州，向、申，姜姓也，炎帝後。

《世本》曰：陸終之子，其三曰籛，是爲彭祖。（《水經注》卷二三）

東平……按《世本》，任姓之國也，齊人降章者也。（《水經注》卷二四）

《世本》曰：舜居嬀汭。（《水經注》卷二七）

《世本》曰：鍾離，嬴姓也。（《水經注》卷三〇）

《世本》：芒氏作羅。（《繹史》卷三）

鼓，《世本》云：夷作鼓。以桴擊之曰鼓，以手摇之曰鼗。

瑟，《世本》云：庖羲作五十絃。黄帝使素女鼓瑟，哀不自勝，乃破爲二十五弦，具二均聲。

笙，（應卲曰）：《世本》云：隨作笙。（《漢書》卷二一上《律曆志一上》；《通典》卷一四四；《藝文類聚》卷四四）

簫，《世本》曰：舜所造。（《通典》卷一四四）

此《碑》引《世本・氏姓篇》云："祝氏，軒轅之後也。"……由此，史傳相交，祝薊互舉，參考《世本》，馬遷近之。然司馬遷《史記》，於族系多采《世本》，不知《世本》果可盡信否？（《金石録》卷二五《唐祝府君碑》）

能言吾祖，郯子見師於孔公；不識其先，籍談取誚於姬后。故周撰《世本》，式辨諸宗，楚置三閭，實掌王族。（《史通》卷三）

馬遷《史記》採《世本》《國語》《戰國策》《楚漢春秋》。（《史通》卷五）

夏禹敷土，實著《山經》；《世本》辨姓，著自周室。（《史通》卷一〇）

又當春秋之世，諸侯國自有史……楚漢之際，有好事者，録自古帝王公侯卿大夫之世，終乎秦末，號曰《世本》，十五篇。（《史通》卷一二）

《世本》曰：倕作耒耜。倕，神農之臣也。（《齊民要術》卷一）

《世本》曰：神農嘗百草，以和藥濟人。（《證類本草》卷一）

《世本》云：史皇作圖，黄帝臣也。（《法書要録》卷二）

《世本》及《吕氏春秋》皆云蚩尤作五兵。（《蘇氏演義》卷下）

冕……《世本》曰：黄帝作旒冕。宋衷云：冠之垂旒者。（《能改齋漫録》卷一）

《世本》曰：東周惠公名班，居洛陽。（《賓退録》卷五）

按《世本》曰：伏羲作瑟，黄帝作琴……《世本》又謂瑟者，潔也，使人精潔於心，淳一於行。（《學齋佔畢》卷二；《太平御覽》卷五七六）

《世本》：正考甫生孔父嘉，爲宋司馬華督殺之，而絶其世，皆在襄公之前。（《困學紀聞》卷三）

按趙氏注，《古紀》《世本》：滕國有考公、麋元公弘即定公文公也。（《困學紀聞》卷八）

按《世本》：（周）敬王崩，貞王介立。貞王崩，元王赤立。宋忠注引《太史公書》云：元王仁生貞王介，與《世本》不相應，不知誰是，則宋忠不能定也。（《困學紀聞》卷一一）

謹按《世本》：暴辛公作塤。

謹按《世本》：隨作笙，長四寸，十二簧，像鳳之身，正月之音也，物生，故謂之笙。

謹按《世本》：宓羲作瑟，八尺一寸，四十五絃。

謹按《世本》：毋句作磬。

謹按《世本》：垂[①]作鐘，秋分之音也。

謹按《世本》：神農作琴。（《風俗通義》卷六；《禮記注疏》卷三八；《史記》卷二四《樂書》張守節《正義》引）

《世本》云：垂作銚。宋仲子注云：銚，刈也。（《敬齋古今黈》卷一）

按《世本》：鮌作城郭。（《意林》卷四）

《世本》云：廪君姓巴氏，與樊氏、瞫氏、相氏、鄭氏凡五姓，皆争事鬼神，以土爲船，彫文畫之而沈於水，約船浮者當以爲君。他姓船不能浮，獨廪君船浮，因立以爲君長。（《編珠》卷四）

---

① 垂：《初學記》卷一六作“倕”。

按,《太平御覽》卷三七引《世本》曰:“廪君名務相,姓巴,與樊氏、暉氏、相氏、鄭氏,凡五姓俱出,皆争神,以土爲船,雕文畫之,而浮水中。其船浮,立爲君。他船不能浮,獨廪君船浮,因立爲君。”文略異,録以備考。

黄帝垂衣裳。黄帝作旝冕。《世本》云。

武王作翣。《世本》。(《北堂書鈔》卷一七;《初學記》卷二五)

伯夷作刑。《世本》。(《北堂書鈔》卷四三)

《世本》云:庖羲氏作瑟。瑟,潔也,作人精潔于心,淳一于行也。(《北堂書鈔》卷一〇九)

《世本》云:蘇成公造篪,吹孔有觜,如酸棗。蘇成公,平王時諸侯。

塤,新公所造。《世本》云:塤,暴新公所造。周畿内有暴國,豈其時人也。宋均注云:暴新公,周平王時諸侯。(《北堂書鈔》卷一一一)

按《世本》:揮始作弓。宋表(衷)注曰:揮,黄帝臣。倕作弓。(《北堂書鈔》卷一二五)

《世本》云:共鼓、化狄作舟。注:二人,黄帝臣也。

土船。《世本》云:廪君名務相,姓巴氏,與樊氏、瞫氏、相氏、鄭氏凡五姓,皆争事鬼神,以土爲船,雕文畫之,而浮于水内。約船浮者,當以爲君。他姓船不能浮,獨廪君船浮,因立以爲君長。(《北堂書鈔》卷一三七)

《世本》云:衛公叔文子作蜆軸。

車轂鳴,車右請死。《世本》云:越甲至齊雍門,狀請死。齊王曰:“矢石未了,何務死?”對曰:“臣聞王昔囚於囿,車轂鳴,車右請死。”王曰:“此工師之罪,子何事焉?”車右曰:“王不見工師之爲,乘而見鳴。”右遂刎頸而死。越軍聞之,遂退。(《北堂書鈔》卷一四一)

容成作曆。《世本》注云:容成,黄帝臣也。

《世本》云:后益作占歲之法。(《北堂書鈔》卷一五三)

《世本》:黄帝始立史官,蒼頡、沮誦居其職。(唐張鷟撰,明劉允鵬注《龍筋鳳髓判》卷三)

《世本》曰:帝嚳卜其四妃之子,皆有天下。元妃有邰氏之女,曰姜嫄。生后稷。次妃有娀氏之女,曰簡狄,生契。次妃陳酆氏慶都,生帝

堯。次妃娵訾氏,生帝摯。(《藝文類聚》卷一五)

按,《太平御覽》卷一三五引本條曰:"《世本》曰:帝嚳卜其四妃之子,而皆有天下。元妃,有郃國之女,曰姜嫄,是産后稷。次妃,有娀氏之女簡狄,是産契。次妃曰陳妃,是生帝堯。次妃曰娵訾,産帝摯。"文略異,録以備考。

《世本》云:牟夷作矢,揮作弓。(《藝文類聚》卷六〇)

《世本》曰:舜時,西王母獻白環及玦。(《藝文類聚》卷六七)

《世本》曰:共鼓、貨狄作舟。共鼓、貨狄,黄帝二臣。(《藝文類聚》卷七一)

《世本》曰:逢蒙作射。(《藝文類聚》卷七四)

《世本》云:伯益作井。亦云黄帝見百物,始穿井。(《初學記》卷七)

《世本》曰:夔作樂。(《初學記》卷一五)

又案《世本》《説文》曰:桓譚《新論》並云,神農作琴。

琵琶,傅玄《琵琶賦序》曰:《世本》不載作者,故老云,漢送烏孫公主,念其行道思慕,使知音者於馬上作之。(《初學記》卷一六)

《世本》曰:巫咸作筮。(《初學記》卷二〇;《文獻通考》卷八五)

案《世本注》曰:黄帝之世,始立史官蒼頡、沮誦居其職。至于夏商,乃分置左右,故曰"左史記言,右史記事",言經《尚書》,事經《春秋》者也。(《初學記》卷二一)

按《世本》:揮始作弓。

按《世本》:牟夷作矢。牟夷,黄帝臣名。

又《世本》云:輿作甲。宋表(衷)注云:輿,少康子。(《初學記》卷二二)

一曰祝融作市。見《世本》。宋衷注曰:祝融,顓頊臣,爲高辛氏火正。(《初學記》卷二四)

秋祭馬社。《世本》曰:相土作乘馬。(《初學記》卷二九)

《世本》曰:於則作扉履。

《世本》曰:儀狄始作酒醪,變五味,少康作秫酒。(《初學記》卷二六)

《世本》曰:胲作服牛。胲,黄帝臣也,能駕牛。(《初學記》卷二九)

馮,周文王第十五子畢公高之後。畢萬封魏,支孫食采於馮,遂氏焉。《世本》又云:姬姓,鄭大夫馮簡子後。

公父，魯季悼子紇，生穆伯，穆伯生文伯歜，文伯歜生成伯，成伯生頃。頃爲公文氏，見《世本》。

中行，《世本》：晉荀逝敖，生桓子林父將中行，爲中行氏。

鍾離，《世本》云：與秦同祖，嬴姓也。（《元和姓纂》卷一）

嬀音規，《世本》：帝舜之後，舜生潙汭，子孫氏焉。

差師，《世本》：魏公族，有差師氏。

師子，《世本》：鄭有師子僕。

司城，《世本》云：宋戴公生東鄉克。孫樂喜，爲司城氏。陳哀公子郗勝之後，亦爲司城氏。

司寇，《世本》云：衛靈公子郢，子孫爲司寇亥之後。

司功，《世本》：晉大夫司功景子，其先士匄也，因官氏焉。周有太史司功騎。

諸葛，《世本》云：有熊氏之後，爲詹葛氏。齊人語訛，以詹葛爲諸葛氏。

閭邱，《世本》：齊閭邱産，生嬰，嬰生歐，歐生莖，莖生施。

舒鮑，《世本》：偃姓國也。晉悼公子舒鮑無終。

按《世本》，韓宣子之後，有韓餘氏。（《元和姓纂》卷二）

倪，案《世本》云：郳顔居郳肥，徙郳。宋仲子注云：郳顔別封小子肥於郳，爲小郳子，則顔是郳君，肥始封郳……《世本》言肥，《杜譜》言友，當是一人。

孤邱，晉大夫孤邱林之後，見《世本》。

齊季，齊襄公子季奔楚，因氏焉。魯有大夫齊禿窺，見《世本》。

西陵，《世本》：春秋時，有大夫西陵羔。（《元和姓纂》卷三）

昆吾，《世本》：古已姓國，夏時侯伯祝融氏之後。

韓言，《世本》：晉韓厥生無忌，無忌生襄，襄生魯，爲韓言氏。

安是，《世本》：老童娶安是女。（《元和姓纂》卷四）

强梁，《世本》：衛將軍文子，生真子會，會生彊梁，因氏焉。秦有左庶長校尉彊梁臯。

方叔，鼓方叔之後，見《世本》。

常壽……《世本》:宋大夫,景公時,有常壽邦。

乘……又乘睢,古賢人,見《世本》。

曾,夏少康封少子曲烈于鄫。春秋時,爲莒所滅。鄫太子巫,仕魯,去邑爲曾氏,見《世本》。巫生阜,阜生參,字子輿,父子并爲仲尼弟子。

恒,《風俗通》:楚大夫恒思公之後,見《世本》。

參,陸終二子日胡之後,見《世本》。

南宫,文王四友南宫适之後。周有南宫極、南宫嚚。魯孟獻子生閲,號南宫敬叔。生路。路生會。會生虔,爲南宫氏,見《世本》。

甘士,《世本》:宋司徒華定,甘士氏。周卿士甘平公,爲王卿士,後氏焉。

(光武皇后陰氏,)按《後漢書》注引《東觀記》:陰子公生子方,方生幼公,公生君孟,名睦,即后之父也。《世本》:睦作陸。(《元和姓纂》卷五)

子彊,衛公族,昭子郢之後。按此疑亦採自《世本》。

子叔,《世本》:魯文公生惠伯叔肸。叔肸生聲伯嬰齊。嬰齊生叔老子叔。子叔生叔弓,叔弓生仲南、文楚及伯張穆伯、定伯,爲子叔氏。

子革,《世本》:宋司城子革之後。又曰:季平子支孫,爲子革氏。

子尚,《世本》:陳僖子生廩邱子尚意兹,因氏焉。

子郢,《世本》:衛公族昭子郢之後。

子午,《世本》:楚公子午之後。齊大夫子午明。

子獻,《世本》:陳桓公孫子獻之後。

子蕩,《世本》:宋威公[1]生子蕩,因氏焉。

子工,《世本》:齊頃公子子工之後。

子揚,《世本》:季桓子生穆叔,其後爲子揚氏。

子芒,《世本》:陳僖子生子芒盈,因氏焉。

史晁,《世本》:衛史晁之後。

---

① 宋威公:《古今姓氏書辯證》卷二二引本條作"宋桓公"。《春秋左傳注疏》卷一五:"宋有蕩氏者。宋桓公生公子蕩,蕩生公孫壽,壽生蕩意諸。意諸之後,以蕩爲氏。則此人字蕩也。故云蕩氏妻。"知作"宋桓公"是。

楚季,《世本》:楚若敖生楚季,因氏焉。陳大夫有楚季融。

五鳩,《世本》云:楚鳩氏。(《元和姓纂》卷六)

馬師,《世本》:鄭穆公有馬師之官馬師頡、馬師朔、馬師顆。

右師,《世本》:宋武公生公子中,代爲右師,因氏焉。漢有中郎將右師譚。

右史,右史記事,因氏焉。周右史戍,見《世本》。

管説,按《世本》:管氏自莊仲山生敬仲夷吾,夷吾生武子鳴,鳴生桓子啓方,啓方生成子孺,孺生莊子盧,盧生悼子其夷,其夷生襄子武,武生景子耐步,耐步生微。(《元和姓纂》卷七)

仲行……《世本》:宋有仲行寅。晉大夫有仲行氏。

季融,《世本》:楚鬭廉生季融,子孫氏焉。

季隨,《世本》:周八士季隨之後。

季嬰,《世本》:晉樓季嬰之後。

大季,《世本》:鄭穆公生大季子孔志父之後。(《元和姓纂》卷八)

邵皓,《世本》:惠公族羌,子孫憲,爲邵皓氏。

鬭門,《世本》:陳鬭父之後。楚大夫有鬭門陽。

鬭耆,《世本》云:子姓也。(《元和姓纂》卷九)

叔向,《世本》:晉羊肸,字叔向,因氏焉。

叔夙,《世本》:羊舌職,生叔夙,爲叔夙氏。

祝其,《風俗通》:宋戴公子祝其,爲司寇,因氏焉,見《世本》。

不夷,《世本》:宋不夷甫須之後。

伯宗,《世本》:晉孫伯起,生伯宗,因氏焉。

北殷,《世本》云:子姓也。

祝氏,祝史之後,以官爲氏。案《世本》:祝,任姓。

《世本》云:郤豹生義,義生步揚,步揚生蒲城鵲居,居生至。案《世本》,步揚,即《傳》所稱"步揚御戎"。(《元和姓纂》卷一〇)

白倕作鐘。見《世本》。

白垂作笙。見《世本》。(《白孔六帖》卷六二)

《世本》曰:武王始作簻。(《事類賦》卷一四)

(舟),或曰起於貨狄共鼓。《世本》曰:共鼓、貨狄,黄帝二臣也,始作舟。

或矜夸於浮土。《世本》曰:廩君名相,姓巳氏,與樊氏、瞫氏、柏氏、鄭氏,凡五姓争神,以土爲船,雕文畫之,船浮者神以爲君。獨廩君船浮,因立爲君。

《世本》曰:奚仲造車。(《事類賦》卷一六)

《世本》曰:后益作占歲。(《太平御覽》卷一七)

按《世本》,炎帝,姜姓。(《太平御覽》卷五九)

《世本》曰:女媧作笙簧也。(《太平御覽》卷七八)

《世本》曰:顓頊娶於勝墳氏宋忠注曰:國名。之子,謂女禄,是生老童。《帝系》云:勝奔氏,餘同。

《世本》曰:堯娶散宜氏子,謂之女皇。宋忠曰:是生丹朱。

《世本》曰:鯀娶有莘氏女志,是生高密禹。(《太平御覽》卷一三五)

按,本條文字有奪誤,《重修玉篇》卷七引本條作"《世本》:顓頊生鮌,鮌生高密,是爲禹也。"無脱誤,當以此爲准。

《世本》云:涿鹿在彭城南。

《世本》又言:夏后居陽城,本在大梁之南。

《世本》:契大居番相,徙商丘。本顓頊之墟,故陶唐氏之火正,閼伯之所居也。

《世本》又言:太甲從上司馬,在鄴西南。

《世本》曰:懿王居太丘。厲王淫亂,出居于彘。(《太平御覽》卷一五五)

(《史記》)又曰:周文王之滅紂,封召公於北燕。《世本》曰:居北燕。宋忠曰:有南燕,故曰北燕。(《太平御覽》卷一六二)

《世本》曰:堯使禹作宫。(《太平御覽》卷一七三;《藝文類聚》卷六二)

《世本》曰:伯夷作井。(《太平御覽》卷一八九)

《世本》曰:沮誦、蒼頡作書。宋哀(衷)注曰:沮誦蒼頡,黄帝之史官。(《太平御覽》卷二三五;《資治通鑑》卷一胡三省注;《職官分紀》卷一五)

《世本》曰:黄帝作旃。(《太平御覽》卷三四〇)

《世本》曰:揮作弓。宋裹(衷)注曰:揮,黄帝臣也。

《世本》云：牟夷作矢，揮作弓。(《太平御覽》卷三四七)

《世本》曰：杼作矛。(《太平御覽》卷三五三)

《世本》曰：杼作甲。宋衷曰：少康之子也。甲，鎧也。《墨子》同。(《太平御覽》卷三五五)

《世本》曰：秦穆公作沐。(《太平御覽》卷三九五)

《世本》曰：微作禓，五祀。微者，殷王八世孫也。禓者，强死男也，謂時儺索室斷疫，逐强死鬼也。五者謂門、户及井、竈、中霤也。(《太平御覽》卷五二九)

磬，《世本》云：叔所造，不知何代人。又曰：無句作磬。《古史考》曰：堯時人。(《太平御覽》卷五七六)

《世本》曰：蘇成公造篪，吹孔有觜，如酸棗。蘇成公，平王時諸侯。(《太平御覽》卷五八〇)

《世本》曰：隋作竽。

《世本》曰：女媧作簧。

塤，《世本》曰：塤，暴新公所造，亦不知何人。周畿内有暴國，豈其時人也？(《太平御覽》卷五八一)

《世本》曰：伯夷作五刑。(《太平御覽》卷六三六)

《世本》曰：黄帝作旃冕。宋均曰：通帛爲旃。冕，冠之有旒。(《太平御覽》卷六八六)

《世本》曰：胡曹作衣。宗(宋)衷注曰：黄帝臣也。(《太平御覽》卷六八九)

《世本》曰：於則作履。(《太平御覽》卷六九七)

《世本》曰：紂爲玉床。(《太平御覽》卷七〇六)

《世本》曰：巫咸，堯臣也，以鴻術爲帝堯之醫。(《太平御覽》卷七二一)

《世本》曰：史皇作圖。史皇，黄帝臣也。圖，謂畫物像也。(《太平御覽》卷七五〇)

《世本》曰：雍父，日作舂杵臼。宋志(忠)曰：雍父，黄帝臣也。

《世本》曰：公輸般作磑。(《太平御覽》卷七六二)

《世本》曰：少康作箕帚。(《太平御覽》卷七六五)

《世本》曰：共鼓、貨狄作舟。共鼓、貨狄，黄帝二臣。(《太平御覽》卷七六九)

《世本》曰：廩君使人操青縷以遺鹽神，曰："嬰此即相宜。云與女俱生。弗宜，將去。"鹽神受縷而嬰之。廩君即立陽石上，望青縷而射之，鹽神死，天乃大開。（《太平御覽》卷七八五）

按，本條文字似有脱漏。《通志》卷一九七引本條作："《世本》曰：廩君使人操青縷以遺鹽神，曰：'嬰此即相宜。'乃與女俱。不宜，將去。鹽神受縷而嬰之，廩君即立陽石上，詹青縷而射之，中鹽神。鹽神死，天乃大開明也。"文略異，録以備考。

《世本》曰：咎繇作耒耜。

《世本》曰：捶作銚。（《太平御覽》卷八二三）

《世本》曰：雍父作舂。（《太平御覽》卷八二九）

《世本》曰：芒作網。宋襄（衷）注曰：芒，庖犧之臣。（《太平御覽》卷八三四）

《世本》曰：儀狄作酒醪，變五味。少康作秫酒。（《太平御覽》卷八四三）

《世本》曰：宿沙作煮鹽。宋志（忠）曰：宿沙衛，齊靈公臣。齊濱海，故以爲魚鹽之利。（《太平御覽》卷八六五）

《世本》曰：骸作服牛。骸，黄帝臣也。又云：少昊時人，始駕牛。（《太平御覽》卷八九九）

《世本》曰：廩君乘土船，至鹽場。鹽水神女子止廩君，廩君不聽。鹽神爲飛蟲，諸神從而飛蔽，日爲之晦。廩君不知東西所向，七日七夜，以青縷遺鹽神曰："纓此，與爾俱生。"鹽神受縷而縷之，廩君應青縷所射，鹽神死，天則大開。（《太平御覽》卷九四四）

唐叔虞者，周武王子，成王弟。成王封叔虞於唐。唐在河汾之東方百里，故曰唐叔虞。都於冀。《世本》曰：居鄂。宋志（忠）曰：鄂地今在大夏。（《册府元龜》卷二三五）

德公十八年卒，弟桓公姑容立。《世本》曰：惠公立十八年，生成公及桓公。成公立十八年。桓公立十七年。（《册府元龜》卷二三六）

《世本》曰：大撓造甲子。（《事物紀原》卷一）

《世本》曰：商湯作五祀井竈中霤。行至周而七，曰門、行、厲、户、竈、司命、中霤也。

《世本》曰：伏犧造琴瑟，是始爲樂。至黄帝，命伶倫考八音，調和八風，爲雲門之樂。

鐘，《世本》曰：黄帝工人垂所造。（《事物紀原》卷二）

馮，周文王第十五子畢公高之後。畢萬封魏，支孫食采於馮城，因氏焉。《代本》又云：歸姓，鄭大夫馮簡子之後。（《古今合璧事類備要》續集卷九）

巴，《代本》云：巴，子國，子孫以國爲氏。

東鄉，《世本》曰：宋大夫東鄉爲之後。（《古今合璧事類備要》續集卷二三）

曾，夏少康封其少子曲烈于鄫。春秋時，爲莒所滅。鄫太子巫仕魯，去邑，爲曾氏，見《代本》。（《古今合璧事類備要》續集卷二八）

諸葛氏，《代本》云：有熊氏之後，爲詹葛氏。齊人語訛，以詹葛爲諸葛。（《古今合璧事類備要》續集卷三〇）

公旗，《世本》：齊威公時，有左執法公旗蕃。

公他，《世本》曰：有蒲邑大夫公他，世卿，其先以王父字爲氏。

公牽，《姓解》曰：《世本》：齊公子牽之後，有公牽氏。

公襄，《世本》曰：魯大夫公襄昭，魯襄公太子子野之後。

公金，《世本》：秦公子金之後，有公金氏。

公朱，《世本》曰：宋公子朱之後。（《古今姓氏書辯證》卷二）

爲，《世本》：晉始平人爲勉，自稱將軍。（《古今姓氏書辯證》卷三）

鳌子，《世本》曰：出自鳌子觀起之後。楚大夫有鳌子班。

泥，《世本》：宋大夫泥卑之後。

西陵……《世本》：春秋時，有大夫西陵羔。（《古今姓氏書辯證》卷四）

根水，《世本》：老童娶根水氏女。（《古今姓氏書辯證》卷七；《元和姓纂》卷四）

韓餘，《世本》：韓宣子餘子之後，氏焉。（《古今姓氏書辯證》卷八）

嚻虚嬌切，《世本》曰：元（玄）嚻之後。（《古今姓氏書辯證》卷一〇）

《世本》曰：巴郡南郡蠻，本有五姓：巴氏、樊氏、瞫氏、相氏、鄭氏，皆出於武落鍾離山。其山有赤黑二穴，巴氏之子，生於赤穴。四姓之子，皆生黑穴。未有君長，俱事鬼神，乃共擲劍於石穴，約能中者，奉以爲君。巴氏子務相，乃獨中之，衆皆服。又令各乘土船，約能浮者，當以爲君。餘姓悉沉，唯務相獨浮，因共立之，是爲廩君。乃乘土船，從夷水，至鹽陽。鹽水有神女，謂廩君曰："此地廣大，魚鹽所出，願留共居。"廩君不許。鹽神暮即來宿，旦即化爲蟲，與諸蟲群飛，閉掩日光，天地晦冥。積十餘日，廩君伺其便，因射殺之，天乃開明。廩君於是乎君于夷城，四姓皆臣之。

按《世本》：夏有武羅，其後氏焉。

車遽，《世本》曰：齊有臨淄大夫車遽氏。（《古今姓氏書辯證》卷一二）

羌憲，《世本》曰：衛公族，羌之孫憲，爲羌憲氏。

羌師，《世本》曰：衛公族，有羌師氏。

將軍，《世本》：衛靈公子郢，生文子彌牟，爲將軍氏，《禮記》將軍文氏是也。（《古今姓氏書辯證》卷一四）

唐孫，《世本》：祁姓，唐堯之後。其孫仕晉，自爲唐孫氏。（《古今姓氏書辯證》卷一五）

承，《世本》：衛大夫承叔之後。後漢侍中承宫，字少子，琅邪姑幕人。子疊，官至濟陰太守。（《古今姓氏書辯證》卷一七）

讎子，《世本》：陳桓公生昭子來將，孫卑，爲讎子氏。

參，《世本》曰：陸終第二子參胡之後。（《古今姓氏書辯證》卷一九）

瞻葛……《世本》：宋景公有大夫瞻葛祁，其後齊人語訛，以瞻葛爲諸葛。（《古今姓氏書辯證》卷二〇）

蔿，出自羋姓，楚公族大夫，食邑於蔿，因以爲氏。《左傳·僖二十七年》：子玉治兵於蔿，即其地也。春秋時，蔿吕臣，字叔伯。生賈，字伯嬴。賈生蔿艾獵，一名敖，字孫叔。孫叔從孫子憑，生掩，爲大司馬。自吕臣至子憑，四人皆爲令尹，故蔿氏世爲楚大夫。按《左傳·桓公六年》：楚武王侵隨，使薳章求成焉……《辯正》謂蔿吕臣，生蔿賈，以僖公二十七年《傳》有蔿賈尚幼之文，遂意爲吕臣之子。《世本》及杜預注皆未詳其系也。蔿艾獵即孫叔敖，爲蔿賈之子。服虔、杜預之説同。蔿子馮，《世本》爲蔿艾獵之子，杜預爲蔿艾獵之從子，説不同。（《古今姓氏書辯證》卷二一）

子游，《世本》：鄭穆公生子偃，字子游之後。

子國，《世本》曰：鄭穆公生子國發，發生子產、僑、簡成子。僑生子思、參。參生子玉、珍武。子珍生子樂、卑顯、莊子，爲子國氏。

子革，《元和姓纂》曰：《世本》：宋司城子革後。又曰：季平子支孫，爲子革氏。

子占，《世本》曰：陳威子占書。書生子良堅。堅子，以王父字爲氏。

子孔，《世本》曰：鄭穆公生公子嘉，字子孔之後。

子士，《世本》曰：魯叔孫成子，生齊季，爲子士氏。

子罕，《世本》曰：鄭穆公子喜，字子罕，生子展舍之。舍之。生子皮虎。或作子軒氏。

子寤，《世本》曰：季平子生昭伯寤，其後爲子寤氏。

子石，《世本》曰：陳威子生子石難，自别爲子石氏。

子穆，《世本》曰：陳僖子生子穆安，因爲子穆氏。

子然，《世本》曰：鄭穆公子子然之後。

子乾，《世本》曰：齊頃公子子乾之後，以王父字爲氏。春秋時，有子乾哲。

子沮，《世本》曰：陳烈子，生子沮，與後爲子沮氏。

子襄，《世本》曰：齊桓公子子襄之後。

子季，《世本》曰：楚公族，子季氏。

子成，《世本》曰：魯季平子，生子成叔，彭侯之後。（《古今姓氏書辯證》卷二二）

甫爽，《世本》曰：宋有大夫甫爽文叔。（《古今姓氏書辯證》卷二三）

伍參，《世本》曰：伍參之後。楚昭王時，有伍參蹇。（《古今姓氏書辯證》卷二四）

卷子，《世本》：衛文公後卷子子州，氏焉。（《古今姓氏書辯證》卷二五）

者舌，《世本》曰：康居國人，朝後魏，因留中國。（《古今姓氏書辯

證》卷二六)

仲行,《元和姓纂》……又云:《世本》有仲行寅。晉大夫有仲行氏。

雍門,《世本》:齊頃公生子夏勝,以所居爲雍門氏。

季騧,《世本》云:周八士季騧之後,爲氏。

季老,《世本》:宋華氏,有華季老,其子氏焉。(《古今姓氏書辯證》卷二九)

去疾,《世本》:鄭穆公子去疾之後。(《古今姓氏書辯證》卷三〇)

大狐,出自姬姓……《世本》有晉大夫大狐容,即其後。

大公,《世本》有大公叔穎。(《古今姓氏書辯證》卷三一)

幹獻,《世本》:宋司徒華定後,爲幹獻氏。(《古今姓氏書辯證》卷三二)

少施,《世本》曰:施父之後,支孫爲少施氏。《雜記》曰:"孔子曰:吾食於少施氏。"

下門……《世本》:晉有大夫下門聰。(《古今姓氏書辯證》卷三三)

慶父,《世本》曰:魯大夫慶父之後。有慶父籍,爲楚工正。

鬬班,《世本》:鬥强生班,因氏焉。(《古今姓氏書辯證》卷三四)

密須,《世本》曰:商時姞姓國也,文王滅之,其後以國爲氏。

述,《風俗通》云:《世本》:魯大夫仲述之後。(《古今姓氏書辯證》卷三六)

郤州,《世本》:晉郤豹,孫步揚,生郤州,因氏焉。(《古今姓氏書辯證》卷三九)

按,《通志》卷二七《氏族略三》引本條作"郄州氏,《世本》:晉郄豹孫步楊,生郄州,因氏焉"。文有小異,録以備考。

北旄,《世本》曰:子姓。

涉其,姓書多曰:《世本》:楚大夫有涉其氏。春秋涉其帑是也。

荚成,《世本》:晉大夫,有荚成僖子。(《古今姓氏書辯證》卷四〇)

融,《世本》云:祝融之後。(《名賢氏族言行類稿》卷二)

嬀,《世本》云:帝舜之後,舜生嬀汭,子孫氏焉。後漢有嬀皓,後改爲姚氏。(《名賢氏族言行類稿》卷四)

曾,《姓纂》:夏少康封其少子曲烈于鄫。春秋時,爲莒所滅。鄫太子巫，仕魯，去邑爲曾氏，見《世本》。

恒，楚大夫恒思之後，見《世本》。漢有東安長恒奕。（《名賢氏族言行類稿》卷二九）

寒哀作御《世本》韓哀作御。《世本》：后益作歲本，羲和作占月。（《玉海》卷九）

《世本》曰：懿王居犬丘，平王徙居洛。《洛誥》所謂新邑也。（《玉海》卷一六）

《史記・三代世表》，《索隱》曰：此《表》依《帝繫》《世本》。

《春秋疏》：《世本・氏姓篇》云：任姓，謝、章、薛、舒、吕、祝、終、泉、畢、過。

《隋志》：《世本王侯大夫譜》二卷、《世本》一卷，劉向撰。《世本》四卷，宋衷撰。司馬遷已采《世本》，恐非向撰。漢初得《世本》，叙黄帝以來祖世所出。言姓氏皆本《世本》《公子譜》。上書皆本《左傳》。（《玉海》卷五〇）

《吕氏春秋》：巫咸初作醫。《世本》《説文》同。（《玉海》卷六三）

按《世本》：伏羲制以儷皮，嫁娶之禮。（《玉海》卷六八）

《世本》：黎是顓頊曾孫。（《玉海》卷一二二）

《世本》：西周桓公揭居河南，東周惠公班居洛陽。（《小學紺珠》卷五）

《世本》：章，姓任。

過氏，《世本》：任姓，夏諸侯，後爲氏。

舒氏，《世本》云：舒鮑，偃姓國。又云：舒，任姓後。

淵氏，《世本》有齊大夫淵湫。

吕氏，姜姓四岳，爲禹心吕之臣，賜氏曰吕。吕尚，其後也。《世本》：吕，任姓。

時氏，《世本》：子姓。

薛氏，《世本》：任姓。夏奚仲封薛。周有薛侯，其後爲氏。

羅氏，《世本》：夏有武羅，其後氏焉。周大羅氏掌鳥獸，其後氏焉。羅國爲楚所滅，其後號羅侯氏。

泉氏，《世本》：泉，任姓。

賜氏，《世本》云：齊大夫簡子賜之後。

黎氏，黎侯國之後。《世本》：子姓。

唐，已姓。黄帝子十二姓，有巳姓。又祝融之後，八姓。已姓：昆吾、蘇、顧、温、董。《世本》：廩君姓己氏。

有男氏，《世本》作南。

蕭氏，本殷之六族，成王以封伯禽。又有蕭國，子姓，宋之支子，食采於蕭。《世本》：子姓有蕭氏。

莢氏，《世本》：晉大夫莢氏僖子。

參氏，《世本》：祝融之後。

崇氏，以國爲氏。鯀爲崇伯。殷有崇侯，見《世本》。

畢氏，周文王之子，有畢公高者，其後以爲氏。畢萬即此族也。晉又有畢陽，韓有畢長。《世本》：畢，任姓。漢有畢衆、畢由、粤將畢取滕有、畢戰。

《世本》：謝，任姓，黄帝之後。

又《世本》：祝，任姓。(《姓氏急就篇》卷上)

《世本》：共鼓作舟。

髦氏，《史記》：子姓分封，有北殷氏。《索隱》曰：《世本》作髦氏……《荀子·非十二子》有它囂。注："《世本》：楚平王孫有田公它成，豈非族乎？"

弗氏，《史記》：禹後有費氏。《索隱》云：《世本》：費作弗。

又司功氏，《世本》：士匄弟佗，爲晉司功，因官爲氏。

西鄉氏，《世本》：宋大夫西鄉錯。

尋氏，《史記》：禹後，分封。《世本》作鄩。

《世本》：墨胎氏。《史記索隱》：伯夷姓。

老成氏，《世本》：宋有大夫老成方。

密須氏，《世本》：姞姓。《詩注》國，有密須氏。

偪陽氏，《世本》：妘姓國，爲晉所滅，子孫氏焉。

《史記》：嬴姓有終黎氏。《世本》作鍾離。

墨夷氏，《世本》：宋襄公子墨夷須，爲大夫焉，其後有墨夷皋。目夷氏，宋公子目夷，桓公子之後。《史記》：殷後子姓，有目夷氏。

史朝氏，《世本》：衛有史朝朱駒。

太公氏，《世本》有太公叔穎。

終氏，《世本》：任姓。

又髦氏，《世本》：子姓。（《姓氏急就篇》卷下）

淵啾，齊大夫，見《世本》。（《萬姓統譜》卷二八）

會，《世本》：陸終第四子會人之後。（《萬姓統譜》卷九七）

空同，《世本》云：子姓，蓋因空同山也。（《萬姓統譜》卷一二五）

《世本》：舒鮑，偃姓國也。

郄州，《世本》：晉郄豹，孫步陽，生郄州，因氏焉。

舒蓼，《世本》：舒蓼，偃姓，皋陶之後。（《萬姓統譜》卷一二六）

根水，《世本》：老童娶根水氏。

韓餘，《世本》；韓宣子之後，因氏焉。（《萬姓統譜》卷一二八）

彊梁，《世本》：衛將軍文子，生慎子會，生彊梁，因氏。

將軍，《世本》：衛靈公子昭，生郢，郢生文，文生才芳，爲將軍氏。（《萬姓統譜》卷一三〇）

《世本》曰：巫彭作醫。（晉郭璞注《山海經》卷一一）

《世本》云：顓頊娶于滕墳氏，謂之女禄，産老童也。

《世本》云：老童娶于根水氏，謂之驕福，産重及黎。（晉郭璞注《山海經》卷一六）

黄帝妻雷祖生昌意。《世本》云：黄帝娶于西陵氏之子，謂之嫘祖，産青陽及昌意。

阿女生帝顓頊。《世本》云：顓頊母，濁山氏之子，名昌僕。

《世本》云：母句作磬，倕作鐘。

鯀，即禹父也。《世本》曰：黄帝生昌意，昌意生顓頊，顓頊生鯀。

《世本》云：共鼓、貨狄作舟。

《世本》云：伏羲作琴，神農作瑟。（晉郭璞注《山海經》卷一八）

彭祖名鏗，堯臣，封於彭城。歷虞、夏，至商，年七百歲，故以久壽見聞。《世本》云：姓籛，名鏗。在商，爲守藏史。在周，爲柱下史。年八百歲，一云即老子也。（晉郭象《莊子注》卷一）

《世本》云：殷巫咸始作鼓。（《雲笈七籤》卷一百）

《世本》曰：舜時，西王母獻白環及珮。（《文選》卷一一何平叔《景福殿賦》李善注引；《補注杜詩》卷四引王洙注）

《世本》云：周制，以王后夫人車服輦車有翣，即集雉羽爲扇，以障風塵也。（宋魏仲舉編《五百家注昌黎文集》卷一〇引）

《世本》曰：曲沃桓叔成師之子，曰韓萬。萬子求伯。求伯子子輿。子輿子厥，遂以韓爲氏。（宋魏仲舉編《五百家注昌黎文集》卷三二）

磑，磨也。《世本》：公輸般作之。（宋魏仲舉編《五百家注昌黎文集》卷四〇引）

《世本》曰：武王在酆鄗。（《文選》卷一班孟堅《西都賦》李善注引）

《世本》曰：隸首作數。宋衷曰：隸首，黄帝史也。（《文選》卷二張衡《西京賦》李善注引）

《世本》曰：隨作竽。（《文選》卷五左思《吴都賦》劉淵林注引）

《世本》曰：吴孰姑徒句吴。注：孰姑，壽夢也。句吴，太伯始所居地。名句吴，句音溝。（《文選》卷六左思《魏都賦》劉淵林注引）

《世本》曰：女媧作簧，暴辛爲塤。宋均曰：女媧，黄帝臣也。暴，辛周平王時諸侯。作塤，有三孔。

垂之和鐘，叔之離磬。《世本》曰：叔，舜時人。（《文選》卷一八馬融《長笛賦》李善注引）

《世本》云：韓哀侯作御也。（《文選》卷四七王褒《聖主得賢臣頌》李善注引）

毛萇曰：鬼方，遠方也。《世本注》曰：鬼方於漢則先零戎是也。（《文選》卷四七揚雄《趙充國頌》李善注引）

《系本》曰：烏曹作博。（《文選》卷五二韋曜《博奕論》李善注引）

《世本》曰：史皇作圖。宋忠曰：史皇，黄帝臣也。圖，謂畫物象也。（《文選》卷五七謝莊《宋孝武宣貴妃誄并序》李善注引）

《世本》有《帝系篇》，謂子孫相繼續也。（《一切經音義》卷二三“根系”條）

太史公自序

《太史公自序》，出自《史記》卷一三〇，乃司馬遷自敘其家世之文，主要内容是記述司馬氏的得姓授氏之由及宗支傳衍、先世事迹，以其成書較早，有開創性，在姓氏學研究方面特殊的史料價值，據輯。

昔在顓頊，命南正重以司天，北正黎以司地。唐虞之際，紹重黎之後，使復典之，至于夏、商，故重黎氏世序天地。其在周，程伯休甫其後也。當周宣王時，失其守而爲司馬氏。司馬氏世典周史。惠、襄之間，司馬氏去周適晉。晉中軍隨會奔秦，而司馬氏入少梁。

自司馬氏去周適晉，分散，或在衛，或在趙，或在秦。其在衛者，相中山。在趙者，以傳劍論顯。蒯聵，其後也。在秦者名錯，與張儀争論，於是惠王使錯將伐蜀，遂拔，因而守之。錯孫靳，事武安君白起，而少梁更名曰夏陽。靳與武安君阬趙長平軍，還而與之俱賜死杜郵，葬於華池。靳孫昌，昌爲秦主鐵官，當始皇之時。蒯聵玄孫卬，爲武信君將，而徇朝歌。諸侯之相王，王卬於殷。漢之伐楚，卬歸漢，以其地爲河内郡。昌生無澤，無澤爲漢市長。無澤生喜，喜爲五大夫，卒，皆葬高門。喜生談，談爲太史公。（《史記》卷一三〇《太史公自序》）

漢書·叙傳

《漢書·叙傳》,東漢學者班固(32—92)撰,專載班氏之姓系源流及班固一支的宗族史,從上古一直叙述到東漢,具有家譜兼家傳的性質,據輯。兹據《漢書》卷一百上輯録原文。

班氏之先,與楚同姓,令尹子文之後也。子文初生,棄於瞢中,而虎乳之。楚人謂乳"穀",謂虎"於檡",故名穀於檡,字子文。楚人謂虎"班",其子以爲號。秦之滅楚,遷晉、代之間,因氏焉。

始皇之末,班壹避墜於樓煩,致馬牛羊數千群。值漢初定,與民無禁。當孝惠、高后時,以財雄邊,出入弋獵,旌旗鼓吹,年百餘歲,以壽終,故北方多以"壹"爲字者。

壹生孺。孺爲任俠,州郡歌之。孺生長,官至上谷守。長生回,以茂材爲長子令。回生况,舉孝廉爲郎,積功勞,至上河農都尉。大司農奏課連最,入爲左曹越騎校尉。成帝之初,女爲倢伃,致仕就第,貲累千金,徙昌陵。昌陵後罷,大臣名家,皆占數于長安。

况生三子:伯、斿、穉。伯少受《詩》於師丹,大將軍王鳳薦伯宜勸學,召見晏昵殿,容貌甚麗,誦説有法,拜爲中常侍。時上方鄉學,鄭寬中、張禹朝夕入説《尚書》《論語》於金華殿中,詔伯受焉。既通大義,又講異同於許商,遷奉車都尉。數年,金華之業絶,出與王、許子弟爲群。在於綺襦紈絝之間,非其好也。

家本北邊,志節忼慨,數求使匈奴。河平中,單于來朝,上使伯持節迎於塞下。會定襄大姓石、李群輩報怨,殺追捕吏,伯上狀,因自請,願試守期月。上遣侍中、中郎將王舜馳傳代伯護單于,并奉璽書印綬,即拜伯爲定襄太守。定襄聞伯素貴,年少,自請治劇,畏其下車作威,吏民竦息。伯至,請問耆老父祖故人有舊恩者,迎延滿堂,日爲供具,執子孫禮。郡中益弛。諸所賓禮皆名豪,懷恩醉酒,共諫伯宜頗攝録盜賊,具言本謀亡匿處。伯曰:"是所望於父師矣。"乃召屬縣長吏,選精進掾史,分部收捕,及它隱伏,旬日盡得。郡中震栗,咸稱神明。歲餘,上徵伯。伯上書,願過故郡上父祖冢。有詔,太守都尉以下會,因召宗族,各以親疏加恩施,散數百金,北州以爲榮。長老紀焉道病中風,既至,以侍中光禄大夫養病,賞賜甚厚。數年未能起。

會許皇后廢,班倢伃供養東宫,進侍者李平爲倢伃,而趙飛燕爲皇后,伯遂稱篤。久之,上出過臨候伯,伯惶恐,起眂事。

自大將軍薨後,富平、定陵侯張放、淳于長等始愛幸,出爲微行,行則同輿執轡,入侍禁中,設宴飲之會。及趙、李諸侍中,皆引滿舉白,談笑大噱。時乘輿幄坐張畫屏風,畫紂醉踞,妲己作長夜之樂。上以伯新起,數目禮之。因顧指畫而問伯:"紂爲無道,至於是乎?"伯對曰:"《書》云:'乃用婦人之言。'何有踞肆於朝? 所謂衆惡歸之,不如是之甚者也。"上曰:"苟不若此,此圖何戒?"伯曰:"'沈湎于酒',微子所以告去也;'式號式謼',《大雅》所以流連也。《詩》《書》淫亂之戒,其原皆在於酒。"上乃喟然嘆曰:"吾久不見班生,今日復聞讜言!"放等不懌,稍自引起更衣,因罷出。時長信庭林表適使來,聞見之。

後上朝東宫,太后泣曰:"帝間顔色瘦黑,班侍中本大將軍所舉,宜寵異之,益求其比,以輔聖德。宜遣富平侯且就國。"上曰:"諾。"車騎將軍王音聞之,以風丞相御史,奏富平侯罪過,上乃出放爲邊都尉。後復徵入。太后與上書曰:"前所道尚未效,富平侯反復來,其能默虖?"上謝曰:"請今奉詔。"是時許商爲少府,師丹爲光禄勳,上於是引商、丹入爲光禄大夫,伯遷水衡都尉,與兩師並侍中,皆秩中二千石。每朝東宫,常從。及有大政,俱使諭指於公卿。上亦稍厭游宴,復修經書之業,太后甚悦。丞相方進復奏,富平侯竟就國。會伯病卒,年三十八,朝廷愍惜焉。

斿博學有俊材,左將軍史丹舉賢良方正,以對策爲議郎,遷諫大夫、右曹中郎將,與劉向校秘書。每奏事,斿以選受詔,進讀群書。上器其能,賜以秘書之副。時書不布,自東平思王以叔父求《太史公》、諸子書,大將軍白不許,語在《東平王傳》。斿亦早卒,有子曰嗣,顯名當世。

穉少爲黄門郎中常侍,方直自守。成帝季年,立定陶王爲太子,數遣中盾請問近臣,穉獨不敢答。哀帝即位,出穉爲西河屬國都尉,遷廣平相。

王莽少與穉兄弟同列友善,兄事斿而弟畜穉。斿之卒也,修緦麻,賻賵甚厚。平帝即位,太后臨朝,莽秉政,方欲文致太平,使使者分行風俗,采頌聲,而穉無所上。琅邪太守公孫閎言灾害於公府,大司空甄豐遣屬馳至兩郡,諷吏民,而劾閎空造不祥,穉絶嘉應,嫉害聖政,皆不道。太后曰:"不宣德美,宜與言灾害者異罰。且後宫賢家,我所哀也。"閎獨下獄誅。穉懼,上書陳恩謝罪,願歸相印,入補延陵園郎,太后許焉。食故禄終身。由是班氏不顯莽朝,亦不罹咎。

初,成帝性寬,進入直言,是以王音、翟方進等繩法舉過,而劉向、杜鄴、王章、朱雲之徒,肆意犯上,故自帝師安昌侯,諸舅大將軍兄弟及公卿大夫、後宫外屬史、許之家有貴寵者,莫不被文傷詆,唯谷永嘗言:"建始、河平之際,許、班之貴,傾動前朝,熏灼四方,賞賜無量,空虚内臧,女寵至極,不可尚矣。今之後起,天所不饗,什倍於前。"永指以駮譏趙、李,亦無間云。

穉生彪。彪字叔皮,幼與從兄嗣共遊學,家有賜書,内足於財,好古之士自遠方至,父黨揚子雲以下,莫不造門。

嗣雖修儒學,然貴老嚴之術。桓生欲借其書,嗣報曰:"若夫嚴子者,絶聖棄智,修生保真,清虚澹泊,歸之自然,獨師友造化,而不爲世俗所役者也。漁釣於一壑,則萬物不奸其志。栖遲於一丘,則天下不易其樂。不絓聖人之罔,不齅驕君之餌,蕩然肆志,談者不得而名焉,故可貴也。今吾子已貫仁誼之羈絆,繫名聲之繮鎖,伏周、孔之軌躅,馳顔、閔之極摯。既繫攣於世教矣,何用大道爲自眩曜?昔有學步於邯鄲者,曾未得其仿佛,又復失其故步,遂匍匐而歸耳,恐似此類,故不進。"嗣之行己持論如此。

叔皮唯聖人之道，然後盡心焉。年二十，遭王莽敗，世祖即位於冀州，時隗囂據壟擁衆，招輯英俊，而公孫述稱帝於蜀漢，天下雲擾，大者連州郡，小者據縣邑。囂問彪曰："往者周亡，戰國並争，天下分裂，數世然後乃定。其抑者從横之事，復起於今乎？將承運迭興，在於一人也？願先生論之。"對曰："周之廢興與漢異。昔周立爵五等，諸侯從政，本根既微，枝葉强大，故其末流有從横之事，其勢然也。漢家承秦之制，並立郡縣，主有專己之威，臣無百年之柄，至於成帝，假借外家。哀、平短祚，國嗣三絶。危自上起，傷不及下，故王氏之貴，傾擅朝廷，能竊號位而不根於民。是以即真之後，天下莫不引領而嘆，十餘年間，外内騷擾，遠近俱發，假號雲合，咸稱劉氏，不謀而同辭。方今雄桀帶州城者，皆無七國世業之資。《詩》云：'皇矣上帝，臨下有赫。鑒觀四方，求民之莫。'今民皆謳吟思漢，鄉仰劉氏，已可知矣。"囂曰："先生言周、漢之勢，可也，至於但見愚民習識劉氏姓號之故，而謂漢家復興，疏矣。昔秦失其鹿，劉季逐而掎之，時民復知漢虖！"既感囂言，又愍狂狡之不息，乃著《王命論》以救時難。（《漢書》卷一百上《叙傳》）

潛夫論·志氏姓

《潛夫論·志氏姓》,王符撰,漢代譜牒學的代表作之一。王符,生卒年不詳。東漢和帝、安帝時人。字節信,安定臨涇人。少好學,有志操,與馬融、竇章、張衡、崔瑗等友善,品行高洁,爲度遼將軍皇甫規所賞識。安定俗鄙庶孽,而符無外家,以此爲鄉人所賤。自和帝、安帝之後,世務遊宦,當塗者更相薦引,而符獨性情耿介,不同流俗,以此而不得升進。志意蘊憤,乃隱居發憤,著書三十餘篇,以譏當時政事人物之得失,而不欲章顯其名,故號《潛夫論》。事迹見《後漢書》卷四九《王符傳》、《太平御覽》卷三七二引《典略》、卷五〇二引《後漢書》。其《潛夫論》爲子部儒家類著作,唐宋以來,傳本十卷。《志氏姓》爲該書卷九,專載上古至西漢家族姓氏,着重載明各姓的得姓命氏之源,以"贊賢聖之後,班族類之祖"(《潛夫論·志氏姓》末自序),而不旁及其他,時代僅晚于劉向《世本》及宋衷《世本》,且内容相對完整,敘述連續,不似其他漢魏姓氏之書,皆爲亡佚之本,不見原著,只存佚文,因此爲後人研究上古氏族提供了寶貴資料,十分難得。今以目前最善之《湖海樓叢書》所收清汪繼培箋注本爲底本,參校世界書局《諸子集成》本及中華書局 1985 年彭鐸《潛夫論箋校證》,輯録《志氏姓》全篇,結合諸書之載,重加校勘,以備參稽。此書傳本雖多,但諸本之間,文字差異並不大,若僅據對校之法,還難以發現和指正書中文字之訛奪和敘述之差謬,倒是歷代典籍常加引録,保存佚文較多,與書中敘事内容相關的文獻記載亦復不少,要是多用他校法,整理校勘的空間反而比較大,故此次輯校,主要使用他校法,適當結合對校、本校、理校三法校書録文。另外,《潛夫論》流傳過程中,原編散佚,但經後世學者摘録,仍有不少佚文傳世,其中論姓氏者亦復不少。對於這些佚文,其與今本《潛夫論·志氏姓》重合者,取以互校。今本《潛夫論》之外别見於他書之佚文,輯録於卷末,以備讀者參考。

昔者聖王觀象於乾坤,考度於神明,探命歷之去就,省群后之德業,而賜姓命氏,因彰德功。傳稱:民之徹官百,王公之子弟千世能聽其官者,而物賜之姓,是謂百姓。姓有徹品十,於王謂之千品。昔堯賜契姓子,賜棄姓姬,賜禹姓姒,氏曰有夏。伯夷爲姜,氏曰有吕。下及三代,官有世功,則有官族,邑亦如之。後世微末,因是以爲姓,則不能改也。故或傳本姓,或氏號邑謚,或氏於國,或氏於爵,或氏於官,或氏於字,或氏於事,或氏於居,或氏於志。若夫五帝三王之世,所謂號也。文、武、昭、景、成、宣、戴、桓,所謂謚也。齊、魯、吴、楚、秦、晉、燕、趙,所謂國也。王氏、侯氏、王孫、公孫,所謂爵也。司馬、司徒、中行、下軍,所謂官也。伯有、孟孫、子服、叔子,所謂字也。巫氏、匠氏、陶氏,所謂事也。東門、西門、南宫、東郭、北郭,所謂居也①。三烏、五鹿、青牛、白馬,所謂志也。凡厥姓氏,皆出屬而不可勝紀也。

衛侯滅邢,昭公娶同姓,言皆同祖也。近古以來,則不必然。古之賜姓,大諦可用,其餘則難。周室衰微,吴楚僭號,下歷七國,咸各稱王。故王氏、王孫氏、公孫氏及謚氏官,國自有之。千八百國,謚官萬數,故元不可同也。故②孫氏者,或王孫之班也,或諸孫之班也,故有同祖而異姓。有同姓而異祖,亦有雜厝,變而相入。或從母姓,或避怨讎。夫吹律定姓,惟聖能之。今民散久,鮮克達音律。天主尊正其祖,故且略紀顯者,以待士合揖損焉。

---

① 東門、西門、南宫、東郭、北郭,所謂居也:《資治通鑑》卷一胡三省注引《潛夫論·姓氏篇》作"如有東門西郭、南宫北郭,皆因居以爲姓。"

② 故:原作"及",據庫本及《佩文韻府》卷一三之三引《風俗通》改。

伏羲姓風，其後封任、宿、須朐、顓臾四國，實司太皞[①]與有濟之祀，且爲東蒙主。魯僖公母成風，蓋須朐之女也。季氏欲伐顓臾，而孔子譏之。

炎帝苗胄，四嶽伯夷，爲堯典禮，折民惟刑，以封申、吕。裔生尚，爲文王師，克殷而封之齊。或封許、向。或封於紀，或封於申。申城，在南陽宛北序山之下。故《詩》云："亹亹申伯，王纘之事。于邑于序，南國是式。"宛西三十里，有吕城。許在潁川，今許縣是也。姜戎居伊、洛之間，晉惠公徙置陸渾。州、薄、甘、戲、露、怡及齊之國氏、高氏、襄氏、隰氏、士强氏、東郭氏、雍門氏、子雅氏、子尾氏、子襄氏、子淵氏、子乾氏、公旗氏、翰公氏、賀氏、盧氏，皆姜姓也。

黄帝之子二十五人，班爲十二：姬、酉、祁、已、滕、蒧、任、拘、釐、姞、嬛、衣氏[②]也。當春秋，晉有祁奚，舉子薦讎，以忠直著。莒子姓已氏，夏之興，有任奚爲夏車正，以封於薛，後遷于邳。其嗣仲虺[③]居薛，爲湯左相。王季之妃大任，及謝、章、昌、采、祝、結、泉、卑、遇、狂、大氏，皆任姓也。姞氏女爲后稷元妃，繁育周先。姞氏封於燕，及鄭文公[④]有賤妾燕姞，夢神與之蘭曰："余爲伯儵，余爾祖也。以是有國香，人服媚。"及

---

① 太皞：原作"大皥"，據庫本改。《春秋左傳注疏》卷一三："任、宿、須句、顓臾，風姓也，實司大皞，與有濟之祀。"杜預注："司，主也。大皞，伏羲四國，伏羲之後，故主其祀。任，今任城縣也。顓臾，在泰山南武陽縣東北。須句，在東平須昌縣西北。四國封近於濟，故世祀之。"《水經注》卷八："任、宿、須朐、顓臾，風姓也，實司太皞，與有濟之祀。"知"大皥"爲"太皞"之訛。

② 姬酉祁已滕蒧任拘釐姞嬛衣氏：《史記》卷一《五帝本紀》、《稽古録》卷一、《國語》卷一〇、《貞觀政要》卷四作"姬酉祁已滕箴任荀僖姞儇依"，其中五姓有不同記載。其中拘、釐、依非姓氏，荀、衣則人姓，然僅以理校，無法分清是非。

③ 虺：原作"虫兀"，《急就篇》卷一："有奚仲者，爲夏車正，受封於薛，後遷於邳，而仲虺居薛，爲湯左相，其後稱爲薛侯。"《太平御覽》卷二〇四："《左傳》曰：'仲虺居薛，爲湯左相。'"《古今姓氏書辯證》卷三八："薛，出自任姓。黄帝孫顓帝少子陽，封於任。十二世孫奚仲，爲夏車正，禹封爲薛侯，其地魯國薛縣是也。奚仲遷于邳，十二世孫仲虺，復居薛，爲湯左相。"知作"虺"是，據改。

④ 及鄭文公：四字原無，據本條下文及《潛夫論》庫本補。《春秋毛氏傳》卷二〇："初，鄭文公賤妾燕姞，夢天使與已蘭。既而文公見之，與之蘭而御之。生穆公，名之曰蘭。至是病，曰蘭死，吾其死乎，吾所以生也。刈蘭而卒。"知"有"前本有此四字。

文公見姞,賜蘭而御之。姞言其夢,且曰:“妾不才,幸而有子,將不信,敢徵蘭乎?”公曰:“諾。”遂生穆公。姞氏之别,有闞、尹、蔡、光、魯、雍、斷、密須氏。及漢,河東有郅都,汝南有郅君章,姓音與古姞同,而書其字異①,二人皆著名當世。

少皞氏之世衰,而九黎亂德,顓頊受之,乃命南正重司天以屬神,命火正黎司地以屬民,使復舊常,無相浸瀆,是謂絶地天通。夫黎,顓頊氏裔子吴回也,爲高辛氏火正,淳燿天,明地德,光四海也,故名祝融。後三苗復九黎之德,堯繼重黎之後,不忘舊者,羲伯復治之故。重黎氏世序天地,别其分主,以歷三代,而封于程。其在周世,爲宣王大司馬,《詩》美“王謂尹氏,命程伯休父”。其後失守,適晉爲司馬,遷自謂其後②。

祝融之孫,分爲八姓:己、秃、彭、姜、妘、曹、斯、芈③。己姓之嗣飂叔安,其裔子曰董父,實甚好龍,能求其嗜欲,以飲食之,龍多歸焉。乃學擾龍,以事帝舜,賜姓曰董,氏曰豢龍,封諸鬷川。鬷夷,彭姓豕韋,皆能馴龍者也。豢龍逢以忠諫,桀殺之。凡因祝融之子孫,己姓之班,昆吾、籍、扈、温、董。

秃姓鬷夷、豢龍,則夏滅之。彭姓彭祖、豕韋、諸稽,則商滅之。姜

① 書其字異:《後漢書》卷二九《郅惲傳》:“郅惲字君章,汝南西平人也。”李賢注引《潛夫論》曰:“周先姞氏,封於燕。河東有郅都,汝南有郅君章,音與古姞同,而其字異。然《前書音義》:郅,音之日反。”

② 遷自謂其後:《史記》卷一三〇《太史公自序》:“唐虞之際,紹重黎之後,使復典之,至于夏、商。故重黎氏世序天地,其在周,程伯休甫,其後也。”《集解》:“‘應劭曰:封爲程國,伯休甫,字也。’《索隱》:‘重司天而黎司地,是代序天地也。據《左氏》,重是少昊之子,黎乃顓頊之胤,二氏二正,所出各别,而史遷意欲合二氏爲一,故總云在周程伯休甫其後,非也。然後按彪之序及干寶皆云,司馬氏,黎之後是也。今總稱伯休甫是重黎之後者,凡言地,即舉天。稱黎,則兼重。自是相對之文,其實二官亦通職。然休甫則黎之後也,亦是太史公欲以史爲己任,故言先代天官,所以兼稱重耳。”

③ 祝融之孫……斯、芈:按祝融之後八姓,舊籍有不同記載。《玉海》卷五〇作“己董彭秃妘曹斟芊”,《國語·鄭語》吴韋昭注作“己董彭秃妘曹斟芈”,《毛詩譜》引《正義》引《鄭語》作“祝融其後八姓。己姓,昆、吾、蘇、顧、温、莒也。董姓,鬷、夷、豢、龍也。彭姓,彭、祖、豕、韋、諸、稽也。秃姓,舟人也。妘姓,鄢、檜、路、偪、陽也。曹姓,鄒、莒也。斟姓,無後也。通楚爲芊姓,是八姓也。”皆與底本所言祝融八姓異。

姓會人，則周滅之。

妘姓之後，封於鄢、會、路、偪陽。鄢取仲任爲妻，貪冒愛悋，蔑賢簡能，是用亡邦。會在河、伊之間，其君驕貪嗇儉，滅爵損禄，群臣卑讓，上下不臨，詩人憂之，故作《羔裘》，閔其痛悼也。《匪風》，冀君先教也。會仲不悟，重氏伐之，上下不能相使，禁罰不行，遂以見亡。路子嬰兒娶晉成公姊爲夫人，酆舒爲政而虐之。晉伯宗怒，遂伐滅路。荀罃武子伐滅偪陽。曹姓封於邾。邾顔子之支，别爲小邾①，皆楚滅之。

芈姓之裔熊嚴，成王封之於楚，是謂鬻熊②，又號粥子。生四人：伯霜、仲雪、叔熊、季紃③。紃嗣爲荆子，或封於夔，或封於越。夔子不祀祝融、粥熊，楚伐滅。公族有楚季氏、列宗氏、鬥强氏、良臣氏、耆氏、門氏、侯氏、季融氏、仲熊氏、子季氏、陽氏、無鈞氏、蔿氏、善氏、陽氏、昭

① 邾顔子之支别爲小邾：此見《春秋左傳注疏》卷七："《世本》云：'邾顔居邾肥，徙郳。'宋仲子注云：'邾顔别封小子肥於郳，爲小邾子。則顔是邾君，肥始封郳。《譜》云小邾，邾俠之後也。夷父顔，有功於周，其子友别封爲附庸，居郳。曾孫犂來，始見《春秋》，附從齊桓，以尊周室，命爲小邾子，穆公之孫惠公以下，春秋後六世而楚滅之。'"

② 鬻熊：原訛脱作"粥熊"，《大戴禮記》卷七："顓頊娶于滕奔氏，滕奔氏之子謂之女禄氏，産老童，老童娶于竭水氏，竭水氏之子謂之高緺氏，産重黎及吴回。吴回氏産陸終，陸終氏娶于鬼方氏。鬼方氏之妹，謂之女隤氏。産六子，孕而不粥。三年啓其左脅，六人出焉。其一曰樊，是爲昆吾。其二曰惠連，是爲參胡。其三曰籛，是爲彭祖。其四曰萊(求)言，是爲云鄶人。其五曰安，是爲曹姓。其六曰季連，是爲芈姓。季連産附祖氏，附祖氏産穴，熊季通之裔孫鬻熊，九世至于渠。渠有子三人，其孟之名爲無康，爲句亶王。其中之名爲紅，爲鄂王。其季之名爲疵，爲越章王。昆吾者，衛氏也。參胡者，韓氏也。彭祖者，彭氏也。云鄶人者，鄭氏也。曹姓者，邾氏也。季連者，楚氏也。"《春秋左傳注疏》卷一五："夔子不祀祝融與鬻熊"。杜預注："祝融，高辛氏之火正，楚之遠祖也。鬻熊，祝融之十二世孫夔，楚之别封，故亦世紹其祀。"《史記》卷四〇《楚世家》："周文王之時，季連之苗裔曰鬻熊，鬻熊子事文王，蚤卒。其子曰熊麗，熊麗生熊狂，熊狂生熊繹。熊繹當周成王之時，舉文武勤勞之後嗣，而封熊繹於楚蠻，封以子男之田，姓芈氏，居丹陽。"據改。

③ 叔熊季紃：《史記》卷四〇《楚世家》："熊嚴卒，長子伯霜代立，是爲熊霜。熊霜元年，周宣王初立。熊霜六年卒，三弟争立，仲雪死，叔堪亡，避難於濮。而少弟季徇立，是爲熊徇。熊徇十六年，鄭桓公初封於鄭。二十二年，熊徇卒，子熊咢立。"《古今姓氏書辯證》卷一："熊，出自芈姓，祝融曾孫鬻熊，爲周文王師。其子事文王，早卒。曾孫熊繹，以王父字爲氏，成王封爲荆子。後僭號楚王。由繹而下，爲楚君者，皆以熊連名稱之，如熊、熊虔、熊居之類。"所記人名，皆與本條不同。

氏、景氏、嚴氏、嬰齊氏、來氏來纖氏、即氏、申氏、訡氏、沈氏、賀氏、咸氏、吉白氏、伍氏、沈瀸氏、餘推氏、公建氏、子南氏、子庚氏、子午氏、子西氏、王孫、田公氏、舒堅氏、魯陽氏、黑肱氏，皆芊姓也。

楚季者，王子敖之曾孫也。蚡冒生蔿章者，王子無鉤[①]也。令尹孫叔敖者，蔿章之子也。左司馬戌者，莊王之曾孫也。葉公諸梁者，戍之第三弟也。楚大夫申無畏者，又氏文氏。

初，紂有蘇氏，以妲己女而亡殷。周武王時，有蘇忿生，爲司寇，而封温。其後洛邑有蘇秦。

高陽氏之世，有才子八人：蒼舒、隤敳[②]、檮戭、大臨、尨降、庭堅、仲容、叔達，天下之人，謂之八凱。後嗣有臯陶，事舜。舜曰："臯陶，蠻夷猾夏，寇賊奸宄，女作士。"其子伯翳能議，百姓以佐舜、禹。擾馴鳥獸，舜賜姓嬴。

後有仲衍，鳥體人言，爲夏帝大戊御。嗣及費仲，生惡來、季勝。武王伐紂，并殺惡來。

季勝之後，有造父，以善，御事周穆王。穆王遊西海忘歸，於是徐偃作亂。造父御，一日千里，以征之。王封造父於趙城，因以爲氏。其後失守，至於趙夙，仕晉卿大夫，十一世而爲列侯，五世而爲武靈王，五世亡趙。恭叔氏、邯鄲氏、訾辱氏、嬰齊氏、樓季氏、盧氏、原氏，皆趙嬴姓也。

惡來後有非子，以善畜，周孝封之於秦。世地理以爲西陲大夫，汧秦亭是也。其後列於諸侯，□世而稱王，六世而始皇生於邯鄲，故曰趙政。及梁、葛、江、黄、徐、莒、蓼、六、英，皆臯陶之後也。鍾離、運掩、菟

---

① 王子無鉤：庫本作"無鈞"。《通志》卷二七《氏族略三》："無鉤氏，芊姓。《潛夫論》云：楚蚡冒生薳章，爲王子無鉤氏焉。"《元和姓纂》卷二："無鉤氏，《潛夫論》：楚蚡冒生薳章，爲王子無鉤氏。"《新唐書》卷七三下《宰相世系表三下》：孫氏"又有出自芈姓，楚蚡冒生王子蔿章，字無鉤，生蔿叔。"《古今姓氏書辯證》卷七："《唐宰相表》云：孫氏一出楚蚡冒，生王子爲章，字無鉤，生蔿叔。"知底本作"鉤"是，他書作"鈞"乃"鉤"之訛。

② 隤敳：原作"隤凱"，據庫本及《春秋左傳注疏》卷二〇改。現有數十種古籍皆作"隤敳"，知凱爲敳之訛。

裘、尋梁、修魚、白置、飛廉、密如、東灌、梁、時、白、巴公、巴①、剡、復、蒲，皆嬴姓也。

帝堯之後，爲陶唐氏。後有劉累，能畜龍，孔甲賜姓爲御龍，以更豕韋之後。至周，爲唐杜氏。周衰，有隰叔子，違周難于晉國，生子輿，爲李，以正於朝。朝無閑官，故氏爲士氏，爲司空以正於國。國無敗績，故氏司空。食采隨，故氏隨氏。士蔿之孫會，佐文、襄，於諸侯無惡；爲卿，以輔成、景，軍無敗政；爲成率。居傅。端刑法，集訓典，國無奸民，晉國之盜，逃奔于秦。於是晉侯爲請冕服于王，王命隨會爲卿，是以受范，卒謚武子。武子文，成晉、荆之盟，降兄弟之國，使無閑隙，是以受郇、櫟，由此帝堯之後，有陶唐氏、劉氏、御龍氏、唐杜氏、隰氏、士氏、季氏、司空氏、隨氏、范氏、郇氏、櫟氏、彘氏、冀氏、穀氏、薔氏、擾氏、狸氏、傅氏。楚令尹建嘗問范武子之德於文子，文子對曰："夫子之家事治言，於晉國，竭情無私，其祝史陳信不媿，其家事無猜，其祝史不祈。"建歸，以告，康王曰："神人無怨，宜夫子之股肱，五君以爲諸侯主也。"故劉氏自唐以下，漢以上，德著於世，莫若范會之最盛也，斯亦有修已以安人之功矣。武王克殷，而封帝堯之後於社也。

帝舜姓虞，又爲姚，居嬀。武王克殷，而封嬀滿於陳，是爲胡公。陳袁氏、舀氏、咸氏、慶氏、夏氏、宗氏、來氏、儀氏、司徒氏、司城氏，皆嬀姓也。

厲公孺子完奔齊，桓公説之，以爲工正。其子孫大得民心，遂奪君而自立，是爲威王。五世而亡，齊人謂陳田矣。漢高祖徙諸田關中，而有第一至第八氏。丞相田千秋、司直田仁，及杜陽田先、碭田先，皆陳後也。武帝賜千秋乘小車入殿，故世謂之車丞相。及莽自謂本田安之後，以王家故，更氏云。莽之行詐，實以田常之風。敬仲之支，又有皮氏、占氏、沮氏、與氏、獻氏、子氏、鞅氏、梧氏、坊氏、高氏、芒氏、禽氏。

帝乙元子微子開，紂之庶兄也，武王封之於宋，今之睢陽是也。宋

---

① 巴：原衍作"公巴公巴"，據《韻府拾遺》卷六三引《潛夫論》改。

孔氏、祝其氏、韓獻氏、季老男氏、巨辰經氏①、事父氏、皇甫氏、華氏、魚氏、而董氏、艾歲氏、鳩夷氏、中野氏、越椒氏、完氏、懷氏、不第氏、冀氏、牛氏、司城氏、冈氏、近氏、止氏、朝氏、勃氏、右歸氏、三伉氏、王夫氏、宜氏、徵氏、鄭氏、目夷氏、鱗氏、臧氏、虺氏、沙氏、黑氏、圍龜氏、既氏、據氏、磚氏、己氏、成氏、邊氏、戎氏、買氏、尾氏、桓氏、戴氏、向氏、司馬氏，皆子姓也。

閔公子弗父河，生宋父，宋父生世子，世子生正考父，正考父生孔父嘉，孔父嘉生子木金父，木金父降爲士，故曰滅於宋。金父生祁父，祁父生防叔，防叔爲華氏所逼，出奔魯，爲防大夫，故曰防叔。防叔生伯夏，伯夏生叔梁紇，爲郰大夫，故曰郰叔紇。生孔子。

周靈王之太子晉，幼有成德，聰明博達，温恭敦敏。穀、洛水鬥，將毁王宫，王欲壅之。太子晉諫，以爲不順天心，不若修政。晉平公使叔譽聘于周，見太子，與之言，五稱而三窮，逡巡而退，歸告平公曰："太子晉行年十五，而譽弗能與言，君請事之。"平公遣師曠見太子晉。太子晉與語，師曠服德，深相結也。乃問曠曰："吾聞太師能知人年之長短。"師曠對曰："女色赤白，女聲清汗，火色不壽。"晉曰："然。吾後三年，將上賓于帝，女慎無言，殃將及女。"其後三年，而太子死。孔子聞之，曰："惜夫！殺吾君也！"世人以其豫自知去期，故傳稱王子喬仙。仙之後，其嗣避周難于晉，家於平陽，因氏王氏。其後子孫世喜養性神仙之術。

魯之公族，有蟜氏、后氏、衆氏、臧氏、施氏、孟氏、仲孫氏、服氏、公山氏、南宫氏、叔孫氏、叔仲氏、子我氏、子士氏、季氏、公鉏氏、公巫氏、公之氏、子干氏、華氏、子言氏、子駒氏、子雅氏、子陽氏、東門氏、公析氏、公石氏、叔氏、子家氏、榮氏、展氏、乙氏，皆魯姬姓也。

衛之公族，石氏、世叔氏、孫氏、甯氏、子齊氏、司徒氏、公文氏、折龜氏、公叔氏、公南氏、公上氏、公孟氏、將軍氏、子强氏、彊梁氏、卷氏、會

① 巨辰經氏：《路史》卷一九："季老男氏、巨辰經氏，三字姓。"

氏、雅氏①、孔氏、趙陽氏、田章氏、孤氏、王孫氏、史鼂氏、羌氏、羌憲氏、邃氏，皆衛姬姓也。

晉之公族郤氏，又班爲吕。郤芮又從邑氏爲冀。後有吕錡，號駒伯。郤犫食采於苦，號苦成叔。郤至食采於温，號曰温季，各以爲氏。郤氏之班，有州氏、祁氏。伯宗以直見殺，其子州黎奔楚，又以郤宛直而和，故爲子常所妒，受誅。其子嚭奔吴，爲太宰，懲祖彌之行，仍正直遇禍也，乃爲諂諛而亡吴。凡郤氏之班，有冀氏、吕氏、苦成氏、温氏、伯氏。靖侯之孫欒賓，及富氏、游氏、賈氏、狐氏、羊舌氏、季夙氏、籍氏，及襄公之孫孫黶，皆晉姬姓也。

晉穆侯生桓叔，桓叔生韓萬，傅晉大夫，十世而爲韓武侯，五世爲韓惠王，五世而亡國。襄王之，孫信俗人謂之韓信都。高祖以信爲韓王孫，以信爲韓王，後徙王代，爲匈奴所攻，自降之。漢遣柴將軍擊之，斬信於參合，妻子亡入匈奴中。至景帝，信子頽當及孫赤來降，漢封頽當爲弓高侯，赤爲襄城侯。及韓嫣，武帝時爲侍中，貴幸無比。案道侯韓説、前將軍韓曾，皆顯於漢。子孫各隨時帝，分陽陵、茂陵、杜陵。及漢陽、金城諸韓，皆其後也。信子孫餘留匈奴中者，亦常在權寵，爲貴臣。及留侯張良，韓公族，姬姓也。秦始皇滅韓，良弟死不葬，良散家貲千萬，爲韓報讎，擊始皇於博浪沙中，誤椎副車。秦索賊急，良乃變姓爲張，匿於下邳。遇神仙黄石公，遺之兵法。及沛公之起也，良往屬焉。沛公使與韓信略定韓地，立横陽君城②爲韓王，而拜良爲韓信都。信都

① 會氏雅氏：《通志》卷二八《氏族略四》："庌氏，音雅。《姓纂》云：'衛靈公子虺，生竃，爲會庌氏。'"《古今姓氏書辯證》卷三一："會庌，庌音雅。《姓苑》曰：'齊靈公子虺生竃，爲會庌氏。'謹按：惠公之孫竃，字子雅，非靈公之子，必子雅父子，嘗食采于會，因氏焉。"知史無會氏雅氏，《潛夫論》誤分一氏爲二氏。

② 横陽君城："城"爲"成"之誤。《史記》卷五五《留侯世家》："韓諸公子横陽君成賢，可立爲王。"卷九三《韓王信列傳》："及項梁之立楚後懷王也，燕、齊、趙、魏皆已前王，唯韓無有後，故立韓諸公子横陽君成爲韓王。"《漢書》卷三三《韓王信傳》、卷四〇《張良傳》同。《名賢氏族言行類稿》卷二八："《風俗通》云：'韓公子成，號横陽君，子孫氏焉，見《史記》。"《重修廣韻》卷二、《通志》卷二七《氏族略二》引《風俗通》同。《史記》卷九八《傅寬傳》："《索隱》：按，横陽，邑名，在韓。韓公子成，初封横陽君。張良立爲韓王也。"知作"成"是。

者,司徒也。俗前音不正,曰信都,或曰申徒,或勝屠,然其本共一司徒耳。後作傳者不知"信都"何因,彊妄生意,以爲此乃代王爲信都也。凡桓叔之後,有韓氏、言氏、嬰氏、禍餘氏、公族氏、張氏,此皆韓後,姬姓也。

按,本條後段叙沛公、張良一節,亦見《路史》卷三六《申都》,文云:"虞帝之未嗣也,職爲司徒,故其後有司徒氏。司徒之轉,又爲申屠、勝徒、申都之氏。按《漢功臣侯表》:張良以厩將從起下邳,以韓申都下韓。《楚漢春秋》則作信都,信、申古同音也。然在《史記》作韓申徒,而《良傳》復作韓司徒,一也。蓋申屠、勝徒者,司徒之聲轉;申徒、申都者,申徒之聲轉。而信都者,又申都之轉也。劉敞博聞强記,亦意申都爲是,司徒而不得其證,不知云項梁使良求韓成立爲韓王,以張良爲韓司徒云云,王符言之詳矣。《潛夫論・志氏姓》篇云:'沛公之起,良生屬焉。沛公使韓信略定韓也,立横陽君成爲韓王,而拜良爲信都。'又曰:'信都者,司徒也。或曰司徒,或爲勝徒,然其本共一,司徒也。後作傳者不知信都何因,妄生事意,以爲是乃代王爲信都也。'由此觀之,則知當時已自疑誤。然申都之爲司徒固也,顔籀不知乎此,直以韓申都爲韓王信,劉知幾直又以爲韓名信都,謂子長謬去都而留信,疏妄又甚。"所説頗有參考價值,録以備考。

昔周宣王亦有韓侯,其國也近燕,故《詩》云:"普彼韓城,燕師所完。"①其後韓西亦姓韓,爲衛滿所伐,遷居海中。

畢公高與周同姓,封於畢,因爲氏。周公之薨也,高繼職焉。其後子孫失守,爲庶世。及畢萬,佐晉獻公。十六年,使趙夙御戎,畢萬爲右,以滅耿滅魏封萬,今之河北縣是也。魏顆又氏令狐,自萬後九世,爲魏文侯。文侯孫罃,爲魏惠王,五世而亡。畢陽之孫豫讓,事智伯,智伯國士待之,豫讓亦以見知之恩報智伯,天下紀其義。魏氏、令狐氏、不雨氏、業大夫氏、伯夏氏、魏强氏、豫氏,皆畢氏,本姬姓也。

周厲王之子友封於鄭。鄭恭叔之後,爲公文氏。軒氏、駟氏、豐氏、游氏、國氏、然氏、孔氏、羽氏、良氏、大李氏。十族之祖,穆公之子也,各

---

① 昔周宣王……燕師所完:《禹貢錐指》卷一九、《日知録》卷三引作:"王符《潛夫論》曰:'昔周宣王時,有韓侯,其國近燕,故《詩》云:溥彼韓城,燕師所完。'"文字更完整少誤。

以字爲姓。及伯有氏、馬師氏、褚師氏，皆鄭姬姓也。

太伯君吴，端垂衣裳，以治周禮。仲雍嗣立，斷髪文身，倮以爲飾。武王克殷，分封其後於吴，令大賜北吴。季札居延州來，故氏延陵季子。闔閭之弟夫概王奔楚堂谿，因以爲氏，此皆姬姓也。

鄭大夫有馮簡子。後韓有馮亭，爲上黨守，嫁禍于趙，以致長平之變。秦有將軍馮劫，與李斯俱誅。漢興，有馮唐，與文帝論將帥。後有馮奉世，上黨人也，位至將軍。女爲元帝昭儀，因家于京師。其孫衍，字敬通，篤學重義，諸儒號之曰"德行雍雍馮敬通"，著書數十篇，孝章皇帝愛重其文。

晉大夫郇息事獻公，後世將中軍，故氏中行。食采於智。智果諫智伯而不見聽，乃別族于太史，爲輔氏。

晉大夫孫伯黶實司典籍，故姓籍氏。辛有二子董之，故氏董氏。

《詩》頌宣王，始有"張仲孝友"。至春秋時，宋有張白蔑矣。惟晉張侯、張老，實爲大家。張孟談相趙襄子，以滅智伯，遂逃功賞，耕於肙山。後魏有張儀、張丑。至漢，張姓滋多。常山王張耳，梁人。丞相張蒼，陽武人也。東陽侯張相如。御史大夫張湯，增定律令，以防奸惡，有利於民。又好薦賢達士，故受福祐。子安世，爲車騎將軍，封富平侯，敦仁儉約，矜遂權而好陰德，是以子孫昌熾，世有賢胤。更封武始，遭王莽亂，享國不絶，家凡四公，世著忠孝行義。前有丞相張禹，御史大夫張忠，後有太尉張酺，汝南人。太傅張禹，趙國人。司邑閭里，無不有張者。河東解邑有張城，有西張城，豈晉張之祖所出邪？

偃姓舒庸、舒鳩、舒龍、舒共、止龍、酈、淫、参、會、六、院、桒、高國。慶姓樊、尹、駱，嫚姓鄧、優，歸姓胡、有、何，蔵姓滑、齊，掎姓棲、疏，御姓書、番、湯，嵬姓饒、攘、殺①，隗姓赤狄，嫱姓白狄，此皆大吉之姓。

---

① 殺：或"利"之誤。《路史》卷三："嵬及鬼、騩皆古侯國……《潛夫論》云：嵬姓，饒、攘、剎是也，三國宜皆炎帝之代封之，一作攘剎者訛。"卷二九："饒，嵬姓，今深州有饒河，齊大夫采邑。攘，嵬姓，宜即穰，穰，侯國，秦封魏冉。今鄧之穰縣。利，嵬姓，潛夫云：嵬姓饒利，一作剎，趙孝城拔之，以封弟長安君。"

齊有鮑叔，世爲卿大夫。晉有鮑癸。漢有鮑宣，累世忠直，爲[①]漢名臣。漢酈生爲使者，弟商爲將軍，今高陽諸酈，爲著姓。昔仲山甫亦姓樊，謚穆仲，封於南陽。南陽者，在今河内。後有樊頃[②]子，曼姓封於鄧，後因氏焉。南陽鄧縣上蔡北有古鄧城，新蔡北有古鄧城。春秋時，楚文王滅鄧。至漢，有鄧通、鄧廣。後漢新野禹，以佐命元功，封高密侯。孫太后□[③]性慈仁嚴明，約敕諸家莫得權，京師清净，若無貴戚，勤思憂民，晝夜不怠。是以遭羌兵叛，大水饑匱，而能復之，整平豐穰。太后崩後，群奸相參，競加譖潤，破壞鄧氏，天下[④]痛之。魯昭公母家姓歸氏。漢有隗囂季孟，短即犬戎氏，其先本出黄帝。

及徐氏、蕭氏、索氏、長勺氏、陶氏、繁氏、騎氏、飢氏、樊氏、茶氏，皆殷氏舊姓也。漢興，相國蕭何封酇侯，本沛人，今長陵蕭，其後也。前將軍蕭望之，東海、杜陵蕭，其後也。御史大夫有繁延壽，南陵襄陽人也。杜陵新豐繁，其後也。

周氏、邵氏、畢氏、榮氏、單氏、尹氏、鎦氏、富氏、鞏氏、萇氏，此皆周室之世公卿家也。周、召者，周公、召公之庶子，食二公之采，以爲王吏，故世有周公、召公之[⑤]不絶也。尹者，本官名也。若宋有太師，楚有令尹、左尹矣。尹吉甫相宣王，有[⑥]大功績。《詩》云："尹氏太師，維周之底"也。單穆公、襄公、頃公、靖公，世有明德，次聖之才，故叔嚮美之以後必繁昌。

苦成，城名也，在鹽池東北。後人書之或爲"枯"，齊人聞其音，則書之曰"庫成"，燉煌見其字，呼之曰"車成"。其在漢陽者，不喜"枯""苦"之字，則更書之曰"古成氏"。堂谿，谿谷名也，在汝南西平。禹字子啓

---

① 爲：此字原無，據庫本補。

② 頃：原作"傾"，《春秋左傳注疏》卷五〇："樊頃子曰：'非言也，必不克。"杜預注："頃子，樊齊單劉黨。"《音義》："頃音傾，本或作須字。"知作"頃"是，據改。

③ □：庫本作"天"。

④ 天下：庫本作"人今"。

⑤ 之：此字原無，據庫本補。

⑥ 有：原作"者"，據庫本改。

者，啓開之字也。前人書堂谿，誤作"啓"，後人變之，則又作"開"。古漆雕開、公冶長，前人書"雕"從易，淆作"周"。書"冶"，復誤作"蠱"，後人又傳作"古"，或復分爲古氏、成氏、堂氏、開氏、公氏、冶氏、漆氏、周氏。此數氏者，皆本同末異。凡姓之離合變分，固多此類，可以一況，難勝載也。

《易》曰："君子以類族辯物。""多識前言往行，以蓄其德。""學以聚之，問以辯之。"故略觀世記，采經書，依國土，及有明文，以贊賢聖之後，班族類之祖，言氏姓之出，序此假意二篇，以貽後賢今之焉也。

佚　文

苦氏，即郄氏。郤犨亦號苦成，于苦爲别封之邑。《潛夫論》：苦成，城在鹽池東北。越大夫苦成。漢有苦灼，爲會稽太守，音庫。（《通志》卷二七《氏族略三》）

按，《元和姓纂》卷六引本條云："苦成，晉卿郤犨食采苦成，因氏焉。《潛夫論》：苦成，城名，在鹽池東北。"文意較清晰，録以備考。

季夙氏，《世本》《潛夫論》：晉靖侯孫季夙之後。

按，《元和姓纂》卷八引本條作："季夙，《潛夫論》：晉靖公孫季夙之後。"文略異。

樓季氏，姬姓。《潛夫論》：晉穆侯庶子樓季之後。

仲熊氏，芊姓。《潛夫論》云：楚公族有仲熊氏。

舒堅氏，《潛夫論》：楚公族有舒堅文叔，爲大夫。

魯陽氏，《潛夫論》：芊姓，楚公族有魯陽氏。

褐餘氏，《潛夫論》：曲沃桓叔之後也。

列宗氏，《潛夫論》：楚公族，列宗氏，芊姓。

夷氏，《潛夫論》：子姓，宋微子之後。（《通志》卷二八《氏族略四》）

西都氏，見王符《潛夫論》。

中野氏，子姓。《潛夫論》：宋微子之後。楚文王御史中野彪。

不第氏，子姓。《潛夫論》：宋不第氏。（《通志》卷二九《氏族略五》）

按，《古今姓氏書辯證》卷三七引本條作："不第，《潛夫論》：宋不第氏，子姓也。"文意更清晰，存文更完整，録以備校。

《潛夫論》云：炎帝身號魁隗。

戲、露、薄，見《潛夫論》。（《路史》卷一三）

《潛夫論》又有成氏、梁氏、公氏。（《路史》卷一八）

《潛夫論》：魯又有乙華向。

不更、不茅[①]，見《潛夫論》。

成王以商之六族條氏、徐氏、蕭氏、索氏、長勺氏、尾勺氏錫魯公，復以商民七族賚康叔。陶氏、施氏、繁氏、錡氏、樊氏、饑氏、終葵氏，皆商之族分封，後爲民，乃商之巨室，故賜之。《潛夫論》緐作繁，饑作飢，云皆商之舊姓。（《路史》卷一九）

《潛夫論》有猗姓。（《路史》卷二三）

鄘，《潛夫論》：詹、資、鄘、翟，黄帝後。

狂犬，黄帝後，任姓，分見《潛夫論》。

郅……《潛夫論》云：郅與姞同而字異。周封女姞氏於南燕。（《路史》卷二四）

謡，見《潛夫論》。（《路史》卷二五）

棠谿……《潛夫論》云在汝南西平。

舒蓼與蓼地正爲二，而舒又自一國，黄帝之後，任姓，見《潛夫論》。（《路史》卷二六）

觀，后啓五庶，俱封于衛，是爲五觀。……《潛夫論》《水經》云：兄弟五人，是爲五觀。

泊，見《潛夫論》。（《路史》卷二七）

鱗，見《潛夫論》。春秋時，有鱗朱。（《路史》卷二八）

曹，《潛夫論》：曹有姜姓者。

---

① 不茅：疑"不第"之誤，據《通志》卷二九、《古今姓氏書辯證》卷三七、《萬姓統譜》卷一三八引《潛夫論》，均作"不第"。

疏，猗姓，《潛夫論》棲疏，猗姓。（《路史》卷二九）

中野，《潛夫論》：微子之後，楚文王御史中野彪。（《元和姓纂》卷一）

右歸，《潛夫論》：宋右歸氏，子姓也。（《元和姓纂》卷七）

不更……《潛夫論》：宋大夫不更氏，子姓之氏。（《元和姓纂》卷一〇）

夷……《潛夫論》曰：夷子出自子姓，宋微子之後。（《古今姓氏書辯證》卷三）

趙陽，《潛夫論》：衛公族有趙陽氏，公子趙陽之後也。（《古今姓氏書辯證》卷二五）

郅……《潛夫論》曰：周先姞氏，封於燕汝南，郅君郅音與吉同，而字則異。又按，周封伯儵於南燕，其姓音不與郅同，而《前漢音義》：郅，之日反，則王符誤矣。（《古今姓氏書辯證》卷三六）

潛夫論·五德志

按,本篇亦王符記上古帝王姓氏之文,載三皇五帝至周武王之事,見其《潛夫論》卷八,係其據東漢時流行的經史子書編撰而成,有一定的參考價值。兹據《潛夫論》中華書局點校本輯録,以備讀者參稽。

自古在昔,天地開闢,三皇迭制,各樹號、謚,以紀其世。天命五代,正朔三復。神明感生,爰興有國。亡于嫚以,滅於積惡。神微精以,天命罔極,或皇馮依,或繼體育。太暤[①]以前尚矣。迪斯以來,頗可紀録。雖一精思,議而復誤。故撰古訓,著《五德志》。

世傳三皇五帝,多以爲伏羲、神農爲二皇,其一者或曰燧人,或曰祝融,或曰女媧,其是與非,未可知也。我聞古有天皇、地皇、人皇,以爲或及此謂,亦不敢明。凡斯數,其於五經,皆無正文,故略依《易繫》,記伏羲以來,以遺後賢。雖多未必獲正,然稍可以浮游博觀,共求厥真。

大人迹出雷澤,華胥履之,生伏羲。其相日角,世號太暤。都于陳。其德木,以龍紀,故爲龍師,而龍名,作八卦,結繩爲網以漁。

後嗣帝嚳,代顓頊氏,其相戴斗[②],其號高辛。厥質神靈,德行祗肅,迎逆日月,順天之則。能叙三辰以周民,作樂《六英》。世有才子八人:伯奮、仲堪、叔獻、季仲、伯虎、仲熊、叔豹、季狸,忠肅恭懿,宣慈惠和,天下之人,謂之"八元"。後嗣姜嫄,履大人迹,生姬棄。厥相披頤,

① 太暤:據《春秋左傳注疏》卷一三,知爲"太皞"之誤。下文"世號太暤""世號少暤"亦"皞"之誤。

② 戴斗:《潛夫論》原訛作"戴干",據《潛夫論》庫本改。

爲堯司徒，又主播種，農植嘉穀。堯遭水灾，萬民以濟，故舜命曰后稷。初，烈山氏之有天下也，其子曰柱，能植百穀，故立以爲稷，自夏以上祀之。周之興也，以棄代之，至今祀之。

太妊夢長人感己，生文王。厥相四乳，爲西伯，興於岐。斷虞、芮之訟，而始受命。武王駢齒，勝殷遏劉，成周道。姬之别封衆多，管、蔡、郕[①]、霍、魯、衛、毛、聃、郜、雍、曹、滕、畢、原、酆、郇、文之昭也。邘、晉、應、韓，武之穆也。凡、蔣、邢[②]、茆、胙、祭，周公之胤也。周、召、虢、吴、隨、郕、方、印、息、潘、養、滑、鎬、宫、密、滎、丹、郭、楊、逢、管、唐、韓、楊、觚、欒、甘、鱗虞、王氏，皆姬姓也。有神龍首，出常羊，感妊姒，生赤帝魁隗，身號炎帝，世號神農，代伏羲氏。其德火紀，故爲火師，而火名。是以斫木爲耜，揉木爲耒耨，日中爲市，致天下之民，聚天下之貨，交易而退，各得其所。後嗣慶都，與龍合婚，生伊堯，代高辛氏。其眉八彩，世號唐。作樂《大章》，始禪位。武王克殷，而封其胄於鑄。含始吞赤珠，尅曰"玉英生漢"。龍感女媪，劉季興。大電繞樞炤野，感符寶，生黄帝，軒轅代炎帝氏。其相龍顔，其德土行，以雲紀，故爲雲師而雲名。作樂《咸池》，是始制衣裳。後嗣握登，見大虹，意感，生重華虞舜。其目重瞳，事堯，堯乃禪位，曰："格爾舜！天之曆數，在爾躬，允執厥中，四海困窮。天禄永終。"乃受終于文祖，世號有虞，作樂《九韶》。禪位於禹。武王克殷，而封胡公嬀滿於陳，庸以元女太姬。

大星如虹，下流華渚，女節夢接，生白帝摯青陽，世號少暤，代黄帝[③]氏，都于曲阜。其德金行。其立也，鳳皇適至，故紀於鳥，鳳鳥氏，曆正也。玄鳥氏，司分者也。伯趙氏，司至者也。青鳥氏，司啓者也。丹鳥氏，司閉者也。祝鳩氏，司徒也。雎鳩氏，司馬也。尸鳩氏，司空也。爽鳩氏，司寇也。鶻鳩氏，司事也。五鳩，鳩民者也。五雉爲五工

① 郕：《潛夫論》原作"成"，據《春秋左傳注疏》卷一四改。

② 邢：《潛夫論》原訛作"邗"，據庫本及《春秋左傳注疏》卷一四、《經典釋文》卷一六、《藝文類聚》卷五一改。

③ 黄帝：《潛夫論》原訛作"邗"，據庫本改。

正，利器用，夷民者也。是始[①]作書契，百官以治，萬民以察。有才子四人：曰重，曰該，曰脩，曰熙，實能金木及水，故重爲勾芒，該爲蓐收，脩及熙爲玄冥。恪恭厥業，世不失職，遂濟窮桑。後嗣脩記，見流星，意感，生白帝文命戎禹。其耳參漏。爲堯司空，主平水土，命山川，畫九州，制九貢。功成，賜玄珪，以告勳于天。舜乃禪位，命如堯詔。禹乃即位，作樂《大夏》，世號夏后。

傳嗣子啓。啓子太康、仲康更立。兄弟五人，皆有昏德，不堪帝事，降須洛汭，是謂五觀。孫相嗣位，夏道浸衰。於是后羿自鉏遷于窮石，因夏民以代夏政，滅相。妃后緡方娠，逃出自竇，奔于有仍，生少康焉，爲仍牧正。羿恃己射也，不修民事，而淫于原獸。棄武羅、伯因、熊髡、龍圉，而用寒浞。浞，柏明氏讒子弟也。柏明氏惡而棄之。夷羿收之，信而使之，以爲己相。浞行媚于內，施賂于外，愚弄于民，虞羿于田，樹之詐慝，以取其國家，外內咸服，羿猶不悛，將歸自田，家衆殺而烹之，以食其子。子不忍食諸，死于窮門。

靡奔于有鬲氏。浞因羿室，生澆及豷。恃其讒慝，詐僞而不德于民，使澆用師，滅斟灌及斟尋氏，處豷于過，處澆于戈，使椒求少康。逃奔有虞，爲之袍正。虞思妻以二妃，而邑諸綸。有田一成，有衆一旅，能布其德，而兆其謀，以收夏衆，撫其官職。靡自有鬲，收二國之燼，以滅浞，而立少康焉。乃使女艾誘澆，使后杼誘豷，遂滅過、戈，復禹之績，祀夏配天，不失舊物。十有七世，而桀亡天下。

武王克殷，而封其後于杞，或封於繒，又封少皞之胄於祁。澆才力蓋[②]衆，驟其勇武，而卒以亡。故南宫适曰："羿善射，奡盪舟，俱不得其死也。姒姓分氏，夏后、有扈、有南、斟尋、泊浘、辛、褒、費、戈、冥、繒，皆

---

① 始：庫本做"故"，疑是。

② 蓋：庫本做"益"，疑是。

禹後也[①]。摇光如月正白[②],感女樞幽防之宫,生黑帝顓頊。其相駢幹。身號高陽,世號共工,代少皞氏。其德水行,以水紀,故爲水師而水名。承少皞衰,九黎亂德,及命重黎討訓服。曆象日月,東西南北,作樂《五英》。有才子八人:蒼舒、隤凱、擣演、大臨、尨降、庭堅、仲容、叔達,齊聖廣淵,明允篤誠,天下之人,謂之"八凱"。共工氏有子,曰勾龍,能平九土,故號后土,死而爲社,天下祀之。女戎簡吞燕卵,生子契,爲堯司徒,職親百姓,順五品。扶都見白氣貫月,意感,生黑帝子履。其相四肘,身號湯,世號殷,致太平,後衰。乃生武丁。即位,默以不言,思道三年,而夢獲賢人以爲師。乃使以夢像求之四方側陋,得傅説,方以胥靡築於傅巖,升以爲太公,而使朝夕規諫。恐其有懼怠也,則敕曰:"若金,用汝作礪。若濟巨川,用汝作舟楫。若時大旱,用汝作霖雨。啓乃心,沃朕心。若藥不瞑眩,厥疾不瘳。若跣不視地,厥足用傷。爾交脩余,無棄!"故能中興,稱號高宗。及帝辛而亡,天下謂之紂。武王封微子於宋,封箕子於朝鮮。子姓分氏,殷、時、來、宋、扐、蕭、空同、北段[③],皆湯後也。(《潛夫論》卷八《五德志第三十四》)

---

① 泊泿辛褒費戈冥繒皆禹後也:按此處文字多有訛奪,《史記》卷二《夏本紀》作:"禹爲姒姓,其後分封,用國爲姓,故有夏后氏、有扈氏、有男氏、斟尋氏、彤城氏、褒氏、費氏、杞氏、繒氏、辛氏、冥氏、斟戈氏。"《集解》:"徐廣曰:一云斟氏、尋氏。"《索隱》:"《系本》:男作南,尋作鄩,費作弗,而不云彤城及褒。"知"泊泿"爲"彤城"之誤。

② 如月正白:庫本作"如虹貫月"。

③ 扐蕭空同北段:按此處文字亦多有訛奪,《史記》卷三《殷本紀》作:"太史公曰:余以頌次契之事,自成湯以來,采於《書》《詩》,契爲子姓,其後分封,以國爲姓。有殷氏、來氏、宋氏、空桐氏、稚氏、北殷氏、目夷氏。"《索隱》:"按。《系本》:子姓無稚氏。《索隱》《系本》作髦氏。又有時氏、蕭氏、黎氏。然北殷氏,蓋秦寧公所伐亳主,湯之後也。"

風俗通·姓氏篇

《風俗通·姓氏篇》,東漢末應劭撰,爲其《風俗通》三十卷之一部分。應劭,或作應邵,生卒年不詳。應奉子,應瑒父,應璩從父,字仲遠,漢末魏初著名學者。初平六年,官至泰山太守。建安初,爲袁紹軍謀校尉,後卒。博學多識,尤好著述,所撰《風俗通》《中漢輯敘》《漢官儀》及《禮儀故事》等凡十一種、百三十六卷、百餘篇,朝廷制度、百官儀式所以不亡者,由劭記之。事迹見《後漢書》卷四八《應劭傳》、《三國志》卷二一《王粲傳》裴松之注引華嶠《漢書》《續漢書》。其《風俗通·姓氏篇》爲東漢姓氏譜牒之學名著,與西漢劉向《世本》齊名,專載先秦兩漢古姓及人物事迹,約撰成於漢獻帝建安前期,爲其晚年著述。據北宋蘇頌仁宗朝館閣校書時撰寫的《校風俗通義題序》,《姓氏篇》爲《風俗通》中的第十一篇,後世或倒作《氏姓篇》。雖僅爲書中之一篇,但因年代很早,叙述廣泛,多載傳聞故事,保存古説,其古雅可據,又非後世同類之書可比。《後漢書》本傳叙其成書背景、編撰意圖曰:"劭……又論當時行事,著《中漢輯序》,撰《風俗通》,以辯物類名號,釋時俗嫌疑。文雖不典,後世服其洽聞。凡所著述百三十六篇。又集解《漢書》,皆傳于時。後卒於鄴。"雖有書名、成書年代而無卷數,或是其時作者稿本本爲簡牘形式,并無卷數,只有篇名,至南北朝變爲紙書以後,經南朝儒館文臣(主要是梁代)編纂,方分出卷第,前此則無之,僅有篇名,故史傳未書卷數。所撰《風俗通》南北朝隋唐間,盛行於世。沈約撰《宋書》,魏徵主編《隋書》,房玄齡主修《晉書》,多所援引,表明全帙都在。《隋書》卷三四《經籍志三》"雜家類"著録:"《風俗通義》三十一卷、録一卷,應劭撰。梁三十卷。"即此書。唐代尚存三十卷本,見《舊唐書·經籍志上》"雜家類":"《風俗通義》三十卷,應邵撰。"《新唐書·藝文志三》"雜家類":"應邵《風俗通義》三十卷。"是此書唐代仍然大體完整。至《宋史·藝文志五》"雜家類",則作"應劭《風俗通義》十卷"。此外,《郡齋讀書志》卷一二"雜家類"、《直齋書録解題》卷一〇"雜家類"及《文獻通考》卷二一三所載者,亦均作《風俗通義》十卷,知此書叠經晚唐五代及兩宋之交世亂,至南宋僅剩十卷,佚去二十卷,且卷第散亂,編次與唐本不合,無法復原。《直齋書録解題》卷一〇"雜家類"云:"《風俗通義》十卷,漢泰山太守汝南應劭仲遠撰。《唐志》二(三)十卷,今惟存十卷,餘略見庾仲容《子鈔》。"其中的《姓氏篇》正在此亡佚的二十卷内。此前,唐玄宗天寶中孫愐增訂重刊《唐韻》,唐憲宗元和七年林寶修撰《元和姓纂》,常加引用。即使宋代,存者仍多。宋真宗大中祥符中陳彭年等修《廣韻》,宋徽宗朝趙明誠撰《金石録》,宋高宗紹興初鄧名世撰《古今姓氏書辯證》,宋高宗紹興中鄭樵著《通志·氏族略》,尚多引《風俗通·姓氏篇》。遲至南宋末,王應麟作《姓氏急就篇》《漢藝文志考證》《玉海》三書,仍時加稱引,是此篇至宋末殘帙猶存,元明以後文獻方罕見徵引,即使明清姓氏書列有佚文,亦未超出宋人所引,明凌迪知《萬姓統譜》所引者,就没有一條超出宋人著述,清代更是這樣,可見明清時人所見,已不多於今人。今本《風俗通》更無《姓氏篇》,則全書入元以後散佚。然經六朝唐宋字典、韻書、譜牒、史注、地志、類書、説部、野史、集部等文獻摘録,佚文仍然極多,總數當在千條以上。自清以來,《姓氏篇》輯佚者不下十家。清代四庫館臣編修《四庫全書》,從《永樂大典》"通"字韻中輯出,乃據《大典》所引中唐馬總《意林》節本姓氏篇裒輯而成,收入子部雜家類《風俗通義》之末,作爲佚文補入,題《風俗通義十卷附録一卷》,存其梗概。此前此後,盧文弨、朱筠、錢大昕、張澍、顧櫰三、嚴可均、姚東升所輯《風俗通義》,或號補遺,或稱校補,或作佚文,亦均有《姓氏篇》輯佚,所得凡三百餘條。後徐友蘭、臧庸、王仁俊、陳漢章,亦各有輯本。中華書局1981年亦有王利器先生輯本《風俗通義校注》,對前人的輯佚成果加以吸收,并收入其新輯佚文,重加校勘,作爲附録,標曰“佚文”,所輯佚文多達五百二十二條,且不少條目各有校記,考辨詳明,加以録文較多,故爲目前最善之本。然因係手工翻閲,查檢未遍,故遺漏仍多,輯補整理的空間較大,故據諸書重輯。凡諸書明言引自《風俗通義·姓氏篇》者,或雖未明言但係言姓氏者,一律作爲佚文收入,不合此例者一律不收。根據此例,此次新輯本輯出的佚文,連同佚文後面所附的考按語和校勘記中所徵引的條目,共有千餘條,佚文總數是王輯本的一倍,超出清輯本的三倍,所獲之豐,可以想見。諸書互見者,取存文最多、訛奪最少的一種輯入,若他書所引同條文字與所輯佚文文字有一定的差異,則將其摘録,分别附於其下,以供讀者比勘。所輯佚文記人敘事與正史不合或明顯有誤者,適當指出。因而這一新輯本不僅是目前搜採最宏富之本,而且是校勘考辨最精審的本子。北宋蘇頌《校風俗通義題序》專述此書的流傳情況,記其篇帙卷第、校勘原委,頗有文獻研究價值。以原文較長,故作爲附録,置於佚文之末,以供讀者瞭解此書在北宋的傳本概況,另宋洪邁《容齋隨筆》論《風俗通》記漢代人物姓名事迹不盡可靠的一段,亦有參考價值,附於卷末,以爲參考。

序

萬類之中,唯人爲貴。《春秋左氏傳》:官有世功,即有官族,邑亦如之。《公羊》譏衛滅邢,《論語》貶昭公娶於吴,誤同姓也。蓋姓有九,或氏於號,或氏於謚,或氏於爵,或氏於國,或氏於官,或氏於字,或氏於居,或氏於事,或氏於職。以號,唐、虞、夏、殷也。以謚,戴、武、宣、穆也。以爵,王、公、侯、伯也。以國,曹、魯、宋、衛也。以官,司馬、司徒、司寇、司空、司城也。以字,伯、仲、叔、季也。以居,城、郭、園、池也。以

事，巫、卜、陶、匠①也。以職，三烏②、五鹿，青牛、白馬也。（《太平御覽》卷三六二引《風俗通》）

按，本段序文，舊籍有多種不同記載，引文互有長短，可以互相比對補充。《北史》卷七七《高構傳》引《風俗通》曰："姓有九種，或氏於爵，或氏於居。"《重修廣韻》卷一引《風俗通・氏姓篇序》曰："四氏於國，齊、魯、宋、衛是也。"《古今源流至論》後集卷七引《風俗通・氏姓篇序》曰："凡民之興也事，賜氏於國，齊、魯、宋、衛也。賜氏於謚，戴、武、宣、穆也。賜氏於號，唐、虞、夏、商也。"《資治通鑑》卷五胡三省注引《風俗通》曰："凡氏之興，九事。氏於號者，唐、虞、夏、殷是也。氏於國者，齊、魯、宋、衛是也。氏於事者，巫、卜、陶、匠是也。氏於字者，伯、仲、叔、季是也。氏於謚者，戴、武、宣、穆是也。"以文字互異，故加引録，以備參校。

述曰：今所傳《風俗通》十卷，《氏姓篇》亡矣，然諸書所引應氏遺編，尚多希聞者，則有漢太尉超喜、丞相冥都、渾梁侯僕朋、尚書令鞠譚、太子太傅瓶守、侍中耦嘉、釣喜、聊倉、大鴻臚招猛、光禄勳弓祉、少府中京、治書御史諫忠、諫議大夫塗惲、救仁、詹事滑典、長史真祐、司空史御長卿、司徒掾府悝、騎都尉神曜、度遼將軍采皓、蜀郡都尉千獻、上黨都

① 巫卜陶匠：《御覽》原作"巫卜陶丘"。《孟子注疏》卷二下、《重修廣韻》卷一、卷四、《資治通鑑》卷五胡注、《古今姓氏書辯證》卷一一陶氏、三三匠氏、三五卜氏、《通志》卷二八《氏族略四》匠氏、《玉海》卷五〇引《風俗通》均作"巫卜陶匠"，知丘爲匠之訛，據改。又據《通志》卷二七《氏族略三》、卷二八《氏族略四》，丘或邱雖爲人姓，但非以事爲姓，而是以地爲姓。《元和姓纂》卷五邱氏、《名賢氏族言行類稿》卷三一丘氏："齊太公封於營丘，支孫以地爲姓，代居扶風。"《重修廣韻》卷二"丘……亦姓，出吴興、河南二望。《風俗通》曰：'魯左丘明之後。'又云：'齊太公封於營丘，支孫以地爲氏，代居扶風。'"可證。就本條分類而言，丘之得氏則是以所居爲氏。匠則正好相反，指古工匠、職業工人，以匠爲氏，正是"以事爲氏""以技爲氏"，據此亦知作"丘"誤，作"匠"是。

② 三烏：《御覽》原訛作"三馬"。《五音集韻》卷七："漢有五鹿充宗。《風俗通》云：'氏於職焉，三烏、五鹿'是也。"《通志》卷二七《氏族略三》："三烏氏，《風俗通》：凡氏於職，三烏、五鹿。有三烏大夫，因氏焉。漢有三烏群，爲上郡計。"《古今姓氏書辯證》卷二四："《風俗通》曰：'氏於官者，三烏、五鹿。'"《姓氏急就篇》卷下："三烏氏，《風俗通》：'沛上計三烏群，三烏大夫之後也。'"《新唐書》卷一九九《柳冲傳》："氏於志，則三烏、五鹿；氏於事，則巫乙（卜）、匠、陶。"《潛夫論》卷九《志氏姓》、《意林》卷三《潛夫論》："東門、西都、南宫、北郭，因居也。三烏、五鹿、青牛、白馬，因地也。"《文苑英華》卷六八六徐陵《在北齊與宗室書》："陵白……三烏五鹿，時事無恒。"知馬爲烏之訛，據改。姓書有三烏氏，無三馬氏，據此亦知作"三馬"誤。

尉露平、趙相行祐、兖州刺史過栝、一作過栩。幽州刺史芳乘、冀州刺史巫捷、交阯刺史僮尹、越嶲太守牧稂、漢中太守抗喜、南陽太守瞿茂、九江太守旗光、西河太守垣恭、豫章太守函熙、南郡太守緜秘、太原太守委進、常山太守屯莫如、陳郡太守沐寵、劇令家羨、中牟令池瑗、梁令鄴風、武陽令會栩、嬴長糗宗、博士食于公、沛上計三烏郡(群)。不知景盧何以不叙,然《漢書·西南夷傳》有越嶲太守牧根,豈即牧稂之訛乎!(《卮林》卷四)

按,本段所引雖非《風俗通》之原文,但亦屬摘引,涉及原書多個條目的具體内容,故亦加採録,以備參稽。

匡……又姓,《風俗通》:匡,魯邑也,句須爲之宰,其後氏焉。漢有匡衡。(《康熙字典》卷三)

哀……又姓,《風俗通》:魯哀以後,因謚爲姓。(《康熙字典》卷四)

堪……又姓,《風俗通》:八元仲堪之後。(《康熙字典》卷五;《姓氏急就篇》卷上)

孝……又姓,《風俗通》:秦孝公後。

安……又姓,《風俗通》:漢太守安成。

尊……又姓,《風俗通》:尊盧氏之後。(《康熙字典》卷七)

栗……又姓,《風俗通》:燕將栗腹①。(《康熙字典》卷一四)

牧……又姓,《風俗通》:漢有越嶲太守牧根②。

① 燕將栗腹:《史記》卷三四《燕召公世家》作:"今王喜四年,秦昭王卒,燕王命相栗腹約讙趙,以五百金爲趙王酒。還報燕王。"卷八〇《樂毅列傳》作"樂閑居燕三十餘年,燕王喜用其相栗腹之計,《索隱》:'栗,姓。腹,名。漢有栗姬。'欲攻趙而問昌國君樂閑"。據此,則栗腹爲燕相,非燕將,應氏誤記。《姓氏急就篇》卷上引作"後燕栗腹",以爲非戰國燕將,乃十六國時人,與正史不合,實誤,本條仍爲《風俗通》之文。

② 牧根:《康熙字典》原作"牧稂",《元和姓纂》卷一〇作"牧根",《通志》卷二八、《名賢氏族言行類稿》卷四九引《風俗通》奪作"牧良"。《通典》卷一八七:"邛都,漢時自滇以北,君長十數,邛都最大……王莽時郡守牧根。牧根,太守姓名。"知作"根"是,據改。

犨……又姓,《風俗通》:晉大夫郤[1]犨之後。(《康熙字典》卷一八)

鬥……又姓,《風俗通》:楚令尹鬭班之後。

甫……又姓,《風俗通》:甫侯之後。周甫瑕明、甫轍、甫輕。(《康熙字典》卷一九)

矯,又姓,《風俗通》:晉大夫矯父之後。(《康熙字典》卷二〇;《姓氏急就篇》卷上)

按,《通志》卷二七《氏族略三》引本條作:"矯氏,晉大夫矯父之後。漢有將軍矯望。後魏有矯慎,扶風人。"更完整,當亦出《風俗通》。

竇……又姓,《風俗通》:夏后相遭有窮氏之難,后緡方妊,逃出,自竇而生少康,其後氏焉。漢有魏其侯竇嬰。(《康熙字典》卷二一)

箴……又姓,《風俗通》:衛有大夫箴莊子。(《康熙字典》卷二二)

羲……又姓,《風俗通》:堯卿羲仲之後。

聊……又姓,《風俗通》:聊倉爲漢侍中。(《康熙字典》卷二三)

豹……又姓,《風俗通》:八元叔豹[2]之後。(《康熙字典》卷二九)

逯……又姓,《風俗通》:逯,秦邑也[3],其大夫封于逯,因氏焉。前漢蒙鄉侯逯普,王莽大司馬逯並。(《康熙字典》卷三〇、《後漢書》卷二九《郅惲傳》李賢注引)

隨……又姓,《風俗通》:隨侯之後。漢有博士隨何。

按,《重修廣韻》卷一引本條云:"隨,又姓,《風俗通》云:'隨侯之後。漢有博士隨何,後漢有扶風隨蕃。'"存文更多。《姓氏急就篇》卷上:"隨氏,姬姓,隨侯之

---

① 郤:《康熙字典》原作"却"。《元和姓纂》卷五:"犨,晉大夫郤犨之後。"《通志》卷二八《氏族略四》:"犨氏,姬姓,晉大夫郄犨之後。"《春秋左傳注疏》卷二七:"晉侯使郤犨來聘。己丑,及,郤犨盟。注:郤犨,郤克從父兄弟。"《正義》曰:"《世本》:郤豹生冀芮,芮生缺,缺生克也。又云豹生義,義生步揚,揚生州,州即犨也。"據改。

② 八元叔豹:此見《太平御覽》卷六三〇引《左傳》:"高辛氏有才子八人:伯奮、仲堪、叔獻、季仲、伯虎、仲熊、叔豹、季貍。八人即稷契朱虎熊罷之倫。忠肅恭懿,宣慈惠和,天下之民謂之八元。高辛,帝嚳之號。"

③ 也:此字原無,據《姓氏急就篇》卷下引本條補。該條云:"逯氏,《風俗通》:'逯,秦邑也,其大夫氏焉。漢逯普、逯並。'"文意更清晰、完整。

後,以國爲氏。漢有隨何、隨蕃、隨昱。”文略異。

饒……又姓,《風俗通》:漢有饒武,爲漁陽太守。(《康熙字典》卷三三)

余……《風俗通》:秦由余之後。(《原本廣韻》卷一)

析……亦姓,《風俗通》:齊大夫析歸父。(《原本廣韻》卷五)

非……亦姓,《風俗通》有非子,伯益之後。(《重修廣韻》卷一)

農……又姓,《風俗通》云:神農之後。

爲……又姓,《風俗通》云:漢有南郡太守爲昆。

期……又姓,《風俗通》有期思國。又漢複姓二氏,後漢梁鴻,改姓運期氏。古仙人有安期生。

須……又姓,《風俗通》云:太昊之後。《史記》:魏有須賈①。

蒲……又姓,《風俗通》:漢有詹事蒲昌。

壺……亦姓,《風俗通》云:漢有諫議大夫壺遂②。

盆……又姓,《風俗通》云:盆成括仕齊,孟軻知其必死,其子逃難,改氏成焉。

冠……亦姓,《風俗通》云:古賢者鶡冠子之後。(《重修廣韻》卷一)

臤……又姓,《風俗通》云:臤子後。《左傳》:鄭有商人臤高,晉有臤超。

鼂,亦姓,《風俗通》云:衛大夫史鼂之後。漢有鼂錯。

阿……亦姓,《風俗通》云:阿衡,伊尹號,其後氏焉。

堂……又姓,《風俗通》云:堂,楚邑,大夫伍尚③爲之,其後氏焉。

按,《續通志》卷八五引本條作:“堂氏,《風俗通》:‘堂,楚邑,楚大夫伍尚爲令,後因氏焉。漢堂谿。’”更爲完整少誤。《通志》卷二七《氏族略三》作:“棠氏,姜姓,齊桓公之後,邑于棠,曰棠公,其後爲棠氏。又楚亦有棠邑大夫伍尚之所

① 魏有須賈:《姓氏急就篇》卷上引本條作:“須氏,《風俗通》:太昊之裔,須句國之後。《左傳》:楚大夫須務本牟。魏有須賈。《漢功臣(表)》有須無。”存文更豐。

② 諫議大夫壺遂:《史記》卷一三〇《太史公自序》、《漢書》六二《司馬遷傳》均作“上大夫壺遂”。

③ 伍尚:《重修廣韻》原作“五尚”,據《姓氏急就篇》卷上、《五音集韻》卷五引《風俗通》改。

封，號曰棠君，其後亦爲棠氏。”與本條所叙有較大差異，録以備考。

京……又姓，《風俗通》云：鄭武公子段，封於京，號京城大叔，其後氏焉。漢有京房。

甥……又姓，《風俗通》云：晉大夫吕甥之後[①]。

衡……又姓，《風俗通》云：阿衡伊尹之後。又云，衡魯公子後，乃氏焉。

嬰……又姓，《風俗通》云：晉大夫季嬰之後。

城……亦姓，《風俗通》云：氏於事者，城、郭、園、池是也。（《重修廣韻》卷二）

李……又姓，《風俗通》云：李伯陽之後，出隴西趙郡、頓丘、渤海、中山、襄城、江夏、梓潼、范陽、廣漢、梁國、南陽十二望。

武……亦姓，《風俗通》云：宋武公[②]之後。漢有武臣，又漢複姓六氏。漢有乘黄令武安恭，出自武安君白起之後。《風俗通》云：漢武强侯王梁，其後因封爲氏。

扈……亦姓，《風俗通》云：趙有扈輒。

按，《古今合璧事類備要》續集卷二六引本條云：“扈，夏有扈氏之後，以國爲姓。《風俗通》：趙有扈輒。”似全條皆出《風俗通》。

顯……又姓，《風俗通》云：有顯甫，爲周卿。

蔣，國名。亦姓，《風俗通》云：周公之胤。又漢複姓，漢有曲陽令蔣匠熙。

丙……又姓，《風俗通》云：齊有大夫丙歜。（《重修廣韻》卷三）

仲……亦姓，《風俗通》云：凡氏於字，伯、仲、叔、季是也。湯左相有仲虺。又漢複姓四氏。左傳衛大夫仲叔圉。魯有仲顔莊叔。宋有司馬

---

① 吕甥之後：《春秋左傳注疏》卷一三杜預注：“吕飴甥，即吕甥也，蓋姓瑕吕，名飴甥，字子金。”據此，則本名瑕吕飴甥，非姓吕名甥，本條叙甥氏姓源疑爲傅會。

② 宋武公：《重修廣韻》原作“宋武功”，《通志》卷二八《氏族略四》：“武氏，子姓，宋武公之後也。”《姓氏急就篇》卷上：“武氏，周大夫武氏子，見《春秋》。《風俗通》云：‘宋武公之後，氏於謚。’”據改。

仲行寅。

備……又姓,《風俗通》云:宋封人備之後。

嗣,繼也。又姓,《風俗通》云:衛嗣君後。

世,代也。又姓,《風俗通》云:戰國時,有秦大夫世鈞。

賴……又姓,《風俗通》云:漢有交阯太守賴先。

按,《元和姓纂》卷八引本條云:"賴,《左傳》:'賴國爲楚所滅,以國爲氏。漢有交阯太守賴先。'"《通志》卷二六《氏族略二》云:"賴氏,子爵,今蔡州褒信有賴亭,即其地也。昭四年,爲楚所滅,子孫以國爲氏。漢有交趾太守賴先。"皆未標出處,當亦本《風俗通》。

載……又姓,《風俗通》云:姬姓之後,作代。

豹……又姓,《風俗通》曰:八元叔豹之後。

匠……又姓,《風俗通》云:凡氏於事,巫、卜、陶、匠是也。(《重修廣韻》卷四)

《姓苑》載,《風俗通》有敬歆,漢末爲揚州刺史。(《隸辨》卷八)

《風俗通》云:太山之尊者,一曰岱宗,始也,長也,萬物之始,陰陽交代,故爲五岳之長也。(《史記》卷一《五帝本紀》張守節《正義》引)

按,《風俗通》有御氏,爲漢司空御史,其名長卿。(《史記》卷三《殷本紀》司馬貞《索隱》;《姓氏急就篇》卷上引)

應劭曰:密須氏,姞姓之國。(《史記》卷四《周本紀》裴駰《集解》引)

按,本條裴駰所謂"應劭曰"實即應劭《風俗通·姓氏》篇曰之簡稱,據輯。

應劭曰:《氏姓譜》云:以何姓爲韓後。(《史記集解》卷四《周本紀》徐廣曰引)

太史公曰:秦之先爲嬴姓,其後分封,以國爲姓。有徐氏、郯氏、莒氏、終黎氏。《集解》:徐廣曰:《世本》作鍾離。應劭曰:《氏姓注》云:有姓終黎者是也。(《史記集解》卷五《秦本紀》徐廣曰引)

據《風俗通》:令姓,楚[1]令尹子文之後。(《史記》卷一〇《孝文帝本

[1] 楚:此字《史記》無,據《資治通鑑》卷一五胡三省注引《風俗通》補。

紀》司馬貞《索隱》引）

按《風俗通》：齊湣王臣有公玉冉，其後也。（《史記》卷一二《孝武帝本紀》司馬貞《索隱》引）

東郭，案《風俗通》：東郭牙，齊大夫。咸陽，其後也。（《史記》卷三〇《平準書》司馬貞《索隱》引）

段干木、段干子、段干朋，疑此三人是姓段干也，本蓋因邑爲姓……《風俗通·氏姓注》云：姓段名干木，恐或失之矣。（《史記》卷六三《老莊申韓列傳》裴駰《集解》引）

《風俗通議》曰：鬼谷先生，六國時縱横家。（《史記》卷六九《蘇秦列傳》裴駰《集解》引）

勝屠……《風俗通》云：勝屠，即申屠也。（《史記》卷一二二《酷吏列傳》司馬貞《索隱》引）

應劭曰：封爲程國，伯休，甫字也。（《史記》卷一三〇《太史公自序》裴駰《集解》引）

《風俗通·姓氏篇》：渾屯氏，太昊之良佐。漢有屯莫如，爲常山太守。又有毛姓，云毛伯文王之子也，見《左傳》。漢有毛釋之，爲壽張令。（《漢書》卷八八《施讎傳》宋祁校語引蕭該《漢書音義》引；《宋景文筆記》卷中）

《風俗通·姓氏篇》云：衡，阿衡也，伊尹官也，見《詩傳》。漢有衡咸，講學祭酒。（《漢書》卷八八《梁丘賀傳》庫本宋祁校語引蕭該《漢書音義》引）

《風俗通·姓氏篇》有管、筦二姓。云，筦蘇，楚大夫，見《吕氏春秋》。漢有筦路。爲御史中丞。即此是也。又有管姓，云管夷吾，齊桓佐也，見《論語》。漢有管虢，爲西河太守。今筦、路是草下完，非竹下完，及竹下官，由來讀者多惑，檢《風俗通》乃知。（《漢書》卷八八《顔安樂傳》庫本宋祁校語引蕭該《漢書音義》引；《宋景文筆記》卷中）

《風俗通·姓氏篇》：冥，侯國，姒姓，禹後，見《史記》。（《漢書》卷八八《顔安樂傳》庫本宋祁校語引蕭該《漢書音義》引）

《風俗通·姓氏篇》云：由余，秦相也。見《史記》。漢有由章，至長

沙太傅。(《漢書》卷八八《瑕丘江公傳》庫本宋祁校語引蕭該《漢書音義》引;《宋景文筆記》卷中)

《風俗通》曰:裴,伯益之後。(《後漢書》卷七《桓帝紀》李賢注引)

《風俗通》云:胡母姓,本陳胡公之後也。公子完奔齊,遂有齊國。齊宣王母弟别封母鄉,遠本胡公,近取母邑,故曰胡母氏也。

《風俗通》曰:沮,姓也,黄帝時史官沮誦之後,音俱余反。

《風俗通》曰:黄帝上古之時,有神荼與鬱儡兄弟二人,性能執鬼。(《後漢書·禮儀志中》李賢注引)

《風俗通》曰:公賓,姓也,魯大夫公賓庚之後。漢公賓就,東海人①。(《後漢書》卷一一《劉玄傳》李賢注引)

徭……《風俗通》曰:東越王徭句踐之後,其後徭爲姓。(《後漢書》卷一七《岑彭傳》李賢注引)

應劭《風俗通》曰:謹按《禮傳》:共工氏之子曰修,好遠游,舟車所至,足迹所逮,靡不窮覽,故祀以爲祖神。(《後漢書》卷二二《馬成傳》李賢注;《史記》卷五九《五宗世家》司馬貞《索隱》引)

《風俗通》曰:周生,姓也。(《後漢書》卷二八上《馮衍傳》李賢注引)

《風俗通》曰:儲姓,齊大夫儲子之後也。(《後漢書》卷二九《鮑永傳》李賢注引)

《風俗通》曰:襄姓,楚大夫襄老之後。(《後漢書》卷三〇下《襄楷傳》李賢注;《姓氏急就篇》卷上引)

《風俗通》曰:塗姓,塗山氏之後。惲字子真,受《尚書》於胡常,見《前書》。(《後漢書》卷三六《賈逵傳》李賢注;《姓氏急就篇》卷上引)

《風俗通》曰:武王封箕子于朝鮮,其子食采於朝鮮,因氏焉。(《後漢書》卷四一《第五倫傳》李賢注引)

《風俗通》曰:古姓,周有古公亶父,其後氏焉。(《後漢書》卷四二《東平憲王蒼傳》李賢注引)

---

① 漢公賓就東海人:六字《後漢書》李賢注原無,據《姓氏急就篇》卷下引《風俗通》補。

《風俗通》曰:(袁閎父)賀,字元服。祖父京,爲侍中,安帝始加元服,百僚會賀,臨莊垂出,而孫適生,喜其嘉會,因名字焉。(《後漢書》卷四五《袁閎傳》李賢注引)

《風俗通》曰:(移氏),齊公子雍食采[1]於移,其後氏焉。(《後漢書》卷五四《楊震傳》李賢注引)

《風俗通》曰:晉成公立嫡子爲公族,大夫韓無忌,號公族穆子,見《左氏傳》。(《後漢書》卷六七《黨錮列傳》李賢注引)

《風俗通》曰:共工氏之子曰修,好遠遊,祀以爲祖神,漢以午日祖。(《後漢書》卷七〇《荀彧傳》李賢注引)

《風俗通》曰:《史記》:趙有辨士處子,故有處姓也。(《後漢書》卷七七《李章傳》李賢注引)

(洼丹,字子玉。)《風俗通》:洼音圭。(《後漢書》卷七九上《洼丹傳》李賢注;《姓氏急就篇》卷下引)

壽,姓也。《風俗通》曰:壽於姚,吴大夫。(《後漢書》卷八二下《解奴辜傳》李賢注引)

喬……《風俗通》曰:晉大夫喬父之後也。(《後漢書》卷八三《喬慎傳》李賢注引)

《風俗通》曰:葛嬰爲陳涉將軍,有功而誅。孝文帝追録,封其孫諸縣侯,因并氏焉。(《三國志·吴書》卷七《顧承傳》裴松之注引)

公乘,姓也,見《風俗通》。(《晉書音義》卷上)

賁,音肥。《風俗通》賁甫,前漢賁赫。《禮》有縣賁父,音奔。(《晉書音義》卷中)

吞,音桂。《風俗通》:彭城吞景,以爲計掾,古有此姓。(《晉書音義》卷下)

《風俗通》:須姓,太昊之後,蓋本之須句。(《資治通鑑》卷五胡三省

① 采:原作"菜",據《古今姓氏書辯證》卷三、《姓氏急就篇》卷上引《風俗通》改,其書行文體例本作"食采"。姓書叙述某姓人物姓源,通常作"食采",無"食菜"之説,知"菜"爲"采"之誤。本句《資治通鑑》卷五〇胡三省注引《風俗通》作"食邑於移,其後氏焉"。

注引）

灌,《風俗通》曰：斟灌氏之後。（《資治通鑑》卷九胡三省注引）

《風俗通》：利,姓也。（《資治通鑑》卷一一胡三省注引）

《風俗通》：郅,商時侯國,後以爲氏。（《資治通鑑》卷一六胡三省注引）

《風俗通》曰：伏羲之後,帝出乎震,主東方,子孫爲東方氏。

《風俗通》：六國有賢人枚被。終姓,出於顓頊裔孫陸終。（《資治通鑑》卷一七胡三省注引）

《風俗通》：管修自齊適楚,爲陰大夫,其後氏焉。（《資治通鑑》卷四〇胡三省注引）

《風俗通》云：鄭武公子段,封於京,其後氏焉。（《資治通鑑》卷二九胡三省注引）

《風俗通》：荆蠻有㒼氏,音舛變爲滿。《國語》：路、潞、泉、余、滿,皆赤狄隗姓。（《資治通鑑》卷三四胡三省注引）

《風俗通》：漢有東平太守沐寵。（《資治通鑑》卷五四、卷一一八胡三省注引）

僮,姓也。《風俗通》：漢有交趾刺史僮尹。一曰僮即童也,顓頊子老童之後,或從人。（《資治通鑑》卷六二胡三省注引）

按,《姓氏急就篇》卷上引本條作："僮氏,《風俗通》：漢交趾刺史僮尹。廬陵僮芝、僮恢。《東觀記》作僮种。"

《風俗通》：吉,周尹吉甫之後。漢有漢中太守吉恪。（《資治通鑑》卷六八胡三省注引）

宿,《風俗通》：漢有雁門太守宿詳。（《資治通鑑》卷七二胡三省注引）

高堂氏,《風俗通》：齊卿高恭仲,食采於高堂。（《資治通鑑》卷七三胡三省注引）

魚,《風俗通》：宋公子魚之後,以王父字爲氏。

鹿,姓也。《風俗通》：後漢有巴郡太守鹿旗。（《資治通鑑》卷九八、一七七胡三省注引）

按,《資治通鑑》卷一五〇、一五七胡三省注引本條,均作"鹿,姓也。《風俗通》：'漢有巴郡太守鹿旗。'"無"後"字，似非後漢人。

玄，姓也。《風俗通》：古諸侯有玄都國。(《資治通鑑》卷一〇〇胡三省注引)

艾姓……《風俗通》有龐儉母艾氏。(《資治通鑑》卷一〇二胡三省注、《姓氏急就篇》卷上引)

敬姓……《風俗通》：陳敬仲之後。(《資治通鑑》卷一一五、一八二胡三省注引)

邸，姓也。《風俗通》：漢有上郡太守邸杜，討王早也。(《資治通鑑》卷一五六胡三省注引)

池魚，人姓名。《風俗通》有池仲魚，城門失火，仲魚燒死，故諺曰："城門失火，殃及池魚。"一曰：城門失火，汲城下之池水以救之，池涸，則魚受其殃。(《資治通鑑》卷一六〇胡三省注引)

苗氏，《風俗通》曰：楚大夫伯棼之後。賁皇奔晉，食采於苗，因爲苗氏。(《資治通鑑》卷一八二胡三省注引)

《風俗通》：大姓，大庭氏[①]之後。大款爲顓帝師。按《禮記》曰：大連善居喪，東夷之子也，蓋東夷之有大姓尚矣。(《資治通鑑》卷二一〇胡三省注引)

《風俗通》：陸終娶于鬼方氏，是謂女嬇，蓋孕而三年不育，啓其左脅，三人出焉。啓其右脅，三人又出焉。(《繹史》卷七)

伯夷姓墨名允……《論語疏》引《風俗通》：姓墨胎氏。(《繹史》卷二〇)

按，《史記》卷六一《伯夷列傳》司馬貞《索隱》云："夷名允，字公信，叔齊名智，字公達。解者云：夷、齊，謚也，伯仲又其長少之字……應劭云：蓋伯夷之國，君姓墨胎氏。"文中所言，即《論語疏》所本。所謂"應劭"指其《風俗通·姓氏篇》。

《風俗通》曰：袁賀，字元服，祖父京，爲侍中。安帝始加元服。京入賀而賀始生，因名之曰賀，而字元服。(《太平御覽》卷三六二)

渾氏、沌氏……《風俗通》作混屯。

① 大庭氏：《萬姓統譜》卷九七引《風俗通》作"大廷氏"。

列僊氏。

帝疇氏。(《路史》卷四)

有柏氏,《風俗通》云:柏皇氏後。(《路史》卷六)

後有赫氏、赫胥氏,見《風俗通》。

後有葛氏,見《風俗通》。(《路史》卷七)

尊盧氏、罇氏……應劭《風俗通》則因班《表》之序,乃謂爲太昊之世。(《路史》卷八)

後有昊氏。《風俗通》云:昊英氏後有昊氏。(《路史》卷九)

東氏……《風俗通》更以東方氏爲伏羲後。(《路史》卷一〇)

姓書,希氏出于伏羲,《風俗通》亦云,女媧,伏羲之妹。

《風俗通》云:女媧禱祠神,祈而爲女媒,因置昏姻,行媒始此。(《路史》卷一一)

《風俗通》云:高傒采,高堂公子雍,采于移,後爲氏。

阿氏、衡伯氏,見《風俗通》。

《風俗通》:山氏、烈山氏。後漢有神曜,出神農。(《路史》卷一三)

東方氏……《風俗通》《姓纂》云伏羲後,云出女媧。(《路史》卷一四)

青陽氏,《風俗通》云:黄帝子孫,始姓之。《六韜》作績陽。

按,《萬姓統譜》卷一三一引本條作:"青陽,《風俗通》:青陽,黄帝子也,始得姓焉。"《通志》卷二八《氏族略四》作"青陽氏,《風俗通》:青陽,黄帝子也,始得姓焉,見《國語》。漢有東海太守青陽愔,又東海王國中尉青陽精。"《古今姓氏書辯證》卷一七:"青陽,《風俗通》曰:青陽,黄帝子。《國語》曰:青陽爲已姓。黄帝娶方雷氏女,生青陽,少昊氏也,後世以爲氏。漢有東海太守青陽愔,又有東海中尉青陽精。"存文皆較之本條爲多,可補本條之不足,録以備考。

《風俗通》:平原君勝封武成,成因氏。(《路史》卷一六)

有梁氏、敖氏、伯氏。見《風俗通》。伯益治水,封于梁……光和元年,有白衣,入陽德殿門,稱梁伯夏,亦見《風俗通》,云顓頊大敖之後是也。

侯叟氏。《風俗通》。

列……《風俗通》云:出古帝王列仙氏。(《路史》卷一七)

《風俗通》：哀出哀公。吴有隱蕃，云隱公後。

中行氏……《風俗通》云：中行穆子後。

息氏、息夫氏。《風俗通》。

姬姓，見《風俗通》。

《風俗通》：文出文王。隱公時，有武氏子。

《風俗通》又有宣，云宣公後。

魚孫、白馬，見《風俗通》。

《風俗通》：宋大夫西鄉錯之後①。《尸子》：隱者西鄉曹。又南雍闕，爲皇父。漢皇父鸞，乃爲皇甫。（《路史》卷一九）

《風俗通》：范蠡之齊，爲鴟夷子，後人以爲氏。（《路史》卷二〇）

《風俗通》："按，《書》：舜生姚虚，云在濟陰成陽。"

幕姓，《風俗通》《姓譜》等，幕姓，皆云出幕。

《風俗通》亦謂舜祖幕。

夏之世，有箕伯、直柄、伯戲中衰，成湯置之于遂，遂世守之，後爲齊所滅……《左氏正義》及《風俗通》云：商封之于遂。（《路史》卷二一）

禹氏……《風俗通》云，支庶以爲氏。（《路史》卷二三）

移，《風俗通》：齊公子讎，采于移，後爲氏。後漢移良。

虔，《風俗通》：虔氏出黄帝。

邳、佶、是，見《詩》。《風俗通》云：殷時侯國。（《路史》卷二四）

蓐，辱鄏也。所謂郟鄏，俱在河南，有鄏山，後蓋爲蓐收國。《風俗通》《姓纂》云：蓐收之②後。

邯鄲……《風俗通》云：邯鄲氏，以國爲姓。

段干，李姓邑也。初邑段，後邑干，因邑而氏。《魏世家》有段干子，《田世家》有段干朋。而《風俗通·氏姓注》乃以爲姓段，名干木，蓋以《吕氏春秋》"干木光于德"，與《魏都賦》"干木之德"之言誤之。

渠丘，《風俗通》云：晉有渠丘公，乃莒也。（《路史》卷二五）

---

① 之後：二字《路史》原無，據《萬姓統譜》卷一二七引《風俗通》補。

② 之：此字《路史》原無，據《萬姓統譜》卷一一三引《風俗通》補。

屈侯……《風俗通》:魏賢屈侯鮒。(《路史》卷二五)

遂,虞後,商人置之遂,見《風俗通》。(《路史》卷二七)

岑……《風俗通》云:古岑子國,文王異弟之子。

載,《左傳》有載國。《風俗通》云姬姓後,陳留外黄。(《路史》卷二八)

廣氏。《風俗通》。

都氏……按《風俗通》出古元都。玄都氏避聖祖諱,爲元氏、都氏。

習,《風俗通》云:習,國名。傳有少習。哀四年。

上洛……《風俗通》云:夏諸侯國。

昔,周大夫所封,見《風俗通》。通作夕,故有夕侯,後有昔氏、夕氏。

用,《風俗通》云:古用國,見《毛詩》,在高唐,乃用地,故有用姓。

逯,《風俗通》云:逯,秦邑。(《路史》卷二九)

摯疇,《風俗通》云:古之諸侯,後有摯疇氏、摯氏、疇氏,或即任姓之摯,以國爲氏。

懿氏……《風俗通》,出齊懿公。

按《玄中記》:槃瓠浮之東南海中,是爲犬封氏,蓋因本《風俗通》,然亦不謂蠻人之祖。(《路史》卷三三)

圈公……亦稱園公爾。故《風俗通》云:四皓園公,本亦園者。夏里黄公,姓崔,名廓,字少通,齊人,隱居夏里,爰號夏里黄公,姓崔。

《風俗通》云:圈,援也,從國,袁聲。今市語韋氏爲園家。(《路史》卷三五)

弓影致疾,一事也,《風俗通》以爲杜宣。(《路史》卷三七)

據《風俗通》等,鱉令化從井出。既死,尸逆江,至岷山下,起見望帝。時巫山擁江,蜀洪水,望帝令令鑿之,蜀始陸處以爲刺史,號曰西州。(《路史》卷三八)

穰架之事,從古而有……按《風俗通》引黄帝稱,上古有兄弟二人,曰荼,曰鬱律,在度朔山桃下,簡百鬼……獨《風俗通》作鬱律。(《路史》卷四〇)

《風俗通》《西京雜記》謂雙生者,以後産爲兄,以其先胎。(《路史》卷四一)

《風俗通》紀楚鬻熊之後爲圈，鄭穆公之子圈，其後爲姓。至秦博士逃難，乃改爲園。(《齊東野語》卷五)

東方，《風俗通》云：伏羲氏之後，帝出於震，以主東方，子孫因氏焉。

按《古今合璧事類備要》續集卷三〇引本條云："東方，《風俗通》：伏羲氏之後。帝出于震位，生東方，子孫因以爲氏焉。"文略異。

案應劭《風俗通》：漢少府中京。

中壘，《風俗通》：劉向爲漢中壘校尉，支孫以官爲氏。

按，《古今姓氏書辯證》卷二引本條作："中壘，《元和姓纂》曰：《風俗通》：劉向爲漢中壘校尉，支孫以官爲氏。"《通志》卷二八《氏族略四》引作："中壘氏，《風俗通》：劉向爲中壘校尉，支孫氏焉。"文有小異，可以互校。

龍邱，《風俗通》：吴郡，漢時博士龍邱長。(《元和姓纂》卷一)

訾，《風俗通》：帝嚳妃訾娵氏女。

伊，帝堯伊祁氏之允。裔孫伊尹，名摯，相湯，生陟、奮。《風俗通》：漢有議郎伊推。又伊嘉[①]爲雁門都尉，石顯黨也。

尸，《漢書》：尸佼晉人，爲商君師，著《尸子》。《風俗通》云：其先封於尸鄉，故爲尸氏。齊相有尸臣。

旗，《風俗通》：楚大夫，居旗思城，因以爲氏。

司寇……《風俗通》：蘇忿生爲司寇，其後氏焉。

肥，戰國時趙賢人義之後。《風俗通》云：漢有黥布將肥銖。又仁恕掾肥親賁。《漢功臣表》：賁赫擊黥布，及平，封期思侯[②]。

---

① 伊嘉：《姓纂》原作"伊喜嘉"，喜字係承下文"嘉"字而衍。《漢書》卷九三《石顯傳》、《太平御覽》四六五引《漢書》："御史中丞伊嘉爲雁門都尉。"《名賢氏族言行類稿》卷四、《古今合璧事類備要》續集卷二三："《風俗通》：漢有議郎伊推，又伊嘉爲雁門都尉，石顯黨。"知無"喜"字，據删。

② 期思侯：原脱誤作"其恩侯"。《漢書》卷一六《高惠高后文功臣表》："期思康侯賁赫，淮南王英布中大夫，告反，侯，一千户。"《史記》卷九一《黥布列傳》："遂滅黥布，立皇子長爲淮南王，封賁赫爲期思侯。""《正義》：'期思故城，在光州固始縣界。'"《太平寰宇記》卷一二七光州固始縣："期思城，在西北七十里。期思，楚之下邑。《左傳》：'楚王田於孟諸，以期思公復爲右司馬。'杜預曰：'復遂楚期思邑公。'今弋陽期思縣也。漢期思縣，理蔣鄉，屬汝南。高祖英布大夫賁赫告反，封爲期思侯。"據改。

幾,《風俗通》:宋大夫仲幾之後,以王父字爲氏。

飛廉,《風俗通》:飛廉國,秦所滅,因氏焉。漢書光禄大夫飛廉安國。

魚,《風俗通》:宋桓公子目夷,字子魚,子孫以王父字爲氏。漢有長安人魚翁叔也。

舒,《風俗通》云:舒子之後,以國爲姓。

余……新安,《風俗通》云:余子之後,以國爲姓。

魚孫,《風俗通》:宋大夫魚石,奔楚,在國者因氏焉。

諸葛,諸葛氏,夏殷侯國葛伯之後……《風俗通》云:葛伯嬰,爲陳涉將軍,有功,非罪而誅,漢文追封子孫爲諸縣侯[①],因以爲氏。

渠邱,《風俗通》:莒有渠邱公,因氏焉。

於陵,《風俗通》云:陳仲子,齊世家也,辭爵,灌園於於陵,子孫氏焉。

巫,《風俗通》云:氏於事,巫、卜[②]、匠、陶也。殷有巫咸、巫賢。漢有冀州刺史巫捷。又有巫都,著《養性經》。

夫餘,《風俗通》:吴公子夫概王奔楚,餘子在吴者,因以爲氏焉。(《元和姓纂》卷二)

按,《後漢書》卷六四《延篤傳》李賢注引本條作:"《風俗通》曰:'吴夫概王奔楚,封堂谿,因以爲氏。'"《萬姓統譜》卷一四〇:"夫餘,《風俗通》:吴太子夫概,王莽奔楚,餘子在吴,以夫餘爲氏。百濟國王夫餘寬,生璋,號帶方郡王,生義兹。"《通志》卷二九《氏族略五》:"夫餘氏,《風俗通》:吴太子夫概王奔楚,餘子在吴,以夫餘爲氏。"《古今姓氏書辯證》卷三五:"棠谿,其先周大夫,食邑棠谿,謂之棠谿公。後地入於楚,故吴王之弟夫概王奔楚,爲棠谿氏,其後字訛,爲唐谿氏。"《後漢書》卷六四《延篤傳》李賢注引《風俗通》:"吴夫概王奔楚,封堂谿,因以爲氏。"

---

① 諸縣侯:《通志》卷二六《氏族略二》"諸葛氏"引《風俗通》無"縣"字,《重修廣韻》卷一、《資治通鑑》卷二八胡注、《古今合璧事類備要》續集卷三〇、《姓氏急就篇》卷下引本條作"《風俗通》云:'葛嬰爲陳涉將,有功而誅,孝文追録,封諸縣侯,因并氏焉。'"文略異。

② 卜:《姓纂》原訛作"乙",據《孟子注疏》卷二下、《重修廣韻》卷一、《通志》卷二八、《古今姓氏書辯證》卷三三、《太平御覽》卷三六二引《風俗通》改。

《名賢氏族言行類稿》卷四二:"既,《風俗通》:吴人,夫概王之後,子孫因避仇,改爲既氏。漢有安南長史既凉。"引文互異,録以備校。

稽……《風俗通》云:稽黄,秦賢人。

鞮,《風俗通》云:晉銅鞮伯華之後,氏焉。

神,《風俗通》云:神農氏之後。漢有騎都尉神曜。

頻,《風俗通》云:漢有酒泉太守頻暢。

申徒,《風俗通》云:本申屠氏,隨音改爲申徒氏①。

鈞,《風俗通》:楚大夫元鈞之後。漢有御史鈞喜②。

春,《風俗通》云:楚相黄歇,號春申君,子孫氏焉。

淳于,《風俗通》云:春秋時小國也,一號州淳于公③。

芸,《風俗通》:晉大夫芸賢,見《戰國策》。

云,《風俗通》:祝融之後。平陵,漢有諫議大夫云敞。

聞人,《風俗通》云:少正卯,魯之聞人,其後遂以聞人爲氏。漢有太守聞人通,沛人,治《后氏禮》。(《元和姓纂》卷三)

按,《後漢書》卷八《靈帝紀》李賢注引本條曰:"姓聞人,名襲,字定卿。《風俗通》曰:'少正卯,魯之聞人,其後氏焉。"

園,四皓園公之後。《風俗通》云:氏于所居,城郭、園池是也。

軒,《風俗通》:軒轅之後。漢有諫議大夫軒和。

坤,坤牟子,六國時著書,見《風俗通》。

---

① 氏:此字《姓纂》原無,據《萬姓統譜》卷一二八引《風俗通》補。"改爲司徒",《康熙字典》卷七引"司徒"二字之下,尚有"夏有申徒狄"五字。

② 漢有御史鈞喜:《重修廣韻》卷一、《姓氏急就篇》卷上引《風俗通》作"漢有侍中鈞喜"。

③ 一號州淳于公:"州"下似有脱倒。《古今姓氏書辯證》卷六:"淳于,故州國,一名淳于,其地城陽淳于縣是也。春秋時,杞滅之,淳于公如曹,子孫以國氏。"《通志》卷二六《氏族略二》:"淳于氏,亦曰州公,姜姓。《風俗通》曰:'春秋時之小國也。桓五年,不復其國,子孫以國爲氏。'"卷二七《氏族略三》州氏:"又淳于氏,謂之州公,其後亦爲州氏。"知所脱爲"公"字,則本句似當校正爲"淳于公,一號州公"。

孫陽,《風俗通》:景丹封櫟陽侯①。丹曾孫汾,避亂隴西,因封爲氏。

安,《風俗通》:漢有安成②,爲太守③。

關,《風俗通》云:關令尹喜之後。一云,出自夏大夫關龍逄之後。漢有④長水校尉關陽⑤。

山……《風俗通》云:烈山氏之後。漢武都太守山昱。(《元和姓纂》卷四)

縣,《風俗通》云:縣成父,孔子門人⑥,見《史記》。

將匠,《風俗通》:漢官有將匠少府,因爲氏。

白象,《風俗通》:白象⑦先生,古隱者。

---

① 景丹封櫟陽侯:《姓纂》原作"景母封孫陽侯"。《後漢書》卷二二《景丹傳》:"景丹字孫卿,馮翊櫟陽人也……建武二年,定封丹櫟陽侯。"《集古録》卷二《後漢北海相景君銘》:"右《漢北海相景君銘》……漢功臣景丹,封櫟陽侯。傳子尚,尚傳子苞。"《廣韻》卷二"陽":"漢複姓二十二氏……漢有櫟陽侯景丹,曾孫汾,避亂隴西,因封爲氏。"《通志·氏族略二》"櫟陽氏":"《風俗通》:後漢景丹,封櫟陽侯。丹曾孫分,避亂隴西,因封爲氏焉。"《姓氏急就篇》卷下:"櫟陽氏,後漢櫟陽侯景丹,曾孫汾,避亂隴西,因封爲氏。"知"景母"實"景丹"之訛,"孫陽"乃"櫟陽"之誤,據改。又據岑仲勉《元和姓纂四校記》及陶敏《元和姓纂新校證》,本條所記"孫陽氏"實爲"櫟陽氏"之文,四庫館臣據誤文誤輯爲孫陽氏之文。

② 漢有安成:漢有數位安成,一爲太守,見下文,乃《風俗通》所記者。一見《漢書》卷三〇《藝文志》詩賦略:"待詔臣安成《未央術》一篇。應劭曰:'道家也,好養生事,爲未央之術。'"但均非本條所云安成。

③ 爲太守:三字《姓纂》原無,據《重修廣韻》卷一、《資治通鑑》卷一〇六胡三省注引《風俗通》補。

④ 有:此字原無,據《通志》卷二七《氏族略二》"關氏"引《風俗通》補。

⑤ 關陽:《隋書》卷一九《天文志上》、《法苑珠林》卷七引桓譚《新論》作"漢長水校尉平陵關子陽",《能改齋漫録》卷七同,此處或奪"子"字。

⑥ 縣成父孔子門人:按,本條《元和姓纂》庫本四庫館臣考案云:"案,孔子弟子縣子成,字子祺。今《家語》作子横。又有縣亶父,字子象,見《廣韻》注。又亶,《史記索隱》作豐,《家語》無父字,此作縣成父,誤。"《史記》卷六七《仲尼弟子列傳》:"縣成,字子祺。《集解》:鄭玄曰:魯人。《正義》:縣音玄。"

⑦ 白象:二字《姓纂》原無,中有脱誤。《通志·氏族略四》、《萬姓統譜》卷一三八:"白象氏,《風俗通》:白象先生,古隱者。"《古今姓氏書辯證》卷三九:"白象,《風俗通》:白象先生,古賢人,隱者。"據補。

弘，《風俗通》云：衛大夫弘演之後。漢有宦者弘恭，爲中書令。

謀，《風俗通》云：周卿士祭公謀父之後，以王父字爲氏。

州，《風俗通》：晉州綽，其先食采於州，因氏焉。衛有公子州吁。漢州輔，魏州泰。

疇，《風俗通》：摯疇氏之後。

婁，《風俗通》：邾婁國之後，子孫以婁爲姓。《左傳》：齊大夫婁堙。

按，《名賢氏族言行類稿》卷三二引本條作："婁，《姓纂》：《風俗通》：邾婁國之後，子孫以婁爲姓。《左傳》：齊大夫婁桱。齊國：漢常奉春君婁敬，改封逮信侯，賜姓劉氏。"《古今合璧事類備要》續集卷一九引本條作："婁，《風俗通》：邾婁國之後，子孫以婁爲姓。《左傳》：齊大夫婁裡。齊國，漢有奉春君婁敬，改封建信侯，賜姓劉氏。"《通志》卷二六《氏族略二》："婁氏，亦作僂。《風俗通》云：邾婁之國，子孫或以婁爲氏，或以邾婁爲氏。陸終産六子，其第五子曰安，賜姓爲曹邾，即安之後。挾安之裔曰邾挾。周初，受封爲附庸。挾之後，不得其名字。十二世，至儀父，始通于大國。魯隱公之元年，與隱公盟于姑蔑。其後爲楚所滅。齊大夫婁裡，其後也。"三條引文與《姓纂》均略異，且存文多於本條，録以備考。

侯史，《風俗通》：董狐爲晉侯史，因官氏焉。

林……濟南鄒縣，《風俗通》云：林放之後。至林玉爲相，有九子十德之門，見《戚苑》。子孫秦末，居齊郡鄒縣，漢分齊郡，置濟南，遂爲郡人。玉玄孫摯，仕漢，封平棘侯，傳封四代，見《功臣表》[①]。曾孫林遵，字長賓，受《尚書》於同郡歐陽高，官至少府、太子太傅，見《漢書·儒林傳》。遵六代孫邈，後漢徐州刺史、清泉侯。

按，本條引《風俗通》有脱誤。《古今合璧事類備要》續集卷一九引本條作："殷太丁子王子比干之後。比干爲紂所戮，其子堅，逃難長林之山，遂姓林氏。魯有林放，仲尼弟子。《左傳》：林雍、林不狃、林楚，代仕季氏。《左傳》曰：'林楚之先，皆季氏之良也。'齊有林阮，見《説苑》。林類，見《列子》。林回，見《莊子》。濟

① 林摯……見《功臣表》：此見《漢書》卷一六《高惠高后文功臣表》："平棘懿侯林摯，以客從起亢父，斬章邯所置蜀守，用燕相侯，千户。七年封，(漢)二十四年薨。"但非"傳封四代"，至"元康四年，摯曾孫項圉大夫常驩詔復家，死，亡子，絶。"此處所載與史不合，連同本身計，方有四代，傳封則僅三代。

南鄒縣:《風俗通》云:'林放之後,至林皋,爲趙相,有九子,號十德之門。又居九門,見《戚苑》。子孫秦末,居齊郡鄒縣,漢分濟郡,置濟南,遂爲郡人。'"較完整。

金,少昊金天氏之後,見《風俗通》。

三伉①,宋子姓,微子之後。《風俗通》云:衛邑也。晉公子重耳,封舅犯於三伉,支孫氏焉。漢有少府三伉充宗,代郡有陽縣②有三伉氏。

兼,《風俗通》:衛太子兼之後。(《元和姓纂》卷五)

俟,《風俗通》:俟子③著書,六國時人。

子,帝嚳之允,殷湯,子姓。《風俗通》云:《左傳》有子鉏商,鄭大夫子人九。

按,本條《元和姓纂》庫本四庫館臣考案云:"按《左傳》:叔孫氏之車子鉏商。杜注:車子,微者。鉏商,名。此文傅會不合。"岑仲勉以爲本條即使出于傅會亦不始于應劭,而是承自前人,且有保存古説之功,故不必盡以爲非,其説甚是。

子獻……《風俗通》云:齊大夫子獻之後,楚文王時,子獻遼爲大夫。

處……《風俗通》:漢有④處興,爲北郡太守。

所,《風俗通》:宋大夫華所事之後。漢有諫議大夫所忠,武帝時人。

按,《史記》卷一一七《司馬相如列傳》張守節《正義》引本條云:"姓所名忠也。《風俗通·姓氏》云:《漢書》有諫大夫所忠氏。"《後漢書》卷八一《劉茂傳》李賢注引本條云:"所,姓也。《風俗通》曰:宋大夫華所事之後也。漢有所忠,爲諫議大夫。"文略異,可與本條互校,在文意上取長補短。

---

① 三伉:《後漢書》卷七《桓帝紀》李賢注作:"《風俗通》曰:'衛大夫三抗之後,漢有抗喜,爲漢中太守。'"所記乃三抗氏,非三伉氏,林氏此條叙三伉氏姓源,承襲應劭《風俗通》之誤説,明顯與史不合,屬於傅會,不可信從。

② 有陽縣:漢代郡無有陽縣,有陽原縣,見《漢書》卷二八下《地理志第八下》,此處"有陽"或爲"陽原"之倒誤。又據岑仲勉《元和姓纂四校記》考證,《姓纂》此處"三伉"實爲"五鹿"之冒文,當移正。

③ 俟子:《古今姓氏書辯證》卷二二:"俟,《風俗通》:'古賢人俟子。'《漢藝文志》有《俟子》一篇。李奇注曰:'或作侔子。'此必俟氏也。"《少室山房筆叢》正集卷三:"戰國諸子,往往有姓存名缺者。西京諸子,又往往有名在姓亡者。今皆不可考,因録左方。該洽之士或旁參曲證,得其姓名,以慰作者,則不啻遇之旦暮矣。"其下首列"《侔子》一篇",據此,則本條俟子或侔子之誤。

④ 有:此字《姓纂》原無,據《姓氏急就篇》卷上引《風俗通》補。

楚,《風俗通》:芊姓,鬻熊封楚,以國爲姓。《左傳》:魯有楚尹、楚邱。趙襄子家臣楚隆。

輔……《風俗通》云:智果以智伯剛愎必亡,其别輔氏。漢有輔狠,爲尚書令。

禹,《風俗通》云:夏禹之後,支庶以謚爲姓。

武城,《風俗通》:趙平原君勝,封武城①,因氏焉。

古,《風俗通》:古公亶父後,因氏焉。晉平公時舟人古乘。

苦……《風俗通》:苦成,越大夫。漢苦均,爲會稽太守。苦音庫。

古成,《風俗通》:即古咸之後,隨音改焉。漢有廣漢都尉古成雲。

社南②,《風俗通》:與社北皆齊倡也。漢高惕娶扶風社南氏。

尹……《風俗通》云:師尹,三公官也,以官爲姓。漢尹咸、尹賞、尹齊,後漢尹敏。

圈,《風俗通》云:楚鬻熊之後。一云:本姓卷氏,鄭穆公之後,秦末爲博士,避難,改爲圈氏。(《元和姓纂》卷六)

典,見《風俗通》。

我,《風俗通》云:我子,六國時人,著書,號《我子》。

社北,《風俗通》云:凡氏於職,社北、五鹿。有社北大夫,因氏焉。

---

① 封武城:《通志》卷二七《氏族略三》、《萬姓統譜》卷一三三引《風俗通》作"武成君",《古今姓氏書辯證》卷二三、《路史》卷一六引《風俗通》作"武成"。《史記》卷七六《平原君虞卿列傳》:"平原君趙勝者,趙之諸公子也。諸子中,勝最賢,喜賓客,賓客蓋至者數千人。平原君相趙惠文王及孝成王,三去相,三復位,封於東武城。""《集解》:徐廣曰:屬清河。《正義》:今貝州武城縣也。"《册府元龜》卷七三一、《名賢氏族言行類稿》卷三八同。《資治通鑑》卷三:"趙王封其弟爲平原君。"胡三省注:"《班志》:平原縣屬平原郡,勝封于東武城,號平原君,非封于平原也。東武城屬清河郡。杜佑曰:今貝州武城縣是也。蓋定襄有武城,時同屬趙,故此加東也。"《姓纂》作"武城"是,作"武成"爲傳聞之誤。

② 社南……社南氏:《姓纂》原作"祖南,《風俗通》:與社南……祖南氏",中有二處誤文。《通志·藝文略三》:"社南氏,其先齊倡,見《風俗通》。""社北氏,《風俗通》:與社南皆齊倡也。"《姓氏急就篇》卷下:"社北社南:社北氏,《風俗通》:其先齊倡,徙居,因爲氏。社南氏,同上。《姓苑》:右扶風有焉。"知祖均社之訛誤,據改。

壤駟，《風俗通》：息公子邊，爲大夫，氏焉[①]。漢有光禄大夫、宜陵侯壤駟射[②]。

廣，《風俗通》云：廣成子之後。

有，《風俗通》：有巢氏之後。仲尼弟子有若，魯人。漢有光禄勳有光[③]。

咎，《風俗通》云：湯司空咎單。《左傳》，咎，舅犯字也。

耦，《風俗通》：宋卿華耦之後[④]。漢有侍中耦嘉。

郈，《風俗通》：魯大夫郈昭伯，食采於郈，因氏焉。

奄，《風俗通》云：國號也。《尚書》云：成王既踐奄。《左傳》，秦大夫奄息，其後也。（《元和姓纂》卷七）

用，《風俗通》：古有用國，見《毛詩》。漢有高唐令用虯。《名士録》

---

① 息公子邊爲大夫氏焉：按，本條乃記息夫氏所出，非關壤駟，乃在壤駟氏名下冒息夫氏之文。《元和姓纂》庫本四庫館臣考案云："案，此有脱誤。"實非脱誤，乃他姓之文誤入，爲僞文。《通志》卷二五《氏族序》："嬀姓之國，爲息氏。公子邊受爵爲大夫，又有息夫氏出焉，此以國爵爲氏者也。"可證。

② 漢有光禄大夫宜陵侯壤駟射：按，此處亦爲息夫之文誤爲壤駟，應劭、林寶皆誤記。《元和姓纂》庫本四庫館臣考案云："案《家語》：孔子弟子，有壤駟赤，秦人。"原文實見《通志》卷二九《氏族略五》："息夫氏，嬀姓，《風俗通》：息公子邊爲大夫，因氏焉。漢有光禄大夫息夫躬，世居河内河陽。"據此，則此處之壤駟射乃息夫躬之誤。《漢書》卷四五《息夫躬傳》："封賢爲高安侯，寵爲方陽侯，躬爲宜陵侯，食邑各千户……下詔曰：'南陽太守、方陽侯寵，素亡廉聲，有酷惡之資，毒流百姓。左曹光禄大夫、宜陵侯躬，虚造詐諼之策……'"知西漢並無光禄大夫、宜陵侯壤駟射，只有光禄大夫、宜陵侯息夫躬。《通志》卷二九《氏族略五》："壤駟氏，《家語》：壤駟赤，秦人，仲尼弟子。"《姓氏急就篇》卷下"壤駟菟裘"："壤駟氏，孔子弟子壤駟赤，秦人。"此方爲《風俗通》所引《家語》記壤駟氏之文。

③ 漢有光禄勳有光：原作"漢有禄"，文有脱誤。本條《元和姓纂》庫本四庫館臣考案云："案《姓氏急就篇》云：《風俗通》：'漢光禄勳有光。'今本《風俗通》無此句，亦無有禄之名。"有禄實非人名，乃"漢光禄勳有光"之奪文。《姓氏急就篇》卷下："有氏，孔子弟子有若。《風俗通》：漢光禄勳有光。"據補。

④ 宋卿華耦之後：《春秋左傳注疏》卷一八："公子遂會晉趙盾、宋華耦、衛孔達，許大夫救鄭，不及。杜預注："華耦，華父督曾孫。"

有高士用羽[①]。

義,《風俗通》云:義伯陽卿也。漢有南陽太守義縱。

摯,《風俗通》:摯疇,古諸侯國,見《毛詩》。周有摯荒[②]。

利……《風俗通》云:漢有利乾,爲中山相。

貴,《風俗通》云:陸終之後[③]。漢有[④]廬江太守貴遷。

按,《重修廣韻》卷四引本條作:"貴……亦姓,出自陸終之後。《風俗通》有貴遷,爲廬江太守。"

既,《風俗通》云:吴夫概王之後,子孫因避仇,改爲既氏。漢有安南長史既凉。

遇,《風俗通》:漢有東安太守遇冲[⑤]。

鑄,《風俗通》:鑄,國也,堯後也,在濟北蛇邱縣。《左傳》:臧宣叔娶於鑄,後世以國爲氏。

庫,《風俗通》:古守庫大夫之後[⑥],因官命氏[⑦]。漢文、景時,有倉

---

① 高士用羽:原訛脱作"高唐用",《元和姓纂》庫本四庫館臣考案云:"案,《毛詩》有用國,未詳。'高唐用'下亦有脱字。"《名賢氏族言行類稿》卷四二、《通志》卷二六《氏族略二》用氏:"《風俗通》云:古有用國,見《毛詩》。漢有高唐令用虯,《名士録》有高士用羽。"據補改。

② 見《毛詩》,周有摯荒:"見"字原無。《元和姓纂》庫本四庫館臣考案云:"按摯荒,未見《毛詩義疏》。"實屬對《風俗通》及《姓纂》原文之誤解。《通志》卷二六《藝文略二》:"摯氏,《風俗通》:'摯疇,古諸侯國也,見《毛詩》。周有摯荒。'或言,帝嚳子摯之後。《漢・貨殖傳》有茂陵摯綱。"《名賢氏族言行類稿》卷四二:"摯,《風俗通》:'摯疇,古諸侯國也,見《毛詩》。周有摯荒。'"《重修廣韻》卷四:"摯,國名,亦持也。又姓。《左傳》:'周有摯荒。'"《春秋左傳注疏》卷五〇:"丁巳,葬景王……領周地,欲重盟,令單子、劉子復歸,殺摯荒以説。""注:委罪於荒。"知"毛詩"二字原屬上讀,非言《毛詩》有摯荒,據補"見"字。

③ 陸終之後:《萬姓統譜》卷九四引《風俗通》本條,"之後"二字下有"望出常山"四字。

④ 有:此字《姓纂》原無,據《通志》卷二九《氏族略五》、《名賢氏族言行類稿》卷四二引《風俗通》補。

⑤ 東安太守遇冲:此屬林氏誤記。《容齋隨筆》五筆卷一、《巵林》卷四均作"河内太守"。

⑥ 之後:二字《姓纂》原無,據《重修廣韻》卷四、《姓氏急就篇》卷上引《風俗通》補。

⑦ 因官命氏:《重修廣韻》卷四引、《姓氏急就篇》卷上《風俗通》作"以官爲氏"。

氏、庫氏。《後漢・竇融傳》有輔義侯庫鈞①。

顧,《風俗通》有上黨都尉顧平。

庫成,《風俗通》曰:本亦苦城也,方言音變爲庫成。

計……《風俗通》:漢計子勳,爲司空掾。

大,《風俗通》:大庭氏之後。又大填、大山稽,黄帝師。大穎爲顓頊師。

會,鄶仲之後,避難,去邑爲會氏。《風俗通》云:陸終之子乙之後。漢武陽令會栩。

太陽,《風俗通》:衛大夫太陽速②。(《元和姓纂》卷八)

内史,《風俗通》:周内史叔興之後,因官氏焉。周又有内史過③。

遴音吝,《風俗通》:遴到,云韓大夫,著《遴子》三十篇④。

---

① 輔義侯庫鈞:原作"庫輔庫義庫侯",《後漢書》卷二三《竇融傳》:"遂以次封諸將帥武鋒將軍竺曾爲助義侯……金城太守庫鈞爲輔義侯。"《重修廣韻》卷四:"庫,貯物舍也。又姓,《風俗通》云:'古守庫大夫之後,以官爲氏。後漢輔義侯庫鈞。'"《古今合璧事類備要》續集卷二七略同。《通志》卷二八《氏族略四》:"庫氏,漢文時,有倉氏、庫氏,爲吏之久,故子孫以爲氏。《後漢・竇融傳》有輔義侯庫鈞。"《能改齋漫録》卷一二《曾滁州誤呼厙爲庫》:"後漢亦有輔義侯厙鈞。古又有獨姓厙者。"《學林》卷七《新唐書釋音》:"南北朝,有復姓厙狄者,周有少師厙狄峙,北齊有宜都郡王厙狄伏連。古亦有獨姓厙者。後漢有輔義侯厙鈞,古又有姓厙者,音赦。"據删改。

② 衛大夫太陽速:《元和姓纂》庫本四庫館臣考案云:"按《左傳》,爲戲陽速。"《春秋左傳注疏》卷五六:"大子羞之,謂戲陽速曰:'從我而朝少君,少君見我,我顧,乃殺之。'速曰:'諾。'乃朝夫人。夫人見大子,大子三顧速,不進,夫人見其色啼而走……自鄭奔齊,大子告人曰:'戲陽速禍余。'戲陽速告人曰:'大子則禍余,大子無道,使余殺其母。'"《古今姓氏書辯證》卷三:"戲陽,出自衛太子蒯聵之僕,有戲陽速者,其先以邑爲氏。"《史記》卷三七《衛康叔世家第七》:"三十九年,太子蒯聵與靈公夫人南子有惡,欲殺南子,蒯聵與其徒戲陽遬謀朝,使殺夫人。戲陽後悔,不果。蒯聵數目之。《集解》:賈逵曰:戲陽遬,太子家臣。"知本條原爲戲陽氏之文,《風俗通》及《姓纂》誤入太陽氏。

③ 周内史叔興之後因官氏焉周又有内史過:《春秋分記》卷一五:"内史氏,過生叔服,叔服生興。"世次與此異,且叔服與興爲二人,非一人名叔興。

④ 遴到云韓大夫著遴子三十篇:此誤慎到爲遴到。《通志》卷二九《氏族略五》:"遴氏,古文吝字,見《纂要》。""慎氏,《風俗通》:慎到爲韓大夫,著《慎子》三十篇。"《漢書・藝文志》:"《慎子》四十二篇。名到,先申、韓,申、韓稱之。"《隋書・經籍志三》法家類:"《慎子》十卷,戰國時處士慎到撰。"《重修廣韻》卷四:"慎,誠也,謹也。亦姓,古有慎到,著書。"《史記》卷四六《田敬仲完世家第十六》:"慎到,《正義》:趙人,戰國時處士,《藝文志》作《慎子》四十二篇也。"知本條實爲慎氏之文,而被應劭及四庫館臣誤輯爲遴氏之文。

允寅去聲，《風俗通》：允，夏時侯國，子孫氏焉。

靳，《風俗通》：楚大夫靳尚，漢有靳歙①，又汾陽侯靳强②。

獻，《風俗通》云：晉獻公之後。戰國有獻淵③。

建，《風俗通》云：楚太子建之後。漢有建公④，見《元后傳》。

頓，《風俗通》：頓子國，今南頓是也。後爲楚所滅，子孫以國爲氏。漢有頓肅，爲邵陽長⑤。

灌，《風俗通》：斟灌氏，夏諸侯也，子孫以國氏焉。漢丞相、潁陰侯灌嬰。嬰孫賢，汝陰侯⑥。

---

① 楚大夫靳尚漢有靳歙：《姓纂》原作"楚大夫靳歙"，有脱文。《元和姓纂》庫本四庫館臣考案云："按，靳尚，見《史記》，楚懷王時人。靳歙，見《漢書》，漢高祖時人。應劭不應錯繆至此，疑當作'楚大夫靳尚，漢有信武侯靳歙。又汾陽侯靳强'。傳寫脱落其文耳。"其説甚是。《通志》卷二九《氏族略五》："靳氏，楚大夫靳尚。漢有靳歙，又汾陽侯靳彊。後漢末范陽令靳先。"《重修廣韻》卷四："靳，靳固。又姓，楚有大夫靳尚。"《古今合璧事類備要》續集卷二二："靳，《風俗通》：'楚大夫靳歙。又汾陽侯靳彊。秦六國有靳尚。'"《漢書》卷一六《高惠高后文功臣表》："信武肅侯靳歙，以中涓從起宛朐，入漢，以騎都尉定三秦，擊項籍，別定江漢，侯，五千三百户……（漢）十二年甲申封。九年薨。"據補。

② 又汾陽侯靳强：此見《漢書》卷一六《高惠高后文功臣表》："汾陽嚴侯靳彊，以郎中騎千人，前三年從起櫟陽，擊項羽，以中尉破鍾離眛軍，功侯。（漢元年）三月辛亥封，十一年薨。"

③ 戰國有獻淵：本條《通志》卷二八《氏族略四》文不同，作："獻氏，姬姓，晉獻公之後也，見《風俗通》。戰國時，有秦大夫獻則。"《重修廣韻》卷四："獻……又姓，《風俗通》有秦大夫獻則。"據此，則此處作"戰國有獻淵"國名及人名或誤。

④ 漢有建公：文意未完，疑有奪誤。《太平御覽》卷一三六引《漢書》曰："孝元王皇后，王莽之姑也……（乃徙魏郡元城委粟里，爲三老，魏郡人德之。元城建公曰：元城，縣。建公，姓名也。）昔春秋沙麓崩，晉史卜之曰：'陰爲陽雄，土火相乘……'"知建公爲人姓，非人名。

⑤ 爲邵陽長：四字原無。《名賢氏族言行類稿》卷四五："頓，《風俗通》：'頓子國，今南頓是也。爲楚所滅，子孫以國爲氏。《魏志》有頓子獻，漢有頓肅，爲邵陽長。'"《通志》卷二六《氏族略二》："頓氏，子爵，頓子牂之國也……漢有頓肅，爲邵陽長，望出魏郡。"據補。

⑥ 汝陰侯：此誤記。《史記》卷九五《灌嬰列傳》："後歲餘，嬰以丞相卒，謚曰懿侯……元光三年，天子封灌嬰孫賢爲臨汝侯，續灌氏後。"

晏……《漢書》：御史晏忠，見《風俗通》①。

賤，《風俗通》：漢有右北平②太守賤瓊，又有賤虞③。

暴……應劭《風俗通》云：暴辛公④，周諸侯也。

播，《風俗通》：播鼗武，殷末之賢人⑤。

㚅，《風俗通》云：新鄭人。楊㚅村在縣西二十五里。

謝邱⑥，《風俗通》：周宣王支子⑦，食采謝邱，因氏焉。《漢書・古今人表》：魯有謝邱章。

富……陳留，漢有富留人，爲公田使者，見《風俗通》。

---

① 御史晏忠，見《風俗通》：此記諫氏事，而誤爲晏氏之文。《卮林》卷四："述曰：今所傳《風俗通》十卷，《氏姓篇》亡矣，然諸書所引應氏遺編尚多，希聞者則有漢太尉超喜、丞相冥都、渾梁侯僕朋、尚書令鞠譚、太子太傅瓶守、侍中耦嘉、鈞喜、聊倉大鴻臚招猛、光禄勳弓祉、少府中京治書御史諫忠、諫議大夫塗惲、救仁。"《古今姓氏書辯證》卷三二："諫，《元和姓纂》曰：《周禮》有司諫，子孫以官爲氏。漢有治書侍史諫忠，見《風俗通》。"《重修廣韻》卷四："諫……又姓，《風俗通》云：漢有治書侍史諫忠。"此方爲《姓纂》所引《風俗通》原文，不誤。晏氏之文别見《通志》卷二七《氏族略三》，非出《風俗通》。

② 有右北平：《姓纂》原作"左"，據《姓氏急就篇》卷上、《通志》卷二九《氏族略五》引《風俗通》補改。左爲右之形訛，漢無左北平，只有右北平，見《漢書・地理志八下》及《史記》《漢書》多處，據改。

③ 又有賤虞：四字《姓纂》原無。《通志》卷二九《氏族略五》："賤氏，《風俗通》：漢有右北平太守賤瓊，又有賤虞。"據補。

④ 暴辛公："公"字《姓纂》原無。《風俗通義》卷六《塤》："謹按《世本》：暴辛公作塤。"《通志》卷二六《氏族略二》："暴氏，一音瀑。暴公，周卿士，見《毛詩》。《風俗通》：'暴辛公，周諸侯也。'"《路史》一九："辛，《世本》：暴辛公作塤，宋云：平王諸侯。《樂書》：平王時人。《風俗通》：諸侯也。"據補。

⑤ 殷末之賢人：按，本條《元和姓纂》庫本四庫館臣考案云："按《古今人表》注曰：'自師摯以下八人，皆殷末人。'"《論語・微子》："播鼗武入於漢。"魏何晏注："播，摇也。武，名也。"

⑥ 謝邱：下引諸條均作"謝丘"，《姓氏急就篇》卷上："又複姓謝丘氏，周宣王支庶食采，其後爲氏。《古今人表》謝立章。"卷下列有閭丘氏、軒丘氏、咸丘氏、陶丘氏、謝丘氏、曼丘氏、浮丘氏、厚丘氏，字皆作"丘"。《萬姓統譜》卷一三六引《風俗通》亦作"謝丘"，似以作無反文旁之丘爲是。

⑦ 周宣王支子：《路史》卷一九："宣之子三：一尚父，爲楊侯。一食陸卿，曰陸侯。一封謝丘，爲謝丘氏。見《盟會圖》，云皆幽王。《封人表》有謝丘章。"卷二八："謝，宣王支子，是爲謝丘。《盟會圖》云：謝城，兖之龔丘，與姜、任二謝異。"

廖力救反,《風俗通》:古有廖叔安,《左傳》作“飂”,蓋其後也。漢有廖顗,爲鉅鹿太守。

副,《風俗通》:周公忌父之後,以王父字爲氏①。

書,《風俗通》:齊大夫,食采書邑,因氏焉。

按,《康熙字典》卷一三、《姓氏急就篇》卷上引本條曰:“書……又姓,《風俗通》:書邑大夫之後,因氏焉。”《萬姓統譜》卷一一〇引本條云:“書,《風俗通》:齊大夫食邑於書,因氏。”《路史》卷三〇引本條云:“書,齊大夫之封,見《風俗通》,有書氏。《孟子》宿書者。”文略異,有校勘價值,録以備考。

監,《風俗通》云:衛康叔之後。(《元和姓纂》卷九)

宓,《風俗通》:宓康公之後②,以國爲氏。

鞠……《風俗通》:漢尚書令鞠③譚,或爲麴氏,音訛轉謬④。

---

① 周公忌父之後,以王父字爲氏:按,此本爲忌氏之文,《姓纂》誤入副氏。《元和姓纂》庫本四庫館臣考案云:“案《魏志》:副吕氏改爲副氏,又爲吕字。此言忌父後,爲副氏,當有脱誤。”其説是。《古今姓氏書辯證》卷二九:“忌,《風俗通》:周公忌父之後,以王父字爲氏。”《通志》卷二七《氏族略三》、《名賢氏族言行類稿》卷四二同,乃記忌氏姓氏所出,與副氏無關。副氏之文,别見《通志》卷二八《氏族略四》:“副氏,河南,《官氏志》:副吕氏改爲副氏。”《重修廣韻》卷四:“副……又番姓,《後魏書》:副吕氏,後改爲副氏。”原文見《魏書》卷一一三《官氏志》,非出《風俗通》。

② 宓康公之後:《名賢氏族言行類稿》卷五〇:“密,《風俗通》:密康公之後,以國爲氏。”《通志》卷二八《氏族略四》:“宓氏,即伏羲氏之後也。伏亦作宓,仲尼弟子宓不齊,字子賤,魯人,後轉爲密。”《路史》卷一〇曰:“服本服不氏後,而密本作宓。按黄帝後自有密,而密不齊,本作宓,故《密子賤碑》止作用‘虙’,以爲伏羲後。顔之推嘗辨之,然伏虙,傳亦用服,謬也。宓乃密字。”知宓、密作爲姓氏用字,古或相通,應氏所記本不誤,非密氏之文誤爲宓氏。

③ 鞠:此字《姓纂》原無,據《姓氏急就篇》卷上引《風俗通》補。文中“鞠譚”作“鞠潭”。

④ 或爲麴氏音訛轉謬:《通志》卷二八《氏族略四》:“鞠氏,姬姓,后稷之孫,生而有文,在手曰鞠,因以名之。裔孫鞠武,爲燕太子丹傅。《風俗通》:漢尚書令鞠譚,或爲麴氏,音之訛也。”“麴氏,即鞠氏也。漢尚書令鞠譚,生閟,避難湟中,因居西平,改姓麴氏。”文意較完整。

禄,《風俗通》云:殷紂遠裔[①]……《風俗通》云:殷紂子武庚,字禄父之後[②],以王父字爲氏。

按,本條兩次出現“風俗通”之書名,内容部分重複,似第一條爲衍文,兩條當合校,併爲一條。《通志》卷二七《氏族略三》所引,即作:“禄氏,子姓,《風俗通》云:紂子武庚,字禄父,其後以字爲氏。涇陽有此禄姓,亦出扶風。”文意連貫,不誤。

祝其,《風俗通》:宋戴公子祝其,爲大司寇[③],因氏焉,見《世本》。漢有清河都尉祝其承先。

沃,《風俗通》:殷太甲子沃丁之後[④]。

督,宋大夫華父督[⑤]之後,以王父字爲氏。漢有[⑥]督瓚,見《風俗通》。

蓐,《風俗通》:蓐收之後。

---

① 殷紂遠裔:《原本廣韻》卷五作:“禄……又姓,紂子禄父之後。”《尚書注疏》卷一一:“《本紀》云:封紂子武庚禄父,以續殷祀,是以爲王者後也。《本紀》:武庚、禄父雙言之。伏生《尚書傳》云:武王勝殷,繼公子禄父,是一名禄父也。鄭云:武庚字禄父,春秋之世,有齊侯禄父、蔡侯考父、季孫行父,父亦是名,未必爲字,故傳言一名禄父。”知應氏所記非實,乃當時傳聞之一。

② 字禄父之後:《姓纂》原作“子禄父後”,據《古今合璧事類備要》續集卷二七引《風俗通》改補。

③ 爲大司寇:《姓纂》原脱“大”字。《通志》卷二八《氏族略四》、《萬姓統譜》卷一三七:“祝其氏,子姓,《風俗通》:‘宋之子祝其,爲大司寇,因氏焉。’”據補。《重修廣韻》卷一:“其,辭也,亦姓,陽阿侯其石是也。又漢複姓六氏。《左傳》:邾庶其之後,以庶其爲氏。《世本》:楚大夫涉其帑。漢清河都尉祝其承先。”

④ 殷太甲子沃丁之後:本條似有脱文。《通志》卷二八《氏族略四》:“沃氏,子姓,《風俗通》:商王沃丁之後。《神仙傳》:沃焦,吴人。”《古今合璧事類備要》續集卷二七:“沃,《風俗通》云:‘殷王沃丁之後。吴郡:《神仙傳》:沃焦吴人。’”《名賢氏族言行類稿》卷四九作“《風俗通》云:殷王沃丁之後”。

⑤ 華父督:三字《姓纂》原無。《通志》卷二八《氏族略四》:“督氏,子姓,宋大夫華父督之後。晉有督戎,欒盈之臣。漢有督瓚,見《風俗通》。又五原太守督瓊。”《萬姓統譜》卷一一三:“督,子姓,宋大夫華父督之後,望出巴郡。”據補。

⑥ 有:此字《姓纂》原無,據上條校勘記引《通志略》補。《姓氏急就篇》卷上:“督氏……《風俗通》:漢有督瓚。”《原本廣韻》卷五:“督……又姓,漢有督瓚。”知原有督字,此脱。

項，《風俗通》：顓頊之後。

郅，《風俗通》云：殷時侯[①]國也，子孫氏焉，見《毛詩》[②]。漢有濟南太守郅惲。

闕，《風俗通》云：古闕者，官爲姓[③]。

葛，《風俗通》：葛天氏之允[④]，子孫氏焉。夏時葛伯，嬴姓國也，亦爲葛氏。漢有潁川太守葛興，後漢有汾葛令襲，梁國葛興之後。

鶡冠，《風俗通》：楚賢人[⑤]，以鶡爲冠，因氏焉，鶡冠子著書。

列，《風俗通》：古帝王列山氏之後[⑥]，子孫氏焉。鄭有隱者列禦寇[⑦]，著書八篇，號《列子》。

---

① 侯：此字《姓纂》原無。《通志》卷二六《氏族略二》："郅氏，音質。《風俗通》：郅，商時侯國也，見《毛詩》。漢有濟南太守郅都，入《酷吏傳》。"《名賢氏族言行類稿》卷五〇："郅，《風俗通》：'郅，殷時侯國也，子孫氏焉。漢郅都之後，居河東。"據補。

② 見《毛詩》：按，此若非應劭誤記，即是前有脱文。本條《元和姓纂》庫本四庫館臣考案云："案《毛詩》，郅國，未詳。"《路史》卷二四："郅，佶是，見《詩》。《風俗通》云：'殷時侯國，一作吉。'《潛夫論》云：郅與姞同而字異，周封女姞氏於南燕。鄧名世以潛夫爲誤，非也。《説文》佶爲正。"知爲姞氏見《毛詩》，非郅國見《毛詩》。今本《毛詩・大雅・韓奕》有姞氏，文曰："蹶父孔武，靡國不到。爲韓姞相攸，莫如韓。樂……慶既令居，韓姞燕譽。""《正義》曰：以婦人稱姓，今以姓配夫之國，謂之韓姞，故知姞是蹶父之姓也。"似"見毛詩"三字前有脱文，故易致後人誤解。

③ 古闕者官爲姓：此《姓纂》誤冒謁氏之文爲闕氏。《通志》卷二八《氏族略四》："謁氏，《風俗通》云：古有謁者官，因以爲氏。漢有汝南太守謁瓊，又張湯小吏謁居。"《古今姓氏書辯證》卷三七："謁，《風俗通》云：古謁者，以官爲姓。後漢汝南太守謁瓊，一名焕，見《獨行・廖扶傳》。"《原本廣韻》卷五："闕……又姓，漢有闕翊三。"此方爲闕氏之文。知《風俗通》原文并不如是，林氏誤鈔他姓之文。

④ 允：此後人避改。《古今合璧事類備要》續集卷一四引《古今姓纂》作"胤"，《通志》卷二六《氏族略二》引《風俗通》作"裔"，本字或當作"胤"。

⑤ 楚賢人：《通志》卷二八《氏族略四》、《萬姓統譜》卷一三五作："褐冠氏，《風俗通》：賓人，以褐冠爲姓，褐冠子著書。"文略異。

⑥ 列山氏之後：《通志》卷二八《氏族略四》"山氏"引《風俗通》亦"云烈山氏之後"，文略同。

⑦ 列禦寇：《姓氏急就篇》卷上作"列御寇，御音禦。列氏，《風俗通》云：列山氏之後，列禦寇著書。"《名賢氏族言行類稿》卷五三："列，《風俗通》：古帝王列山氏之後。鄭有隱者列禦寇，著書八篇，號《列子》。"《通志》卷二八《氏族略四》："列氏，亦作烈，神農之世，有烈山氏焉，子孫爲列氏。鄭有隱者列禦寇，著書八篇，號《列子》。"知字本作禦，非御。

鐸……《風俗通》：漢有廷尉鐸政，望出絳郡①。

薄，《風俗通》：衛有賢人薄疑②。漢高帝薄太后，生文帝。弟薄昭，封軹侯，官至車騎將軍。子戍奴嗣，子梁嗣③。

幕，《風俗通》：舜祖幕，支孫以王父字爲氏，見《左傳》④。

---

① 漢有廷尉鐸政望出絳郡："有"及"望出絳郡"五字《姓纂》原無。《通志》卷二九《氏族略五》："鐸氏，晉大夫鐸遏寇，楚將有鐸椒……《風俗通》：漢有廷尉鐸政，望出絳郡。"《古今姓氏書辯證》卷三八："鐸遏，《姓纂》曰：晉軍尉鐸遏寇之後。宋襄公下大夫鐸遏章。謹按，遏寇，姓鐸氏，晉人也，故望出絳郡。"據補。然所記廷尉鐸政，人名、官職有誤。《元和姓纂》卷五："鐔，音尋，又音淫。後漢有鐔顯。廣漢，《蜀志》有太常鐔丞。漢有廷尉鐔政。"《後漢書》卷四六《陳寵傳》："寵到，顯用良吏王渙、鐔顯等以爲腹心。"卷七六《王渙傳》："帝問曰：'在郡何以爲理？'寵頓首謝曰：'臣任功曹王渙以簡賢選能，主簿鐔顯拾遺補闕。'"此方爲實，應劭誤鐔顯爲鐸政。

② 衛有賢人薄疑："有"字《姓纂》原無，據《資治通鑑》卷一三胡三省注引補。"薄疑"《漢書·古今人表》作"蕩疑"，似作"薄"誤。然《姓氏急就篇》卷上載："蕩氏，宋公子蕩之孫，蕩意諸、蕩澤。《古今人表》蕩疑，即薄疑也。楚有蕩侯。"據此，則是薄、蕩相通。然《太平御覽》卷四六二引《周載》曰："薄疑者，衛之居士也。疑進説衛嗣君以王道，嗣君悦，延之以相。"《資治通鑑》卷四："衛嗣君薨，子懷君立。嗣君好察微隱，縣令有發褥而席弊者……乃貴薄疑以敵如耳。"胡注："薄，姓也。《風俗通》：'衛賢人薄疑。'敵，當也。"《名賢氏族言行類稿》卷五一："薄，《風俗通》：'衛賢人薄疑。'"《古今合璧事類備要》續集卷二四："薄，《風俗通》：'衛賢人薄疑。漢有薄太后。弟薄昭，文帝殺之。'"《韓非子·外儲説右上》四見薄疑，《吕氏春秋·務本》《諭大》《審應》八見薄疑，《淮南子·道應》二見薄疑。知《漢書·古今人表》誤，《風俗通》及《元和姓纂》作"薄疑"並不誤。

③ 子梁嗣：此《姓纂》誤記。本條《元和姓纂》庫本四庫館臣考案云："按《漢書》：戍奴作戎奴，孫梁，此作子，誤。"所説是。《漢書》卷一八《外戚恩澤侯表》："軹侯薄昭……十一年，易侯戎奴嗣，三十年薨。"孫梁，"建元二年，侯梁嗣。""子梁"似當校正作"孫梁"。然《通志》卷二九《氏族略五》曰："薄氏，《風俗通》：衛賢人薄疑。漢高帝薄夫人生文帝，夫人弟昭，封軹侯，官至車騎將軍。子戍奴嗣。"則唐宋以來傳本如是，其誤源自應氏本人，不當校改。

④ 見左傳：本條《元和姓纂》庫本四庫館臣考案云："案《左傳》，昭公八年，楚滅陳，晉平公以問史趙，對曰：'自幕至於瞽叟，無違命。'杜預、鄭衆皆曰：幕，舜之先。賈逵曰：幕，舜後。虞思、裴駰《陳世家》注以《國語》賈義爲長。"《左傳·昭公八年》："晉侯問於史趙曰：'陳其遂亡乎？'對曰：'未也。'公曰：'何故？'對曰：'陳，顓頊之族也……且陳氏得政于齊，而後陳卒亡。自幕至于瞽瞍無違命。'注，幕，舜之先。瞽瞍，舜父。從幕至瞽瞍間，無違天命廢絶者。"《疏》："虞舜祭幕，明幕是舜先，不知去舜遠近也。《帝系》云：顓頊生窮蟬，窮蟬生敬康，敬康生句芒，句芒生蟜牛，蟜牛生瞽瞍，亦不（轉下頁）

按，本條《通志》卷二八《氏族略四》所引作："幕氏，《風俗通》：舜祖幕之後也。幕，見《左傳》。"文略異。

作，周公之子胙侯，子孫[1]因避地，改爲作氏。《風俗通》云：後漢涿郡太守作顯。

落，《風俗通》云：皋落氏，翟國也[2]，以國爲姓，見《左傳》。漢有落下閎，巴郡人，撰《太初曆》[3]。

按，《通志》卷二六《氏族略二》、《萬姓統譜》卷一二〇引本條曰："落氏，《風俗通》云：'皋落氏，翟國也，此赤翟别種。'"文略異。

柏，《風俗通》：柏皇氏之後[4]。又柏亮父，爲顓頊師。柏招[5]，爲帝

(接上頁)知幕於蟜牛以前是誰，名字之異也。"《史記》卷三六《陳杞世家》："自幕至于瞽瞍，無違命。《集解》：賈逵曰：幕，舜後虞思也。至于瞽瞍，無聞違天命以廢絶者。鄭衆曰：幕，舜之先也。駰案：《國語》賈義爲長。《索隱》：賈逵以幕爲虞思，非也。傳言自幕而至瞽瞍，知幕在瞽瞍之前，非虞思明矣。"如此，則《風俗通》幕爲舜祖，幕乃舜之先之説，不爲無據。

① 子孫："孫"字《姓纂》原無。《通志》卷二六《氏族略二》："作氏，《風俗通》：周公之子胙侯，子孫因避地，改爲作氏。漢有涿郡太守作顯。"《名賢氏族言行類稿》卷五一："作，《漢・古今人表》：胙侯子孫，因避地，改作氏。漢涿郡太守作顯。"知原有孫字，據補。

② 皋落氏，翟國也：此見《左傳・閔公二年》："晉侯使大子申生伐東山皋落氏。《注》：赤狄别種也。皋落，其氏族。""《正義》曰：狄有赤狄、白狄。成十三年《傳》：晉侯使吕相絶秦，云白狄及君同州，則白狄與秦相近，當在晉西此云。東山當在晉東。宣十五年，晉師滅赤狄潞氏。潞則上黨潞縣，在晉之東。此云伐東山皋落氏，知此亦在晉東，是赤狄别種也。皋落，其氏族也。此族之人，狄之渠帥也。"

③ 落……《太初曆》：《古今姓氏書辯證》卷三八所引作："落，春秋赤狄皋落氏，後單爲落氏。後漢中平四年二月，滎陽賊殺中牟令落皓。"

④ 柏皇氏之後：《急就篇》卷一作："古帝有柏皇氏，其後爲柏氏焉。"《萬姓統譜》卷一二二引作"古柏皇氏之後"。"之後"，《名賢氏族言行類稿》卷五二作"之胤"，《通志》卷二六《氏族略二》作"之裔"，均爲宋人、清人避改。

⑤ 柏招：《資治通鑑》卷二三四："史炤曰：柏皇氏，古帝號，後爲氏。顓帝師，柏亮父。帝嚳父，柏超之裔也。"《名疑》卷一："嚳師柏昭，《人表》作柏招。"《路史》卷六："柏昭爲帝嚳師。"皆傳寫之誤或傳聞之異。

嚳師。柏冏[①]爲周太僕、左丞[②]。柏國在汝南西平縣，爲楚所滅，子孫以國爲氏。漢有柏英，爲大鴻臚。秦大將軍柏直[③]。

伯，《風俗通》云：嬴姓，伯益之後。晉大夫伯宗，生州犂，仕楚[④]。

赫，《風俗通》：赫胥氏之後。

---

① 柏冏：《姓纂》原訛作"柏同"。《名賢氏族言行類稿》卷五二："柏，《風俗通》：柏皇氏之胤。又伯亮父，顓頊師。柏招，帝嚳師。柏冏，爲周太僕。柏國，在汝南西平縣，爲楚所滅，子孫以國爲氏。"《通志》卷二六《氏族略二》："柏氏，子爵。《風俗通》：柏皇氏之裔。又柏亮父，顓帝師。柏招，帝嚳師。柏景，爲周太僕。柏國在今蔡州西平縣。"《古今合璧事類備要》續集卷一三引《古今姓纂》："柏，《風俗通》：柏皇氏之後。又伯亮父，顓頊師。柏招，帝舉師。柏冏，爲周太僕。柏國在汝南西平縣，爲楚所滅，子孫以國爲氏。"《路史》卷六："逮周之世，有柏冏，爲太僕正。又有柏侯氏、柏常氏、白侯氏。"《萬姓統譜》卷一二二："柏冏，周太僕。"知"同"爲"冏"之誤，據改。至《通志略》作"柏景"則當爲古音通假，非字誤。《資治通鑑》卷九："《姓譜》：柏，柏皇氏之後，顓頊師柏招，帝嚳師柏景。春秋柏國，爲楚所滅。"知古書亦或作"柏"，不以爲誤。

② 左丞：二字或爲《風俗通》中記柏冏後嗣官職之奪文，或爲自《姓纂》他處竄入之衍文。上引《風俗通》本條佚文，均無"左丞"二字，只言柏冏爲周太僕正。《唐六典》卷一："司馬彪《續漢書》云：尚書丞一人，秦所置，漢因之。至成帝建始四年，置列曹尚書，更置丞四人。至光武，減其二，惟置左、右丞各一人……《漢官儀》云：'尚書令左丞總領綱紀，無所不統。'僕射右丞掌廩假錢穀。晉傅咸云：左丞得奏彈八座。"《通典》卷二二："左右丞，秦置。尚書丞一人，屬少府，漢因之。至成帝建始四年，置丞四人。及後漢光武，始減其二，唯置左右丞，佐令僕之事，臺中紀綱，無所不總。左丞主吏民章服及騶伯史，右丞與僕射皆掌授廩假錢穀，又假署印綬及紙筆墨諸財用庫藏。"據此，則左丞一官，亦爲應氏生活的東漢所常見，至隋唐尚書省成立以後，更加普遍，林寶著《姓纂》的中唐更是如此，《姓纂》中記某人爲左丞之文比比皆是，故此"左丞"或爲《姓纂》中的他姓佚文而竄入此處，文字又有脱漏；或爲應氏《風俗通》本條之奪文，本以記柏冏後裔之官職，但"左丞"二字前奪去其子孫姓名，故只見"左丞"二字，易使人誤解爲衍文。

③ 秦大將軍柏直：此《姓纂》誤記。《急就篇》卷一："魏有柏直，漢有柏至。"《漢書》卷一上《高帝紀》："(酈)食其往，(魏王)豹不聽。漢王以韓信爲左丞相，與曹參、灌嬰俱擊魏。食其還，漢王問：'魏大將誰也？'對曰：'柏直。'王曰：'是口尚乳臭，不能當韓信。'"知爲魏將，非秦將。

④ 仕楚：《左傳・成公十五年》："晉三郤害伯宗，譖而殺之……伯州犂奔楚。注：伯宗子。"《新唐書》卷七四上《宰相世系表四上》："宗氏，出自子姓。宋襄公母弟敖，仕晉，孫伯宗，爲三卿所殺，子州犂奔楚，食采於鍾離。州犂，少子連家於南陽，以王父字爲氏，世居河東。"《古列女傳》卷三《晉伯宗妻》："晉大夫伯宗之妻也，伯宗賢而好以直辯凌人……頌曰：伯宗凌人，妻知其亡。數諫伯宗，厚許畢羊。屬以州犂，以免咎殃。伯宗遇禍，州犂奔荆。"據此，則是原仕晉，後因家禍奔楚，作仕楚不確。

伯成①,《風俗通》:伯成耳渠②,晉隱士。諫議大夫伯成衡。《功臣表》:吾侯伯成延,傳封六代③。成或作城。王莽時,伯成修獻符命④。

白馬,《風俗通》:微子乘白馬,朝周,因氏⑤。

白鹿,《風俗通》:白鹿先生,古賢人,著書。

獲,《風俗通》云:宋大夫猛獲之後,子孫以王父字爲氏⑥。

昔,《風俗通》:周大夫,封昔,因氏焉。漢有⑦昔登,爲烏傷令。

---

① 伯成:"柏成"之誤。《通志》卷二六《氏族略二》:"柏成氏,《風俗通》:柏成子高,堯時諸侯也。"《路史》卷六:"有柏氏,《風俗通》云:柏皇氏後。柏常爲皇帝地官。柏亮又爲顓頊師。柏昭,爲帝嚳師。堯治天下,有柏成子皋,立爲諸侯。堯授舜,舜授禹,柏成子皋辭爲諸侯而畊。"《古今姓氏書辯證》卷三九:"伯成,《莊子》:伯成子高辭爲諸侯而耕。亦作柏成。"

② 耳渠:下引《通志·氏族略五》作"陽成胥梁",然《吕氏春秋·愛士》云:"趙簡子有兩白騾,而甚愛之。陽城胥渠處陽城,姓。胥渠,名。處,猶病也。廣門之官,夜款門而謁曰:主君之臣,胥渠有疾。"《藝文類聚》卷三三、《太平御覽》卷四七九引《吕氏春秋》亦均作"胥渠",知作"胥梁"誤。

③ 吾侯伯成延,傳封六代:"吾侯"爲"梧齊侯"之訛奪,"伯成"爲"陽成"之誤,"六代"爲"四代"之誤文。據《漢書》卷一六《高惠高后文功臣表》,梧齊侯陽城延,漢元年四月,封侯,六年,薨。七年,子敬侯去疾嗣。三十四年,薨。景帝中三年,子靖侯偃嗣,十五年,薨。元光三年,侯戎奴嗣。十四年,元狩五年,坐使人殺季父,棄市,户三千三百。至其玄孫,已無人嗣封。《古今姓氏書辯證》卷四:"陽成,《風俗通》:漢諫大夫陽成公衡。《功臣表》:梧侯陽成延,傳封四世。元康四年,詔復延玄孫之子梧公士。注:王莽時,陽成修獻符命。成,一作城。"所載均與史合,當以此爲準。

④ 伯成……獻符命:全條本當爲陽成氏之文,而被《姓纂》誤爲伯成氏。《通志》卷二九《氏族略五》:"陽成氏,《風俗通》:陽成胥梁,晉隱士也。漢有諫議大夫陽成公衡。《功臣表》:梧齊侯陽成延,傳封六代。成或作城。王莽時,陽成修獻符命。"《古今姓氏書辯證》卷一四:"陽成,《風俗通》:漢諫大夫陽成公衡。《功臣表》:梧侯陽成延,傳封四世。元康四年,詔復延玄孫之子梧公士。注:王莽時,陽成修獻符命。成,一作城。"均不誤。《萬姓統譜》卷一三〇:"周陽成胥,晉隱士。"《漢書》卷九九下《王莽傳下》:"閏月丙辰,大赦天下,天下大服,民私服在詔書前,亦釋除。郎陽成修獻符命,言繼立民母。又曰:黄帝以百二十女致神仙,莽於是遣中散大夫、謁者各四十五人,分行天下。"知《姓纂》誤陽成爲伯成。

⑤ 白馬……因氏:《通志》卷二八《氏族略四》:"白馬氏,《風俗通》:微子乘白馬,朝周,因氏焉。一云,漢公孫瓚在幽、并,常乘白馬,因氏焉。""臣謹按:周時無白馬氏,此當爲公孫瓚事也。"據此,則《風俗通》爲傅會傳説之辭。

⑥ 獲……以王父字爲氏:《重修廣韻》卷三載:"猛……亦姓,《左傳》:'宋大夫猛獲之後。'"《通志》卷二九《氏族略五》:"猛氏,宋有猛獲,望出城陽。"皆云與獲氏同源。

⑦ 有:此字《姓纂》原無,據《通志》卷二八《氏族略四》、《名賢氏族言行類稿》卷五二引《風俗通》補。《路史》卷二九:"昔,周大夫所封,見風俗通。通作夕,故有夕侯,後有昔氏、夕氏。鉅鹿,故昔陽城。"所載又不同。

赤，《風俗通》：帝佶師①，赤松子之後，見《神仙傳》②。

食……河南③，《風俗通》：漢有博士食子公④，河内人⑤。

啬，《風俗通》云：古啬夫，子孫因氏焉。

按，本條亦見《通志》卷二八《氏族略三》："啬氏，《風俗通》云：'古啬夫，子孫因氏焉。'"《原本廣韻》卷五："啬……又姓，《説文》作嗇。"

即，《風俗通》：漢單父令即費⑥，其先食采即墨，因以命氏⑦。

---

① 帝佶師：此應氏誤記。《通志》卷二八《氏族略四》："赤氏，《風俗通》：帝嚳師，赤松子之後，見《神仙傳》。"《名賢氏族言行類稿》卷五二："赤，《風俗通》：帝嚳師，赤松子之後，見《神仙傳》。"《萬姓統譜》卷一二二："赤，帝嚳師，赤松子之後。"知《風俗通》作帝佶師誤。

② 赤……《神仙傳》：按：《姓氏急就篇》卷上記赤氏姓源云："赤氏，見《姓苑》。《吕氏春秋》：赤冀作臼。《列仙傳》：赤斧巴人。"又不同。

③ 河南：據本條下文及下引《漢書》卷八八《儒林傳》及《五音集韻》卷五，爲"河内"之誤。

④ 食子公：《名賢氏族言行類稿》卷五二："食，《風俗通》：漢有博士食子通。"《漢書》卷八八《儒林傳》："趙子，河内人也，事燕韓生，授同郡蔡誼。誼至丞相，自有傳。誼授同郡食子公。宋祁曰：蕭該《音義》曰：案《風俗通》曰：'食我，韓公子也，見《戰國策》。漢有食子公，爲博士。'食音嗣。"《册府元龜》卷五九七："食子公，河南人，受《韓生詩》於同郡蔡誼，昭帝時爲博士。"知《類稿》作"食子通"誤，《萬姓統譜》卷一二三："漢食子通，河南人，見《風俗通》。食于公，博士。"亦誤。引文則以宋祁所引蕭該《漢書音義》引《風俗通》爲最完整。

⑤ 河内人：三字《姓纂》原無。《五音集韻》卷五："食，亦姓，《風俗通》云：'漢有博士食子公，河内人。"《經典釋文》卷一《注解傳述人》："燕人韓嬰推《詩》之意，作内外傳數萬言，號曰《韓詩》。漢文帝時，爲博士，至常山太傅……其孫商爲博士。孝宣時，涿韓生其後也。河内趙子事燕韓生，授同郡蔡誼，誼以《詩》授昭帝，至丞相，封侯，誼授同郡食子公。爲博士。"據補。

⑥ 即費：《姓氏急就篇》卷下："即氏，《風俗通》：'單父令即賣。'《容齋隨筆》五筆卷一："應劭《風俗通》雖東漢末所作，然所載亦難盡信。其叙希姓者曰：合浦太守虎旗……單父令即賣。"《巵林》卷四、《名疑》卷三同，知"即費"爲"即賣"之形訛。

⑦ 即……漢單父令即費……因以命氏：按，本條所記即費，正史及他書所未見，僅見於《風俗通》，其説可疑。《漢書》卷八八《儒林·費直傳》："費直字長翁，東萊人也，治《易》，爲郎，至單父令。"知正史只云費氏爲即墨令，不曾云即氏爲此官，應氏或誤費氏之官爲即氏之官。《原本廣韻》卷五："即……亦姓。《風俗通》有單父令即賣，又漢複姓有即墨。"《通志》卷二七《氏族略三》："即墨氏，齊將田單守即墨，支孫氏焉。《漢書·儒林傳》：城陽相即墨成。即氏，《風俗通》：漢單父令即費，其先食采即墨，因以命氏。"則應氏原文固已如此，雖誤，但爲作品原貌，不能據他書校改。且即氏、即墨氏，内容相近，二姓之文容易互混致誤。

習,《風俗通》云:習,國名也。漢有[1]習響,爲陳相。

汲,《風俗通》:衛宣公太子伋之後,居汲,因爲氏焉[2]。

葉,《風俗通》:楚沈[3]尹戌[4],生諸梁,字子高,食采於葉,因氏焉。

輒,《風俗通》:衛出公輒之後,以王父字爲氏。漢有輒終古[5]。

① 有:此字《姓纂》原無。《通志》卷二六《氏族略二》:"習氏,《風俗通》云:習,國名。漢有習響,爲陳相。"《名賢氏族言行類稿》卷五三:"習,《風俗通》云:'習,國名。漢有習響,爲陳相。'"《古今合璧事類備要》續集卷二六引《古今姓纂》:"《風俗通》云:習,國名。漢有習響,爲陳相。"《路史》卷二九:"習,《風俗通》云:習,國名。傳有少習。哀四年。……漢有習響,陳相。"《資治通鑑》卷七二胡三省注:"《姓譜》:習,國名,後以爲姓。《風俗通》:漢有習響,爲陳相。"據補。

② 居汲因爲氏焉:按,衛宣公太子名伋,其子孫却"居汲因爲氏",必誤伋爲汲。《古今合璧事類備要》續集卷二二:"汲,《風俗通》:'衛宣公太子汲之後,居汲,因氏焉。'"《通志》卷二七《氏族略三》即曰:"汲氏,《風俗通》:衛宣公太子伋之後,居汲,因以爲氏。然汲,衛邑也,其大夫所治之邑,又何必子伋爲哉。"所説甚是。《重修廣韻》卷五:"汲,汲引也。又縣名,又漢姓。"不云伋爲漢姓。又,汲爲縣名,屬衛邑;伋則非縣名,亦非衛邑。《漢書》卷二八《地理志八上》,漢河内有汲縣,爲衛州州治,然無伋縣,知爲姓氏者乃汲氏,非伋氏。《路史》卷一三:"汲氏,或作伋,非,乃丁公之名。姓書必謂公子伋封于汲,兩引之,可笑。"進一步指正了本條記事之誤,其他姓氏書亦無伋氏,可證《風俗通》本條作"伋"誤。

③ 沈:此字《姓纂》庫本原無,據《姓纂》清洪瑩校本補。今《左傳》"沈尹戌"之名出現十二次,皆姓沈,不姓尹,似非尹氏姓源。《古今合璧事類備要》續集卷二四引古今《姓纂》、《名賢氏族言行類稿》卷五三:"葉,《風俗通》:楚沈尹戍,生諸梁,字子高,食采於葉,因氏焉。"《通志》卷二七《氏族略三》、《古今合璧事類備要》續集卷二四引《風俗通》同,知原有"沈"字,據補。

④ 尹戌:《新唐書》卷七四上《宰相世系表四上》作"尹戍":"沈氏出自姬姓……遂爲沈氏,生嘉。嘉字惟良,二子尹丙、尹戍。尹戍字仲逵,奔楚,隱於零山,爲楚左司馬,生諸梁。諸梁字子高,亦爲左司馬,食采於葉,號葉公。"當爲"戌"之形訛。

⑤ 輒終古:此乃應劭誤記,以"轅"爲"輒"。本條《元和姓纂》庫本四庫館臣考案云:"案《史記》作轅終古。"今本《史記》卷一一四《東越列傳》作"錢塘轅終古。""《正義》:錢塘,杭州縣。轅,姓。終古,名。"《漢書》卷一七《景武昭宣元成功臣表》:"蓹兒巖侯轅終古,以軍卒斬東越徇北將軍侯。"知非衛出公輒之後,乃錢塘人,知應氏誤"轅"爲"輒"。《古今姓氏書辯證》卷四〇:"輒,謹按,姓書有轅終古,恐誤作'輒'字。"可證其誤。《名賢氏族言行類稿》卷一三:"轅,《姓纂》:陳轅濤塗之後。漢功臣禦兒侯轅終古。"《通志》卷二七《氏族略三》:"轅氏,陳轅濤塗之後,其詳見《袁氏譜》。《史記·儒林》有轅固,《漢書》有轅豊。後漢功臣禦兒侯轅終古。"《姓氏急就篇》卷上:"轅氏,亦作袁,陳胡公之後。轅濤塗頗咺。漢有轅生、轅固、轅終古、轅豐、轅寄生。"據此,則是林氏不誤而應氏誤。

捷……《風俗通》云：郲公子捷菑[①]之後，以王父字爲氏。

甲，《風俗通》：太甲之後[②]。一云鄭大夫石甲父之後，以王父字爲氏[③]。（《元和姓纂》卷一〇）

冲，邵思《姓解》曰：《風俗通》：漢有博士冲和。

嵩，舊説《風俗通》有嵩極玄子。

功，《風俗通》云：晉大夫司功景子[④]之後，或去司，單爲功氏。（《古今姓氏書辯證》卷一）

東關，《風俗通》：晉有東關嬖五，漢有將軍北亭侯東關義。（《古今姓氏書辯證》卷二）

《風俗通》曰：卑氏，鄭大夫裨諶[⑤]之後。

按，本條引文有缺漏。《後漢書》卷一〇《皇后紀·虞美人紀》李賢注引《風俗通》作："卑氏，鄭大夫卑諶之後。漢有卑躬，爲北平太守。"《姓氏急就篇》卷上引《風俗通》作"卑氏，《風俗通》：鄭卑諶之後。漢北平太守卑躬，議郎卑整。"引文均較本條完整，存文較多，録以備考。

師，《風俗通》曰：樂人瞽者之稱，自晉師曠之後，始以爲氏。漢有東海師中，作《雅琴師氏》八篇。

爨，《風俗通》曰：嫘祖之後，或爲爨氏。

---

① 捷菑：《吕氏春秋》及《春秋公羊傳注疏》作"接菑"，或爲"捷"之通寫。

② 太甲之後：《古今姓氏書辯證》卷四〇作："甲，《姓纂》曰：出自商王太甲之後。"似亦爲《姓纂》引《風俗通》之文。

③ 鄭大夫石甲父之後，以王父字爲氏：《路史》卷二四作："甲氏，潞氏屬，晉滅之。宣公十五年，荀林父滅赤狄潞氏。十六年，滅赤狄甲氏及留吁。皆潞之屬。杜云：上黨只潞城縣東有古城，潞氏之國也。"所載又不同。

④ 司功景子：《姓氏急就篇》卷上引《風俗通》作"晉有功景"，作"功景"似非人名，中有脱文。《元和姓纂》卷二："司功，《世本》：'晉大夫司功景子，其先士匄也，因官氏焉。周有太史司功騎。'"《名賢氏族言行類稿》卷二："功，《風俗通》云：'晉大司功景子之後。'"《路史》卷二〇："《風俗通》：'晉大夫有司功景子。'"皆爲原名，所引不誤。

⑤ 裨諶：作"裨"與史相合，但與應氏原文不合，"裨"當爲"卑"之誤。《後漢書》卷一〇《皇后紀·虞美人紀》、《姓氏急就篇》卷上引《風俗通》均作"卑諶"，似應氏原文本來作"卑"，不作"裨"，實誤。《論語·憲問》仍作"裨諶"。《春秋左傳注疏》卷三九、四〇亦作"裨諶"，據此，則字爲衣旁，乃"裨"；非從示旁，作"禆"。

夷,《風俗通》:范蠡適齊,爲夷子,後人以爲氏。(《古今姓氏書辯證》卷三)

期,《風俗通》:楚大夫居期思城,因以爲氏。

司寇,《風俗通》云:蘇忿生爲周武王司寇,支孫氏焉。

司鴻,《風俗通》:古有司鴻荀,著書。漢有諫大夫司鴻儀期思。

西鄉,《風俗通》曰:宋大夫西鄉錯之後。《尸子》有隱者西鄉曹。(《古今姓氏書辯證》卷四)

哀……《風俗通》:哀姓出自魯哀公之後,因謚以爲姓[1]。(《古今姓氏書辯證》卷六;《後漢書》卷一一《劉玄傳》李賢注引)

申公……《風俗通》止言巫臣之後。又曰:漢太子傅申公。

倫,《風俗通》云:黄帝時樂人泠倫氏之後,或單爲倫氏。(《古今姓氏書辯證》卷六)

勤,《風俗通》:魯大夫有勤成。

盆,《風俗通》曰:盆成括仕齊,見殺。其子逃難,去成,爲盆氏。漢有中郎將盆謚。

恩,《風俗通》曰:陳大夫成仲不恩之後,爲氏。

根牟,出自東夷根牟小國,在琅琊陽都縣東之牟鄉。《春秋》:魯宣公九年,取其國,子孫氏焉。六國時,有根牟子,著書,見《風俗通》。(《古今姓氏書辯證》卷七)

瞞,《風俗通》:荆蠻之後,本姓蠻,後世音訛,遂爲瞞氏[2]。或曰:本姓盤,改焉。《左傳》:衛有司徒瞞成。

山,《風俗通》云:晉有山祈,爲七輿大夫。(《古今姓氏書辯證》卷八)

宣,《風俗通》曰:宋宣公之後,以謚爲氏。後漢馮翊雲陽人宣秉,字巨公,爲大司徒司直。光武曰:"楚國二龔,不如雲陽宣巨公。"子彪,官

① 因謚以爲姓:《姓氏急就篇》卷上"姓"下有"漢王莽時有哀章梓潼人"十字,或亦出《風俗通》。

② 荆蠻之後……遂爲瞞氏:《康熙字典》卷二〇引作"《風俗通》:荆蠻之後,本姓蠻,後爲瞞氏。"《重修廣韻》卷一作:"瞞,又姓,《風俗通》云:'瞞氏,荆蠻之後,本姓蠻,其枝裔隨音變,改爲瞞氏。'"文意更完整,文字更可據。

至玄菟太守。

虔，出自黄帝之子，得姓者十四人，其一曰虔氏。《風俗通》曰：望出陳留。

顓孫，《風俗通》：陳公子顓孫仕魯，因氏焉。其孫顓孫師，字子張，爲孔子弟子。生申祥，娶子游之女。（《古今姓氏書辯證》卷九）

傜，《後漢·岑彭傳》，更始遣將軍傜偉鎮淮陽。注：《風俗通》曰：“東越王摇句踐之後，其後以傜爲姓。”（《古今姓氏書辯證》卷一〇；《姓氏急就篇》卷上）

按，本條《後漢書》卷一七《岑彭傳》李賢注引《風俗通》作：“東越王傜句踐之後，其後傜爲姓。”

貂，齊寺人貂之後……《風俗通》引貂勃爲近是。（《古今姓氏書辯證》卷一〇庫本校語引）

麃，《風俗通》云：秦皇將軍麃公之後。後漢有麃祀，魯有麃歆。

陶……《風俗通》曰：氏於事者，巫、卜、陶[①]、匠。周成王分康叔，以商民七族，一曰陶氏，即其後也。後世望出丹陽。（《古今姓氏書辯證》卷一一）

那，《風俗通》曰：朝那，東夷也，以國爲氏，其後單爲那氏[②]。

阿，《風俗通》曰：伊尹爲阿衡，子孫以官爲氏。

---

① 陶：《萬姓統譜》卷一〇六、《古今韻會舉要》卷二三作“醫”，云：“匠，《風俗通》云：氏于事者，巫、卜、醫、匠。”史源不同之故。

② 單爲那氏：按，《通志》卷二七《氏族略三》：“郍氏，《風俗通》：朝郍，東夷也，其後單姓郍氏。”《古今合璧事類備要》續集卷二七：“郍，《風俗通》：朝郍，東夷也，其後單姓郍氏。《後燕録》：遼西太守郍頡。西魏有揚州刺史郍春。”《資治通鑑》卷一一二：元興元年正月“丁丑，燕慕容拔攻魏令支戍，克之，宿沓干走，執魏遼西太守那頡。”《北史》卷九《周帝紀上》：車魏又遣“又遣都督韋孝寬取豫州，是云寶殺其東揚州刺史那椿，以州來降。”《資治通鑒》卷一一二胡三省注：“那、諾、何，翻姓也。《魏書·官氏志》，内入諸姓，有那氏。”《魏書》卷一一三《官氏志》：“那氏依舊那氏。”知以作“郍”爲是，但舊籍郍亦通那。那屬邠州安定郡，在西北内陸，遠離東北及朝鮮半島，非東夷，似以作“郍”爲是，“那”必“郍”之誤。

過平聲,《風俗通》:漢有兖州刺史過栩①。

沙……《風俗通》:晉有沙廣。

牙,《風俗通》曰:周穆王大司徒君牙②,後以字爲氏。《古今姓氏書辯證》卷一二)

方,《風俗通》曰:方雷氏③之後。

嘗,《風俗通》曰:齊孟嘗君之後,氏焉。(《古今姓氏書辯證》卷一三)

王史,《風俗通》曰:周先王④太史,其後號王史氏。

王人,《風俗通》曰:王人子突之後,因氏焉。漢有東平太守王人宰公。(《古今姓氏書辯證》卷一四)

卿,《風俗通》云:虞卿之後。或云:項梁將卿子冠軍之後。

行……《風俗通》云:漢有行祐,爲趙相。

按,《後漢書》卷一下《光武帝紀下》"隗囂遣將行巡寇扶風"李賢注引本條曰:"行,姓。巡,名。漢有行祐,爲趙相,見《風俗通》。"

---

① 過栩:《辯證》原訛作"過羽",據《卮林》卷四、《姓氏急就篇》卷上引《風俗通》改。本條《名賢氏族言行類稿》卷二一"過氏"作"過,夏時有過國,子孫氏焉。漢有兖州刺史過栩。《急就章》:過説。"《重修廣韻》卷四:"過……亦姓,《風俗通》云:'過國,夏諸侯,後因爲氏。漢有兖州刺史過栩。'"似《急就章》以前均《風俗通》之文。《春秋左傳補注》卷六作"永建中兖州刺史過翔"。《太平御覽》卷五九三:"《風俗通》曰:'光武中興以來,五曹詔書題鄉亭壁,歲補正,多有闕謬。永建中,兖州刺史過翔箋撰卷,别改者板上,一勞而久逸。"是人名還有可能作"過翔"或"過栩",作羽、栩皆誤。

② 大司徒君牙:《尚書注疏》卷一八:"穆王命君牙爲周大司徒。"《音義》:穆王名滿。君牙,或作君雅。"

③ 方雷氏:《太平御覽》卷一三五:"《漢書·古今表》曰:'黄帝妃方雷氏,生玄囂,爲青陽妃。嫘祖生昌意妃。彤魚氏生夷鼓妃。嫫母生蒼林。'""《帝王世紀》曰:'黄帝四妃,生二十五子。元妃,西陵氏。嫘祖,次妃。方雷氏曰女節,次曰彤魚氏,次曰嫫母。'"《名賢氏族言行類稿》卷九:"雷,《姓纂》:方雷氏之後。女爲黄帝妃,生玄囂,蓋古諸侯國也。"以爲雷氏之祖,與方氏無關。

④ 周先王:《萬姓統譜》卷一三〇引《風俗通》作"周宣王",似是。然《通志》卷二八《氏族略四》、《古今姓氏書辯證》卷一四云:"王史氏,《風俗通》:'周先王太史,號王史氏。'《英賢傳》:'周共王生圉,圉曾孫滿生簡,簡生業,業生宰,世傳史職,因氏焉。'漢清河太守王史篆,生音,新豐令。《藝文志》有王史氏。後漢侍中王史元庠。晉亦有王史氏。"《漢書》卷三〇《藝文志》禮類:"《王史氏》二十一篇。七十子後學者。師古曰:劉向《别録》云:'六國時人也。'"知非周宣王太史,《辯證》作"先王"并不誤。

衡,《風俗通》云:伊尹爲阿衡,因以爲氏。一云魯公子公衡之後,以王父字爲氏。

按《古今合璧事類備要》續集卷二六引本條云:"衡,《風俗通》:伊尹爲湯阿衡,子孫以衡爲氏。一云,魯公子衡之後,以王父字爲氏。"所引文字更完整少缺漏,録以備校。

詧,《風俗通》曰:周成王卿士詧伯之後,氏焉①。

嬰,《風俗通》曰:晉大夫趙嬰齊②之後,氏焉。(《古今姓氏書辯證》卷一六)

甀音平,《風俗通》:漢太子太傅甀守。後漢北海甀巽,字子然,孔融以其賢,配社祭之。

丁若,《風俗通》云:齊丁公子懿伯,食采于若,因氏焉。

倗,《風俗通》曰:衛大夫延之後。漢五鹿充宗受學于玄成子,成子少吞五色石,大如燕卵,遂大明悟,爲天下通儒。(《古今姓氏書辯證》卷一七)

猷,《風俗通》云:衛有猷康。(《古今姓氏書辯證》卷一八)

鱖……《風俗通》:有人姓鱖,名生。

陰……《風俗通》云:古陰康氏之後。(《古今姓氏書辯證》卷一九)

俟,《風俗通》:古賢人俟子③。

子仲……《風俗通》曰:陳宣公④子子仲之後,以字爲氏。(《古今姓氏書辯證》卷二二)

---

① 詧伯之後氏焉:《重修廣韻》卷二、《康熙字典》卷一七引本條,此下尚有"漢有京兆詧部"六字,或亦《風俗通》之文。

② 趙嬰齊:《春秋左傳注疏》卷二二:杜預注"子重,公子嬰齊,莊王弟。"卷二三:"欒盾之子代趙朔、趙括、趙嬰齊,爲中軍大夫。注:括、嬰齊,皆趙盾異母弟。"

③ 古賢人俟子:《漢書》卷三〇《藝文志》儒家類"《俟子》一篇。李奇曰:'或作侔子。'"據此,則本條所謂俟子或爲侔子之誤,且俟子乃俟氏得姓之源之説本爲應氏傅會之文,其"俟子"二字之下疑有奪文,脱去"著書號俟子"之類文字。

④ 陳宣公:《通志》卷二七《氏族略三》、《萬姓統譜》卷一三二引《風俗通》作"子仲氏,姬姓。《風俗通》:魯宣公子仲之後,見《毛詩》。"《通志》卷二八《氏族略四》:"仲氏……又《公子譜》云:宋莊公子仲之後,亦稱仲氏。"是一姓之源而有三種不同之記載。

府,《風俗通》:漢有司徒掾府悝。(《古今姓氏書辯證》卷二三)

虎……《風俗通》:漢[1]有合浦太守虎旗。

五鹿……《風俗通》曰:氏於官者,三烏五鹿。(《古今姓氏書辯證》卷二四)

浩羊,《風俗通》:齊大夫浩羊氏,名嘉。

社南……《風俗通》曰:齊昌,徙居社南,因以爲氏。

按,本條及下條,《通志》卷二七作"社南氏,其先齊倡,見《風俗通》。""社北氏,《風俗通》:與社南皆齊倡也。漢有高煬,娶扶風社北氏。"《姓氏急就篇》卷下作:"社北氏,《風俗通》:其先齊倡,徙居,因爲氏。社南氏,同上。"似二條之文相同,文意相混,難以辨别。《通志》卷二五《氏族序》:"娼優之人,取媚酒食。居于社南者,呼之爲社南氏。居于社北者,呼之爲社北氏,所以爲賤也。"叙説反而清晰。

社北,《風俗通》曰:齊昌,徙居社南,因以爲氏。又有居社北者,亦以爲氏。漢高煬,娶扶風社北氏女。(《古今姓氏書辯證》卷二六)

按,《元和姓纂》卷七叙社北氏姓源云:"社北,《風俗通》云:凡氏於職,社北、五鹿。有社北大夫,因氏焉。"又不同。

奄,《風俗通》:周成王既伐奄,其子孫以國爲氏。(《古今姓氏書辯證》卷二八)

被……《風俗通》:漢有大夫被通、牂牁太守被條。邵氏引《古今人表》曰:"王倪之師被衣,被音披。"

義渠,《風俗通》:義渠,狄國,爲秦所滅,因氏焉。漢有光禄大夫義渠安國,宣帝時使行覘諸羌。

懿……《風俗通》云,齊懿公後。

忌,《風俗通》:周公忌父之後,以王父字爲氏。(《古今姓氏書辯證》卷二九)

傅……今謹按舊書,自《風俗通》至《元和姓纂》,皆云:説築於傅巖,

---

① 漢:此字《辯證》原無,據《重修廣韻》卷三、《姓氏急就篇》卷上引《風俗通》補。

因以爲姓。(《古今姓氏書辯證》卷三〇)

會,《風俗通》曰:陸終第六子會人之後。(《古今姓氏書辯證》卷三一)

信,《風俗通》:魏公子信陵君無忌後,氏焉。

晉,姓書皆云出自姬姓,周武王子唐叔虞,封爲晉侯,傳國二十代,爲韓、魏、趙所滅,子孫以國爲姓。考其説,必《風俗通》之蔽也。

諫……漢有治書侍御[①]史諫忠,見《風俗通》。(《古今姓氏書辯證》卷三二)

夜……《風俗通》曰:夜,姓也。龍有從兄陽夜。

暢,《風俗通》云:出姜姓,齊後有暢惠明,著《論語義注》十卷。

按,本條原係《陳留風俗傳》之佚文,被鄧名世誤輯爲《風俗通》之文。《通志》卷二九《氏族略五》:"暢氏,《陳留風俗傳》有暢氏,不詳所出。齊有暢惠明,撰《論語義》十卷。"《名賢氏族言行類稿》卷四六、《萬姓統譜》卷一〇六同。《重修廣韻》卷四:"暢……亦姓,《陳留風俗傳》:暢氏出齊。"知鄧氏乃因書名相近而致誤認。

匠……《風俗通》曰:氏於事者,巫、卜、陶、匠。

望,《風俗通》云:齊太公望後。

按,《通志》卷二八《氏族略五》引本條作:"望氏,姜姓,《風俗通》:齊太公望之後。"文意較完整。

伉音抗,謹按,《後漢書》注:《風俗通》曰:衛大夫三伉[②]之後。漢有伉喜,爲漢中守,乃抗字。

曠,《風俗通》云:師曠之後。(《古今姓氏書辯證》卷三三)

按,《古今姓氏書辯證》卷三記師氏姓源,引《風俗通》亦曰:"樂人瞽者之稱,

① 御:此字《辯證》原無,據《通志》卷二八《氏族略四》、《﨣林》卷四、《名賢氏族言行類稿》卷四五引《風俗通》補。

② 三伉:《後漢書》卷七《桓帝紀》李賢注:"謝承《(後漢)書》曰:'抗徐,字伯徐,丹陽人,少爲郡佐史,有膽智策略,三府表徐有將率之任,特遷長沙太守。'《風俗通》曰:'衛大夫三抗之後。漢有抗喜,爲漢中太守。'"《姓氏急就篇》卷上:"抗氏,後漢有抗徐,爲長沙太守。《風俗通》:'衛大夫三抗之後。漢有抗喜,爲漢中太守。'"所記皆抗氏,非三伉氏,内容與三伉無任何關係,知本條實爲三抗氏之文,鄧名世誤爲三伉氏,應氏原文并不誤。至三伉氏之文,另見《元和姓纂》卷五,與此全異。

自晉師曠之後，始以爲氏。”與曠氏姓源相同，不可辨别。《北堂書鈔》卷一〇九：“劉向《别録》云：師氏，雅琴者，名忠，東海下邳人。言師曠之後，至今邳俗猶多好琴也。”

壽，《風俗通》：吴王壽夢之後。有大夫壽越，又[①]有壽於姚，吴大夫[②]。漢末兖州牧壽良。

竇公，《風俗通》曰：魏文侯時樂人竇公氏，獻《古文樂詩書》[③]一篇。(《古今姓氏書辯證》卷三四)

卜，《風俗通》曰：氏於事者，巫、卜、陶、匠是也。《春秋》：魯有大夫卜齮，魯莊公車右卜國。(《古今姓氏書辯證》卷三五)

按，《重修廣韻》卷四引本條作：“《風俗通》云：凡氏於事，巫、卜、陶、匠是也。”文略異。

鄐，出自楚大夫雍子，奔晉，晉人與之鄐，以爲謀主，因以邑爲氏。漢有東海太守鄐熙，因官居焉。(《古今姓氏書辯證》卷三五)

---

① 有大夫壽越，又：“大夫”及“又”三字原無。《通志》卷二八《氏族略四》：“壽氏，姬姓。《風俗通》：吴王壽夢之後。吴大夫壽越。又有壽於姚，漢末兖州牧壽良。”《古今合璧事類備要》續集卷二五引古今《姓纂》：“《風俗通》：吴王壽夢之後。吴大夫壽於姚，漢牧兖州牧壽良。”《名賢氏族言行類稿》卷四〇：“壽，《風俗通》：吴王壽夢之後。吴大夫壽於姚。漢末兖州牧壽良。”《資治通鑑》卷一三〇胡注引《風俗通》：“壽姓，吴王壽夢之後，又有大夫壽越。”據補。

② 吴大夫：三字《辯證》原無。《後漢書》卷八二《解奴辜傳》、《太平御覽》卷七三七：“《後漢書》曰：‘章帝時，有壽光侯者。’原注：‘壽，姓也。《風俗通》云：壽於姚，吴大夫。’”《古今合璧事類備要》卷二五：“《風俗通》：‘吴王壽夢之後。吴大夫壽於姚。漢兖州牧壽良。’”據補。

③ 魏文侯時樂人……《古文樂詩書》：《重修廣韻》卷一作：“《文字志》云：魏文侯時，有古樂人竇公氏，獻《古文樂書》一篇。”《書斷》卷上：“又有魏文侯樂人竇公，年二百八十歲，獻《古文樂書》一篇。以今文考之，乃《周官》之《大司樂》章也。”《漢書・藝文志》：“其樂人竇公”條，“師古曰：桓譚《新論》云：竇公年百八十歲，兩目皆盲，文帝奇之，問曰：‘何因至此？’對曰：‘臣年十三，失明，父母哀其不及衆技，教鼓琴。臣導引，無所服餌。’”《太平御覽》卷七四〇：“桓譚《新論》曰：余爲典樂大夫，得樂家記，言文帝時，得魏文侯時樂人竇公，年百八十歲，兩目皆盲，帝問其‘何服食至此？’對曰：‘臣年十三失明，父母教爲樂，鼓琴，不導引，不知壽。得力何，余以爲竇公少盲，專一内視，故有此壽。”以上引文皆無“詩”字，乃漢文帝時人，非魏文侯時人，應氏記其時代、書名皆誤，鄧氏沿之。

按《辯證》本條并未注明出《風俗通》,據《容齋隨筆》五筆卷一、《戹林》卷四引,知本條爲《風俗通》之文,據輯。全條《姓氏急就篇》卷下引作"鄐氏,晉邑。楚雍子奔晉,晉與之鄐。漢東海太守鄐熙。"《通志》卷二八《氏族略四》引作"鄐氏,即畜氏。漢東海太守鄐熙,因官居焉。"《萬姓統譜》卷一一二:"鄐,音旭,即畜氏。漢鄐熙,東海太守。"引文互異,可以互補。

亍……《風俗通》云:河東亍氏。楚有大夫亍衡。

濯,鄭人子濯孺子,見於《孟子》。《風俗通》云:濯輯之後。

按,《路史》卷二九引本條作:"濯氏,鄭有子濯孺子,《風俗通》云:濯輯之後。"

乙,《風俗通》:漢有南郡太守乙世。

述,《風俗通》云:《世本》:魯大夫仲述之後。仲一作叔。(《古今姓氏書辯證》卷三六)

屈侯,《風俗通》:魏賢人屈侯駙①。

闞,《風俗通》:闞黨童子之後。漢有荆州刺史闞翊②。又有下邳賊闞宣。又縱横家有《闞子》一篇。

謁,《風俗通》云:古謁者,以官爲姓。

頡,黄帝史官蒼頡之後。《風俗通》:古有賢者頡衛。(《古今姓氏書辯證》卷三七)

按,《通志》卷二八《氏族略三》引本條作:"頡氏……《風俗通》云:頡衛,古之賢人。"

悖音孛……《風俗通》:宋左師勃之後,晉有寺人勃鞮。(《古今姓氏書辯證》卷三七庫本校語引)

---

① 屈侯駙:《史記》卷四四《魏世家》作"屈侯鮒"。《太平御覽》卷六三二引《説苑》、《册府元龜》卷二三九同。《通志》卷二九《氏族略五》:"屈侯氏,屈,舊國也。《風俗通》:魏賢人屈侯鮒。"《路史》卷二六:"屈,武子瑕,邑號屈侯。姓書,後爲氏。《風俗通》:魏賢屈侯跗。"是一人而有三種寫法。

② 漢有荆州刺史闞翊:《辯證》原作"漢荆州刺史闞栩",據《五音集韻》卷一四、《通志》卷二七《氏族略三》、《古今合璧事類備要》續集卷二七引《風俗通》補改。

博,《風俗通》:漢有博勞吉①,善相馬,今望出淮南。(《古今姓氏書辯證》卷三八)

伯,《風俗通》曰:嬴姓,伯益之後,爲氏。

按,《通志》卷三〇《氏族略六》作"伯氏有二:晉中行伯之後也。或言伯益之後,亦爲伯氏。"

白象,《風俗通》:白象先生,古賢人,隱者。(《古今姓氏書辯證》卷三九)

墨夷,《風俗通》:宋大夫有墨夷須、墨夷鴻②。

按,《後漢書》卷三九《趙咨傳》"墨夷露骸"李賢注釋"墨夷"曰:"墨夷,謂爲墨子之學者,名夷之。欲見孟子,孟子曰:吾聞墨之治喪,以薄爲其道也……"與本條全異。

鄚,《風俗通》:漢有鄚鳳,爲梁令。(《古今姓氏書辯證》卷四〇)

按,《通志》卷二七《氏族略三》引本條作:"鄚氏,魏邑名,今爲相州治縣。《風俗通》:漢有梁令鄚鳳。"《資治通鑑》卷二八二胡三省注引《風俗通》同。《姓氏急就篇》卷下引,"鳳"訛作"風"。

聃氏,《風俗通》:周文王第十子聃季載之後。

婁氏,亦作僂。《風俗通》云:邾婁之國,子孫或以婁爲氏。或以邾婁爲氏。陸終産六子,其第五子曰安,賜姓爲曹邾。即安之後,挾安之裔。曰邾挾。周初,受封爲附庸。挾之後,不得其名字。十二世,至儀父,始通于大國。魯隱公之元年,與隱公盟于姑蔑。其後爲楚所滅。齊大夫婁裡,其後也。

淳于氏……《風俗通》曰:春秋時之小國也。桓五年,不復其國,子孫以國爲氏。

① 博勞吉:《通志》卷二九《氏族略五》、《名賢氏族言行類稿》卷五一作:"博氏,《風俗通》:漢有博子勞,善相馬,望出淮南、廣平。"《原本廣韻》卷五作"姓,古有博勞,善相馬也。"《姓氏急就篇》卷上亦作"博勞"。

② 墨夷鴻:《通志》卷二九《氏族略五》"墨夷氏"引《風俗通》作"墨夷皋"。《姓氏急就篇》卷下:"墨夷目夷":"墨夷氏,《世本》:宋襄公子墨夷須,爲大夫焉。其後有墨夷皋。"《重修廣韻》卷一同,知作"皋"是,《辯證》作"鴻"誤。

黎氏，字亦作䊍，子姓，侯爵，商時諸侯。《風俗通》云：九黎之後。《尚書》：西伯戡黎，亦見《毛詩》。

葛氏……又《風俗通》云：葛天氏之裔。

鄶氏……又《風俗通》云：陸終之子會乙之後，邧姓，有武陽令會炳。

暴氏，一音瀑，暴公，周卿士，見《毛詩》。《風俗通》：暴辛公，周諸侯也。秦有將軍暴鳶。漢御史大夫暴勝之，字公子，河東人。

牟氏，《風俗通》云：牟，子國，祝融之後，因氏焉[①]。望出鉅鹿[②]。

鑄氏，《風俗通》：鑄國，堯後。

奄氏，《風俗通》云：奄國號，即商奄也，魯地。衛祝佗曰：因商奄之民以命伯禽。

元氏，《風俗通》云：元都，古諸侯國也，子孫以國爲氏。

用氏，《風俗通》：古有用國。漢有高唐令用虬，《名士録》有高士用羽。

允氏，《風俗通》云：夏時侯國，子孫氏焉。

柏成氏，《風俗通》：柏成子高，堯時諸侯也。

安氏……《風俗通》：漢有安成。

滿氏……《風俗通》：荆蠻有瞞氏，音舛，變[③]爲滿氏，漢有滿昌。

東陵氏，《風俗通》：東陵侯邵平，子孫氏焉。又齊景公時，有隱居東陵，因以爲氏。又東陵聖母，廣陵人，適杜氏。

按，《古今姓氏書辯證》卷二引本條云："東陵，《風俗通》：秦東陵侯邵平之後。又齊景公時，有隱居東陵者，氏焉。"文略異。

櫟陽氏，《風俗通》：後漢景丹，封櫟陽侯。丹曾孫汾[④]，避亂隴西，

① 因氏焉：三字《通志》原無，據《重修廣韻》卷二、《康熙字典》卷一七、《資治通鑑》卷四五胡三省注引《風俗通》補。

② 望出鉅鹿：《姓氏急就篇》卷上引本條，"鹿"下尚有"齊大夫牟辛，《漢·儒林傳》牟卿、牟融、牟長、梁牟"十七字，或亦本《風俗通》。

③ 變：此字《通志》原無，據《古今合璧事類備要》續集卷二六引《風俗通》補。

④ 曾孫汾：《通志》原訛奪作"曾孫分"，據《元和姓纂》卷四、《重修廣韻》卷二、《姓氏急就篇》卷下引《風俗通》改。

因封爲氏焉。

信都氏,《風俗通》云:張敖尚漢魯元公主,封於信都,因氏焉。一云,本申屠氏,古者信、申音同,故爲信都。(《通志》卷二六《氏族略二》)

瑕邱氏,姬姓。《風俗通》:魯桓公庶子,食采瑕邱。漢有瑕邱申陽。

蒯氏,《風俗通》:晉大夫蒯得之後,又衛有蒯聵,見《左傳》。前漢有蒯徹。

按,《古今合璧事類備要》續集卷二八引本條云:"蒯,《風俗通》:晉大夫蒯得之後,見《左傳》。《禮記》:漢有蒯徹。《漢書》:齊辯士蒯通,本名徹,與漢武帝同名,史家追改之。"文字與本條有較大差異,録以備校。

鞮氏,亦爲銅鞮氏。《風俗通》云:晉有銅鞮伯華之後,晉之别邑也。

州氏,《風俗通》云:晉有州綽、州賓,其先食采于州,因以爲氏……衛有公子州吁,漢有州輔。

萊氏,《風俗通》:萊成僖子,晉大夫也,見《世本》。

五鹿氏,姬姓。《風俗通》:衛邑也。晉公子重耳封舅犯於五鹿,支孫氏焉。漢有少府五鹿充宗。代郡成陽縣有五鹿氏。

穰氏,《風俗通》:田穰苴,諸田之族。穰所食之邑,因以氏焉。穰苴爲齊大司馬。

來氏,本作郲,子姓,商之支孫,食采於郲,因以爲氏。其後避難,去邑。齊有來章,秦末,徙義陽之新野。《風俗通》:楚有來英。《漢功臣表》:軑侯來蒼①。軑音待。

高堂氏,齊公族也。《風俗通》:齊卿高敬仲,食采於高堂,因氏焉。

陰氏,姬姓,管夷吾七代孫修,適楚,爲陰大夫,因以爲氏。《風俗通》又云,陰康氏之後。周有陰不佞,陰里人。

---

① 軑侯來蒼:《漢書》卷一六《高惠高后文功臣表》作:"軑侯黎朱蒼,以長沙相侯,七百户。二年四月庚子封,八年薨。"《史記索隱》卷六:"軑侯利倉。《漢書》作軑侯朱蒼,故長沙相。軑音大,縣名,在江夏也。"《姓氏急就篇》卷上據此以爲黎氏姓源,云:"黎……又少昊之衰,九黎亂德,黎氏九人也。《漢功臣表》:黎朱蒼。"《水經注》卷三五江水:"漢惠帝元年,封長沙相利倉爲侯國,城在山之陽,南對五洲也。"據此,則來蒼或爲朱蒼之誤,又或作利蒼。

按《古今合璧事類備要》續集卷二五引本條曰："陰，周文王第三子管叔鮮之後。管夷吾七代孫修，適楚，爲陰大夫，因氏焉。《風俗通》又云：陰康氏之後。周有陰不佞，陰里人也。南陽新野，漢末居焉。陰子公，生子方，有禮竈之祥者也。方生幼公，生睦，女爲光武皇后，生明帝。睦子識，金吾。孫綱，女爲和帝皇后。"似皆爲《風俗通》之文，録以備考。

春氏，《風俗通》云：楚相黄歇，春申君之後。

鄴氏，《風俗通》：漢有梁令鄴鳳。

縣氏，或爲平聲，其先有爲縣大夫者，望出扶風。《風俗通》：縣成父，孔子門人。漢有甘陵相縣芝。

尸氏，《漢書》：尸佼晉人，爲商君師，著《尸子》。《風俗通》云：其先封尸鄉，因以爲氏。齊相有尸臣。

資氏，黄帝之後，食采益州資中，因以爲氏。《風俗通》：資成，陳留人，望出南陽、會稽。

蒙氏，《風俗通》：東蒙主，以蒙山爲氏。秦有將軍蒙驁，生武，武生恬，皆仕秦，望出安定。

城氏，《風俗通》：凡氏於事者，城郭、園池，皆姓也。

龍邱氏，見《風俗通》，漢有高士龍邱萇，吴郡人。

申徒氏，《風俗通》云：本申徒氏，隨音改爲申屠氏。申徒，狄夏賢人也。湯以天下授之，耻不以義聞已，自投於河。《莊子》申徒元者，鄭人也。漢有西屏將軍申徒建。

東方氏，《風俗通》：伏羲之後，帝出於震位，主東方，子孫因氏焉。

百里氏，《風俗通》：秦大夫[①]百里奚之後，其先虞人，家于百里，因氏焉。後漢徐州刺史、吉陽亭侯百里嵩，陳留人。

西鄉氏，《風俗通》：宋大夫西鄉錯之後，見《世本》。《尸子》有隱者西鄉曹。

旅氏，《風俗通》：周大夫子旅之後。漢高功臣昌平侯旅卿，傳封

① 秦大夫：《萬姓統譜》卷一三八引《風俗通》作"秦相"。

六代[1],望出南安。又共侯旅罷師,傳封四代。

賁氏,縣賁父之後。《風俗通》:魯有賁浦。賁,音奔,又音肥。《漢功臣表》:賁赫。

按,《古今合璧事類備要》續集卷二一引本條作:"縣賁父之後。《風俗通》:魯有賁浦。汝南:漢有郎中賁光,見《論衡》。"存文較多。

騫氏,《風俗通》云:仲尼弟子閔子騫之後,以王父字爲氏。閔損,字子騫。

禄氏,子姓。《風俗通》云:紂子武庚字禄父,其後以字爲氏。涇陽有此禄姓。

魚氏,子姓。《風俗通》云:宋桓公子公子目夷,字子魚,子孫以王父字爲氏。漢有長安冨人魚翁叔。

旗氏,《風俗通》:齊卿公孫竈之孫欒施,字子旗,子孫以王父字爲氏。後漢有九江太守旗況。

乘氏,《風俗通》:楚大夫子乘之後,以王父字爲氏。(《通志》卷二七《氏族略三》)

軒轅氏,亦爲帝鴻氏。《風俗通》:軒轅即黄帝也,姓公孫,或言姓姬。

昊氏,又作皡。《風俗通》云:昊英氏之後也。一云少昊之後。

沃氏,子姓。《風俗通》:商王沃丁之後。《神仙傳》沃焦,吴人。

疇氏,《風俗通》云:摯疇之後,或作儔。

頡氏,《風俗通》云:頡衛,古之賢人。

僑氏,《風俗通》:黄帝孫僑極之後。僑亦作蟜。

老氏,《風俗通》:顓帝子老童之後。《左傳》:宋有老佐。《論語》老彭,即彭祖也。或云,老氏,老聃、老萊子之後,並無聞焉。以其老也,故

---

① 傳封六代:"六代"或"四代"之誤。《漢書》卷一六《高惠高后文功臣表》:"(漢元年)六月戊申封,三十四年薨。""孝文十五年,侯通嗣。十一年。孝景三年,坐謀反,誅。""元康四年,卿玄孫昌上造光,詔賜黄金十斤,復家。"是連同本身,封侯四代,但非傳封四代,更非"傳封六代"。

以老稱之,遂爲氏。

稽氏……《風俗通》云:稽黄,秦賢人也。《漢・貨殖》有稽發。

泠氏,《風俗通》云:黄帝時典樂泠倫之後。《左傳》:秦大夫泠至。周有泠州鳩。《漢功臣(表)》下相侯泠耳。元帝功臣、騶望侯泠廣。

倫氏,《風俗通》云:黄帝樂人泠倫氏之後。

重氏,《風俗通》云:顓帝重黎之後。少昊時重爲南正,司天之事。黎爲北正,司地之事。

幕氏,《風俗通》:舜祖幕之後也。

纍氏,《風俗通》:纍祖之後。《左傳》:晉七輿大夫纍虎。

皋氏……《風俗通》:漢有司徒長史皋誨。

昌氏,《風俗通》云:黄帝子昌意之後。

昔氏,《風俗通》:周大夫封昔,因氏焉。漢有昔登,爲烏傷令。

牙氏,《風俗通》云:周穆王司徒君牙之後,以王父字爲氏。(《通志》卷二八《氏族略四》)

曠氏,《風俗通》:師曠之後。

壽氏,姬姓,《風俗通》:吴王壽夢之後。吴大夫壽越,又有壽於姚。漢末兖州牧壽良。

既氏,姬姓。《風俗通》云:吴王夫概之後,因避仇,改爲既氏。漢有南安長既良。

輒氏,姬姓。《風俗通》:衛出公輒之後、漢有輒終古。

兼氏,《風俗通》:衛公子兼之後也。

刁氏,音凋。《風俗通》:齊大夫豎刁[①]之後。戰國時,有刁勃。漢有刁間,齊人,以富聞。子孫居勃海。後漢有侍中刁榮。

建氏,芈姓。《風俗通》:楚太子建之後。《漢元后傳》有建居[②]。趙

---

① 豎刁:《通志》原作"童刁",據《名賢氏族言行類稿》卷一八、《古今合璧事類備要》續集卷一九引《風俗通》改。

② 《漢元后傳》有建居:此或應氏誤記。今本《漢書》卷九八《元后傳》僅云"元城建公",另齊桓公"十一世田和,有齊國,三世稱王。至王建,爲秦所滅。項羽起,封建孫安爲濟北王。至漢興,安失國,齊人謂之王家,因以爲氏"。

幽王臣建德①。

衔氏，子姓，宋微仲衔之後，見《風俗通》。

幾氏，《風俗通》：宋大夫仲幾之後，以王父字爲氏。

督氏，子姓，宋大夫華父督之後。晉有督戎，欒盈之臣。漢有督瓚，見《風俗通》。又五原太守督瓊。

由氏……《風俗通》：漢長沙太守由彰。

麻氏，《風俗通》：齊大夫麻嬰之後。漢有麻光，爲御史大夫。又有麻達，注《論語》。

肆，《風俗通》：宋大夫肆臣之後。

蹇氏……《風俗通》：漢有蹇蘭，爲交趾刺史。後漢小黄門蹇石，望出山陽、襄陽。

肆氏，《風俗通》：宋大夫肆臣之後。

捷氏，曹姓。《風俗通》云：郳公子捷菑之後。

立如氏，魯賢人立如子，著書，見《風俗通》。

古氏，《風俗通》云：古公亶父之後，因氏焉。言古公者，猶言先公也。晉平公時，有舟人古乘。漢有孝子古初。

第八氏，出陳留。《風俗通》：亦齊諸田之後。田廣弟田英，爲第八門，因氏焉。王莽時，有講學大夫第八矯。

嗣氏，《風俗通》云：衛嗣君之後。

五王氏，嬀姓。《風俗通》：齊自威、宣、湣、襄至王建五王，因以爲氏。

赫氏，《風俗通》云：赫胥氏之後也。

① 趙幽王臣建德：此亦應氏誤記。《漢書》卷三八《趙幽王友傳》：趙幽王"遂幽死，以民禮葬之長安。高后崩，孝文即位，立幽王子遂爲趙王。二年，有司請立皇子爲王，上曰：'趙幽王幽死，朕甚憐之，已立其長子。'遂爲趙王。遂弟辟彊及齊悼惠王子朱虚侯章、東牟侯興居有功，皆可王，於是取趙之河間，立辟彊，是爲河間文王。文王立十三年，薨，子哀王福嗣。一年薨，無子，國除。趙王遂立，二十六年，孝景時，鼂錯以過削趙常山郡，諸侯怨吴楚反，遂與合謀起兵。其相建德、内史王悍諫，不聽，遂燒殺德悍。"知《風俗通》本條所言之建德實爲趙幽王長子趙王遂之王國相，非趙幽王長之臣僚。

侯史氏,《風俗通》:董狐爲晉侯史官,因氏焉。

終古氏,《風俗通》:終古,桀内史[1]也,因氏焉。

監氏,音鑑,《風俗通》:衛康叔爲連屬之監,其後以爲氏。

師氏,《風俗通》:師,樂人瞽者之稱。晉有師曠,魯有師乙,鄭有師悝、師觸、師蠲、師成也。

按,《元和姓纂》卷二引本條作:"師,《風俗通》:師,樂人瞽者稱。晉有師曠,魯有師乙。晉師悝、師觸、師蠲。"《古今合璧事類備要》續集卷二七:"《風俗通》:師,樂人瞽者之稱。晉有師曠,魯有師乙,晉有師悝、師觸、師蠲也。又師服,晉大夫也。"互異。

山氏,周山師,掌山林之官,以官爲氏。《風俗通》云:烈山氏之後。

司鴻氏,《風俗通》:古有司鴻苟,著書。漢中大夫司鴻儀。

衡氏,《風俗通》:伊尹爲湯阿衡,子孫以衡爲氏。一云魯公子衡之後,以王父字爲氏。漢有衡威、衡驃卿。又袁氏改爲衡氏。

謁氏,《風俗通》云:古有謁者官,因以爲氏。漢有汝南太守謁瓊,又張湯小吏謁居。

皇氏,《風俗通》云:三皇之後,因氏焉。《左傳》:鄭大夫皇頡、皇辰。

勃氏……又《風俗通》:宋左師勃之後也。晉有寺人勃鞮。

巫氏,《風俗通》:凡氏於事,巫、卜、匠、陶也。商有巫咸、巫賢。漢有冀州刺史巫捷,又有巫都,著《養性經》,望出平陽。

---

① 桀内史:《吕氏春秋·先職》、《太平御覽》卷二三五:"夏太史令終古出其圖法,執而泣之。夏桀迷惑,暴亂愈甚,太史令終古乃出奔,如商。湯喜而告諸侯曰:'夏王無道,暴虐百姓,窮其父兄,耻其功臣,輕其賢良,棄義聽讒,衆庶咸怨,守法之臣,自歸于商。'"《淮南子·氾論》:"夫夏之將亡,太史令終古先奔於商,三年而桀乃亡。"《史通》卷一一《史官建置》:"按《吕氏春秋》曰:'夏太史終古見桀惑亂,載其圖法,出奔商。'"《册府元龜》卷五五四:"夏、商皆有太史、倉史。古之太史,雖以著述爲宗,而兼掌曆象。夏太史終古,當桀之暴,知其將亡,乃執其圖法,奔於商。商太史高勢知紂之亂,載其圖法,奔於周。"《通典》卷二一:"夏太史終古,商太史高勢,周則曰太史、小史、内史、外史。"《路史》卷一四:"終古,夏太史,乘亂歸商,爲佟氏、謝氏。謝之後,又有射氏、大野氏。"卷二三:"商太史終古,亦負其圖,哭而去之。《淮南子》:終古爲太史令,奔商。三年而桀亡。"知非内史,乃太史令,作桀内史係由來已久之誤傳。

屠氏……《風俗通》:漢末有屠景先,河東人,望出陳留。

匠氏,《風俗通》:氏於事者,巫、卜、陶、匠是也。古有匠石。

御龍氏,《風俗通》:陶唐氏之後,有劉累,學擾龍事,夏孔甲賜氏曰御龍氏。

所氏……《風俗通》:宋大夫所華之後也。漢有諫議大夫所忠,武帝時人,望出平原,後漢有平原所輔。

夷氏……《風俗通》云:本范蠡也。

冠氏,《風俗通》:鶡冠子之後。

褐冠氏,《風俗通》:賨人,以褐冠爲姓,褐冠子著書。

新垣氏①,《風俗通》:魏將新垣衍②,畢公高之後③。

蒲氏……《風俗通》:漢④有詹事蒲昌,又有蒲遵。

文氏,姬姓。《風俗通》云:周文王支孫,以謚爲氏。越大夫文種。

宣氏……又《風俗通》云:宋宣公之後也,子姓。後漢有司空宣酆,又《漢年表》有南安侯宣虎,今望出汝南。

按,《古今合璧事類備要》續集卷二一引本條作:"宣,魯大夫叔孫宣伯之後,以謚爲姓。《風俗通》:'宋宣公之後。後漢有司空宣酆。'"疑全條皆《風俗通》之文。

---

① 新垣氏:《战國策》卷二〇《趙策三》:"秦圍趙之邯鄲,魏安釐王使將軍晉鄙救趙,畏秦,止於蕩陰,不進。魏王使客將軍辛垣衍間入邯鄲,因平原君謂趙王曰……"共有十五次稱引,皆作"辛垣"。《前漢紀》卷二六:"漢興,辛垣平、齊人少翁、樂大之屬,皆言神仙鬼神之事,貴寵尊盛,卒無絲髮之效。"《文選》卷一九謝靈運《述祖德詩》李善注:"《史記》曰:魯仲連,齊人也。趙孝成公時,秦使白起圍趙,魏王使將軍辛垣衍説趙,尊秦昭王爲帝,仲連責而歸之,辛垣衍起再拜謝,出,秦將聞之,爲却十五里。"卷三一、五〇引同,此或記載之異。

② 魏將新垣衍:此見《史記》卷八三《魯仲連鄒陽列傳》:"魏王使客將軍新垣衍間入邯鄲。《索隱》:新垣,姓。衍,名也。爲梁將,故漢有新垣平。"

③ 畢公高之後:《重修廣韻》卷一:"新,新故也。亦姓……《陳留風俗傳》云:畢公封於新垣,後因氏焉。魏將新垣衍,改爲梁垣氏。"卷二:"梁……漢光武時,有侍御史梁垣烈,新垣衍之後。漢明帝時有梁成恢,善曆數。"《路史》卷一九:"《陳留傳》:新垣衍居大梁虚,爲梁垣氏。"所載均略異。

④ 漢:此字《通志》原無,據《重修廣韻》卷一、《資治通鑑》卷二九一胡三省注、《古今合璧事類備要》續集卷二四引《風俗通》補。

威氏，嬀姓。《風俗通》云：齊威王之後[1]，以爲田氏，始王，故其後以爲氏。

靖氏，《風俗通》：單靖公之後，以謚爲氏。一云齊田氏之族，靖郭君之後，姜姓。

按《萬姓統譜》卷八三引本條作："靖，《風俗通》：單靖公之後。又齊靖郭君後，望出中山、臨海。"末六字叙姓望，似非《風俗通》之文，或乃凌迪知所加。

懿氏，《風俗通》：本齊懿公之後。

厲氏……《風俗通》：齊厲公之後。漢有魏郡太守、義陽侯厲温[2]，見《功臣表》[3]。

獻氏，姬姓，晉獻公之後也，見《風俗通》，戰國時，有秦大夫獻則。（《通志》卷二八《氏族略四》）

息夫氏，嬀姓。《風俗通》：息公子邊爲大夫，因氏焉。漢有光禄大夫息夫躬，世居河内河陽。

古成氏，《風俗通》：苦成之後，後隨音改焉。有廣漢都尉古成雲。

庫成氏，《風俗通》云：本苦成，方言音變爲庫成。

---

① 齊威王之後：《姓氏急就篇》卷上引本條，"之後"二字下尚有"新序湯學乎威子伯"八字，不知是否亦出《風俗通》。

② 厲温：《漢書》卷九四下《匈奴傳》作："其明年，呼韓邪單于……見匈奴亂，率其衆數萬人南降漢，封烏厲屈爲新城侯，烏厲温敦爲義陽侯。"《資治通鑑》卷二七：五鳳二年"冬十一月，呼韓邪單于左大將烏厲屈，與父呼遬累烏厲温敦皆見匈奴亂，率其衆數萬人降漢，封烏厲屈爲新城侯，烏厲温敦爲義陽侯。""師古曰：呼遬累，其官號也……《考異》曰：《宣紀》：呼遬累單于帥衆來降。《功臣表》：信成侯王定，以匈奴烏桓屠驀單于子、左大將軍率衆降，侯。義陽侯厲温敦，以匈奴謼連累單于率衆降，侯。此即屈與敦也，未嘗爲單于，或降時自稱單于。"知本爲匈奴胡姓，非漢姓者姓厲名温。降漢内附以後，方取譯音中的"厲温"二字作爲姓名，"厲温"即其降漢以後姓名，非"烏厲温敦"之奪。《古今姓氏書辯證》卷三一："厲，謹按，《春秋》：厲國，在義陽隨縣北之厲鄉，楚與國也。其後以國爲氏。漢有義陽侯厲温敦，後居東陽。"據此，似應氏原文或有"敦"字。

③ 見《功臣表》：此見《漢書》卷一七《景武昭宣元成功臣表》："義陽侯厲温，以匈奴謼連（速之訛）累單于率衆降，侯，千五百户。三年二月甲子封。四年，坐子伊細王谋反，削爵爲關内侯，食邑千户。"

賁氏，音肥，嬴姓。《風俗通》：秦非子[①]之後。《漢功臣表》：賁赫告黥布反，封期思侯[②]。

塗氏，《風俗通》：漢有諫議大夫塗惲[③]。又塗子真治《尚書》[④]。

區氏，音驅。《風俗通》云：歐冶子之後，轉爲區氏。又音歐。王莽時，有郎中區博。

瞿氏……《風俗通》：漢南太守瞿茂。

真氏，《風俗通》云：漢有太尉長史真祐。

勤氏，《風俗通》：魯有大夫勤成。

芬氏，《風俗通》：晉大夫芬質[⑤]，見《戰國策》。

虔氏，《風俗通》云：陳留虔氏，黄帝之後。又《莊子》有虔天根。

聊氏，望出潁川。《風俗通》：漢侍中聊蒼，著書[⑥]，號《聊子》。又有潁川太守聊謀[⑦]，著《萬姓譜》。

彊氏，晉大夫彊劍，後漢彊華，又漢陽太守彊釋之，並見《風俗通》。

---

① 秦非子：《萬姓統譜》卷六引《風俗通》謂非子爲周人，非秦人。

② 《漢功臣表》……封期思侯：《漢書》卷六四下《賈捐之傳》顔師古注："期思侯，當是賁赫之後嗣也，而《表》不載。"與應氏本條所説異，實誤，其人今見《漢書》卷一六《高惠高后文功臣表》，作"期思康侯賁赫"。

③ 塗惲：《重修廣韻》卷二引《風俗通》作"塗禪"，《卮林》卷四引《風俗通》作"塗惲"。

④ 塗子真治尚書：《漢書》卷八八《儒林傳》："孔氏有《古文尚書》，孔安國以今文字讀之……因以起其家。又傳《毛詩》，授王璜、平陵塗惲子真，子真授河南桑欽君長。"《經典釋文》卷一：《尚書》之學，胡"常授虢徐敖，敖授琅邪王璜及平陵塗惲，字子真。"《後漢書》卷三六《賈逵傳》："賈逵字景伯，扶風平陵人也……父徽，從劉歆受《左氏春秋》，兼習《國語》《周官》，又受《古文尚書》於塗惲。"李賢注引《風俗通》曰："塗姓，塗山氏之後。惲字子真，受《尚書》於胡常，見《前書》。"知塗惲、塗子真爲同一人，鄭氏以爲另一人，誤。

⑤ 芬質：《通志》原作"芬賢"。《古今姓氏書辯證》卷六："《戰國策》：晉大夫有芬質。"《萬姓統譜》卷二〇："周，芬質，魯大夫。"《重修廣韻》卷一："芬……又姓。《戰國策》晉有大夫芬質。"《姓氏急就篇》卷上："芬氏，晉大夫芬質。"知賢爲質之訛，據改。

⑥ 聊蒼著書：《聊子》一書，僅見於《風俗通》，《漢書》不載。今本《漢書》卷三〇《藝文志》僅有《待詔金馬聊蒼》三篇。趙人，武帝時。"顔師古注："《嚴助傳》作膠蒼，而此《志》作聊，《志》《傳》不同，未知孰是。"

⑦ 聊謀：《通志》原奪作"聊某"，據《古今姓氏書辯證》卷一〇引《風俗通》改。

芳氏,《風俗通》:漢有幽州刺史芳乘。

瓶氏……《風俗通》:漢有①太子太傅瓶守②。

恒氏,《風俗通》:楚大夫恒思公之後,見《世本》。漢有東安長恒裴③,子孫因居之,望出東海。

被氏……《風俗通》:漢有牂牁太守被條。

處氏……《風俗通》有處興,爲北海太守,望出潁川。

典氏,《風俗通》:《魏志》有校尉典韋,多力者。生滿,望出陳留。

按,本條所記之事,出陳壽《三國志》,西晉史籍,不應爲東漢末人應劭所見,事情皆在應氏身後,乃鄭樵誤標出處,爲他書之文。其誤當緣於《元和姓纂》卷七:"典,見《風俗通》。陳留:《魏志》有校尉典韋,生滿。"句意蓋謂典氏出《風俗通》,非言典韋出《風俗通》,鄭氏誤讀《姓纂》,因有此誤。

糗氏,《風俗通》:漢有糗宗,爲嬴長。

露氏,《風俗通》:漢有上黨都尉露平。

布氏,《風俗通》:趙有布子,善相馬,望出江夏。

桂氏,見《風俗通》,望出燕郡、天水。漢有楊州刺史桂褒,燕人。

慎氏,《風俗通》:慎到爲韓大夫,著《慎子》三十篇。

播氏,《風俗通》:播鞉武④,商末賢人。

救氏,《風俗通》:漢有諫議大夫救乂⑤。乂或作仁⑥。

---

① 有:此字《通志》無,據《重修廣韻》卷二、《姓氏急就篇》卷上、《康熙字典》卷一九引《風俗通》補。

② 太子太傅瓶守:《萬姓統譜》卷五五引《風俗通》作"缾守"。《重修廣韻》卷二、《姓氏急就篇》卷上引《風俗通》均作"漢有太子少傅瓶守",作太子太傅似誤。

③ 楚大夫恒思公……恒裴:《名賢氏族言行類稿》卷二九引本條作"恒,楚大夫恒思之後,見《世本》,漢有東安長恒奕。"文略異。

④ 播鞉武:《論語·微子》作"河内播鼗武入於漢。"《漢書》卷二二《禮樂志第二》、卷五六《董仲舒傳》顔師古注、《元和姓纂》卷九引《風俗通》亦均作"播鼗武",知作鞉誤。

⑤ 救乂:《通志》庫本原作"敇乂",《名賢氏族言行類稿》卷四八救氏引《風俗通》、《氏族大全》卷一九均作"救乂",知作"敇"誤。

⑥ 乂或作仁:《重修廣韻》卷四:"救,護也,止也。又姓。《風俗通》:'漢有諫議大夫救仁。'"《姓氏急就篇》卷上:"救氏,《風俗通》:'漢有諫議大夫救仁。'《史記》:'江都人救赫。'劉向《别録》易家,有救氏。"據此,知以作仁爲是。

逯氏，音緑。《風俗通》：漢大司馬逯並，後漢有逯明，廣平人。

按，《古今合璧事類備要》續集卷二八引本條云："逯，《風俗通》：後漢大司空逯。"下有奪文。

濯氏，見《風俗通》。

笮氏……《風俗通》：楚有笮倫。

集氏，《風俗通》：漢有外黄令集一。

綦母[①]氏……《風俗通》：漢有廷尉綦毋參。《戰國策》，綦母子與公孫龍争辨。

毋車氏，見《風俗通》。漢下邳相毋車伯奇，望出樂安。

陽成氏，《風俗通》：陽成胥渠[②]，晉隱士也。漢有諫議大夫陽成公衡。《功臣表》：梧齊侯陽成延，傳封六代[③]。成或作城。王莽時，陽成

① 綦母："綦毋"之誤。《玉海》卷二五、《名疑》卷三均作"綦毋"，本條下文亦作"綦毋參"。《元和姓纂》卷二"綦毋：《左傳》：'晉大夫綦毋張。'《風俗通》：'漢有廷尉綦毋參。'《戰國策》：'綦毋子與公孫龍争辯。'會稽：後漢綦毋俊爲會稽主簿，因居焉。後漢交阯刺史綦毋誾，與荀爽事陳太邱。魏有綦毋廣明，與管寧爲友。晉有綦毋倪。江左有綦毋遂，爲邵陽太守。前趙有綦毋達，爲特進。吕都公綦毋珍之，爲中書舍人。南康：開元右拾遺綦毋潛，虔州人。又北齊有信州刺史綦毋懷文，入《藝術傳》。"均不誤。然其餘舊籍多訛作"綦母"。《春秋左傳注疏》卷二五："綦母張喪車從韓厥，曰：'請寓乘。"杜預注："綦母張，晉大夫。"《史記》卷七六《平原君虞卿列傳》："言至道，乃絀公孫龍。""《集解》：劉向《别録》曰：'齊使鄒衍過趙平原君，見公孫龍及其徒綦母子之屬，論白馬非馬之辯，以問鄒子。'"他書類同。《古今姓氏書辯證》卷四："綦，音其。《元和姓纂》云：'河南有綦氏。'"《元和姓纂》卷二："毋，音無。毋邱氏，或爲毋氏。"表明複姓綦毋，乃是綦氏與毋氏之合併，據此亦知作"綦毋"是，"綦母"誤。

② 胥渠：《通志》原訛作"胥梁"，據《吕氏春秋・愛士》、《藝文類聚》卷三三、《太平御覽》卷四七九引《吕氏春秋》、《姓氏急就篇》卷下改。

③ 梧齊侯陽成延傳封六代：《漢書》卷一六《高惠高后文功臣表》作："梧齊侯陽城延，以軍匠從起郟，入漢。後爲少府，作長樂、未央宫，築長安城先就，侯。(元年)四月乙酉封，六年薨。"傳封六代爲傳封四代之誤，據上引《功臣表》，連同陽城延本身，僅四代封侯。《文選》卷三張衡《東京賦》："是以西匠營宫，目翫阿房。"李善注："西匠，謂秦之舊匠也。目，視也，翫習也。阿房，宫名也。《漢書》曰：梧齊侯陽城，人名。延爲少府，作長樂、未央宫也。"《史記索隱》："梧齊侯陽成延。縣名，屬彭城。"《路史》卷三〇："梧，故國本鄭地，晉取之。漢陽成延，爲梧侯者，今彭城。"是漢唐以來，舊籍本有陽成、陽城兩種不同記載。

修獻符命。

澮臺氏，《風俗通》：澮臺滅明，字子羽，武城人。漢有博士澮臺恭。

浩羊氏，《風俗通》：齊大夫浩羊嘉。（《通志》卷二九《氏族略五》）

雍，《風俗通》云：周文王第十二子也，雍伯之後，以國爲姓。今或音雍州之雍。鄭大夫有雍糾，楚有雍子，齊有雍廩，宋有雍鉏，漢什邡侯雍齒，沛人也。（《名賢氏族言行類稿》卷二；《古今合璧事類備要》續集卷二五）

按，《元和姓纂》卷八引本條云："雍，《風俗通》：周文王第十三子雍伯之後，以國爲姓，今或音雍州之雍。漢雍齒，沛人。"《元和姓纂》卷一："雍……文王十二子雍伯，受封於雍，在河内山陽，子孫以國爲姓。"《萬姓統譜》卷二："雍，京兆，又望出平原。周文王第十二子也，雍伯之後，以國爲氏。"知前條十三爲十二之訛。

皮，《姓纂》曰：《風俗通》：周卿士樊仲皮之後。後漢有諫議大夫皮究。下邳：後漢上計掾《秦嘉集序》，皮仲固撰。（《名賢氏族言行類稿》卷三；《古今合璧事類備要》續集卷一六）

離，《風俗通》云：離婁，孟子門人。漢有中庶子離常之。後漢有離班。

邳，《風俗通》云：奚仲爲夏車正，自薛封邳，其後以爲氏焉。後漢二十八將有衛尉信都邳肜。（《名賢氏族言行類稿》卷四）

余……《風俗通》云：由余之後，代居歙州。（《名賢氏族言行類稿》卷六）

稽，黄帝臣太山稽之後，《風俗通》云：稽黄，秦賢人也。（《名賢氏族言行類稿》卷八）

焦，《風俗通》：姬姓國也。按《史記》：周武王封神農之後於焦，後以國爲姓。《左傳》曰：虞、虢、焦、滑，皆姬姓也，爲晉所滅，有外黄令焦貢。

苗，《姓纂（譜）》："《風俗通》：楚大夫伯棼之後，子賁皇奔晉，（晉）人與之苗，因命氏焉。"漢有長水校尉苗浦，王莽時有苗訢。

按，《資治通鑑》三七胡三省注引本條云："《姓譜》引《風俗通》曰：'楚大夫伯棼之後，賁皇奔晉，食采於苗，因而氏焉。"《古今合璧事類備要》續集卷一四："古今《姓纂》:《風俗通》:楚大夫伯棼之後。子賁皇奔晉,晉人與之苗,因命氏焉。漢有長水校尉苗浦。王莽時有苗沂。”兩條佚文文意均較之本條更爲完整、清晰。

招,《風俗通》:漢有大鴻臚招猛。

蟜,《風俗通》:黄帝孫蟜極之後。(《名賢氏族言行類稿》卷一八)

家……《風俗通》:漢有家羡。北海:家羡爲劇令,子孫因居焉。(《名賢氏族言行類稿》卷二一;《古今合璧事類備要》續集卷二二)

蒼,《風俗通》云:八凱蒼舒之後。(《名賢氏族言行類稿》卷二七)

按,《古今合璧事類備要》續集卷二五引本條云:“蒼,《風俗通》云:八凱蒼舒之後。又黄帝史官倉頡之後。春秋時,周有倉葛。”存文較多,録以備校。

横,《風俗通》云:韓公子成,號横陽君,子孫氏焉,見《史記》。

黥,《風俗通》:晉大夫吕甥,子孫氏焉。(《名賢氏族言行類稿》卷二八)

古氏,《風俗通》:周太王去邠適岐,稱古公,其後氏焉。

世氏,《風俗通》:《戰國策》:秦大夫世均。

孝氏,《風俗通》:齊孝公之後。

按,《萬姓統譜》卷一〇四引本條作:“孝,《風俗通》云:‘齊孝支孫之後,以謚爲氏。’”文略異。

載氏,《風俗通》云:姬姓之後。春秋有載國。

監氏,《風俗通》:衛康叔爲連屬之監,其後氏焉。《吕氏春秋》:秦大夫監突。《韓子》:宋之富賈有監止子。

武氏……《風俗通》云:宋武公之後,氏於謚。秦末,武臣自立爲趙王。項羽之客有武涉。魏將武滿,漢有武虎、武讓、武勃。

丘氏,《風俗通》:魯左丘明之後。又齊太公封營丘,支孫以地爲氏。世居扶風,漢末丘俊持節江淮,王莽篡位,遂留江左。(《姓氏急就篇》卷上;《資治通鑑》卷七八、一八〇胡三省注引)

京氏,《風俗通》云:鄭武子段封於京,號京城大叔,其後氏焉。漢京房受《易》,本姓李,吹律,自定爲京氏。儒林傳又有一京房,梁丘賀從之受《易》。

頡氏,《風俗通》有頡衛,古之賢者。

卿氏，《風俗通》云：趙相虞卿之後。燕有卿秦[①]，後漢有卿仲遼。

按，《名賢氏族言行類稿》卷二八、《通志》卷二八《氏族略四》、《古今姓氏書辯證》卷一六引本條云："卿……《風俗通》云：虞卿之後。戰國有卿秦，爲魏將。或云，項羽將卿子冠軍宋義之後。"文略異，録以備考。

箴氏，《風俗通》：衛大夫箴莊子，《左傳》作鍼。其廉反。

伯氏，《風俗通》云：氏於字。晉有伯宗子、伯州犂。宋有伯氏，齊有伯氏。《吕氏春秋》：伯牙鼓琴。注云：伯姓，楚人。孔子弟子伯虔。

列氏，《風俗通》云：列山氏之後。列禦寇著書。《吕氏春秋》：列精子高，六國賢人。

御氏……《史記索隱》：《風俗通》有御氏，爲漢司空御史，名長卿。

獻氏，《風俗通》云：秦大夫有獻則，見《戰國策》。

陶氏，陶唐氏之後，或單稱陶，又虞閼父爲周陶正，其後亦爲氏。又成王封唐叔殷民七族，亦有陶氏。周司徒陶叔。《風俗通》云：陶，氏於事。

移氏，《風俗通》：漢有宏農太守移良。齊公子雍食采於移，其後氏焉。

阿氏，《風俗通》：阿衡之後。

隱氏，《風俗通》：漢有隱翁，吴有隱蕃。

園氏，《風俗通》云：氏於四皓，有園公。

池氏，《風俗通》：漢有中牟令池瑗，又有池仲魚。宋池聖夫。

襲氏……《風俗通》：賨人七姓有襲。

弦氏，以國爲氏。《風俗通》云：弦子後。齊有弦多、弦施章、弦商，鄭有弦高，晉有弦超。

垣氏，《風俗通》：垣，秦邑，因以爲姓。秦始皇有將垣齮。漢西河太守垣恭，後漢宗成將垣副。（《姓氏急就篇》卷上；《後漢書》卷一三《公孫述傳》李賢注引）

---

① 卿秦：《戰國策·燕策三》、《史記》卷三四《燕召公世家》、卷四三《趙世家》均作"慶秦"，姓慶，非姓秦。

臺氏,《風俗通》:金天氏裔孫,曰臺駘,其後氏焉。漢侍中臺崇,逸民臺佟。(《姓氏急就篇》卷上;《後漢書》卷九《獻帝紀》李賢注引)

饒氏,漢有饒斌,爲漁陽太守,見《風俗通》。

沃氏,《風俗通》:商太甲子沃丁之後。《列仙傳》有沃焦。

靈氏,《風俗通》:齊靈公之後。或云宋公子子靈圍龜之後。宋有靈不緩。晉有餓者[①]靈輒,越有靈姑浮。《列女傳》衛靈宗室靈主。《漢功臣表》靈常[②]。舜七友有靈甫。

須氏,《風俗通》:太昊之裔,須句國之後。《左傳》:楚大夫須務本牟。魏有須賈。《漢功臣(表)》有須無[③]。《史記索隱》:密須氏之後。

按,《元和姓纂》卷二引《風俗通》作:"須,《風俗通》:太昊風姓須之後,有須句國。又殷有密須國,爲氏。魏有須賈。平陸侯須無紹,傳封四代。"《名賢氏族言行類稿》卷八引作:"須,《風俗通》:太昊風(姓)之後,有須句國。又殷有密須,並以國爲氏。魏有須賈。漢有平陸侯須無,紹封四代。"諸書引文互有長短,録以互校。

丹氏,見《風俗通》。堯使子朱處丹淵,爲諸侯。

蕭氏,《風俗通》云:宋樂叔以討南宫萬,立御説之功,受封於蕭,列附庸之國,後因爲氏。漢蕭何、望之、蕭奮。

仲氏,《風俗通》云:氏於字。湯左相仲虺。周仲桓。又魯仲遂、仲嬰。齊宋仲江、仲幾。孔子弟子仲由。後漢有仲光。

濯氏,見《風俗通》,濯輯之後。

牛氏……《風俗通》:漢有牛崇,爲隴西主簿,馬文淵爲太守。羊喜爲功曹。涼部云:"三牲備具。"

犨氏,犨麋,古之醜人,見《吕氏春秋》,色如漆,陳侯悦之。《風俗

---

① 餓者:二字《姓氏急就篇》原無,據《重修廣韻》卷二引《風俗通》補。

② 《漢功臣表》靈常:此見《漢書》卷一六《高惠高后文功臣表》:"陽羨定侯靈常,以荆令尹漢五年初從……從至陳,取韓信,遷中尉。以擊布,侯,二千户。(元年)十月壬寅封,十四年薨。"

③ 《漢功臣(表)》有須無:此見《漢書》卷一六《高惠高后文功臣表》:"陸量侯須無,詔以爲列諸侯,自置吏令長,受令長沙王。"至其玄孫一代,絶封。

通》:晉大夫郤犨之後。

伉氏,《風俗通》有伉喜。

行氏,周大行人之後。後漢隗囂將行巡。《風俗通》:漢有行祐,爲趙相,又複姓行其氏。

千氏,《風俗通》:漢有蜀郡都尉千獻。

職氏,周有職方氏,因官爲氏。《風俗通》:漢有山陽令職洪。

僕氏,楚有僕析父。《風俗通》:《漢功臣表》有僕明①。《史記》僕多。

滑氏,姬姓國。《左傳》:衛大夫滑羅。漢光禄大夫滑堪。《風俗通》:漢詹事滑典。韓子周,滑之後。

匠氏,本匠人之官。《風俗通》:氏於事。《莊子》有匠石。《左傳》:晉匠麗氏。魯匠慶。

諶氏,《風俗通》:漢汝南太守諶渙②,江津人。

岑氏,《風俗通》:古岑子國之後,出姬姓,周文王異母弟耀子渠,武王封岑子。漢岑彭、岑晊。

沓氏,《風俗通》:賨人七姓有沓。

顯氏,《風俗通》:顯父爲周卿,見《詩·韓奕》。(《姓氏急就篇》卷上)

---

① 漢功臣表有僕明:此見《漢書》卷一七《景武昭宣元成功臣表》:"僕朋,以校尉從票騎將軍再出擊匈奴得王,侯。從票騎將軍虜五王。二年二月乙丑封,八年薨。"知"明"爲"朋"之訛。然《史記》卷一一一《衛將軍驃騎列傳》末附四庫館臣《考證》:"校尉僕多有功。《索隱》:案,《漢表》作僕朋,疑多是誤。按,僕朋祇一見於《漢表》耳,《史》《漢·驃騎傳》及《建元以來侯者年表》皆作'僕多',三人占從二人之言,則是'僕朋'爲誤,非'僕多'誤也。"《史記》卷一一一《衛將軍驃騎列傳》:"校尉僕多有功,封爲煇渠侯。"司馬貞《索隱》:案《漢表》作僕朋,疑多是誤。"《漢書》卷五五《霍去病傳》:"封(程)不識爲宜冠侯,校尉僕多有功,封爲煇渠侯。""師古曰:《功臣侯表》作'僕朋',今此作'多',轉寫者誤也。"《元和姓纂》卷一〇:"僕,《周禮》:僕人後。匈奴降者僕多,封渾梁侯。"據此,似又以作"僕多"者爲是,"僕明"即"僕多"轉寫之訛。

② 諶渙:此見《後漢書》卷八二上《廖扶傳》:扶"尤明天文讖緯風角推步之術,州郡公府辟召,皆不應……太守諶煥。諶,姓也。先爲諸生從扶學。後臨郡未到,先遣吏修門人之禮,又欲擢扶子弟,固不肯,當時人因號爲北郭先生,年八十,終于家。"《姓氏急就篇》卷下、《五音集韻》卷一四引亦均作"渙",但《古今姓氏書辯證》卷三七、《通志》卷二八《氏族略四》引《風俗通》均作"諶瓊"。

厲氏，國名。《風俗通》：漢有厲温。

賴氏，國名，漢有校尉賴丹。《風俗通》：交趾太守賴先。

甫氏，姜姓。《風俗通》：甫侯之後。《史記》：鄭大夫甫瑕。

宿氏，風姓國。漢有雁門太守宿詳，見《風俗通》。《孝子傳》宿倉舒[1]。

横氏，《風俗通》：韓王子成，號横陽君，其後爲氏。《吕氏春秋》：横革佐禹。

瞞氏，《左傳》：衛有瞞成。《風俗通》：瞞氏，荆蠻之後，本姓蠻，其支裔隨音變，改爲瞞氏。

委氏，《風俗通》：漢太原太守委進。

有氏，孔子弟子有若。《風俗通》：漢光禄勳有光。

諸氏……《風俗通》：漢有洛陽令諸於。

樗里氏……《風俗通》：《琴九引》有樗里牧恭。

三烏氏，《風俗通》：沛上計三烏群，三烏大夫之後也。

按，《通志》卷二七《氏族略三》引本條作："三烏氏，《風俗通》：凡氏於職，三烏、五鹿。有三烏大夫，因氏焉。漢有三烏群，爲上郡計。"《萬姓統譜》卷一三〇引本條作："三烏，《風俗通》：凡氏于職，三烏五鹿。有三烏大夫，因氏焉。"《重修廣韻》卷二："沛上計三烏群，三烏大夫之後也。"文意與本條差别較大，録以備考。

青烏氏，《風俗通》：漢有青烏子，善數術。

白馬氏，見《風俗通》《潛夫論》。

牧師氏，見《風俗通》。

公族氏，後漢有公族進階。《風俗通》：晋成公立公族大夫韓无忌，號公族穆子。

龍丘氏，《風俗通·琴引》有楚龍丘子。後漢吴有龍丘萇，隱居太

① 宿倉舒：《太平御覽》卷四一三引蕭廣濟《盧盤佶孝子傳》："又曰：宿倉舒，陳留尉氏人也。年七歲，遭荒，父母飢苦，倉野求自賣，與潁川王氏，得大麥九斛，後王氏免之，累官除上黨太守。後尋覓父母，經太原南郭，忽見母，遂還舊居。母卒，悲號而死。"他書舒或訛作野。

末，志不降辱。太末有龍丘山。

勝屠氏，漢有勝屠公。《風俗通》：即申屠也。

屠門氏，《王莽傳》：杜陵屠門少。《風俗通·琴引》有秦屠門高枝。

威王氏，楚威王後。《風俗通》：漢有威王弼。

武强氏，《風俗通》：漢武强侯王梁，其後因封爲氏。

苦成氏，晉苦成叔郤犨。《戰國策》：趙有苦成常。根牟氏，《風俗通》：魯邑名。根牟子，古賢者，著書。《詩序録》云：孟仲子傳根牟子。

投壺氏，《風俗通》：晉中行穆子相投壺，因氏焉。

聊氏，《風俗通》：漢有聊倉。又有聊氏，爲潁川太守，著《萬姓譜》。

應氏，周武王子封應，以國氏。《古今人表》應豎，吴中大夫。應嵩，漢初應曜，居淮陽。後漢應奉、劭。劭撰《風俗通》，有《氏姓篇》。

勉氏，《風俗通》：漢有上郡太守[1]勉昂。（《姓氏急就篇》卷下）

差，《風俗通》云：人姓。（《萬姓統譜》卷五）

虔，《風俗通》云：陳晉虔氏，黄帝之後。（《萬姓統譜》卷二八）

麃，音臮。《風俗通》：秦將麃王之後。（《萬姓統譜》卷三〇）

猷，遼西，見《風俗通》。（《萬姓統譜》卷六三）

俟，河南，見《風俗通》，俟奴氏改爲俟氏。（《萬姓統譜》卷七四）

按，本條必非《風俗通》之文，原出《魏書·官氏志》，乃北魏孝文帝時事，在應氏身後，不應入其《風俗通》。

豎，見《姓苑》《風俗通》，云：閹寺之官，賤者爲之。齊有豎刁。（《萬姓統譜》卷七八）

具，晉大夫具丙之後，見《風俗通》，望出魏郡。（《萬姓統譜》卷九五）

按，《通志》卷二八《氏族略四》引本條作："具氏，晉大夫具丙之後。漢有中山太守具褒。後漢宦者中常侍具瑗。"當亦出《風俗通》，唯未標書名。

蕢，《風俗通》云：與蒯同音。（《萬姓統譜》卷九八）

牧……黄帝臣力牧之後，見《風俗通》。（《萬姓統譜》卷一一二）

---

① 上郡太守：四字《姓氏急就篇》原無，據《續通志》卷八七、《萬姓統譜》卷八一補。

析，見《風俗通》，衛公族大夫析朱鉏之後，以王父字爲氏。

按，《元和姓纂》卷一〇析氏作："析，《左傳》：齊大夫析歸父，衛大夫析朱鉏，公子黑，其後也。後漢析像，通《京氏易》。廣漢雒縣人析國，爲鬱林太守。生像，入《後漢·方術傳》。"《通志》卷二七《氏族略三》："析氏，衛公族，大夫析朱鉏之後也。朱鉏公子黑背之孫，以王父字爲氏。齊有大夫析歸父。後漢析像，通《京氏易》。像者，鬱林太守析國之子也。廣漢雒縣人像，入《後漢·方術傳》。望出廣漢、西河也。"《名賢氏族言行類稿》卷五二："析，《姓纂》：《左傳》：齊大夫析歸父，衛大夫析朱鉏，公子黑背孫也。"内容皆較本條爲多，可補充本條叙事之遺漏及文字之訛脱。

職，《周禮》職方氏之後，以官爲氏，見《風俗通》。（《萬姓統譜》卷一二三）

納……又《風俗通》云：亦姓。（《萬姓統譜》卷一二四）

鍾古，《風俗通》：鍾古，桀内史也，因氏焉。（《萬姓統譜》卷一二五）

按，本條"鍾古"當爲"終古"之誤，史無鍾古氏，有終古氏，見前"終古"條，淩迪知必是從誤本誤輯入，以爲古人姓氏。

於陵，姜姓。《風俗通》云：陳仲子居於陵，因氏焉。（《萬姓統譜》卷一二六）

瑕丘，姬姓。《風俗通》：魯桓公庶子，食采瑕丘，因氏。（《萬姓統譜》卷一二九）

梁垣，《風俗通》：周畢公後，有梁垣演，居大梁之墟，子孫因氏焉。（《萬姓統譜》卷一三〇）

尹，少昊之子，封於尹城，因氏焉。《風俗通》云：師尹也，以官也。於官爲姓。周有尹吉甫。（《古今合璧事類備要》續集卷一六）

詁……按《風俗通》：古公亶父之後，因氏焉。晉平公時有舟人古乘。（《古今合璧事類備要》續集卷一七）

按，據《通志》卷二八《氏族略四》、《萬姓統譜·氏族博考》卷二，此爲古氏之文，《備要》或誤爲詁氏。

甘，《風俗通》：甘，夏時侯國也，以國爲氏。一云周武王同姓，於畿内爲諸侯,因氏焉,甘伯桓公是也。又周封王子帶於甘,昭公是也。殷有甘盤,秦有甘茂,生羅,見《史記》。

昭……《風俗通》:漢有大鴻臚昭闕。(《古今合璧事類備要》續集卷二四)

應劭《風俗通》曰:巴有賨人剽勇,高祖爲漢王時,閬中人范目説高祖募取賨人,定三秦,封目爲閬中慈凫鄉侯,并復除目,所發賨人盧、朴、沓、鄂、度、夕、襲七姓,不供租賦。閬中有渝水賨人,左右居鋭氣,喜舞,高祖樂其猛鋭,數觀其舞,後令樂府習之。(《文選》卷四張衡《蜀都賦》李善注引)

應劭《風俗通》曰:高漸離變姓易名,庸保於宋子之家,久作,苦聞其家堂客擊筑伎養,不能毋出言也。(《文選》卷九潘安仁《射雉賦》李善注引)

附　録

臣所校定《風俗通義》,崇文先闕本,臣以私本,因官書校定,凡十卷,謹次第録。謹案:范曄《後漢書》,應劭字仲遠,汝南南頓人。歷太山太守。後爲袁紹軍謀校尉,卒于鄴。撰《風俗通》,以辨物類名號,釋時俗嫌疑,文雖不典,後世服其洽聞。然傳不記其篇卷,惟《梁録》載《風俗通義》三十卷。《隋書·經籍志》云三十二(一)卷、録一卷。《唐志》亦云三十卷。而臣某所傳纔十卷,初疑闕其下篇。歷代諸儒著書,引據最多,而無若庾仲容《子抄》、馬總《意林》載之略備。今以其書校之,乃篇次不倫。然《子抄》但著卷第,凡三十一,而不記篇名,《意林》則存篇名,而無卷第。今校其文意粗可見者,獨《皇霸》一篇,同爲第一。其《正失第二》,《子抄》云第六。《愆禮三》,《子抄》云第八。《過譽四》,《子抄》云第七。《十反五》,《子抄》云第九。《聲音六》,《子抄》云十三。《窮通七》,《子抄》云十五。《祀典八》,《子抄》云二十。《神怪九》,《子抄》云三十一。《山澤十》,《子抄》云二十四。又《意林》以《祀典篇》爲《儀禮》,其餘篇名可見者,曰《心政》,曰《古制》,曰《陰教》,曰《辨惑》,曰《折當》,曰《恕度》,曰《嘉號》,曰《徽稱》,曰《情遇》,曰《姓氏》,曰《諱篇》,曰《釋忌》，曰《輯事》，曰《服妖》，曰《喪祭》，曰《宫室》，曰《市井》，曰《數紀》，曰《新秦》，曰《獄法》。其書並亡，而第八并篇名亦亡。又案，《意林》于《折當篇》載《目録》云：'太山太守臣劭再拜上書曰：秦皇焚書坑儒，六藝缺亡。高祖受命，四海乂安，往往于壁柱石室之中，得其遺文，竹朽帛裂，殘闕不備。至國家行事，俗間流語，莫能原察。故三代遣輶軒使者，經絶域，採方言，令人君不出户牖而知異俗之語耳。'此其自叙如此，勢當在卷首或卷末。今乃云第十，以此又知庾、馬所載篇第未必當。然故不復更改，謹以黄紙繕寫，藏之館閣。(《蘇魏公文集》卷六六《校風俗通義題序》)

應劭《風俗通》雖東漢末所作，然所載亦難盡信。其叙希姓者曰：合浦太守虎旗、上郡太守邸杜、河内太守遇冲、北平太守賤瓊、東平太守到質、沐寵、北平太守卑躬、雁門太守宿詳、五原太守督璝、汝南太守謁涣、九江太守荆修、東海太守鄗熙、弘農太守移良、南郡太守爲昆、酒泉太守頻暢、北海太守處興、巴郡太守鹿旗、涿郡太守作顯、廬江太守貴遷、交趾太守賴先、外黄令集一、洛陽令諸於、單父令即賣、烏傷令昔登、山陽令職洪、高唐令用虯。此二十君子，皆是郡守、縣令，惟移良之名曾見於史，恐未必然也。(《容齋隨筆》五筆卷一《風俗通》)

世族譜

《世族譜》，舊籍稱引或作《春秋大夫世族譜》、《春秋大夫譜》，杜預撰。杜預(222—284)，西晉名將、經學名家，事迹見《晉書》卷三四《杜預傳》。是書爲其治《春秋》之産物，專載春秋諸侯國氏族譜系，爲較早的姓氏書，唐人尚多見傳本，多有徵引，入宋以後亡佚。北宋初僅有一卷，事載《崇文總目》卷一"春秋類"："《春秋世譜》七卷，不著撰人名氏。凡七卷，起黄帝至周，見于春秋諸國世系，傳久，稍失其次矣。按隋唐書目：《春秋大夫世族譜》十三卷，顧啓期撰。而杜預《釋例》自有《世族譜》一卷，今書與《釋例》所載不同，而本或題云'杜預撰'者，非也。疑此乃啓期所撰云。"文中提到的"顧氏譜"，見《舊唐書》卷四七《經籍志上》"春秋類"，作："《春秋大夫譜》十一卷，顧啓期撰。"《新唐書》卷五七《藝文志一》"春秋類"："顧啓期《大夫譜》十一卷。"即此書。顧氏，劉宋時東吴人，見《隋書·經籍志二》"地理類"，顯非杜預書，内容上有所承襲則很有可能。《宋史·藝文志一》"春秋類"有杜預《春秋釋例》十五卷，或此《世族譜》一卷即在其中。雖然是書出自《春秋》學名家之手，但《晉書》本傳不載，僅云："又參考衆家譜第，謂之《釋例》。又作《盟會圖》、《春秋長曆》，備成一家之學，比老乃成。"後二書内容專門，顯非《世族譜》之比，《釋例》則爲此書之總名，此書爲其中之一部分，二者的關係是部分與全體的關係。關於此點，《四庫全書總目》卷二六《春秋釋例十五卷提要》有云："是書以經之條貫必出於傳，傳之義例歸總於凡，《左傳》稱凡者五十，其别四十有九，皆周公之垂法、史書之舊章。仲尼因而修之，以成一經之通體……故别集諸例及地名、譜第、曆數相與爲部，先列經傳數條,以包通其餘,而傳所述之,凡繫焉更以己意申之,名曰《釋例》。地名本之《泰始郡國圖》,《世族譜》本之劉向《世本》,與《集解》一經一緯,相爲表裏。"其説本元吴萊《春秋釋例後序》:"《春秋左氏》,漢初本無傳者,劉子駿始建明之,欲立學官,諸儒莫應,然傳之者亦已衆多,賈景伯、服子慎,並爲訓解。及晉而杜元凱又作《經傳集解》三十卷、《釋例》四十卷,且歷詆劉、賈之違,獨不言服氏,豈或不見服氏書乎?亦不應不見也。《世族譜》本之劉向《世本》,《地志》本之《泰始郡國圖》,《長曆》本之劉洪《乾象曆》……今《釋例》具在,有劉蕡序。蕡太和中對賢良策,譏切人主,斥罵宦者,文極激。其學一本《春秋》,與漢董生天人三策相爲上下。蕡亦自擬董生,且曰:'昔董仲舒爲漢武帝言之未盡者,今臣復爲陛下言之。'壯哉蕡乎!至爲此序,獨不類。唐文之衰,至此極矣。吴萊序。"可見元代以上的《世族譜》乃是四十卷單行本《春秋釋例》中的一部分,必占多卷篇幅,非如今本,僅有兩卷,卷數寡少。今本存文,主要在《四庫全書》本《春秋釋例》卷八《世族譜第四十五之上》、卷九《世族譜第四十五之下》。但以現存佚文與此二卷相比勘,發現仍然多有遺漏,多數佚文在書中仍然找不到,知已非原本,仍有必要輯佚復原。《提要》亦云:今本"均止十五卷,惟元吴萊作《後序》云四十卷,豈元時所行之本,卷次獨分析乎?自明以來,是書久佚,惟《永樂大典》中尚存三十篇,並有唐劉蕡原序,其六篇有《釋例》而無經傳,餘亦多有闕文。謹隨篇掇拾,取孔穎達《正義》及諸書所引《釋例》之文補之,校其訛謬,釐爲二十七篇,仍分十五卷,以還其舊。"條首《春秋釋例十五卷》下亦注云"《永樂大典》本",知乃四庫館臣從《永樂大典》中輯出之輯佚本。蓋《春秋釋例》在唐宋元曾爲單獨流傳之成書,但其中的《世族譜》始終未曾别出單行,故隋唐宋三朝史志目録及私家目録均闕載,其他載籍則多加徵引,存文三百餘條,可供輯復。關於此書作意,《春秋左傳原目》曰:"杜君采《太史公書》、《世本》,旁引傳記,以爲《世族譜》,略記國之興滅。"知爲春秋世族史,兼具國别史的特點,有一定史料價值,且存文頗豐,故據諸書輯録。

《譜》云：魯，姬姓，文王子周公旦之後也。周公股肱周室，成王封其子伯禽於曲阜，爲魯侯，今魯國是也。自哀以下九世二百一十七年，而楚滅。魯依《魯世家》，伯禽至隱公凡十三君，兄弟相及者五人。隱公名息姑，伯禽七世孫。惠公弗，皇子聲子所生，平王四十九年即位，是歲歲在豕韋。（晉杜預注，唐孔穎達疏《春秋左傳原目》）

《世族譜》紀，姜姓，侯爵，莊四年，齊滅之。

《世族譜》於夷詭諸之下注云：妘姓，更無夷國。（晉杜預注，唐孔穎達疏《春秋左傳注疏》卷一孔穎達正義引）

《世族譜》：（桓公名）亦爲軌。

《世族譜》：趙穿是夙之庶孫，於趙盾爲從父昆弟，而爲盾側室。（晉杜預注，唐孔穎達疏《春秋左傳注疏》卷四孔穎達正義引）

《世族譜》云：虞，姬姓。武王克商（商），封虞仲之庶系，以爲虞仲之後，處中國，爲西吴，後世謂之虞公。服虔云：春秋前以黜陟之法進爵爲公，未知孰是。或可嘗爲三公之官，若虢公之屬，故稱公也。以其無文，故備言之。（晉杜預注，唐孔穎達疏《春秋左傳注疏》卷五孔穎達正義引）

《世族譜》：子游，雜人，不知何公之子。（晉杜預注，唐孔穎達疏《春秋左傳注疏》卷八孔穎達正義引）

《魯世家》：閔公名開，莊公之子。惠王十六年即位。杜《世族譜》云：名啓方，漢景帝諱啓，啓、開因是而亂。《杜譜》云：啓方從《世本》文謚法，在國逢難曰閔，是歲歲在大梁。（晉杜預注，唐孔穎達疏《春秋左傳注疏》卷一〇孔穎達正義引）

《世族譜》：管氏出自周穆王成十一年傳，有齊管于奚，《譜》以爲雜人，則非管仲之子孫也。（晉杜預注，唐孔穎達疏《春秋左傳注疏》卷一二孔穎達正義引）

《世族譜》以百里孟明視爲百里奚之子，則姓百里，名視，字孟明也。（《春秋左傳注疏》卷一六孔穎達正義引）

《世族譜》取《史記》之説，又從而譏之云："按鯀則舜之五世從祖父也，而及舜共爲堯臣，堯則舜之三從高祖，而妻其女。"（晉杜預注，唐孔穎達疏《春秋左傳注疏》卷二〇孔穎達正義引）

《世族譜》:(趙)盾是衰子,穿是夙孫,是穿爲盾之從父昆弟之子也。(《春秋左傳注疏》卷二一孔穎達正義引)

杜《世族譜》於齊國雜人之中,有華免而無士字,此注以華免爲大夫,則士者爲士官也,官掌刑政,故使殺國佐也。(晉杜預注,唐孔穎達疏《春秋左傳注疏》卷二八孔穎達正義引)

《世族譜》不知萊國之姓,齊侯召萊子者,不爲其姓姜也。

《世族譜》:魏顆、魏絳,俱是魏犨之子。顆長生頡,則絳是頡之叔父,顆别爲令狐氏,絳爲魏氏,蓋顆長而庶,絳幼而適故也。(晉杜預注,唐孔穎達疏《春秋左傳注疏》卷二九孔穎達正義引)

《世族譜》:欒魴爲欒氏族,以欒樂爲雜人。(晉杜預注,唐孔穎達疏《春秋左傳注疏》卷三五孔穎達正義引)

《世族譜》云:子羽,穆公子,其後爲羽氏,即羽師,頡是其孫,此非行人子羽公孫揮也。世族譜以公孫揮爲雜人,自外唯有罕、駟、豐、游、印、國、良七族,見於經傳,皆出穆公,故稱七族也。(晉杜預注,唐孔穎達疏《春秋左傳注疏》卷三七孔穎達正義引)

《世族譜》以高武子爲鄰、偃爲一人。(晉杜預注,唐孔穎達疏《春秋左傳注疏》卷三九孔穎達正義引)

杜《世族譜》:滕成公是文公之子。成十六年,滕子卒。自爾以來,襄五年盟于戚,九年于戲,十一年于亳城北,十九年于祝柯,二十年于澶淵,二十五年于重丘,皆魯滕俱在,凡六同盟,但經傳更無明文,未知皆是滕成公否。杜氏之意疑,故指重丘近者而言。

《世族譜》云:羊舌氏,晉之公族也。羊舌,其所食邑名,唯言晉之公族,不知出何公也。杜云:同祖爲宗,謂同出一公,有十一族也。《譜》又云:或曰,羊舌氏姓李名果,有人盗羊而遺其頭,不敢不受而埋之。後盗羊事發,辭連李氏,李氏掘羊頭,示之以明己不食,唯識其舌存,得免,號曰羊舌氏。杜言"或曰",蓋舊有此説,杜所不從,記異聞耳。

杜據《世本》《史記》,作《世族譜》,説諸國滅亡之年。此下十一年,楚滅蔡。十三年,蔡復封。春秋後二世十八年,而楚滅蔡也。哀八年,宋滅曹也。滕以春秋後六世。而齊滅之鄭,在春秋後五世九十一年。

韓滅鄭衛，在春秋後十一世二百五十八年，而秦滅衛也。（晉杜預注，唐孔穎達疏《春秋左傳注疏》卷四二孔穎達正義引）

《世族譜》以王正爲雜人。（晉杜預注，唐孔穎達疏《春秋左傳注疏》卷四三孔穎達正義引）

《世族譜》：司徒老祁爲一人，慮癸爲一人。（晉杜預注，唐孔穎達疏《春秋左傳注疏》卷四七孔穎達正義引）

《世族譜》：子寬與游速渾罕爲一人。駟帶字子上，六年死矣。此別有子上，非駟帶也。世族譜雜人内有子上，無子寬，明子寬與渾罕爲一人也。（晉杜預注，唐孔穎達疏《春秋左傳注疏》卷四八孔穎達正義引）

《世族譜》：（公子）辰、地，皆云元公子。

《世族譜》：齊雜人内，有祝固史嚚。（晉杜預注，唐孔穎達疏《春秋左傳注疏》卷四九孔穎達正義引）

《世族譜》云：少皞氏，其官以鳥爲名。（晉杜預注，唐孔穎達疏《春秋左傳注疏》卷五三孔穎達正義引）

《世族譜》：伯蚠、劉蚠、劉文公、劉狄、劉卷、劉子爲一人。

《世族譜》：季芈、畀我，皆平王女也。（晉杜預注，唐孔穎達疏《春秋左傳注疏》卷五四孔穎達正義引）

偃且，人姓名也，檢《世族譜》，無此人。（晉杜預注，唐孔穎達疏《春秋左傳注疏》卷五五孔穎達正義引）

《世族譜》：叔還是叔弓曾孫。

《世族譜》云：孟縶無子，靈公以其子彄爲之後也。

《世族譜》：趙衰，趙夙之弟也。衰生盾，盾生朔，朔生武，武生成，成生鞅。其家爲趙氏，夙孫穿，穿生旃，旃生勝，勝生午。其家爲耿氏。計衰至鞅夙至午，皆六代。（晉杜預注，唐孔穎達疏《春秋左傳注疏》卷五六孔穎達正義引）

《世族譜》：許男，斯之後有元公，成悼公孫。

文侯申生景侯固，固生靈侯般，般生隱太子。今昭侯申是隱太子之子，杜《世族譜》亦然。（晉杜預注，唐孔穎達疏《春秋左傳注疏》卷五七孔穎達正義引）

《世族譜》云：僖公過，悼公曾孫。（晉杜預注，唐孔穎達疏《春秋左傳注疏》卷五八孔穎達正義引）

《世族譜》：（皇）瑗，皇父充，石八世孫。緩、充，石十世孫。

《世族譜》云：敬王四十二年崩。敬王子元王，十年，春秋之傳終矣。據此，則敬王崩，當在哀公十七年。《史記·周本紀》及《十二諸侯年表》，敬王四十二年崩。子元王仁立，則敬王是魯哀十二年崩也。《六國年表》，起自元王，及本紀皆云元王八年崩，子定王介立。定王元年是魯哀公之二十七年，與杜預《世族譜》爲異。……杜《世族譜》云：敬王三十九年，魯哀公十四年，獲麟之歲也。四十二年而敬王崩，敬王子元王十年春秋之傳終，矣與《史記》不同者。（晉杜預注，唐孔穎達疏《春秋左傳注疏》卷六〇孔穎達正義引）

杜預《世族譜》曰：周，黄帝之苗裔，姬姓，后稷之後，封于邰。及夏衰，稷子不窋竄于西戎。至十二代孫太王，避狄遷岐。至孫文王受命，武王克商，而有天下，自武王至平王，凡十三世。自平王至威烈王，又十八世。自威烈王至赧王，又五世。

《世族譜》云：賓如從兄曰倉。（《春秋釋例》卷八）

《世族譜》：越，姒姓，自號於越，濱于南海，不與中國通。《漢志》，粤地牽牛婺女之分野也。其君禹後，文身斷髪，以避蛟龍之害。（《春秋地名考略》卷一一）

《世族譜》：伯蚠、劉蚠、劉文公、劉狄、劉卷、劉子，爲一人。（《惠氏春秋説》卷三）

《世族譜》：季芈、畀我，皆平王女也。（《經典釋文》卷二〇）

周宣王封其弟友于鄭。杜預《世族譜》曰：封於咸林。（《資治通鑑》卷一胡三省注引）

黨氏，公族，見《釋例·周世族譜》。（《通志》卷二八）

杜預《世族譜》亦有庖國，云夏同姓。（《路史》卷一〇）

《世族譜》：荀侯，荀姓。魏正平有荀城，故或以爲鄭地之荀。（《路史》卷一九）

共，《世族譜》云：附庸國。

向，附庸國。《世族譜》。（《路史》卷二七）

《世族譜》有鬲，與有隔爲二。（《路史》卷二九）

周，杜預《世族譜》云：黄帝之苗裔，姬姓，后稷之後，封於有邰，其後世衰。后稷之子不窋乃失其職，竄於西戎，至十有二代孫，曰太王，爲狄人所逼，邑於岐山之下，居焉。王孫文王受命，武王克殷，而有天下。至幽王無道，爲犬戎所殺。幽王子平王東遷，乃居王城。（《國語補音》卷一）

鄭，杜預《世族譜》云：鄭，姬姓，周厲王母弟桓公友之後也。封於咸林，今京兆鄭邑是也。幽王無道，乃徙其人於虢鄶之間，遂有其地。（《國語補音》卷三）

《世族譜》云：薛，任姓，黄帝之苗裔。奚仲封爲薛侯，今魯國薛縣是也。（《庾子山集》卷八《謝滕王集序啓》倪璠纂注引）

杜預《世族譜》：晉國，本在太原晉陽縣。燮父改之曰晉。（《庾子山集》卷九《擬連珠》倪璠纂注引）

複姓録

《複姓録》，傅餘頠著，卷亡。傅餘頠，生卒年不詳。約東晉人，正史無傳，其事迹略見唐宋姓氏書。宋章定《名賢氏族言行類稿》卷八"餘氏"條："晉有餘頠，著《複姓録》，自云，本出傅氏。《前燕録》有餘玄、餘和、餘巖、餘崇，並鮮卑種類。"《重修廣韻》卷一："餘，殘也，賸也，皆也，饒也。又姓，晉有餘頠。又漢複姓四氏。《左傳》：韓宣子之後，有名餘子者，奔於齊，號韓餘氏。又傅餘氏，本自傅説。説既爲相，其後有留於傅巖者，因號傅餘氏。秦亂，自清河入吴。漢興，還本郡。餘不還者曰秦餘氏，吴郡有之。《風俗通》云：吴公子夫概奔楚，其子在國，以夫餘爲氏，今百濟王夫餘氏也。"可見其姓氏甚古，爲傅氏之餘。其《複姓録》爲有佚文存世的較早的譜牒學著作，專載漢魏間複姓，反映兩漢、魏晉以來，隨着民族大融合的加深而給姓氏之學帶來的新變化，其所記的中華境内形成的衆多複姓，多他書所不載，有特殊的史料價值，兹據諸書加以輯録，以存其崖略。

餘，晉有餘頠，著《複姓録》，本出傅氏。按，《世本》：韓宣子之後，有韓餘氏。又《英賢傳》云：傅説子孫，留傅巖者，爲傅餘氏，然則餘之所出，傅與韓未可定也。(《元和姓纂》卷二)

阪上，上黨屯留人，其先居阪上，因氏焉，見傅餘頠《複姓録》。(《元和姓纂》卷八)

尚方，傅餘頠《復姓録》有尚方氏。(《元和姓纂》卷九)

西素，出傅餘頠《複姓録》。(《古今姓氏書辯證》卷四)

安都，晉傅餘頠《複姓録》有此氏。(《古今姓氏書辯證》卷八)

婆衍，傅餘頠《複姓録》曰：代北人，南凉尚書左丞婆衍崘。（《古今姓氏書辯證》卷一二）

地倫，傅餘頠《複姓録》云：代北人姓。（《古今姓氏書辯證》卷二九）

傅餘，晉傅餘頠著《複姓録》，自云傅説之後，留居傅巖，爲傅餘氏。（《古今姓氏書辯證》卷三〇）

餘氏，晉餘頠著《複姓録》，自云本出傅氏。《前燕録》有餘元、餘和、餘嚴、(餘)崇，舊云鮮卑種類，然既出傅氏，無因出鮮卑。（《通志》卷二八）

郁朱、鮑俎、鶻也、渠金、軍車、叱雷、駱雷、吐粟、都車、生耳、薄野、鶻奚、九盧、荷訾、李蘭、默容、三種、吐火、吐和、屋南、鶻野。已上二十一姓，見《複姓録》，並不詳所出。（《萬姓統譜》卷一三九《代北複姓》）

庾氏譜

《庾氏譜》，南朝古姓氏書，專載晉宋庾氏家族人物事迹，撰人、卷數、成書年代均不詳。《隋書·經籍志二》“雜傳類”有庾斐撰《庾氏家傳》一卷，此書爲其同類著述，而時代更早。《三國志》裴松之注、《世説新語》劉孝標注各有引用，時代甚早，當爲東晉以前古姓氏書，作者當爲東晉或劉宋初庾氏子孫，這裏權且著録爲東晉庾某撰。佚文僅剩七條，今據諸書輯録。

案《庾氏譜》，(庾)嶷字劭然，潁川人。子龗，字玄默，晉尚書、陽翟子。嶷弟遁，字德先，太中大夫。遁裔嗣克昌，爲世盛門。侍中峻，河南尹。純皆遁之子。豫州牧長史顗，遁之孫。太尉文康公亮，司空冰，皆遁之曾孫，貴達至今。(《三國志》卷一一《魏書·管寧傳》裴松之注引)

《庾氏譜》曰：庾亮子會，娶(諸葛)恢女，名文彪。(《世説新語》卷中之上《方正》引)

《庾氏譜》曰：(庾)會字會宗，太尉亮長子，年十九，咸和六年遇害。

《庾氏譜》曰：(庾)翼娶高平劉綏女，字静女。(《世説新語》卷中之上《雅量》引)

小庾臨終自表，以子園客爲代。園客，爰之小字也。《庾氏譜》曰：(庾)爰之字仲真，翼第二子。(《世説新語》卷中之上《識鑒》引)

《庾氏譜》曰：(庾)友字惠彦，司空冰第三子，歷中書郎、東陽太守。

《庾氏譜》曰：(庾)友字玄之，長子宣，娶宣武弟桓豁之女，號女幼。(《世説新語》卷下之上《賢媛》引)

魏世譜

《魏世譜》,東晉孫盛(生卒年不詳。字安國,太原中都人,東晉初,起家著作佐郎,事陶侃、庾亮、桓温。年七十二卒,著《魏氏春秋》、《晉陽秋》。事迹見《晉書》卷八二《孫盛傳》)撰,記曹魏皇室宗族及主要臣僚名氏事迹,形成譜系。每姓之下條述其姓氏起源、子孫名氏、主要歷官,具有譜牒兼傳記的雙重特色。正史書目及《晉書》本傳並無記載,别見於《卮林》卷四《歷代史》:"三國書傳者,唯陳壽所撰是矣。然《九州春秋》十卷,記漢末事耳…… 湮没不存,他(書)尚有……孫盛《魏世譜》三卷……"不知作孫盛撰何據,這裏姑且以爲孫作。然考慮到《三國志》裴注還引有孫盛《蜀世譜》,則《魏世譜》之出孫盛撰述,亦必有據,原名則當爲《三國世譜》,本書爲其中三種之一。衹因舊籍並無這一書名,這裏衹能書此志疑。《太平御覽》列入卷首《經史圖書綱目》,《御覽》正文引用二條,《三國志》裴松之注引二條,《文選》李善注引二條,三書所引去除重複,實則僅有二條,據輯。

《魏世譜》曰:晉受禪,封齊王爲邵陵公,年四十三。太始十年薨,謚曰厲公。(《三國志》卷四《三少帝紀·齊王芳紀》裴松之注、《文選》卷六左思《魏都賦》劉淵林注引;《太平御覽》卷九四)

(咸熙二年十二月壬戌,天禄永終,歷數在晉,詔群公卿士具儀設壇于南郊,使使者奉皇帝璽綬册,禪位于晉,嗣王如漢魏故事。甲子,使使者奉策,遂改次于金墉城,而終館于鄴,時年二十。)《魏世譜》曰:封帝爲陳留王,年五十八。太安元年崩,謚曰元皇帝。(《三國志》卷四《三少帝紀·陳留王奂紀》裴松之注、《文選》卷二四陸士衡《答賈長淵

一首》李善注引）

按，《太平御覽》卷九四引《魏世譜》曰："晉封帝爲陳留王，年二十八。太安元年崩，謚曰元皇帝。"終年不同。

蜀世譜

《蜀世譜》，西晉學者孫盛撰，乃其所撰《三國世譜》之一部分。《三國志》裴松之注引用六條，據輯。

孫盛《蜀世譜》曰：（穆）壹孫喬，没李雄中，三十年不爲雄屈也。（《三國志》卷三四《蜀書·二主妃子傳·先主穆皇后傳》裴松之注引）

孫盛《蜀世譜》曰：（劉）璿弟瑶、琮、瓚、諶、詢、璩六人。蜀敗，諶自殺，餘皆内徙。值永嘉大亂，子孫絶滅。唯永孫玄奔蜀，李雄僞署安樂公，以嗣禪後。永和三年討李勢，盛參戎行，見玄於成都也。（《三國志》卷三四《蜀書·二主妃子傳·後主太子璿傳》裴松之注引）

孫盛《蜀世譜》曰：（費）詩子立，晉散騎常侍。自後益州諸費有名位者，多是詩之後也。（《三國志》卷四一《蜀書·費詩傳》裴松之注引）

吕凱字季平，永昌不韋人也。孫盛《蜀世譜》曰：初，秦徙吕不韋子弟宗族於蜀漢。漢武帝時，開西南夷，置郡縣，徙吕氏以充之，因曰不韋縣。（《三國志》卷四三《蜀書·吕凱傳》裴松之注引）

《蜀世譜》曰：吕祥後爲晉南夷校尉。祥子及孫，世爲永昌太守。李雄破寧州，諸吕不肯附，舉郡固守。王伉等亦守正節。（《三國志》卷四三《蜀書·吕凱傳》裴松之注引）

《蜀世譜》曰：（張）嶷孫奕，晉梁州刺史。（《三國志》卷四三《蜀書·張嶷傳》裴松之注引）

譜　叙

《譜叙》,又名《譜序》,卷數不詳,西晉華嶠撰。華嶠(? —293),平原高唐人,西晉史學名家,華歆孫,華表子,字叔駿。曹魏時入仕。魏文帝爲大將軍,辟爲掾屬,補尚書郎。晉武帝時,典中書著作,領國子博士,遷侍中。元康初,封宣昌亭侯。遷尚書。轉秘書監,加散騎常侍,典統中書、散騎著作及禮儀、音律、天文、數術、南省文章、門下撰集。撰《漢紀》,起於光武帝,終於獻帝,一百九十五年,爲帝紀十二卷、皇后紀二卷、十典十卷、傳七十卷,及《三譜》《序傳》《目録》,凡九十七卷,後世引用,常稱《後漢書》,十典未成而終。事迹見《晉書》卷四四《華嶠傳》、卷一九《禮志上》、《太平御覽》卷二二四、五一八。其《譜叙》記漢魏華氏子孫世系。從書名看,原書似爲表譜、傳記結合之體例,書名中的"譜"指家譜族譜,可能是以散文形式出現的叙述性文字。考慮到其人精通史學,重視表譜,亦不排除其爲表格化的旁行斜上的譜系。"叙"通序,古傳記之一,專載人物生平事迹。而從今存佚文看,則僅有傳記,而無表譜,顯非完帙。所存佚文,全爲叙述華氏家族人物生平事迹的傳記,其中多正史所無之珍聞軼事,其間頗多褒美之辭,與一般意義上的譜牒類著作有明顯的差别,究其實質而言,相當於魏晉南北朝家傳,亦古譜牒之一體,故可輯録。歷代書目並無著録,《後漢書》李賢注引用一條,《三國志》裴松之注引用五條,《世説新語》劉孝標注引用二條,《太平御覽》引一條。諸書所引佚文去除重複,共得六條,據輯。

平原華嶠稱其父光禄大夫表。華嶠《譜序》曰:表字偉容,歆之子。也年二十餘,爲散騎常侍。(《後漢書》卷七一《皇甫嵩傳》"論曰"李賢注引)

華嶠《譜叙》曰：歆少以高行顯名，避西京之亂，與同志鄭泰等六七人，閑步出武關。道遇一丈夫獨行，願得俱，皆哀，欲許之。歆獨曰："不可，今已在危險之中，禍福患害，義猶一也。無故受人，不知其義。既以受之，若有進退，可中棄乎？"衆不忍，卒與俱行。此丈夫中道墮井，皆欲棄之，歆曰："已與俱矣，棄之不義。"相率共還出之，而後別去，衆乃大義之。

按，《世説新語》卷上之上《德行第一》梁劉孝標注引本條云："華嶠《譜叙》曰：歆爲下邽令。漢室方亂，乃與同志士鄭太等六七人避世，自武關出，道遇一丈夫獨行，願得與俱，皆哀許之。歆獨曰：'不可。今在危險中，禍福患害，義猶一也。今無故受之，不知其義。若有進退，可中棄乎？'衆不忍，卒與俱行。此丈夫中道墮井，皆欲棄之，歆乃曰：'已與俱矣，棄之不義。'卒共還出之而後別。"文有小異，録以備校。

華嶠《譜叙》曰：孫策略有揚州，盛兵徇豫章。一郡大恐，官屬請出郊迎。教曰[①]："無然。"策稍進，復白發兵，又不聽。及策至，一府皆造閣，請出避之，乃笑曰："今將自來，何遽避之？"有頃，門下白曰："孫將軍至。"請見，乃前與歆共坐，談議良久，夜乃别去。義士聞之，皆長嘆息而心自服也。策遂親執子弟之禮，禮爲上賓。是時，四方賢士大夫避地江南者甚衆，皆出其下，人人望風。每策大會，坐上莫敢先發言。歆時起更衣，則論議讙譁。歆能劇飲，至石餘不亂，衆人微察，常以其整衣冠爲異，江南號之曰"華獨坐"。（《三國志》卷一三《華歆傳》裴松之注引）

華嶠《譜叙》曰：文帝受禪，朝臣三公已下，並受爵位，歆以形色忤時，徙爲司徒，而不進爵。魏文帝久不懌，以問尚書令陳群，曰："我應天受禪，百辟群后，莫不人人悦喜，形于聲色，而相國及公獨有不怡者何也？"群起，離席長跪曰："臣與相國曾臣漢朝，心雖悦喜，義形其色，亦懼陛下實應且憎。"帝大悦，遂重異之。（《三國志》卷一三《華歆傳》裴松之

① 教曰：《三國志》庫本、《資治通鑑》卷六三、《資治通鑑考異》卷三、《册府元龜》卷八五〇作"歆曰"，或是，此處作"教曰"，前無所承，十分突兀，作"歆曰"則於《譜叙》叙華歆事迹之義正合。

注引;《蒙求集注》卷上《華歆忤旨陳群蹙容》)

按,《世説新語》卷上之上《德行第一》梁劉孝標注引本條云:"華嶠《譜叙》曰:'魏受禪,朝臣三公以下,並受爵位。華歆以形色忤時,徙爲司空,不進爵。文帝久不懌,以問尚書令陳群,曰:我應天受命,百辟莫不説喜,形於聲色,而相國及公獨有不怡者何邪?群起,離席長跪曰:臣與相國曾事漢朝,心雖説喜,義干其色,亦懼陛下實應見憎。帝大説,嘆息良久,遂重異之。'"引文後段與本條有小異,録以備校。

華嶠《譜叙》曰:歆淡於財欲,前後寵賜,諸公莫及,然終不殖産業。陳群常嘆曰:"若華公,可謂通而不泰,清而不介者矣!"

華嶠《譜叙》曰:歆有三子:表字偉容,年二十餘,爲散騎侍郎。時同僚諸郎,共平尚書事,年少,並兼厲鋒氣,要君名譽,尚書事至或有不便,故遺漏不視。及傳書者去,即入,深文論駁,惟表不然,事來有不便,輒與尚書共論盡其意,主者固執不得已,然後共奏議。司空陳泰等以此稱之。仕晉,歷太子少傅、太常。稱疾致仕,拜光禄大夫。性清淡,常慮天下退理,司徒李胤、司隸王密等常稱曰:"若此人者,不可得而貴,不可得而賤,不可得而疏。"中子博,歷三縣内史,治有名迹。少子周,黄門侍郎、常山太守。博學有文思,中年遇疾,終于家。表有三子,長子廙,字長駿。(《三國志》卷一三《華歆傳》裴松之注引;《太平御覽》卷二二四)

帝王世紀

《帝王世紀》,又名《帝王紀》《帝王世記》《帝王代紀》《帝王世説》,有時簡稱“皇甫謐曰”,原編十卷,西晉隱士皇甫謐(215—282)撰。作者皇甫謐,系出安定皇甫氏,字士安,安定朝那人,漢太尉皇甫嵩之曾孫。西晉著名文學家,生活於魏晉間。晉武帝咸宁三年十二月,自處士徵爲太子中庶子,然竟不仕。太康三年卒,時年六十八。所著詩、賦、誄、頌、論難甚多。又撰《帝王世紀》《年曆》《高士傳》《逸士傳》《列女傳》《玄晏春秋》等書,並重於世。門人摯虞、張軌、牛綜、席純,皆爲晉之名臣。生平事迹見《晉書》卷五一《皇甫謐傳》。其《帝王世紀》爲魏晉間著名的雜史類著作,而亦帶有編年類史書的特點,體例未純。據《晉書》該傳,其書之作,乃因至其姑子外弟梁柳得《古文尚書》,故作《帝王世紀》,往往載孔傳五十八篇之書。敘述範圍上自上古帝王,下至漢魏之際,不僅多有古帝王姓氏、世系,還有一般的臣民事迹。中間部分爲民間傳聞,怪異荒誕,真僞莫辨,部分則爲所見實况。所述並不限於三皇五帝等傳説人物,還廣泛涉及夏商周秦兩漢君臣事迹,最晚記述到東漢諸帝,不僅紀帝王世系,還兼述其陵墓寢殿、禮儀制度、天文分野、疆域大小、名勝古蹟、山川道里,乃至公卿名臣、故事傳聞,牽涉面廣,乃一種雜史性質的私撰史書,而亦具有上古姓氏書的部分特徵,性質與《帝繫》《世本》等上古姓氏書接近,而時間跨度更大。内容多與《世本》《風俗通》相出入,文字亦相近,但來源互異,可資比勘,有文獻校勘和史料考證的價值,多數内容見於《史記》,但互有異同,另有部分條目不見於他書。據《廣雅》卷九引文,全書“自天地闢設,人皇以來,迄魏咸熙二年,凡二百七十二代,積二百七十六萬七百四十五年,分爲十紀,一曰九頭,至十流記”。可見原編有意模仿《史記》,一共設有十紀,敘述連貫,共計記述二百七十二代,二百七十六萬七百四十五年之帝王世次,自有體例。全書結構嚴密,世系分明,用意頗精,可惜散佚。這條佚文還表明,原書是採用編年體式編纂的,最晚記述到魏元帝曹奐咸熙二年,其時已是曹魏末年。《宋史·藝文志》將其歸入史部編年類著作,不爲無故。從今存佚文看,儘管不少内容玄虛荒渺,難以盡信,但必有依據,必具意義,對於上古的歷史研究、文學研究、社會文化研究仍爲一種有用之書,故加輯録。諸書佚文雖多,但最長最完整的是《後漢書·郡國志一》的一段長文,長達2300多字,敘述神農至東漢末的天文分野、分封建國、地理疆域、人口多少、州郡距離,相當於一部包含上古天地人的全史,内容遠非紀帝王世系、姓氏之書那麽簡單。敘事方面,上古部分玄虛荒渺,但東漢以下因係作者生活之近代,故記述詳盡準確,可據者多。其中關於歷代帝王世系先後、户口盈耗、州郡增減、地理程途方面的記載,都列出了確切的數據,應當不全是虚空之言,當有一定的材料依據,史料價值更高。原書盛行於南北朝,《魏書》卷二〇《文成五王傳·安豐王猛傳》,子延明,"所著詩賦讚頌銘誄三百餘篇,又撰《五經宗略》《詩禮别義》,注《帝王世紀》及《列仙傳》"。此爲其在北魏的流傳和研究概況。同样成書於北魏的《水經注》亦引文頗多,《顔氏家訓·書證》亦加徵引,可見出此書在北朝亦甚爲流行,至于南朝、隋唐,則傳本更多。南朝前期,還出現了此書的續作。《太平御覽》即引有何集《續帝王世紀》佚文二條,卷首《經史圖書綱目》列有何集《續帝王世紀》,表明殘本北宋初年還在。卷三一〇佚文曰:"晉師度峴,慕容超使人拒之,聞晉兵盛,自將四萬繼之。及晉人戰於臨淄,燕兵大敗。超單馬奔入城。八月,其將苻融自河北奔晉,晉使召誘戰卒。超怒,縛其母懸諸城上……"卷三八一引何集《續帝王世紀》曰:"張天錫疾篤,閻薛二姬,並有國色,天錫謂曰:'吾死之後,汝二人豈可更爲他妻?'皆曰:'尊若不諱,請效死尊前,誓無他志。'二人自殺,天錫有瘳,追悼二姬,葬以夫人禮。"均記十六國時事,當爲南朝前期成書。撰人何集,梁武帝時人,與王僧辯同時,嘗奉梁元帝蕭繹之命,與曹沔赴廣州寫書,事載《金樓子》卷二。其續作的出現進一步彰顯了此書的社會影響。原書具載於《晉書·皇甫謐傳》，但祇有書名，並無卷數。《隋書》卷三三《經籍志二》將其列入史部"雜史類"，視爲雜史，並不以爲編年史。其中出現了五部相關的著作，一爲"《帝王世紀》十卷，皇甫謐撰，起三皇，盡漢魏"。此處所記當爲該書的隋末唐初傳本，未散佚之時的足本形態。一爲"《帝王世紀音》四卷，虞綽撰"。一爲"《帝王本紀》十卷，來奥撰"。一爲"《續帝王世紀》十卷，何茂材（林）撰"。一爲"《華夷帝王世紀》三十卷，楊曄撰"。以上四書，或爲其書的音注本，加以注音，以便學習。或爲仿效其書的擬作，或爲接續其書的續作。以上四書中，亦見《舊唐書》卷四六《經籍志上》史部雜史類，作皇甫謐《帝王代記》十卷、何集《續帝王世紀》十卷、來奥《帝王本紀》十卷、楊曄《華夷帝王記》三十七卷，表明初盛唐仍有傳本。但二書之外，又别出闕名《帝王代紀》十六卷，當爲另一作者仿效其做法所撰的同名著作，凡此皆可見出本書影響之深遠。追究這些書的編撰目的，不過各記聞見，以備遺忘，並無深意。雖然叙述古史，但是"體制不經，又有委巷之説，迂怪妄誕，真虚莫測，然其大抵皆帝王之事，通人君子，必博采廣覽，以酌其要"（《隋書·經籍志二》史部雜史類小序）。至唐代，爲避李世民諱，而改名《帝王代紀》。今本《舊唐書》卷四六《經籍志上》"雜史類"著録有"《帝王代記》十卷，皇甫謐撰"，"《年曆》六卷，皇甫謐撰"。《新唐書》卷五八《藝文志二》史部"雜史類"有"皇甫謐《帝王代紀》十卷，又《年歷》六卷，何茂林《續帝王代紀》十卷，《帝王代紀》十六卷"。是遲至唐末，此書仍未殘缺。北宋初編《太平御覽》，仍然沿用《帝王代紀》的書名，即爲一證。至《宋史》卷二〇三《藝文志二》，則改入"編年類"，對書籍的性質的認識有異於前人。著録之文作"皇甫謐《帝王世紀》九卷"，其下爲"《竹書》三卷，荀勖、和嶠編。"知南宋時已爲九卷殘本，被當成上古編年史對待。南宋尤袤《遂初堂書目·雜史類》仍然著録此書，無卷數，估計亦爲殘本。明代以下書目均不見記載，知亡散於元明間。原書雖亡，但歷代類書、地志、譜牒、筆記、文集，多加徵引，保存佚文相當豐富，且可互相比對，取長補短，文獻輯佚和校勘的價值較高，故據諸書加以輯録，以備讀者參考。

《正義》曰……案《帝王世紀》云:大皞帝包犧氏,風姓也。母曰華胥。燧人之世,有大人迹,出於雷澤。華胥履之,而生包犧。長於成紀,蛇身人首,有聖德,取犧牲以充庖厨,故號曰包犧氏。後世音謬,故或謂之伏犧,或謂之虙犧,一號皇雄氏,在位一百二十年。

案《帝王世紀》云:炎帝神農氏,姜姓也,母曰任巳。有蟜氏女,名曰女登,爲少典正妃。游華山之陽,有神龍首,感女登於尚羊,生炎帝,人身牛首,長於姜水,有聖德,繼无懷之後。本起烈山,或稱烈山氏,在位一百二十年而崩。納奔水氏女,曰聽詙,生帝臨魁,次帝承,次帝明,次帝直,次帝釐,次帝哀,次帝揄罔,凡八代及軒轅氏也。(晉韓伯注,唐孔穎達疏《周易注疏》卷一二)

《帝王世紀》:河出龍圖,洛出龜書,書有六篇。(《仲氏易》卷二八)

《帝王世紀》曰:文王在羑里,演六十四卦,著七八九六之爻,謂之《周易》八卦,以象告下,繫文觀卦之象,而繫之辭,謂六十四卦之辭。(《周易述》卷一五)

《正義》……又引《帝王世紀》云:伏犧母曰華胥,有巨人迹,出於雷澤,華胥以是履之,有娠,生伏犧於成紀,蛇身人首。(漢孔安國傳,唐孔穎達疏《尚書序》)

據此經《序》及《大甲》之篇,太甲必繼湯後,而《殷本紀》云:湯崩,太子太丁未立而卒,於是乃立太丁之弟外丙。二年崩,别立外丙之弟仲壬。四年崩,伊尹乃立太丁之子太甲,與經不同,彼必妄也。劉歆、班固不見古文,謬從《史記》。皇甫謐既得此經,作《帝王世紀》,乃述馬遷之語,是其疏也。(漢孔安國傳,唐孔穎達疏《尚書注疏》卷七)

《正義》曰:……《殷本紀》云:紂爲長夜之飲。時諸侯或叛,妲己以爲罰輕,紂欲重刑,乃爲熨斗,以火燒之然,使人舉,輒爛其手,不能勝。紂怒,乃更爲銅柱,以膏塗之,亦加於炭火之上,使有罪者緣之,足滑跌,墜入中,紂與妲己以爲大樂,名曰"炮烙之刑"。是紂焚炙之事也。後文王獻洛西之地,赤壤之田,方千里,請紂除炮烙之刑。紂許之。皇甫謐作《帝王世紀》,亦云然。謐又云:紂剖比干妻,以視其胎,即引此爲刳剔孕婦也。

案《夏本紀》及《帝王世紀》云：諸侯叛桀，關龍逄引《皇圖》而諫，桀殺之。伊尹諫桀，桀曰：天之有日，如吾之有民。日亡，吾乃亡矣。是桀亦賊虐諫輔，謂已有天命，而云過於桀者。《殷本紀》云：紂剖比干，觀其心。桀殺龍逄，無剖心之事。又桀惟比之於日，紂乃詐命於天。又紂有炮烙之刑，又有刳胎斮脛之事，而桀皆無之，是紂罪過於桀也。

《帝王世紀》云：(甲子，昧爽，受率其旅若林，會于牧野。)軍至鮪水，紂使膠鬲候周師，見王，問曰："西伯將焉之?"王曰："將攻薛也。"膠鬲曰："然。願西伯無我欺。"王曰："不子欺也。"將之殷，膠鬲曰："何日至?"王曰："以甲子日，以是報矣。"膠鬲去而報命於紂，而雨甚，軍卒皆諫。王曰："卒病，請休之。"王曰："吾已令膠鬲，以甲子報其主矣。吾雨而行，所以救膠鬲之死也。"遂行。甲子，至於商郊，然則本期甲子，故速行也。

《帝王世紀》云：商容及殷民觀周軍之入。見畢公至殷，民曰："是吾新君也。"容曰："非也，視其爲人嚴乎，將有急色，故君子臨事而懼。"見太公至，民曰："是吾新君也。"容曰："非也，視其爲人，虎據而鷹趾，當敵將衆，威怒自倍，見利即前，不顧其後，故君子臨衆，果於進退。"見周公至，民曰："是吾新君也。"容曰："非也，視其爲人，忻忻休休，志在除賊，是非天子，則周之相國也，故聖人臨衆知之。"見武王至，民曰："是吾新君也。"容曰："然，聖人爲海内討惡，見惡不怒，見善不喜，顔色相副，是以知之。"是説商容之事也。

《帝王世紀》云：王命封墓，釋囚又歸，施鹿臺之珠玉，及傾宫之女於諸侯。殷民咸喜，曰：王之於仁人也，死者猶封其墓，况生者乎？王之於賢人也，亡者猶表其閭，况存者乎？王之於財也，聚者猶散之，况其復籍之乎？王之於色也，見在者猶歸其父母，况其復徵之乎？是悦服之事也。(漢孔安國傳，唐孔穎達疏《尚書注疏》卷一〇)

案《帝王世紀》云：文、武葬於畢。(漢孔安國傳，唐孔穎達疏《尚書注疏》卷一七)

皇甫謐《帝王世紀》曰：文王受命。四年周正月，丙子朔，昆夷氏侵周，一日三至周之東門。文王閉門脩德，而不與戰。(漢鄭玄箋，唐孔穎

達疏《毛詩注疏》卷一六）

《帝王世紀》云：幽王三年，納褒姒。八年，立以爲后。

《帝王世紀》以爲，幽王三年，嬖褒姒。褒姒年十四。（漢鄭玄箋，唐孔穎達疏《毛詩注疏》卷二二）

《帝王世紀》云：文王即位，四十二年，歲在鶉火。文王於是更爲受命之元年，始稱王矣。

《帝王世紀》云：文王受命四年，周正丙子，混夷伐周，一日三至周之東門。文王閉門脩德，而不與戰。

《帝王世紀》云：豐、鎬皆在長安之西南，言豐邑在豐水之西，鎬京在豐水之東。（漢鄭玄箋，唐孔穎達疏《毛詩注疏》卷二三）

《帝王世紀》云：簡狄剖背，生契。（漢鄭玄箋，唐孔穎達疏《毛詩注疏》卷二四）

《帝王世紀》云：燧人氏没，包犧氏代之。（漢鄭玄注，唐孔穎達疏《禮記注疏原目》）

但伏犧之前及伏犧之後，年代參差……唯據《六藝論》之文及《帝王世紀》以爲説也。

案《帝王世紀》云：伏犧之後，女媧氏，亦風姓也。女媧氏没，次有大庭氏、柏皇氏、中央氏、栗陸氏、驪連氏、赫胥氏、尊盧氏、渾沌氏、昊英氏、有巢氏、朱襄氏、葛天氏、陰康氏、無懷氏，凡十五代，皆襲伏犧之號。然鄭玄以大庭氏是神農之别號，案《封禪》云：無懷氏在伏犧之前，今在伏犧之後，則《世紀》之文，未可信用。《世紀》又云：神農始教天下種穀，故人號曰"神農"。（漢鄭玄注，唐孔穎達疏《禮記注疏》原目）

案《帝王世紀》云：長妃娥皇，無子。次妃女英，生商均。次妃癸比，生二女：霄明、燭光是也。（漢鄭玄注，唐孔穎達疏《禮記注疏》卷七）

又《帝王世紀》：（漢地）南北萬三千三百六十八里，東西九千三百二里。（漢鄭玄注，唐孔穎達疏《禮記注疏》卷一三）

伏犧……又《帝王世紀》云：取犧牲以供庖厨食，天下故號曰庖犧氏。或作宓戲氏者，宓字誤也，當虍下著必，是古之伏字。案《帝王世紀》云：大皞帝庖犧氏，風姓也。母曰華胥。遂人之世，有大人之迹，出於雷澤之中，華胥履之，生庖犧於成紀，蛇身人首，有聖德，爲百王先。帝出於震，未有所因，故位在東，主春，象日之明，是以稱大皞，一號黄熊氏云。少皞氏之子曰重，爲木官者。（漢鄭玄注，唐孔穎達疏《禮記注疏》卷一四）

《正義》曰：案……又《帝王世紀》：少皞帝，號曰金天氏，云少皞氏之子曰該，爲金官者。（漢鄭玄注，唐孔穎達疏《禮記注疏》卷一六）

《正義》曰：案（顓頊高陽氏，姬姓也），又《帝王世紀》云：生十年而佐少皞，十二年而冠，二十年而登帝位，在位七十八年而崩。以水承金也。（漢鄭玄注，唐孔穎達疏《禮記注疏》卷一七）

《帝王世紀》云：女媧氏，風姓，承庖羲制度，始作笙簧，無所革造，故《易》不載，不序於行，蛇身人首是也。（漢鄭玄注，唐孔穎達疏《禮記注疏》卷三一）

案《帝王世紀》云：神農氏本起於烈山，或時稱之，神農即炎帝也。（漢鄭玄注，唐孔穎達疏《禮記注疏》卷四六）

《帝王世紀》云：禹見罪人，下車泣之，是罪已也。桀殺關龍逢，是罪人也。（晉杜預注，唐孔穎達疏《春秋左傳注疏》卷八）

《正義》曰：《帝王世紀》云：少康子帝杼，杼子帝芬，芬子帝芒，芒子帝世，世子帝不降，不降弟帝喬，喬子帝廣也。至帝孔甲，孔甲，不降子。

《正義》曰：窮桑，少皞之號。《帝王世紀》亦然。

案《帝王世紀》：神農本起烈山。（晉杜預注，唐孔穎達疏《春秋左傳注疏》卷五三）

又《帝王世紀》：敬王三十九年，春秋已終。四十四年，敬王崩，子貞定王立。貞定王崩，子元王立。（晉杜預注，唐孔穎達疏《春秋左傳注疏》卷六〇）

案《帝王世説》云：秦武王好多力之人，齊孟賁之徒並歸焉。孟賁生拔牛角，是爲之勇士也。（漢趙岐注，宋孫奭音義并疏《孟子注疏》卷三上）

按，據下條，本條之《帝王世説》即《帝王世紀》之别名。

案皇甫士安《帝王世説》云：秦武王好多力之士，烏獲之徒，並皆歸焉。秦王於洛陽舉周鼎，烏獲兩目血出，六國時人也。（漢趙岐注，宋孫奭音義并疏《孟子注疏》卷一二上）

《帝王世紀》：天子所宫曰都。（《原本廣韻》卷一）

《帝王世紀》曰：有神牽白狼，銜鈎入殷朝。（《重修廣韻》卷二）

《帝王世記》：自天地闢設，人皇以來，迄魏咸熙二年，凡二百七十二代，積二百七十六萬七百四十五年，分爲十紀，一曰九頭，至十流記。（《廣雅》卷九）

伯鰌，今典氏，語見《帝王世紀》。（《説文繫傳考異》卷四）

按《帝王世紀》云：炎帝一曰魁隗氏。（《漢隸字源》卷二）

孔安國《尚書序》、皇甫謐《帝王世紀》、孫氏注《世本》，並以伏犧、神農、黄帝爲三皇。少昊、顓頊、高辛、唐、虞爲五帝。

孔安國、皇甫謐《帝王代紀》及孫氏注《系本》，並以伏犧、神農、黄帝爲三皇，少昊、高陽、高辛、唐、虞爲五帝……皇甫謐，字士安，晉人，號玄晏先生。今所引者，是其所作《帝王世紀》也。

炎帝亦少典之子。炎、黄二帝雖則承《帝王代紀》，中間凡隔八帝，五百餘年。（《史記》卷一《五帝本紀》裴駰《史記集解》引）

《正義》：《帝王世紀》：伊尹名摯，爲湯相，號阿衡，年百歲卒，天霧三日，沃丁以天子禮葬之。

《正義》：《帝王世紀》云：紂倒曳九牛，撫梁易柱也。

《正義》……《帝王世紀》云：囚文王。文王之長子曰伯邑，考質於殷，爲紂御。紂烹爲羹，賜文王曰："聖人當不食其子羹。"文王食之。紂曰："誰謂西伯聖者？食其子羹，尚不知也。"

《集解》：皇甫謐云：帝嚳名夋也。《正義》：《帝王紀》云俈母，無聞焉。

《正義》：《帝王紀》云：帝俈高辛，姬姓也。其母生，見其神異，自言其名曰夋。齠齔有德，年十五而佐顓頊，三十登位，都亳，以人事紀官也。

《正義》：《帝王紀》云：帝嚳有四妃，卜其子，皆有天下。元妃有邰氏,女曰姜嫄,生后稷。次妃有娀氏,女曰簡狄,生卨。次妃陳豐氏,女曰慶都,生放勛。次妃娵訾氏,女曰常儀,生帝摯也。

《正義》:《帝王紀》云:帝摯之母,於四人中,班最在下。而摯於兄弟最長,得登帝位,封異母弟放勛爲唐侯。摯在位九年,政微。

《集解》:案,皇甫謐云:堯初生時,其母在三阿之南,寄於伊長孺之家,故從母所居爲姓也。《正義》:《帝王紀》云:堯都平陽,於《詩》爲唐國。

《正義》:《帝王紀》云:堯娶散宜氏女,曰女皇,生丹朱。

《正義》:《帝王紀》云:河東有舜井。(《史記》卷一《五帝本紀》引)

《正義》:《帝王紀》云:禹受封爲夏伯,在豫州外方之南,今河南陽翟是也。

《正義》:《帝王紀》云:(禹)父鯀妻脩已,見流星貫昴,夢接意感,又吞神珠薏苡,胸坼而生禹,名文命,字密,身九尺二寸長,本西夷人也。(《史記》卷二《夏本紀》引)

帝甲崩,子帝廩辛立。《索隱》、《漢書·古今人表》及《帝王代紀》皆作"馮辛"。(《史記》卷三《殷本紀》司馬貞《史記索隱》引)

《索隱》:《帝王世紀》云:后稷納姞氏,生不窋。

《正義》:《帝王世紀》云:文王龍顏虎眉,身長十尺,有四乳。

《正義》:《帝王世紀》云:文王即位四十二年,歲在鶉火,文王更爲受命之元年,始稱王矣。

《正義》:《帝王世紀》云:帝乙復濟河,北徙朝歌,其子紂,仍都焉。

《正義》:《帝王世紀》云:自殷都以東,爲衛管叔監之。殷都以西,爲鄘蔡叔監之。殷都以北,爲邶霍叔監之,是爲三監。

《帝王世紀》云:炎帝自陳,營都於魯曲阜。黄帝自窮桑登帝位,後徙曲阜。少昊邑于窮桑,以登帝位,都曲阜。顓頊始都窮桑,徙商丘。

《正義》:《帝王世紀》云:禹封夏伯。

(河南縣北九里苑内東北隅,自平王以下十二王,皆都此城。至敬王,乃遷都成周。至赧王,又居王城也。)《帝王世紀》云:王城西有郟鄏陌。

《正義》:《帝王世紀》云:昭王德衰,南征,濟于漢,船人惡之,以膠船進王。王御船,至中流,膠液船解,王及祭公俱没于水中而崩,其右卒游靡長臂且多力,游振得王,周人諱之。

孝王崩,諸侯復立懿王太子燮,是爲夷王。《正義》:《帝王世紀》云:十六年崩也。

《集解》:徐廣曰:皇甫謐曰:考哲王元辛丑崩,乙卯。《正義》:《帝王世紀》云:考哲王封弟揭於河南,續周公之官,是爲西周桓公。

《正義》:《帝王世紀》云:(周赧王)名誕,雖居天子之位號,爲諸侯之所役逼,與家人無異名,負責於民,無以得歸,乃上臺避之,故周人名其臺曰"逃責臺"。《正義》:《帝王世紀》云:漢武帝元鼎四年,東巡河洛,思周德,乃封姬嘉三千户,地方三十里,爲周子南君,以奉周祀。元鼎三年,嘉弟昭進爵爲承休侯,在此城也。平帝元始四年,進爲鄭公。光武建武三年,封姬觀爲衛公。(《史記》卷四《周本紀》引)

《正義》:《帝王世紀》云:秦襄公二年,徙都汧。

《正義》:《帝王世紀》云:秦寧公都平陽。

《正義》:《帝王世紀》云:秦寧公葬西山大麓,故號秦陵山也。(《史記》卷五《秦本紀》引)

《正義》:(定州唐縣東北五十四里,有孤山,蓋都山也。)《帝王紀》云:望堯母慶都所居。

《正義》:(安平城在青州臨淄縣東十九里,古紀之酅邑。)《帝王紀》云:周之紀國,姜姓也。紀侯譖齊哀公於周懿王,王烹之。(《史記》卷六《秦始皇本紀》引)

《正義》:《帝王世紀》云:邢侯爲紂三公,以忠諫被誅。

《正義》:《帝王世紀》云:周封子姓之别爲附庸也。(《史記》卷七《項羽本紀》引)

《正義》:《帝王世紀》云:漢昭靈后含,始游洛池,有寶雞銜赤珠,出炫日。后吞之,生高祖。(《史記》卷八《高祖本紀》引)

《正義》:《帝王世紀》云:殷湯都亳,在梁,又都偃師。至盤庚,徙河北,又徙偃師也。周文、武都酆、鄗。至平王,徙都河南。按三代之居,

皆在河、洛之間也。(《史記》卷二八《封禪書》引)

《正義》:《帝王世紀》云:白馬縣南有韋城,故豕韋國也。(《史記》卷五四《曹相國世家》引)

《正義》:《帝王紀》云:武王伐紂,營洛邑而定鼎焉……《帝王世紀》云:居比庸之衆。(《史記》卷九九《劉敬叔孫通列傳》引)

按,《龍筋鳳髓判》卷一引《帝王世記》作:"武王伐紂,營洛邑而定鼎焉,今洛陽西南洛水北,有鼎中觀是也。《左傳》:武王定鼎於郟鄏,卜世三十,卜年七百。"存文較多,録以備考。

顔師古曰:惠帝皇后張氏,張敖之女也,《史記》、《漢書》無名字。皇甫謐作《帝王世紀》,皆爲惠帝張后及孝文薄后已下别制名焉。至於薄父之徒,亦立名字。(《漢書》卷二《惠帝紀》顔師古注引)

《帝王紀》曰:原陵方三百二十步,高六丈,在臨平亭東南,去洛陽十五里。(《後漢書》卷一《明帝紀》李賢注引)

《帝王紀》曰:顯節陵方三百步,高八丈,其地故富壽亭也,西北去洛陽三十七里。(《後漢書》卷三《章帝紀》李賢注引)

《帝王紀》曰:夏帝相爲羿所逐,相乃都商丘,依同姓諸侯斟灌、斟尋氏。

《帝王紀》曰:紂多發美女,以充傾宫之室,婦人衣綾紈者三百餘人。據桓帝納三皇后,又博採宫女五六千人,並無子也。(《後漢書》卷七《桓帝紀》李賢注引)

《帝王紀》曰:(漢獻帝劉)協,字伯和。

《帝王紀》曰:禪陵在濁鹿城西北十里。(《後漢書》卷九《獻帝紀》李賢注引)

《帝王紀》曰:舂陵戴侯熊渠,生蒼梧太守利,利生子張,納平林何氏女,生更始(帝)。(《後漢書》卷一一《劉玄傳》李賢注引)

皇甫謐《帝王紀》曰:伊摯豐下鋭上,色黑而短,僂身而下聲,年七十而不遇。湯聞其賢,設朝禮而見之,摯乃説湯,至於王道。(《後漢書》卷二八下《馮衍傳》李賢注引)

《帝王紀》曰：堯置敢諫之鼓。(《後漢書》卷二九《申徒剛傳》李賢注引)

《帝王紀》曰：盤庚以耿在河北，迫近山川，自祖辛以來，奢淫不絶，乃度河，將徙都亳之殷地。人咨嗟相怨，不欲徙，盤庚乃作書三篇，以告喻之，今《尚書·盤庚》三篇是也。亳在偃師。

《帝王紀》曰：(殷)高宗饗國五十有九年，年百歲也。(《後漢書》卷三〇下《郎顗傳》李賢注引)

《帝王紀》曰：庖犧氏，風姓也，制嫁娶之禮，取犧牲以充庖厨，以食天下，故號庖犧。後或謂之伏犧，言光武更造夫婦，如伏犧時也。(《後漢書》卷四〇下《班固傳》李賢注引)

《帝王世記》曰：西伯至仁，百姓襁負而至。(《後漢書》卷五一《陳龜傳》李賢注引)

《史記》及《帝王代紀》皆言文王爲西伯，獻洛西之地，請除炮烙之刑。(《後漢書》卷五六《王暢傳》李賢注引)

《帝王紀》曰：少昊字清陽。

《帝王紀》曰：黄帝以風后配上台，天老配中台，五聖配下台，謂之三公。其餘知天規，紀地典，力牧常先封。

《帝王紀》曰：少皞邑于窮桑，都曲阜，故或謂之窮桑帝，地在魯城北。

《帝王紀》曰：湯時，大旱七年。殷史卜曰："當以人禱。"湯曰："必以人禱，吾請自當。"遂齊戒，翦髮斷爪，以己爲牲，禱於桑林之社，果大雨。

《帝王紀》：皋陶卒，葬之於六禹，封其少子於六，以奉其祀。(《後漢書》卷五九《張衡傳》李賢注引)

《帝王紀》曰：武王入殷，命召公釋箕子之囚，表商容之間，出傾宫之女於諸侯。

《帝王紀》曰：湯伐桀後，大旱七年，洛川竭，使人持三足鼎，祝於山川曰："政不節邪，使人疾邪，苞苴行邪，讒夫昌邪，宫室榮邪，女謁行邪，何不雨之極也？"(《後漢書》卷六一《周舉傳》李賢注引)

《帝王紀》：散宜生、南宫括、閎天學乎吕尚，尚知三人賢，結朋友之交。及紂囚文王，乃以黄金千鎰，與宜生，令求諸物與紂。(《後漢書》卷

六四《史弼傳》李賢注引）

《帝王紀》曰：紂作傾宫，多采美女以充之。武王伐殷，乃歸傾宫之女於諸侯也。（《後漢書》卷六六《陳蕃傳》李賢注引）

《帝王紀》曰：（漢獻）帝以尚書郎郭溥喻（郭）汜，汜以屯部未定，乞須留之。溥因駡汜曰："卿真庸人賤夫！爲國上將，今天子有命，何須留之！吾不忍見卿所行，請先殺我，以章卿惡。"汜得溥言切意，乃少喻。（《後漢書》卷七二《董卓傳》李賢注引）

《帝王紀》曰：般庚以耿在河北，迫近山川，自祖辛以來，奢淫不絶，般庚乃南渡河，徙都於亳，人咨嗟相怨，不欲徙，乃作書三篇以告之。（《後漢書》卷八〇上《杜篤傳》李賢注引）

《帝王紀》曰：按《孟子》：桀卒於鳴條，乃在東夷之地，或言陳留平丘，今有鳴條亭也。（《後漢書》卷八三《野王二老傳》李賢注引）

《帝王紀》曰：桀以人駕車。（《後漢書》卷八三《井丹傳》李賢注引）

《帝王紀》曰：夏禹生於石紐，長於西羌，西夷之人也。（《後漢書》卷八三《戴良傳》李賢注引）

《帝王紀》曰：紂作象箸，箕子爲父師，嘆曰："象箸不施於土，簋不盛於菽藿，必須犀玉之杯，食熊蹯豹胎。"（《後漢書》卷八七《西羌傳》李賢注引）

光武原陵……《帝王世紀》曰：在臨平亭之南，西望平陰，東南去雒陽十五里。

明帝顯節陵，山方三百步，高八丈，無周垣，爲行馬，四出司馬門，石殿、鍾虡，在行馬内。寢殿、園省在東，園寺吏舍在殿北。隄封田七十四頃五畝。《帝王世紀》曰：故富壽亭也。西北去雒陽三十七里。

章帝敬陵，山方三百步，高六丈二尺，無周垣，爲行馬，四出司馬門。石殿、鍾虡，在行馬内。寢殿園省在東，園寺吏舍在殿北。隄封田二十五頃五十五畝。《帝王世紀》曰：在雒陽東南，去雒陽三十九里。

和帝慎陵，山方三百八十步，高十丈，無周垣，爲行馬。四出司馬門，石殿、鍾虡，在行馬内。寢殿、園省在東，園寺吏舍在殿北。隄封田三十一頃二十畝二百步。《帝王世紀》曰：在雒陽東南，去雒陽四十一里。

殤帝康陵，山周二百八步，高五丈五尺，行馬四出司馬門。寢殿、鍾虡，在行馬中。因寢殿爲廟。園吏寺舍在殿北。隄封田十三頃十九畝二百五十步。《帝王世紀》曰：高五丈四尺，去雒陽四十八里。

安帝恭陵，山周二百六十步，高十五丈。無周垣，爲行馬。四出司馬門。石殿、鍾虡，在行馬内。寢殿園吏舍在殿北，隄封田一十四頃五十六畝。《帝王世紀》曰：高十一丈，在雒陽西北，去雒陽十五里。

順帝憲陵，山方三百步，高八丈四尺。無周垣，爲行馬，四出司馬門，石殿、鍾虡，在行馬内。寢殿、園省、寺吏舍在殿東。隄封田十八頃十九畝三十步。《帝王世紀》曰：在雒陽西北，去雒陽十五里。

冲帝懷陵，山方百八十三步，高四丈六尺，爲寢殿、行馬，四出門，園寺吏舍在殿東。隄封田五頃八十畝。《帝王世紀》曰：(在雒陽)西北，去雒陽十五里。

質帝静陵，山方百三十六步，高五丈五尺，爲行馬，四出(司馬)門。寢殿、鍾虡，在行馬中。園寺吏舍，在殿北。隄封田十二頃五十四畝，因寢爲廟。《帝王世紀》曰：在雒陽東，去雒陽三十二里。

桓帝宣陵，《帝王世紀》曰：山方三百步，高十二丈。在雒陽東南，去雒陽三十里。

靈帝文陵，《帝王世紀》曰：山方三百步，高十二丈。在雒陽西北，去雒陽二十里。

獻帝禪陵，《帝王世紀》曰：不起墳，深五丈。前堂方一丈八尺，後堂方一丈五尺，角廣六尺。在河内山陽之濁城西北，去濁城直行十一里，斜行七里。去懷陵百一十里，去山陽五十里，南去雒陽三百一十里。(《後漢書·禮儀志下》劉昭注引)

《帝王世紀》曰：自天地設闢，未有經界之制。三皇尚矣。諸子稱神農之王天下也，地東西九十萬里，南北八十五萬里。及黄帝受命，始作舟車，以濟不通。乃推分星次，以定律度。自斗十一度至婺女七度，一名須女，曰星紀之次，於辰在丑，謂之赤奮若，於律爲黄鍾，斗建在子。今吴、越分野。自婺女八度至危十六度，曰玄枵之次，一名天黿，於辰在子，謂之困敦。於律爲大吕，斗建在丑，今齊分野。自危十七度至奎四度，曰豕韋之次，一名娵訾，於辰在亥，謂之大淵獻，於律爲太蔟，斗建在寅，今衛分野。自奎五度至胃六度，曰降婁之次，於辰在戌，謂之閹茂，於律爲夾鍾，斗建在卯，今魯分野。自胃七度至畢十一度，曰大梁之次，於辰在酉，謂之作噩，於律爲姑洗，斗建在辰，今趙分野。自畢十二度至東井十五度，曰實沈之次，於辰在申，謂之涒灘，於律爲中吕，斗建在巳，今晉、魏分野。自井十六度至柳八度，曰鶉首之次，於辰在未，謂之協洽，於律爲蕤賓，斗建在午，今秦分野。自柳九度至張十七度，曰鶉火之次，於辰在午，謂之敦牂，一名大律，於律爲林鍾，斗建在未，今周分野。自張十八度至軫十一度，曰鶉尾之次，於辰在巳，謂之大荒落，於律爲夷則，斗建在申，今楚分野。自軫十二度至氐四度，曰壽星之次，於辰在辰，謂之執徐，於律爲南吕，斗建在酉，今韓分野。自氐五度至尾九度，曰大火之次，於辰在卯，謂之單閼，於律爲無射，斗建在戌，今宋分野。自尾十度至斗七度，百三十五分而終，曰析木之次，於辰在寅，謂之攝提格，於律爲應鍾，斗建在亥，今燕分野。凡天有十二次，日月之所躔也；地有十二分，王侯之所國也。故四方方七宿，四七二十八宿，合一百八十二星。東方蒼龍三十二星，七十五度；北方玄武三十五星，九十八度，四分度之一；西方白虎五十一星，八十度；南方朱雀六十四星，百一十二度。周天三百六十五度四分度之一，一度二千九百三十三里，分爲十二次。一次三十度三十二分度之十四，各以附其七宿間，距周天積百七萬九百一十三里，徑三十五萬六千九百七十一里。陽道左行，故太歲右轉。凡中外官，常明者百二十四，可名者三百二十，合二千五百星。微星之數，凡萬一千五百二十星。萬物所受，咸系命焉。此黄帝創制之大略也。而佗説稱日月所照，三十五萬里，考諸子所載，神農之地，過日月之表，近爲虚誕。及少昊氏之衰，九黎亂德，其制無聞矣。洎顓頊之所建，帝嚳受定，則孔子稱其地北至幽陵，南暨交阯，西蹈流沙，東極蟠木，日月所照，莫不底焉，是以建萬國而制九州。至堯，遭洪水，分爲十二州，今《虞書》是也。及禹平水土，還爲九州，今《禹貢》是也。是以其時九州之地，凡二千四百三十萬八千二十四頃，定墾者九百三十萬六千二十四頃,不墾者千五百萬二千頃。民口千三百五十五萬三千九百二十三人。至於塗山之會,諸侯承唐、虞之盛,執玉帛亦有萬國,是以《山海經》稱:禹使大章步自東極,至於西垂,二億三萬三千三百里七十一步。又使豎亥步(自)南極,北盡於北垂,二億三萬三千五百里七十五步。四海之内,則東西二萬八千里,南北二萬六千里,出水者八千里,受水者八千里,(經)名山五千三百五十,經六萬四千五十六里。出銅之山四百六十七,出鐵之山三千六百九,以供財用。儉則有餘,奢則不足。以男女耕織,不奪其時,故公家有三十年之積,私家有九年之儲。及夏之衰,棄稷弗務。有窮之亂,少康中興,乃復禹迹。孔甲之至桀行暴,諸侯相兼。逮湯受命,其能存者三千餘國,方於塗山,十損其七。民離毒政,將亦如之。殷因於夏,六百餘載,其間損益,書策不存,無以考之。又遭紂亂,至周剋商,制五等之封,凡千七百七十三國,又減湯時千三百矣。民衆之損,將亦如之。及周公相成王,致治刑錯,民口千三百七十一萬四千九百二十三人,多禹十六萬一千人,周之極盛也。其後七十餘歲,天下無事,民彌以息。及昭王南征不反,穆王失荒,加以幽、厲之亂,平王東遷,三十餘載。至齊桓公二年,周莊王之十三年,五千里内,非天王九儐之御。自世子公侯以下,至於庶民,凡千百八十四萬七千人,除有土老疾,定受田者九百萬四千人。其後諸侯相并。當春秋時,尚有千二百國。二百四十二年之中,殺君三十六,亡國五十二,諸侯奔走不得保社稷者,不可勝數。至于戰國,存者十餘。於是縱横短長之説,相奪於時。殘民詐力之兵,動以萬計。故崤有匹馬之禍,宋有易子之急。晉陽之圍,縣釜而炊;長平之戰,血流漂鹵。周之列國,唯有燕、衛、秦、楚而已。齊及三晉,皆以篡亂,南面稱王。衛雖得存,不絶若綫。然考蘇、張之説,計秦及山東六國,戎卒尚存五百餘萬,推民口數,尚當千餘萬。及秦兼諸侯,置三十六郡,其所殺傷,三分居二。猶以餘力,行參夷之刑,收大半之賦,北築長城四十餘萬,南戍五嶺五十餘萬,阿房、驪山七十餘萬,十餘年間,百姓死没,相踵於路。陳、項又肆其餘烈,故新安之坑,二十餘萬。彭城之戰,睢水不流。至漢祖定天下,民之死傷,亦數百萬。是以平城之卒,不過三十萬,方之六國,五損其二。自孝惠至文、景,與民休息,六十餘歲,民衆大增,是以太倉有不食之粟,都内有朽貫之錢。武帝承其資畜,軍征三十餘歲,地廣萬里,天下之衆,亦減半矣。及霍光秉政,乃務省役。至于孝平,六世相承,雖時征行,不足大害,民户又息。元始二年,郡、國百三,縣、邑千四百八十七,地東西九千三百二里,南北萬三千三百六十八里。定墾田八百二十七萬五百三十六頃,民户千三百二十三萬三千六百一十二,口五千九百一十九萬四千九百七十八人,多周成王四千五百四十八萬五十五人,漢之極盛也。及王莽簒位,續以更始、赤眉之亂,至光武中興,百姓虚耗,十有二存。中元二年,民户四百二十七萬千六百三十四,口二千一百萬七千八百二十人。永平、建初之際,天下無事,務在養民。迄于孝和,民户滋殖。及孝安永初、元初之間,兵饑之苦,民人復損。至于孝桓,頗增於前。永壽二年,二千六百七萬九百六,口五千六萬六千八百五十六人,墾田亦多,單師屢征。及靈帝遭黄巾,獻帝即位,而董卓興亂,大焚宫廟,劫御西遷,京師蕭條,豪桀並争。郭汜、李傕之屬,殘害又甚。是以興平、建安之際,海内凶荒,天子奔流,白骨盈野。故陜津之難,以箕撮指。安邑之東,后裳不完。遂有寇戎,雄雌未定,割剥庶民,三十餘年。及魏武皇帝剋平天下,文帝受禪,人衆之損,萬有一存。景元四年,與蜀通計,民户九十四萬三千四百二十三,口五百三十七萬二千八百九十一人。又案,正始五年,揚威將軍朱照日所上,吴之所領兵户九十三萬二千,推其民數,不能多蜀矣。昔漢永和五年,南陽户五十餘萬,汝南户四十餘萬,方之於今,三帝鼎足,不踰二郡。加有食禄復除之民,凶年饑疾之難,見可供役,裁若一郡。以一郡之人,供三帝之用,斯亦勤矣。自禹至今,二千餘載,六代損益,備於兹焉。臣昭案:讖《記》云:春秋時有千二百國,未知所出。班固云:周之始,爵五而土三,蓋千八百國,轉相吞滅,數百年間,列國耗盡。至春秋時,尚有數十。(《後漢書·郡國志一》劉昭注引)

《帝王世紀》曰:(成周)城東西六里十一步,南北九里一百步。

《帝王世紀》曰:狄泉,本殷之墓地,在成周東北,今城中有殷王冢是也。又太倉中大冢,周景王也。

《帝王世紀》曰:文王居程,徙都豐,故此加爲上程。

《帝王世紀》曰:(河南)城西有郟鄏陌,太康畋于有雒之表,今河之南。本傳有員犢山。

《帝王世紀》曰:東南門,九鼎所從入。又曰:武王定鼎雒陽西南,雒水九鼎中觀是也。

《帝王世紀》曰:湯亭偃師。又曰:夏太康五弟須于雒汭,在縣東北三十里。

《帝王世紀》曰:(匽師),帝嚳所都。殷盤庚復南亳,是爲西亳。

《帝王世紀》曰:尸鄉在縣西二十里。

《帝王世紀》曰:紂糟丘、酒池、肉林,在城西。

《帝王世紀》曰:縣西有鳴條陌。湯伐桀,戰昆吾亭。

《帝王世紀》曰:舜嬪于虞,虞城是也。

《帝王世紀》曰:(弘農),契所封也。《左傳》:哀四年,將通於少習。

有荆山《帝王世紀》曰:禹鑄鼎於荆山,在馮翊懷德之南,今其下荆渠也。

《帝王世紀》曰:秦獻公都櫟陽是也。

《帝王世紀》曰:(甘亭)在縣南。夏啓伐扈,大戰于甘。又南山有王季冢。

《帝王世紀》曰:秦出公徙平陽。

《帝王世紀》曰:秦德公徙都。

杜預曰:(周城,在美陽縣西北。)《帝王世紀》曰:周太王所徙。南有周原。

杜預曰:豳國在東北。《帝王世紀》曰:有豳亭。(《後漢書·郡國志一》劉昭注引)

(夏啓鈞臺),《帝王世紀》云,在縣(陽翟)西。

《帝王世紀》云:魏文帝登禪于曲蠡之繁陽亭,爲縣曰繁昌,亦《禹貢》豫州之域。今許之封内,今潁川繁昌是也。

《帝王世紀》曰:陽城有啓母冢。

《帝王世紀》曰:有北亳,即景亳,湯所盟處。

《帝王世紀》有南亳。

《帝王世紀》曰：曹騰封費亭侯，縣有費亭是也。

《帝王世紀》曰：（陳），庖犧氏所都，舜後所封。

《帝王世紀》曰：黄帝生於壽丘，在魯東門之北。少昊自窮桑登帝位，窮桑在魯北。後徙曲阜。

《帝王世紀》曰：（鄴）縣西南，有上司馬，殷太甲常居焉。

《帝王世紀》曰：堯封唐堯山，在北唐水西。入河南，有望都山，即堯母慶都所居，相去五十里。（《後漢書·郡國志二》劉昭注引）

《帝王世紀》曰：禹避商均。

《帝王世紀》曰：顓頊自窮桑徙商丘。

《帝王世紀》曰：舜陶河濱，縣西南陶丘亭是。

《帝王世紀》曰：舜耕歷山，漁雷澤。濟陰有歷山。（《後漢書·郡國志三》劉昭注引）

《帝王世紀》曰：神農氏起列山，謂列山氏，今隨厲鄉是也。

《帝王世紀》曰：（羅縣）有黄陵亭。

《帝王世紀》曰：禹會諸侯塗山。（《後漢書·郡國志四》劉昭注引）

《帝王世紀》亦云：姚墟在西北，有舜祠。

《帝王世紀》曰：禹生石紐。（廣柔）縣有石紐邑。

《帝王世紀》曰：包犧氏生于成紀。

《帝王世紀》曰：黄帝所都，有蚩尤地、阪泉地、黄帝祠。

《帝王世紀》：永嘉二年，户則多九十七萬八千七百七十一，口七百二十一萬六千六百三十六，應載極盛之時，而所殊甚衆，舍永嘉多，取永和少，良不可解。皇甫謐校覈精審，復非謬記，未詳孰是。（《後漢書·郡國志五》劉昭注引）

《帝王世紀》曰：古公亶父，是爲大王，爲百姓所附，狄人攻之，事之以皮幣、玉帛，不能免焉。王遂杖策而去，踰梁山，止於岐山之陽，邑於周地，豳人從者如歸，市一年成邑，二年成都，三年五倍其初也。

《帝王世紀》曰：鯀納有莘氏女，曰志，是爲修已。上山行，見流星貫昴，夢接意感，又吞神珠，臆圮胸坼，而生禹於石紐。（《三國志》卷三八《蜀志·秦宓傳》裴松之注引）

《帝王世紀》曰:舜妃嬪于虞。(宋司馬光撰,胡三省音注《資治通鑑》卷六引)

《帝王世紀》曰:舂陵戴侯熊渠,生蒼梧太守利,利生子張,子張生玄。後敗,降赤眉,光武詔封爲爲淮陽王。(宋司馬光撰,胡三省音注《資治通鑑》卷三九引)

《帝王世紀》云:帝少昊崩,其神降於長流之山。(宋司馬光撰,胡三省音注《資治通鑑》卷一四五引)

《帝王世紀》云:虢有三:周封虢仲於西虢,虢州之地也。封虢叔於東虢,今成皋也。陜郡平陸,是北虢。(宋司馬光撰,胡三省音注《資治通鑑》卷一九四引)

(舜爲太尉,故)《帝王世紀》云:命爲司徒、太尉。正月,以太尉行事。(《路史》卷四四)

按《帝王世紀》云:虞帝三妃。娥皇無子。女英生商均。(《路史》卷四六)

《帝王世紀》:舜陶于河濱,即《禹貢》之陶丘。今濟陰定陶西,有陶丘是也。(《元和郡縣圖志》卷一一)

《帝王世紀》曰:帝堯始封于唐,又徙晉陽。及爲天子,都平陽。(《元和郡縣圖志》卷一五)

按《帝王世紀》云:伊尹生於空桑。(《太平寰宇記》卷一)

皇甫謐《帝王世紀》云:周公相,成王以酆鎬偏在西方,職貢不均,乃使召公卜居澗水東,瀍水之陽,以即中土而爲洛邑,而爲成周王都,今王城是也。

皇甫謐《帝王世記》云:(周)赧王盡獻其邑三十六於秦,秦昭襄王納其獻,立爲三川郡,初理洛陽,後徙滎陽。(《太平寰宇記》卷三)

按《帝王世紀》云:故虢有三焉。周興,封虢仲於西虢,此其地也。封虢叔於東虢,即今成皋也。今陜郡平陸縣,是北虢,此謂三虢焉。(《太平寰宇記》卷六)

按皇甫謐《帝王世紀》云:黄帝生于壽丘,長于姬水,居軒轅之丘。(《太平寰宇記》卷二一)

皇甫謐《帝王世記》云:鎬池,即周之故都也。

皇甫謐《帝王世紀》:周懿王二年,王室大衰,自鎬徙都,生非子,因居犬邱,今槐里是也。(《太平寰宇記》卷二五)

《帝王世紀》:周太王避狄,循漆水,逾梁山,徙邑于岐山之陽。今扶風美陽西北,有岐陽城,舊周地也。(《太平寰宇記》卷二七)

《帝王世紀》:禹鑄鼎於荆山,在馮翊懷德之地,有荆山,今其山下有荆渠。(《太平寰宇記》卷三一)

按《帝王世紀》曰:伏羲風姓,蛇身人首,常居此臺,伏牛乘馬,故曰伏牛臺。(《太平寰宇記》卷四三)

《帝王世紀》:堯以二女妻舜,爲築宫室,封之於虞。故《尚書》云:釐降二女於嬀汭,嬪於虞,即此也。

又《帝王世紀》:禹或營安邑,即虞夏之兩都也。(《太平寰宇記》卷四六)

《帝王世紀》云:(鹿臺,在衛縣西二十里,)紂造,飾以美玉,七年乃成,大三里,高千仞,餘址宛然在城内,即紂自投火處。(《太平寰宇記》卷五六)

皇甫謐《帝王世紀》云:相土徙商丘。本顓頊之墟,陶唐氏火正閼伯之所居。《左傳》云:“閼伯居商邱,祀大火。相土因之。”商主大火,故辰爲商星,于周爲衛,遷于帝邱。(《太平寰宇記》卷五七)

《帝王世紀》云:邢侯爲紂三公,忠諫,被誅。

皇甫謐《帝王世紀》:紂自朝歌北築沙邱臺,多取飛鳥野獸,置其中。

(南巒古城,柏仁故城,在堯山縣西十二里。)皇甫謐《帝王世紀》云:堯所都也。(《太平寰宇記》卷五九)

《帝王世紀》云:涿鹿于周,實幽州之域也。(《太平寰宇記》卷七一)

(金州安康郡,今理西城縣。《禹貢》梁州之域,昔虞舜嘗居之,謂之嬀墟),《帝王世紀》謂之姚墟,即此也。(《太平寰宇記》卷一四一;《通典》卷一七五)

《帝王世紀》曰:光武葬臨平亭,南西望平陰。

(東陽萯山),皇甫謐《帝王世紀》以爲即東首陽山也。(《水經注》卷五)

（濟水又東徑敖山北，其山上有城，即殷帝仲丁之所遷也。）皇甫謐《帝王世紀》曰：仲丁自亳徙囂于河上者也。（《水經注》卷七）

《帝王世紀》曰：顓頊葬東郡頓丘城南，廣陽里大冢者是也。（《水經注》卷九）

（孤山，疑即所謂都山也。）《帝王世紀》曰：堯母慶都所居，故縣目曰望都。（《水經注》卷一一）

《帝王世紀》曰：景王葬于翟泉。（《水經注》卷一五）

又皇甫謐《帝王世紀》云：王室定，遂徙居成周，小不受王都，故壞翟泉而廣之。

（尸鄉，故殷湯所都者也，故亦曰湯亭。）皇甫謐《帝王世紀》並以爲非，以爲帝嚳都矣。（《水經注》卷一六）

皇甫謐《帝王世紀》曰：武王自酆居鎬，諸侯宗之，是爲宗周。今澧水之東池，即其故都也。（《長安志》卷三）

《帝王世紀》曰：孝武廟名淵龍，廟在茂陵東。

《帝王世紀》曰：漢初置長安城，嫌其狹小。至惠帝，增廣築之。

《帝王世記》曰：成帝廟在池陽。（《長安志》卷五）

（始平鄠縣有扈鄉）。《帝王世紀》曰：扈至秦改爲鄠。（《長安志》卷一五）

《帝王世紀》曰：尊盧氏赫胥氏後。（《長安志》卷一六）

《帝王世紀》云：湯受命，有三千餘國。（《通典》卷三六）

《帝王世紀》曰：帝嚳命垂作鞞。（《通典》卷一四四）

《帝王世紀》曰：舜恭已無爲。歌《南風》之詩。詩曰："南風之時兮，可以阜吾民之財兮；南風之薰兮，可以解吾民之愠兮。"（《通典》卷一四五）

《帝王世紀》：后稷納姞氏生不窋。（漢趙煜《吴越春秋》卷一）

《帝王世紀》曰：鯀帝，顓頊之子，字熙。（漢趙煜《吴越春秋》卷四）

《帝王世紀》：《連山易》，其卦以純艮爲首，艮爲山，山上山下，是名"連山"，雲氣出，内於山，夏以十三月爲正，人統艮，漸正月，故以艮爲首。（《御定月令輯要》卷五）

《帝王世紀》:成湯十有八祀。乙未二月丙寅,王至東郊,論諸侯功臣之後,封墨台氏孤竹國。(《御定月令輯要》卷六)

《帝王世紀》:扶始以季秋下旬,夢白帝,遺鳥喙子,旦而升邱,見白虎,其上有雲,感已,而生皋陶於曲阜。(《御定月令輯要》卷一六)

《帝王世紀》:顓頊,黄帝之孫,昌意之子,以水承金,位在北方,主冬,以水事紀官。(《御定月令輯要》卷一七)

按《帝王世紀》以爲,鯀納有莘氏,臆胸折而生禹於石紐,郡人以禹六月六日生,是日熏脩裸享,歲以爲常。(宋祝穆《方輿勝覽》卷五六)

《世本》,左丘明所書。此説出皇甫謐《帝王世紀》。(宋王應麟《漢藝文志考證》卷三)

《帝王世紀》:黄帝使岐伯嘗味草本,定《本草經》,造醫方以療衆疾。(宋王應麟《漢藝文志考證》卷一〇)

皇甫謐《帝王世紀》曰:黄帝命雷公、岐伯教制九鍼、著《内外經》,《素問》之書咸出焉。

《帝王世紀》曰:黄帝使岐伯主典醫,藉以療衆疾。

《帝王世紀》曰:黄帝命雷公、岐伯論經脉,旁通問難八十一,爲《難經》。

《帝王世紀》曰:炎帝嘗草木,宣藥療疾,著《本草》四卷。(《醫説》卷二)

《帝王世紀》曰:文王在豐,九州諸侯咸至,五星聚於房。(《唐開元占經》卷一九)

《帝王世紀》曰:舜時,景星見於房。(《唐開元占經》卷七七)

《帝王世紀》曰:黄帝五十年秋七月庚申,天大霧,三日三夜。霧除,帝遊洛水之上,見大魚,負圖書,命河圖,《帝視萌篇》是也。(《唐開元占經》卷一〇一;《太平御覽》卷八七二)

《帝王世紀》曰:舜時群瑞畢臻,昆崙之北,玉山之神,人身虎首,豹尾蓬頭,戴勝執几杖,皓然白石,城金室而居。南有青鳥,常爲取食,名曰。西王母慕舜之德,來獻白環,及貢《益地圖》。(《唐開元占經》卷一一三;《太平御覽》卷三八)

《帝王世紀》曰：初，力牧之後曰摯，其母曰始朵。居伊水之濱。夢神告己曰："臼出水而遠走，無顧。"及明，視臼中有水，即告隣，而走東十里，乃顧，其地盡爲水矣。（《唐開元占經》卷一一四）

《帝王世紀》曰：黄帝得蟦，如虹。（《唐開元占經》卷一二〇）

《帝王世紀》曰：湯得天下要地，有神麞白狼，銜鈎入殿朝。（《唐開元占經》卷一一六）

（《詩集》及《漢書》皆云文王重八卦爲六十四卦。）又《帝王世紀》及孫盛等以爲神農、夏禹重之。（《書斷》卷上）

而皇甫謐云：伏羲或謂之宓羲……而《帝王世紀》因誤，更立名耳。

《帝王世紀》云：帝少昊崩，其神降于長流之山，於祀主秋。（《顔氏家訓》卷下）

按《禮·檀弓》曰：舜葬於蒼梧之野，蓋三妃未之從也。故康成注曰：帝嚳立四妃，象后妃四星。其一明者爲正妃，餘三小者爲次妃。帝堯因焉。至舜，不告而娶，不立正妃，但三妃而已，謂之三夫人。《離騷》所歌湘夫人，舜妃也。夏后氏增以三三而九，合十二人……凡康成之論，本取《帝王世紀》耳。《世紀》云：長妃娥皇，無子。次妃女英，生商均。次妃癸比，生二女：宵明、燭光是也。（《能改齋漫録》卷五）

皇甫謐《帝王世紀》云：堯娶散宜氏之女，曰女皇，生丹朱，又有庶子九人。（宋張淏撰《雲谷雜紀》卷一）

《帝王世紀》曰：伯禹生於石坳。（漢桓寬撰，明張之象注《鹽鐵論》卷七引）

漢高祖父太公，名煓，字執嘉，見皇甫謐《帝王世紀》。（《野客叢書》卷一五）

武成、式商、容閭，《正義》引《帝王世紀》云：商容及殷民觀周軍之人，見畢公至，殷民曰："是吾新君也。"容曰："非也。視其爲人嚴乎？將有急色。故君子臨事而懼。"見太公至，民曰："是吾新君也。"容曰："非也。視其爲人，虎據而鷹趾，當敵將衆，威怒自倍，見利即前，不顧其後，故君子臨衆，果於進退。"見周公至，民曰："是吾新君也。"容曰："非也。視其爲人，忻忻休休，志在除賊，是非天子，則周之相國也。故聖人臨衆知之。”見武王至,民曰:“是吾新君也。”容曰:“然。聖人爲海内討惡,見惡不怒,見善不喜,顔色相副,是以知之。

《帝王世紀》:文王即位四十二年,歲在鶉火,更爲受命之元年。(《困學紀聞》卷二)

《帝王世紀》:啓升后十年,舞《九韶》。(《困學紀聞》卷四)

《帝王世紀》:高陽作《五英》,高辛作《六莖》。(《困學紀聞》卷五)

《帝王世紀》:敬王(立)三十九年(而崩)。(《困學紀聞》卷一一)

《帝王世紀》:后稷納姞氏,生不窋。(《吴越春秋》卷一)

《帝王世紀》曰:鯀帝,顓頊之子,字熙。(《吴越春秋》卷四)

《帝王世紀》曰:武王見喝人王,自左擁而右扇之。紂政彌亂,殷太史向摯載其圖書而歸周王,以告于諸侯。四年,起師而東,至商郊牧野,乃作木檜。王韈係解,五人御於前,莫肯爲王係韈,皆曰:“臣所以事君王,非爲係韈也。”王乃釋旄鉞而係之,與紂戰,紂師敗績,禽費仲、惡來。紂赴于京,自燔于宣室而死,二嬖妾與妲己亦自殺。乃以大白髦麾諸侯,入殷商都,百姓咸待于郊。王使告曰:“上天降休。商人皆拜,王亦答拜,以兵入,造紂及妲己尸,王親射之三發,然後下車,以劍擊之。周公爲司徒,使以黄鉞斬紂頭,懸于大白之旗,召公爲司空,又使以玄鉞斬妲己頸,懸之小白旗。置旌於商容之廬,命召公釋箕子之囚,賜貝千朋。命原公釋百姓之囚,歸璇臺之珠玉,命南宫括散鹿臺之財,發巨橋之粟,以賑貧民命。南宫伯達、史逸遷九鼎于洛邑,命閎天封比干之墓,命宗祝饗祀于軍,微子、膠鬲皆委質爲臣。殷人咸喜曰:“王之於人也,死猶封其墓,况其生者乎?王之於賢仁也,亡者猶表其廬,况其存者乎?王之於財也,聚者猶散之,况其復藉者乎?王之於色也,在者猶歸其父母,况復徵之乎。”(《藝文類聚》卷一二;《太平御覽》卷八四、漢桓寬撰,明張之象注《鹽鐵論》卷一〇引)

《帝王世紀》:黄帝母曰附寶,孕二十四月而生。

舜身長六尺。《帝王世紀》。(《北堂書鈔》卷一)

繼天而象日。《帝王世紀》。(《北堂書鈔》卷七)

諸侯同日貢者五百國。《帝王世紀》。

遠方來譯至者十六國。《帝王世紀》:桑穀合生。

四方來附,一時歸湯。《帝王世紀》:一時歸湯者三十六國。(《北堂書鈔》卷一〇)

一沐三捉,一食三起。《帝王世紀》。

分掌四方,各如已視。《帝王世紀》。

佐化于外。《帝王世紀》。(《北堂書鈔》卷一一)

《帝王世紀》云:董狐奮筆,趙孟受惡。(《北堂書鈔》卷三七)

醢九侯,炙翼侯。俱《帝王世紀》。

脯九侯以饗諸侯,酌梅酒以賜文王。《帝王世紀》。(《北堂書鈔》卷四一)

皇甫謐《帝王世紀》曰:三公者,知通乎天道,應變無窮,辨於萬物之情者也。其言足以調陰陽四時,而節風雨如是,舉以爲三公之事。

皇甫謐《帝王世紀》曰:伊尹爲丞相,仲虺爲左丞相。(《北堂書鈔》卷五〇)

《帝王世紀》曰:九卿者,所以參三公也。(《北堂書鈔》卷五三)

《帝王世紀》云:蒼頡取像鳥迹,作文字,史官之作,蓋自此始。記其言行,策而藏之也。(《北堂書鈔》卷五五)

《帝王世紀》云:大夫者,所以參九卿也。(《北堂書鈔》卷五六)

《帝王世紀》云:禹衣衾三領,桐棺三寸。

《帝王世紀》云:有苗氏叛,虞舜南征,崩于鳴條,殯用瓦棺。

《帝王世紀》云:炎帝在位百二十年,而葬于長沙。

又云:帝嚳,高辛氏,姬姓也,有聖德,年十五而佐顓頊,三十登仕。都亳,在位七十年,年百五歲而崩,葬頓邱宜陽。(《北堂書鈔》卷九二)

《帝王世紀》云:昔蚩尤無道,黄帝討之於涿鹿之野。西王母遣道人,以符授之,黄帝乃立請祈之壇,親自受符。視之,乃昔者夢中所見也。即于是日,擒蚩尤。(《北堂書鈔》卷一〇三)

《帝王世紀》云:少昊時,有鳳鳥之瑞,以鳥紀官,于是修其器用政度,户無淫民,天下大治,作樂曰《九淵》。(《北堂書鈔》卷一〇五)

《帝王世紀》云:帝使伶倫氏爲《渡漳之歌》。(《北堂書鈔》卷一〇六)

《帝王世紀》云：周有密須之鼓。（《北堂書鈔》卷一〇八）

《帝王世紀》云：黄帝損庖羲之瑟爲二十五絃，長七尺二寸。（《北堂書鈔》卷一〇九）

《帝王世紀》云：黄帝始去皮服，爲上衣，以象天。爲下裳，以象地。

《帝王世紀》云：禹治水畢，天錫玄珪，西戎渠搜國服禹之德，獻其珍裘。（《北堂書鈔》卷一二九）

《帝王世紀》云：紂宫九市，車行酒，馬行炙。（《北堂書鈔》卷一四五）

《帝王世紀》云：堯時，日月如合璧。

《帝王世紀》云：文王夢日月著其身。（《北堂書鈔》卷一五〇）

《帝王世紀》云：慶都河渚，有赤龍感而孕，懷堯，十四月，生于丹陵。（《北堂書鈔》卷一五七）

《帝王世紀》云：天地開闢，有天皇氏、地皇氏、人皇氏，或冬穴夏巢，或食禽獸之肉。

《帝王世紀》云：湯沈璧于洛，獲黄魚黑玉之瑞。（《北堂書鈔》卷一五八）

《帝王世紀》云：周穆王征犬戎，得煉剛赤刀，用之割玉，如割泥焉。（《北堂書鈔》卷一五九）

《帝王世記》：湯見張網四面，乃去其面，祝曰："不用命，乃入網。"（《龍筋鳳髓判》卷二）

《帝王世紀》：皇帝受國，制蚩尤，凡五十二，而天下大服。

《帝王世紀》：諸侯有不義者，湯從而征之，凡二十七征，而德施於諸侯。（《龍筋鳳髓判》卷三）

《帝王世記》：黄帝使岐伯典醫，今經方咸出焉。（《龍筋鳳髓判》卷四）

《帝王世紀》曰：周文王夢日月著其身。

《帝王世紀》曰：堯母慶都，生而神異，常有黄雲覆其上。（《藝文類聚》卷一）

《帝王世紀》曰：黄帝時，天大霧三日。帝遊洛川之上，見大魚，殺三牲以醮之，天乃甚雨，七日七夜，魚流，始得圖書。（《藝文類聚》卷二）

《帝王世紀》曰：炎帝戮蚩尤於中冀，名其地曰絶轡之野。（《藝文類聚》卷六）

《帝王世紀》曰：燧人之世，有大迹出雷澤。華胥履之，生庖犧氏於成紀也。

又曰：神龍感女登於常羊，生炎帝。

又曰：電光繞北斗樞星，照郊野，感附寶，孕二十月，生黄帝於壽丘。

又曰：黄帝時，有大星如虹，下流華渚，女節夢接之，意感，生少昊。

又曰：陶唐之世，握登見大虹，意感，生舜於姚墟。

又曰：修己山行，見流星貫昴，意感慄然，又吞神珠薏苡，胸坼而生禹。

又曰：漢昭靈后名含。始遊浴池，有玉雞，銜赤珠出，刻曰“玉英，吞此者王”。含始吞之，生高祖。（《藝文類聚》卷一〇）

按，《太平御覽》卷八七引本條，全文作：“《帝王世紀》曰：“豐公家于沛之豐沛邑中陽里。其妻夢赤馬若龍，戲已，而生執嘉，是爲太公，即太上皇也。太上皇之妃曰媪，是爲昭靈后，名含。始遊於洛，地有玉雞，銜赤珠出，刻曰‘玉英吞此者王’。含始吞之，生邦，字季。”又《蘇氏演義》卷上：“媪陵媪者，婦人之美稱。媪陵，在汴州陳留縣，東北即漢高祖母陵也。高祖之祖曰豐公，其妻夢赤鳥若龍，戲已而生太上皇，名執嘉。執嘉媪，是爲昭靈后，名含。始遊洛陽池，有玉鷄，銜赤珠出，刻曰‘玉英天以此命’。含始吞之，後又夢與神遇，遂生高祖。”兩段引文均内容較豐，且可正本條文字之誤，録以備考。

《帝王世紀》曰：太昊帝庖犧氏，風姓也，蛇身人首，有聖德。都陳，作瑟三十六絃。

《帝王世紀》曰：帝女媧氏，亦風姓也。作笙簧，亦蛇身人首。一曰女希，是爲女皇。其末，諸侯共工氏，任知刑，以强伯而不王，有聖德，都陳，作五絃之琴，始教天下種穀，故號神農氏。諸侯夙沙氏叛不用命，箕文諫而殺之。炎帝退而修德，夙沙之民，自攻其君，而歸炎帝。

《帝王世紀》曰：炎帝神農氏，姜姓也，人身牛首，長於姜水。

《帝王世紀》曰：黄帝有熊氏，少典之子，姬姓也，生壽丘，長于姬水，龍顔有聖德，受國於有熊，居軒轅之丘，故因以爲號。治五氣，設五量。

及神農氏衰，黄帝修德撫民，諸侯咸去神農，而歸之黄帝。於是乃擾馴猛獸，與神農氏戰于版泉之野，三戰而克之。又徵諸侯，使力牧、神皇直討蚩尤氏，擒之于涿鹿之野，使應龍殺之于凶黎之丘，凡五十二戰而天下大服。有妃，生二十五子。黄帝在位百年而崩，年百一十歲矣。或傳以爲仙，或言壽三百歲，葬于上郡陽周之橋山。

《帝王世紀》曰：少昊帝名摯，字青陽，姬姓也。降居江水，有聖德，邑于窮桑，以登帝位，都曲阜，故或謂之窮桑，即圖讖所謂"白帝朱宣"者也。故稱少昊，號金天氏，在位百年而崩。

《帝王世紀》曰：帝顓頊高陽氏，黄帝之孫，昌意之子，姬姓也。母曰景僕，蜀山氏女，爲昌意正妃，謂之女樞。金天氏之末，女樞生顓頊於若水，首戴干戈，有聖德。父昌意，雖黄帝之嫡，以德劣，降居若水，爲諸侯。及顓頊生十年而佐少昊，二十而登帝位，平九黎之亂，以水事紀官，南正重司天，以屬神。北正黎司地，以屬民，於是民神不雜，萬物有序。始都窮桑，徙商丘，命飛龍效八風之音，作樂《六英》，以祭上帝。世有才子八人，號"八凱"。顓頊在位七十八年，年九十一歲，歲在鶉火而崩，葬東郡頓丘廣陽里。

《帝王世紀》曰：帝嚳高辛氏，姬姓也，有聖德。年十五而佐顓頊，四十登位。都亳，以人事紀官，故以勾芒爲木正，祝融爲火正，蓐收爲金正，玄冥爲水正，后土爲土正，是五行之官，分職而治，諸侯於是化被天下。遂作樂《六莖》，以康帝位。世有材子八人，號曰"八元"。亦納四妃，卜其子，皆有天下。元妃有台氏女，曰姜嫄，生后稷。次有娀氏女曰簡翟，生卨。次陳豐氏女曰慶都，生放勛。次娵訾氏女曰常儀，生摯。帝嚳在位七十年，年百五歲而崩。葬東郡頓丘廣陽里。

《帝王世紀》曰：帝堯陶唐氏，祁姓也。母慶都，孕十四月，而生堯於丹陵，名曰放勛。鳥庭河勝，或從母，姓伊氏。年十五而佐帝摯，受封於唐，爲諸侯。身長十尺。嘗夢天而上之，故二十而登帝位。都平陽，置敢諫之鼓，命羲和四子羲仲、羲叔、和仲、和叔，分掌四時方嶽之職，故名曰"四嶽"也。諸侯有苗氏，處南蠻而不服，堯征而克之于丹水之浦，乃以尹壽、許由爲師。夔放山川谿谷之音，作樂《大章》，天下大和，百姓無事，有五十老人，擊壤於道，觀者嘆曰："大哉，帝之德也！"老人曰："吾日出而作，日入而息，鑿井而飲，耕田而食，帝何力於我哉！"於是景星曜於天，甘露降於地，朱草生於郊，鳳皇止於庭，嘉禾孳於畝，醴泉湧於山。焦僥民來貢没羽，厨中自生肉脯，其薄如翣形，摇鼓自生風，使食物寒而不臭，名曰翣脯。又有草，夾階而生，隨月生死，王者以是占日月之數，惟盛德之君，應和而生，故堯有之，名曰蓂莢。始封稷契、咎繇褒進伯。禹納舜于大麓。後年二月，又率群臣，刻璧爲書，東沈洛水，言天命當傳舜之意。今《中候運衡》之篇是也。凡堯即位九十八年，年百一十八歲乃殂。百姓如喪考妣。三載四海，遏密八音，葬于濟陰之成陽西北，是爲穀林。堯取富宜氏女，曰女皇，生丹朱。又有庶子九人，皆不肖，故以天下命舜曰："咨爾舜，天之曆數，在爾躬。允執其中，四海困窮，天禄永終。及堯三年喪畢，舜踐天子位。

《帝王世紀》曰：帝有虞氏，姚姓也。目重瞳，故名重華。字都君，有聖德。始遷於負夏，販於頓丘，債於傳虚，家本冀州。每徙則百姓歸之，堯於是見舜於貳宫，設饗禮，迭爲賓主，南面而問政。堯乃試以五典，遂舉八凱，使佐后土，以揆百事。舉八元，使布五教于四方。舜於是有大功二十，故夢眉長與髮等。堯乃賜舜以昭華之玉，老而命舜代己攝政。舜東巡狩，登南山，觀河渚，受圖書，褒賜群臣，尊任伯禹、稷、契、皋繇、伯益，皆益地。有苗氏負固不服，禹請征之。舜曰："我德不厚而行武，非道也。吾前教由未也。"乃修教三年，執干戚而舞之。有苗請服，立誹謗之木，申命九官、十二牧，三載一考績，三考黜陟幽明。禹爲司空，功被天下。棄爲后稷，播時百穀。契爲司徒，敬敷五教。皋繇爲士，典刑惟明。倕爲共工，莫不致力。益爲朕虞，庶物繁植。伯夷爲秩宗，三禮不闕。夔爲樂正，神人以和。龍爲納言，出内惟允。於是俊乂在官，群后德讓，百僚師師，以五采章施于五色爲服，以六律五聲，八音協治，治用之和，蒸民乃粒。萬邦作乂，庶績咸熙。乃作《大韶》之樂，簫韶九成，鳳皇來儀。擊石拊石，百獸率舞。故孔子稱："《韶》盡美矣，又盡善也。"景星曜於房，群瑞畢致，地出乘黄，舜於是德被天下，薦於天，使禹攝政。有苗氏叛，南征，崩于鳴條。殯以瓦棺，葬于蒼梧九疑山之陽，是爲零陵，謂之紀市，在今營道，下有群象爲之耕。

《帝王世紀》曰：伯禹夏后氏，姒姓也。生於石坳，虎鼻大口，兩耳參漏，首戴鈎鈐，胸有玉斗，足文履已，故名文命。字高密，身長九尺二寸，長於西羌。西羌，夷人也。其父既放，降在匹庶，有聖德，夢自洗於河西，四嶽師舉之舜，進之堯。堯命以爲司空，繼鯀治水。乃勞身涉勤，不重徑尺之璧，而愛日之寸陰。手足胼胝，故世傳禹病偏枯，足不相過，至今巫稱禹步是也。又納禮賢人，一沐三握髮，一食三起。堯美其績，乃賜姓姒氏，封爲夏伯，故謂之伯禹，天下宗之，謂之大禹。年百歲，崩于會稽，因葬會稽山陰縣之南山。今山上有禹冢井祠，下有群鳥芸田。

又曰：禹葬，衣衾三領，桐棺三寸，葛以綳之，下不及泉，上不通臭。既葬，收餘壤爲壟，若參耕之畝。(《藝文類聚》卷一一)

《帝王世紀》曰：成湯，一名帝乙，豐下鋭上，倨身而揚聲。長九尺，有聖德，諸侯有不義者，湯從而征之，誅其君，弔其民，天下咸悦。故東征則西夷怨，南征則北狄怨，曰："傒爲而後我？"凡二十七征，而德施於諸侯。出見羅者，方祝曰："從天下者，從地出者，四方來者，皆入吾羅。"湯曰："嘻！盡之矣！非桀，其孰能爲此哉？"乃命解其三面，而置其一面，更教之，祝曰："欲左者左，欲右者右，欲高者高，欲下者下。吾取其犯命者。"漢南諸侯聞之，咸曰："湯之德至矣，澤及禽獸，况於人乎！"一時歸者三十六國。及夏桀無道，罪諫者，湯使人哭之，桀囚湯，使於夏臺，而後釋之。諸侯由是咸叛桀附湯，同日貢職者五百國，三年而天下咸服。湯自伐桀後，大旱七年。殷史卜曰："當以人禱。"湯曰："吾所爲請雨者，民也。若必以人禱，吾請自當。"遂齋戒，剪髮斷爪，以己爲牲，禱於桑林之社。言未已而大雨，方數千里。湯踐天子位十三年，年百歲而崩。

《帝王世紀》曰：文王昌，龍顔虎肩，身長十尺，胸有四乳。敬老慈幼，晏朝不食，以延四方之士。是以太顛、閎夭、散宜生、南宫适之屬咸至，是爲四臣。文王雖在諸侯之位，襲父爲西伯。紂既囚文王，文王之長子曰伯邑考，質于殷，爲紂御，紂烹以爲羹，賜文王，曰："聖人當不食其子羹。"文王得而食之。紂曰："誰謂西伯聖者？食其子羹，尚不知

也。”(《藝文類聚》卷一二;《太平御覽》卷八六一)

《帝王世紀》曰:武王見暍人王,自左擁而右扇之。紂政彌亂,殷太史向摯載其圖書,而歸周,王以告于諸侯。四年,起師,而東至商郊牧野。乃作木檜。王韈係解,五人御於前,莫肯爲王係韈,皆曰:“臣所以事君王,非爲係韈也。”王乃釋旄鉞而係之,與紂戰。紂師敗績,禽費仲惡來。紂赴于京,自燔于宣室而死。二嬖妾與妲己亦自殺。乃以太白髦,麾諸侯入殷商都,百姓咸待于郊。王使告曰:“上天降休。”商人皆拜,王亦答拜。以兵入,造紂及妲己尸,王親射之三發,然後下軍(車),以劍擊之。周公爲司徒,使以黄鉞,斬紂頭,懸于太白之旗。召公爲司空,又使以玄鉞,斬妲己頸,懸之小白旗。置旌於商容之廬,命召公釋箕子之囚,賜貝千朋。命原公釋百姓之囚,歸璇臺之珠玉。命南宫适散鹿臺之財,發巨橋之粟,以賑貧民。命南宫伯達、史逸遷九鼎于洛邑。命閎夭封比干之墓,命宗祝饗祀于軍。微子、膠鬲,皆委質爲臣。殷人咸喜,曰:“王之於人也,死猶封其墓,况其生者乎。王之於賢仁也,亡者猶表其廬,况其存者乎。王之於財也,聚者猶散之,况其復藉者乎。王之於色也,在者猶歸其父母,况復徵之乎。”

《帝王世紀》曰:成王元年,周公爲冢宰,攝政。王生少,未能治事,故號曰孺子。八年,春正月朔,王始躬政事,以周公爲太師,封伯禽于魯,父子並命。周公拜於前,魯公拜於後。王以周公有勳勞於天下,故加魯以四等之上,兼二十四附庸,地方七百里。既營都洛邑,復居酆、鎬。淮夷、徐戎及郇叛,王乃大蒐於岐陽,東伐淮夷。

《帝王世紀》曰:《禮》稱:至道以王,義道以霸。觀高祖之取天下也,遭秦暴亂,不階尺土之資,不權將相之柄。發迹泗亭,奮其智謀,銜勒英雄,鞭驅天下,或以德致,或以義成。事以權斷,順逆不常,霸王之道雜焉。是以居帝王之位,而無一定之制,三代之美,固難及矣。

《帝王世紀》曰:春秋興,夏少康之起,有田一成,有衆一旅。若漢之策命世祖,不階成旅之資,平暴反正,遂建中興,夏少康同美矣。

《帝王世紀》曰:孝和之嗣世,正身履道,以奉大業。賓禮耆艾,動式舊典。宫無嬪嬙鄭衛之燕,囿無般樂遊畋之豫。躬履至德,虚静自損,

是以屢獲豐年,遠近承風。(《藝文類聚》卷一二)

《帝王世紀》曰:武王妃太公之女,曰邑姜,修教于内,生太子誦。(《藝文類聚》卷一五)

《帝王世紀》曰:穆王即位,命伯冏爲太僕,今《尚書·君牙》《伯冏》二篇是也。(《藝文類聚》卷四九)

《帝王世紀》曰:豐公家于沛之豐邑中陽里。其妻夢赤烏若龍,戲已而生執嘉,是爲太公太上皇。

《帝王世紀》曰:黄帝出遊洛水之上,見大魚,殺五牲以醮之,天乃甚雨,七日七夜,魚流于海,始得圖書。今《河圖·帝視萌》之篇是也。(《藝文類聚》卷九九)

《帝王世紀》曰:舜彈五絃琴,可以解吾民之愠兮。(《初學記》卷一)

《帝王世紀》曰:凡重霧三日,必大雨。雨未降,其霧不可冒行也。(《初學記》卷二)

皇甫謐《帝王世記》曰:禹自安邑都晉陽。曾孫帝相,遷帝丘。子少康中興,還乎舊都,復禹之迹也。(《初學記》卷八)

太昊庖犧氏,《帝王世紀》曰:庖犧氏,風姓也,蛇身人首,有聖德。燧人氏没,庖犧代之,繼天而王。首德於木,爲百王先。帝出於震,未有所因,故位在東方,主春象日之明,是稱太昊。都陳,制嫁娶之禮,取犧牲以充庖厨,故號庖犧氏,是爲犧皇。後世音謬,故謂之伏犧,或謂之密犧。一解云:虙,古伏字,後誤以虙爲密,故曰密犧。

帝女媧氏,《帝王世紀》曰:女媧氏,亦風姓也。承庖犧制度,亦蛇身人首,一號女希,是爲女皇。《淮南子》曰:往古之時,四極廢,九州裂,天不兼覆,地不周載。女媧鍊五色石以補蒼天,斷鰲足以立四極,殺黑龍以濟冀川,積蘆灰以止滔水。其末,有諸侯共工氏,任知刑,以强伯而不王,以水承木,非行次,故《易》不載。及女媧氏没,次有大庭氏、柏皇氏、中央氏、栗陸氏、驪連氏、赫胥氏、尊盧氏、混沌氏、有巢氏、朱襄氏、葛天氏、陰康氏、無懷氏,凡十五世,皆襲庖犧之號。

炎帝神農氏,《帝王世紀》曰:神農氏,姜姓也,母曰妊姒,有喬氏之女,名女登。遊於華陽,有神龍,首感女登於尚羊,生炎帝。人身牛首,長於姜水。有聖德,以火承木,位在南方,主夏,故謂之炎帝。都於陳,在位百二十年而崩。至榆罔,凡八世,合五百三十年。

《帝王世紀》曰:黄帝,少典之子,姬姓也。母曰附寶,見大電光,繞北斗樞星,照野,感附寶,而生黄帝於壽丘。龍顔,有聖德,受國於有熊,居軒轅之丘,故因以爲名。得寶鼎,興封禪,有景雲之瑞,故以雲紀官,爲雲師。以土德王。在位百年而崩,年百一十歲。或言壽三百歲,故宰我疑,以問孔子,孔子曰:"人賴其利,百年而崩。人畏其神,百年而亡。人用其教,百年而移。故曰三百年。"

少昊金天氏,《帝王世紀》曰:少昊帝名摯,字青陽,姬姓也。母曰女節。黄帝時,有大星如虹,下流華渚,女節意感而生少昊,是爲玄囂。降居江水,邑于窮桑,以登帝位。都曲阜,在位百年而崩。

帝顓頊高陽氏,《帝王世紀》曰:顓頊,黄帝之孫,昌意之子,姬姓也。母曰景僕,蜀山氏女,爲昌意正妃,謂之女樞。金天氏之末,瑶光之星,貫月如虹,感女樞幽房之宫,生顓頊於若水。首戴干戈,有聖德,生十年而佐少昊,十二而冠,二十登帝位。以水承金,位在北方,主冬,以水事紀官。始都窮桑,後徙商丘。在位七十八年,年九十八歲。

帝嚳高辛氏,《帝王世紀》曰:帝嚳,姬姓也。其母不覺,生而神異,自言其名曰夋,齭齒。有聖德,年十五而佐顓頊,三十而登帝位。都亳。以木承水,在位七十年,年一百五歲而崩。

帝堯陶唐氏,《帝王世紀》曰:堯,伊祁姓也,母曰慶都。孕十四月,而生堯於丹陵,名曰放勛。鳥庭荷勝,眉有八采,豐下鋭上,或從母姓伊祁氏。年十五,而佐帝摯。受封於唐,年二十而登帝位。以火承木。都平陽。景星耀於天,甘露降於地,朱草生於郊,鳳凰止於庭。厨中自生肉脯,其薄如翣形,摇鼓則生風,使食物寒而不臭。又有草,夾階生,隨月而生死,名曰蓂莢。始,堯在位五十年登舜,二十年始老,使攝政,二十八年而崩,即位九十八年,年一百一十八歲。

帝舜有虞氏,《帝王世紀》曰:舜,姚姓也。其先出自顓頊。顓頊生窮蟬,窮蟬有子曰敬康。敬康生勾芒。勾芒有子曰橋牛。橋牛生瞽瞍,瞽瞍妻曰握登。見大虹,意感而生舜於姚墟,故姓姚氏。字都君,家本冀州。其母早死。瞽瞍更娶，生象傲。而父頑母嚚，咸欲殺舜。舜能和諧，大杖則避，小杖則受。年二十，始以孝聞。堯以二女娥皇、女英妻之。耕於歷山之陽，耕者讓畔，漁於雷澤。漁者讓淵，陶於河濱。陶者器不窳，堯於是乃命舜爲司徒、太尉，試以五典，舉八凱、八元，四惡除而天下咸服。遂納于大麓，烈風雷雨弗迷。堯乃命舜代已攝政。明年正月，舜始受終文祖，以太尉行事。舜攝政二十八年而堯崩，三年喪畢。舜年八十一，以仲冬甲子月次于畢。始即真，以土承火，色尚黄，以正月元日格于文祖，申命九官、十二牧，以禹爲司徒。舜年八十一，即真，八十三而薦禹，九十五而使禹攝政。攝政五年崩，年百歲也。

伯禹帝夏后氏，《帝王世紀》曰：禹，姒姓也。其先出顓頊。顓頊生鯀，堯封爲崇伯。納有莘氏女，曰志，是爲修已。見流星貫昴，又吞神珠，意感而生禹於石紐，名文命。字高密，長於西羌，西夷人也。堯命以爲司空。繼鯀治水，十三年而洪水平。堯美其績，乃賜姓姒氏，封爲夏伯，故謂之伯禹。及堯崩，舜復命居故官。禹年七十四，舜始薦之于天。薦後十二年，舜老，始使禹代攝行天子事。五年，舜崩，禹除舜喪。明年，始即真。以金承土，都平陽，或都安邑。年百歲，崩于會稽。始納塗山氏之女，生子啓，即位。皇甫謐云：自禹至桀，并數有窮，凡十九王，合四百三十二年：禹一，啓二，太康三，仲康四，相五，羿六，寒浞七，少康八，杼九，槐十，芒十一，泄十二，降十三，扃十四，廑十五，孔甲十六，皇(皋)十七，發十八，桀十九。

商殷氏，《帝王世紀》曰：殷出自帝嚳，子姓也。主癸之妃曰扶都，見白氣貫月，意感，以乙日生湯，故名履，字天乙，是謂成湯帝。豐下鋭上，晳而有髯，倨身而揚聲。長九尺，臂四肘，有聖德，諸侯不義者，湯從而征之。將伐桀，先滅韋顧、昆吾，遂戰於鳴條之野，桀奔于南巢之山。湯乃即天子之位，以水承金。始居亳，爲天子十三年，壽百歲而崩。湯娶有莘氏女爲正妃，生太子丁、外丙、仲壬。太子早卒，外丙代立。皇甫謐云：商之享國也，三十一王。是見居位者實三十王，而言三十一者，兼數太子丁也。自湯得位，至紂，凡六百二十九年。成湯一，外丙二，仲壬三，太甲四，沃丁五，太庚六，小甲七，雍己八，太戊九，仲丁十，外壬十一，河亶甲十二，祖乙十三，祖辛十四，沃甲十五，祖丁十六，南庚十七，陽甲十八，盤庚十九，小辛二十，小乙二十一，武丁二十二，祖庚二十三，祖甲二十四，廩辛二十五，庚丁二十六，五乙二十七，太丁二十八，帝乙二十九，紂三十。

周，《帝王世紀》曰：周，姬姓也。文王始修政，三年而天下二分歸之，入爲紂三公。年十五，而生太子發。文王九十七而崩，太子發代立，是爲武王。武王二年，觀兵至孟津之上。四年，始伐殷，爲天子。以木承水，自酆徙都鎬。武王崩，年九十三，太子誦代立，是爲成王。皇甫謐云：自剋殷，至秦滅周之歲，凡三十七王，八百六十七年。武王一，成王二，康王三，昭王四，穆王五，恭王六，懿王七，孝王八，夷王九，厲王十，宣王十一，幽王十二，平王十三，桓王十四，莊王十五，釐王十六，惠王十七，襄王十八，頃王十九，匡王二十，定王二十一，簡王二十二，靈王二十三，景王二十四，悼王二十五，敬王二十六，貞定王二十七，元王二十八，哀王二十九，思王三十，考王三十一，威烈王三十二，元安王三十三，夷烈王三十四，顯聖王三十五，慎靖王三十六，赧王三十七。

秦氏，《帝王世紀》曰：秦，嬴姓也。昔伯翳爲舜主畜多，故賜姓嬴氏。至襄公，始修霸業，壞井田，開阡陌，天子命爲伯。至昭襄王，自稱西帝，攻周，廢赧王，取九鼎。至莊襄王，滅東西周。莊襄王崩，政立，爲始皇帝，并天下，置三十六郡，自以水德，故以十月爲正，色尚黑。使蒙恬築長城，焚《詩》《書》百家之言，坑儒士四百六十人。三十七年，崩于沙丘平臺，年五十。皇甫謐云：自昭襄王滅周，至子嬰，凡四王二帝，合四十九年。昭襄王一，孝文王二，莊襄王三，始皇帝四，胡亥五，子嬰六。

又《帝王世紀》曰：秦改鎬曰咸陽，都焉。爲漢驅除，不求五運，別以水德王。秦自始封至滅，三十六世，合六百五十年。秦，顓頊之後也。先世造父之爲穆王御，有功，封之於趙城，國爲趙氏也。與簡子同祖，嬴姓也。秦亦在水、火之間。

漢氏，火德。《帝王世紀》曰：漢出自帝堯，劉姓也。豐公生執嘉，即太上皇也。太上皇之妃，曰媪，是爲昭靈后，生子邦，字季，是爲漢高皇帝。秦二世元年，諸侯叛秦，沛人共立爲沛公。二年，入武關。至灞上，秦王子嬰降，項羽自立爲西楚霸王，立沛公爲漢王，王巴蜀。漢元年，還攻雍，遂定三秦。五年，破楚王羽於垓下，追斬於東城，天下始定。春正月，楚王韓信等請尊爲皇帝。二月，即位于定陶氾水之陽，都長安。十二年，崩于長樂宮，年六十二。初納吕公之女，謂之高皇后，生太子盈，代立。按，前漢十二帝：高祖一，惠帝二，高后三，文帝四，景帝五，武帝六，昭帝七，宣帝八，元帝九，成帝十，哀帝十一，平帝十二。王莽立孺子嬰居攝，三年簒位。十五年更始立二年。皇甫謐曰：自高祖元年，至更始二年，凡得二百三十年。

後漢，《帝王世紀》曰：光武皇帝，出自景帝也。名秀，字文叔。更始元年，爲偏將軍，破王邑，殺王尋，誅王郎。更始二年，立爲蕭王。建武元年四月，更始降赤眉。六月，光武即帝位于常山鄗之陽千秋亭，都洛陽。在位三十三年。中元二年二月，崩于洛陽南宫，年六十三。太子莊代立，是爲孝明皇帝。按，後漢十二帝：光武一，明帝二，章帝三，和帝四，殤帝五，安帝六，順帝七，冲帝八，質帝九，桓帝十，靈帝十一，獻帝十二。皇甫謐云：自漢元至更始五年，凡二百一十二年。自居攝元年至更始二年，凡十八年。自建武元年至延康元年，凡一百九十五年。漢前後并諸廢帝及王莽，合三十一帝，四百二十五年。

魏氏，土德。《帝王世紀》曰：魏，曹姓也。武皇帝諱操，字孟德。漢建安二十四年，進爵爲魏王，改二十五年爲延康元年。春正月，崩于洛陽，年六十六。太子丕代立，是爲文皇帝。其年冬十月，受漢禪，改延康元年曰黄初，都洛陽。黄初七年崩，年四十。皇甫謐云：自黄初元年至禪晉之歲，凡五帝，四十五年。文帝一，明帝二，廢帝齊王三，廢帝高貴鄉公四，元帝五。（《初學記》卷九）

《帝王世紀》曰：九卿者，所以參三公也。

《帝王世紀》曰：禹長九尺九寸，殷湯長九尺。

《帝王世紀》曰：季歷之妃，生文王昌，身長十尺。（《初學記》卷一九）

《帝王世紀》曰：庖犧氏作八卦，神農重之爲六十四卦。黄帝、堯、舜引而伸之，分爲二《易》。至夏人，因炎帝曰《連山》，殷人因黄帝曰《歸藏》，文王廣六十四卦，著九六之爻，謂之《周易》。

又《帝王世紀》曰：黄帝垂衣裳，蒼頡造文字，然後書契始作，則其始

也。(《初學記》卷二一)

皇甫謐《帝王世紀》曰:成湯出,見羅者方祝,湯問之曰:"爾之祝何也?"羅者曰:"從天下者,從地出者,從四方來者,皆入吾網。"湯聞曰:"嘻,盡之矣! 非桀,其孰能爲?"乃令解其三面,留其一面。(《初學記》卷二二)

皇甫謐《帝王世紀》云:殷有三亳在梁國,一亳在河南也。穀熟爲南亳,即湯都也。蒙爲北亳,即景亳,湯所盟地。偃師爲西亳,則盤庚所徙也。

《帝王世紀》曰:堯見舜處於貳宫。

案《帝王世紀》曰:伏犧都陳,神農亦都陳,又營曲阜。黄帝都涿鹿。或曰都有熊。少昊都窮桑,顓頊都高陽,帝嚳都亳,一曰都高辛。堯始封於唐,後徙晉陽,即帝位,都平陽。舜都蒲阪。禹本封於夏,爲夏伯。及舜禪,都平陽,或在安邑。湯都亳。至仲丁,遷囂。河亶甲居相,祖乙居耿。及盤庚五遷,復南都亳之殷地。周文王都酆。武王都鎬。周公相成王,以酆、鎬偏處西方,方貢不均,乃營洛邑。成王即洛邑,建明堂,朝諸侯,復還酆、鎬。至幽王,爲犬戎所殺。平王東遷,乃居洛邑。及敬王時,又遷成周。秦非子始封於秦,後都咸陽。漢都長安。(《初學記》卷二四)

皇甫謐《帝王世紀》曰:黄帝服齋于中宫,坐于玄扈。洛上乃有大鳥,雞頭燕喙,蛇頸龍形,麟翼魚尾,其狀如鶴,體備五色,三文成字:首文曰"順德",背文曰"信義",膺文曰"仁智"。不食生蟲,不履生草。或止帝之東園,或巢阿閣。其飲食也,必自歌舞,音如簫笙。(《初學記》卷三〇;《太平御覽》卷九一五)

容,《帝王世紀》:黄帝臣容成紀,造曆。舜舉八凱,有仲容。或云,其後以王父字爲氏。(《元和姓纂》卷一)

《帝王世紀》曰:漢文帝時,日中有王字。(《事類賦》卷一)

《帝王世紀》曰:奇肱民能爲飛車,從風遠行。湯時西風吹奇肱車,至於豫州。湯破其車,不以示民。十年東風至,湯復作車,遣賜之,去玉門四萬里。(《事類賦》卷二)

《帝王世紀》曰：周穆王使造父御八駿，日行千里，車轍馬迹，遍於天下。（《事類賦》卷六）

《帝王世紀》曰：周武王伐殷，爲天子，登臺，見玉。王曰："誰之玉？"或曰："諸侯之玉。"王不取，反歸之。天下聞之，曰："王廉於財矣。"（《事類賦》卷九）

《帝王世紀》曰：黄帝齋于宫中，坐于玄扈，有大鳥，雞頭燕喙，蛇頸龍形，體備五色，止帝東園。（《事類賦》卷一八）

《帝王世紀》曰：天地未分，謂之太易。

《帝王世紀》曰：元氣始萌，謂之太初。

《帝王世紀》曰：氣形之初，謂之太始。

《帝王世紀》曰：形變有質，謂之太素。太素之前，幽清寂寞，不可爲。象惟虚惟無，蓋道之根。道根既建，由無生有。太素始萌，萌而未兆，謂之龐洪。蓋道之幹。道幹既育，萬物成體。於是剛柔始分，清濁異位，天成於外而體陽，故圓以動，蓋道之實。

《帝王世紀》曰：質形已具，謂之太極。（《太平御覽》卷一）

《帝王世紀》曰：文王夢日月著身。又漢文帝時，日中有"王"字。

《帝王世紀》曰：堯時，有草夾階而生，每月朔日，生一莢。至月半，則生十五莢。至十六日後，日落一莢。至月晦而盡。若月小，餘一莢。王者以是占曆，唯盛德之君，應和氣而生，以爲堯瑞，名曰蓂莢，一名曆莢，一名瑞草。（《太平御覽》卷四；《柳河東集》卷四二《同劉二十八院長述舊言懷感時書事奉寄澧州張員外使君五十二韻之作因其韻增至八十通贈二君子》宋人舊注引）

按，《藝文類聚》卷四引《帝王世紀》曰："堯有草，夾階而生，每月朔生一莢，月半，則生十五莢。自十六日一莢落，至月晦而盡。月小，則餘一莢，厭而不落，以爲瑞草，名爲蓂莢，一名曆莢。"《初學記》卷一引《帝王世紀》云："堯時有草，夾階而生。每月朔日，生一莢。至月半，則生十五莢。至十六日後，日落一莢，至月晦而盡。若月小，餘一莢。王者以是占曆，應和而生，以爲堯瑞，名之蓂莢，一名曆莢，一名仙茆。"文略異，録以備考。

朱宣。《帝王世紀》曰：神農氏之末，少昊氏娶附寶，見大電光，繞北

斗樞星，照郊外。感[1]附寶，孕二十月，生黄帝於壽丘。（《太平御覽》卷七）

按，《太平御覽》卷一三引《帝王世紀》曰："黄帝有熊氏，母曰附寶，有蟜音喬氏之女也。見大電光，繞北斗樞星，照郊野，感附寶而孕。"文略異，録以備考。

《帝王世紀》曰：堯時，厨中自生肉脯，薄如翣，摇則風生，使食物寒而不臭，名曰翣脯。（《太平御覽》卷九）

《帝王世紀》曰：黄帝遊洛水上，見大魚，殺五牲以醮天，乃甚雨，七日七夜，魚流，始得圖書，今《河圖》是也。（《太平御覽》卷一〇；《北堂書鈔》卷一五八）

《帝王世紀》曰：黄帝有熊氏，母曰附寶，有蟜音喬氏之女也。見大電光，繞北斗樞星，照郊野，感附寶而孕。（《太平御覽》卷一三）

《帝王世紀》曰：凡重霧三日，必大雨。雨未降，霧不可冒行。又帝沃丁八年，伊尹卒，年百有餘歲，天霧三日。沃丁葬以天子之禮，祀以太牢，親自臨喪三年，以報大德焉。又黄帝時，天大霧三日。帝遊洛水之上，見大魚，殺三牲以醮之，天乃甚雨，七日七夜，魚流始，得圖書，今《河圖》也。世傳大霧三日，必有甚雨，自此始也。（《太平御覽》卷一五；《初學記》卷二）

《帝王世紀》曰：禹葬會稽，下不及泉，上不通臭。既葬，收餘壤爲壟。

《帝王世紀》曰：黄帝夢大風，吹天下塵垢皆去。又夢人執千鈞之弩，驅羊數萬。群帝嘆曰："風爲號，令垢去土，后在也，豈有姓風名后者哉！千鈞之弩，異力能遠。驅羊數萬群，牧民爲善，天下豈有姓力名牧者哉！"得風后於海隅，得力牧於大澤。（《太平御覽》卷三七）

（《吕氏春秋》曰：夏后氏孔甲，田于東陽萯山，遇大風雨。）皇甫謐《帝王世紀》以爲，即東首陽山也，蓋是山之殊目矣。（《太平御覽》卷四〇）

《帝王世紀》曰：黄帝與神農氏戰於阪泉之野。

---

① 感：此字《御覽》原無，據《初學記》卷一補。

又曰：炎帝殺蚩尤於中冀，名其地曰絶轡之野。

又曰：湯時大旱。殷史卜曰："當以人禱。"湯曰："吾當自禱之。"遂齋戒，剪髮斷爪，已爲牲，禱於桑林之野，告於上天，已而雨大至。

又曰：棄恤民勤稼，蓋封地方百里，巡教天下，死於黑水之間，潢渚之野。

又曰：秦自非子受封，至昭王滅周之歲，在大梁，前後七遷，皆在《禹貢》雍州之域，荆山終南敦物之野，東井輿鬼之分，鶉火之次也。（《太平御覽》卷五五）

《帝王世紀》曰：蚩尤氏强，與榆罔争王於涿鹿之阿。（《太平御覽》卷五六）

《帝王世記》曰：桀爲肉山脯林，以酒爲池，使可運舟。（《太平御覽》卷五七）

《帝王世紀》曰：炎帝神農氏，姜（其）母曰姒，遊華陽，感神而生炎帝，長於姜水。

又曰：昔沫水自蒙山至南安，而溷崖水脉漂疾，破害舟船，歷代爲患。蜀郡太守李冰發卒鑿平溷崖，河神贔怒。冰乃操刀入水，與（水）神鬬，遂平溷崖，通水路，開處即水所穿也。

又曰：黄水出夏陽縣西北，連巫山溪，出雄黄，頗有神異。採之，常以冬月祭祀。鑿石，深數丈，方得雄黄，故溪水取名焉。

又曰：沁水南歷猗氏，又南與贔贔水合，水出東北巨駿山，乘高瀉浪，觸石流響，世人因聲以稱之。

又曰：池郡魚復縣夷水，即佷山清江也，水色清照十丈，蜀人見其澄清，因名清江焉。

又曰：溱水出浮石嶺北青衣山，亦謂之青衣水也。

又曰：廬山之北，有石門水。水出嶺，有雙石高竦，其狀若門，因有石門之名焉。水導雙石之中，懸流飛澍，近三百步許，下散漫十步許，上望之連天，若曳飛練於霄中也。

又曰：永昌郡有蘭倉水，出西南博南縣。漢明帝永平十二年，置博南，山名也，縣以山名之。其水東北流，出博南山。漢武帝時，通博南山道，渡蘭蒼津，土地絶遠，行者苦之，歌曰："漢德廣開不賓，渡博南，越倉津，一渡蘭倉爲他人。"山高四十里。蘭倉水有金沙，越人收以爲黄金。又有充珠穴，穴出光珠。又有琥珀、珊瑚、黄白青珠也。(《太平御覽》卷五九)

皇甫謐《帝王世紀》云：炎帝神農氏母，有喬氏女登，爲少典妃。遊華陽，感神而生炎帝，長於姜水，因以氏焉。(《太平御覽》卷七〇；《太平寰宇記》卷三〇)

《帝王世紀》曰：雀山之地，一夕爲大澤，而深九尺。(《太平御覽》卷七二)

《帝王世紀》曰：周穆王征犬戎，得鍊剛赤刀，用之割玉，如割泥焉。(《太平御覽》卷七四)

《帝王世紀》曰：天子，至尊之定名也，應神受命，爲天所子，故謂之天子。孔子曰："天子之德，感天地，動八方，是以功合神者稱皇，德合天地稱帝，義名曰稱王。"(《太平御覽》卷七六)

按，本條"義名曰"三字必有脱誤。《藝文類聚》卷一一引本條作"仁義合者稱王"，當以此爲正。全條作："《帝王世紀》曰：孔子稱：天子之德，感天地，洞八方，是以化合神者稱皇，德合天地者稱帝，仁義合者稱王。"文略異，録以備考。

《皇王世紀》曰：太昊帝庖犧氏，風姓也。蛇身人首，有聖德。都陳。作瑟三十六絃。燧人氏没，庖犧氏代之，繼天而生。首德於木，爲百王先。帝出於震末，有所因，故位在東方，主春，象日之明，是稱太昊。制嫁娶之禮，取犧牲以充庖厨，故號庖犧皇，後世音謬，故謂之密犧。(《太平御覽》卷七八)

《帝王世紀》曰：女媧氏，亦風姓也，承庖犧制度，亦蛇身人首。一號女希，是爲女皇。未有諸侯有共工氏，任智刑，以强伯而不王，以水承木，非行次，故《易》不載。

《帝王世紀》曰：神農氏，姜姓也。母曰任姒。有喬氏之女，名女登，爲少典妃。遊於華陽，有神龍首，感女登於常羊，生炎帝，人身牛首，長於姜水，有聖德。以火承木，位在南方，主夏，故謂之炎帝。都於陳。作五絃之琴，凡八世。帝承、帝臨、帝明、帝直、帝來、帝哀、帝榆罔。

又曰：(神農氏，)本起烈山，或時稱之，一號魁隗氏，是爲農皇。或曰：帝炎(炎帝時)，諸侯夙沙氏叛不用命，炎帝退而修德，夙沙之民，自攻其君，而歸炎帝。營都於魯，重八卦之數，究八八之體，爲六十四卦。在位百二十年而崩，葬長沙。(《太平御覽》卷七八)

《帝王世紀》曰：黄帝有熊氏，少典之子，姬姓也。母曰附寶。其先即炎帝母家，有蟜氏之女，世與少典氏婚，故《國語》兼稱焉。及神農氏之末，少典氏又取附寶，見大電光，繞北斗樞星，照郊野，感附寶，孕二十五月，生黄帝於壽丘。長於姬水，龍顔有聖德，受國於有熊，居軒轅之丘，故因以爲名。又以爲號。與神農氏戰于阪泉之野，三戰而克之。力牧、常先、大鴻、神農、皇鉅、封直、人鎮、火山、稽鬼、臾區、封胡、孔甲等，或以爲師，或以爲將，分掌四方，各如已視，故號曰黄帝四目(佐)。又使岐伯嘗味百草，典醫療疾，今經方《本草》之書咸出焉。其史倉頡又取像鳥迹，始作文字，史官之作，蓋自此始。記其言行，策而藏之，名曰書契。黄帝一號帝鴻氏，或曰歸藏氏，或曰帝軒(氏)，姬姓。有四妃，生二十五子，在位百年而崩，年百一十歲。

又曰：神農氏衰，黄帝修德化民，諸侯歸之。黄帝於是乃擾馴猛獸，與神農氏戰于阪泉之野，三戰而克之。又徵諸侯，使力牧、神皇直討蚩尤氏，擒之于涿鹿之野，使應龍殺之于凶黎之丘。凡五十五戰，而天下大服，或傳以爲仙，或言壽三百歲，葬于上郡陽周之喬山。

《帝王世紀》曰：有巢氏以降，至黄帝爲三皇，號中古。

少昊金天氏，《帝王世紀》曰：少昊帝名摯，字青陽，姬姓也。母曰女節。黄帝時，有大星如虹，下流華渚，女節夢接，意感，生少昊，是爲玄囂。降居江水，有聖德。邑于窮桑，以登帝位。都曲阜，故或謂之窮桑帝。以金承土，《帝圖讖》所謂白帝朱宣者也。故稱少昊號金天氏，在位百年而崩。

《帝王世紀》曰：帝顓頊高陽氏，黄帝之孫，昌意之子，姬姓也。母曰景僕，蜀山氏女，爲昌意正妃，謂之女樞。金天氏之末，女樞生顓頊於若水，首戴干戈。有聖德。父昌意，雖黄帝之嫡，以德劣，降居若水，爲諸侯。(及)顓頊生,十年而佐少昊,十二年而冠,二十(二)而登帝位。平九黎之亂,以火事紀官。命南正重司天,以屬神。北正黎司地,以屬民。於是民神不雜,萬物有序。始都窮桑,後徙商丘。命飛龍效八風之音,作樂《五英》,以祭上帝。納勝墳氏女禄,生老童。有才子八人,號"八愷"。顓頊在位七十八年,年九十一歲,歲在鶉火而崩,葬東郡頓丘廣陽里。(《太平御覽》卷七九)

(帝嚳高辛氏),《帝王世紀》曰:帝嚳高辛氏,姬姓也。其母不見,生而神異,自言其名曰逡,齗齒,有聖德。年十五而佐顓頊,三十登帝位。都亳,以人事紀官,故以勾芒爲木正,祝融爲火正,蓐收爲金正,玄冥爲水正,后土爲土正,是五行之官,分職而治。諸侯於是化被天下。遂作樂《六莖》,以康位。世有才子八人,號曰"八元"。亦納四妃。卜其子,皆有天下。元妃有台(邰)氏,女曰姜嫄,生后稷。次有娀氏女,曰簡翟,生卨。次陳豐氏女,曰慶都,生放勛。(次)娵訾氏女,曰常儀,生帝摯。帝嚳在位七十五年,一百五歲而崩。葬東郡頓丘廣陽里。

帝摯,《帝王世紀》曰:帝摯之母,於四人之中,其班最下。而摯年兄弟最長,故得登帝位。封異母弟放勛爲唐侯。摯在位九年,政軟弱,而唐侯德盛,諸侯歸之。摯服其義,乃率其群臣,造唐朝而致禪,因委至心,願爲臣。唐侯於是知有天命,乃受帝禪,而封摯於高辛氏,事不經,見漢故議郎東海衛宏所傳云耳。

帝堯陶唐氏,《帝王世紀》曰:帝堯陶唐氏,祁姓也,母曰慶都。孕十四月,而生堯於丹陵,名曰放勛,或從母姓伊祁氏。年十五而佐帝摯,授封於唐,爲諸侯。身長十尺。常夢攀天而上之,故年二十而登帝位。以火承木,都平陽,置敢諫之鼓,天下大和。命羲和四子羲仲、羲叔、和仲、和叔分掌四岳。諸侯有苗氏,處南蠻而不服,堯征而克之于丹水之浦。乃以尹壽、許由爲師,命伯夔訪山川谿谷之音,作樂《大章》,天下大和,百姓無事。有八十老人,擊壤,歌于道。觀者嘆曰:"大哉,帝之德也!"老人曰:"吾日出而作,日入而息,鑿井而飲,耕田而食,帝力何有於我哉?"有僬僥氏,來貢没羽,厨中自生肉脯,如翣形,摇鼓自生風,使食物寒自不臭,名曰翣脯。又有草,夾階而生,隨月生死,王者以是占日月之數，惟盛德之君，應和而生，故堯有之，名蓂莢，一名曆莢。始封稷契、咎繇褒進伯，禹納舜于大麓。後年二月，又率群臣刻壁（璧）爲書，東沉于洛，言天命當傳舜之意，今《中候運衡》之篇是也。舜攝政二十八年，堯與方迴遊陽城而崩，《尚書》所謂"二十有八載，放勛乃殂落"是也。百姓如喪考妣，三載四海，遏密八音。凡堯即位九十八年，年百一十八歲。墨子以爲堯堂高三尺，土階三等。堯取散宜氏女曰皇，生丹朱。又有庶子九人，皆不肖，故以天下命舜。

又曰：帝堯氏，始封於唐，今中山唐縣是也。堯山在北，唐水在西北，入河南。有望都縣，有都山，即堯母慶都之所居也。相去五十里。都山一名豆山，北登堯山，南望都山，故名其縣曰望都。（《太平御覽》卷八〇）

《帝王世紀》曰：舜，姚姓也，其先出自顓頊。顓頊生窮蟬。窮蟬有子曰敬康，生勾芒。勾芒有子曰橋牛，橋牛生瞽瞍，妻曰握登。見大虹，意感，而生舜於姚墟，故姓姚名重華，字都君，龍顔大口，黑色，身長六尺一寸。有聖德，始遷於負夏，販於頓丘，責（債）於傅虚，家本冀州。每徙，則百姓歸之。其母早死，瞽瞍更娶，生象傲，而父頑母嚚，咸欲殺舜。舜能和諧，大杖則避，小杖則受。年二十，始以孝聞。堯以二女娥皇、女英妻之。見舜於貳宫，設饗禮，送爲賓主，南面而問政。命爲司徒太尉，試以五典，有大功二十。夢眉長與髮等，堯乃賜舜以昭華之玉，老而命舜代已攝政。明年正月上日，始受終于文祖。太尉行事。堯崩三年，喪畢，以仲冬甲子月次于畢，始即真。以土代火，色尚黄，乃詢四岳，闢四門，明四目，達四聰。東巡狩，登南山，觀河渚（洛），受圖書，表（褒）賜群臣，尊任伯禹、稷、契、皋陶、皆（伯）益。時有苗氏負固不服，禹請征之。舜曰："我德不厚，行武，非道也，吾其敷吾德也。"乃修教三年，執干戚而舞之，有苗請服，立誹謗之木，申命九官十二牧，及殳斨朱虎熊羆等二十五人，三載一考績，黜陟幽明。於是俊乂在官，群后德讓，百僚師師，以五采章施于五色之（爲）服，以六律五聲，八音協治，用之和洽，烝民乃粒，萬邦作乂，庶績咸熙。乃作《大韶》之樂，簫韶九成，鳳凰來儀，擊石拊石，百獸率舞，故孔子稱："《韶》盡美矣，又盡善也。"景星曜於房，群瑞畢臻，德被天下。初，舜既踐帝位，而父瞽瞍尚存，戴天子車服而朝焉，天下大之，故曰大舜。都乎咸陽，或營蒲坂，嬀汭嬪于虞，故因號有虞氏。有二妃：元妃娥皇，無子。次妃女英，生商均。次妃登北氏，生二女：霄明、燭光。有庶子八人，皆不肖，故以天下禪禹。舜年八十一，即真，八十三而薦禹，九十五而使禹攝政。攝五年，有苗氏叛，南征，崩于鳴條，年百歲，殯以瓦棺，葬（於）蒼梧九疑（嶷）山之陽，是爲零陵，謂之紀市，在今營道縣，下有群象爲之耕。（《太平御覽》卷八一）

《帝王世紀》曰：伯禹夏后氏，姒姓也。母曰修己，見流星貫昴，夢接意感，又吞神珠薏苡，胸拆而生禹於石紐，虎鼻大口，兩鼻耳參鏤，首戴鉤，鉤鈐也。當[①]胸有玉，斗足文履，已故名文命，字高密。身（長）九尺二寸，長於西羌夷人，而東夷卒也[②]。初，禹未登用之時，父既降在匹庶，有聖德，夢自洗于河，觀於河，始受圖，《括地象》也。圖言治水之意，四嶽舉之，舜進之堯，堯命爲司空，繼鯀治水。乃勞身勤苦，不重徑尺之璧，而愛日之寸陰，手足胼胝，又納禮賢士，一沐三握髮，一食三吐飡。故世傳禹病偏枯，足不相過，至今巫稱禹步是也[③]。堯美其績，乃賜姓姒氏，封爲夏伯，故謂之伯禹，天下宗之，謂大禹。年二十，始用，三十二而洪水平。年百歲，崩于會稽，因葬會稽山陰縣[④]之南，今山上有禹冢井祠，下有群鳥耘田。修紀，或云修己，未詳。

《帝王世紀》曰：啓升后十年，舞《九韶》。三十五年，征河西。

又曰：帝啓，一名建，一名余德。教施于四海，貴爵而尚齒，養國老于東序，養庶老于西序。在位九年，年八十餘而崩。

《帝王世紀》曰：太康無道，在位二十九年，失政而崩。

《帝王世紀》曰：帝相，一名相安，自太康已來，夏政凌遲，爲羿所逼，乃徙商丘，依同姓諸侯斟灌氏[⑤]、斟鄩氏。羿遂襲帝號，爲羿帝。

---

① 當：此字《御覽》原無，據《御覽》庫本補。

② 而東夷卒也：五字《御覽》原無，據《御覽》庫本補。

③ 故世傳禹病偏枯足不相過至今巫稱禹步是也：十九字《御覽》原無，據《御覽》庫本及《藝文類聚》卷一一補。

④ 縣：此字《御覽》原無，據《御覽》庫本補。

⑤ 氏：此字《御覽》原無，據《御覽》庫本及《後漢書》卷七《桓帝紀》李賢注引補。

有窮后羿,《帝王世紀》曰:羿有窮氏,未聞其姓。其先帝嚳以世掌射,故於是加賜以弓矢,封之於鉏,爲帝司射。歷唐及虞夏,至羿,學射於吉甫,其辭佐長,故亦以善射聞。與吴賀北遊,使羿射雀左目,羿引弓射之,誤中右[①]目,羿俯首而愧,終身不忘,故羿善射,至今稱之。及有夏之衰,羿自鉏遷于窮石,因夏民之不附,以代夏政,逼簒帝位,故號有窮氏[②]。

寒浞,《帝王世紀》曰:寒浞有窮氏既簒羿位,復襲有窮之號,浞因羿之室,生澆及豷,多力,能陸地蕩舟。浞使奡率師滅斟灌、斟鄩氏,殺夏帝相於過,滅豷於戈[③],恃其詐力,不恤民事。初,羿之殺帝相也,妃有仍氏女,曰后緡,方娠,逃出自竇,歸于有仍,生少康焉。初,夏之遺臣曰:"靡事羿。"羿死,逃奔有鬲氏,收斟灌[④]、斟鄩二國餘燼,殺寒浞,而立少康。

《帝王世紀》曰:帝杼,一號后杼。或曰公孫曼,能率禹之功,夏人報祭之。在位十七年。

《帝王世紀》曰:帝芬,一名帝槐。或曰祖武,在位二十六年。

《帝王世紀》曰:帝芒,一名和,或曰帝芒。

《帝王世紀》曰:帝泄,一名帝世,或曰泄宗。在位十六年。

《帝王世紀》曰:帝不降,一名帝降,或曰北成。

《帝王世紀》曰:帝扃一名帝禹或曰高陽在位二十二年。

---

① 右:《御覽》原作"左",據上文及《御覽》庫本改。《文選》卷三一鮑明遠《擬古三首》(其一),李善曰:"《帝王世紀》曰:'帝羿有窮氏與吴賀北遊。賀使羿射雀。羿曰:生之乎?殺之乎?賀曰:射其左目。羿引弓射之,誤中右目。羿抑首而媿,終身不忘。故羿之善射,至今稱之。'"知左爲右之誤,據改。

② 有:此字《御覽》原無,據《御覽》庫本及《通志》卷三上、《古今姓氏書辯證》卷二八引補。

③ 殺夏帝相於過滅豷於戈:按此非一人所爲,亦非一事。晉杜預注,唐孔穎達疏《春秋左傳注疏》卷二九:"少康滅澆于過,后杼滅豷于戈。"注:"后杼,少康子。"此方爲實。

④ 斟灌:二字《御覽》原無,據《御覽》庫本補。《水經注》卷二六:"有夏之遺臣曰:'靡事羿。'羿之死也,逃于鬲氏。收斟灌、斟尋二國之餘燼,殺寒浞,而立少康滅之,有窮遂亡也。"知《御覽》此處奪"斟灌"二字。

《帝王世紀》曰：帝廑一名頊或曰董江在位二十年。

《帝王世紀》曰：帝皋一名皋苟。

《帝王世紀》曰：帝桀淫虐，有才力，能伸鈎索鐵，手搏熊虎。多求美女，以充後宫。爲瓊室瑶臺，金柱三千。始以瓦爲屋，以望雲雨。大進侏儒倡優，爲爛熳之樂。設奇偉之戲，縱靡靡之聲，日夜與妹喜及宫女飲酒。常置妹喜於膝上。妹喜好聞裂繒之聲，爲發裂繒(繒裂之)，以順適其意。以人駕車肉山脯林，以爲酒池，一鼓而牛飲者三千餘人。醉而溺水，以虎入市，而視其驚。伊尹舉觴造桀，諫曰："君王不聽群臣之言，亡無日矣。"桀聞言析然，啞然嘆曰："子又妖言矣。天之有日，由(猶)吾之有民。日亡，吾乃亡耳。"兩日鬥蝕，鬼呼於國，桀醉不寤。湯來伐桀，以乙卯日，戰于鳴條之野。桀未戰而敗績。湯追至大涉，遂禽桀於焦，放之曆山，乃與妹喜及諸嬖妾同舟浮海，奔于南巢之山而死。(《太平御覽》卷八二)

《帝王世紀》曰：成湯，一名帝乙，豐下鋭上，指有骿，倨身而揚聲。長九尺，臂四肘。有聖德，諸侯有不義者，湯從而征之，誅其君，弔其民，天下咸服。故東征則西夷怨，南征則北狄怨，曰："奚爲而後我？"故仲虺誥曰："徯我后？"后來，其蘇也，凡二十七征而德施於諸侯。及夏桀無道，湯使人哭之。桀囚湯於夏臺，而後釋之。諸侯由是咸叛桀附湯，同日貢職者五百國。三年而天下悉服。湯自伐桀後，大旱七年，洛川竭。使人持三足鼎，祝於山川，曰："慾不節耶？使民疾耶？苞苴行耶？讒夫昌耶？宫室營耶？女謁行耶？何不雨之極也！"殷史卜曰："當以人禱。"湯曰："吾所爲請雨者，民也。若必以人禱，吾請自當。"遂齋戒，剪髮斷爪，以己爲牲，禱於桑林之社，曰："唯予小子履，敢用玄牡，告于上天后土，曰：萬方有罪，罪在朕躬。朕躬有罪，無及萬方。無以一人之不敏，使上帝鬼神傷民之命。"言未已而大雨至，方數千里。

《帝王世紀》曰：太甲反位，又不怨，故更尊伊尹曰保衡，即《春秋傳》所謂"伊尹放太甲，卒爲明王"是也。太甲修政，殷道中興，號太宗，《孔叢子》所謂"憂思三年，追悔前愆，起而即政，謂之明王"者也。一名祖甲，享國三十三年，年百歲。

《帝王紀》曰：桐宫，蓋殷之墓地，有離宫，可居，在鄴西南。

《帝王世紀》曰：伊尹卒，大霧三日。沃丁葬以天子禮，喪之三年，以報大德。

《帝王世紀》曰：仲丁陟囂，或曰敖，今河南之敖倉是也。

《帝王世紀》曰：帝祖乙以乙日生，故謂之帝乙。孔子所謂“五世之外，天之錫命，疏可同名”者也。是以祖乙不爲諱，蓋殷禮也。

《帝王世紀》曰：帝盤庚徙都殷，始改商曰殷。

又曰：亳殷，今偃師是也。然則殷有三亳，二亳在梁國，一亳在河南穀熟，爲南亳，即今都也。蒙爲北亳，即景亳湯所盟地。偃師爲西亳，即盤庚所徙者。

《帝王世紀》曰：武丁即位，諒闇，居凶廬，百官總已，聽於冢宰，三年不言。既免哀，猶不言。群臣諫武丁，於是思建良輔，夢天賜賢人，姓傅名説。乃使百工寫其像，求諸天下。見築者胥，靡衣褐帶，索役于虞、虢之間，傅巖之野，名説，登以爲相。享國五十九年，年百歲。初，高宗有賢子孝已，其母早死，高宗惑後妻言，放而死，天下哀之。

《帝王世紀》曰：《春秋外傳》所謂“玄王勤商，十有四世。帝祖甲亂之，七世而隕”是也。

《帝王世紀》曰：帝武乙，復濟河北，徙朝歌。

《帝王世紀》曰：帝文丁，一曰太丁。

《帝王世紀》曰：帝乙有二妃。正妃生三子：長子微子啓，中曰微仲行，小曰受庶。妃生箕子年，次啓，皆賢。初，啓母之生啓及仲也，尚爲妾。及立爲后，乃生辛帝乙。以啓賢且長，欲以啓爲太子。太史據法争之，帝乙乃立辛爲太子。帝乙即位三十七年。

《帝王世紀》曰：帝紂能倒曳九牛，撫梁易柱。有蘇氏叛，紂因伐蘇。蘇人以美女妲己奉紂，紂大悦，赦蘇，而納妲己爲妃。常與沉醉于酒，所譽者貴，所憎者誅，淫縱愈甚。始作象箸。箕子爲父師，嘆曰：“爲象箸，不必更（必不羹）於土匭，必將（爲）犀玉之杯。食熊蹯豹胎，必不衣短褐。處茅屋之下，必將衣文繡之衣，遊於九層之臺，居於廣室之中矣。”居五年，紂果造傾宫，作瓊室瑶臺，飾以美玉，七年乃成。其大三里，其高千丈。其大宫百,其小宫七十三處。宫中九市,車行酒,馬行炙。以百二十日爲一夜。六月,發民獵於西山,居期年,天下大風雨,飄牛馬,壞屋樹,天火燒其宫,兩日並出。或鬼哭,或山鳴。紂不懼,愈慢神,誅諫士,爲長夜之飲,七日七夜,失忘曆數,不知甲乙。問於左右,莫知。使問箕子,箕子謂其私人曰:“爲天下主,而一國皆失日,天下危矣。一國不知,而我其危矣。”宰人以醢熊蹯不熟,紂怒,殺宰人,斮朝涉之脛,而視其髓。刳孕婦之腹,而觀其胎。又殺人以食虎。諸侯或叛,妲己以罰輕,欲紂重刑,乃先爲大熨斗,以火爇之,使人舉,輒爛手,不能勝。紂怒,乃更爲銅柱,以膏塗之,加于爇炭之上,使有罪者緣焉。足滑跌,墮火中,紂與妲己笑爲樂,名曰“炮烙之刑”。武王乃率諸侯來伐紂,紂有億兆夷人,起師,自容閭至浦水,與同惡諸侯五十國,凡十七萬人,拒周于商郊之牧野,紂師皆倒戈而戰。紂即位三十三年。正月甲子,敗績,赴宫,登鹿臺,蒙寶衣玉席,自投于火而死。周武王封其子武庚爲殷後。(《太平御覽》卷八三)

《帝王世紀》曰:文王昌龍顔虎肩,身長十尺。胸有四乳,晏朝不食,以延四方之士。文王合六州之諸侯,以朝紂。紂以崇侯之讒,而怒諸侯。請送文王,棄于程。十年正月,文王自商至程,太姒夢見商庭生棘,太子發取周庭之梓,樹之于闕閑,梓化爲松柏柞棫,覺而驚,以告文王。文王不敢占,召太子發,命祝以幣,告于宗廟群神,然後占之于明堂。及發,並拜吉夢,遂作程寤。始,文王繼父爲西伯,都于雍州之地。及受命,復兼梁、荆二州,化被于江、漢之域。於是諸侯附之者六州,而文王不失臣節。先是,文王夢日月之光著身,又鸑、鷟鳴於岐,作《武象》之樂。神農氏始作五絃之琴,以具宫、商、角、徵、羽之音。歷九代,至文王,復增其二絃,曰少宫、少商。文王嗣位五十年,即《周書》所謂“文王受命,享國五十年”是也。

《帝王世紀》曰:文王晏朝不食,以延四方之士。是以太顛、閎夭、散宜生、南宫适之屬,咸至,是爲四臣。文王雖在諸侯之位,襲爲西伯。紂既囚文王,以文王之聖,不食其子羹,文王得而食之,紂曰:“誰謂西伯聖者?其子羹尚不知也。”

《帝王世紀》曰：武王自孟津還，返于周，見暍人王，自左擁而右扇之。四年，起師，至鮪水。甲子，至于商郊牧野。王韤係解，五人侍于前，莫肯爲王係韤，皆曰："臣所以事君王，非爲係韤也。"王乃釋旄而係之，與紂戰。紂師敗績，擒費仲、惡來。紂赴于京，自燔于宣室而死。乃以大旗，麾諸侯入殷都，百姓咸行于郊。王使告曰："上天降休。"商人皆拜，王亦答拜。以兵人造紂及妲己，王親射之三發，然後下車，以劍擊之。周公爲司徒，使以黄鉞斬紂頭。召公爲司空，又使以玄鉞斬妲己。明日，天雨，王命除道修社，入商宫，朝成湯之廟。登堂，見美玉。入室，見美女，王皆取而歸之。諸侯天下聞之，以廉于財色矣，置旌于商容之閭，釋箕子之囚，散鹿臺之財，發鉅橋之粟，以賑貧民。命南宫适、伯達、史佚遷九鼎于洛邑，命閎夭封比干之墓。殷民咸喜。十年冬，王崩于鎬，殯于岐，時年九十三歲矣。太子誦立爲成王。

《帝王世紀》曰：周公爲冢宰，攝政。成王年少，未能治事，故號曰孺子。八年，王始躬親王事，以周公爲太師，封伯禽于魯，父子並命。周公拜于前，魯公拜于後。王以周公有勳勞於天下，故加魯以四等之上，兼二十四附庸，地方七百里，革車千乘。王既營都洛邑，復居酆鎬。淮夷、徐戎及商奄又叛，王乃大蒐于岐陽。東伐淮夷。七年，王崩，年五十矣，太子釗代立。(《太平御覽》卷八四)

《帝王世紀》曰：康王元年，釋喪冕，作誥，申諸侯，命畢公作策，分民之居里于成周之郊。王在位二十六年，崩，子瑕代立，是謂昭王。

《帝王世紀》曰：昭王在位五十一年，以德衰，南征。及濟于漢，船人惡之，乃膠船進王。王御船，至中流，膠液解，王及祭公俱没水而崩。其佐辛游靡長臂且多力，拯得王，周人諱之。王室於是乎大微。王娶於房，曰房后。生太子滿，代立，是謂穆王。

《帝王世紀》曰：穆王修德教，會諸侯於塗山，命吕侯爲相，或謂之甫侯。五十一年王一百歲，老耄，以吕侯有賢能之德，於是乃命吕侯作《吕刑》之書。五十五年，王年百五歲，崩于祇宫。

《帝王世紀》曰：共王能庇昭穆之闕，故《春秋》稱之周自共王至夷王四世，年紀不明，是以曆依魯爲正。王在位二十年，崩，子囏代立。

《帝王世紀》曰：懿王二年，徙都犬丘。

《帝王世紀》曰：夷王即位，諸侯來朝，王降與抗禮，諸侯德之。三年，王有惡疾，愆于厥身，諸侯莫不並走，群望以祈王身。十六年，王崩。

《帝王世紀》曰：厲王荒，耽于酒，淫婦人。

《帝王世紀》曰：宣王元年，以召穆公爲相，秦仲爲大夫，誅西戎。是時，天大旱，王以不雨，遇灾而懼，整身修行，欲以消去之，祈于群神。六月，乃得雨。大夫仍叔美而歌之。今《雲漢》之詩是也。是歲，西戎殺秦仲王，於是進用賢良，樊侯仲甫、尹吉甫、程伯休父、虢文公、申伯、韓侯顯父、南仲方叔、仍叔、召穆公、張仲之屬，並爲卿佐。自厲王失政，玁狁、荆蠻交侵中國，官政墮廢，百姓離散，王乃修復宫室，興賢人納規諫，安集兆民，命南宫仲、召虎、方叔、吉甫並正四方，復先王境土，繕車徒，興畋狩禮，天下喜王化復行，號稱中興。

《帝王世紀》曰：平王元年，鄭武公爲司徒，與晉文侯股肱周室，夾輔平王，率諸侯戮力一心，東遷洛邑。

《帝王世紀》曰：桓王既失於信，禮義陵遲，男子淫奔，讒僞並作，諸侯背叛，搆怨連禍，九族不親，故詩人刺之。

《帝王世紀》曰：僖王自即位以來，變文武之制，作元黄華麗之飾，宫室峻而奢侈，故孔子譏焉。五年，王崩，子涼洪代立。

《帝王世紀》曰：景王遇心疾，崩于榮錡氏。單穆公與劉文公立太子猛，是爲悼王。景王在位二十五年。

悼王，《帝王世紀》曰：悼王以景王二十五年四月，始即位。十一月，崩，王立凡二百日，故《春秋》稱王子猛卒，不成喪，故不言天王崩也。立王母弟丐，是爲敬王。

哀王，《帝王世紀》曰：哀王即位三月，弟叔襲殺王而立，是爲思王。

思王，《帝王世紀》曰：思王即位五月，弟嵬攻殺王而代立，是爲考哲王。

威烈王，《帝王世紀》曰：威烈王崩，子驕立，是爲元安王。

《帝王世紀》曰：安王子喜立，是爲烈王。

《帝王世紀》曰：顯王元年，趙成侯、韓哀侯來攻周。二年，西周威公之嗣，曰惠公，始封惠公少子班於鞏，以奉王，是爲東周惠公。周於是始分爲東、西，王(室)微弱，政在西周。

慎靚王，《帝王世紀》曰：慎靚王六年，崩，子延代立，是爲赧王。

《帝王世紀》曰：赧王二十七年冬十月，秦昭襄王乃僭號西帝，齊閔王稱東帝。十一月，齊、秦復去帝號爲王。四十五年，王如秦。得罪於秦。秦攻周。或説秦王，乃止王號。雖居天下之位，爲諸侯之所侵逼，與家人無異多貰於民，無以歸之。乃上臺以避之，故周人因名其臺曰逃債之臺。洛陽南宮誃臺，誃，音夷，又音尸移切。是也。五十九年，秦攻韓、魏、趙，大破之。王懼。乃背秦。與諸侯合從。將天下鋭師出伊闕。攻秦，秦昭襄王大怒。使將軍樛攻周王，王恐乃入秦，頓首受罪，盡獻其邑。秦盡納其獻，使赧王歸于周，降爲庶人，以壽終。(《太平御覽》卷八五)

《帝王世紀》曰：秦凡四王、二帝，合四十九年。(《太平御覽》卷八六)

《帝王世紀》曰：豐公家于沛之豐沛邑中陽里，其妻夢赤馬若龍，戲已而生執嘉，是爲太公，即太上皇也。太上皇之妃，曰媪，是爲昭靈后，名含，始遊於洛地，有玉雞，銜赤珠出，刻曰“玉英吞此者王”。含始吞之，生邦，字季。

又曰：玄晏先生曰：《禮》稱：“至道以王，義道以霸。”觀漢祖之取天下也，遭秦世暴亂，不階尺土之資，不權將相之柄，發迹泗亭，奮其智謀，羈勒英雄，鞭驅天下，或以威服，或以德致，或以義成，或以權斷，逆順不常，霸王之道雜焉。是以身居帝王之位，而無一定之制。三代之美，固難及矣。”(《太平御覽》卷八七)

《帝王世紀》曰：孝文即位二十三年，年四十七，葬霸陵，因山爲體，廟名顧城。

《帝王世紀》曰：孝景帝即位十六年，年四十八，葬陽陵，廟名德陽。

《帝王世紀》曰：孝武帝廟名淵龍。(《太平御覽》卷八八)

《帝王世紀》曰：宣帝廟名樂遊。

《帝王世紀》曰：成帝廟名池陽。

《帝王世紀》曰：(漢宣帝玄孫廣威侯嬰。)嬰爲孺子，三年而廢爲安

定公。十五年而失國。更始二年，平陵方望等將嬰，聚衆爲天子。數月，更始乃殺之。（《太平御覽》卷八九）

《帝王世紀》曰：玄晏先生曰：《左氏春秋》稱："夏少康之起，有田一成，有衆一旅。若漢之再命，世祖不階成旅之資，平暴反正，遂建中興，夏康同美矣。"

《帝王世紀》曰：更始名玄，字聖公，即位凡三年。（《太平御覽》卷九〇）

《帝王世紀》曰：孝章皇帝以中元三年，生於京師。其母姓秘不出，號其墓曰長信冢。（《太平御覽》卷九一）

《帝王世紀》曰：穆宗之嗣世，正身履道，以奉大業，賓禮耆艾，動式舊典，宫無嬪嬙鄭衛之譏，囿無槃樂遊畋之豫，躬履玄德，虚静自損，是以屢獲豐年，遠近承風云爾。（《太平御覽》卷九一）

按，本條所引書名，《御覽》中華書局影印本作《東觀漢記序》，《御覽》庫本作《帝王世紀》，玆從庫本録文。

《帝王世紀》曰：孝冲皇帝即位一年，年三歲。（《太平御覽》卷九二）

《帝王世紀》曰：（魏武帝曹操，）黄初元年，追尊號謚曰武皇帝，廟號太祖。（《太平御覽》卷九三）

《帝王世紀》曰：高貴鄉公爲太子舍人成濟所害，年二十，以公禮葬之。

《帝王世紀》曰：陳留王即位，禪晉，封陳留王，就國，治鄴，奉魏宗祀。（《太平御覽》卷九四）

《帝王世紀》曰：炎帝神農，母曰任[①]姒。有嬌氏女，名女登，少典妃，遊華陽，有龍首感之，生神農於裳羊山，娶奔水氏之女，曰聽訞，音妖，生帝臨魁[②]。

《帝王世紀》曰：黄帝有熊氏，少典之子，母曰附寶。其先即炎帝母，有嬌氏之女，世與[③]少典氏婚。及神農之末，少典氏又娶附寶，見大霓

① 任：《御覽》原訛作"佳"，據《御覽》庫本改。

② 魁：《御覽》原訛作"女子"，據《御覽》庫本改。

③ 世與：二字《御覽》原無，據《御覽》庫本補。

光，繞北斗樞星，照郊野，附寶孕二十五月，生黄帝於壽丘。

《帝王世紀》曰：黄帝四妃，生二十五子。元妃西陵氏，嫘祖，次妃方雷氏，曰女節。次曰彤魚氏，次曰嫫母。

《帝王世紀》曰：昌意之妃，謂之女樞金天氏，生顓頊於弱水。

《帝王世紀》曰：娵訾班在四人下，生摯，最長，故登帝位。

《帝王世紀》曰：女瑩生丹朱。

《帝王世紀》曰：禹始納塗山女，曰女媧，合婚於台桑。有白狐九尾之瑞，至是爲攸女，故《連山易》曰"禹娶塗山之子，名曰攸女，生啓"是也。

《帝王世紀》曰：妺喜好聞裂繒之聲而笑，桀爲發繒裂之，以順適其意。(《太平御覽》卷一三五；八一四)

《帝王世紀》曰：湯娶有莘爲正妃。

《帝王世紀》曰：帝乙二妃，生四子：長曰微子啓，中微仲，少曰辛庶。妃生箕子。初，啓母之生啓，及仲尚爲妾，及立爲后，乃生紂。

《帝王世紀》曰：武王納太公之女，曰邑姜，修教於内，生太叔。(《太平御覽》卷一三五)

《帝王世紀》曰：太上皇名執嘉，妃曰女媪，是爲昭靈后。(《太平御覽》卷一三六)

《帝王世紀》曰：武王納太公之女，曰邑姜，脩教于内，生太子誦。(《太平御覽》卷一四六)

按，《太平御覽》卷一三五又云："武王納太公之女，曰邑姜，修教於内，生太叔。"似與本條重複，然《春秋左傳注疏》卷四一："當武王邑姜方震大叔。注：邑姜，武王后，齊大公之女，懷胎爲震。大叔，成王之弟叔虞。"《史記》卷四《周本紀》載，太子誦爲周武王之太子，後來繼位爲周成王，與太叔非一人，乃兄弟，故不重複，乃兩條不同之文字。

《帝王世紀》曰：天子畿方千里，曰甸服。甸服之内，曰京師。

又曰：天子所宫曰都。

《帝王世紀》曰：宓羲爲天子，都陳，在《禹貢》豫州之域。西望外方，東及明緒。於周陳胡公所封，故《春秋傳》曰："陳太昊之墟也。"於漢屬淮陽,今陳國是也。神農氏亦都陳,又營曲阜,故《春秋》稱"魯大庭氏之庫"。黄帝都涿鹿,於《周官》幽州之域,在漢爲上谷。而《世本》云:"涿鹿在彭城南。"然則上谷,本名彭城,今上谷有涿鹿縣。及蚩尤城阪泉地,又有黄帝祠,皆黄帝戰蚩尤之處也。或曰:黄帝都有熊,今河南新鄭是也。少昊氏自窮桑登位,故《春秋傳》曰:"世不失職,遂濟窮桑,登帝。"在魯北,後徙曲阜,於周爲魯,在《禹貢》徐州蒙羽之野,奎婁之分,降婁之次,周以之封伯禽。

《帝王世紀》曰:夏鯀封崇伯,故《春秋傳》曰:"謂之有崇伯。"鯀國,在秦、晉之間。《左氏傳》曰"趙穿侵崇"是也。禹受封爲夏伯,在《禹貢》豫州外方之南,角氐之分,壽星之次。於秦、漢屬潁川,本衛地,今河南陽翟是也。受禪,都平陽,或在安邑,或在晉陽,於漢平陽、安邑,皆屬河東。晉陽屬太原,在冀州太行恒山之西,太原太嶽之野,參代之分,實沈之次,於周爲晉,今司隸并州之域也。相徙商丘,於周爲衛。成公夢康叔曰"相奪予享"是也。少康中興,復還舊都,故《春秋傳》曰:"復禹之迹,不失舊物"是也。《世本》又言:"夏后居陽城。"本在大梁之南,於戰國,大梁,魏都,今陳留浚儀是也。按《經傳》曰:"夏與堯、舜同在河北冀州之域,不在河南也。"故《五子歌》曰:"惟彼陶唐,有此冀方。今失厥道,亂其紀綱,乃底滅亡。"言自禹至太康,與唐虞不易都域也。然則居陽城者,自爲禹避商均時,非都也。故《戰國策》稱"桀之居,左天門之險,右天谿之陽。成皋在其北,伊洛在其南"。吴起對魏武侯,亦言"桀之居,左河濟,右太華,伊闕在其南,羊腸在其北"。按《地理志》:至上黨商都,有天井關,即天門也。有羊腸坂,在太原晉陽西北九十里,爲通西上郡關,即吴起之所云也。

《帝王世紀》曰:商契始封於商,在《禹貢》太華之陽,上洛商是也。《世本》:"契大居番,相徙商丘。"本顓頊之墟,故陶唐氏之火正閼伯之所居也。故《春秋傳》曰:"閼伯居商丘,祀,大火相因之。"故商王大火,謂之辰。故辰爲商星,今濮陽是也。然則契之所封商丘,商洛是也。商土於周爲衛商是也。而學者以商丘爲契封,謬矣。湯始居亳,學者咸以亳本帝嚳之墟,在《禹貢》豫州洛、河之間,今河南偃師西二十里尸陽之陽亭是也。以爲考之事實，甚失其正。《孟子》稱："湯居亳，與葛爲鄰。"按《地理志》：今梁國寧陵之葛鄉是也，湯地七十里，葛又伯耳。封域有制，葛伯不祀湯，使亳衆爲之耕。有童子餉食，葛伯奪而殺之。計寧陵至偃師八百里，而使亳衆爲耕，童子餉食，非其理也。今梁自有二亳，南亳在穀熟，北亳在蒙，非偃師也。故古文《仲虺之誥》曰："乃葛伯仇餉，初征自葛。"即《孟子》之言是也。湯又盟諸侯於景亳，然則二亳皆在梁矣。《春秋》"會于亳"是也。太甲既立，不明，伊尹放諸桐。《世本》又言："太甲從上司馬，在鄴西南。"按《詩》《書》：太甲無遷都之文。桐宫，其在斯乎？仲丁徙囂。或曰，今河南敖倉是也。故《書序》曰："仲丁徙于囂，河亶甲徙相。"在河北，故《書序》曰"河亶甲居相"是也。祖乙徙耿爲河所毁。故《書序》曰："祖乙圮于耿。"今河東有耿鄉是也。及盤庚立，復南，居亳之殷地，故《書序》曰："將治亳。"殷，今偃師也。然則殷有三亳：二亳在梁國，一亳在河南。南亳偃師，即湯都也。蒙爲北亳，即景亳，湯所盟地。偃師爲西亳，即盤庚所徙者也。故《立政篇》曰"三亳阪尹"是也。武丁徙朝歌，於周爲衛，今河内縣也。紂自朝歌北，築沙丘臺。沙丘，《地理志》在鉅鹿東北七十里，邯鄲國，屬趙，於《禹貢》在冀州大陸之野，昴畢之分，大梁之次。至今民俗歌謡男女淫縱，猶有紂之餘風，世稱趙女之美是也。

又曰：周后稷始封郜，今扶風是也。及公劉徙居，邑於豳，今新平漆之東北，有豳亭是也。故《詩》稱："篤公劉于豳斯館。"至太王，避狄，循漆水，逾梁山，徙邑於岐山之陽，西北岐城舊址是也。故《詩》稱："率西水滸，至於岐下。"南有周原，故始改號曰周。王季徙郢，故《書序》曰："維周王季宅郢"是也。故《孟子》稱："文王生於畢。"郢，西夷人也。暨文王受命，徙都於豐，在今京兆之西是也。故《詩》有云："既伐於崇，作邑於豐。"及武王伐紂，營洛邑而定鼎焉。今洛陽西南洛水之北，有鼎中觀是也。周公相，成王以豐偏處西方，貢道不均，乃使召公卜居洛水之陽，以即土中。故《援神契》曰："八方之廣，周洛爲中。"於是遂築新邑，營定九鼎，以洛邑爲王之東都。故《周書》有曰："我乃卜澗水東，瀍水西，唯洛食。"是爲王城，名曰東周。故《公羊傳》曰："王城者何？東周也。”《地理志》:王城,本郟鄏之地,是以或謂之郟鄏。故《春秋傳》曰“成王定鼎于郟鄏”是也。今河南郟鄏東門,名鼎門,蓋九鼎所徙入也。成王既卜營洛邑,建明堂,朝諸侯,復還豐、鎬,故《書序》曰:“成王既黜殷命,還歸在豐。”至懿王,徙太丘,秦謂之廢丘,今京兆槐里是也。(《太平御覽》卷一五五)

《帝王世紀》曰:古公亶父,是爲大王,以修德,爲百姓所附。狄人攻之,以皮幣事之,不得免焉。又事之以玉帛,不得免焉。又事之以犬馬,不得免焉。遂策杖而去,止於岐山之陽,邑於周地,故始改國曰周。豳人聞之,曰:“仁人,不可失也。”東循而奔,從之者如歸市焉。一年而成三千户之邑,二年而都成,三年五倍其初。王於是改戎俗,築城郭,立宗廟,設官司,即《詩》所謂“乃召司空,乃召司徒,俾立室家,其繩則直”是也。周道之隆,蓋自此始。(《太平御覽》卷一五六)

皇甫謐《帝王世紀》曰:周公相,成王以豐鎬偏在西方,職貢不均,乃使召公卜居洛水之陽,以即中土。(《太平御覽》卷一五八)

《帝王世紀》曰:虢有三焉。周興,封虢仲於西虢,此其地也。封虢叔於東虢,即成皋是也。今陝郡平陸縣,是北虢。

《帝王世紀》曰:黄帝都於有熊,今新鄭是也。(《太平御覽》卷一五九)

《帝王世紀》曰:帝堯始封於唐,又徙晉陽。及即帝位,都平陽。平陽,乃今晉陽,即太原也。

又曰:禹自安邑都晉陽。至桀,徙都安邑。後至周成王,以封弟叔虞,是爲晉侯。(《太平御覽》卷一六三)

皇甫謐《帝王世紀》曰:四皓,始皇時隱於商山,作歌曰:“莫莫高山,深谷逶迤。曄曄紫芝,可以療饑。唐虞世遠,吾將何歸。”

《帝王世紀》曰:安康爲嬀墟,或謂之姚墟。(《太平御覽》卷一六八)

《帝王世紀》曰:紂作傾宫,七年乃成,大十里,高千丈。

又曰:堯有貳宫撝宫。(《太平御覽》卷一七三)

《帝王世紀》曰:周赧王雖居天子之位,爲諸侯所侵逼,與家人無異,貰於民,無以歸之,乃上臺以避之。故周人因名臺曰“逃債臺”,故洛陽

南宫謻臺是也。(《太平御覽》卷一七七)

《帝王世紀》曰:桀作金柱三千。(《太平御覽》卷一八七)

《帝王世紀》曰:堯時,老人擊壤於路,而歌曰:"鑿井而飲,耕田而食,帝力何有於我哉。"(《太平御覽》卷一八九)

《帝王世紀》曰:桀敗於鳴條之野。案《孟子》:舜卒鳴條,乃在東夷之地。或言,陳留平丘,今有鳴條亭,在安邑之西。(《太平御覽》卷一九四)

《帝王世紀》曰:九卿者,所以參三公也。(《太平御覽》卷二二八;《初學記》卷一二)

《帝王世紀》曰:黄帝使蒼頡取象鳥迹,始作文字之篆,史官之作,蓋自此始,記其言行,册而藏之。(《太平御覽》卷二三五)

《帝王世記》曰:庖犧氏,風姓也,母曰華胥。燧人之代,有大迹出雷澤,胥履之,生庖犧。

又曰:帝堯陶唐氏,祁姓也。母曰慶都。孕十四月,而生堯於丹陵,名曰放勛。(《太平御覽》卷三六〇)

《帝王世紀》曰:文王虎眉。(《太平御覽》卷三六五)

《帝王世紀》曰:湯伐桀後,大旱七年。遂齋戒,剪髮斷爪,以己爲犧牲,禱於桑林之社。(《太平御覽》卷三七〇)

《帝王世紀》曰:禹母吞神珠,胸坼而生禹。

《帝王世紀》曰:紂刳孕婦之腹中,以觀其胎。

《帝王世紀》曰:簡翟浴玄丘之水,燕遺卵吞之,剖背,生契。(《太平御覽》卷三七一)

《帝王世紀》曰:大禹右足,文履已字。(《太平御覽》卷三七二)

《帝王世紀》曰:老聃初生而髮白,故號老子。(《太平御覽》卷三七三)

《帝王世紀》曰:殷時有仙女,名昌容,隔肉見骨。

《帝王世紀》曰:紂斬朝涉之脛,而觀其髓。(《太平御覽》卷三七五)

《帝王世記》曰:季歷之妃,生文王昌,身長十尺。

又曰:禹長九尺九寸,殷湯長九尺。(《太平御覽》卷三七七)

《帝王世紀》曰:紂以鬼侯爲三公。鬼侯有女,美而進之於紂,悦之,妲己乃泣而譖之,紂怒鬼侯女,遂殺之,而醢鬼侯。(《太平御覽》卷三

八一)

皇甫謐《帝王世紀》曰:黄帝夢大風,吹天下之塵垢,皆去。又夢人執千鈞之弩,驅羊數萬群。帝寤而嘆曰:“風,爲號令執政者也。垢去土,后在也。天下豈有姓風名后者哉? 夫千鈞之弩,異力能遠者也。驅羊數萬群,是能善牧者也。天下豈有姓力名牧者也?”於是依二夢之占而求之,得風后于海隅,登以爲相。得力牧於大澤,進以爲將。

又曰:湯思賢,夢見有人負鼎抗俎,對己而笑。寤而占曰:“鼎爲和味,俎者割截天下,豈有人爲吾宰者哉?”初,力牧之後,曰伊摯,耕於有莘之野。湯聞,以幣聘有莘之君,留而不進。湯乃求婚於有莘之君,有莘之君遂嫁女於湯,以摯爲媵臣。至亳,乃負鼎抱俎,見湯也。(《太平御覽》卷三九七)

皇甫謐《帝王世紀》曰:文王自程徙都酆。季秋之月,甲子,赤雀銜丹書入酆,止於文王之户,言天命歸周之意。先是,文王夢日月之光着身。(《太平御覽》卷三九八)

《帝王世紀》曰:漢景帝廟名德陽,宣帝廟名長壽,武帝廟名龍淵,文帝廟名顧成,昭帝廟名徘徊。(《太平御覽》卷五三一)

《帝王世紀》曰:舜恭已無爲,歌《南風》之詩。《詩》曰:“南風之時兮,可以阜吾人之財兮;南風之薰兮,可以解吾人之愠兮。”(《太平御覽》卷五七一;《事類賦》卷一一)

按,《事類賦》卷二引《帝王世紀》曰:“舜彈五絃琴,歌南風,曰:“南風之薰兮,可以解吾民之愠兮。”文略異,録以備考。

《帝王世紀》曰:黄帝殺夔,以其皮爲鼓,聲聞五百里。(《太平御覽》卷五八二)

《帝王世紀》曰:庖犧氏作八卦,神農重之爲六十四卦。黄帝、堯、舜引而伸之,分爲二《易》。至夏人,因炎帝曰《連山》。殷人因黄帝曰《歸藏》。文王廣六十四卦,著九六之爻,謂之《周易》。(《太平御覽》卷六〇九)

皇甫謐《帝王世紀》曰:西王母慕舜德,來獻白環及玦,并貢益地圖。(《太平御覽》卷六二六;《初學記》卷二〇)

《帝王世紀》曰:武王伐紂,行至商山,韈係解。五人在前,莫肯係,皆曰:臣所以事君,非爲係韈。"(《太平御覽》卷六九七)

《帝王世紀》曰:武王自孟津還返於國,見暍人王,自左雍之以扇。(《太平御覽》卷七〇二)

《帝王世紀》曰:紂欲重刑,乃先作大熨斗,以火熱之,使人舉不能勝,輒爛手,與妲己爲戲笑。(《太平御覽》卷七一二;《北堂書鈔》卷一三五)

《帝王世紀》曰:伏羲氏仰觀象於天,俯觀法於地觀鳥獸之文,與地之宜,近取諸身,遠取諸物,於是造書契,以代結繩之政;畫八卦,以通神明之德。以類萬物之情,所以六氣六府(腑)、五臟五行、陰陽四時、水火昇降,得以有象百病之理,得以有類,乃嘗味百藥,而制九針,以極夭枉焉。

又曰:炎帝神農氏長於江水,始教天下耕種五穀,而食之,以省殺生。嘗味草木,宣藥療疾,救夭傷之命,百姓日用而不知,著《本草》四卷。

又曰:黄帝有熊氏,命雷公、岐伯論經脉,傍通問難八十一,爲《難經》,教制九針,著《内外術經》十八卷。

又曰:岐伯,黄帝臣也。帝使伯嘗味草木,典主醫病,《經方》《本草》《素問》之書,咸出焉。(《太平御覽》卷七二一)

《帝王世紀》曰:昭王濟漢,楚人惡之,以膠船進。王中流膠船解,王没于水。(《太平御覽》卷七六六;卷七六八)

《帝王世紀》曰:有燕飛而遺卵,簡翟與妹競取,覆以玉筐。

又曰:周武王代殷,爲天子,登臺見玉。王曰:"誰之玉?"或曰:諸侯之玉,王不取,反歸之,天下聞之曰:"王廉於財矣。"

又曰:紂敗績,登鹿臺,蒙寶衣玉席,投於火而死。(《太平御覽》卷八〇五)

《帝王世紀》曰:堯刻璧爲書,東次於洛,言當傳舜之意。(《太平御覽》卷八〇六)

《帝王世紀》曰:紂作銅柱,令男女裸形,緣之,落則妲己笑。(《太平

御覽》卷八一三)

《帝王世紀》曰:紂不服短褐,處於茅屋之下,必將衣繡,遊於九重之臺。(《太平御覽》卷八一五)

《帝王世記》曰:堯見舜於二宫,設饗禮,迭爲賓主,南面而問政,然後賜以絺衣、琴瑟,築宫室,封之於虞。(《太平御覽》卷八一九)

《帝王世紀》曰:夏桀爲肉山脯林。(《太平御覽》卷八六三)

《帝王世記》曰:黄帝有景雲之瑞,以雲紀官。

又曰:堯母慶都,生而神異,有黄雲覆上。

《帝王世紀》曰:舜葬蒼梧,下有群象爲之耕。

又云:禹葬會稽祠下有象耕田。(《太平御覽》卷八九〇)

《帝王世紀》曰:紂爲王者(玉箸)。箕子曰:"玉箸必食熊蹯、豹胎。"散宜生獻紂黑豹。(《太平御覽》卷八九二)

皇甫謐《帝王世紀》曰:黄帝於東海流波山,得奇獸,狀如牛,蒼身,無角,能走,出入水中,則風雨光如日月。其音如雷(鳴)。黄帝殺之,以其皮爲鼓,聲聞五百里。(《太平御覽》卷八九九)

《帝王世紀》曰:商湯都亳,有神,牽白狼,銜金鈎,入湯庭。(《太平御覽》庫本卷九〇九)

瑞應,《帝王世紀》曰:禹葬會稽,有群鳥爲民田。春耕則銜去草根,秋則啄除其蕪穢,謂之鳥社。(《太平御覽》卷九一四)

(《帝王世紀》)又曰:國安,其主好文,則鳳凰翔。(《太平御覽》卷九一五)

《帝王世紀》曰:豐公家于沛之豐邑中陽里,其妻夢赤烏若龍,戲已,而生執嘉,是爲太公,即太上皇。(《太平御覽》卷九二〇)

皇甫謐《帝王世紀》曰:太昊包犧氏,風姓,有景龍之瑞,故以龍紀官。

又曰:黄帝采首山銅,鑄鼎。荆山下有龍,垂胡髯而下,迎黄帝。群臣欲從,持龍髯,髯拔,遂墮。(《太平御覽》卷九二九)

《帝王世記》曰:黄帝時,螾大如虹。(《太平御覽》卷九四七)

皇甫謐《帝王世記》曰:湯出,見羅者。湯下車,命解其三面,置其一面,更放之。祝曰:"昔蛛蝥作罔,今人學結。欲左者左,欲右者右,欲高

者高，欲下者下。吾取其犯命者。”（《太平御覽》卷九四八）

《帝王世紀》曰：黄帝受命，乃推分星次，以定律度。

《帝王世紀》稱曰：帝庖犧氏，繼天而王，爲百王先。帝出于震，未有所因，此稱帝之始也。

《帝王世紀》曰：神農無任姒，有蟜氏名女登。

《帝王世紀》：至黄帝，乃始有元妃、次妃之列。（《事物紀原》卷一）

《帝王世紀》：至太昊，始曰庖犧氏，風姓也。

《帝王世紀》曰：神農母名女登。

《帝王世紀》曰：黄帝煞鬼，以其皮爲鼓。

《帝王世紀》曰：炎帝作五絃之琴。

《帝王世紀》曰：伏犧作瑟，三十六絃。（《事物紀原》卷二）

《帝王世紀》：黄帝吹律定姓。（《玉海》卷六）

《帝王世紀》：后稷始封邰，公劉徙邑於豳，太王徙邑於岐山之陽，南有周原，故始改號曰周，王季徙程。（《玉海》卷一六）

《帝王世紀》曰：高宗有賢子，孝己，其母早死。高宗惑後妻之言，放之而死，天下哀之。（《文選》卷一八《馬融長笛賦》李善注引）

《帝王世紀》曰：《春秋》：“成王定鼎于郟鄏。”其南門名定鼎門，蓋九鼎所從入也。（《文選》卷二六謝玄暉《暫使下都夜發新林至京邑贈西府同僚》李善注引）

《帝王世紀》曰：帝羿有窮氏與吴賀北遊，賀使羿射雀。羿曰：“生之乎？殺之乎？”賀曰：“射其左目。”羿引弓，射之，誤中右目。羿抑首而媿，終身不忘，故羿之善射，至今稱之。（《文選》卷三一鮑明遠《擬古三首》其一李善注引）

皇甫謐《帝王世紀》曰：舜始即真，改正朔，以土承火，色尚黄。（《文選》卷三六王元長《永明十一年策秀才文五首》其一李善注引）

《帝王世紀》曰：湯即天子位，遂遷九鼎于亳。至大坰，而有慚德。

《帝王世紀》曰：堯與群臣沈璧於河，乃爲《握河記》，今《尚書候》是也。

《帝王世紀》曰：堯生於丹陵。

《帝王世紀》曰：瞽叟之妻曰握登，生舜於姚墟，故姓姚氏。堯求賢而四嶽薦舜，堯乃命于順澤之陽。（《文選》卷四六王元長《三月三日曲水詩序》其一李善注引）

荀氏家傳

《荀氏家傳》十卷,荀伯子撰。荀伯子,生卒年不詳。晉末宋初人,劉宋尚書左丞。元嘉中期,官至司徒左長史、東陽太守,元嘉十五年卒官,年六十一,有文集傳世。事迹見《宋書》卷六〇、《南史》卷三《荀伯子傳》。《荀氏家傳》爲其所撰荀氏家族史專著,《舊唐書》卷四六《經籍志上》"雜譜牒類"著録,作:"《荀氏家傳》十卷,荀伯子撰。"《新唐書》卷五八《藝文志二》"雜傳記類":"荀伯子《荀氏家傳》十卷。"《史通》卷五《採撰》:"夫郡國之記、譜牒之書,務欲矜其州里,誇其氏族,讀之者安可不練其得失,明其真僞者乎!至如江東五儁,始自《會稽典録》;潁川八龍,出於《荀氏家傳》。而修晉漢史者,皆徵彼虚譽,定爲實録,苟不别加研覈,何以詳其是非。"指出其記載有不實的一面。然自《北堂書鈔》《藝文類聚》以下歷代類書、地志、譜牒,仍加引用,存文較多。兹據諸書輯録,以見其概略。

慶基既啓,有蔚潁濱。二方承則,八慈繼塵。二方,元方、李方也。荀淑八子,皆以慈爲字,見《荀氏家傳》也。(《後漢書》卷六二"贊曰")

《荀氏家傳》曰:(荀)惲字長倩,俁字叔倩,詵字曼倩。俁子寓,字景伯。《世語》曰:寓少與裴楷、王戎、杜默俱有名京邑,仕晉,位至尚書,名見顯著。子羽,嗣位至尚書。

《荀氏家傳》曰:(荀)顗字温伯。爲羽林右監,早卒。顗子崧,字景猷。《晉陽秋》稱,崧少有志操,雅好文學,孝義和愛,在朝恪勤,位至左右光禄大夫、開府儀同三司。崧子羨,字令則,清和有才,尚公主,少歷顯位。年二十八,爲北中郎將,徐、兖二州刺史,假節都督徐、兖、青三州諸軍事，在任十年。遇疾解職，卒于家，追贈驃騎將軍。羨孫伯子，今御史中丞也。

《荀氏家傳》曰：（荀）愷，晉武帝時，爲侍中。（《三國志》卷一〇《魏書·荀彧傳》裴松之注引）

《荀氏家傳》曰：（荀）曇字元智。兄昱，字伯修。

《荀氏家傳》曰：（荀）衢子祈，字伯旗，與族父愔俱著名。祈與孔融論肉刑，愔與孔融論聖人優劣，並在《融集》。祈，位至濟陰太守。愔，後徵有道，至丞相祭酒。（《三國志》卷一〇《魏書·荀攸傳》裴松之注引）

《荀氏家傳》：（荀）衍，字休若，彧第三兄。（《郝氏後漢書》卷三一《荀彧傳》）

按，本條《三國志》卷一〇《魏書·荀彧傳》裴松之注引作《零陵先賢傳》，或是，郝經所引或爲誤輯。

荀爽……《荀氏家傳》云：董卓徵公。公到府三日，策拜司空，起巖穴，九十五日而爲台司，世人號曰"白衣登三公"。（《北堂書鈔》卷五二；《藝文類聚》卷四七）

荀顗德望清重。《荀氏家傳》曰：（荀）顗爲司空，德望清重，年耆多疾，不數朝見，詔使侍中任愷諮問政化所宜行否。（《北堂書鈔》卷五二）

《荀氏家傳》云：（荀）邃字道明，善談論，遷光禄大夫。（《北堂書鈔》卷五六）

《荀氏家傳》云：（荀）攸字公達，魏太祖以攸爲軍師，軍國選舉及刑獄法制，皆攸掌焉。（《北堂書鈔》卷六三）

《荀氏家傳》云：（荀）悝字茂仲，山濤舉爲右衛率，清和履正，從容顧問，動可觀探也。（《北堂書鈔》卷六五）

按，本條《職官分紀》卷三〇引作"《荀氏家傳》：車騎將軍（荀）悝守茂中，山濤舉之爲太子右衛率，稱清和理正，從容顧問，動可觀采，真侍衛之美者。"

《荀氏家傳》云：（荀）邃字道玄，性簡静，解音樂，美談論，拜太子洗馬。

《荀氏家傳》云：（荀）邃拜太子洗馬。戴若思時相欽重，作詩頌之。

序曰："洗馬荀道玄，既纍葉重光，才經文雅，所以弱冠登朝[①]。"（《北堂書鈔》卷六六；《職官分紀》卷二八）

鳳凰集境。《荀氏家傳》云：荀貌，字公然[②]。除太原榆次令，爲政以德，人懷之，時有鳳凰集其境内，晉武帝下詔褒美。太始三年卒，吏人如喪親戚，爲之樹碑。其序曰："仰之如日月，敬之如神明，愛之如父母，樂之如時雨。"（《北堂書鈔》卷七八）

《荀氏家傳》云：魏文帝在東宫，荀公達有疾，天子問病，拜床下。（《北堂書鈔》卷八五）

《荀氏家傳》曰：荀彧德行周備，其所規謩，以聖人爲度。（《藝文類聚》卷二一）

《荀氏家傳》曰：荀勗蜀平之後，遣使通吴，司馬文王用公所作書與孫皓。皓報命和親。王謂公曰："君前作書，使吴思順，勝十萬之衆也。"（《藝文類聚》卷三一）

荀伯子《荀氏家傳》曰：荀顗年逾耳順，而母年九十，色養烝烝，以孝聞。當時在喪顦顇，皃不可識，蓬首環絰，奉迎節使，若孾孩之號，哀慟旁人。傅玄著書，稱勗與何曾曰："文王之道，事其親者，其順昌何侯乎！其荀侯乎！古稱曾、閔，今有荀、何。"（《初學記》卷一七；《藝文類聚》卷二〇）

荀伯子《荀氏家傳》曰：惟我之先，至於有晉，人物盈朝，衮衣暐曄，六代九公，不亦偉乎。磊落瓌奇，光照六合，已獨步於古今，拊萬姓而駭之矣[③]。中興丞相王公嘆曰："勗已後[④]榮寵莫二，爲天下貴門矣。"（《初學記》卷一八）

《荀氏家傳》曰：荀羨字令則。年十五，擬國婚之選，君不欲連姻帝

① 序曰洗馬荀道玄既累葉重光才經文雅所以弱冠登朝：二十二字《北堂書鈔》無，據《職官分紀》卷二八補。

② 字公然：三字《北堂書鈔》原無，據《職官分紀》卷四二引《荀氏家傳》補。

③ 已獨步於古今拊萬姓而駭之矣：十三字原無，據《太平御覽》卷四七〇引《荀氏家傳》補。

④ 勗已後：《太平御覽》卷四七〇引《荀氏家傳》作"自八龍以後"。

室,乃遠遁長沙。監司追尋,不獲已,遂尚尋陽公主。(《太平御覽》卷一五四;《初學記》卷一〇)

《荀氏家傳》曰:荀彧字文若。太祖既定冀州,爲公起大第於鄴。諸將各以功次受居第,太祖親游之,笑曰:"此亦《周禮》六勳之差也。"(《太平御覽》卷一八一)

《荀氏家傳》曰:(荀)闓字道明,性清净,善談論。遷光禄大夫。以君面似胡,帝謂爲"神明胡子"。(《太平御覽》卷二四三)

《荀氏家傳》曰:荀愷字茂伯,小而智,外祖晉宣王甚器之,字爲虎子,弟悝爲龍子。王每謂曰:"候汝長大,當共天下。"(《太平御覽》卷二六三)

《荀氏家傳》曰:荀悦字仲豫,儉之子。儉早卒,悦年十二,能説《春秋》。家貧無書,每借人讀所見篇牘,一覽多能誦記。性静,美姿容。

又曰:荀羡字令則,七歲,隨父在石頭。蘇峻愛其姿神,數唤之。年十五,擬因婿之。不欲連姻帝室,乃遁長沙。監司追尋,不得已,遂尚潯陽公主。風氣英秀,明鬚眉,俯仰眄睞,容止可則。(《太平御覽》卷三八〇)

《荀氏家傳》曰:荀羡風器英秀,識雅標貴,明鬚眉,俊音氣,俯仰顧眄,容止可則。(《太平御覽》卷三八九)

《荀氏家傳》曰:荀彧德行周備,名重天下,海内英俊咸嘉焉。

又曰:鍾繇以爲顔子既没,能備九德,百行不二,其過者唯荀彧乎。或問繇曰:"君推荀君比之顔子,自以不及,其可得聞乎?"繇曰:"夫明君師臣,其次友之。以太祖之聰明,每大事常爲先諮又荀彧,是則古師友之義也。吾等受命而行,猶或不盡,去固遠耶。"(《太平御覽》卷四〇三)

《荀氏家傳》曰:(荀)爽字慈名,幼而岐嶷,大學儒林,咸嘆服之。年十二,太尉杜喬師焉。(《太平御覽》卷四〇四)

《荀氏家傳》曰:荀羡與沛國劉真長、太原王仲祖、陳郡商洪源並著情契。太宗時居阿衡之任,虚中誘納,賓友賢哲,與羡等數人爲布衣之好。

又曰:荀粲簡貴,不能與常人交接。所交者皆一時儁傑。粲卒,至

葬夕，赴者千餘人，皆同年名士也，哭之盛慟，路人悲之。（《太平御覽》卷四〇九）

《荀氏家傳》曰：荀邃夫人有至行，時歲荒，每來糴者，夫人恒叩其斛，糴者歸量，輒過其本，時人號曰“㧌斛夫人”。（《太平御覽》卷四九六）

《荀氏家傳》曰：魏文帝在東宮，武帝謂曰：“荀公爲人之師表，汝當盡禮敬之。”荀病，世子問疾，拜床下。（《太平御覽》卷五四二）

《荀氏家傳》曰：荀爽對策曰：“臣聞火生於木，故其德孝。漢之謚帝稱孝者，其義取此也。故漢制，使天下皆誦《孝經》，選吏則舉孝廉，蓋以孝務也。夫喪親，自盡孝之終也，今二千石不得行三年喪，非所以崇孝道而稱火德也。頃者漢嗣數乏，枝葉不繁，其咎未必不由此。往者文帝勞謙自約，行過于儉，故有遺詔，以日易月，此所謂夷惠激俗，當身而已，非貫萬世，爲後嗣法者也。”（《藝文類聚》卷四〇；《太平御覽》卷五四五）

荀淑字季和，潁川潁陰人。少有高行，博學而不好章句，鄉里知名。有子八人，號曰“八龍”。緄生衍，衍子紹，位至太僕。紹子融，字伯雅，與王弼、鍾會俱知名。爲雒陽令，參大將軍軍事，與弼、會論《易》，著義傳於世。《荀氏家傳》曰：（荀）憚字長倩，俁字叔靖，詵字曼倩。俁子寓，字景伯。（《册府元龜》卷七八三）

高陽里，在州城西門内道南。《荀氏家傳》：荀淑有子八人，皆賢，其地舊稱西豪里。潁陰令苑康曰：“昔高陽氏有才子八人，荀公亦有才子八人。”乃改西豪爲高陽里。時同郡人陳實爲太丘長，奕葉賢德，往詣荀門。陳君使元方爲御，季方從後。孫子長文尚幼，抱之於膝。荀使叔慈應門，慈明行酒，自餘六龍侍側。孫文若猶小，坐之于懷。言語三日，德星爲之聚。太史奏曰：五百里内有賢人集。（故德星爲之聚），因名荀里曰德星鄉。（《太平寰宇記》卷七許州長社縣）

《荀氏家傳》：（荀）輝字景文，又云字長倩。太子中庶子，與賈充共定晉律，又作《易集解》。（《經義考》卷一〇）

《荀氏家傳》：（荀）維字大章，中宗爲晉王時，將徵爲司徒，問太常賀循曰：“維舊望清重，勤勞顯著，遷訓五品，以統人倫，實孚人望，詔以爲司徒。”（《職官分紀》卷二）

《荀氏家傳》曰：（荀）巨伯，漢桓帝時人也，亦出潁川，未詳其始末。（《世説新語》卷上之上《德行》劉孝標注引）

《荀氏家傳》曰：（荀）隱祖昕，樂安太守。父岳，中書郎。隱與陸雲在張華坐語，互相反覆，陸連受屈。隱辭皆美麗，張公稱善云："世有此書，尋之未得。"歷太子舍人、廷尉平，蚤卒。（《世説新語》卷下之下《排調》劉孝標注引）

《荀氏家傳》曰：（荀）彧五子。惲字長倩，虎賁中郎將。惲弟俣字叔倩，御史中丞。俣弟詵，字曼倩，大將軍從事中郎，皆知名。詵弟顗，字景倩。顗弟粲。

《荀氏家傳》曰：荀闓字仲茂，諶之子，爲太子文學掾。（《何氏語林》卷七）

《荀氏家傳》曰：荀悦字仲豫，彧從父兄也。父儉，朗陵長。祖淑，朗陵侯相。（《何氏語林》卷一六）

《荀氏家傳》曰：荀宏字仲茂，爲太子文學。（《文選》卷四二魏文帝《與鍾大理書》李善注引）

《荀氏家傳》曰：荀彧德行周備，名重天下，莫不以爲儀表。（《文選》卷四二沈休文《齊故安陸昭王碑文》李善注引）

帝系譜

《帝系譜》二卷，張愔等撰，多記上古帝王事迹，中多遠古時代傳神異傳説，記載之古老，不在《世本》之下。撰人張愔，事迹、時代不詳。從兩《唐志》的著録順序看，世次尚在韋昭、皇甫謐之前，或爲漢魏之際人。《集古録》卷四《魏受禪碑》載有一張愔，東漢末人，與本書作者時代相合但事迹不合。這裏以其人事迹典籍闕載，暫且存疑。其《帝系譜》乃帶有雜史特點的姓氏譜牒之學著作，現存最早的著録見《舊唐書・經籍志上》"故事類"："《帝系譜》二卷，張愔等撰。"《新唐書・藝文志二》"雜史類"："張愔等《帝系譜》二卷。"《通志》兩次著録，一見《藝文略三》"編年・運曆"，作"《帝系譜》二卷，唐張愔撰"；一見《藝文略四》"譜系・帝系"，作"《帝系譜》二卷，張愔等撰"。此後正史書目即不見記載，現存佚文時代亦多在宋代以上，知亡於宋。兹據群書輯録佚文十餘條，以備讀者參考。《通志略》云此書乃唐張愔撰，並無實據，必誤。這裏以時代未明，權置於南朝中期，以爲齊梁間譜牒類古書。

（宋州穀熟縣故高辛城，）《帝系譜》：帝嚳年十五，佐顓頊有功，封爲諸侯，邑于高辛，即此城也。（《太平寰宇記》卷一二）

《帝系譜》曰：地皇治一萬八千歲，以火德王。（《藝文類聚》卷一一）

《帝系譜》曰：神農牛首，結繩而治，伏羲人頭蛇身。（《藝文類聚》卷一七）

《帝系譜》曰：天地初起，溟涬濛鴻。即生天皇，始萬八千歲，以木德王。（《太平御覽》卷一）

《帝系譜》曰：天地初起，即生天皇。治萬八千歲以木德王。

《帝系譜》曰：伏羲人頭蛇身，以十月四日人定時生。（《太平御覽》卷七八）

《帝系譜》曰：神農牛首，伏羲人頭蛇身。（《太平御覽》卷三六四）

《帝系譜》曰：女媧命娥陵氏制都良管，以一天下之音。又命聖氏爲班管，合日月星辰，名曰充樂。樂既成，天下幽微，無不得理。（《太平御覽》卷五六六）

伏羲樂曰扶來，亦曰立本。神農樂名扶持，亦曰下謀。見《帝系譜》及《孝經緯》。（《通典》卷一四一）

按，《路史》卷一二引本條云："扶犂，一作扶來，即伏羲之鳳來。來、犂古同音爾。《帝系譜》云：伏羲曰扶來，神農曰扶梨。蓋未達，詳《太昊紀》。"文有小異，録以備校。

《帝系譜》云：天皇氏以木王，地皇氏以火紀，《始學篇》亦謂天皇以木德王。（《路史》卷二）

《帝系譜》云：帝佶年十五，佐顓頊，有功，封爲諸侯，邑于高辛。（《路史》卷一八）

天地初起，狀如鷄子。盤古生其中，經九萬歲，次三皇及燧人氏，治二萬二百九十七年。（《天中記》卷一一引《帝系譜》）

伏犧人頭蛇身，以十月四日人定時生。（《天中記》卷一二引《帝系譜》）

陸氏譜

《陸氏譜》，撰人未詳，載陸氏人物及姓氏源流、宗支譜系，乃家牒、家史類著作。現存文獻中最早引用者爲《世説新語》梁劉孝標注，知爲晉宋以上古書。考慮到陸氏人物姓氏乃東晉初晉室南渡，遷至江左以後纔有之事，故有理由斷定，此書之作者即在東晉到劉宋之間。《宋史》卷二〇四《藝文志三》"譜牒類"有"令狐峘《陸氏宗系碣》一卷、陸師儒《陸氏英賢記》三卷……陸景獻《吴郡陸氏宗系譜》一卷"，皆唐人著述，似非劉孝標所引之南朝古本《陸氏譜》。司馬貞《史記索隱》亦引有《陸氏譜》，不知是否劉孝標所引之《陸氏譜》。考慮到古人引書多用簡稱，存在同書異名之現象，且六朝唐代陸氏子孫修撰之陸氏族譜，多取名"陸氏譜"或用相近名稱，故亦不排除出自另一同名之書。然而古書中亦頗有異書同名者，故亦不排除其出自其他陸氏譜牒之可能性。今以其無法分辨，不復强行分别，僅據諸書輯其佚文。以佚文過少，轉而取姓氏書中記陸氏姓源及宗支之相關資料作爲附録，輯存於後，以相比照。

陸賈者，楚人也……《陸氏譜》云：齊宣公友子達，食采於陸鄉，號曰陸侯。達生發，發生皋，適楚，賈，其孫也。（《史記》卷九七《酈生陸賈列傳》司馬貞《索隱》引）

宣之子三：一尚父，爲楊侯。一食陸卿，曰陸侯。《陸氏譜》：宣王支子。一封謝丘，爲謝丘氏。（《路史》卷一九）

陸，宣王支子。《陸氏譜》云：封陸鄉，爲陸侯。（《路史》卷二八）

謝太傅問主簿陸退，《陸氏譜》曰：退字黎民，吴郡人。高祖凱，吴丞相。祖仰，吏部郎。父伊，州主簿。退，仕至光禄大夫。“張憑何以作母誄而不作父誄？”退答曰：“故當是丈夫之德，表於事行。婦人之美，非誄不顯。”《陸氏譜》曰：退，憑壻也。（《世説新語》卷上之下《文學》梁劉孝標注引）

附　録

陸氏出自嬀姓。田完裔孫齊宣王少子通，字季達，封於平原般縣陸鄉，即陸終故地，因以氏焉。通謚曰元侯，生恭侯發，爲齊上大夫。發二子：萬、皋。皋生邕。邕生漢大中大夫賈。萬生烈，字伯元，吴令、豫章都尉。既卒，吴人思之，迎其喪，葬於胥屏亭，子孫遂爲吴郡吴縣人。二子：衡、盱。盱字子光，襄賁令。生鴻，字叔鸞，本州從事。鴻生建，字公榮，渤海太守。建生曄，字奉光，本州從事。生恭，字彦祖，御史中丞、京兆尹。恭生璜，字公伯。璜生文，字孝平，弘農都尉。文生親，字公道，成都令。親生衆，字世業，舉秀才，除郎中。生賜，字思祖，丞相府主簿。生閎，字子春，潁川太守、尚書令。三子：邛、温、桓，號“潁川枝”。桓字叔文，生續，字知初，揚州别駕。三子：稠、逢、褒，號“荆州枝”。稠，荆州刺史。二子：肅、謙。肅，丹徒令，號“丹徒枝”。十世孫鎮之。

揚州别駕續，中子逢，漢尚書右僕射、樂安侯。五子：涉、表、瓊、昊、招，號“樂安枝”。表生漢海鹽縣令穰，字子仁。生恢，晉諫議大夫。恢生永興縣令弘，號“諫議枝”。揚州别駕續少子褒，字叔明。褒第三子紆，字叔盤，吴城門校尉。五子：黨、愔、颯、賛、駿。駿字季才，九江都尉、太學博士。二子：遜、瑁。瑁字子璋，選曹尚書。六子：滂、喜、穎、英、偉、顔。穎第三子海隅縣令濯，生漢公。漢公生冽。冽生晉本郡從事元之，隱居魚圻，號“魚圻枝”。生英，字季子，長沙太守、高平相、員外散騎常侍。六子：術、舉、曄、玩、粹、瓘。玩字士瑶，侍中、司空、贈太尉、興平康伯。六子：謐、儒、側、納、乂、始，號“太尉枝”。始字祖興，五兵尚書、侍中。二子：俶、萬載。萬載，臨海太守、秘書監、侍中。四子：道玩、叔元、群、子真。子真字同宗，宋東陽太守。四子：惠曉、惠恭、惠徹、惠遠。惠徹字監，齊司徒府左曹掾。三子：覿、閑、引。閑字遐業，揚州别駕。四子：厥、絳、完、襄。

長沙太守英次子瓘，晉中書侍郎，號“侍郎枝”。五世孫文盛，齊散騎常侍。生宣猛，字觀明，梁宣威將軍。宣猛生陳吏部侍郎潯。潯九世孫齊望。

陸氏宰相六人：丹徒枝，有敦信。太尉枝，有元方、象先、希聲。侍郎枝，有扆、贄。（《新唐書》卷七三下《宰相世系表三下》）

陸氏嬀姓，田敬仲之後也。十一世齊宣王少子通，封於平原般縣陸鄉，即陸終氏之故地，因以爲氏，通謚元侯。生恭侯發，爲齊上大夫。生二子：萬、皋。皋孫賈，爲漢大中大夫。萬生烈，爲吴令，遷豫章都尉。既卒，吴人思之，迎其喪，葬于胥屏亭，子孫遂爲吴郡吴縣人。十世孫閎，潁川太守。生三子：邛、温、威，號“潁川枝”。威生續，揚州别駕。生三子：稠、逢、襃，號“荆州枝”。稠爲荆州刺史。二子：肅、謙。肅爲丹徒令，號“丹徒枝”。又代北有部落大人，號步陸孤氏，後魏孝文遷洛陽，改爲陸氏，虜姓也。（《通志》卷二七《氏族略三》）

陸出自嬀姓，田完裔孫，齊宣王少子通，字季逵，封於平原般縣陸鄉，即陸終故地，因以氏焉，通謚曰元侯。生恭侯發，爲齊上大夫。發二子：萬、皋。皋生邕。邕生漢太中大夫賈。萬生烈，字伯元，吴令、豫章都尉。既卒，吴人思之，迎其喪，葬于胥屏亭，子孫遂爲吴郡吴縣人。其後有潁川枝、荆州枝、丹徒枝、樂安枝、魚圻枝、諫議枝、侍郎枝，世系具《唐宰相表》。謹按：吴陸氏三相、五侯，將軍十餘人。又吴郡陸英，子玩，玩子始，始子萬載，萬載子子真，五世爲侍中。又南齊陸慧遠、慧徹、慧曉、慧恭，皆子真之子，房望最高，時人稱非四慧之子孫，不得稱望族也。後魏大將軍河南陸俟，封惠平王。子麗，封平原王。子定國，封東都王。陸氏三世封王。唐初定河南，陸氏舊在乙門。唐陸元方與子象先、景融、景融子禹錫、翹，三世皆爲中書舍人。案《唐世系表》，“慧”俱作“惠”。（《古今姓氏書辯證》卷三五）

姓　苑

《姓苑》，何承天撰。何承天，生卒年不詳。東海郯縣人，何遜曾祖，劉宋御史中丞。事迹見《宋書》卷六四、《南史》卷三三《何承天傳》。《姓苑》爲其生前利用在秘書省著作局供職的職務之便而撰寫的姓氏學著作，乃《元和姓纂》以前最重要的譜牒類名著，内容豐贍，概括全面，在南北朝譜牒類典籍中最具代表性。書中叙述了衆多先秦、漢魏、晉宋古姓的得姓之始、命氏之源，記録了數千個冷僻姓氏人物，保存了很多上古時代的傳聞、古説，搜羅極廣，多他書所不載，爲唐人林寶、宋人羅泌、鄧名世、陳彭年、章定、明人凌迪知等所援據。唐宋元明以下諸多姓氏譜牒之書及字典、韻書、史注、方志、類書、雜考、説部、文集亦時常引用，金石學者亦常據以考證石刻文獻所載人物家世生平，具有較高的史料價值。唐宋元明典籍徵引較多，引文遍及四部文獻，覆蓋面很廣。除《世本》外，《百家譜》《氏族要狀》等早期姓氏之書佚文所剩無幾，唯獨此書賴唐宋典籍徵引，保存佚文較多，去除重複，可見的在一千三百條以上。所記多後世少見的漢晉以上僻姓、古姓，三分之二以上不見於《元和姓纂》，且成書年代很早，約劉宋元嘉十六至十九年(439—442)作者領著作佐郎、掌國史時成書，比《元和姓纂》要早出近四百年，爲《姓纂》以前存文最多的姓氏書，部分條目和《潛夫論》《風俗通》等記上古人物之姓氏書相同或相近，多數則不同，别出旁生，另有依據，這些都凸顯了此書的史料價值，魯殿靈光，巋然獨存，彌足珍貴。鄭樵云："自隋唐而上，官有簿狀，家有譜系。官之選舉，必由於簿狀；家之婚姻，必由於譜系。歷代並有圖譜局，置郎、令史以掌之，仍用博通古今之儒知撰譜事……宋何承天撰《姓苑》與後魏《河南官氏志》，此二書，尤爲姓氏家所宗。"(《通志·氏族略序》、《玉海》卷五〇)可見此書之地位。傳世版本則有一卷本、二卷本及十卷本三種系统。《隋書》卷三三《經籍志二》"譜系類":"《姓苑》一卷,何氏撰。"《册府元龜》卷五六:"何承天撰《姓苑》一卷。"此一卷本爲南朝古本、作者原著。至唐宋則卷帙增多。一種爲二卷本,約流行於初盛唐,見《新唐書》卷一九九《柳冲傳》,云:"宋何承天有《姓苑》二篇,譜學大抵具此。"二篇即二卷之易稱,僅有二卷,卷數寡少,一卷變爲二卷或爲卷數分合不同,文獻傳本有異。一種爲十卷本,出現於初唐,通行于盛唐至北宋,見《舊唐書》卷四六《經籍志上》"雜譜牒類":"《姓苑》十卷,何承天撰。"此後史志目録及公藏目録所著録者,均爲此本。《新唐書》卷五八《藝文志二》"譜牒類":"何承天《姓苑》十卷。"《宋史》卷二〇四《藝文志三》"譜牒類":"何承天《姓苑》十卷。"《崇文總目》卷二"氏族類":"《姓苑》十卷,何承天撰。"《通志》卷六六《藝文略四》"譜系·總譜":"《姓苑》十卷,何承天撰。"此十卷本當爲南朝後期至唐初之增訂本,當是後世學者在何氏原書的基礎上增加内容,叙述姓氏,篇幅卷帙相應增加,而未標撰人姓名。否則,原本二卷之書,無論如何也不可能增多至十卷。歷代書目著録及其他典籍引用多至南宋前期而止。趙明誠著《金石録》,尚多次徵引。至陳振孫撰《直齋書録解題》,即不見原書,只有殘本二卷,知亡散於南宋。《直齋書録解題》卷八"譜牒類":"《姓苑》二卷,不著名氏。古有何承天《姓苑》,今此以李爲卷首,當是唐人所爲。"説明宋人所見均爲唐代改編本,非原帙。考《新志二》、《宋志三》"譜牒類"及《崇文總目》卷二"氏族類"均載有崔日用《姓苑略》一卷,乃此書在唐代的删節版。更早的删改增補本,則在南北朝,即載於《梁書》卷三〇、《南史》卷六二《顧協傳》的梁代學者顧協撰寫的《異姓苑》五卷,載于《隋書》卷三三《經籍志二》"譜系類"的南北朝佚名撰寫的《複姓苑》一卷,此二書,當是齊梁間或北朝中後期士子根據當時民族遷徙、胡漢雜居通婚的情況而做出的增補,主要收録新起的漢化胡姓及複姓,反映了姓氏學在南北朝民族大融合期間的新變化。此外,《蘇魏公文集》卷五二《太子少保元章簡公(絳)神道碑》又載有崔琳《姓苑》,佚文云:"危,姬姓也,後封於新,世久寖微。"崔琳乃盛唐人,開元十九年正月以鴻臚卿報聘吐蕃，天寶三載九月卒於太子少保任上，時代較之崔日用略晚，知崔琳《姓苑》爲另一書。此書的存在表明此書的改編本在唐代還不止一種。《直齋書録解題》卷八"譜牒類"："《千姓編》一卷，不著名氏。末云嘉祐八年，采真子記，以《姓苑》《姓源》等書，撮取千姓，以四字爲句，每字爲一姓，題曰《千姓編》。"則宋代亦有改編之作。四庫館臣亦稱，中唐林寶撰《元和姓纂》，"其論得姓受氏之初，多原本於《世本》《風俗通》其他如《世本》《族姓記》《三輔决録》以及《百家譜》《英賢傳》《姓源韻譜》《姓苑》諸書不傳於今者，賴其徵引，亦皆班班可見。鄭樵作《氏族略》，全祖其文，蓋亦服其該博也"(《四庫全書總目》卷一三五《元和姓纂提要》)。可見其影響之大。鑒於此書在氏族譜牒之學上的原創性及代表性，清人王仁俊曾據《姓解》採得佚文三百餘條，編入《玉函山房輯佚書補編》，但係手工翻閲抄録，又是依據後代晚出之書輯録，文字訛脱，遺漏尚多。今據諸書重輯，共得佚文一千三百餘條，超過清輯本的四倍，所得較多，可備參稽。需要指出的是，十卷本最晚出，内容最豐贍，通行于唐宋間者，即此本，而非《隋志》著録之南朝一卷本，自林寶以下歷代徵引之佚文，均出此本。本書所輯録的八百餘條佚文，亦均出此十卷本，其中文字並非都出何氏原文。所可分别者，引文凡標明何承天《姓苑》或何氏《姓苑》者，或是出自何氏原書；否則，有可能出自唐代增訂本，爲後人之續補。因引文並無明顯證據交代材料來源，都是標出自《姓苑》，不好强行分别，故按原文輯録，統曰《姓苑》，不復强行分别。

邳字或作怀，《姓苑》作㚰，音鄙。(《左傳附注》卷五)

佘，人姓，音蛇，見《姓苑》，出南昌郡。(《俗書刊誤》卷一)

祝氏、融氏、祝宗氏、祝龢氏，見《姓苑》等書。(《路史》卷八)

叔帶、中衍、戎胥、冬日之氏，四姓見《姓纂》《姓苑》等。(《路史》卷一六)

淥，從水，見何氏《姓苑》。(《路史》卷一七)

賈孫氏，晉滅，以封公族狐射姑，即賈季，《姓苑》以賈孫出王孫賈者妄。

鑒氏，即叔帶甘先甘氏，姓染，見《姓苑》。（《路史》卷一九）

《姓苑》又有啓氏，與《姓纂》之啓氏皆云出夏啓。

弗，見《世本》，《姓苑》作費。（《路史》卷二三）

軫……《姓苑》，黄帝造車軫，後賜氏，妄。（《路史》卷二五）

夏諸侯有爽氏。《姓苑》。

奥，一作郁，有郁氏。《姓苑》。

沈猶，古附庸後。魯沈猶氏，孟子有沈猶行，《姓苑》云：太山人。

補……《姓苑》有補氏。

伓……《姓苑》始音鄙，一音缶。（《路史》卷二九）

古國宛丘西南四十（里），有郾亭是，後有郾氏。《姓苑》。

蘄氏，《姓苑》云：以國爲氏，從㸗。

冘，所謂姑、冘二水，在即墨。有冘氏，代作姑尤。《姓苑》有尤氏，乃别出。

郟，鄭地。鄭有郟張。《姓苑》云：所封邑，今汝之襄城，有故郟城，亦楚邑。今許之郟縣子瑕城。郟者，漢屬潁川，魏龍見陝之摩陂，改曰龍城。（《路史》卷三〇）

俞氏，出《姓苑》。古有俞附，善醫。

駱氏，《姓苑》云：吴有東陽駱統。

摇氏，《姓苑》云：句踐之後，有東海王摇，子孫以爲氏。《漢功臣表》有海陽侯摇毋餘①，望出會稽。

黄氏，《姓苑》云：句踐之後，封於黄，因以爲氏。

裘氏，出《姓苑》，衛大夫食采於裘，因以爲氏。望出渤海、虢略。（《嘉泰會稽志》卷三）

《姓苑》云：費氏，禹後。漢有長房。《蜀志》有丞相禕。又云：今琅邪亦有此姓，音父位反。

---

① 漢功臣表有海陽侯摇毋餘：此見《漢書》卷一六《高惠高后文功臣表》："海陽齊信侯摇母餘，以越隊將從破秦，入漢，定三秦，以都尉擊項籍，侯，千七百户。（元年）三月庚子封，九月薨。"

費……林寶《元和姓纂》云：費氏，亦音秘。《史記》：紂幸臣費中，夏禹之後。楚有無極。漢有直。蜀有禕。晉有詩。又云：琅邪費氏，直之後也。陳湘《姓林》云：費氏音蜚，夏禹之後。余嘗考之，此字有兩姓，音讀不同，源流亦異。其一音蜚，嬴姓，出於伯翳。《史記》所載費昌、費中、楚費無極、漢費將軍、費直、費長房、蜀費禕之徒，是其後也。其一音秘，姬姓，出於魯季友，《姓苑》所載琅邪費氏，而此碑所謂梁相費君，是其後也。然則《姓苑》《姓纂》《姓林》皆云夏禹之後。（《金石録》卷一七《漢梁相費汎碑》）

《姓苑》載：《風俗通》有敬歆，漢末爲揚州刺史。（《金石録》卷一七）

《姓苑》載南陽安衆宗氏云：後漢五官中郎將伯，伯子司隸校尉、河内太守均，均族兄遼東太守京，京子司隸校尉意，意孫司空俱。（《金石録》卷一八）

敬，《姓苑》《元和姓纂》皆作歆。（《金石録》卷二一）

喻氏，《元和姓纂》云：喻，見《姓苑》，亦音樹。南昌，《姓苑》云：南昌有喻氏，東晉有喻歸，撰《西河記》三卷。（《能改齋漫録》卷四）

何氏《姓苑》曰：能姓出長廣，亦與耐通用。（《學林》卷九）

東里，鄭大夫子產，居東里，因氏焉。曹瞞有南陽太守東里昆。何氏《姓苑》云：東萊人。

公沙，見《姓苑》。

公休，《姓苑》：趙平陵太守公休勝。

松，見《姓苑》。（《元和姓纂》卷一）

支，《姓苑》云：人姓。

琅琊，《姓苑》云：今琅琊有支氏。

奇，見《姓苑》，云伯奇之後，以王父字爲氏。一曰魯昭公子奇之後。《漢書》，南郡太守奇昆。

斯，《姓苑》云吴人，《吴志》鄮縣吏斯從也。

馳，見《姓苑》。馳湛、馳竈。

宣城，《姓苑》云：今宣城有馳氏。

祁……《姓苑》云：今扶風有此姓。

時……鉅鹿，魏有壽春令時苗。後趙有謁者僕射時軌。《姓苑》云：並鉅鹿人也。

蘄，漢有宏農太守蘄良。《姓苑》云：蘄春侯之後。

菑音緇，見《姓苑》。北海《孔融集》，菑莊，青州人。

胥，《姓苑》云：瑯琊有胥氏。

禺，禺强之後，出《姓苑》。

芻，牛衰食芻，改姓芻氏，見《姓苑》。

毋將，見《姓苑》。（《元和姓纂》卷二）

烏……鄱陽，《姓苑》云：今鄱陽有此姓。

芋，《姓苑》云沛人。

西，《姓苑》云：西門豹之後，改爲西氏。

西方，見《姓苑》，云少昊金天氏，位主西方，今因氏焉。

仁，《姓苑》云：彭城人。

神……琅琊，《姓苑》云：今琅琊有神氏。

茵，《姓苑》云人姓。

薰，《姓苑》云人姓。（《元和姓纂》卷三）

屯，《姓苑》云：渾沌氏之後，去水爲屯。漢有常山太守屯英。

盆，見《姓苑》。

莞，《姓苑》云：吴人，音官。

間，見《姓苑》。（《元和姓纂》卷四）

婆衍，見《姓苑》。

泠音零……《姓苑》云：江都人，有泠壽光。

裘……會稽，《姓苑》云：會稽有裘氏。

郰，見《姓苑》。

儔，見《姓苑》。

緱，見《姓苑》。

侵，見《姓苑》。

潛，見《姓苑》。臨川，《姓苑》云：今臨川有潛氏。

凡……晉陵，《姓苑》云：今晉陵有此姓。（《元和姓纂》卷五）

履，見《姓苑》。

鼓，《左傳》鼓子鳶鞮之後，以國爲姓。又見《姓苑》。

補，見《姓苑》。(《元和姓纂》卷六)

海，見《姓苑》。

纂，《姓苑》云：義興人。

産，《國語》注云：祝産，已姓。彭城，《姓苑》云：彭城有産氏。

洗，又音線，南海人，見《姓苑》。

雋，見《姓苑》。

剽，皮養切，《姓苑》云：人姓。

汻呼浪反，《姓苑》云：人姓，音晃。

永，見《姓苑》。

俞敕救反，……《姓苑》：《吴志》，孫韶伯父何，本姓俞，吴人也。

炙，見《姓苑》。

耦……廣平，《姓苑》云：廣平有耦氏。

枕，《姓苑》云：下邳人。

昝，何氏《姓苑》云：昝氏，蜀人也。

檢，漢末句章尉檢集，見《姓苑》。(《元和姓纂》卷七)

統，見《姓苑》。

剌，《左傳》，鄭大夫剌張。《姓苑》云：其先封剌鄉，用氏焉。

戲，潁川，見《姓苑》。

季……《姓苑》云：今壽春有季氏。

備，見《姓苑》。

緯，見《姓苑》。

據，見《姓苑》，云人姓。

鐻，見《姓苑》，云人姓。

遇……東莞，《姓苑》云：東莞有遇氏。

樹，河東，《姓苑》云：今河東有此姓。

喻，見《姓苑》，亦音樹。南昌，《姓苑》云：南昌有喻氏。

住，見《姓苑》，云人姓。

吞音桂，或作炅。漢衛尉吞横。彭城，漢上計掾吞景雲，見《姓苑》。

杕，王莽大司馬杕，並見《姓苑》。

帶，六國時，有帶他，見《姓苑》。

兑，見《姓苑》。（《元和姓纂》卷八）

運，見《姓苑》。

幹，見《姓苑》。

冠，《姓苑》云：有此姓，云冠高帝之後。

蔄亡莧切，《姓苑》云人姓。

練，見《姓苑》，云人姓。

見，見《姓苑》，云人姓。

薦，見《姓苑》，云人姓。

變，見《姓苑》，云人姓。

舍，見《姓苑》。

敬……《姓苑》云：黄帝孫敬康之後。秦有敬丕子教，爲平陽太守。

慶，《姓苑》，慶父之後，慶克、慶封。慶封奔吴，子孫徙下邳。漢東平太守普，治《禮》。

竟，見《姓苑》，有竟氏。

慶師，見《姓苑》。

聖，見《姓苑》。

舊，見《姓苑》。

就，見《姓苑》。

鏤，《姓苑》云：今遼東有此姓。

禁，《姓苑》云：吴興人。（《元和姓纂》卷九）

鬻，祝融之後。周文王師鬻熊，受封于楚，著書。子鬻拳。其後建平，見《姓苑》。

郁，見《姓苑》。

奥，於六反，見《姓苑》。

木蘭，《姓苑》，木蘭氏，任城人。

朔，《姓苑》云：南陽人。

朴，見《姓苑》，云東海人。

密革，見《姓苑》。

術，見《姓苑》。

脱，《姓苑》云人姓。

察，見《姓苑》。

説，《姓苑》云：傅説之後，以王父字爲氏。

藥，見《姓苑》

鐸……絳郡，《姓苑》云：今絳州有此姓。

絡，見《姓苑》。

麥，見《姓苑》，云高要、始興有此姓。

適，見《姓苑》。

稷，稷氏，后稷之後，子孫氏焉，見《姓苑》。

翼，見《姓苑》。

食，見《姓苑》。

弋門，《姓苑》云：漁陽[1]人。

塞，《姓苑》云：人姓。

北野，見《姓苑》。（《元和姓纂》卷一〇）

終，何文通《姓苑》曰，出自顓帝裔孫陸終，其後以王父字爲氏。

芃，出《姓苑》。

叢，《姓苑》曰，南陽叢鐇，爲滁州刺史。（《古今姓氏書辯證》卷一）

東間，《姓苑》云：古賢者有東間子。

同官，《元和姓纂》曰，出《姓苑》。

公劉，《姓苑》曰，后稷之祖，有公劉氏。

公仇，《姓苑》曰，後漢零陵太守公仇，稱出自晉穆侯太子仇之後，爲公仇氏。

公言，出《姓苑》，未詳其所自。

公獻，出《姓苑》，未詳其所自。

---

① 漁陽：《萬姓統譜》卷一三八作"漢陽"。

公留，出《姓苑》，未詳其所自。

公旅，出《姓苑》，未詳其所自。

冬，《姓苑》曰，前燕慕容皝，有左司馬冬壽，《晉史》作佟壽，未知孰是。(《古今姓氏書辯證》卷二)

逢丘，見《姓苑》。

崎丘，出《姓苑》。

茨芘，《姓苑》曰，晉有茨芘仲。(《古今姓氏書辯證》卷三)

思，出《姓苑》。

娸音欺，見《姓苑》。

僖，出自姬姓……《姓苑》以曹僖爲魯僖。

慈，《姓苑》曰，出自高陽氏才子八人，天下謂之八元。其一蒼舒，謚慈，後世以爲氏。

璍户圭反，《姓苑》曰，璍，音攜。

郪，見《姓苑》，音棲。

槐，《姓苑》音懷，出商帝槐之後。

悝，出《姓苑》。(《古今姓氏書辯證》卷五)

棓，《姓苑》云：棓，音扶萊切。

台，《姓苑》云：望出武功。

人，出《姓苑》。

新孫，出《姓苑》。

新和，出《姓苑》。

因孫，出《姓苑》。

淳，《姓苑》曰，吴人。

詵，出《姓苑》。(《古今姓氏書辯證》卷六)

訢，出《姓苑》。(《古今姓氏書辯證》卷七)

難，《姓苑》云：百濟人姓。

但音亶……又《姓苑》有濟陰太守但巴。

刊，出《姓苑》。

官，出《姓苑》。

讙,出《姓苑》。

芈,《姓苑》音潘。(《古今姓氏書辯證》卷八)

賢,出《姓苑》。

翾,出《姓苑》。(《古今姓氏書辯證》卷九)

遼,出《姓苑》。

饒,出自六國時齊大夫食邑於饒者,趙孝成王四年,拔其邑,以封其弟長安君,齊之故臣,以邑爲氏。《姓苑》曰,臨川人。漢有魯陽太守饒威,因家焉。(《古今姓氏書辯證》卷一〇)

洨,《姓苑》曰,《漢書》,洨孔車收葬主父偃時,稱爲長者,誤矣。

苞,出《姓苑》。(《古今姓氏書辯證》卷一一)

戈,《姓苑》不載所出。

科,出《姓苑》。

瓜,出《姓苑》。

沙,《姓苑》云:東莞人。(《古今姓氏書辯證》卷一二)

相,《姓苑》音湘。

將,《姓苑》曰,石趙有常山太守將容。

霜,出《姓苑》。(《古今姓氏書辯證》卷一三)

羌丘,出《姓苑》。(《古今姓氏書辯證》卷一四)

琅,《姓苑》云:齊有琅過。

剛,出《姓苑》。

桑,出自少皞氏……《姓苑》諸書皆曰,出自嬴姓。秦穆公時公孫枝,字子桑,其孫以王父字爲氏。或單爲桑氏。齊大夫有桑掩胥,漢御史大夫桑弘羊。

喪亦作喪,《姓苑》云人姓,無定望。

荒,出《姓苑》。

卬……《姓苑》云:出自穆公子卬後,以王父字爲氏。(《古今姓氏書辯證》卷一五)

平寧,出《姓苑》。

平陵,出《姓苑》。

萠，出《姓苑》。

□音盈，出《姓苑》。（《古今姓氏書辯證》卷一六）

經孫，出《姓苑》。

陵陽，《姓苑》曰，子明釣，得白魚，腹内有穀，服之登仙。（《古今姓氏書辯證》卷一七）

周生，《姓苑》，後漢周生豐，字偉防，太山南武陽人。建武七年，爲豫章太守，清約儉惠。《馮衍傳》所謂司空長史令狐約讚，衍於豐者是也。魏初有博士周生烈，燉煌人，爲《論語義説》，即豐之後。

牟孫，出《姓苑》。

鈎，《姓苑》，鈎弋之後，或爲鈎氏。

飒音尋，《姓苑》曰，汝南人。

灊，出《姓苑》，音尋。

諶音忱，《姓苑》，陶侃母諶氏。

斟戈，《姓苑》云人姓。（《古今姓氏書辯證》卷一九）

媣，《姓苑》音甘。

三種，出《姓苑》，云人複姓。

函洽，《姓苑》有此氏。

凡間，《姓苑》云唐叔之後，今東莞多此姓。（《古今姓氏書辯證》卷二〇）

隴，《姓苑》曰，宣城人。

奉，出《姓苑》。

勇，出《姓苑》。

矢，出《姓苑》。

履，出《姓苑》。

視，出《姓苑》。（《古今姓氏書辯證》卷二一）

敍，出《姓苑》。

蒩，出《姓苑》。

咀，出《姓苑》。

宇，出《姓苑》。

僲，出《姓苑》。

詡，出《姓苑》。(《古今姓氏書辯證》卷二三)

銑，出《姓苑》。

衍，出《姓苑》。

遣，出《姓苑》。

辯，出《姓苑》。

葹，出《姓苑》。

鴹，出《姓苑》。(《古今姓氏書辯證》卷二五)

假，見《姓苑》。漢有陳留假倉，字子驕，治《尚書》，受學於平陵張山拊，官至膠東相、騎都尉。《尚書》有假氏學。

賈孫，《姓苑》曰，衛有王孫賈，出自周王之後。其孫自以去王室遠，改爲賈孫氏。漢侍中有賈孫强。

社南，《姓苑》云：扶風安陵有社南氏。(《古今姓氏書辯證》卷二六)

廣武……《廣韻》曰：何氏《姓苑》，陳餘封廣武君，後爲氏。

杏，出《姓苑》。(《古今姓氏書辯證》卷二七)

右扈，出《姓苑》。

牡丘，《姓苑》有鉅鹿太守牡丘勝。

禫，出《姓苑》。

譚，徒感切，《姓苑》曰：吴人。

抩都感切，《姓苑》有抩氏。

范師，《姓解》曰，《姓苑》有范師利方。(《古今姓氏書辯證》卷二八)

楝，出《姓苑》。

自……《姓苑》有此氏而未詳。

緯，出《姓苑》。(《古今姓氏書辯證》卷二九)

茹，出《姓苑》，音去聲，又音上聲。

注，出《姓苑》。

裕，出《姓苑》，西秦時鮮卑大夫裕苟來降，拜建忠將軍、蘭泉侯。(《古今姓氏書辯證》卷三〇)

柰，出《姓苑》。

沛,《姓苑》曰,吴人,音貝。

大征,《姓苑》曰,下邳人。

大師,出《姓苑》。

會庌,庌音雅。《姓苑》曰,齊靈公子虺生竈,爲會庌氏。

玠,出《姓苑》。

快,出《姓纂》《姓苑》。(《古今姓氏書辯證》卷三一)

遴音吝,出《姓苑》。

振,出《姓苑》。

問,《姓苑》云:襄陽人。

問弓,出《姓苑》。

問薪,出《姓苑》。

怨,出《姓苑》。

豻,出《姓苑》,音汗。

貫,《姓苑》曰,《戰國策》,齊有貫珠。漢初趙相貫高,後漢護羌校尉貫友。石勒有法曹令史貫志,出自古貫國之後,爲氏。周初,分魯侯以貫國之鼎,明堂位所謂貫鼎是也。

奐,出《姓苑》,去聲。

蔄音慢……《姓苑》又音漏。

練,《姓苑》云:南康人,今建安多此姓,自言先世仕閩,食邑於閩之練鄉,因以爲氏。

嬿,出《姓苑》。嬿,奴甸切,同州人,又音睍。

譴牽去聲,出《姓苑》。

援,出《姓苑》。

羨,出《姓苑》。(《古今姓氏書辯證》卷三二)

悼,出《姓苑》。

償,亦作賞,音上,《姓苑》云:吴中八族,其一償氏。晉有郗隆主簿償慶。

望……《姓苑》云:今魏興人。《史記》,齊太公見文王曰:吾太公望子久矣,因號太公望,後氏焉。

盎於浪切，出《姓苑》，音烏浪反。（《古今姓氏書辯證》卷三三）

敬……《姓苑》云：黄帝孫敬康後。

慶忌，《姓苑》吴王子慶忌，後爲氏。

正，《姓苑》曰，出自正考父之後，以字爲氏。

性，《姓苑》有性氏。

敻，出《姓苑》。

政，出《姓苑》。

祐，出《姓苑》。

秀，出《姓苑》。

漏，《姓苑》曰，世掌刻漏之官，因爲氏焉。

鬬于，出《姓苑》。

淡，《姓苑》云：臨川人。（《古今姓氏書辯證》卷三四）

鏃，《姓苑》曰，子木反，彭城人，亦作鉐。

幅，出《姓苑》。

蔌，《姓苑》曰，竟陵人。

凰，出《姓苑》。

沐蘭，蘭或爲簡，《姓苑》云：任城人。（《古今姓氏書辯證》卷三五）

錊音鏃，租毒、將玉二切，出《姓苑》。

緑，亦作渌。《姓苑》曰，古有緑圖，爲顓帝師。

樸，出《姓苑》。

樂王，《姓苑》曰，漢有郎中樂王幾，出晉大夫樂王鮒後。

室孫，《姓苑》曰，古賢人有室孫子，著書。唐州人有室孫氏。

密革，《姓苑》曰，瑯邪人也。

密茅，《姓苑》曰，琅邪人。（《古今姓氏書辯證》卷三六）

厥，漢衡陽王賜妾厥氏，謂之厥姬。《姓苑》曰，京兆人。

鶡冠，《姓苑》有鶡冠子，著書。

括，出《姓苑》。

敓，出《姓苑》，敓音奪。

仈，出《姓苑》，仈音八。（《古今姓氏書辯證》卷三七）

蘖,《姓苑》云:東莞人,本姓薛,以避仇,加木。

略,《姓苑》曰,零陵人。

若干,出《姓苑》,後魏代北人,後改爲若氏。《晉載記》,後燕步兵校尉若久和。

錯,《姓苑》,宋有太宰錯君,後爲氏。

佫音鶴,《姓苑》,貉音鶴,佫音涸。(《古今姓氏書辯證》卷三八)

笮音仄,出《姓苑》。

窄……《姓苑》又作窄,今豫章有此姓。

迮,……《姓苑》又作窄,今豫章有此姓。

白威,出《姓苑》。

叺音赤,出《姓苑》。(《古今姓氏書辯證》卷三九)

休音溺,《姓苑》云:人姓也,古文作休。

塞,《姓苑》云:南越人。

脅,出《姓苑》。(《古今姓氏書辯證》卷四〇)

躬,何承天《姓苑》云:人姓。

茂,見《姓苑》,春秋茂律。(《名賢氏族言行類稿》卷二)

禆……《姓苑》云:今宣州有禆氏。

綦,《姓苑》云:義興人。

祁,《姓苑》云:今扶風有此姓。(《名賢氏族言行類稿》卷三)

危,見《姓苑》。

馳,見《姓苑》。

僖,《姓苑》云:魯僖公之後。

菑,見《姓苑》。

之,《姓苑》有之氏。

台,見《姓苑》,亦墨台之後,或云駘氏之後,音夷。

蘈,《姓苑》云:淮南人。(《名賢氏族言行類稿》卷四)

烏……《姓苑》云:今鄱陽有此姓。(《名賢氏族言行類稿》卷六)

都,吴興人。《姓苑》云:有臨淄侯都稽,臨淄人也。

雩,《姓苑》云:沛人。

骨……《姓苑》云：琅琊有骨氏。

於，出《姓苑》。

泥，見《姓苑》。

鞮，《姓苑》《風俗通》云：晉銅鞮伯華之後。（《名賢氏族言行類稿》卷八）

神……瑯琊，《姓苑》云：今瑯琊有神氏。

誾，《姓苑》，廣平人。（《名賢氏族言行類稿》卷一一）

薰，《姓苑》云：人姓。

筋，《姓苑》云：人姓。（《名賢氏族言行類稿》卷一二）

恩，見《姓苑》。

盆，見《姓苑》。（《名賢氏族言行類稿》卷一四）

全，《姓苑》，吴郡錢唐，後漢丹陽都尉全柔。吴桂陽太守生琮，大司馬，女爲吴主孫亮后。

船，見《姓苑》。

肩，見《姓苑》。（《名賢氏族言行類稿》卷一七）

銚，見《姓苑》。

喬，見《姓苑》，狀云：本喬氏黄帝之後。晉良吏喬智明，字元達，以德行著稱，爲隆慮、共二縣令，號爲神君。

饒，見《姓苑》。臨川，漢有魯陰太守饒威人、漁陽太守饒斌。永安，《吴志》，襄安長饒助。

遼，何氏《姓苑》有遼氏。（《名賢氏族言行類稿》卷一八）

蒿，見《姓苑》。

桃，山陽，《姓苑》云：今山陽有此姓。范陽，石趙將桃豹，又特進桃剛，建平人。（《名賢氏族言行類稿》卷二〇）

娥，見《姓苑》。

番，《姓苑》，吴芮封番君，支孫氏焉。

沙，《姓苑》，東莞有沙氏。（《名賢氏族言行類稿》卷二一）

强，《姓苑》，丹陽有强氏將。石趙常山太守强容。（《名賢氏族言行類稿》卷二六）

穰……高平，《姓苑》云：今高平有穰氏。（《名賢氏族言行類稿》卷二七）

儔,見《姓苑》。

郪,見《姓苑》。

緱,見《姓苑》。陳留,《孝子傳》,陳留緱氏女,名玉。

不,見《姓苑》。汲郡,晉有不準,發魏襄王冢,得竹簡。

幽,見《姓苑》。(《名賢氏族言行類稿》卷三二)

侵,見《姓苑》。扶風,《三輔决録》有扶風太守侵恭,因氏焉。(《名賢氏族言行類稿》卷三三)

奉,重隴,並見何氏《姓苑》。

紫,何氏《姓苑》有紫氏。

癸,齊癸公之後,見《姓苑》。(《名賢氏族言行類稿》卷三四)

宇,見何氏《姓苑》。

舞,見《姓苑》。

主,見《姓苑》。(《名賢氏族言行類稿》卷三七)

雋,《姓纂》,見《姓苑》。渤海,漢京兆尹雋不疑。(《名賢氏族言行類稿》卷三八)

能音耐,《姓苑》,長廣人。狀云楚熊摯之後,避難,改爲能氏。(《名賢氏族言行類稿》卷四四)

漢,《姓苑》云:東莞有此姓,云漢高帝之後。(《名賢氏族言行類稿》卷四五)

賞,《姓苑》云:賞,吴中八族。晉有賞慶。(《名賢氏族言行類稿》卷四六)

頡,《姓苑》云:蒼頡之後。(《名賢氏族言行類稿》卷五三)

何氏,《姓苑》有東萊氏。

邦,又姓,出何氏《姓苑》。

余……何氏《姓苑》云:今新安人。

駱氏(駱),統仕吴,爲偏將軍,封新陽侯。《姓苑》曰,東陽人。又曰:會稽烏傷人。(《攻媿集》卷一〇六《駱觀國墓志銘》)

周生氏,見《姓苑》。

邠氏,亦作豳。《姓苑》云:周太王居邠,因氏焉。

薛氏……《姓苑》云：東莞蘖氏，本姓薛氏，避仇，改爲蘖氏。

緡氏……《姓苑》有緡氏。

蘄氏，《姓苑》云：蘄，春秋之後也。漢有弘農太守蘄良。

番氏，番音婆，見《姓苑》。吴芮封番君，支孫氏焉。

東陽氏，見《姓苑》，此出於東陽郡也。（《通志》卷二六）

矍相氏，魯大夫食采矍相，因氏。《姓苑》云：沛人。

菑氏，齊邑也，見《姓苑》。

北邱氏、獻邱氏、崎邱氏、羌邱氏、逢邱氏、厚邱氏，並見《姓苑》。

濟氏，以所居近濟水，故以爲氏。襄陽有此姓，見《姓苑》。

南門氏，見《姓苑》。

弋門氏，《姓苑》云：漢陽人。

西宫氏，見《姓苑》。

北鄉氏，見《姓苑》。

西野氏、南野氏、北野氏，並見《姓苑》。

成陽氏，見《姓苑》。漢有安陽護軍成陽恢，生謁者僕射昇，河東人。

公西氏，見《姓苑》。魯有公西赤子華，公西蔵子上，並仲尼弟子。（《通志》卷二七）

神氏，《姓苑》云：琅邪有神氏。

堪氏，《姓苑》，古八元仲堪之後。

訾氏……《姓苑》云：本姓祭，以爲不祥，改爲訾。

屯氏，《姓苑》云：渾沌氏之後，去水爲屯。漢有太山太守屯莫，巴都有後蜀法部尚書屯度，望出巴郡。

容氏……何承天《姓苑》云：《禮記》，容居，吴人也，望出敦煌。

咸氏，《姓苑》有咸氏，云巫咸之後。

稷氏，姬姓，后稷之子孫氏焉，見《姓苑》。漢稷嗣君叔孫通，支孫亦爲稷氏。今兖州有此姓。

然氏，爲姬姓，鄭穆公子然之後也。然丹仕楚，爲右尹。《姓苑》云：今蒼梧人，望出山陽。

鬻氏，芈姓，祝融之後。周文王師鬻熊，受封於楚，著《鬻熊子》，鬻拳之後也。《姓苑》云：建平有此姓氏。

僚氏，《姓苑》，宜僚之後。晉大夫僚安，魯寺人僚柤。

求氏，《姓苑》云：本仇氏，避難改焉。後漢有求仲。

柯氏，《姓苑》云：吴公子柯蘆之後，望出錢唐及齊郡。

癸氏，姜姓，齊癸公之後，見《姓苑》。

條氏，《左傳》，商人七族，有條氏。冉閔司空條攸，《姓苑》云：安定人。

太祝氏，見《姓苑》。

箴氏，《姓苑》，楚大夫箴尹克黄之後也，主箴規之官，子孫以官爲氏。又有箴尸宜咎，本陳人。

畜氏……《姓苑》云：今天水有畜氏。

僖氏，姬姓，僖或作釐。《姓苑》云：魯僖公之後，今彭城人。（《通志》卷二八）

叢氏，見《姓苑》。

松氏，見《姓苑》。

危氏……《姓苑》云：臨川多此姓。

斯氏，《姓苑》云吴人。《吴志》，剡縣史斯從，望出東陽與勃海。

蘱氏，《姓苑》云：淮南有此姓。

衣氏，見《姓苑》。

都氏，吴興人。《姓苑》云：都稽，臨淄人，又望出黎陽。

衢氏，江陵人，見《姓苑》。

雩氏，音呼，《姓苑》云：沛人。

梧氏，見《姓苑》。

蕍氏，音胥，又音湑，見《姓苑》，望出吴郡。

虚氏，見《姓苑》。

陁氏，即古隄字，見《姓苑》。

淮氏，見《姓苑》。

仁氏，見《姓苑》，出彭城。

閭氏，《姓苑》，廣平人。

筯氏，見《姓苑》。

薰氏，見《姓苑》。

乾氏，居寒切，見《姓苑》。

端氏、讙氏、官氏，並見《姓苑》。

莞氏，《姓苑》云：吴人。

難氏，見《姓苑》。

間氏，見《姓苑》。

堅氏，見《姓苑》。

肩氏、賢氏，並見《姓苑》。

延氏，見《姓苑》。後漢有延岑，又有延篤，南陽人，爲京兆尹，殺梁冀使者。

韶氏，出《姓苑》。

遼氏，何氏《姓苑》有遼氏。

貂氏，見《姓苑》。

蒿氏，見《姓苑》。

桃氏，見《姓苑》。

蛾氏，見《姓苑》。《左傳》，晉大夫蛾析之後。後魏平東將軍蛾青蛾，又音蟻。

沙氏，見《姓苑》，望出東莞。

蛇氏，見《姓苑》。姚萇蛇后，南安人。兄越滂，爲南安太守。又有建武將軍蛇元，望出雁門。

花氏，出《姓苑》。

琅氏，《姓苑》云：齊有琅過。

相氏，音湘，見《姓苑》。

將氏，平聲。石趙堂山太守將容。見《姓苑》。

彊氏，望出丹陽與扶風。《姓苑》云：丹陽有彊氏。前秦有將軍彊求，北齊有彊諫。後漢光武同舍生彊華，注云：又作强，其兩切。

鄉氏、當氏、喪氏，並見《姓苑》，無定望。

荒氏……《姓苑》云：今臨淮有此姓，望出廬江。

征氏,《姓苑》,今淮南有此姓。

零氏,見《姓苑》。

經氏,見《姓苑》。晉太元中,有經曠,出《還冤記》,望出苑陽。

星氏,見《姓苑》。南陽太守羊續,娶濟北星重女,見《羊氏家傳》。

瓶氏,見《姓苑》。

憂氏,見《姓苑》。

尤氏,見《姓苑》。

秋氏,《姓苑》,古有秋胡子。宋中書舍人秋富,望出天水。

鹽氏,見《姓苑》,望出北海。《魯國先賢傳》,漢北海相鹽津,因居之。

函氏,見《姓苑》,漢南昌太守函熙。

奉氏、重氏、隴氏,並見《姓苑》。

起氏,見《姓苑》。

紫氏、履氏,並見《姓苑》。

舞氏、宇氏,並見《姓苑》。

鬴氏,即釜字,見《姓苑》,望出襄陽。

禮氏,見《姓苑》。衛大夫禮孔。後漢禮震,受《尚書》於歐陽歙,望出平原。

海氏,見《姓苑》。

菌氏,見《姓苑》。

本氏,見《姓苑》。

棧氏,見《姓苑》,《魏志》有棧潛,望出任城。

紹氏,見《姓苑》。

表氏,見《姓苑》。

考氏,見《姓苑》。

稻氏,見《姓苑》。

竇氏,見《姓苑》。

仰氏,出《姓苑》,今新安、吴興,並有此姓。

鞅氏,見《姓苑》。

象氏,見《姓苑》,潁川望族,今南昌多此姓。

䮬氏,略養反,見《姓苑》。

永氏,見《姓苑》,《列仙傳》有永石公。

杏氏,見《姓苑》。

守氏,見《姓苑》。

部氏,見《姓苑》。

品氏,見《姓苑》。

儉氏,見《姓苑》。

統氏,見《姓苑》。

纇氏,望出廬江,今廬州有此氏,出《姓苑》。

意氏,見《姓苑》。

故氏,見《姓苑》。

喻氏,又音樹,望出南昌。《姓苑》云:南昌有喻氏。東晉有喻歸,撰《西河記》三卷,又有諭氏,今喻氏多作諭氏。

據氏、住氏,並見《姓苑》。

毳氏,見《姓苑》。

藝氏、裔氏,並見《姓苑》。《古今人表》有裔欵。

兑氏,見《姓苑》。

贊氏,出《姓苑》。

變氏、見氏、薦氏,並見《姓苑》。

厙氏,音舍。《姓苑》云:人姓,今天台、括蒼有此姓。

化氏,見《姓苑》。

亢氏,出《姓苑》。

況氏,《姓苑》云:廬江有此姓。

聖氏、性氏,並見《姓苑》。

鏤氏,《姓苑》云:今遼東有此姓。

厩氏、灸氏、胄氏、舊氏,並見《姓苑》。

就氏,見《姓苑》。

奧氏,於六切,出《姓苑》。

學氏、術氏，並見《姓苑》。

別氏，《姓苑》云：京兆人。宋有別仝，望出天水、京兆。

佫氏音各、洛氏，並見《姓苑》。

直氏，漢御史大夫直不疑，封塞侯。《姓苑》云：楚人直躬之後。

室氏，見《姓苑》。

帛氏，《姓苑》云：吴郡人。漢五威將軍帛敞。後漢有帛宣。《神仙傳》有帛和。晉有高僧帛道佺。

澤氏，見《姓苑》。

給氏，見《姓苑》。

段干氏，段干木之後也，西河人，見《姓苑》。

青萍氏，見《姓苑》。

鬥于氏、多于氏，並見《姓苑》。(《通志》卷二九)

費……其一音秘，姬姓，出於魯季友，《姓苑》所載琅邪費氏，是其後也。然則《姓苑》《姓林》《姓纂》皆云夏禹，亦音秘，及謂琅琊費氏爲直之後。(《資治通鑑》卷三七胡注)

棧，何氏《姓苑》，棧姓出任城，棧潛，任城人也。(《資治通鑑》卷六九胡注)

宇文，何氏《姓苑》曰，宇文氏出自炎帝，其後以嘗草之功，鮮卑呼草爲俟汾，遂號爲俟汾氏。後世通稱俟汾，蓋音訛也，代爲鮮卑單于。(《資治通鑑》卷八一胡注)

乞伏……《姓苑》，川水出天水勇士縣之子城南山，東流歷子城川，又北徑牧師苑，故漢牧苑之地也。有東西苑城，相去七里。西城即乞伏所都也。(《資治通鑑》卷九四胡注)

相龍……何承天《姓苑》，相，悉良翻。(《資治通鑑》卷一〇三胡注)

故氏，何承天《姓苑》有故姓。(《資治通鑑》卷一〇七胡注)

角，姓也，《姓苑》，漢有角善叔。(《資治通鑑》卷一四六胡注)

麗，姓。伯律，名。《姓苑》有麗姓。(《資治通鑑》卷一七一胡注)

晉氏，《姓苑》，晉，本唐叔虞之後，以國爲氏。

《姓苑》，席姓，其先姓籍，避項羽諱，改姓席氏。(《資治通鑑》卷一

七四胡注)

《姓苑》,郲,子姓商之支孫,食采於郲,因以爲氏。後避難去邑。

《姓苑》,封姓,夏時封父之後。(《資治通鑑》卷一七七胡注)

《姓苑》,何氏出自周成王母弟唐叔虞,其後封于韓。韓滅,子孫分散江淮間,音以韓爲何字,隨音變,後遂爲何氏。(《資治通鑑》卷一七八胡注)

姓苑,雲姓,縉雲氏之後。(《資治通鑑》卷一七九胡注)

《姓苑》,余姓,由余之後。(《資治通鑑》卷一八〇胡注)

《姓苑》,格姓,允格之後。《東觀漢記》有侍御史東平相格班。(《資治通鑑》卷一八二胡注)

《姓苑》,《後漢·西羌傳》有北海大守盛苞,其先姓奭,避元帝諱,改姓盛。(《資治通鑑》卷一八五胡注)

《姓苑》,仵姓,望出襄陽。《急就章》有仵終古。

渾,户昆翻。《姓苑》記其所出者多。《左傳》,鄭有大夫渾罕。衛有渾良夫。(《資治通鑑》卷一八六胡注)

尋,姓也,《姓苑》,晉有尋曾。(《資治通鑑》卷一八八胡注)

雙,姓也。《姓苑》曰,黄帝後,封於雙蒙城。

《姓苑》,龍,姓,古龍伯氏之後。(《資治通鑑》卷一九〇胡注)

何承天《姓苑》有花姓。(《資治通鑑》卷二〇二胡注)

脂氏,見《姓苑》。《魏志》中散大夫脂習,哭孔融者,京兆人。

甌……又姓,出《姓苑》。(《原本廣韻》卷二)

故……又姓,出《姓苑》。(《原本廣韻》卷四)

濮……又姓,出何氏《姓苑》。

噢,姓,出《姓苑》。

肅……亦姓,出《姓苑》。

鵠……又姓,《姓苑》云:今東海人。

辱……又姓,出《姓苑》。

淥……又姓,何氏《姓苑》有淥圖。

斆,今音效,又姓,出《姓苑》。

密……何氏《姓苑》,密茅氏,又有密革氏,密須氏,俗作密。

郁……又姓,出《姓苑》。

達……亦姓,出何氏《姓苑》。

末……亦姓,《姓苑》云:本姓秣,後去禾,又夷三字姓。《後燕録》,末那樓雷。

脱,肉去骨,亦姓,出《姓苑》。

察……亦姓,出何氏《姓苑》。

落,亦姓,出《姓苑》。

雒……又姓,駱、絡、雒,並出《姓苑》。

澤……亦姓,出何氏《姓苑》。

石……何氏《姓苑》有石生氏。

弋……又姓,出河東。今蒲州有弋氏,見《姓苑》。

北……《姓苑》有北鄉、北野氏。

納……又姓,出何氏《姓苑》。(《原本廣韻》卷五)

何氏《姓苑》有中壘氏、中野氏。

終……又漢複姓二氏,《東觀漢記》有終利恭,何氏《姓苑》云:今下邳人也。

躳,身也,親也。又姓,出《姓苑》。

《禮記》,魯大夫公明儀。何氏《姓苑》云:今高平人。

魯大夫公伯僚,何氏《姓苑》云:彭城人。

施……何氏《姓苑》云:今沛人。

其……何氏《姓苑》有行其氏、令其氏。

莉,姓也,《姓苑》云:淮南人。

貢,姓也,出《姓苑》。

朐……又姓,出《姓苑》。

蒲……又漢複姓,有蒲姑、蒲城、蒲圃三氏,出何氏《姓苑》。

何氏《姓苑》云:盧妃氏,濟陽人。

都……又姓,有臨晉侯都稽,何氏《姓苑》云:今興人。

擕……又姓,出何氏《姓苑》。

脂，姓，出《姓苑》。

春……又姓，何氏《姓苑》云：春申君黄歇之後。

何氏《姓苑》云：弋門氏，今漁陽人。

何氏《姓苑》有經孫、新孫、古孫、牟孫、室孫、長孫、叔孫等氏，望稱河南者，皆爲番姓也。

但，語辭，亦姓。何氏《姓苑》云：漢有但巴，爲濟陰太守。

干……又漢複姓。何氏《姓苑》，漢有干巳行，爲京兆尹。

端……《姓苑》，又漢複姓孔子弟子端木賜也。（《重修廣韻》卷一）

牽……亦姓，有牽秀，何氏《姓苑》云：武邑人。

鄘……又姓，出何氏《姓苑》。

諸，姓也，漢有洛陽令諸於，何氏《姓苑》云：吴人。

楂……又姓，出何氏《姓苑》。

汪……又姓，汪芒氏之胤，《姓苑》云：新安人也。

并……又姓，出《姓苑》。

勝……又漢複姓，何氏《姓苑》有勝屠公，爲河東太守。

仍，又姓，出何氏《姓苑》。

修……又姓，漢有屯騎校尉修炳，《姓苑》云：今臨川人。

何氏《姓苑》云：漢有司隸校尉水丘岑。

何氏《姓苑》云：毋婁氏，今琅玡人。

投……《姓苑》云：東莞人也。

沈……又漢複姓，魯有沈猶氏，常朝飲其羊。何氏《姓苑》云：今泰山人。

欽……又姓，何氏《姓苑》云：吴人也。

金……又漢複姓有金留氏，出《姓苑》。

郯，國名，其後以國爲姓。春秋時，郯子入魯，辨古官，與孔子相遇，《姓苑》云：沛人。

凡……又姓，周公子凡伯之後，《姓苑》云：晉陵人。（《重修廣韻》卷二）

子……何氏《姓苑》有子乾、子仲、子工、子革、子臧、子師等氏。

何氏《姓苑》有廣武氏，出自陳餘之後。又武成氏、武仲氏。

濟……又姓,出《姓苑》,襄城人也。

菌……又姓,出《姓苑》。

馬……又漢複姓五氏,漢馬宫,本姓馬矢氏。《功臣表》有馬適育[①],《溝洫志》有諫議大夫乘馬延年。何氏《姓苑》云:今西陽人。孔子弟子有巫馬期。

右行,因官爲氏。漢有御史中丞右行綽。何氏《姓苑》有右閭、右扈、右南等氏。

九,又漢複姓二氏。何氏《姓苑》云:昔岱縣人,姓九百,名里,爲縣小吏,而功曹姓萬,縣中語曰"九百小吏萬功曹"。(《重修廣韻》卷三)

痛……亦姓,出《姓苑》。

遂……又姓,出《姓苑》。

肆……又姓,何氏《姓苑》有漁陽太守肆敏。

何氏《姓苑》云:太征氏,下邳人。太士氏,永嘉人。又有太室氏、太祝氏。

信……又漢複姓,何氏《姓苑》有信都、信平二氏。秏,又姓也,出何氏《姓苑》。(《重修廣韻》卷四)

仍氏……《姓苑》,仍,國名。夏后緡有仍氏,女雲氏,黄帝以雲紀官。

授氏,出《姓苑》。陳有女叔。

覽氏,《姓苑》云:彭城人。

---

① 馬適育:此人名氏未見《漢書》卷一七《景武昭宣元成功臣表》、一七《景武昭宣元成功臣表》,僅見姓氏書云然。《萬姓統譜》卷一三三:"漢馬適育,畢梁侯。"《通志》卷二九《氏族略五》:"馬適氏,《英賢傳》:漢有畢梁侯馬適育。漢功臣馬適求,聚黨討王莽,見害。"封地作"畢梁",與正史不合。《史記》卷三一《吴太伯世家》:"初,楚邊邑卑梁氏之處女與吴邊邑之女争桑。《索隱》:左氏無其事。二女家怒相滅,兩國邊邑長聞之,怒而相攻滅吴之邊邑。吴王怒,故遂伐楚,取兩都而去。《正義》:兩都,即鍾離、居巢。"卷四〇《楚世家》:"初,吴之邊邑卑梁,《正義》:卑梁,邑近鍾離也。與楚邊邑鍾離小童争桑,兩家交怒,相攻滅卑梁人。卑梁大夫怒,發邑兵攻鍾離。楚王聞之怒,發國兵滅卑梁。吴王聞之大怒,亦發兵,使公子光因建母家攻楚,遂滅鍾離、居巢。"據此,則以作"卑梁"爲是。

戰氏,見《姓苑》。後漢戰兢。宋戰貽慶,封秦,後以國爲氏。

秋氏,《姓苑》,魯有秋胡子。宋中書舍人秋當。

公氏,漢有主爵都尉公儉,見《姓苑》。

慶氏……又複姓有慶師、慶忌、慶父三氏,見《姓苑》。

寶氏,見《姓苑》。

舒氏,《姓苑》云:出廬江。春秋有舒唐、舒鳩、舒蓼舒,又有龍舒,謂之群舒,皆偃姓,皋陶後。

干氏……又複姓,漢有干已衍,見《姓苑》。

初氏,見《姓苑》。宋有初暐、初虞世。

訾氏,《國語》,晉范宣子家臣訾祐。漢有樓虚侯訾順。後漢訾寶。宋有訾虎,河東將。《姓苑》,齊人,本蔡氏。

權氏……《姓苑》云:楚武王使鬥緍尹權,後以爲氏,居天水。

生氏,見《姓苑》。

鈕氏,見《姓苑》,吴興人。東晉有鈕滔,陳章后。本姓鈕。又有鈕氏。

守氏,見《姓苑》。

燮氏,見《姓苑》。

厥氏,京兆人,見《姓苑》。漢賜衡山王妾厥氏,衡山王賜傳美人厥姬。

虚氏,見《姓苑》。《説苑》有虚子羔。

頌氏,見《姓苑》。

籛氏,《姓苑》云:彭祖姓籛,名鏗,後以國爲氏。

别,見《姓苑》。

赤氏,見《姓苑》。

履氏,見《姓苑》。

綦氏,見《姓苑》,宋綦密禮。

旃氏,見《姓苑》。

瑞氏,見《姓苑》。

甌氏,見《姓苑》。

盎氏，見《姓苑》。

又有㒓氏，見《姓苑》。

斜氏，見《姓苑》。

刈氏，見《姓苑》。

鋭，司徒主鋭兵者，又見《姓苑》，鮮卑有御史中丞鋭管。

弋，《姓苑》，出河東，蒲州有弋氏……又複姓弋門氏，見《姓苑》。

輂氏，見《姓苑》。

泉氏，《世本》，泉，任姓。《姓苑》，吴全琮之後暉，食封白水，改焉。宋明帝泉美人。

運氏，見《姓苑》。

杭氏，出《姓苑》。

泥氏，見《姓苑》。

廄氏，見《姓苑》。

宇氏，見《姓苑》。

絞氏，以國爲氏，見《姓苑》。

約氏，《姓苑》，韓有賢者約續。

貿氏，見《姓苑》，東莞人。

縉氏，有縉國，名見《姓苑》，因官命氏。

萴氏，見《姓苑》。

鏤氏，見《姓苑》。

擕氏，見《姓苑》。

簡氏，見《姓苑》。簡氏，魯大夫簡叔。周有簡師父。《蜀志·簡雍傳》云：本幽州人，姓耿，後音訛，改爲簡。

緒氏，見《姓苑》。

式氏，見《姓苑》。

秏氏，見《姓苑》。

匱氏，《姓苑》云：廬江人。

憲氏，見《姓苑》。

朔氏，見《姓苑》，南陽人。

望氏，見《姓苑》，魏興人。

盈氏，見《姓苑》。

肩氏，見《姓苑》。《莊子》肩吾。

撖氏，《姓苑》云：河内有之。

筋氏，見《姓苑》。

進氏，見《姓苑》。

舞氏，見《姓苑》。

粲氏，見《姓苑》。

宜氏，見《姓苑》。

蒿氏，見《姓苑》。

稻氏，《姓苑》，晉陵人。漢琅邪有稻縣。

薰氏，見《姓苑》。

莉氏，《姓苑》，淮南人。

暮氏，見《姓苑》。

患氏，見《姓苑》。

炙氏，見《姓苑》。

貝氏，出清河。貝丘，《姓苑》，古有賢者貝獨坐。

朐氏，見《姓苑》。漢東平王宇姬朐臑。《鹽鐵論》布衣有朐邴。

鵠氏，《姓苑》，東海人。

雙氏，見《姓苑》。

政氏，見《姓苑》。

達氏，《吕氏春秋》，齊有達子。亦見《姓苑》。

從氏，《姓苑》云：東莞人。

器氏，見《姓苑》。

亮氏，《古今人表》亮父，顓頊師，《姓苑》有之。

又《姓苑》，沈氏，直深切。

舉氏，《國語》，楚大夫舉伯，見《姓苑》。

鎮氏，見《姓苑》。

功氏……《姓苑》有漢營陵令成功恢，禹治水告成功，後爲氏。

通氏，見《姓苑》。

辱氏，見《姓苑》。

亢氏，見《姓苑》。（《姓氏急就篇》卷上）

青氏，見《姓苑》。《吕氏春秋》，趙襄子參乘青荓，豫讓之友。

窊氏，見《姓苑》。

朗氏，見《姓苑》。

郫氏，晉邑，見《姓苑》。

郕氏，文王所封，以國氏，見《姓苑》。

鄭氏，見《姓苑》。

酈氏，《姓苑》，廬江人。

鄖氏，縣名，見《姓苑》。

豳氏，公劉所邑，以國氏，見《姓苑》。

澧氏，見《姓苑》。

颯氏，《姓苑》，汝南人。

闇氏，《姓苑》，廣平人。

傍氏，見《姓苑》。

閑氏，《漢嚴助傳》，閑忌，見《姓苑》。

厙氏，《後漢・厙鈞注》。今羌中有姓厙者，曰承鈞之後，見《姓苑》。

佘氏，《姓苑》，出南昌。

餘氏，《姓苑》，晉有餘頠，燕有餘巖、餘崇、餘蔚。

茅氏，《姓苑》，琅邪人。

石牛氏，見《姓苑》。

少師氏，見《姓苑》。殷時少師陽武王，有少師疆。

千乘氏，見《姓苑》。

太室氏，見《姓苑》。

索陽氏，見《姓苑》。

右閭氏，見《姓苑》。

朱陽氏，見《姓苑》。

新和氏，見《姓苑》。

公休氏,《姓苑》,趙平陵太守公休賸。

公左氏,《姓苑》,高平人。

公右氏,《姓苑》,瑯邪人。

子乾氏,見《姓苑》。

子臧氏,見《姓苑》。

子革氏,見《姓苑》。

子仲氏,見《姓苑》。《詩》子仲之子,陳大夫氏盼之子,公孫嬰齊也。

彌牟氏,見《姓苑》。

多于氏,見《姓苑》。

毋終氏,見《姓苑》。《左傳》,戎有無終子。

干已氏,見《姓苑》。

五里氏,見《姓苑》,後漢零陽蠻五里精夫。

慶師氏,見《姓苑》。

慶忌氏,見《姓苑》,吴王子慶忌之後。

社南氏,同上,《姓苑》,右扶風有焉。

安都氏,見《姓苑》。

右南氏,見《姓苑》。

信平氏,見《姓苑》。

温稽氏,見《姓苑》。

略氏,見《姓苑》。

漢氏,《姓苑》,東莞人。

竟氏,見《姓苑》。(《姓氏急就篇》卷下)

《姓苑》,菅音奸。(《名疑》卷三)

牡邱氏,《姓苑》有鉅鹿太守牡邱勝。

鄫氏,《姓苑》,周封紀侯之邑,因以爲氏。

萌氏,見《姓苑》。

卭氏,見《姓苑》。

邙氏,《姓苑》曰,出自穆公子邙後,以王父字爲氏。

布刦氏,見《姓苑》。(《續通志》卷八五)

霸，見《姓苑》。漢霸栩，上黨人。

糜，見《姓苑》。三國糜竺，平樂太守，注《春秋穀梁傳》。

惟，見《姓苑》，後魏桓皇后惟氏。

頤，見《姓苑》。（《續通志》卷八六）

知，見《姓苑》，宋知浹，通《春秋》。

規，見《姓苑》。

尼，見《姓苑》。

漁，見《姓苑》。

孤，見《姓苑》。

杯，見《姓苑》。

魁，見《姓苑》。

臣，見《姓苑》，漢臣綜，安東將軍。唐臣悦，撰《隋平陳紀》。

彬，見《姓苑》，唐彬霽，撰《秘苑狀啓》四卷。

寅，見《姓苑》。

人，見《姓苑》。

根，見《姓苑》。

存，見《姓苑》。

完，見《姓苑》。

銓，見《姓苑》，漢銓徵，捕羌校尉。

天，見《姓苑》。

前，見《姓苑》。

仙，見《姓苑》。

年，見《姓苑》。

圓，見《姓苑》

駢，見《姓苑》。

竂，見《姓苑》。

么，見《姓苑》。

鈔，見《姓苑》。

操，見《姓苑》，漢操乘。

軻,見《姓苑》。

長,見《姓苑》。

香,見《姓苑》。

剛,見《姓苑》。

囊,見《姓苑》。

祥,見《姓苑》。

鳴,見《姓苑》,周鳴犢,晉人。

貞,見《姓苑》。

坑,見《姓苑》。

僧,見《姓苑》。

升,見《姓苑》。

陵,見《姓苑》。

聚,見《姓苑》,江南有此姓,晉聚籌,晉陽令。

吟,見《姓苑》。

深,見《姓苑》。

今,見《姓苑》。

三,見《姓苑》。

僉,見《姓苑》。

闫,見《姓苑》。(《續通志》卷八六)

寵,見《姓苑》。

拱,見《姓苑》。

軌,見《姓苑》。

始,見《姓苑》。

市,見《姓苑》,漢市佩,淮南王中郎。

以,見《姓苑》。

喜,見《姓苑》。

底,見《姓苑》。

水,見《姓苑》。

祀,見《姓苑》。

仕,見《姓苑》。

耳,見《姓苑》。

斐,見《姓苑》,周斐豹,晉人。

偉,見《姓苑》,漢偉璋,光禄勳。

㡰,見《姓苑》。

户,見《姓苑》,漢户尊。

午,見《姓苑》,漢午汝臣。

迕,見《姓苑》。

錦,見《姓苑》,漢錦被,郎中令。

反,見《姓苑》,漢反涘,見《印藪》。

烜,見《姓苑》。

剪,見《姓苑》。

鄲,見《姓苑》。

兆,見《姓苑》。

曉,見《姓苑》。

上,見《姓苑》。

鼎,見《姓苑》,周鼎革,楚人。

友,見《姓苑》,漢友道,平原相。

首,見《姓苑》。

凍,見《姓苑》。

示,見《姓苑》,周示眯明桑,問餓夫。

媿,見《姓苑》,漢媿牟媿戊。

刺,見《姓苑》,唐刺正甫,撰《姑蘇水利志》。

志,見《姓苑》。

自,見《姓苑》。《漢百官表》,郎中令自爲更,光禄勳。

吏,見《姓苑》,漢史(吏)宗,王莽時人。

素,見《姓苑》,漢素霸,宛丘長。

悟,見《姓苑》,漢悟明極,見印藪。

付,見《姓苑》。

泰,見《姓苑》,漢泰史,(羽)林將軍。

拜,見《姓苑》。

賣,見《姓苑》。

晝,見《姓苑》。

槪,見《姓苑》。

内,見《姓苑》,漢内宜之,謀士。

對,見《姓苑》。

賽,見《姓苑》。

舜,見《姓苑》,舜華,晉大夫。

順,見《姓苑》。

閏,見《姓苑》。

艮,見《姓苑》。

遜,見《姓苑》。

翰,見《姓苑》,周翰胡,曹大夫。

院,見《姓苑》。

彦,見《姓苑》。

汴,見《姓苑》。

線,見《姓苑》。

硯,見《姓苑》。

妙,見《姓苑》。

教,見《姓苑》。

甞,見《姓苑》,南北朝甞耐虎,姚弋仲將。

令,見《姓苑》,漢令勉,中大夫。

鏡,見《姓苑》,漢鏡斂,河内令。

定,見《姓苑》,漢定武、定林,見《印藪》。

又,見《姓苑》。(《續通志》卷八七)

速,見《姓苑》。

篤,見《姓苑》。

欲,見《姓苑》。

岳,見《姓苑》。

律,見《姓苑》,漢律子公。

率,見《姓苑》,望出南陽、范陽、河南。晉率昺,尚書郎。

必,見《姓苑》。

一,見《姓苑》。

没,見《姓苑》。

孛,見《姓苑》。

偰,見《姓苑》。

燮,見《姓苑》。

若,見《姓苑》,漢若章,下邳令。

宅,見《姓苑》。

液,見《姓苑》,漢液容調臣。

客,見《姓苑》,漢客孫。

亦,見《姓苑》。

德,見《姓苑》。

殖,見《姓苑》。

則,見《姓苑》。

戢,見《姓苑》。

盍,見《姓苑》。

闔,見《姓苑》。

朱泙,見《姓苑》,漢朱泙漫。

三伉,《姓苑》曰,宋子姓微子之後。

凡門,《姓苑》云:唐叔之後。(《續通志》卷八八)

中,見《姓苑》。

崧,見《姓苑》。

逢,扶風切,譙國宫音,見《姓苑》。

芃,見《姓苑》。(《萬姓統譜》卷一)

峰,州名,見《姓苑》。

重,傳容切,見《姓苑》,顓帝重黎之後。(《萬姓統譜》卷二)

怡,本姓默台,避諱,改爲怡氏,見《姓苑》。

庳,見《姓苑》。

砥,見《姓苑》。

持,見《姓苑》。

异,見《姓苑》。

郿,地名,見《姓苑》。

絲,出《姓苑》。

辭,見《姓苑》。

逵,見《姓苑》。

郲,地名,見《姓苑》。

峗,山名,見《姓苑》。

追,國名,見《姓苑》。

吹,見《姓苑》。

隽,音眭,見《姓苑》。

魋,見《姓苑》。

闚,見《姓苑》。

絁氏……《姓苑》,絁,人姓,沛人也。(《萬姓統譜》卷五)

徽,見《姓苑》。(《萬姓統譜》卷六)

辜,晉安,出何氏《姓苑》,不詳所出。

毋,鉅鹿,羽音,又望出平昌,平聲,出何氏《姓苑》。

徒,見《姓苑》。

愚,見《姓苑》。

需,見《姓苑》。

區,見《姓苑》。(《萬姓統譜》卷一三)

陒,即古隄字,見《姓苑》。

緊,見《姓苑》。(《萬姓統譜》卷一四)

街,見《姓苑》。(《萬姓統譜》卷一五)

哉,見《姓苑》。

栽,見《姓苑》。

該，見《姓苑》。

財，見《姓苑》。

淶，州名，見《姓苑》。（《萬姓統譜》卷一七）

困，見《姓苑》。

馴，見《姓苑》。

豳，公劉自邰出徙，見《姓苑》。

旻，見《姓苑》。

民，見《姓苑》。

身，見《姓苑》，漢有身相。

禋，見《姓苑》。

鄰，見《姓苑》。

潾，見《姓苑》。

溱，州名，見《姓苑》。（《萬姓統譜》卷一九）

軍，見《姓苑》。

筋，見《姓苑》。

勳，見《姓苑》。

鄞，見《姓苑》。

分，見《姓苑》。

蕡，見《姓苑》。（《萬姓統譜》卷二〇）

根，見《姓苑》。

猿，見《姓苑》。

塤，見《姓苑》。

萱，見《姓苑》。

翻，見《姓苑》。

鴛，見《姓苑》。

闇，見《姓苑》。（《萬姓統譜》卷二三）

丸，見《姓苑》。

闌，見《姓苑》。

團，見《姓苑》。

鄤,見《姓苑》。(《萬姓統譜》卷二五)

鄢,見《姓苑》。

偏,右偏將軍之後,《姓苑》云:史偏之後。

蜎,見《姓苑》。狂兖切。

涓,見《姓苑》。

纏,見《姓苑》,平聲。

穿,見《姓苑》。

仙,見《姓苑》。

焉,見《姓苑》。

煙,見《姓苑》。

卷,縣名,見《姓苑》。

川,見《姓苑》。

傳,見《姓苑》。

掾,見《姓苑》。

滇,州名,見《姓苑》。

眠,見《姓苑》。(《萬姓統譜》卷二八)

昭,楚之三族。《姓苑》云:屈原之後。

雕,見《姓苑》。

椒,見《姓苑》。楚伍參之後,或爲伍氏,或爲椒氏。

僥,見《姓苑》。

調,見《姓苑》。

佻,見《姓苑》。(《萬姓統譜》卷三〇)

鄗,邑名,見《姓苑》。

涍,南郡,見《姓苑》。

爻,見《姓苑》。

庖,見《姓苑》。(《萬姓統譜》卷三一)

羔,見《姓苑》。

髦……又見《姓苑》。

檮,又見《姓苑》。

繅,見《姓苑》。

虢,見《姓苑》。(《萬姓統譜》卷三三)

多,見《姓苑》。

歌,見《姓苑》。

科,見《姓苑》。(《萬姓統譜》卷三五)

瑕,見《姓苑》。

夸,見《姓苑》。

蝸,見《姓苑》。

娃,見《姓苑》。

華,見《姓苑》。

亞,見《姓苑》。

耶,見《姓苑》。(《萬姓統譜》卷三六)

芳,見《姓苑》。《風俗通》。

藏,見《姓苑》。

彰,見《姓苑》。

羌,見《姓苑》。出于西。

槍,七羊切見《姓苑》。

翔,見《姓苑》。(《萬姓統譜》卷五二)

庚,見《姓苑》。

卿,渤海,《姓苑》云:虞卿之後。

評,官名,見《姓苑》。

旌,見《姓苑》。

禎,見《姓苑》。

瀛,見《姓苑》。

鏗,見《姓苑》。(《萬姓統譜》卷五四)

庭,州名,見《姓苑》。

亭,見《姓苑》。

鄍,邑名,見《姓苑》。

霝,見《姓苑》。(《萬姓統譜》卷五五)

登，見《姓苑》，望出南陽。

稱，見《姓苑》。

繒，見《姓苑》。夏后有繒氏。

興，見《姓苑》。（《萬姓統譜》卷五七）

攸，見《姓苑》。

繇，見《姓苑》。

浮，見《姓苑》。

鳩，見《姓苑》。

湫，見《姓苑》。

收，見《姓苑》。

旒，見《姓苑》。

遒，見《姓苑》。

涪，見《姓苑》。

瑠，見《姓苑》。

柔，見《姓苑》。

兜，見《姓苑》。

掫，見《姓苑》。（《萬姓統譜》卷六三）

鄩，見《姓苑》。

音，見《姓苑》。

森，見《姓苑》。

心，見《姓苑》。（《萬姓統譜》卷六五）

澮，水名，見《姓苑》。

含，見《姓苑》。

驂，見《姓苑》。（《萬姓統譜》卷六六）

添，見《姓苑》。

釤，音鏟，見《姓苑》。（《萬姓統譜》卷六七）

甬，見《姓苑》。

總，見《姓苑》。

種，見《姓苑》。（《萬姓統譜》卷六九）

弭，見《姓苑》，出新豐。

被，見《姓苑》。

止，見《姓苑》。

渼，見《姓苑》。

使，見《姓苑》。

企，見《姓苑》。

齒，見《姓苑》。

尾，見《姓苑》。

鬼，見《姓苑》。周有鬼谷先生。

虒，見《姓苑》。（《萬姓統譜》卷七四）

巨，出南昌，見《姓苑》。

㧑，見《姓苑》。

敘，見《姓苑》。

與，見《姓苑》。

衙，見……姓苑云縣名，在馮翊，又姓。（《萬姓統譜》卷七六）

虎，《姓苑》，八元伯虎之後。

豎，見《姓苑》。

姥，亡古切，見《姓苑》。

睹，見《姓苑》。

圃，見《姓苑》。

溥，見《姓苑》。

撫，見《姓苑》。

琥，見《姓苑》。

鄠，見《姓苑》。

虜，見《姓苑》。（《萬姓統譜》卷七八）

邸，縣名，出《姓苑》，望出中山。

躰，見《姓苑》。

體，上禮切，見《姓苑》。

楷，見《姓苑》。

騋,見《姓苑》。

待,見《姓苑》。

毐,見《姓苑》。(《萬姓統譜》卷七九)

敏,見《姓苑》。

澠,見《姓苑》。

引,見《姓苑》。

戭,見《姓苑》。

準,見《姓苑》。

近,見《姓苑》。

謹,見《姓苑》。(《萬姓統譜》卷八〇)

忖,見《姓苑》。

混,見《姓苑》。

鷗,見《姓苑》。

飯,見《姓苑》。

晚,見《姓苑》。

衎,見《姓苑》。

眼,見《姓苑》。

典,陳留,見《姓苑》。

淺,見《姓苑》。

謇,見《姓苑》。

選,見《姓苑》。

轉,見《姓苑》。

緬,見《姓苑》。

冕,見《姓苑》。

鄯,見《姓苑》。

顯,見《姓苑》。

篆,見《姓苑》。(《萬姓統譜》卷八一)

肁,即肇字,見《姓苑》。

渼,見《姓苑》。

鄝,以紹切,見《姓苑》。

鳥,見《姓苑》。

小,見《姓苑》。(《萬姓統譜》卷八三)

巧,見《姓苑》。

稍,見《姓苑》。

造,見《姓苑》。

藻,見《姓苑》。

杲,見《姓苑》。

顥,見《姓苑》。

鎬,見《姓苑》。

朵,見《姓苑》。

麼,見《姓苑》。

葰,見《姓苑》。(《萬姓統譜》卷八四)

雅,見《姓苑》。

鮭,見《姓苑》。

打,見《姓苑》。(《萬姓統譜》卷八五)

仉,音掌,見《姓苑》。

昉,見《姓苑》。

放,見《姓苑》,上聲,堯臣放齊之後。

丈,見《姓苑》。

爽,見《姓苑》。(《萬姓統譜》卷八六)

永,見《姓苑》。

郢,州名,見《姓苑》。

茗,見《姓苑》。

並,見《姓苑》。

肯,見《姓苑》。(《萬姓統譜》卷八七)

厚,見《姓苑》。

部,見《姓苑》。

久,見《姓苑》。

玖，見《姓苑》。

受，見《姓苑》。

牖，見《姓苑》。（《萬姓統譜》卷八八）

湳，乃感切，見《姓苑》。

點，見《姓苑》。（《萬姓統譜》卷八九）

動，見《姓苑》。（《萬姓統譜》卷九一）

祕，天水，宫音，見《姓苑》。

秘，見《姓苑》。

戾，見《姓苑》。

勢，見《姓苑》。

寺，見《姓苑》。（《萬姓統譜》卷九三）

謂，見《姓苑》。

毅，見《姓苑》。

畏，見《姓苑》。

卉，見《姓苑》。

諭，見《姓苑》。望出南昌。

豫，見《姓苑》。

慮，見《姓苑》。

恕，見《姓苑》。（《萬姓統譜》卷九四）

固，見《姓苑》。

附，見《姓苑》，望出新平。

瓠，見《姓苑》。

務，見《姓苑》。

布，見《姓苑》。

露，見《姓苑》。

澍，見《姓苑》。

孺，見《姓苑》。（《萬姓統譜》卷九五）

桂，天水，羽音，又望出燕郡。《姓苑》云：漢城陽炅横，四方避難，一居幽州，姓桂。

棣，音悌，見《姓苑》。

蒂，見《姓苑》。

世，見《姓苑》。

隸，見《姓苑》。

弊，見《姓苑》。

係，見《姓苑》。

替，見《姓苑》。

例，見《姓苑》。

契，見《姓苑》。

第，見《姓苑》。

翳，見《姓苑》。

蕢，《史·秦記》柏翳之後，見《姓苑》。（《萬姓統譜》卷九六）

藹，於蓋切，見《姓苑》。

最，見《姓苑》。

祋，見《姓苑》。

禣，音背，見《姓苑》。（《萬姓統譜》卷九七）

炔，音桂，見《姓苑》。漢城陽炅横，四子避難，其一曰炔，居華陽。

介，見《姓苑》，望出太原。

戒，見《姓苑》。（《萬姓統譜》卷九八）

愛，見《姓苑》。

載，見《姓苑》。

佴，奴代切，見《姓苑》。

退，見《姓苑》。

佩，見《姓苑》。

背，見《姓苑》。

俊，見《姓苑》。

釁，見《姓苑》。（《萬姓統譜》卷九九）

汶，見《姓苑》。

曼，見《姓苑》。

巽，見《姓苑》。(《萬姓統譜》卷一百)

按，見《姓苑》。

騂，音汗，見《姓苑》。

看，見《姓苑》。

旦，今開封有之，見《姓苑》。

嘆，見《姓苑》。

璨，見《姓苑》。

粲，見《姓苑》。

翫，見《姓苑》。

半，見《姓苑》。

算，見《姓苑》。

笇，見《姓苑》。(《萬姓統譜》卷一〇一)

盼，見《姓苑》。

雁，見《姓苑》。

戀，音戀，見《姓苑》。

蒨，見《姓苑》。

扇，見《姓苑》。

殿，見《姓苑》。

眷，見《姓苑》。(《萬姓統譜》卷一〇二)

貌，見《姓苑》。

效，見《姓苑》。

漕，見《姓苑》。

告，見《姓苑》。

導，見《姓苑》。(《萬姓統譜》卷一〇四)

化，見《姓苑》。望出南越。

乍，見《姓苑》。

駕，見《姓苑》。

芐，見《姓苑》。(《萬姓統譜》卷一〇五)

望，齊太公□之後，《姓苑》云魏興人。

儻,見《姓苑》。

盪,見《姓苑》。

唱,見《姓苑》。

閬,見《姓苑》。

闒,見《姓苑》。

量,見《姓苑》。(《萬姓統譜》卷一〇六)

豆,見《姓苑》。

紬,見《姓苑》。

琇,見《姓苑》。

詬,見《姓苑》。

陋,見《姓苑》。

沁,見《姓苑》。(《萬姓統譜》卷一一〇)

夙……又魯大夫季孫夙之後,出《姓苑》。

潚,見《姓苑》。

獨,見《姓苑》。

璛,見《姓苑》。

讀,見《姓苑》。

儵,見《姓苑》。

涑,見《姓苑》。

族,見《姓苑》。

育,見《姓苑》。

屋,見《姓苑》。

郁,於六切,出《姓苑》。(《萬姓統譜》卷一一二)

續……《姓苑》云:舜七友,有續氏。

足,見《姓苑》。

鄏,見《姓苑》。

辱,奴欲切,見《姓苑》。

旭,見《姓苑》。(《萬姓統譜》卷一一三)

覺,見《姓苑》。

犖，見《姓苑》。（《萬姓統譜》卷一一四）

匹，見《姓苑》。

逸，見《姓苑》。

日，見《姓苑》。

邲，見《姓苑》。

弼，見《姓苑》。

出，見《姓苑》。

帥，音率，見《姓苑》。

蛭，見《姓苑》。

筆，見《姓苑》。

秩，見《姓苑》。

革，音畢，見《姓苑》。

秩，音執，見《姓苑》。（《萬姓統譜》卷一一五）

芾，見《姓苑》。

茇，見《姓苑》。

黻，見《姓苑》。

紱，見《姓苑》。

粵，見《姓苑》。

刖，見《姓苑》。

突，見《姓苑》。（《萬姓統譜》卷一一六）

渴，見《姓苑》。

奪，見《姓苑》。

掇，見《姓苑》。

薛，見《姓苑》。

茁，見《姓苑》。

軋，見《姓苑》。

殺，見《姓苑》。（《萬姓統譜》卷一一七）

爕，見《姓苑》。

桀，見《姓苑》。

結，見《姓苑》。

潔，見《姓苑》。

哲，見《姓苑》。

設，見《姓苑》。

迭，見《姓苑》。

雪，見《姓苑》。（《萬姓統譜》卷一一八）

若，《姓苑》云：魯人。

鑰，見《姓苑》。

濩，見《姓苑》。

櫟，見《姓苑》。

爵，見《姓苑》。

諾，見《姓苑》。

濼，見《姓苑》。（《萬姓統譜》卷一二〇）

碧，見《姓苑》。

奭，見《姓苑》。

陌，見《姓苑》。

責，見《姓苑》。

册，見《姓苑》。

碩，見《姓苑》。（《萬姓統譜》卷一二二）

歷，見《姓苑》。

晳，見《姓苑》。

息，《姓苑》云：襄陽人。又鄎侯之後，子孫以國爲氏，望出襄陽。

默，見《姓苑》。

極，見《姓苑》。

釴，見《姓苑》。

塞，悉則切，見《姓苑》，天竺胡人有此姓。

實，見《姓苑》。

億，見《姓苑》。

廙，見《姓苑》。

翊，見《姓苑》。

克，見《姓苑》。

戢，見《姓苑》。

急，見《姓苑》。

執，見《姓苑》。

拾，見《姓苑》。（《萬姓統譜》卷一二三）

荅，見《姓苑》。

業，見《姓苑》。（《萬姓統譜》卷一二四）

同蹄，見《姓苑》。

紅陽，見《姓苑》。

莪春，見《姓苑》。（《萬姓統譜》卷一二五）

彌平，見《姓苑》。（《萬姓統譜》卷一二六）

郪婁，見《姓苑》。

西間，《姓苑》有西間過。（《萬姓統譜》卷一二七）

精婁，見《姓苑》。

鉛陵，見《姓苑》《吕氏春秋》。（《萬姓統譜》卷一三一）

子枋，見《姓苑》。（《萬姓統譜》卷一三二）

罕井，見《姓苑》。

斫胥，見《姓苑》。（《萬姓統譜》卷一三三）

剌門，見《姓苑》。（《萬姓統譜》卷一三五）

獻丘，見《姓苑》。（《萬姓統譜》卷一三六）

沐簡，見《姓苑》。

邑田，見《姓苑》。（《萬姓統譜》卷一三七）

伯夫，見《姓苑》。（《萬姓統譜》卷一三八）

騏、期，以《姓苑》考之，爲期。（《韓集舉正》卷四）

《姓苑》載，炅氏，兄弟各分一姓，曰炅、香。（《東漢文紀》卷二一）

陶氏家傳

《陶氏家傳》，南朝佚名文士撰，卷數無考。歷代公私書目並無著録，書名除歷代類書所引者外，唯見《太平御覽·經史圖書綱目》，從排列位置看，在虞預《晉書》、謝靈運《晉書》、桓範《要集》《左貴嬪集》之後，《邵氏家傳》《桓氏家傳》之前，叙述晉宋間陶氏家族人物清美事迹，成書當年代不晚于南朝前期，乃宋齊以上古書。以其存文較多，佚文内容相對完整，年代較早，故加輯録，以存其略。這裏以撰人未明，權且將作者著録爲南朝陶某。

《陶氏家傳》云：陶汪，晉咸康中爲宣城内史，君從父猷先爲之。君到郡，乃招隱逸，廣開學舍，以此教民。民有向方者，則辟爲掾吏。百姓歌之曰："人當勤學得主簿，誰使爲之陶明府。"（《藝文類聚》卷六）

《陶氏家傳》曰：（陶）覆之字孫宗①，爲太常丞，凡宗廟疑義，多所决定，一時人爲之語："定禮決疑，問陶覆之。"（《太平御覽》卷二二九；《北堂書鈔》卷五五）

當朝正色。《陶氏家傳》，陶敦。（《北堂書鈔》卷五二）

《陶氏家傳》云：（陶）侃遷太子中庶子，而好學善論談，尤明《詩》《易》。（《北堂書鈔》卷六六）

《陶氏家傳》云：陶清爲荆州刺史，旌顯所知三十餘人，皆當世異行，冀州之士，於是爲盛。（《北堂書鈔》卷七二）

《陶氏家傳》云：（陶）邃起家爲龍陽長，素有清潔之行。其妻于月下

① 字孫宗：《職官分紀》卷一六引《陶氏家傳》作"保宗"，疑是。

紡績,買紙筆寄之,杜絶請謁,計日受俸,聞於州郡。(《北堂書鈔》卷七八)

《陶氏家傳》:陶伉遷中庶子,上謂伉曰:"君少好學,善談玄理,尤明《詩》《易》,以孝聞于時,儲選實難其人,特召君耳。"(《山堂肆考》卷五四)

《陶氏家傳》:(陶)回字恭淵。爲司徒王導從事中郎,爲人正直不撓,導亦以此重焉,每言曰:"陶中郎有輔佐之才,真國器也。"(《職官分紀》卷五)

《陶氏家傳》:(陶)濬遷散騎常侍,博洽書傳,善屬文,敏於應對,兼美姿容,每朝讚導,同僚常推君子焉。(《職官分紀》卷六)

百家集譜

《百家集譜》十卷，王儉撰。王儉(452—489)，南朝名臣。南齊武帝時，位至侍中、尚書令、南昌文憲公，著有《七志》《元徽四年秘閣四部目録》及《百家集譜》。事迹見《南齊書》卷二三、《南史》卷二二《王儉傳》。此書編成於南齊永明中(483—493)，與後出的王僧孺《百家譜》齊名，後人往往將其並稱，作江左二王譜。其編撰背景見《南齊書》卷五二、南史》卷七二《賈淵傳》："永明中，衛將軍王儉抄次《百家譜》，與淵參懷撰定。"《新唐書》卷一九九《柳冲傳》："希鏡傳子執，執更作《姓氏英賢》一百篇，又著《百家譜》，廣兩王所記。"《册府元龜》卷五六〇："南齊王儉撰《百家譜》十卷。又云：劉湛撰《百家譜》，以助銓序，傷於寡略。儉復加之，得繁簡之衷。"《通典》卷三載沈約奏疏："'臣又以爲巧僞既多，並稱人士，百役不及，高卧私門，致命公私闕乏，是事不舉。宜選史傳學士諳究流品者爲左人郎、左人尚書，專共校勘。所作卑姓雜譜，以晉籍及宋永初、景平籍在下省者，對共讎校，若譜注通籍有卑雜，則條其巧謬，下在所科罰。'帝以是留意譜籍，詔御史中丞王僧孺改定《百家譜》，由是有令史書吏之職，譜局因此而置。始，晉太元中，員外散騎侍郎賈弼好簿狀，大披群族，所撰十八州百一十六郡，合七百一十二卷，士庶略無遺闕。其子孫代傳其業。宋王弘、劉湛，並好其書。弘日對千客，而不犯一人諱。湛爲選曹，始撰《百家譜》，以助銓序，傷於寡略。齊王儉復加，得繁省之衷，僧孺爲八十卷，東南諸族别爲一部，不在百家之數。"《隋書·經籍志二》"譜系類"："《百家集譜》十卷，王儉撰。梁有王逡之《續儉百家譜》四卷、《南族譜》二卷、《百家譜拾遺》一卷，又有《齊梁帝譜》四卷、《梁帝譜》十三卷，亡。"《舊唐書·經籍志上》"雜譜牒類"、《新唐書·

藝文志二》“譜牒類”書名、卷數同。舊籍引文，或簡稱《百家譜》，或作《王儉譜》，或作“王儉曰”，方式不一。舊籍談論姓氏譜牒門第所出，凡屬此以上三種情况者，皆視爲本書文字，加以輯録，以備查考。

李固……又薦陳留楊倫、倫見《儒林傳》。河南尹存、東平王惲、陳國何臨。臨字子陵，熙之子，爲平原太守，見《百家譜》也。（《後漢書》卷六三《李固傳》李賢注引）

案史記：王儉《百家譜》云：“李者，高陽之後。始祖咎繇，爲舜理官，因遂氏焉。”（《廣弘明集》卷一三釋法琳《十喻篇上》）

顔……又《王儉譜》云：出自魯侯伯禽，支庶食采顔邑，因氏焉。（《元和姓纂》卷四）

江淹，字文通，不事章句之學，留情於文章。起家南徐州從事，升降承明之闕，出入金華之殿。仕齊，拜中書侍郎。王儉曰：“卿年三十五，已爲中書侍郎，才學如此，何憂不至尚書金紫？所謂富貴，卿自取之。”（《名賢氏族言行類稿》卷三）

王氏譜

《王氏譜》，南朝前期譜牒學著作，撰人、卷數無考。《新唐書》卷一九九《柳冲傳》引柳芳《姓系録》："魏氏立九品，置中正，尊世胄，卑寒士，權歸右姓已，其州大中正、主簿、郡中正、功曹，皆取著姓士族爲之，以定門胄，品藻人物。晉宋因之，始尚姓已。然其别貴賤，分士庶，不可易也。於時有司選舉，必稽譜籍，而考其真僞，故官有世胄，譜有世官，賈氏、王氏譜學出焉。"據此，則本書當爲南朝齊梁間琅琊王氏興盛之際撰寫，出王儉、王僧孺等琅琊王氏之手的可能性較大，亦不排除出太原王氏子孫，網羅王氏族姓人物，仿古姓氏書之體例，區分郡望，分别門第，依次列出。從今存佚文看，則多爲王氏歷代著名人物傳記，體例有似《隋書・經籍志二》"雜傳類"著録的《太原王氏家傳》，而不類一般的譜牒類著作。《宋史・藝文志三》"譜牒類"、《崇文總目》卷二"氏族類"有"王方慶《王氏譜》一卷"，然時代過晚，非《三國志》裴松之注、《世説新語》劉孝標注、《後漢書》李賢注等古注所引之《王氏譜》。《新唐書・藝文志二》"譜牒類"有"王方慶《王氏家牒》十五卷，又《家譜》二十卷、《王氏著録》十卷"。魏晉南北朝古注所引《王氏譜》，或者在内容上與上述王方慶三書有很大部分重複。另《世説新語》等述王氏故事較多，亦必有部分文字出自《王氏譜》之類譜牒或傳記，只因原文未標出處，經過改寫，不能作爲輯佚依據。兹據諸書引文標明出處者加以輯録，仍以爲南朝前中期古書，以撰人未明，權且將作者著録爲南朝王某。

世稱王徽之爲王大，詞有王大訪戴之語，此雖戲謔，僕間考之，羲之有七子，徽之乃第三子也，不應第大。一玄之，二凝之，三徽之，六操之，

七獻之，皆見本傳，四肅之傳不載，見《王氏譜》。（《野客叢書》卷一八）

孫堅殺荊州刺史王叡。《王氏譜》曰：叡字通曜，晉太保祥伯父也。（《後漢書》卷九《獻帝紀》李賢注引）

初平元年，長沙太守孫堅殺荊州刺史王叡。《王氏譜》曰：叡字通曜，晉太保祥之伯父也。（《後漢書》卷七四下《劉表傳》李賢注引）

案《王氏譜》：雄字元伯，太保祥之宗也。（《三國志》卷二四《魏書·崔林傳》裴松之注引）

《王氏譜》，《王》昶伯父柔，字叔優。父澤，字季道。（《三國志》卷二七《魏書·王昶傳》裴松之注引）

（孫）堅亦舉兵。荊州刺史王叡素遇堅無禮，堅過殺之。案《王氏譜》，叡字通耀，晉太保祥伯父也，與堅共擊零桂賊。以堅武官，言頗輕之。及叡舉兵欲討卓，素與武陵太守曹寅不相能，揚言當先殺寅。寅懼，詐作案，行使者光禄大夫温毅檄，移堅説叡罪過，令收。行刑訖，以狀上堅，即承檄勒兵襲叡。叡聞兵至，登樓望之，遣問欲何爲。堅前部答曰："兵久戰勞苦，所得賞不足以爲衣服，詣使君更乞資直耳。"叡曰："刺史豈有所吝？"便開庫藏，使自入視之。知有所遺，不兵進。及樓下，叡見堅，驚曰：'兵自求賞，孫府君何以在其中？"堅曰："被使者檄，誅君。"叡曰："我何罪？"堅曰："坐無所知。"叡窮迫，刮金飲之而死。（《三國志》卷四六《吴書·孫堅傳》裴松之注引）

王凝之，字叔平。

王操之，字子重，羲之第六子。（《佩文齋書畫譜》卷二三引《王氏譜》）

孫恩攻會稽，王凝之謂吏民曰："不須預防，吾已請大道，許遣鬼兵相助，賊自破矣。"既不設備，遂爲恩所害。（《記纂淵海》卷五三引《王氏譜》）

《王氏譜》曰：（王）導娶彭城曹韶女，名淑。

《王氏譜》曰：（王）獻之娶高平郗曇女，名道茂。後離婚。（《世説新語》卷上之上《德行》）

《王氏譜》曰：（王）微字幼仁，琅邪人。祖父乂，平北將軍。父澄，荊州刺史。微歷尚書郎、右軍司馬。

《王氏譜》曰：（王）凝之，字叔平，右將軍羲之第二子也。歷江州刺

史、左將軍、會稽内史。(《世説新語》卷上之上《言語》)

《王氏譜》曰:(王)訥之,字永言,琅邪人。祖彪之,光禄大夫。父臨之,東陽太守。訥之歷尚書左丞、御史中丞。(《世説新語》卷上之下《文學》)

《王氏譜》曰:(王)坦之子愷,娶桓温第二女,字伯子。

《王氏譜》曰:王坦之娶順陽郡范汪女,名蓋,即甯妹,也生忱。(《世説新語》卷中之上《方正》)

《王氏譜》曰:(王)逸少,羲之小字。羲之妻,太傅郗鑒女,名璿,字子房。(《世説新語》卷中之上《雅量》)

王長史是庾子躬外孫。《王氏譜》曰:(王)濛父訥,娶潁州庾琮之女,字三壽也。

《王氏譜》,(王)羲之是敦從父兄子。

《王氏譜》曰:(王)臨之字仲産,琅邪人,僕射彪之子,仕至東陽太守。

《王氏譜》曰:(王)耆之字修載,琅邪人,荆州刺史廙第三子,歷中書郎、鄱陽太守、給事中。(《世説新語》卷中之下《賞譽》)

《王氏譜》曰:(王)潁字茂英,位至議郎,年二十卒。敞字茂平,丞相祭酒,不就,襲爵堂邑公,年二十有二而卒。

王黄門兄弟三人俱詣謝公,子猷、子重多説俗事。《王氏譜》曰。

《王氏譜》曰:(王)楨之,字公幹,琅邪人,徽之子,歷侍中、大司馬長史,第七叔獻之也。(《世説新語》卷中之下《品藻》)

《王氏譜》曰:(王)緒字仲業,太原人。祖延,父乂,撫軍。(《世説新語》卷中之下《規箴》)

《王氏譜》曰:(王)詡,夷甫弟也,仕至修武令。

《王氏譜》曰:(王)訥字文開,太原人。祖默,尚書。父祐,散騎常侍。訥始過江,仕至新淦令。(《世説新語》卷下之上《容止》)

《王氏譜》曰:鍾夫人名琰之,太傅繇之孫。

《王氏譜》曰:(鍾)夫人,黄門侍郎鍾琰女。(《世説新語》卷下之上《賢媛》)

王長史登茅山，大慟哭，曰："琅邪王伯輿，終當爲情死。"《王氏譜》曰：(王)廞字伯輿，琅邪人。父薈，衛將軍。廞歷司徒長史。(《世説新語》卷下之上《任誕》)

《王氏譜》曰：(王)混字奉正，中軍將軍恬子，仕至丹陽尹。

《王氏譜》曰：(王)肅之字幼恭，右將軍羲之第四子，歷中書郎、驃騎咨議。(《世説新語》卷下之下《排調》)

《王氏譜》曰：(王)彭之字安壽，琅邪人。祖正，尚書郎。父彬，衛將軍。彭之仕至黄門郎。虎犢，彪之小字也。彪之字叔虎，彭之第三弟，年二十而頭鬚皓白，時人謂之"王白鬚"。少有局幹之稱，累遷至左光禄大夫。《世説新語》卷下之下《輕詆》；(《何氏語林》卷一九)

按《王氏譜》，(王)胡之是恬從祖兄。(《世説新語》卷下之下《忿狷》)

《王氏譜》曰：(王)國寶，坦之第三子，太傅謝安，國寶婦父也。惡而抑之。安薨，相王輔政，遷中書令。弟緒，有寵於王國寶，權動内外。王珣、王恭、殷仲堪爲孝武所待，不爲相王所眄，恭抗表討之，會稽王不能拒，諸侯兵遂委罪國寶，付廷尉，賜死。(《何氏語林》卷一二)

《王氏譜》：(王)廞字伯輿，亦稱長史。嘗登茅山，大慟哭，曰："琅琊王伯輿，終當爲情死。"(《陳檢討四六》卷一)

《王氏譜》：王導孫王珉，字季琰，小字僧彌。少有才藝，善行書。出兄珣之右，時人語人曰："法護非不佳，僧彌難爲兄。"法護，珣小字也。(《陳檢討四六》卷六)

瑯琊則六朝閥閲，咸藉始興。《王氏譜》：(王氏)望出太原，王子晉之後；出瑯琊，齊田和之後。(《陳檢討四六》卷一三)

《王氏家譜》曰：(王)倫字太冲，司空穆侯中子，司徒渾弟也。醇粹簡遠，貴《老》《莊》之學，用心淡如也。爲《老子例略》《周紀》。年二十餘，舉孝廉，不行。歷大將軍參軍。年二十五，卒，大將軍爲之流涕。(《世説新語》卷下之下《排調》劉孝標注引)

《王氏家譜》曰：初，王導渡淮，使郭璞筮之卦。郭璞曰："吉，無不利。淮水絶，王氏滅。"(《文選》卷四六任彦昇《王文憲集序》李善注引)

姓　譜

《姓譜》，南朝姓氏書，撰人、卷數不詳。唐宋以上經史子集引用頗多，一般簡稱《姓譜》，而未標明具體撰人或朝代，不一定都出自同一書。古姓氏書，有多種都帶有"姓譜"之名。《通志・氏族略三》："聊氏，望出潁川。《風俗通》：漢侍中聊蒼著書，號《聊子》。又有潁川太守聊某，著《萬姓譜》。"文中所言，即其一種。西晉摯虞，亦撰有《姓譜》。唐陸龜蒙著有《江表四姓譜》八卷。明代亦編有《姓譜》，明清地志、類書多引。清代又有《八旗姓譜》，清人亦喜援據。但若以時代爲準，不取宋以下同名之書，只以宋以上爲斷限，則可避免紛亂和誤輯。唐宋以上古籍引用之《姓譜》佚文，多數出自南齊王儉《諸姓譜》一百十六卷，當可斷定無疑。特别是《資治通鑑》所引的三百餘條佚文，均標明出《姓譜》，爲其中之文，可視爲同一書而加以輯佚。所記姓氏人物事迹，時代皆在先秦漢魏之間，多數屬於先秦人物，記此間所出古姓，僅三條佚文涉及晉宋以下人物事迹，内容和王儉所處時代基本相合，據此更可確定，上文提及的《通鑑》三百餘條引文，均出王儉《諸姓譜》。所謂"諸姓譜"，當是《隋書・經籍志二》"譜系類"著録的《冀州姓族譜》《洪州諸姓譜》《吉州諸姓譜》《江州諸姓譜》《諸州雜譜》《袁州諸姓譜》《揚州譜鈔》《京兆韋氏譜》《謝氏譜》《楊氏血脉譜》《北地傅氏譜》《蘇氏譜》等數十種地方姓氏之書的總彙編，因彙合有多書，叙述多地多姓的人物族望，故總題曰《諸姓譜》。《隋志二》"譜系類"賈執《姓氏英賢譜》條下案："梁有《王司空新集諸州譜》十一卷，又别有《諸姓譜》一百一十六卷、《益州譜》四十卷、《關東關北譜》三十三卷、《梁武帝總責境内十八州譜》六百九十卷，亡。"典籍所引，多數或出此王儉《諸姓譜》一百一十六卷。今即以爲王儉所撰，當成南齊姓氏之書，加以輯録編次。其性質如四庫館臣所説："名爲姓譜，實則合譜牒、傳記，而共成一類事之書也。"(《萬姓統譜》卷首提要)介於譜牒和傳記之間，可當兩種文獻的合體對待。

簸，又姓，出《姓譜》。(《原本廣韻》卷一)

籓，又姓，出《姓譜》。(《五音集韻》卷四)

《姓譜》：郗音希。(《隋書》卷七考證引)

《姓譜》：干寶，系出潁川。宋大夫干犨之後。漢末有干吉。(《隋書》卷一五考證引)

《姓譜》：(尹氏，)尹少昊之子，封于尹城，子孫因爲氏。

《姓譜》：段，鄭共叔段之後。

《姓譜》：黄帝二十五子，十二人，各以德爲姓。第一曰任氏。又任爲風姓之國，實太昊之後，主濟祀，今濟州任城即其地。

按，《史記》卷一《武帝本紀》："黄帝二十五子，其得姓者十四人。《索隱》：舊解破四爲三，言得姓十三人耳。今按：《國語·胥臣》云：黄帝之子二十五宗，其得姓者十四人，爲十二姓，姬、酉、祁、已、滕、葴、任、荀、僖、姞、嬛、依是也。唯青陽與夷鼓同已姓。又云：青陽與蒼林爲姬姓，是則十四人爲十二姓，其文甚明，唯姬姓再稱青陽與蒼林，蓋《國語》文誤，所以致令前儒共疑。其姬姓青陽當爲玄囂，是帝嚳祖本與黄帝同姬姓。"并非以德爲姓，而是得姓者十四人，爲十二姓，記載全異，録以備考。

《姓譜》：絺姓，周蘇忿生支子封於絺，因氏焉。

《姓譜》：張氏，本自軒轅第五子揮，始造弦，實張網羅，世掌其職，後因氏馬。

《姓譜》，翟爲晉所滅，子孫以國爲氏。

《姓譜》曰：楚大夫食采於聶，因以爲氏。

《姓譜》：王氏之所自出非一，出太原琅邪者，周靈王太子晉之後。北海、陳留，齊王田和之後。東海，出自姬姓。高平、京兆，魏信陵君之後。天水、東平、新蔡、新野、山陽、中山、章武、東萊、河東者，殷王子比干爲紂所害，子孫以王者之後，號曰王氏。(《資治通鑑》卷一胡三省注引)

《姓譜》又曰：甘姓，商甘盤之後。

《姓譜》：曹本自顓頊之裔孫，陸終之子六安，是爲曹姓。周武王封曹狹于邾，故邾，曹姓也。又云：曹叔振鐸之後，武王母弟也，後以爲氏。

檀，《姓譜》云：齊公族，有食采於瑕丘檀城，因以爲氏。

《姓譜》：齊有黔敖。

《姓譜》：周文王子康叔，封於衛。至武公子惠，孫曾耳，爲衛上卿，因氏焉。後有孫武、孫臏，俱善兵……《姓譜》又曰：龐姓，畢公高之後，支庶封于龐，因氏焉。

昭，《姓譜》，四岳之後，封于申，周有申伯，鄭有大夫申侯，齊有申鮮虞。

《姓譜》：蘇，己姓，顓頊裔孫吴回，生陸終，陸終生昆吾，封於蘇，至周蘇公。

《姓譜》：肥姓，肥子之後，以國爲姓。

《姓譜》：公孫氏出於黄帝。（《資治通鑑》卷二胡三省注引）

《姓譜》曰：周姓，本自周平王子，别封汝川，人謂之周家，因氏焉。一云：以赧王爲秦所滅，黜爲庶人，百姓稱爲周家，因氏焉。

《姓譜》：向姓，本自宋文公枝子向文旰，旰孫戌，以王父字爲氏。

《姓譜》：孟姓，魯桓公之子仲孫之胤，仲孫爲三桓之孟，故曰孟氏。（《資治通鑑》卷三胡三省注引）

《姓譜》曰：太嶽爲禹心吕之臣，故封吕侯，後因以爲氏。

《姓譜》曰：韓獻子玄孫曰康，食采於藺，因氏焉。

《姓譜》：廉姓，顓帝曾孫大廉之後。

《姓譜》：管姓，周文王子管叔之後。

《姓譜》：魯以國爲姓。

《姓譜》：舜後胡公滿，封於陳，子孫以爲氏。又陸終氏六子，長曰昆吾，次曰參胡。董姓封於韓墟，周爲胡國，楚滅之。

《姓譜》：陸終之後，受封於黄，爲楚所滅，其後以國爲氏。（《資治通鑑》卷四胡三省注引）

《姓譜》：許姓本自姜姓，炎帝之後，太嶽之胤，其後以國爲氏。

《姓譜》:范本陶唐氏之後,隨會爲晉大夫,食采於范,後有氏焉。

《姓譜》:(馮,)畢公高之子,食采於馮城,因以命氏。鄭有大夫馮簡子。

《姓譜》:毛,本自周武王母弟毛公。

《姓譜》:朱本高陽,周封其後於邾,後爲楚所滅,子孫乃去邑氏朱。

《姓譜》:薛本自黄帝任姓之後,裔孫奚仲,居薛,歷夏、殷、周,六十四代爲諸侯,後因氏焉。

《姓譜》:士姓,晉士蔿之後。(《資治通鑑》卷五胡三省注引)

《姓譜》:荀本姓郇,後去邑爲荀。又晉荀林父公族隰叔之後。

《姓譜》:曹姓,本自顓頊玄孫陸終之子六安。周武王封曹挾於邾,故邾曹姓也。至魏武帝始祖曹叔振鐸。

《姓譜》:卿,姓也。

《姓譜》:將,亦姓也。

《姓譜》:周封夏后氏于杞,非爲後不得封者,以夏爲氏。一曰,陳夏徵舒之後,夏姬生莊襄王,故尊爲太后。

《姓譜》:秦本顓頊後,子嬰既滅,支庶爲秦氏。

《姓譜》:周宣王子尚父,幽王邑諸楊,號曰楊侯,後并於晉,因以爲氏。又晉大夫楊食我,食采於楊氏,子孫以邑爲氏。

《姓譜》:周公之子,封于茅,其後以國爲氏。又有茅戎,邾大夫,有茅地、茅夷鴻。

《姓譜》:桓本自姜姓齊桓公,後因謚爲氏。

《姓譜》:顔姓本自魯伯禽,支庶有食采顔邑者,因而著族。又邾武公名夷,字曰顔,故《公羊傳》稱顔公,後以爲氏。

《姓譜》云:后稷之孫,生而有文在手,曰鞠,因以爲氏。

《姓譜》:周宣王封太王之子虞仲支孫仲山甫於樊,後因氏焉。(《資治通鑑》卷六胡三省注引)

《姓譜》:后本郈氏,其後去邑。

《姓譜》曰:皋陶子伯益,佐禹有功,封其子若本於徐。

《姓譜》:姜姓之後,封于盧,以國爲氏。

《姓譜》:葛國既滅,其後以國爲氏。

《姓譜》曰:武姓,宋武公之後。

《姓譜》:襄,魯莊公子襄仲之後。

《姓譜》:齊人降鄣,子孫去邑,爲章氏。

《姓譜》:宋支子,食采于蕭,後因爲氏。

《姓譜》:武王克商,子孫分散,以殷爲氏。(《資治通鑑》卷七胡三省注引)

《姓譜》:飂叔安裔子董父好龍,帝舜嘉焉,因賜姓董。

《姓譜》:衛卿甯氏之後,又晉有甯嬴,以邑爲姓。

《姓譜》:英出自偃姓,皋陶之後,封於英,因以爲氏。

《姓譜》:召姓,周文王子召公奭之後。

《姓譜》:彭姓,大彭之後。

《姓譜》:黄帝之支孫,封於酈,後以爲氏。

《姓譜》:梅本自子姓,殷有梅伯,爲紂所醢。

《姓譜》:四岳之後,封於申。周有申伯。左傳齊有申鮮虞,楚有申叔。

《姓譜》:太伯曾孫仲弈,封於閻鄉。又曰:唐叔虞之後晉成公子懿,食采於閻。(《資治通鑑》卷八胡三省注引)

《姓譜》:周宣王封仲山甫於樊,後因氏焉。

《姓譜》:夏侯,出自夏后之後,杞簡公爲楚所滅,其弟佗奔魯,魯悼公以佗出自夏后氏,受爵爲侯,謂之夏侯,因而命氏。紀,春秋紀侯之後,以國爲姓。

《姓譜》:共,商諸侯之國。晉有左行共華。又云:鄭共叔段後。

《姓譜》:臧姓,魯孝公子臧僖伯之後。

《姓譜》:隨姓,隨侯之後。又云:杜伯之玄孫會,爲晉大夫,食采于隨,曰隨武子,後因以爲姓。

《姓譜》:齊太公之後,有公子駱,子孫以爲氏。

《姓譜》:柏,柏皇氏之後。顓頊師柏招,帝嚳師柏景。春秋柏國,爲楚所滅。(《資治通鑑》卷九胡三省注引)

轅,姓也。《姓譜》,陳大夫轅濤塗之後。

終,姓也。《姓譜》曰,陸終之後。

《姓譜》:宋華父督始立華氏。(《資治通鑑》卷一〇胡三省注引)

《姓譜》:丁,本自姜姓齊太公子,謚丁公,因以命氏。

《姓譜》:婁,邾婁國之後,一曰離婁之後。

《姓譜》:楚公子食采於利,後以爲氏。

《姓譜》:齊有曼丘不擇。(《資治通鑑》卷一一胡三省注引)

《姓譜》:柴姓,高柴之後。

《姓譜》:欒,晉卿欒氏之後。

《姓譜》:陸,古天子陸終之後。

《姓譜》有賁姓,以爲縣賁父之後。

《姓譜》有審姓。(《資治通鑑》卷一二胡三省注引)

《姓譜》:駟,鄭七穆駟氏之後。祝,周武王封黄帝之後於祝,後以爲氏。

《姓譜》:周康王封唐叔虞少子公明於賈城,子孫以國爲氏。又晉大夫賈季,食邑于賈,其後以邑爲氏。

《姓譜》:轅、袁、爰三姓,皆出陳轅濤塗之後。(《資治通鑑》卷一三胡三省注引)

《姓譜》:柴姓,高柴之後。繒亦姓也,以國爲氏。

開,姓也。《姓譜》,衛公子開方之後。(《資治通鑑》卷一四胡三省注引)

《姓譜》:(鼂錯,)鼂與朝同……王子朝之後。

《姓譜》:淳于,出于姜姓,州公之後。

按,本條《資治通鑑》卷二四胡三省注引作"《姓譜》:淳于出於姜姓,周公之後",作周公,或是。

《姓譜》:姜姓之後,封于盧,以國爲氏,與甯侯、隆慮侯皆高祖功臣。

御史大夫梁國申屠嘉……《姓譜》:申侯之後,支子居安定屠原,因爲申屠氏。

《姓譜》:陶,陶唐氏之後。(《資治通鑑》卷一五胡三省注引)

《姓譜》:韋姓出顓頊大彭豕韋之後。

《姓譜》:路,本自帝摯之後。

《姓譜》:楚文王庶子食采於軒丘,其後爲氏。

(直不疑,)《姓譜》:楚人直弓之後。(《資治通鑑》卷一六胡三省注引)

(吾丘,)《姓譜》:吾音虞,即虞丘氏。《史記》有楚相虞丘子。

《姓譜》:枚姓出於周官銜枚氏,其後以官爲姓。

《姓譜》:程,本自顓頊重黎之後。周宣王時,程伯休父入爲大司馬,封於程者,以爲氏,與司馬氏同出。(《資治通鑑》卷一七胡三省注引)

(聶姓,)《姓譜》曰:楚大夫食采于聶,因以爲氏。

《姓譜》:常姓,黄帝相常先之後。(《資治通鑑》卷一八胡三省注引)

《姓譜》:雷,古方雷氏後。

《姓譜》:殷帝乙有子期,封太原郝鄉,後因氏焉。

《姓譜》:齊公族有左、右公子,後因氏焉。予按:衛亦有左、右公子,《姓譜》之説非是。

《姓譜》:伍姓出于楚伍舉。

《姓譜》:桑,秦大夫子桑之後。

《姓譜》:狄,春秋狄國之後。又曰:周文王封少子於狄城。(《資治通鑑》卷一九胡三省注引)

《姓譜》:宋恭公子石,食采于褚,其德可師,號曰褚師,因以命氏。

《姓譜》:少昊之子封于尹城,子孫因以爲氏。(《資治通鑑》卷二〇胡三省注引)

《姓譜》:杜本陶唐氏劉累之後,在周,爲唐杜氏,有杜伯。

(大中大夫公孫卿壺遂,)《姓譜》:晉大夫,受邑壺口,其後以爲氏。

《姓譜》以爲,車姓本於田千秋。

《姓譜》:楚莊王少子爲上官大夫,其後以爲氏。秦滅楚,徙隴西之上邽。

雋,《姓譜》有雋姓。(《資治通鑑》卷二一胡三省注引)

《姓譜》:馬本自伯益之裔,趙奢封馬服君,後因氏焉。

《姓譜》:商丘,衛大夫,以邑爲氏。(《資治通鑑》卷二二胡三省注引)

《姓譜》:成姓,本自周文王成伯之後。周有成肅公,又楚有令尹成得臣。

《姓譜》:召公封于燕,其後爲秦所滅,子孫以爲氏。

《姓譜》:傳説出傅巖,因以爲氏。(《資治通鑑》卷二四胡三省注引)

《姓譜》:史,周史佚之後。

《姓譜》:許姓出高陽,本自姜姓炎帝之後,太嶽之裔,其後因封國爲氏。

《姓譜》:(冉,)楚大夫叔山冉之後。

《姓譜》:周武王子封於邗,子孫以國爲氏,其後去邑單爲于。(《資治通鑑》卷二三胡三省注引)

《姓譜》:奚姓,夏車正奚仲之後。(《資治通鑑》卷二五胡三省注引)

《姓譜》:夏啓封支子於莘,莘辛相近,遂爲辛氏。漢初,申蒲爲趙魏名將,及徙家隴西,遂爲隴西人。

《姓譜》:耿,古國名,爲晉所滅,子孫以爲氏。(《資治通鑑》卷二六胡三省注引)

《姓譜》:貢姓,子貢之後。

《姓譜》:葛氏先,本琅邪諸縣人,徙陽都,時人本其先之所居,謂之諸葛氏。

《姓譜》:(五鹿,)趙大夫食采于五鹿,以邑爲氏。(《資治通鑑》卷二八胡三省注引)

《姓譜》云:(焦氏,)周武王封神農之後於焦,後以國爲氏。

《姓譜》:正姓,宋上卿正考父之後。

《姓譜》:牢姓,孔子弟子琴牢之後。(《資治通鑑》卷二九胡三省注引)

《姓譜》:伊姓,出於伊尹。

《姓譜》:非,姓也,秦非子之後。(《資治通鑑》卷三〇胡三省注引)

《姓譜》:(解姓,)自晉唐叔虞食邑於解,今解縣也。晉有解狐、解揚。

《姓譜》:戴,宋戴公之後。一曰,宋滅戴,子孫以國爲氏。

《姓譜》:班,楚令尹鬥班之後。

《姓譜》:平,齊相晏平仲之後。一曰,韓哀侯少子婼,食采平邑,因以爲氏。

《姓譜》:稱,平聲。《漢功臣表》有新山侯稱忠[①]。(《資治通鑑》卷三一胡三省注引)

《姓譜》:何,出自周成王母弟唐叔虞後,封於韓,韓滅,子孫分散江淮間,音以韓爲何,字隨音變,遂爲何氏。

《姓譜》:師,古者掌樂之官,因以爲氏。(《資治通鑑》卷三二胡三省注引)

息夫,複姓。《姓譜》:嬀姓之國,爲息氏,公子邊受爵爲大夫,又有息夫氏出焉。

《姓譜》:鮑,本自夏禹之裔,因封爲鮑氏。齊之鮑氏,世爲上卿。(《資治通鑑》卷三四胡三省注引)

崔,《姓譜》,齊丁公之子,食采於崔,因以爲氏。(《資治通鑑》卷三五胡三省注引)

《姓譜》:邳,出自祝融之後,爲邳國,後去爲云。

《姓譜》:闞,夏大夫關龍逢之後。

《姓譜》:(臧姓),魯孝公子彄,食采於臧,子孫以爲氏。

《姓譜》曰:哀姓,以謚爲氏。(《資治通鑑》卷三六胡三省注引)

《姓譜》:刁,齊大夫豎刁之後。

《姓譜》:(蔣姓,)周公之子封於蔣,後以爲氏。(《資治通鑑》卷三七胡三省注引)

《姓譜》:力,黄帝佐力牧之後。漢有力子都。

士孫,複姓。《姓譜》:漢平陵士孫張,爲博士,明《梁丘易》。

《姓譜》:遅,姓也。樊遅之後,以王父字爲氏。一曰,古賢人遅任之後。

《姓譜》:廖,周文王子伯廖之後。(《資治通鑑》卷三八胡三省注引)

《姓譜》:岑,古岑子國之後。《吕氏春秋》,周文王封異母弟耀之子

---

① 漢功臣表有新山侯稱忠:此見《漢書》卷一七《景武昭宣元成功臣表》:“新山侯稱忠,以捕得反者樊並侯,千户。(元年)七月己酉封。薨,亡後。”

渠爲岑子,其地梁國岑亭是也。

《姓譜》:蘇忿生爲周武王司寇,其後以官爲寇氏。

《姓譜》:(祭氏,)周公第五子祭伯,其後以爲氏。

《姓譜》曰:春秋絞國,即佼也。後改從人。漢有佼彊。(《資治通鑑》卷三九胡三省注引)

《姓譜》:弓,魯大夫叔弓之後。又孔子弟子有仲弓,又有馯臂子弓。

彊,《姓譜》,其良翻。

《姓譜》:伏,本自伏羲之後。漢初有濟南伏生。

行,《姓譜》:周有大行人之官,其後氏焉。

《姓譜》:梁姓,本自秦仲周平王,封其少子康於夏陽梁山,是爲梁伯,後爲秦所併,子孫以國爲氏。

《姓譜》:竺,孤竹君之後。本姓竺,後漢擬陽侯竺晏報怨,有仇以胄,始名賢,不改其族,乃加二字,以存夷齊。一曰天竺國之後。

《姓譜》:(潘氏,)周文王之子季孫,食采於潘,因氏焉。晉有潘父,楚有潘崇。(《資治通鑑》卷四〇胡三省注引)

窒,《姓譜》:齊太公之後,有公子,子孫以爲氏。

《姓譜》:(慶氏,)齊大夫慶氏之後。

《姓譜》:(來氏,)郲,子姓,商之支孫,食采於郲,因以爲氏。後避難去邑。

重,《姓譜》:南正重之後。

《姓譜》:(隨,)隨侯之後。又杜伯之玄孫爲晉大夫,食采于隨,曰隨會。(《資治通鑑》卷四一胡三省注引)

行,姓也。《姓譜》:周有大行人之官,其後氏焉。

《姓譜》:席,其先姓籍,避項羽諱,改姓席氏。

《姓譜》:金,古金天氏之後。又漢金日磾,本匈奴休屠王子,以祭天金人,爲金氏。

《姓譜》:(温氏,)唐叔虞之子,受封於河内温,因以命族。又郤至食采於温,號温季,因以爲族。

《姓譜》:環,姓也,楚環列尹之後。又楚有賢者環淵。(《資治通鑑》

卷四二胡三省注引）

譙,《姓譜》:曹大夫,食采於譙,因氏焉。

《姓譜》:鮮于,本子姓,周武王封箕子于朝鮮,支子仲食采於于,因以鮮于爲氏。(《資治通鑑》卷四三胡三省注引）

《姓譜》:(燕氏,)燕召公之後,爲秦所滅,子孫以國爲氏。

《姓譜》有寒姓,以爲夏諸侯后寒之後。又曰:周武王子寒侯之後。

《姓譜》:宋有皇甫充石,宋之公族也。漢初有皇甫鸞,自魯徙居茂陵,改父爲甫。(《資治通鑑》卷四五胡三省注引）

《姓譜》:(郝氏,)殷帝乙有子期,封太原郝鄉,後因氏焉。

《姓譜》:和,本自羲和之後,一云卞和之後。(《資治通鑑》卷四六胡三省注引）

《姓譜》:种,本仲氏,避難改焉。

《姓譜》:卞本自有周曹叔振鐸之後,曹之支子封於卞,遂以建族。(《資治通鑑》卷四八胡三省注引）

《姓譜》:皮,樊仲皮之後。又鄭有上卿子皮,出于罕氏。(《資治通鑑》卷四九胡三省注引）

《姓譜》:魯大夫施伯,出於魯惠公之子子尾,字施父。(《資治通鑑》卷五〇胡三省注引）

《姓譜》:(郎氏,)魯懿公孫費伯城郎,因居之,子孫以爲氏。(《資治通鑑》卷五一胡三省注引）

區,《姓譜》云:今長沙有此姓,音豈俱翻。

《姓譜》:(滕氏,)滕侯之後,以國爲氏。

《姓譜》:服,周内史叔服之後。漢有江夏太守服徹。(《資治通鑑》卷五二胡三省注引）

苑氏,《姓譜》:商武丁子子文,受封於苑,因以爲氏。(《資治通鑑》卷五三胡三省注引）

《姓譜》:(姜氏)本自炎帝,居於姜水,因以爲氏。

《姓譜》:山,古烈山氏之後。一曰,周有山師,掌山林,後以官爲氏。(《資治通鑑》卷五四胡三省注引）

《姓譜》:仇姓,宋大夫仇牧之後。

《姓譜》:宣,以謚爲氏。(《資治通鑑》卷五五胡三省注引)

《姓譜》:嬀,帝舜之後。

《姓譜》:巴,巴國之後。後漢又有揚州刺史巴祗。

龔,《姓譜》:共商,諸侯之國。晉有左行共華乂,云鄭共叔段之後。

戲,《姓譜》:伏戲氏之後。

《姓譜》:黄帝葬橋山,子孫守冢,因氏焉。(《資治通鑑》卷五六胡三省注引)

《姓譜》:(陽氏,)齊人遷陽,子孫以國爲氏。一曰,周景王封少子于陽樊,因邑命氏。

《姓譜》:郤,晉卿郤氏之後。

《姓譜》:封,夏封父之後。(《資治通鑑》卷五七胡三省注引)

尚,《姓譜》:師尚父之後。後漢有高士尚子平。

《姓譜》:波,姓也。其先事王莽,爲波水將軍,子孫以爲氏。(《資治通鑑》卷五八胡三省注引)

陶丘,《姓譜》:堯子丹朱,居陶丘,其後氏焉。

《姓譜》:蹇,姓也。《左傳》有秦大夫蹇叔。

《姓譜》:柳,本自魯孝公子子展之孫,以王父字爲氏。至展禽,食采於柳下,因爲氏。(《資治通鑑》卷五九胡三省注引)

《姓譜》:牛,本自殷。周封微子於宋,其裔司寇牛父敗狄於長丘,死之,其子孫以王父字爲氏。

《姓譜》:漢有平原鞠譚,其子閎避難,改曰麴氏,後遂爲西平著姓。

單,音善,姓也。《姓譜》:周卿士單襄公之後。(《資治通鑑》卷六〇胡三省注引)

《姓譜》:(麋氏,)楚大夫,受封於南郡麋亭,因以爲氏。或言工尹麋之後,以名爲氏。

《姓譜》:祖,商祖己之後。

滎,姓也……《姓譜》:周滎公之後。

《姓譜》:鮮于,子姓。周武王封其子於朝鮮,支子仲,食采於于,因

以鮮于爲氏。(《資治通鑑》卷六一胡三省注引)

裴,《姓譜》:伯益之後,封萁鄉,因以爲氏。後徙封解邑,乃去邑從衣。

《姓譜》:昌姓,昌意之後。(《資治通鑑》卷六二胡三省注引)

(錢氏,)《姓譜》:彭祖裔孫孚,爲周錢府上士,因官命氏。(《資治通鑑》卷六三胡三省注引)

(凌氏,)《姓譜》:衛康叔支子,爲周凌人,子孫以爲氏。

郗,《姓譜》:郗爲高平望姓。(《資治通鑑》卷六五胡三省注引)

賴,《姓譜》:賴爲楚所滅,子孫以國爲氏。

步,《姓譜》:晉有步揚,食采于步,因氏焉。

《姓譜》:齊有國氏,世爲上卿。又鄭七穆,子國之後,爲國氏。(《資治通鑑》卷六六胡三省注引)

成,《姓譜》:衛成公之後,爲成公氏。

《姓譜》:沈姓出吴興,本自周文王第十子聃季,食采於沈,即汝南平輿沈亭是也,子孫以國爲氏。又楚莊王之子公子真,封于沈鹿,其後有沈尹戌、沈諸梁。

浩,姓也。《姓譜》:漢有青州刺史浩賞。(《資治通鑑》卷六九胡三省注引)

《姓譜》:隱,以謚爲氏。(《資治通鑑》卷七一胡三省注引)

《姓譜》:狐,周王子狐之後。又晉有狐突。

《姓譜》:宿本風姓,伏羲之後,封於宿。

廖,姓也……《姓譜》:廖姓,周文王子伯廖之後。後漢有廖湛。

《姓譜》:習,國名,後以爲姓。(《資治通鑑》卷七二胡三省注引)

《姓譜》:齊公族,有高堂氏。(《資治通鑑》卷七三胡三省注引)

卑,《姓譜》:卑,卑耳國之後。或云鮮卑之後。

懷,《姓譜》:無懷氏之後。

《姓譜》畢,本畢公高之後。

《姓譜》:吾本已姓,夏昆吾氏之後。(《資治通鑑》卷七四胡三省注引)

句,音鉤,又古候翻,姓也。《姓譜》:句芒氏之後。

令狐,《姓譜》:周文王之子高,封於畢。其後有畢萬。萬子犨,封於魏,爲魏氏。犨子顆,封於令狐,爲令狐氏。

勞,《姓譜》:其先居東海勞山,因氏焉。後漢有琅邪勞丙。

留,《姓譜》曰:衛大夫留封人之後。漢末避地會稽,遂居東陽,爲郡豪族。(《資治通鑑》卷七五胡三省注引)

阮,《姓譜》:殷有阮國,在岐、渭之間,《周詩》有"侵阮徂共"之辭,子孫以國爲姓。後漢有已吾令阮敦。

《姓譜》:羅本顓頊末胤,受封於羅國,今房州也,爲楚所滅,子孫以爲氏。(《資治通鑑》卷七八胡三省注引)

《姓譜》:元冥之佐,有修氏。漢有屯騎校尉修炳。

《姓譜》:《左傳》:宋有皇父充,石公族也。漢初有皇父鸞,自魯徙居茂陵,改父爲甫。

《姓譜》:俞,古善醫俞附之後。(《資治通鑑》卷七九胡三省注引)

熊氏,《姓譜》:楚鬻熊之後,此以名爲氏者也。(《資治通鑑》卷八〇胡三省注引)

歐陽,《姓譜》:越王句踐之後,封於烏程歐陽,子孫因以爲氏。

岐氏,《姓譜》:古有岐伯,爲黄帝師。又周太王居岐山,文王遷豐,其支庶留岐者,爲岐氏。

榮,《姓譜》:榮姓,周榮公之後。《莊子》有榮啓期。

《姓譜》:箕,商箕子之後。又晉有大夫箕鄭父。

胡母,《姓譜》:齊宣王封母弟於母鄉,其鄉本胡國,因曰胡母氏。漢有太史胡母恭。(《資治通鑑》卷八二胡三省注引)

駱,《姓譜》:齊太公之後,有公子駱,子孫以爲氏。又秦之先有大駱。(《資治通鑑》卷八三胡三省注引)

《姓譜》:莫姓,楚莫敖之後。

《姓譜》曰:漢覆姓有空桐、空相二氏。

衙,《姓譜》:秦穆公子,食采於衙,因氏焉。

《姓譜》:庾姓,堯時爲掌庾大夫,因氏焉。(《資治通鑑》卷八四胡三省注引)

《姓譜》:封姓,夏封父之後。

《姓譜》:羌,姓也。

《姓譜》:祁姓,黄帝二十五子之一也。又晉獻侯四世孫奚,食邑於祁,曰祁奚。(《資治通鑑》卷八五胡三省注引)

《姓譜》:光姓,燕人田光之後。秦末子孫避地,因以爲氏。(《資治通鑑》卷八六胡三省注引)

夔氏,《姓譜》:夔子之後,以國爲姓。後趙支雄《傳》云:其先月支胡人也。

《姓譜》:明,秦大夫孟明之後,爲平原望姓。(《資治通鑑》卷八七胡三省注引)

《姓譜》:夔姓,春秋夔子之後。

《姓譜》:臨姓,大臨之後。

《姓譜》:游,廣平望姓。鄭公子偃,字子游,其後以爲氏。

蘭,《姓譜》:鄭穆公名蘭,支庶以爲氏。漢有武陵太守蘭廣。又《匈奴傳》亦有蘭氏,非此蘭也。(《資治通鑑》卷八八胡三省注引)

辟閭,《姓譜》:衛文公支孫居楚丘,營辟閭里,因爲辟閭氏。(《資治通鑑》卷九〇胡三省注引)

續氏,《姓譜》:帝舜七友,有續牙,曰晉大夫狐鞫居,食采於續,號續簡伯,後以爲氏。

童氏,《姓譜》:顓頊子老童之後,以爲氏。(《資治通鑑》卷九一胡三省注引)

《姓譜》:易,姓,齊有大夫易牙。

譚,《姓譜》:齊滅譚,子孫以國爲氏。漢有河南尹譚閎。又巴南大姓有譚氏,盤瓠之後。(《資治通鑑》卷九二胡三省注引)

《姓譜》:裨姓,鄭裨諶之後。(《資治通鑑》卷九三胡三省注引)

乙姓,《姓譜》:商湯字天乙,支孫以爲氏。

成公,《姓譜》:衛成公之後,爲成公氏。(《資治通鑑》卷九五胡三省注引)

《姓譜》:悦姓,傅説之後。

郁,《姓譜》有魯相郁貢。(《資治通鑑》卷九六胡三省注引)

《姓譜》:權,本顓頊之後。楚武王使鬥緡尹權,因以爲氏。(《資治通鑑》卷九九胡三省注引)

康氏,《姓譜》曰:康,衛康叔之後,亦西胡姓。(《資治通鑑》卷一百胡三省注引)

綸,姓也。《姓譜》曰:《魏志》,孫文端臣綸直。(《資治通鑑》卷一〇一胡三省注引)

《姓譜》:涉,姓也。《左傳》,晉有大夫涉佗。

《姓譜》:艾姓,《晏子春秋》,齊有大夫艾孔。

《姓譜》:巨,姓也。(《資治通鑑》卷一〇二胡三省注引)

《姓譜》:房姓,本自丹朱,舜封爲房邑侯,子陵以父封爲氏。(《資治通鑑》卷一〇三胡三省注引)

康,《姓譜》:西胡自有康姓。

壘氏,《姓譜》曰:《後趙録》有壘澄,本姓裴氏。

《姓譜》:光姓,燕人田光之後。秦末子孫避地,以光爲氏。(《資治通鑑》卷一〇五胡三省注引)

虵,《姓譜》:姚萇后虵氏,南安人也。

晏氏,《姓譜》曰:《左傳》,齊有晏氏,代爲大夫。

安氏,《姓譜》:安息王子入侍,遂爲漢人。《風俗通》,漢有安成,爲太守。(《資治通鑑》卷一〇六胡三省注引)

密,以國爲氏。《姓譜》:漢有尚書密忠。(《資治通鑑》卷一〇八胡三省注引)

翳氏,《姓譜》:翳姓,古翳夷氏之後。(《資治通鑑》卷一一〇胡三省注引)

貳氏,《姓譜》:春秋貳、軫二國,後皆爲氏。貳塵之貳,則虜姓也。(《資治通鑑》卷一一二胡三省注引)

《姓譜》曰:懿,以謚爲氏。(《資治通鑑》卷一一七胡三省注引)

《姓譜》:到,本自高陽氏,楚令尹屈到之後。後漢有東平太守到質。

《姓譜》:光,姓也。(《資治通鑑》卷一二〇胡三省注引)

向氏,《姓譜》:祁姓之後,爲向國。

游氏,《姓譜》:鄭公子偃,字子游,後以爲氏。魏爲廣平望姓。(《資治通鑑》卷一二三胡三省注引)

秋,《姓譜》:秋姓,秋胡之後。(《資治通鑑》卷一三二胡三省注引)

《姓譜》:柯,姓也,吴公子柯廬之後。(《資治通鑑》卷一三九胡三省注引)

雙,《姓譜》:顓帝後,封於雙蒙城,其後以爲氏。(《資治通鑑》卷一四二胡三省注引)

戚,姓也。《姓譜》:衛大夫,食邑于戚,因以爲姓。漢有戚夫人,又有臨轅侯戚鰓。(《資治通鑑》卷一四三胡三省注引)

鴻,姓也。《姓譜》:帝鴻氏之後,或曰大鴻之後。《左傳》,衛有鴻聊魋。

豐,《姓譜》,豐姓,鄭七穆子豐之後。(《資治通鑑》卷一四四胡三省注引)

《姓譜》:奇姓,伯奇之後。(《資治通鑑》卷一四五胡三省注引)

《姓譜》:藍,魯甘翻,姓也。《戰國策》有中山大夫藍諸。(《資治通鑑》卷一四六胡三省注引)

《姓譜》:栗姓,栗陸氏之後。漢長安富室有栗氏。

《姓譜》:邴,即丙姓。(《資治通鑑》卷一四九胡三省注引)

《姓譜》:湛,丈減翻,姓也。後漢有大司農湛重。(《資治通鑑》卷一五一胡三省注引)

《姓譜》有念姓。(《資治通鑑》卷一五四胡三省注引)

《姓譜》曰:《國語》:潞泉、余滿,皆赤狄隗姓。又吴全琮孫惲隆,魏封南陽,食邑白水,因爲泉氏。(《資治通鑑》卷一五六胡三省注引)

《姓譜》:并,府盈翻。撙,祖本翻。(《資治通鑑》卷一五八胡三省注引)

《姓譜》:令狐,本自畢萬之後,晋大夫令狐文子,即魏顆也。(《資治通鑑》卷一五九胡三省注引)

《姓譜》:余姓,由余之後。(《資治通鑑》卷一六六胡三省注引)

《姓譜》:《蜀録》云:晋有征東將軍談巴。(《資治通鑑》卷一九二胡三

省注引）

相里，《姓譜》，皋陶之後，爲理氏。商末，理證孫仲師遭難，去王姓里。至里克，爲晉所誅，其妻携少子逃居相城，因爲相里氏。（《資治通鑑》卷一九七胡三省注引）

古氏，《姓譜》：周太王去邠適岐，稱古公，因氏焉。（《資治通鑑》卷一九九胡三省注引）

《姓譜》：姒，受姓自鯀。

《姓譜》：格姓，允格之後。《東觀漢紀》有侍御史東平相格班。（《資治通鑑》卷二〇四胡三省注引）

《姓譜》：夫蒙，羌複姓。後秦有建威將軍夫蒙大羌。（《資治通鑑》卷二〇六胡三省注引）

《姓譜》：迦葉，天竺姓。（《資治通鑑》卷二〇八胡三省注引）

厲，《姓譜》：本自有厲姓。漢有魏郡太守、義陽侯厲温。（《資治通鑑》卷二一〇胡三省注引）

翻，姓也。《姓譜》：梁有東寧州刺史覃元亮。（《資治通鑑》卷二一二胡三省注引）

曲氏，《姓譜》：晉穆侯子成師，封于曲沃，其後氏焉。漢有代郡太守曲謙。《貨殖傳》有曲叔諲。（《資治通鑑》卷二一七胡三省注引）

荔非，虜複姓。《姓譜》，荔非，西羌種。隋有荔非雄，涇州人。（《資治通鑑》卷二二〇胡三省注引）

喻，姓也。《姓譜》：東晉有喻歸，撰《河西記》。（《資治通鑑》卷二二一胡三省注引）

按，《元和姓纂》卷八喻氏："南昌，《姓苑》云：'南昌有喻氏。東晉有喻歸，撰《西河記》三卷。'"《隋書·經籍志二》"霸史類"："《西河記》二卷，記張重華事，晉侍御史喻歸撰。"知本條作《河西記》爲《西河記》之倒。

《姓譜》：梁有東寧州刺史覃元先，則蠻中有覃姓尚矣。（《資治通鑑》卷二二五胡三省注引）

丹姓，《姓譜》：丹朱之後。（《資治通鑑》卷二四五胡三省注引）

歸，《姓譜》曰：《左傳》：胡子國姓歸，爲楚所滅，子孫或以國爲氏，或

以姓爲氏。(《資治通鑑》卷二五三胡三省注引)

《姓譜》:善,姓也,堯師善卷。(《資治通鑑》卷二七五胡三省注引)

《姓譜》:柯姓,吴公子柯盧之後。又拓拔興,諸姓有柯拔氏,改爲柯氏。(《資治通鑑》卷二七六胡三省注引)

《姓譜》《姓苑》皆謂,陶姓、唐姓,並出陶唐氏之後。(《資治通鑑》卷二八八胡三省注引)

《姓譜》:後姓,望出東海、開封。(《資治通鑑》卷二八九胡三省注引)

吉夷氏後,有吉氏,見《姓譜》。(《路史》卷五)

幕姓,《風俗通》《姓譜》等,幕姓皆云出幕。(《路史》卷二一)

《姓譜》:段,鄭共叔段之後。(《戰國策校注》卷六)

華氏,見《姓譜》。(《姓氏急就篇》卷下)

《姓譜》云:泰、太、大分爲三,或以泰爲泰顛之後,大爲大庭之後。(《續通志》卷八七)

《南史》:宋有劉凝之,因留北魏。慕伍員忠烈,改姓員氏,大武帝賜名懷遠。《姓譜》。(《天中記》卷二四)

《姓譜》:盧元明風采閑潤,進退可觀,善自標置,不妄交遊。中山王熙嘆曰:“盧郎有如此風神,惟須誦《離騷》,飲美酒,自爲佳器。”

《姓譜》:宋俞遠,自號空谷山人,身癯,神骨秀竦,好著小冠,戴文山椶,笠衣,白綺裘,儼然神仙中人,行出,一市人盡驚。(《淵鑑類函》卷二八〇)

張氏,按《姓譜》:自軒轅子少昊第五子揮觀弧星,始造弓矢,爲弓正,主祀弧,世掌其職,爲張氏。(《庾子山集注》卷一四倪璠注引)

《姓譜》有姓信者。(《杜詩詳注》卷一五仇兆鰲注引)

《姓譜》:齊太公生丁公伋,伋生叔乙,讓國君崔,因氏。

《姓譜》:東萊侯生二子伯基、仲牟。伯基居清河東武城,仲牟居博陵安平。(《李義山文集箋注》卷六徐炯注引)

《姓譜》:陶弘景爲丹陽派,常自稱丹陽布衣。(《温飛卿詩集箋注》卷三曾益注引)

百家譜

《百家譜》三十卷，王僧孺撰。王僧孺(463? —521?)，梁代名臣，官至御史中丞，普通三年卒，年五十八。著有《十八州譜》七百一十卷、《百家譜集》十五卷、《東南譜集抄》十卷、《文集》三十卷。事迹見《梁書》卷三三、《南史》卷五九《王僧孺傳》。此書係其梁天監中(502—519)入直西省，知撰譜事期間，奉梁武帝之命編撰，爲梁初姓氏學著作。《册府元龜》卷五六〇叙其編撰背景及始末曰："王僧孺爲北中郎、南康王諮議參軍，入直西省，知撰譜事。先是，尚書令沈約以爲晉咸和初，蘇峻作亂，文籍無遺。後起咸和二年以至於宋，所書並皆詳定，並在省下左户曹前廂，謂之晉籍，有東、西二庫，此籍既並精詳，定可寶惜。位官高卑，皆可依案……臣謂宋、齊二代，士庶不分，雜役減闕，職繇於此。竊以晉籍所餘，宜加寶愛。武帝以是留意譜籍，州郡多罹其罪。因詔僧孺改定《百家譜》。始，晉太元中，員外散騎常侍郎平陽賈弼篤好簿狀，乃廣集衆家，大搜群族。所撰十八州一百一十六郡，合七百一十二卷。凡諸大品，略無遺闕。藏在秘閣，副在左右(户)。又云：僧孺爲譜八十卷，東南一族别爲一部，不在百家之數。"《南史》卷五九《王僧孺傳》："武帝以是留意譜籍。州郡多離其罪，因詔僧孺改定《百家譜》。始，晉太元中，員外散騎侍郎平陽賈弼篤好簿狀，乃廣集衆家，大搜群族，所撰十八州一百一十六郡，合七百一十二卷，凡諸大品，略無遺闕，藏在秘閣，副在左户。及弼子太宰參軍匪之，匪之子長水校尉深，世傳其業。太保王弘、領軍將軍劉湛，並好其書。弘日對千客，不犯一人之諱。湛爲選曹，始撰《百家》，以助銓序，而傷於寡略。齊衛將軍王儉復加去取，得繁省之衷。僧孺之撰，通范陽張等九族，以代雁門解等九姓，其東南諸族别爲一部,不在百家之數焉。”可見其編撰乃是出於朝梁代上層選拔人物的現實要求,與九品中正制及六朝門閥制度的實行有密切的關係,主要目的是區分士庶,“以助銓序”。與更早成書的劉宋劉湛《百家譜》、南齊王儉《百家集譜》有淵源關係,乃是在此二書的基础上,根據梁代士人選舉的新情况而作的修訂和重編。而據王應麟《玉海》卷五〇,孫愐《唐韻》亦引有《姓氏英賢傳》《姓苑》、王僧孺《百家譜》。又《史通》卷三《書志》:“譜牒之作,盛於中古。漢有趙岐《三輔决録》,晉有摯虞《姓族記》,江左有兩王《百家譜》,中原有《方思殿格》,蓋氏族之事,盡在是矣。”可見不少唐人都見到過此書,柳冲、蕭穎士、韋述、柳芳等唐人之所以能通百家譜系,就是因爲年少之時即熟讀此類書籍,甚至一覽即誦。此書舊有二本,一本爲南朝古本、作者原著,三十卷,見《隋書·經籍志二》“譜系篇”,作“《百家譜》三十卷,王僧孺撰”。《隋志》於此書之後,接着又著録“《百家譜集鈔》十五卷,王僧孺撰”。此十五卷則當爲集鈔本,即節鈔本,初見於《梁書》《南史》本傳,作《百家譜集抄》十五卷。流傳到唐代的均爲自南朝下傳的三十卷本,見《舊唐書·經籍志上》“雜譜牒類”:“《百家譜》三十卷,王僧孺撰。”《新唐書·藝文志二》“譜牒類”:“王僧孺《百家譜》三十卷、又《十八州譜》七百一十二卷。”但至《宋史·藝文志》即不見著録,宋代其他公私書目亦無記載,知亡於唐末到北宋這段時間。其書雖亡,但在當時很有影响。《金樓子》卷六《自序》:“吾年十三,誦《百家譜》,雖略上口,遂感心氣疾。”孫愐《原本廣韻原序》亦將此書列爲漢魏兩晉南北朝譜牒類著述的代表作之一,云:“勒成一書,名曰《唐韻》,蓋取《周易》《周禮》之義也。及案《三蒼》《爾雅》《字統》《字林》《説文》《玉篇》《石經》《聲韻》《聲譜》《九經》諸子、《史》《漢》《三國志》、晉宋後魏周隋陳宋兩《齊書》《姓苑》《風俗通》《古今注》、賈執《姓氏英賢傳》、王僧孺《百家譜》……及武德已來創置,迄開元三十年,並列注中。”可見此書的代表性。此書與前此成書的劉宋劉湛《百家譜》、南齊永明中衛將軍王儉抄次的《百家集譜》及此後傳昭撰的《百家譜》(十五卷)同名,但後代文獻徵引的多各標書名,引文前多有“王僧孺《百家譜》曰”之類標明出處的字樣,很好辨認。這些前人留下的標注,正好可以作爲我們此次文獻輯佚的依據，有它作爲憑證，就不至於發生誤輯，羼入僞文。另，所謂“百家譜”只是總名，下面應當依十八個州郡及其姓氏郡望，細緻區分爲若干大姓，每姓自爲一部分。而每個大姓的姓氏源流、宗支人物的敘述，又不全是王僧孺一人獨自撰述，而是前有所承。舉其大者，劉宋劉湛《百家譜》、南齊王儉《百家集譜》當是主要的材料來源，此外，時代更早的先秦漢魏兩晉郡譜、姓譜，必然都有採輯。因其材料都係自群譜採輯而來，編撰方法乃是鈔集群書，而非獨創新説，提出見解，故名“百家集譜”，簡稱《百家譜》。正因爲如此，才會有全書“十八州一百一十六郡，合七百一十二卷，凡諸大品，略無遺闕”的結果，惟其如此，方合百家集譜之原義。也只有這樣，其敘述才能具有依據，可以取信，可以行用。因此，晉宋齊梁到唐代著述中，特别是《三國志》裴松之注、《世説新語》中劉孝標注、《文選》李善注中的引文，凡稱爲“某氏譜”而又在正史傳記或公私書目中查不到書名者，多可斷定爲出自王僧孺《百家譜》。當時學者引書遵循一般習慣，通常使用簡稱，而未使用《百家譜·某氏譜》之類的全稱。這一規律，也是我們輯録此書佚文的另一重要依據。據此特點，又可輯出佚書佚文若干種、若干條。

皮氏……王僧孺《百家譜》云：苟昭娶下邳皮仁之女。後魏有皮豹子。

頓邱……王僧孺《百家譜》，琅邪王緒娶頓邱誾澄女，河内苟元安娶頓邱誾法興女。（《元和姓纂》卷二）

禹……王僧孺《百家譜》云：蘭陵蕭道游娶禹氏女。（《元和姓纂》卷三）

巢……王僧孺《百家譜》云：河内苟超娶魯國巢正女。（《古今姓氏書辯證》卷一一）

莢……王僧孺《百家譜》曰：苟永之娶滎陽莢氏。（《古今姓氏書辯證》卷四〇）

王僧孺《百家譜》：蘭陵蕭休緒娶高密侍其義叔女。

王僧孺《百家譜》曰：裴桃貌[1]取蒼梧瞿寶女。(《重修廣韻》卷一)

何臨，臨字子陵，熙之子，爲平原太守，見《百家譜》也。(《後漢書》卷六三《李固傳》李賢注引)

瞿，姓也。王僧孺《百家譜》有蒼梧瞿寶。(《資治通鑑》卷六三胡三省注)

王僧孺《百家譜》云：蕭遠娶下邽闞氏之女。(《通志》卷二七)

高祖少連，夙秉高尚。王生(僧)孺《范氏譜》曰：(范)汪生少連。(《文選》卷三八任彦昇《爲范尚書讓吏部封侯第一表》李善注引)

薄宦東朝，謝病下邑。王僧孺《范氏譜》曰：(范)少連，太子舍人、餘杭令。(《文選》卷三八任彦昇《爲范尚書讓吏部封侯第一表》李善注引)

按，以上二條中的"王僧孺范氏譜"乃是王僧孺《百家譜·范氏譜》的簡稱，原出其《百家譜》，據輯。

案《嵇氏譜》，嵇康妻，林子之女也。(《三國志》卷二〇《魏書·武文世王公傳》裴松之注引)

(嵇)康字叔夜。案《嵇氏譜》：康父昭，字子遠，督軍糧，治書侍御史。兄喜，字公穆，晉揚州刺史、宗正。喜爲康傳曰："家世儒學，少有儁才，曠邁不群，高亮任性，不修名譽，寬簡有大量。學不師授，博洽多聞。長而好老、莊之業，恬静無欲。性好服食，常採御上藥，善屬文論，彈琴詠詩，自足於懷抱之中，以爲神仙者，禀之自然，非積學所致。至於導養得理，以盡性命，若安期、彭祖之倫，可以善求而得也。著《養生篇》，知自厚者所以喪其所生，其求益者必失其性，超然獨達，遂放世事，縱意於塵埃之表。撰録上古以來聖賢、隱逸、遁心、遺名者，集爲傳贊。自混沌至於管寧，凡百一十有九人，蓋求之於宇宙之内，而發之乎千載之外者矣。故世人莫得而名焉。

嵇康本姓奚，會稽人也，先人自會稽遷于譙之銍縣，改爲嵇氏，取稽字之上以爲姓，蓋志本也。《嵇氏譜》曰："譙有嵇山，家于其側，遂以爲

① 貌：《姓氏急就篇》卷上引作"皃"。

氏。"(《水經注》卷三〇;《太平御覽》卷四二)

《嵇氏譜》曰:(嵇)康兄喜,字公穆,歷徐、揚州刺史,太僕、宗正卿。母孫氏。(《文選》卷二三嵇叔夜《幽憤詩》李善注引)

嵇,夏少康封少子季杵(杼)於會稽。漢初,徙譙嵇山,改爲嵇氏。譙郡銍縣:後漢太子舍人嵇蕃,字茂齊。生含,廣州刺史,武昌(侯)。生康,魏中散大夫。生紹,晉侍中。(《元和姓纂》卷三)

嵇康,字叔夜,譙國銍人也。其先姓奚,會稽上虞人,以避怨徙焉。銍有嵇山,家於其側,因而命氏。兄喜,有當世才。歷太僕、宗正。康早孤,有奇才,遠邁不群,身長七尺八寸,美詞氣,有風儀,而土木形骸,不自藻飾,人以爲龍章鳳姿,天質自然,恬静寡慾,含垢匿瑕,寬簡有大量,學不師受,博覽無不該通。長好老莊,與魏宗室婚,拜中散大夫。常修養性服食之事,彈琴詠詩,自足於懷,以爲神仙,稟之自然,非積學所得。(《晉書》卷四九《嵇康傳》)

嵇氏,姒姓。夏少康,封子季杼於會稽,遂爲會稽氏。漢初,徙譙嵇山,改爲嵇氏。(《通志》卷二七《氏族略三》)

嵇,譙國,商音。夏少康封子季杼於會稽,遂爲會稽氏。漢初徙譙,稽氏改爲嵇氏。又望出河南。(《萬姓統譜》卷一四)

顧氏,已姓,伯爵,夏商之諸侯……《顧氏譜》云:越王勾踐七代孫閩君摇,漢封東甌,摇别封其子爲顧余侯。漢初居會稽,亦爲顧。(《通志》卷二六《氏族略二》;《路史》卷二三)

謝後出以示顧君齊。《顧氏譜》曰:(顧)夷字君齊,吴郡人。祖歒,孝廉。父霸,少府卿。夷辟州主簿,不就。(《世説新語》卷上之下《文學》劉孝標注引)

王子敬自會稽經吴,聞顧辟疆。《顧氏譜》曰:(顧)辟疆,吴郡人,歷郡功曹、平北參軍。有名園,先不識主人,徑往其家。(《世説新語》卷下之上《簡傲》劉孝標注引)

《顧氏譜》曰:(顧)秘爲吴王郎中令。(《文選》卷二四陸士衡《贈顧交阯公真》)

(應)劭字仲遠。《謝承書》曰:《應氏譜》並云字仲遠。(《後漢書》卷四八《應劭傳》李賢注引)

齊孝王十一年，吴王濞、楚王戊反……齊王使路中大夫告於天子。按《路氏譜》：中大夫，名卬也。（《史記》卷五二《齊悼惠王世家》司馬貞《索隱》引）

按《崔氏譜》：（崔）州平，太尉烈子，均之弟也。（《三國志》卷三五《蜀書·諸葛亮傳》裴松之注引）

謝公夫人教兒問："太傅那得初不見君教兒？"答曰："我常自教兒。"《謝氏譜》曰：（謝）安娶沛國劉耽女。（《世説新語》卷上之上《德行》劉孝標注引）

林道人詣謝公……《謝氏譜》曰：（謝）朗父據，娶太康王韜女，名綏。（《世説新語》卷上之下《文學》劉孝標注引）

諸葛恢大女適太尉庾亮兒……時謝尚書求其小女婚……《謝氏譜》曰：（謝）裒子石，娶恢小女，名文熊。（《世説新語》卷中之上《方正》劉孝標注引）

謝安南免吏部尚書還……《謝氏譜》曰：（謝）奉祖端，散騎常侍。父鳳，丞相主簿。奉歷安南將軍、廣州刺史、吏部尚書。（《世説新語》卷中之上《雅量》劉孝標注引、《同姓名録》卷四）

簡文云："謝安南清令不如其弟。"安南，謝奉也，已見。《謝氏譜》曰：（謝）奉弟聘，字弘遠，歷侍中、廷尉卿。（《世説新語》卷中之下《品藻》劉孝標注引）

謝中郎是王藍田女婿。《謝氏譜》曰：（謝）萬取太原王述女，名荃。（《世説新語》卷下之上《簡傲》劉孝標注引）

殷顗、庾恒並是謝鎮西外孫。《謝氏譜》曰：（謝）尚長女僧要，適庾龢。次女僧韶，適殷歆。（《世説新語》卷下之下《輕詆》劉孝標注引）

（諸葛瞻）次子京及攀子顯等，咸熙元年内移河東。案《諸葛氏譜》云：（諸葛）京，字行宗。（《三國志》卷三五《蜀書·諸葛瞻傳》裴松之注引）

諸葛恢大女適太尉庾亮兒……《諸葛氏譜》曰：（諸葛）恢子衡，字峻文，仕至滎陽太守。娶河南鄧攸女。（《世説新語》卷中之上《方正》劉孝標注引）

菅……《趙郡李氏譜》云：李叡娶晉郎中令同郡菅襲女。（《元和姓纂》卷五）

李志……《李氏譜》曰：（李）志祖重，散騎常侍。父慕，純陽令。志仕至員外常侍、南康相。（《世説新語》卷中之下《品藻》劉孝標注引）

杜周者,《杜氏譜》云:字長,南陽杜衍人。(《史記》卷一二二《酷吏列傳》張守節《正義》引)

《杜氏族譜》曰:(杜)穿生旃,旃生勝,勝生午,午生稷,漢朝衛尉。(《元和姓纂》卷四)

宋書·自序

《宋書·自序》,南朝文學家沈約(441—513)撰,見其《宋書》卷一百,敘述沈氏家族的姓系源流,從上古一直記述到齊、梁,内容完整連貫,具有一定的參考價值,可當沈氏家族史閱讀。兹據中華書局點校本録文。

昔少皞金天氏有裔子,曰昧,爲玄冥師,生允格、臺駘。臺駘能業其官,宣汾洮障大澤,以處太原。帝顓頊嘉之,封諸汾川。其後四國:沈、姒、蓐、黄。沈子國,今汝南平輿沈亭是也。春秋之時,列於盟會。定公四年,諸侯會召陵,伐楚。沈子不會,晉使蔡伐沈,滅之,以沈子嘉歸,其後因國爲氏。自兹以降,譜諜罔存。秦末,有沈逞徵丞相,不就。漢初,逞曾孫保,封竹邑侯。保子遵,自本國遷居九江之壽春,官至齊王太傅、敷德侯。遵子達,驃騎將軍。達子乾,尚書令。乾子弘,南陽太守。弘子勗,河内守。勗子奮,御史中丞。奮子恪,將作大匠。恪子謙,尚書、關内侯。謙子靖,濟陰太守。靖子戎,字威卿,仕州,爲從事,説降劇賊尹良。漢光武嘉其功,封爲海昏縣侯,辭不受。因避地,徙居會稽烏程縣之餘不鄉,遂世家焉。順帝永建九年,分會稽爲吴郡,復爲吴郡人。靈帝初平五年,分烏程、餘杭爲永安縣。吴孫晧寶鼎二年,分吴郡爲吴興郡,復爲郡人。雖邦邑屢改,而築室不遷。晉武帝平吴後,太康二年,改永安爲武康縣。史臣七世祖延,始居縣東鄉之博陸里餘烏邨。王父從官京師,義熙十一年,高祖賜館于建康都亭里之運巷。戎子酆,字聖通,零陵太守,致黄龍、芝草之瑞。第二子滸,字仲高,安平相。少子景,河間相。演之、慶之、曇慶、懷文,其後也。滸子鸞,字建光,少有高名,州舉茂才,公府辟州别駕從事史。時廣陵太守陸稠,鸞之舅也,以義烈、政績,顯名漢朝,復以女妻鸞。年二十三,早卒。子直,字仲平,州舉茂才,亦有清名。年二十八卒。子儀,字仲則,少有至行。兄瑜十歲,儀九歲,而父亡,居喪過禮,毁瘠過於成人。外祖會稽盛孝章,漢末名士也,深加憂傷,每撫慰之曰:“汝並黄中冲爽,終成奇器,何爲逾制,自取殄滅邪?”三年禮畢,殆至滅性,故兄弟並以孝著。瑜早卒。儀篤學,有雄才,以儒素自業。時海内大亂,兵革並起,經術道弛,士少全行。而儀淳深隱默,守道不移,風操貞堅,不妄交納,唯與族子仲山、叔山及吴郡陸公紀友善。州郡禮請,二府交辟,公車徵,並不屈,以壽終。子憲,字元禮,左中郎、新都都尉、定陽侯,才志顯於吴朝。子矯,字仲桓,以節氣立名,仕爲立武校尉、偏將軍。封列侯、建威將軍、新都太守。孫晧時,有將帥之稱。吴平後,爲鬱林、長沙太守,並不就,太康末,卒。子陵,字景高,太傅東海王越辟爲從事。元帝之爲鎮東將軍,命參軍事。徐馥作亂,殺吴興太守袁琇,陵討平之。子延,字思長,桓温安西參軍、潁川太守。子賀,字子寧,桓冲南中郎參軍,圍袁真於壽陽,遇疾,卒。子警,字世明,惇篤有行業,學通《左氏春秋》。家世富殖,財産累千金,仕郡主簿。後將軍謝安命爲參軍,甚相敬重。警内足於財,爲東南豪士,無仕進意,謝病歸,安固留,不止,乃謂警曰:“沈參軍,卿有獨善之志,不亦高乎!”警曰:“使君以道御物,前所以懷德而至,既無用佐時,故遂飲啄之願爾。”還家積載,以素業自娱。前將軍、青兖二州刺史王恭鎮京口,與警有舊好,復引爲參軍,手書慇懃,苦相招致,不得已而應之。尋復謝職。子穆夫,字彦和,少好學,亦通《左氏春秋》。王恭命爲前軍主簿,與警書曰:“足下既執不拔之志,高卧東南,故屈賢子共事,非以吏職嬰之也。”初,錢唐人杜子恭通靈有道術,東土豪家及京邑貴望,並事之爲弟子,執在三之敬。警累世事道,亦敬事子恭。子恭死,門徒孫泰,泰弟子恩,傳其業。警復事之。隆安三年,恩於會稽作亂,自稱征東將軍,三吴皆響應。穆夫時在會稽,恩以爲前部參軍、振武將軍、餘姚令。其年十二月二十八日,恩爲劉牢之所破,輔國將軍於山陰回踵埭,執穆夫及僞吴郡太守陸瓌之、吴興太守丘尪,並見害,函首送京邑,事見《隆安故事》。先是,宗人沈預素無士行，爲警所疾，至是，警聞穆夫預亂，逃藏將免矣，預以告官。警及穆夫弟仲夫、任夫、預夫、佩夫，並遇害，唯穆夫子淵子、雲子、田子、林子、虔子獲全。淵子，字敬深，少有志節，隨高祖克京城，封繁時縣五等侯，參鎮軍、車騎中軍事。又爲道規輔國、征西參軍。領寧蜀太守，與劉基共斬蔡猛於大簿。還爲太尉參軍。從征司馬休之，與徐逵之同没，時年三十五。子正，字元直，淹詳有器度，美風姿，善容止，好老、莊之學。弱冠，州辟從事，宗人光禄大夫演之稱之曰："此宗中千里駒也。"出爲始寧、烏傷、婁令，母憂去職。服闋，爲隨王誕後軍、安南行參軍。誕鎮會稽，復參安東軍事。元嘉三十年，元凶弒立，分江東爲會州，以誕爲刺史。誕將受命，正説司馬顧琛曰："國家此禍，開闢未聞。今以江東義鋭之衆，爲天下倡始。若馳一介，四方詎不響應。以此雪朝廷冤耻，大明臣子之節，豈可北面凶逆，使殿下受其僞寵！"琛曰："江東忘戰日久，士不習兵，雖云逆順不同，然强弱又異。當須四方有義舉者，然後應之，不爲晚也。"正曰："天下若有無父之國，則可矣。苟其不爾，寧可自安讎耻，而責義於餘方。今正以弒逆冤醜，義不同戴。舉兵之日，豈求必全耶！馮衍有言：大漢之貴臣，將不如荆齊之賤士乎！况殿下義兼臣子，事實家國者哉。"琛乃與正俱入説誕，誕猶預未決。會尋陽義兵起，世祖使至，誕乃加正寧朔將軍，領軍繼劉季之。誕入爲驃騎大將軍，正爲中兵參軍，遷長水校尉。孝建元年，移青州，鎮歷城。臨淄地空，除寧朔將軍、齊北海二郡太守，委以全齊之任。未拜，二年卒，時年四十三。正生好樂，厚自奉養。既終之後，家無餘財。淵子弟雲子，元嘉中，爲晉安太守。雲子子焕，字士蔚，少爲駙馬都尉、奉朝請。元凶之入弒也，焕時兼中庶子，直坊，逼從入臺。劭既自立，以爲羽林監，辭不拜，拜員外散騎侍郎，使防南譙王義宣諸子，事在《義宣傳》。仍除丞相行參軍、員外散騎侍郎、南昌令，有能名。晉平王休祐驃騎中兵記室參軍，同僚皆以諂進，焕獨不。頃之，記室參軍周敬祖等爲太宗所責，得罪，轉焕諮議參軍。後廢帝元徽中，以爲寧遠將軍、交州刺史。未至鎮，病卒，時年四十五。田子，字敬光，雲子弟也。從高祖克京城，進平京邑，參鎮軍軍事，封營道縣五等侯。義熙五年，高祖北伐鮮卑，田子領偏師，與龍驤將軍孟龍符爲前鋒。慕容超屯臨朐，以距大軍。龍符戰没，田子力戰破之。及盧循逼京邑，高祖遣田子與建威將軍孫季高由海道襲廣州，加振武將軍。循黨徐道覆還保始興，田子復與右將軍劉藩同共攻討。循尋還廣州，圍季高，田子慮季高孤危，謂藩曰："廣州城雖險固，本是賊之巢穴。今循還圍之，或有内變。且季高衆力寡弱，不能持久。若使賊還據此，凶勢復振，下官與季高同履艱難，泛滄海，於萬死之中克平廣州，豈可坐視危逼，不相拯救！"於是率軍南還。比至，賊已收其散卒，還圍廣州。季高單守危迫，聞田子忽至，大喜。田子乃背水結陳，身率先士卒，一戰破之，於是摧鋒追討，又破循於蒼梧、鬱林、寧浦。還至廣州，而季高病死。既兵荒之後，山賊競出，攻没城郭，殺害長吏。田子隨宜討伐，旬日平殄。刺史褚叔度至，乃還京師。除太尉參軍、振武將軍、淮陵内史，賜爵都鄉侯，復參世子征虜軍事，將軍、内史如故。八年，從討劉毅。十一年，復從討司馬休之，領别軍，與征虜將軍趙倫之，參征虜軍事、振武將軍、扶風太守。十二年，高祖北伐，田子與順陽太守傅弘之各領别軍，從武關入，屯據青泥。姚泓欲自禦大軍，慮田子襲其後，欲先平田子，然後傾國東出，乃率步軍數萬，奄至青泥。田子本爲疑兵所領，裁數百，欲擊之。傅弘之曰："彼衆我寡，難可與敵。"田子曰："師貴用奇，不必在衆。"弘之猶固執，田子曰："衆寡相傾，勢不兩立。若使賊圍既固，人情喪沮，事便去矣。及其未整，薄之必克，所謂'先人有奪人之志'也。"便獨率所領，鼓而進，合圍數重。田子撫其士卒曰："諸君捐親戚，棄墳墓，出矢石之間，正希今日爾。封侯之業，其在此乎！"乃棄糧毁舍，躬勒士卒，前後奮擊，所向摧陷。所領江東勇士，便習短兵，鼓譟奔之，賊衆一時潰散，所殺萬餘人。得泓僞乘輿服御。高祖表言曰："參征虜軍事、振武將軍、扶風太守沈田子，率領勁鋭，背城電激，身先士卒，勇冠戎陳，奮寡對衆，所向必摧。自辰及未，斬馘千數。泓喪旗棄衆，奔還霸西，咸陽空盡，義徒四合，清蕩餘燼，勢在跂踵。"天子慰勞，高祖曰："逋寇阻隘，晏安假日，舉斧函谷，規延王誅，群師勤王，將離寒暑。公躬秉鈇鉞，棱威首塗，戎輅載脂，則郊壘叠卷。崤陝甫踐，則潼塞開扃。姚泓窘逼，棄城送死。藍田偏師，覆之霸川，甲首成林，俘獲蔽野，僞首奔迸，華戎雲集。積紀逋寇，旦夕夷殄。”長安既平，高祖燕于文昌殿，舉酒賜田子曰：“咸陽之平，卿之功也。”即以咸陽相賞。田子謝曰：“咸陽之平，此實聖略所振，武臣效節，田子何力之有！”即授咸陽、始平二郡太守。大軍既還，桂陽公義真留鎮長安，以田子爲安西中兵參軍、龍驤將軍、始平太守。時佛佛來寇，田子與安西司馬王鎮惡俱出北地禦之。初，高祖將還，田子及傅弘之等並以鎮惡家在關中，不可保信，屢言之高祖。高祖曰：“今留卿文武將士，精兵萬人，彼若欲爲不善，正足自滅，勿復多言。”及俱出北地，論者謂鎮惡欲盡殺諸南人，以數千人送義真南還，因據關中反叛。田子與弘之謀，矯高祖令誅之，併力破佛佛，安關中，然後南還謝罪。田子宗人沈敬仁，驍果有勇力，田子於弘之營内請鎮惡計事，使敬仁於坐殺之，率左右數十人自歸，義真長史王修收殺田子於長安稿倉門外。是歲，義熙十四年正月十五日也，時年三十六。田子初以功應封，因此事寢。高祖表天子，以田子卒發狂易，不深罪也。無子弟。林子以第二子亮爲後。亮字道明，清操好學，善屬文。未弱冠，州辟從事。會稽太守孟顗在郡不法，亮糾劾免官。又言灾異，轉西曹主簿。時三吴水淹，穀貴民饑，刺史彭城王義康使立議以救民急。亮議以：“東土灾荒，民凋穀踊，富民蓄米，日成其價。宜班下所在，隱其虚實，令積蓄之家，聽留一年儲，餘皆勒使糶貨，爲制平價，此所謂常道行於百世，權宜用於一時也。又緣淮歲豐，邑富地穰，麥既已登，黍粟行就，可析其估賦，仍就交市，三吴饑民，即以貸給，使强壯轉運，以贍老弱。且酒有喉唇之利，而非飡餌所資，尤宜禁斷，以息遊費。”即並施行。世祖出鎮歷陽，行參征虜軍事。民有盗發冢者，罪所近村民，與符伍遭劫不赴救同坐。亮議曰：“尋發冢之情，事止竊盗，徒以侵亡犯死，故同之嚴科。夫穿掘之侣，必銜枚以晦其迹。劫掠之黨，必歡呼以威其事。故赴凶赫者易，應潛密者難。且山原爲無人之鄉，丘壟非恒塗所踐。至於防救，不得比之村郭。督實效名，理與劫異。則符伍之坐，居宜降矣。又劫罰之科，雖有同符伍之限，而無遠近之斷，夫冢無村界，當以比近坐之。若不域之以界，則數步之内，與十里之外，便應同罹其責。防民之禁，不可頓去，止非之憲，宜當其律。愚謂相去百步同赴告不時者，一歲刑。自此以外，差不及罰。”又啓太祖陳府事曰：“伏見西府兵士，或年幾八十，而猶伏隸。或年始七歲，而已從役。衰耗之體，氣用湮微。兒弱之軀，肌膚未實。而使伏勤昏稚，騖苦傾晚，於理既薄，爲益實輕。書制休老以六十爲限，役少以十五爲制。若力不周務，故當粗存優減。”詔曰：“前已令卿兄改革，尋值遷回，竟是不施行耶，今更敕西府也。”時營創城府，功課嚴促亮，又陳之曰：“經始城宇，莫非造創。基築既廣，夫課又嚴。不計其勞，苟務其速。以歲月之事，求不日之成，比見役人，未明土作，閉鼓乃休，呈課既多，理有不逮。至於息日，拘備關限，方涉暑雨，多有死病，頃日所承，亦頗有逃逸。竊惟此既内藩，事殊外鎮，撫莅之宜，無繫早晚。若得少寬其工課，稍均其優劇，徒隸既苦，易以悦加，考其卒功，廢闕無幾。臣聞不居其職，不謀其事。庖割有主，尸不越樽，豈臣疏小所當預議。但臣泳恩歲厚，服義累世，苟是所懷，忘其常體。”詔答曰：“啓之甚佳，此亦由來常患，比屢敕之，猶復如此，甚爲無理。近復令孟休宣旨，想當不同。卿比可密觀其優劇也。”始興王濬臨揚州，復爲主簿、秣陵令。善擿奸伏，有非必禽。太祖稱其能，入爲尚書都官郎。襄陽地接邊關，江左來，未有皇子重鎮。元嘉二十二年，世祖出爲撫軍將軍、雍州刺史，天子甚留心。以舊宛北接二關，咫尺崤、陝，蓋襄陽之北扞，且表裏強蠻，盤帶疆埸，以亮爲南陽太守，加揚武將軍。邊蠻畏服，皆納賦調。有數村狡猾，亮悉誅之。遣吏巡行諸縣，孤寡老疾不能自存者，皆就蠲養。耆年老齒，歲時有餼。時儒學崇建，亮開置庠序，訓授生徒。民多發冢，并婚嫁違法，皆嚴爲條禁。郡界有古時石堨，蕪廢歲久。亮籤世祖修治之，曰：“施生興業，首教農畝。立民崇政，訓本播穡，故能殷邦康俗，禮節用成。頃北洛侵蕪，南宛雕毁，獫狁肆凶，犬夷充疆，遠肅烽驛，近虞郊閈。遂使沃衍弗井，巨防莫修，窘力輟耕，闕於分地。凶荒無待，流冗及今。禮化孚内，威禁清外，斯實去盜修畝，昭農緒稼之時，弘圖廣務，拓土祈年之日。殿下降心育物，振民復古，且方提封榛棘，綏入殊荒。竊見郡境有舊石堨，區野腴潤，實爲神皋，而蕪决稍積，久廢其利。凡管所見，謂宜創立。昔文翁守官，起沃成産，偉連撫民，開奥增業。惠昭二邦，庸列兩漢。雖效政圖功，不見所絶，聯事惟忝,憂同職同。□□□□□□□□□□□□□□□□□□□□□又修治馬人陂,民獲其利。在任四年,遷南譙闞王義宣司空中兵參軍。詔曰:"陝西心膂須才,故授卿此職。"隨王誕鎮襄陽,復爲後軍中兵,領義成太守。亮莅官清約,爲太祖所嘉,賜以車馬服玩,前後累積。每遠方貢獻,絶國勳器,輒班賚焉。又賜書二千卷。二十七年,卒官,時年四十七。所著詩、賦、頌、讚、三言、誄、哀辭、祭告請雨文、樂府、挽歌、連珠、教記、白事、牋、表、籤、議一百八十九首。林子字敬士,田子弟也。少有大度。年數歲,隨王父在京口。王恭見而奇之,曰:"此兒王子師之流也。"與衆人共見遺寶,咸争趨之,林子直去不顧。年十三,遇家禍。時雖逃竄,而哀號晝夜不絶聲。王母謂之曰:"汝當忍死强視,何爲空自殄絶。"林子曰:"家門酷横,無復假日之心,直以至讎未復,故且苟存爾。"一門既陷妖黨,兄弟並應從誅。逃伏草澤,常慮及禍。而沈預家甚强富,志相陷滅。林子與諸兄晝藏夜出,即貨所居宅,營墓葬父祖諸叔。凡六喪,儉而有禮。時生業已盡,老弱甚多。東土饑荒,易子而食。外迫國網,内畏强讎。沈伏山草,無所投厝。時孫恩屢出會稽,諸將東討者相續。劉牢之、高素之徒①,放縱其下,虜暴縱横,獨高祖軍政嚴明,無所侵犯,林子乃自歸曰:"妖賊擾亂,僕一門悉被驅逼,父祖諸叔,同罹禍難,猶復偷生天壤者,正以仇讎未復,親老漂寄爾。今日見將軍伐惡旌善,是有道之師,謹率老弱,歸罪請命。"因流涕哽咽,三軍爲之感動。高祖甚奇之,謂曰:"君既是國家罪人,强讎又在鄉里,唯當見隨還京,可得無恙。"乃載以别船,遂盡室移京口,高祖分宅給焉。博覧衆書,留心文義,從高祖剋京城,進平都邑,時年十八,身長七尺五寸。沈預慮林子爲害,常被甲持戈。至是,林子與兄田子還東報讎。五月夏節日至,預正大集會,子弟盈堂。林子兄弟挺身直入,斬預首,男女無長幼,悉屠之,以預首祭父、祖墓。仍爲本郡所命,劉毅又板爲冠軍參軍,並不就。林子以家門荼蓼,無復仕心,高祖敦逼,至彌年不起。及高祖爲揚州,辟爲從事,謂曰:"卿何由遂得不仕?頃年相申,欲令萬物見卿此心爾。"固辭不得已,

① 徒:此字《宋書》原無,據庫本補。

然後就職，領建熙令，封資中縣五等侯，時年二十一。義熙五年，從伐鮮卑，行參鎮軍軍事。大軍於臨朐交戰，賊遣虎班突騎馳軍後，林子率精勇，東西奮擊，皆大破之。慕容超退守廣固，復與劉敬宣攻其西隅。廣固既平，而盧循奄至。初，循之下也，廣固未拔，循潛遣使結林子及宗人叔長。林子即密白高祖，叔長不以聞，反以循旨動林子。叔長素驍果，高祖以超未平，隱之。還至廣固，乃誅叔長。謂林子曰："昔魏武在官渡，汝、兖之士，多懷貳心，唯李通獨斷大義，古今一也。"循至蔡洲，貴遊之徒，皆議遠徙，唯林子請移家京邑。高祖怪而問之，對曰："耿純盡室從戎，李典舉宗居魏，林子雖才非古人，實受恩深重。"高祖稱善久之。林子時領別軍於石頭，屢戰摧寇。循每戰無功，乃僞揚聲當悉衆於白石步上，而設伏於南岸，故大軍初起白石，留林子與徐赤特斷拒查浦。林子乃進計曰："此言妖詐，未必有實，宜深爲之防。"高祖曰："石頭城險，且淮柵甚固，留卿在後，足以守之。"大軍既去，賊果上，赤特將擊之，林子曰："賊聲往白石而屢來挑戰，其情狀可知矣。賊養鋭待期，而吾衆不盈二旅，難以有功。今距守此險，足以自固。若賊僞計不立，大軍尋反，君何患焉。"赤特曰："今賊悉衆向白石，留者必皆羸老，以鋭卒擊之，無不破也。"便鼓躁而出，賊伏兵齊發，赤特軍果敗，棄軍奔北岸。林子率軍收赤特散兵，進戰，摧破之。徐道覆乃更上鋭卒，沿塘數里。林子策之曰："賊沿塘結陣，戰者不過一隊。今我據其津而阨其要，彼雖鋭師數里，不敢過而東必也。"於是乃斷塘而鬥。久之，會朱齡石救至，與林子并勢，賊乃散走。大軍至自白石，殺赤特以殉，以林子參中軍軍事。從征劉毅，轉參太尉軍事。十一年，復從討司馬休之。高祖每征討，林子輒摧鋒居前。雖有營部。至於宵夕，輒敕還内侍。賊黨郭亮之招集蠻衆，屯據武陵。武陵太守王鎮惡出奔。林子率軍討之。斬亮之於七里澗，納鎮惡。武陵既平，復討魯軌於石城。軌棄衆奔襄陽，復追躡之。襄陽既定，權留守江陵。十二年，高祖領平北將軍，林子以太尉參軍，復參平北軍事。其冬，高祖伐羌，復參征西軍事，悉署三府中兵，加建武將軍，統軍爲前鋒，從汴入河。時襄邑降人董神虎，有義兵千餘人，高祖欲綏懷。初附，即板爲太尉參軍，加揚武將軍，領兵從戎。林子率神虎攻倉垣，剋之。神虎伐其功，徑還襄邑。林子軍次襄邑，即殺神虎而撫其衆。時僞建威將軍、河北太守薛帛先據解縣，林子至，馳往襲之，帛棄軍奔關中，林子收其兵糧。僞并州刺史、河東太守尹昭據蒲坂，林子於陜城與冠軍檀道濟同攻蒲坂，龍驤王鎮惡攻潼關。姚泓聞大軍至，遣僞東平公姚紹爭據潼關。林子謂道濟曰："今蒲坂城堅池深，不可旬日而剋，攻之則士卒傷，守之則引日久，不如棄之，還援潼關，且潼關天阻，所謂形勝之地。鎮惡孤軍，勢危力屈。若使姚紹據之，則難圖也。及其未至，當并力爭之。若潼關事捷，尹昭可不戰而復。"道濟從之。既至，紹舉關右之衆，設重圍，圍林子及道濟、鎮惡等。時懸師深入，糧輸艱遠，三軍疑阻，莫有固志。道濟議欲渡河避其鋒，或欲棄捐輜重，還赴高祖。林子按劍曰："相公勤王，志清六合，許、洛已平，關右將定，事之濟否，所係前鋒。今捨已捷之，形棄垂成之業，大軍尚遠，賊衆方盛，雖欲求還，豈可復得。下官受命前驅，誓在盡命。今日之事，自爲將軍辦之。然二三君子，或同業艱難，或荷恩罔極，以此退撓，亦何以見相公旗鼓耶？"塞井焚舍，示無全志。率麾下數百人，犯其西北。紹衆小靡，乘其亂而薄之，紹乃大潰，俘虜以千數，悉獲紹器械資實。時諸將破賊，皆多其首級，而林子獻捷，書至，每以實聞，高祖問其故。林子曰："夫王者之師，本有征無戰，豈可復增張虛獲，以自夸誕。國淵以事實見賞，魏尚以盈級受罰，此亦前事之師表，後乘之良轍也。"高祖曰："乃所望於卿也。"初，紹退走，還保定城，留僞武衛將軍姚鸞精兵守嶮，林子銜枚夜襲，即屠其城，劓鸞而坑其衆。高祖賜書曰："頻再破賊，慶快無譬。既屢摧破，想不復久爾。紹復遣撫軍將軍姚讚將兵，屯河上，絶水道。讚壘塹未立，林子邀擊，連破之。讚輕騎得脱，衆皆奔敗。紹又遣長史、領軍將軍姚伯子、寧朔將軍安鸞、護軍姚默騾、平遠將軍、河東太守唐小方，率衆三萬，屯據九泉，憑河固險，以絶糧援。高祖以通津阻要，兵糧所急，復遣林子爭據河源。林子率太尉行參軍嚴綱、竺靈秀卷甲進討，累戰，大破之，即斬伯子、默騾、小方三級所俘馘及騾馬器械甚多，所虜獲三千餘人，悉以還紹，使知王師之弘。兵糧兼儲，三軍鼓行而西矣。或曰：'彼去國遠鬥，其鋒不可當。"林子白高祖曰："姚紹氣蓋關右，而力以勢屈，外兵屢敗，衰亡協兆，但恐凶命先盡，不得以釁齊斧爾。”尋紹忽疽發背死。高祖以林子言驗，乃賜書曰：“姚紹忽死，可謂天誅。”於是讚統後事，鳩集餘衆，復襲林子。林子率師禦之，旗鼓未交，一時披潰，讚輕騎遁走。既連戰皆捷，士馬旌旗甚盛，高祖賜書勸勉，并致縑帛肴漿。高祖至閿鄉，姚泓掃境内之民，屯兵嶢柳。時田子自武關北入，屯軍藍田，泓自率大衆攻之。高祖慮衆寡不敵，遣林子步自秦嶺，以相接援。比至，泓已摧破，兄弟復共追討，泓乃舉衆奔霸西。田子欲窮追，進取長安，林子止之曰：“往取長安，如指掌爾。復剋賊城，便爲獨平一國，不賞之功也。”田子乃止。復參相國事，總任如前。林子威聲遠聞，三輔震動，關中豪右，望風請附。西州人李焉等，並求立功，孫妲羌雜夷及姚泓親屬，盡相率歸林子。高祖以林子綏略有方，頻賜書褒美，并令深慰納之。長安既平，殘羌十餘萬口，西奔隴上。林子追討至寡婦水，轉鬥達于槐里，剋之，俘獲萬計。大軍東歸，林子領水軍於石門，以爲聲援。還至，朝議欲授以一州八郡，高祖器其才智，不使出也、故出仕以來。便管軍要。自非戎車所指。未嘗外典焉、後太祖出鎮荆州，議以林子及謝晦爲蕃佐。高祖曰：“吾不可頓無二人，林子行則晦不宜出。”乃以林子爲西中郎中兵參軍，領新興太守。林子思議弘深，有所陳畫，高祖未嘗不稱善。大軍還至彭城，林子以行役既久，士有歸心，深陳事宜，并言：“聖王所以戒慎祇肅，非以崇威立武，實乃經國長民，宜廣建蕃屏，崇嚴宿衛。”高祖深相訓納。俄而謝翼謀反，高祖嘆曰：“林子之見，何其明也。”太祖進號鎮西，隨府轉，加建威將軍、河東太守。時高祖以二虜侵擾，復欲親戎，林子固諫，高祖答曰：“吾輒當不復自行。”高祖踐阼，以佐命功，封漢壽縣伯，食邑六百户，固讓，不許。傅亮與林子書曰：“班爵疇勳，歷代常典。封賞之發，簡自帝心。主上委寄之懷，實參休否。誠心所期，同國榮戚。政復是卿諸人，共弘建内外爾。足下雖存挹退，豈得獨爲君子邪。”除府諮議參軍，將軍、太守如故。尋召暫下，以中兵局事副録事參軍王華，上以林子清公勤儉，賞賜重叠，皆散於親故，家無餘財，未嘗問生産之事，中表孤貧，悉歸焉。遭母憂，還東葬，乘輿躬幸，信使相望。葬畢，詔曰：“軍國多務，内外須才。前鎮西諮議、建威將軍、河東太守沈林子，不得遂其情事，可起輔國將軍。”林子固辭，不許，賜墨詔，朔望不復還朝。每軍國大事，輒詢問焉。時領軍將軍謝晦，任當國政，晦每疾寧，輒攝林子代之。林子居喪至孝，高祖深相憂愍。頃之有疾，上以林子孝性，不欲使哭泣減損，逼與入省，日夕撫慰。敕諸公曰：“其至性過人，卿等數慰視之。”小差乃出。上尋不豫，被敕入侍醫藥。會疾動，還外。永初三年薨，時年四十六。群公知上深相矜重，恐以實啓，必有損慟，每見呼問，輒答疾病還家，或有中旨，亦假爲其答。高祖尋崩，竟不知也。賜東園秘器，朝服一具，衣一襲，錢二十萬，布二百匹。詔曰：“故輔國將軍沈林子，器懷真審，忠績允著，才志未遂，傷悼在懷，可追贈征虜將軍。”有司率常典也。元嘉二十五年，謚曰懷伯。林子簡泰廉靖，不交接世務，義讓之美，著於閨門。雖在戎旅，語不及軍事。所著詩賦、贊、三言、箴、祭文、樂府、表、牋、書、記、白事、啓事、論、老子一百二十一首。太祖後讀《林子集》，嘆息曰：“此人作公，應繼王太保。”子邵嗣。邵字道輝，美風姿，涉獵文史。襲爵，駙馬都尉、奉朝請。太祖以舊恩召見，入拜，便流涕，太祖亦悲不自勝。會强弩將軍缺，上詔録尚書彭城王義康曰：“沈邵人身不惡，吾與林子周旋異常，可以補選。”事見宋文帝中詔。於是拜强弩將軍。出爲鍾離太守，在郡有惠政，夾淮人民慕其化，遠近莫不投集。郡先無市，時江夏王義恭爲南兗州，啓太祖置立焉，事見宋文帝中詔。義恭又啓太祖曰：“盱眙太守劉顯真，求自解説，邵往莅任有績，彰於民聽。若重授盱眙，足爲良二千石。”上不許，曰：“其願還經年，方復作此流遷，必當大罔罔也。”事見宋文帝中詔。上敕州辟邵弟亮，邵以從弟正蚤孤，乞移恩於正，上嘉而許之。在任六年，入爲衡陽王義季右軍中兵參軍。始興王濬初開後軍府，又爲中兵。義季在江陵，安西府中兵久缺，啓太祖求人。上答曰：“稱意才難得。沈邵雖未經軍事，既是腹心，作鍾離郡，及在後軍府，房中甚修理，或欲遣之。”其事不果。事見宋文帝中詔。入爲通直郎。時上多行幸，還或侵夜，邵啓事陳論，即爲簡出。前後密陳政要，上皆納用之，深相寵待，晨夕兼侍，每出游，或敕同輦。時車駕祀南郊，特詔邵兼侍中，負璽，代真官陪乘。大將軍、彭城王義康出鎮豫章，申謨爲中兵參軍，掌城防之任。廬陵王紹爲江州，以邵爲南中郎府録事參軍，行府州事。事未行，會謨丁艱，邵代謨爲大將軍中兵，加寧朔將軍。事見宋文帝中詔。邵南行，上遂相任委，不復選代，仍兼録事，領城局。後義康被廢，邵改爲廬陵王紹南中郎參軍，將軍如故。義康徙安成，邵復以本號爲安成相。在郡，以寬和恩信，爲南土所懷。郡民王孚有學業志行，見稱州里。邵莅任未幾，而孚卒，邵贈以孝廉，板教曰："前文學主簿王孚，行絜業淳，棄華息競，志學修道，老而彌篤。方授右職，不幸暴亡，可假孝廉檄，薦以特牲。緬想延陵，以遂本懷。"邵慰邺孤老，勸課農桑，前後纍蒙賞賜。邵疾病，使命纍續，遣御醫上藥，異味遠珍，金帛衣裘，相望不絶。元嘉二十六年卒，時年四十三，上甚相痛悼。子侃嗣，官至山陽王休祐驃騎中兵參軍、南沛郡太守。侃卒，子整應襲爵。齊受禪，國除。璞字道真，林子少子也。童孺時，神意閑審，有異於衆。太祖問林子："聞君小兒器質不凡，甚欲相識。"林子令璞進見，太祖奇璞應對，謂林子曰："此非常兒。"年十許歲，智度便有大成之姿。好學不倦，善屬文，時有憶識之功。尤練究萬事，經耳過目，人莫能欺之。居家精理，姻族資賴。弱冠，吴興太守王韶之再命不就。張邵臨郡，又命爲主簿，除南平王左常侍。太祖引見，謂曰："吾昔以弱年出蕃，卿家以親要見輔。今日之授，意在不薄。王家之事，一以相委，勿以國官乖清塗爲罔罔也。"元嘉十七年，始興王濬爲揚州刺史，寵愛殊異，以爲主簿。時順陽范曄爲長史，行州事。曄性頗疏，太祖召璞，謂曰："神畿之政，既不易理。濬以弱年臨州，萬物皆屬耳目，賞罰得失，特宜詳慎。范曄性疏，必多不同。卿腹心所寄，當密以在意。彼雖行事，其實委卿也。"璞以任遇既深，乃夙夜匪懈，其有所懷，輒以密啓。每至施行，必從中出。曄正謂聖明留察，故深更恭慎，而莫見其際也。在職八年，神州大治，民無謗黷，璞有力焉。二十二年，范曄坐事誅，于時濬雖曰親覽，州事一以付璞。太祖從容謂始興王曰："沈璞奉時無纖介之失，在家有孝友之稱，學優才贍，文義可觀，而沈深守静，不求名譽，甚佳。汝但應委之以事，乃宜引與晤對。"濬既素加賞遇，又敬奉此旨，璞嘗作《舊宫賦》，久而未畢。濬與璞疏曰："卿嘗有速藻，《舊宫》何其淹耶！想行就爾。"璞因事陳答，辭義可觀。濬重教曰："卿沈思淹日，向聊相敦問。”還白斐然，遂兼紙翰。昔曹植有言，下筆成章，良謂逸才贍藻，誇其辭説。以今況之，方知其信。執省躊躇，三復不已。吾遠慚楚元，門盈申、白之賓；近愧梁孝，庭列枚、馬之客。欣恧交至，諒唯深矣。薄因末牘，以代一面。“又與主簿顧邁、孔道存書曰：”沈璞淹思逾歲，卿研慮數旬，瓌麗之美，信同在昔。向聊問之，而遠答累翰，辭藻艷逸，致慰良多。既欣股肱備此髦楚，還慚于躬無德而稱。復裁少字，宣志於璞，聊因尺紙，使卿等具知厥心。此書真本猶存。濬年既長，璞固求辭事，上雖聽許，而意甚不悦。以璞爲濬始興國大農，尋除秣陵令。時天下殷實，四方輻輳，京邑二縣，號爲難治。璞以清嚴制下，端平待物，奸吏斂手，猾民知懼。其閭里少年，博徒酒客，或財利争鬥，妄相誣引，前後不能判者，璞皆知其名姓及巧詐緣由，探擿是非，各標證據。或辨甲有以知乙，或驗東而西事自顯，莫不厭伏，有如神明。以疾去職，太祖厚加存問，賞賜甚厚。濬出爲南徐州，謂璞曰：“濬既出蕃。卿故當卧而護之、”與濬詔曰：“沈璞累年主簿，又經國卿，雖未嘗爲行佐，今故當正參軍耶。若爾，正當署餘曹，兼房任，不爾，便宜行佐正署中兵，恐於選體如不多耳。”事見宋文帝中詔。乃爲正佐。俄遷宣威將軍、盱眙太守。時王師北伐，彭、汴無虞。璞以强寇對陣，事未可測，郡守淮隅，道當衝要，乃修城壘，浚重隍，聚財石，積鹽米，爲不可勝之算。衆咸不同，朝旨亦謂爲過。俄而賊大越逸，索虜大帥託跋燾自率步騎數十萬，陵踐六州，京邑爲之騷懼，百守千城，莫不奔駭。腹心勸璞還京師，璞曰：“若賊大衆，不盼小城，故無所懼。若肉薄來攻，則成禽也。諸君何嘗見數十萬人聚在一處，而不敗者？昆陽、合淝，前事之明驗。此是吾報國之秋，諸君封侯之日。”衆既見璞神色不異，老幼在焉，人情乃定。收集得二千精手，謂諸將曰：“足矣，但恐賊不過耳。”賊既濟淮，諸軍將帥毛熙祚、胡崇之、臧證之等，爲虜所覆，無不殄盡，唯輔國將軍臧質挺身走，收散卒千餘人，來向城。衆謂璞曰：“若不攻則無所事衆，若其來也，城中止可容見力耳。地狹人多，鮮不爲患。且敵衆我寡，人所共知。雖云攻守不同，故當粗量强弱。知難而退，亦用兵之要。若以質衆法能退敵完城者，則全功不在我。若宜避賊歸都，會資舟檝，則更相蹂踐，正足爲患。今閉門勿受，不亦可乎?”璞嘆曰:“不然。賊不能登城,爲諸君保之。舟檝之計,固已久息。賊之殘害,古今之未有。屠剥之刑,衆所共見。其中有福者,不過得驅還北國,作奴婢耳。彼雖烏合,寧不憚此耶? 所謂‘同舟而濟,胡、越不患異心’也。今人多則退速,人少則退遲。吾寧欲專功緩賊乎?”乃命開門納質。質見城隍阻固,人情輯和,鮭米豐盛,器械山積,大喜,衆皆稱萬歲。及賊至,四面蟻集攻城,璞與質隨宜應拒,攻守三旬,殄其太半,燾乃遁走。有議欲追之者,璞曰:“今兵士不多,又非素附,雖固守有餘,未可以言戰也。但可整舟艫,示若欲渡岸者,以速其走計,不須實行。”咸以爲然。臧質以璞城主,使自上露板。璞性謙虚,推功於質。既不自上,質露板亦不及焉。太祖嘉璞功效,遣中使深相褒美。太祖又别詔曰:“近者險急,老弱殊當憂迫耶。念卿爾時,難爲心想。百姓流轉已還,此遣部運尋至,委卿量所贍濟也。”始興王濬亦與璞書曰:“狡虜狂凶,自送近服。僞將即斃,酋長傷殘,實天威所喪,卿諸人忠勇之效也。吾式遏無素,致境蕪民瘠,負乘之愧,允當其責。近乞退謝愆,不蒙垂許,故以報卿。”宣城太守王僧達書與璞曰:“足下何如? 想館舍正安,士馬無恙。離析有時,音旨無日。憂詠沈吟,增其勞望。間者玁狁扈横,掠剥邊鄙,郵販絶塵,坰介靡達。瞻江盼淮,眇然千里。吾聞涇陽梗棘,伊滑荐遁,烏集絃絶,患深自古。承知廼昔寇苦城境,勝胄朝湌。伍甲宵舍,烽鼓交警,羽鏑驟合。而足下砥兵礪伍,總厲豪彦,師請一奮,氓無貳情。遂能固孤城,覆嚴對,陷死地,覿生光。古之田、孫,何以尚兹。商驛始通,粗知梗概。崇讚膽智,嘉賀文猛,甚善甚善。吾近以戎暴横斥,規效情命,收龜落簪,星舍京里。既獲遄至,胡馬卷迹,支離霑德,復繼前緒,《行葦》之懽,實協初慮。但乖塗重隔,顧增慨涕。比恒疾卧,憂委兼叠。裁書送想,無斁久懷。”徵還,淮南太守,賞賜豐厚。日夕譙見。朝士有言璞功者,上曰:“臧質姻戚,又年位在前。盱眙元功,當以歸之。沈璞每以謙自牧,唯恐賞之居,前此士燮之意也。”時中書郎缺,尚書令何尚之領吏部,舉璞及謝莊、陸展,事不行。事見文帝中詔。凡中詔,今悉在臺,猶法書典書也。三十年,元凶弒立,璞乃號泣曰:“一門蒙殊常之恩,而逢若斯之運,悠悠上天,此何人哉。”日夜憂嘆,以至動疾。會二凶逼令送老弱還都,璞性篤孝,尋聞尊老應幽執,輒哽咽不自勝。疾遂增篤,不堪遠迎。世祖義軍至界首,方得致身。先是,琅邪顏竣欲與璞交,不酬其意,竣以致恨。及世祖將至都,方有讒説,以璞奉迎之晚,横罹世難,時年三十八。所著賦、頌、讚、祭文、誄、七、弔、四五言詩、牋、表,皆遇亂零失,今所餘詩筆雜文,凡二十首。璞有子曰約。伯玉字德潤,虔子子也。温恭有行業,能爲文章。少除世祖武陵國侍郎,轉右常侍、南中郎行參軍。自國入府,以文義見知,文章多見《世祖集》。世祖踐阼,除員外散騎郎,不拜。左衛顏竣請爲司馬。出補句容令,在縣有能名。復爲江夏王義恭太宰行參軍,與奉朝請謝超宗、何法盛校書東宫。復爲餘姚令,還爲衛尉丞。世祖舊臣故佐,普皆升顯,伯玉自守私門,朔望未嘗問訊。顏師伯、戴法興等,並有蕃邸之舊,一不造問,由是官次不進。上以伯玉容狀似畫圖仲尼,像常呼爲“孔丘”。舊制:車駕出行,衛尉丞直門,常戎服。張永謂伯玉曰:“此職乖卿志。”王景文亦與伯玉有舊,常陪輦出,指伯玉白上:“孔丘奇形容。”上於是特聽伯玉直門,服玄衣。出爲晉安王子勛前軍行參軍,侍子勛讀書。隨府轉鎮軍行佐。前廢帝時,王景文領選,謂子勛典籤沈光祖曰:“鄧琬一旦爲長史,行事沈伯玉先帝在蕃□佐,今猶不改,民生定不應佳。”戴法興聞景文此言,乃轉伯玉爲參軍事。子勛初起兵,轉府功曹。及即僞位,以爲中書侍郎。初,伯玉爲衛尉丞,太宗爲衛尉,共事甚美。及子勛敗,伯玉下獄,見原,猶以在南無誠,被責,除南臺御史,尋轉武陵國詹事,又轉大農。母老解職。貧薄理盡,閑臥一室,自非弔省親舊,不嘗出門。司徒袁粲、司空褚淵深相知賞,選爲永世令,轉在永興,皆有能名。廢帝元徽三年卒,時年五十七。伯玉性至孝,奉親有聞,未嘗妄取於人,有物輒散之知。故温雅有風味,和而能辨,與人共事,皆爲深交。弟仲玉,泰始末,爲寧朔長史、蜀郡太守。益州刺史劉亮卒,仲玉行府州事。巴西李承明爲亂,仲玉遣司馬王天生討平之。廢帝詔以爲安成王撫軍中兵參軍,加建威將軍。沈攸之請爲征西諮議,未拜,卒。史臣年十三而孤,少頗好學,雖棄日無功,而伏膺不改。常以晉氏一代,竟無全書,年二十許,便有撰述之意。泰始初,征西將軍蔡興宗爲啓明帝,有敕賜許。自此迄今，年逾二十，所撰之書，凡一百二十卷。條流雖舉，而採掇未周。永明初，遇盜，失第五秩。建元四年未終，被敕撰國史。永明二年，又忝兼著作郎，撰次起居注。自兹王役，無暇搜撰。五年春，又被敕撰《宋書》。六年二月，畢功，表上之，曰："臣約言：臣聞大禹刊木，事炳虞書。西伯戡黎，功焕商典。伏惟皇基積峻，帝烈弘深，樹德往朝，立勳前代，若不觀風唐世，無以見帝嬀之美。自非睹亂秦餘，何用知漢祖之業。是以掌言未記，爰動天情，曲詔史官，追述大典。臣實庸妄，文史多闕，以兹不才，對揚盛旨。是用夕惕載懷，忘其寢食者也。臣約頓首死罪。竊惟宋氏南面，承歷統天，雖世窮八主，年減百載，而兵車亟動，國道屢屯，垂文簡牘，事數繁廣。若夫英主啓基，名臣建績，拯世夷難之功，配天光宅之運，亦足以勒銘鍾鼎，昭被方策。及虐后暴朝，前王罕二，國釁家禍，曠古未書，又可以式規萬葉，作鑒于後。宋故著作郎何承天始撰《宋書》，草立紀、傳，止於武帝功臣，篇牘未廣。其所撰志，唯《天文》《律曆》。自此外，悉委奉朝請山謙之。謙之孝建初，又被詔撰述，尋值病亡，仍使南臺侍御史蘇寶生續造諸傳，元嘉名臣，皆其所撰。寶生被誅，大明中，又命著作郎徐爰踵成前作。爰因何、蘇所述，勒爲一史。起自義熙之初，訖于大明之末。至於臧質、魯爽、王僧達諸傳，又皆孝武所造。自永光以來，至於禪讓，十餘年内，闕而不續，一代典文，始末未舉。且事屬當時，多非實録。又立傳之方，取捨乖衷，進由時旨，退傍世情，垂之方來，難以取信。臣今謹更創立，製成新史。始自義熙肇號，終於昇明三年。桓玄、譙縱、盧循、馬、魯之徒，身爲晉賊，非關後代。吴隱、謝混、郗僧施，義止前朝，不宜濫入宋典。劉毅、何無忌、魏詠之、檀憑之、孟昶、諸葛長民，志在興復，情非造宋，今並刊除，歸之晉籍。臣遠愧南、董，近謝遷、固。以閭閻小才，述一代盛典，屬辭比事，望古慚良。鞠躬跼蹐，靦汗亡厝。本紀、列傳，繕寫已畢，合七帙、七十卷，臣今謹奏呈。所撰諸志，須成續上謹。條目録，詣省拜表，奉書以聞。臣約誠惶誠恐，頓首頓首，死罪死罪。(《宋書》卷一百《自序》)

附　録

梁沈約，字休文，撰《宋書》。約稱史臣，其自序曰："昔少皞金天氏，有胤子曰昧，爲玄冥師，生允格、臺駘，能業其官。帝顓頊嘉之，封諸汾川。其後四國：沈、姒、蓐、黄。沈子國，今汝平輿沈亭是也。春秋之時，列於盟會。晉使蔡伐沈，滅之，其後因國爲氏。自兹以降，譜諜罔存。秦末，有沈逞，徵丞相，不就。漢初，逞曾孫保，封竹邑侯。保子遵，遷居九江之壽春，官至太傅。九代孫戎，字威卿，説降劇賊尹良。漢光武封海昏縣侯，因避地，徙居會稽烏程縣之餘不鄉，遂世家焉。順帝永建九年，分會稽爲吴郡，後爲郡人。吴孫皓寶鼎初，分吴郡爲吴興，復爲郡縣人。雖邦邑屢改，而築室不遷。史臣七世祖延，始居縣東鄉之博陸里餘烏村。王父從官京師。義熙十一年，高祖賜館於建康都亭里之運巻（巷）。戎子酆，零陵守。第二子滸，安平相。少子景，河間相。演之、慶之、曇、懷文，其後也。滸子鸞。鸞子直。直子儀，少篤學，有雄才，以儒素自業。州郡禮請，二府交辟，公車徵，並不屈，以壽終。孫矯，字仲恒，以節氣立名，仕爲偏將軍，封列侯。孫皓時，有將帥之稱。吴平後，不仕，卒。子陵，元帝之爲鎮東，命爲參軍。子延，潁川太守。子賀，南中郎參軍。子警，字世明，惇篤有行業，謝安命爲參軍，甚相敬重。警内足於財，爲東南豪士，無進仕意。謝病歸，安固留，不止。警子穆夫，字彦和，少好學，王恭命爲前軍主簿。隆安三年，孫恩於會稽作亂，三吴皆響應，穆夫時在會稽，恩以爲餘姚令。恩敗，警及穆夫遇害。穆夫子淵子、雲子、田子、林子。淵子字敬深，少有志節，隨高祖剋京城，封繁峙侯，爲太尉參軍。雲子元嘉中，爲太尉參軍。田子字敬先，從高祖剋京城，進平京邑，封營道侯，官至咸陽、始平二郡太守。林子字敬士，少有大度，博覽衆書，留心文義。從高祖剋京城，進平都邑，領建熙令，封資中侯。高祖踐祚，以佐命功，封漢壽伯。子璞，字道真，好學不倦，善屬文，所著文章，皆遇亂零落，今所餘詩筆雜文凡二十首。有子曰約，史臣，年十三而孤，少頗好學，雖棄日無功，而伏膺不改。嘗以晉氏一代，竟無全書，年二十許，便有撰述之意。太始初，征西將軍蔡興宗爲啓明帝，有敕賜許。自此迄今，年餘二十，所撰之書，凡一百二十卷，條流雖舉，而採綴未周。永明初，遇盜，失第五秩。建元四年末，被敕撰國史。永明三年，又忝兼著作郎，撰次起居注。自此王役，無暇復撰。五年春，又被敕撰《宋書》。六年二月，畢功表上之。表曰："臣聞大禹刊木，事炳虞書。西伯戡黎，功焕商典。伏惟皇基積峻，帝烈弘深。樹德往朝，立勳前代。若不觀風唐世，無以見帝嬀之美。自非睹亂秦之餘，何用知漢祖之業。是以掌言未記，爰動天情。曲詔史官，追述大典。臣實庸妄，文史多闕。以兹下才，對揚盛旨，是用夕惕載懷，忘其寢食者也。臣約頓首頓首，死罪死罪。竊惟宋氏南面，承歷統天。雖世窮八主，年減百載，而兵車亟動，國道屢屯。垂文簡牘，事數繁廣。若夫英主啓基，名臣建績，拯世夷難之功，配天光宅之運，亦足以勒名鍾鼎，昭被方策。及虐后暴朝，前王罕二。國釁家禍，曠古未書，又可以式規萬葉，作鑒於後。宋故著作郎何承天始撰《宋書》，草立紀、傳，止於武帝功臣，篇牘未廣。其所撰志，唯《天文》《律曆》，自此以外，悉委奉朝請山謙之。謙之孝建初，又被詔撰述。尋值病亡，仍使南臺侍御史蘇寶生，續造諸傳，元嘉名臣，皆具所撰。寶生被誅，大明中，又命著作郎徐爰，因何、蘇所述，勒爲一史。起自義旗之初，訖於大明之末。至於臧質、魯爽、王僧達諸文，皆孝武所造。自永光以來，至於禪讓，十餘年中，闕而不續，一代典文，始末未舉。但事屬當時，多非實録。又立傳之方，取捨乖衷，進由時旨，退傍世情，垂之方來，難以取信。臣今謹更創立，製成新史。始自義熙肇號，終於昇明三年，桓元(玄)、譙縱、盧循、馬、魯之徒，身爲晉賊，非關後代。吴隱、謝混、郗僧施，義止前朝，不宜濫入宋典。劉毅、何無忌、魏詠之、檀憑之、孟昶、諸葛長民，志在興復，情非造宋，今並刊除，歸之晉籍。臣遠愧南、董，近謝遷、固，以閭閻小才，述一代盛典，屬辭比事，望古慚良。鞠躬跼蹐，靦汗亡厝。本紀、(列)傳，繕寫已畢，合表、志七十卷，今謹奏呈。所撰諸志，須成續上。謹條目録詣省，拜表奉書以聞。"(《册府元龜》卷五六一)

魏書·自序

《魏書·自序》，北齊史學家魏收（506—572）撰，記述北朝魏氏家族魏收一枝的姓系源流，具有姓譜及家傳性质。文載《魏書》卷一〇四，兹據中華書局點校本輯録。

漢初，魏無知封高良侯。子均。均子恢。恢子彦。彦子歆，字子胡，幼孤，有志操，博洽經史，成帝世，位終鉅鹿太守，仍家焉。歆子悦，字處德，性沉厚，有度量。宣城公趙國李孝伯見而重之，以女妻焉。位濟陰太守，以善政稱。悦子子建，字敬忠，釋褐奉朝請，累遷太尉從事中郎。初，世祖時，平氏遂於武興立鎮，尋改爲東益州。其後，鎮將刺史乖失人和，群氏作梗，遂爲邊患。乃除子建爲東益州刺史。子建布以恩信，風化大行，遠近清静。正光五年，南、北二秦城人，莫折念，生、韓祖香、張長命，相繼構逆，僉以州城之人，莫不勁勇，同類悉反，宜先收其器械。子建以爲城人數當行陳，盡皆驍果，安之足以爲用，急之腹背爲憂，乃悉召居城老壯，曉示之，并上言：諸城人本非罪坐，而來者悉求聽免，肅宗優詔從之。子建漸分其父兄子弟外居郡戍，内外相顧，終獲保全。及秦賊乘勝，屯營黑水，子建乃潛使掩襲，前後斬獲甚衆，威名赫然。先反者及此悉降。乃間使上聞，肅宗甚嘉之。詔子建兼尚書，爲行臺刺史如故。於是威震蜀土，其梁、巴、二益、兩秦之事，皆所節度。梁州刺史傅豎眼子敬和中心以爲愧，在洛，大行貨賄，以圖行臺。先是，子建亦屢求歸京師，至此，乃遣刺史唐永代焉。豎眼因爲行臺，子建將還，群氏慕戀，相率斷道。主簿楊僧覆先行曉喻，諸氏忿曰："我留刺史，爾送出也！"斫之數創，幾死。子建徐加慰譬，旬日方得前行。吏人贈遺，一無所受，而東益氏、蜀尋反，攻逼唐永，永棄城而走，乃喪一藩矣。初，永之走，子建客有沙門曇璨，及鉅鹿人耿顯，皆没落氏手。及知子建之客，垂泣追衣物還之，送出白馬。遺愛所被如此。自國家開華陽等郡，梁州邢巒、益州傅豎眼及子建，爲最。初，子建爲前軍將軍，十年不徙。在洛閑暇，與吏部尚書李韶、韶從弟延寔，頗爲奕棋，時人謂爲耽好。子建每曰："棋於機權廉勇之際，得之深矣。且吾未爲時用，博奕可也。"及一臨邊事，凡經五年，未曾對局。還洛後，俄拜常侍、衛尉卿。初。元顥内逼。莊帝北幸。子建謂所親盧義僖曰："北海自絶社稷，稱藩蕭衍，吾老矣，豈能爲陪臣？"遂攜家口，居洛南，顥平乃歸。先苦風痺，及此遂甚。以卿任有務，屢上書乞身，特除右光禄大夫。邢杲之平，太傅李延寔子侍中彧爲大使，撫慰東土。時外戚貴盛，送客填門。子建亦往候别。延寔曰："小兒今行，何以相勖？"子建曰："益以盈滿爲誡。"延寔悵然久之。及莊帝殺尔朱榮，遇禍於河陰者，其家率相弔賀。太尉李虔第二子仁曜，子建之女婿，往亦見害。子建謂姨弟盧道虔曰："朝廷誅翦權强，凶徒尚梗，未聞有奇謀異略，恐不可濟。此乃李門禍始，弔賀無乃匆匆。"及永安之後，李氏宗族流離，或遇誅夷，如其所慮。後歷左光禄大夫，加散騎常侍、驃騎大將軍。子建自出爲藩牧，董司山南，居脂膏之中，遇天下多事，正身潔己，不以財利經懷。及歸京師，家人衣食，常不周贍，清素之迹，著於終始。性存重慎，不雜交遊，唯與尚書盧義僖、姨弟涇州刺史盧道裕，雅相親昵。及疾篤，顧敕二子曰："死生大分，含氣所同，世有厚葬，吾平生不取，籧篨裸身，又非吾意。氣絶之後，斂以時服。吾生年契闊，前後三娶，合葬之事，抑又非古。且汝二母，先在舊塋，墳地久固，已有定别。唯汝次母墓在外耳，可遷入兆域，依班而定行，於吾墓之後。如此足矣，不須祔合。當順吾心，勿令吾有遺恨。"永熙二年春，卒於洛陽孝義里舍，時年六十三。贈儀同三司、定州刺史，謚曰文静。二子：收、祚。收字伯起，小字佛助。年十五，頗已屬文。及隨父赴邊，值四方多難，好習騎射，欲以武藝自達。滎陽鄭伯調之曰："魏郎弄戟多少？"收慚。遂折節讀書、夏月坐板床。隨樹陰諷誦積年。床板爲之鋭減。而精力不輟。以文華顯、初以父功，除太學博士。及尔朱榮於河陰濫害朝士，收亦在圍中，以日晏獲免。吏部尚書李神儁重收才學，奏授司徒記室參軍。永安三年，除北主客郎中。前廢帝立，妙簡近侍，詔試收爲《封禪書》。收下筆便就，不立草稿，文將千言，所改無幾。時黄門郎賈思同侍立，深奇之。帝曰："雖七步之才，無以過此。"遷散騎侍郎，尋敕典起居注，并修國史。俄兼中書侍郎，年二十六。出帝初，又詔收攝本職，文誥填積，事咸稱旨。黄門郎崔㥄從齊獻武王入朝，薰灼於世，收初不詣門，㥄爲帝《登祚赦》，云"朕託體孝文"，收嗤其率直。正員郎李慎以告之，㥄深忿忌。時前廢帝殂，令收爲詔，㥄乃宣言："收普泰世，出入幃幄，一日造詔，優爲詞旨。然則義旗之士，盡爲逆人，又收父老，合解官歸侍。"南臺將加弹劾，賴尚書辛雄爲言於中尉綦儁，乃解。收有賤生弟仲同，先未齒録，因此怖懼，上籍遣還鄉扶侍。出帝嘗大發士卒，狩於嵩少之南，旬有六日。時既寒苦，朝野嗟怨。帝與從官皆胡服而騎，宫人及諸妃主雜其間，奇伎異飾，多非禮度。收欲言則畏懼，欲默不能已，乃上《南狩賦》以諷焉。年二十七，雖富言淫麗，而終歸雅正。帝手詔報焉，甚見褒美。鄭伯謂曰："卿不遇老夫，猶應逐兔。"初，齊獻武王固讓天柱大將軍，帝敕收爲詔，令遂所請，欲加相國，問收相國品秩，收以實對，帝遂止。收既未測主相之意，以前事不安，求解，詔許焉。久之，除帝兄子廣平王贊開府從事中郎，收不敢辭，乃爲《庭竹賦》以致己意。尋兼中書舍人，與濟陰温子昇、河間邢子才齊譽，世號"三才"。時出帝猜忌獻武，内有間隙，收遂以疾固辭而免。其舅崔孝芬怪而問之，收曰："懼有晉陽之甲。"尋而獻武南上，帝西入關，收兼通直散騎常侍，副王昕聘蕭衍。昕風流文辯，收辭藻富逸，衍及其群臣，咸加敬異。先是，南北初和，李諧、盧元明首通使命，二人才器，並爲隣國所重至此。衍稱曰："盧李命世，王魏中興，未知後來復何如耳。"文襄啓收兼散騎常侍、修國史。武定二年，除正常侍，領兼中書侍郎，仍修史。帝宴百寮，問："何故名人日？"皆莫能知。收對曰："晉議郎董勛答問稱：'俗云：正月一日爲雞，二日爲狗，三日爲猪，四日爲羊，五日爲牛，六日爲馬，七日爲人。'"時邢卲亦在側，甚恧焉。自南北和，好書下紙每云："想彼境内寧静，此率土安和。"蕭衍後使，其書乃去"彼"字，自稱猶著"此"，欲示無外之意。

收定報書云:“想境内清晏,今萬國安和。”南人復書,依以爲體。後獻武入朝,静帝授相國,固讓,令收爲啓。啓成呈上,文襄時侍側,獻武指收曰:“此人當復爲崔光。”四年,獻武於西門豹祠宴集,謂司馬子如曰:“魏收爲史官,書吾善惡,聞北伐時,諸貴常餉史官飲食,司馬僕射頗曾餉不?”因共大笑,仍謂收曰:“卿勿見元康等在吾目下趨走,謂吾以爲勤勞,我後世身名在卿手,勿謂我不知。”尋加兼著作郎。静帝曾季秋大射,普令賦詩。收詩末云:“尺書徵建鄴,折簡召長安。”文襄壯之,顧謂人曰:“在朝今有魏收,便是國之光采。雅俗文墨,通達縱横,我亦使子才、子昇,時有所作,至於詞氣,並不及之。吾或意有所懷,忘而不語,語而不盡,意有未及,及收呈草,皆以周悉,此亦難有。”又敕兼主客郎,接蕭衍使謝珽、徐陵。侯景既陷臺城,衍鄱陽王範時爲合州刺史,文襄敕收以書喻之。範得書,乃率部伍西上,□州刺史崔聖念入據其城。文襄謂收曰:“今定一州,卿有其力,猶恨‘尺書徵建鄴’未效耳。”文襄崩,文宣如晉陽,令與黄門郎崔季舒、高德正、吏部郎中尉瑾,於北第參掌機密。轉秘書監,兼著作郎。又除定州大中正。時齊將受禪,楊愔奏收,置之別館,令撰禪代詔册諸文,遣徐之才守門,不聽出。天保元年,除中書令,仍兼著作郎,封富平縣子。二年,授詔撰魏史,除魏尹,故優以禄力,專在史閣,不知郡事。初,帝令群臣各言志。收曰:“臣願得直筆東觀,早出《魏書》。”故帝使收專其任。又詔平原王高隆之總監之,隆之署名而已。帝敕收曰:“好直筆!我終不作魏太武誅史官。”始,魏初鄧淵撰《代記》十餘卷,其後崔浩典史,游雅、高允、程駿、李彪、崔光、李琰之,世修其業。浩爲編年體,彪始分作紀、表、志、傳,書猶未出。世宗時,命邢巒追撰《高祖起居注》,書至太和十四年,又命崔鴻、王遵業補續焉。下訖肅宗,事甚委悉。濟陰王暉業撰《辨宗室録》三十卷,收於是與通直常侍房延祐,司空司馬辛元植,國子博士刁柔、裴昂之,尚書郎高孝幹,博總斟酌,以成《魏書》,辨定名稱,隨條甄舉。又搜採亡遺,綴續後事,備一代史籍,表而上聞。勒成一代大典,凡十二紀、九十二列傳,合一百一十卷。五年三月,奏上之。秋,除梁州刺史。收以志未成,奏請終業,許之。十一月,復奏十志:《天象》四卷、《地形》三卷、《律曆》二卷、《禮》

《樂》四卷、《食貨》一卷、《刑罰》一卷、《靈徵》二卷、《官氏》二卷、《釋老》一卷,凡二十卷,續於紀、傳,合一百三十卷,分爲十二帙。其史三十五例,二十五序,九十四論,前後二表一啓焉。(《魏書》卷一〇四《自序》)

附　録

北齊魏收撰《後魏書・自序》曰:"漢初,魏無知封高良侯,子均。均子恢。恢子彦。彦子歆。成帝世,鉅鹿守,乃家焉。收祖父悦,濟陰守。子子建,益州刺史,風化大行,遠近清静。俄拜常侍、衛尉卿。元顥入洛,子建攜家,居洛南。顥平,乃就拜驃騎。二子:收、祚。收字伯起,十五已屬文。值四方多難,時習武事。以文才除太學博士。永興初,遷中書郎。出帝狩嵩山之南,既寒苦,朝野怨嗟,帝與從官皆胡服,宫人及妃主雜其間,奇伎異飾,多非禮度。收欲言則畏懼,欲默不能已,乃上《南狩賦》以諷。武定中,以常侍兼著作,轉秘書監。齊天保三年,受詔撰《魏史》,又詔常侍房延祐、博士刁柔、裴昂之、尚書郎高孝幹等,共緝成紀傳。"(《册府元龜》卷五六一)

劉氏譜

《劉氏譜》,梁代名臣王僧孺撰,乃其所著《百家譜》之一種。根據這一總分關係,原名當作《百家譜·劉氏譜》或《百家譜·劉氏卷》,單舉書名乃用簡稱。原書乃在晉太元中員外散騎侍郎平陽賈弼《十八州譜》的基础上改寫增訂而成。賈氏之書"廣集衆家,大搜群族,所撰十八州一百一十六郡,合七百一十二卷,凡諸大品,略無遺闕,藏在秘閣,副在左户。及弼子太宰參軍匪之、匪之子長水校尉深,世傳其業。太保王弘、領軍將軍劉湛,並好其書,弘日對千客,不犯一人之諱。湛爲選曹,始撰《百家》,以助銓序。而傷於寡略,齊衛將軍王儉復加去取,得繁省之衷。僧孺之撰,通范陽張等九族,以代雁門解等九姓,其東南諸族别爲一部,不在百家之數焉。"(《南史》卷五九《王僧孺傳》)部帙巨大,分區域、姓望記録,本書乃其中之一部分,依理不當分理,且應稱爲《百家譜·劉氏卷》。這裏以其佚文所引皆有明確歸屬,故别立書名收録。佚文僅有十條,分别見《世説新語》劉孝標注、《文選》卷五九李善注及《古樂苑》。《文選》李善注還特地標明所引爲"王僧孺《劉氏譜》",知爲王僧孺撰,據輯。這裏以佚文過少,故取他書中之相關記載作爲附録,置於最後,以相比照。

魏劉阜,廙之弟子也。廙爲太祖丞相會曹屬,文帝即王位,爲侍中,賜爵關内侯,黄初二年卒。案《劉氏譜》:阜字伯陵,陳留太守。阜子喬,字仲彦。(《三國志》卷二一《魏書·劉廙傳》裴松之注引;《册府元龜》卷八六三)

劉簡作桓宣武别駕,後爲東曹參軍。《劉氏譜》曰:簡字仲約,南陽人。祖喬,豫州刺史。父挺,潁川太守。簡仕至大司馬參軍。(《世説新語》卷中之上《方

正》劉孝標注引）

庾小征西嘗出未還，婦母阮，是劉萬安妻。《劉氏譜》曰：劉綏妻，陳留阮蕃女，字幼娥。綏别見。（《世説新語》卷中之上《雅量》劉孝標注引）

按《劉氏譜》：劉邠妻，武周女，生粹、宏、漠，非王氏甥。（《世説新語》卷中之上《賞譽》劉孝標注引）

《劉氏譜》曰：（劉）綏字萬安，高平人。祖奥，太祝令。父斌，著作郎。綏歷驃騎長史。（《世説新語》卷中之下《賞譽》劉孝標注引）

劉令言始入洛。《劉氏譜》曰：（劉）納字令言，彭城叢亭人。祖瑾，樂安長。父甝，魏洛陽令。納歷司隸校尉。（《世説新語》卷中之下《品藻》劉孝標注引）

王中郎嘗問劉長沙曰……《劉氏譜》曰：（劉）爽祖昶，彭城内史。父濟，臨海令。爽歷車騎咨議、長沙相、散騎常侍。（《世説新語》卷中之下《品藻》劉孝標注引）

劉公榮與人飲酒……《劉氏譜》曰：（劉）昶字公榮，沛國人。（《世説新語》卷下之上《任誕》劉孝標注引）

王僧孺《劉氏譜》曰：（劉）瓛取王法施女也。（《文選》卷五九任彦升《劉先生夫人墓志》李善注引）

《劉氏譜》曰：（宋南平王劉）鑠善樂府，有緜麗之稱，《青青河畔草》一篇，爲時傳誦。（《古樂苑》卷二〇）

劉延孫，彭城吕人……延孫與帝室雖同是彭城人，别屬吕縣劉氏，居彭城縣者又分爲三里：帝室，居綏輿里；左將軍劉懷肅，居安上里；豫州刺史劉懷武，居叢亭里。及吕縣凡四劉，雖同出楚元王，由來不序昭穆。延孫於帝室本非同宗，不應有此授。時司空竟陵王誕爲徐州，上深相畏忌，不欲使居京口，遷之於廣陵。廣陵與京口對岸，欲使腹心爲徐州，據京口以防誕，故以南徐授延孫，而與之合族，使諸王序親。（《宋書》卷七八《劉延孫傳》）

按，本條原出沈約《宋書》，沈約與王僧孺同時，書中沈氏所引之劉氏譜系宗支，或出王僧孺《劉氏譜》，輯以備考。

附　録

(劉)知幾自負史才,常慨時無知己。乃委國史於著作郎吴兢,别撰《劉氏家史》十五卷、《(劉氏)譜考》三卷,推漢氏爲陸終苗裔,非堯之後。彭城叢亭里諸劉出自宣帝子楚孝王囂曾孫司徒、居巢侯劉愷之後,不承楚元王交。皆按據明白,正前代所誤。雖爲流俗所譏,學者服其該博。(《舊唐書》卷一〇二《劉子玄傳》)

劉,帝堯陶唐之後,受封於劉。裔孫劉累,事夏后孔甲,在夏(后)爲御龍氏,在商爲豕韋氏,在周,爲唐杜氏。杜伯子隰叔奔晉,爲士氏;孫士會,適秦,後歸晉,其處者爲劉氏。又周大夫食采於劉,亦爲劉氏,康公、獻公,其後也。士會之後,周末家于魏,又徙豐、沛。至豐公,生煓,字執嘉,生漢高祖。至光(武),至獻帝逮王莽,十八帝,年計四百二十五年。彭城:漢高弟楚元王交,生休侯富。富生辟强。辟强生陽城侯德。德生向,向生歆,子孫居彭城,分居三里:叢亭、綏輿、安上里。又豐縣、吕縣並附後。右常侍劉子玄,云承楚孝王囂。囂,宣帝子也。《後漢·劉般傳》云:宣帝玄孫,囂曾孫也。子愷,至太尉;生茂,司空,居叢亭里。愷六代孫訥,晉司隸校尉;孫憲,生羨。羨生敏、該。敏生慶,徐州刺史。慶生雍之。雍之生芳,入後魏,中書令;生彧,司農卿。(《元和姓纂》卷五)

劉,豕韋,徙封於唐,居堯之故墟,又爲唐氏。周成王滅唐,封其後於杜陵,又爲杜氏。杜伯事周宣王,無罪見殺。其子隰叔奔晉,生士蔿,爲士師,有功,因官命氏,又爲士氏。蔿生成伯缺。缺生武子會。魯文公六年,晉人使士會逆公子雍,不得入。士會遂留,事秦晉靈公。八年,晉召士會於秦,秦人歸之。其子孫處秦者,爲劉氏。生明。明生遠。遠生陽,十世孫,戰國時獲於魏,遂爲魏大夫。秦滅魏,居大梁,生清,徙居沛。清生仁,號豐公。生太公煓,字執嘉,即太上皇也。煓四子伯、仲、邦、交。邦字季,漢高祖皇帝。劉向頌高祖云"漢帝本系出自唐帝。降及於周,在秦作劉。涉魏而東,遂爲豐公"是也。高皇帝八男:吕后生孝惠帝,曹夫人生齊悼惠王肥,薄姬生孝文帝,戚夫人生趙隱王如意,趙姬生淮南厲王長,諸姬生趙幽王友、趙共王恢、燕靈王建。淮南及其子衡山、濟北王,自有傳。高祖弟楚元王交,字游,生太子辟非、夷王郢客、平陸侯禮、休侯富沈、猶侯歲、宛朐侯執楱、樂侯調。夷王生戊,有罪,立平陸侯禮爲楚文王。生安王道。道生襄王注。注生節王純。純生延壽,國除。休侯富,子四人:辟疆,字少卿,爲宗正。生宗正、陽城侯德。德字路,生向,字子政,本名更生。爲漢名儒,光禄大夫、中壘校尉,著《新序》《説苑》《列女傳》。少子歆,字子駿,爲王莽國師,有傳。高祖兄伯子信,爲羹頡侯。子喜,爲代王。仲子濞,爲吴王。從父兄賈,爲荆王。從祖兄澤,爲燕王。有荆、燕、吴傳。孝文皇帝四男:竇皇后生孝景帝、梁孝王,武諸姬生代孝王參、梁懷王楫,有《文三王傳》。孝景帝十四男:王皇后生孝武皇帝,栗姬生臨江閔王榮、河間獻王德、臨江哀王閼,程姬生魯恭王餘、江都易王非、膠西于王端。賈夫人生趙敬肅王彭祖、中山靖王勝。唐姬生長沙定王發。王夫人生廣川惠王越、膠東康王寄、清河哀王乘、常山憲王舜,有《景十三王傳》。孝武皇帝六男:衛皇后生戾太子據,趙婕好生孝昭皇帝,王夫人生齊懷王閎,李姬生燕剌王旦,太子生史皇孫,史皇孫生宣帝,有《武五子傳》。孝宣帝五男:許皇后生孝元皇帝,張婕好生淮陽憲王欽,衛婕好生楚孝王囂,公孫婕好生東平思王宇,戎婕好生中山哀王竟。孝元皇帝三男:王皇后生孝成帝,傅昭儀生定陶王康,馮昭儀生中山孝王興,皆有傳。定陶恭王生欣。成帝無子,以欣爲皇太子。即位,是爲孝哀帝,追尊恭王爲恭皇,置寢廟京師。中山孝山興生衎。哀帝無子,召中山王衎入,即位,是爲孝平皇帝。改立東平思王孫成都爲中山王,奉孝王祀。

後漢世祖光武皇帝諱秀,字文叔,南陽蔡陽人,高祖九世孫,出自景帝子長沙定王發。生舂陵節侯買,買生鬱林太守外。外生鉅鹿都尉回。回生南頓令欽、蕭令良。良,趙孝王也。南頓君娶同郡樊重女,字嫺都,生三男:長齊武王縯,字伯升。次魯哀王仲。次光武光武皇帝,十一子:郭皇后生東海恭王强、沛獻王輔、濟南安王康、阜陵質王延、中山簡王焉。許美人生楚王英。光烈皇后生顯宗、東平憲王蒼、廣陵思王荆、臨淮懷王衡、琅邪孝王京。孝明皇帝九子:賈貴人生肅宗孝章皇帝,陰貴人生梁節王暢，後宫生千乘哀王建、陳敬王羨、彭城靖王恭、樂城靖王黨、下邳惠王衍、淮陽頃王昞、濟陰悼王長。孝章皇帝八子：宋貴人生清河孝王慶，梁貴人生和帝，申貴人生濟北惠王壽、河間孝王開，後宫生千乘貞王伉、平春悼王全、城陽懷王淑、廣宗殤王萬歲。和帝二子：平原懷王勝、孝殤帝。殤帝無子，立清河孝王慶長子祐，是爲孝安帝。安帝後宫李氏，生孝順帝順帝，後宫虞姬生孝冲帝。冲帝無子，立河間王孫解瀆亭侯萇之子宏，是爲孝靈帝。靈帝何后生太子辯，王美人生孝獻帝。謹按：東周時王之卿士，食采於劉者，以邑爲氏，出自姬姓。王季子劉康公，生定公劉夏。夏生獻公劉摯。摯生文公劉卷，一名狄，字伯盆。卷生劉桓公及劉毅、劉佗、劉州鳩。其族仕晉者曰劉難，與定公同時，此别一家也。

彭城劉氏，漢宣帝生楚孝王囂。囂生思王衍。衍生紆。紆生居巢侯般，字伯興。般生愷，字伯豫，後漢太尉、司空。愷生茂，字叔盛，司空、太中大夫，徙居叢亭里。六世孫訥，晉司隸校尉。孫憲，生羨。羨二子：敏、該。敏生慶，後魏東徐州刺史。(《古今姓氏書辯證》卷一八)

姓氏英賢譜

《姓氏英賢譜》一百卷，賈執撰。賈執，生卒年不詳。南齊長水校尉賈希鑑孫，義興太守賈稅子，梁武帝時人，與劉孝儀同時。精於譜學，著有《百家譜》二十卷、《姓氏英賢傳》一百卷。大同中，爲南康嗣王府行參軍、知譜事，坐與前中書舍人傅湛在王座飲酒，遭劉孝儀彈劾，解知譜事，請議貶黜，後累官太府卿。事迹見《元和姓纂》卷七、《古今姓氏書辯證》卷二六、《文苑英華》卷六四九劉孝儀《彈賈執傅湛文》。本書當是其梁武帝大同中(535—546)任南康嗣王府行參軍、知譜事時所撰，其編撰與任職有密切關係。篇幅之大，在歷代譜牒類著作中僅次於《梁天監十八州譜》。《隋書·經籍志二》"譜系類"最先著録此書曰:"《姓氏英賢譜》一百卷，賈執撰。案，梁有《王司空新集諸州譜》十一卷，又别有《諸姓譜》一百一十六卷、《益州譜》四十卷、《關東關北譜》三十三卷、《梁武帝總責境内十八州譜》六百九十卷，亡。"《新唐書·藝文志二》"譜牒類"著録"賈執《百家譜》五卷，又《姓氏英賢譜》一百卷。"《舊唐書·經籍志上》"譜系"類:"《姓氏英賢譜》一百卷，賈執撰。"《册府元龜》卷五六〇:"賈執撰《百家譜》二十卷，又撰《姓氏英賢譜》一百卷。"《太平御覽·經史圖書綱目》及正文卷五一九所引均作《姓氏英賢録》。然至《宋史·藝文志》已不著録，其他宋代公私書目亦不見記載，宋元筆記野史雜著、别集總集也不見稱引，僅宋代譜牒類典籍間有徵引，然而亦是承襲六朝唐代舊文，並非得見原書，知亡散於宋。書名有《英賢譜》《英賢録》《英賢傳》《姓氏譜》等多種簡稱或變稱。"傳""録""譜"三字表明了此書近於傳記的著述特徵，於記録家族譜系之外，還叙述人物事迹。所記人物數量大，範圍廣，年月久，多數都在漢魏以前，年代古遠，叙述較之一般的氏族簡譜要詳盡，故卷帙多達一百卷,是何承天《姓苑》的十倍。於記上古族姓家世之外,還兼述人物事迹,是此書與一般姓氏類書籍的不同之點,更是其史料價值上的獨到之處。鑒於此書爲南朝姓氏之書,成書年代較早,記述人物事迹,較爲重要,存文較多,可備參稽,故據諸書輯録,共得佚文一百二十餘則,以見其概略。王應麟《小學紺珠》卷七:"濟北:氾昭、戴祁、徐晏、夏隱、劉彬,《濟北英賢傳》並有異才,皆稱神童,時人號爲'五龍'。"同樣的文字亦見《姓氏急就篇》卷下、《萬姓統譜》卷六七等。又《氏族大全》卷一二:"氾昭:漢桓、靈間人。《濟北英賢傳》云:氾昭、戴所、徐晏、夏隱、劉彬,時人號爲'濟北五龍'。"據此推測,原書部頭較大,可能是按照區域,將南北各地主要姓氏,分繫於不同郡望之下。引文中多次提到的《濟北英賢傳》當是《姓氏英賢傳》的一部分,而非别是一書,每一部分根據所在郡望的不同,稱爲《某某英賢傳》。從保存在《文選》李善注及五臣注的引文看,人物傳記的意味比較濃厚,行文格式及文風跟此前的《世本》《姓苑》及此後的《元和姓纂》明顯不同,要流暢、細緻、委婉得多。今因原書亡佚,其編次體例不可復見,故只能根據傳統典籍的四部順序排列,無法在編次上復原。書名仍從《隋志》及兩《唐志》著録者。

《姓氏英賢録》曰:宋顔竣,字士遜,有令名。太祖問其父延之曰:"諸子誰有卿風?"延之曰:"竣得臣筆,測得臣文,㚟得臣義,濯得臣酒。"(《太平御覽》卷五一八)

大庭氏……《英賢傳》云:古天子。(《路史》卷六)

質沙……亦見《英賢録》《文子》,作宿沙,云宿沙民自攻其君,歸神農氏説。

阿氏……《英賢傳》又有空桑氏。(《路史》卷一三)

夷鼓氏……《氏姓英賢録》云:黄帝子夷彭之後,鄧《姓辨》引《英賢傳》作夷鼓偲宜。

葛,伯國,《英賢傳》:詹葛,有熊氏之後,姓書謂諸葛訛爲詹葛,繆矣,葛伯非嬴姓。(《路史》卷一四)

有穀氏、滑氏、滑伯氏,《英賢傳》。

王孫氏,俱出周王,惟楚王孫出伍員。《英賢傳》:陳留,姬姓國,因爲氏。(《路史》卷一九)

縱,平王子精封,《英賢録》云:因爲精縱氏。(《路史》卷二八)

葵丘……《英賢傳》有葵丘欣。(《路史》卷二九)

逢孫,《英賢傳》,秦大夫逢孫之後,有隴西北部都尉逢孫依。(《元和姓纂》卷一)

戲陽,《英賢傳》曰,秦穆公時,有戲陽伯樂,善相馬。漢有侍御史戲陽放。

夷鼓,《英賢傳》,黄帝子夷鼓之後,見《國語》。秦大夫有夷鼓德宜。

尸逐,《姓氏英賢傳》云:南匈奴尸逐鞮裔孫尸逐,降漢,以國爲氏。

熙氏,《英賢傳》,帝佶使元冥爲水正,熙氏佐之,爲氏焉。

諸葛……《英賢傳》云:舊居琅琊諸縣,後徙陽都。先有詹葛,時人謂之諸葛氏,因氏焉。

渠邱……彭城,《英賢傳》云:彭城有渠邱氏焉。

樗里,見《英賢傳》。(《元和姓纂》卷二)

屠住,《英賢傳》,芊姓,楚公子屠,食采於住鄉,因氏焉。

孤(狐)邱,晉大夫孤邱林之後,見《世本》。《英賢傳》,出自孤邱封人之後。

辛相,《英賢傳》,楚大夫辛相之後。漢有河間相辛相通。(《元和姓纂》卷三)

奔水,《英賢傳》,祁大夫之後,奔漢水,氏焉。

安期,《英賢傳》,安期生,古仙人。漢有安期先生,蒯通友也。(《元和姓纂》卷四)

箝耳……《姓氏英賢譜》,本胡姓,天監初,有箝耳期凌,自河南歸化,父同、祖光,並仕魏爲三品也。

梁其……《英賢傳》云:魯公伯禽庶子梁其之裔。

常壽,《英賢傳》,有熊氏之後。

精縱,《英賢傳》,周平王子精,别封縱邑,因以爲氏。

弘農,《英賢傳》,今弘農人也。

鈎弋,《英賢傳》,漢昭帝母鈎弋夫人趙氏,居河間,又爲鈎弋氏。(《元和姓纂》卷五)

子雅,齊惠公孫子雅之後,見《英賢傳》。

子孟,魯公子孟之後,見《英賢傳》,齊簡公時,子孟卿爲大夫。

吕管,《英賢傳》,漢鉅鹿①都尉吕管次祖,中山人。

甫奚,《英賢傳》,晉厲公大夫甫奚叔施之後,龍驤將軍甫奚置。

補禄,《英賢傳》,補禄子著書一篇,言法家事。

采……北平:漢有②渡遼將軍③采皓,見《英賢傳》。(《元和姓纂》卷六)

賈……河東,晉有散騎常侍賈弼,生匪之,宋太宰参軍希鑑,齊外兵郎,撰《永明氏族狀》。生執,梁少府、太傅,講學,撰《姓氏英賢傳》。

長孫……北海,梁賈執《姓氏英賢傳》云:北海長孫氏,左王魚家後。

坎氏,《英賢傳》云:宋附庸有坎氏。(《元和姓纂》卷七)

趣馬,《英賢傳》:楚趣馬厥之後。後漢有南陽郡功曹趣馬思。(《元和姓纂》卷八)

鬬文,《英賢傳》云:鬬伯比之後,支孫鬬文仕晉,因氏焉。(《元和姓纂》卷九)

叔帶,《英賢傳》,趙叔帶之後。齊大夫有叔帶子莊,爲莊公御。

叔服,《英賢傳》云:周太史叔服之後。晉武公大夫有叔服之要。

夙沙,《英賢傳》,炎帝時侯國也,因氏焉。

不更,《英賢傳》,秦公子不更之後。或云:秦大夫爵爲不更,因氏焉。齊簡公時,不更苗爲執法也。

滑伯,《英賢傳》曰,姬姓,因氏焉。

麥邱,《英賢傳》,齊桓公時賢人麥邱老人。

稷邱,《英賢傳》曰,漢稷邱子,得仙道。

① 鉅鹿:原作“吕管”,據《通志·氏族略五》“吕管氏”改。

② 有:此字《姓纂》原無,據《重修廣韻》卷三、《姓氏急就篇》卷上引《風俗通》補。

③ 渡遼將軍:《重修廣韻》卷三、《巵林》卷四、《姓氏急就篇》卷上作“度遼將軍”。

北人,《英賢傳》,古有劉河北人,因氏焉。

北唐,《英賢傳》曰,晉有高人越者,隱於北唐,因氏焉。漢有北唐子真,治《京氏易》者。(《元和姓纂》卷一〇)

東鄉……賈執《英賢傳》曰:漢井州護軍東鄉子琴,高密人。

熊相……賈執《英賢傳》有楚懷王將軍熊相沂。

中梁,《英賢傳》云:古隱者中梁子之後。

空桑,《英賢傳》曰,伊尹生於空桑,後世氏焉。(《古今姓氏書辯證》卷二)

祁夜,《英賢傳》云:祁大夫後。後漢龍驤將軍祁夜豐。(《古今姓氏書辯證》卷三)

熙,出自已姓,高陽氏之後,有修及熙。帝嚳使修爲元(玄)冥,熙佐之,後世皆以爲氏,亦見《英賢傳》。

淄丘,淄一作菑。其先以所食邑爲氏。《英賢傳》,齊勇士菑丘許。

沂相,《英賢傳》曰,魯沂大夫爲相,因氏焉。漢侍御史沂相封。

西郭,《英賢傳》云:齊隱者居西郭,氏焉。漢有謁者僕射西郭嵩。晉有秘書郎西郭陽,何承天以爲中朝名士。(《古今姓氏書辯證》卷四)

辛廖,《英賢傳》,晉大夫辛廖之後。漢有河間相辛廖通。(《古今姓氏書辯證》卷六)

原伯,《英賢傳》曰,《左傳》,周原伯絞之後,氏焉。晉孝公時,有大夫原伯蓋。

孫陽,《英賢傳》曰,秦穆公子孫陽伯樂,善相馬,其後氏焉。漢侍御史孫陽放,即其後。(《古今姓氏書辯證》卷七)

韓褐,《英賢傳》曰,韓厥後。趙肅侯大夫,有韓褐胥居。

安是,《英賢傳》曰,晉有安是叔施,事晉厲公。

山……賈執《姓氏譜》,河内五姓,其一山氏。(《古今姓氏書辯證》卷八)

條……《姓氏譜》云:條氏,商賢人之後是也。(《古今姓氏書辯證》卷一〇)

將其,《英賢傳》,齊公子將其之後,以字爲氏。

王史……《英賢傳》曰，周共王生圉，圉曾孫浦，生簡，簡生業，業生宰，世傳史職，因以官爲氏。漢清河太守王史篆，生新豐令普。（《古今姓氏書辯證》卷一四）

桑扈……《英賢傳》曰，弘農有此氏。

皇甫……賈執《姓氏譜》謂之安定五姓。（《古今姓氏書辯證》卷一五）

青史，《英賢傳》云：晉太史董狐之子，受封于青史，因氏焉。（《古今姓氏書辯證》卷一七）

修，《英賢傳》曰，出自少昊氏子修，爲帝嚳玄冥師，掌水官，其後氏焉。晉梁碩迎修湛，領新昌太守，事王敦，遣王諒誅之。（《古今姓氏書辯證》卷一八）

游梓，《英賢傳》曰，游梓子著書一篇，言法家事。

鈎弋，《英賢傳》云：漢昭帝母鈎弋夫人。（《古今姓氏書辯證》卷一九）

瞻葛，《英賢傳》曰，有熊氏之後。《世本》，宋景公有大夫瞻葛祁，其後齊人語訛，以瞻葛爲諸葛。（《古今姓氏書辯證》卷二〇）

子僞，《英賢傳》云：子僞子，齊人，著書五篇，論兵法，與穰苴同。（《古今姓氏書辯證》卷二二）

補禄，《英賢傳》云：晉惠帝時殿中中郎將補禄彣。（《古今姓氏書辯證》卷二四）

廩丘，齊大夫廩丘子，其先以所食邑爲氏。《英賢傳》，齊有隱者廩丘充。（《古今姓氏書辯證》卷二八）

利作，《英賢傳》，後漢安樂任叙，娶同郡利作氏女。（《古今姓氏書辯證》卷二九）

大庭，《英賢傳》曰，古帝號。一，炎帝諸侯也，後爲氏。

大心，《英賢傳》曰，楚臣大心，令尹得臣之子。其孫以王父字爲氏。楚襄王時，有大心子成，爲黄邑大夫。（《古今姓氏書辯證》卷三一）

少師，《英賢傳》，魯有少師陽、少師慶。（《古今姓氏書辯證》卷三三）

鬭比，《英賢傳》云：鬥伯比孫耆，仕晉，因氏焉。（《古今姓氏書辯證》卷三三）

薛……賈執《姓氏譜》:劉、朱、周、武、薛爲沛國五姓。

郭……賈執《姓氏譜》定太原五姓,隋唐定山東八族,其一皆曰郭氏。(《古今姓氏書辯證》卷三八)

石作,孔子弟子石作蜀,字子明。《英賢傳》曰,姓石作名蜀。(《古今姓氏書辯證》卷三九)

崔……齊太公生丁公伋,生叔乙。讓國,居崔邑,因氏焉。自穆伯至沃枒、成良,代爲卿大夫。良十五代孫意如,秦東萊侯。生二子:伯基、仲牟。伯基居清河東武城,仲牟居博陵安平,並無著姓,見《姓氏英賢傳》。(《名賢氏族言行類稿》卷一〇)

路中……賈執《英賢譜》云:路中大夫之後,以路中爲氏。

東鄉,賈執《英賢譜》云:今高密有東鄉姓。宋有員外郎東陽无疑,撰《齊諧記》七卷。

中……又漢複姓有七氏……賈執《英賢譜》云:路中大夫之後,以路中爲氏。張晏云:姓路,爲中大夫。

間……又漢複姓四氏。凡間氏,出自晉唐叔。賈執《英賢譜》云:今東莞有之。

期氏,古仙人有安期生。賈執《英賢傳》云:今琅邪人。(《重修廣韻》卷一)

賈執《英賢録》云:東莞有五王氏。(《重修廣韻》卷二)

有扈氏……《姓氏英賢傳》曰:有扈氏,今爲弘農人。(《通志》卷二六)

葵邱氏,齊邑也。《英賢傳》,古有葵邱頎,又石虎時,有龍驤將軍葵邱直。

狐邱氏……《英賢傳》曰,出自狐邱封人之裔。

蛇邱氏,見《英賢傳》。後漢河内太守蛇邱彧,生重,濟北太守。女適羊續。重,濟北人。

廩邱氏……《英賢傳》有廩邱充,齊隱者。

淄邱氏,《英賢傳》,齊勇士淄邱許。

北海氏,《英賢傳》曰,古有劉河者,處於北海,其後以爲氏。吴大夫有北海子高。

桐里氏，見《英賢傳》。後漢御史中謁者桐里斥，生儒，議郎。晉博昌令桐里夫，並河東人。(《通志》卷二七)

梁其氏……《英賢傳》云：魯伯禽庶子梁其之後。

無庸氏，芊姓。《姓氏英賢傳》，楚熊渠生無庸，因氏焉。又無庸先生，學仙道。

安國氏，漢武帝使安國少季使南越，見《姓氏英賢傳》。

傅餘氏，《姓氏英賢傳》云：傅説爲相，子孫留傅巖者，號傅餘氏。晉傅餘頠撰《複姓録》。

王史氏……《英賢傳》周共王生圉，圉曾孫滿，生簡。簡生業，業生宰，世傳史職，因氏焉。漢清河太守王史篆，生音，新豐令。《藝文志》有王史氏。後漢侍中王史元庠。晉亦有王史氏。

少師氏，《英賢傳》：魯有少師彊，又有少師慶。

趣馬氏，《英賢傳》曰，周趣馬蹶之後也。後漢南陽功曹趣馬恩。

不更氏……《英賢傳》云：公子不更之後。秦簡公時不更苗，爲執法。(《通志》卷二八)

士季氏，姬姓，晉士氏之子士季，生渥濁，爲士季氏，見《姓氏英賢傳》。

韓褐氏，姬姓。《英賢傳》云：晉韓厥之後韓子云。趙肅侯大夫韓褐胥居。

熊相氏，芊姓。《英賢傳》，楚熊相宜僚之後。懷王時將軍熊相祁。

尸逐氏，《姓氏英賢傳》云：南匈奴尸逐鞬裔孫降漢，因氏焉。

西鉏氏，《左傳》，宋大夫西鉏吾。漢有侍御史西鉏虚，見《英賢傳》。

按，本條《元和姓纂》卷三作"西鉏，《左傳》，宋大夫西鉏吾。漢有御史西鉏語，見《英賢傳》"。

京相氏，見《英賢傳》，望出濟南。晉京相璠，作《春秋土地名》三卷。

馬適氏，《英賢傳》，漢有畢梁侯馬適育。漢功臣馬適求，聚黨討王莽，見害。

函治氏,《英賢傳》,後漢黄門侍郎函治子覺。

安是氏,《英賢傳》,晉厲公大夫安是叔施。

補禄氏,《英賢傳》,晉惠帝時殿中中郎補禄彪。

游棣氏,《英賢傳》,游棣子,著書一篇,言法家事。(《通志》卷二九)

濟北氾昭,戴祁、徐晏、夏隱、劉彬、《濟北英賢傳》,並有異才,皆稱神童,時人號爲五龍。(《小學紺珠》卷七)

《英賢録》云:伯禽庶子名梁其,一作梁箕。(《名疑》卷二)

葵丘頎,見《英賢傳》。

淄丘許,齊勇士,見《英賢傳》。

渠丘,亦作著丘氏,嬴姓,莒國之君居于渠丘,故謂之渠丘。《英賢傳》,彭城有渠丘氏。(《萬姓統譜》卷一二六)

狐丘[①],晉大夫狐丘林之後。《英賢傳》曰:士目狐丘封人之裔。(《萬姓統譜》卷一二七)

周蓋,晉孝公時,見《英賢傳》。(《萬姓統譜》卷一二八)

虵丘,見《英賢傳》。(《萬姓統譜》卷一二九)

蟲,淑艷也,或省作蟲,人姓也。漢高帝功臣,有蟲達,古蟲子之後,見《姓氏英賢録》。(《升菴集》卷六三)

《姓氏英賢録》曰:"王巾,字簡栖,琅邪臨沂人也。有學業,爲《頭陀寺碑》,文詞巧麗,爲世所重。起家郢州從事、征南記室。天監四年卒。碑在鄂州,題云'齊國録事參軍琅邪王巾製'。"(《文選》卷五九王簡栖《頭陀寺碑文》李善注)

《姓氏英賢録》云:王巾,字簡栖,瑯邪臨沂人也。齊朝起家郢州從事,後爲輔國録事參軍。(《六臣注文選》卷五九王簡栖《頭陀寺碑文》吕延濟注)

① 狐丘:《元和姓纂》卷三作"孤邱",他書或作"壶丘""瓠丘",皆"狐丘"之轉寫。

孔氏家傳

《孔氏家傳》五卷,《隋書》卷三三《經籍志二》"雜傳類"著録,撰人佚名。《後漢書》卷七〇《孔融傳》李賢注引作《(孔)融家傳》,以内容相對完整,據輯。

孔融,字文舉,魯國人,孔子二十世孫也。七世祖霸,爲元帝師,位至侍中。父伷,太山都尉。融幼有異才。《融家傳》曰:兄弟七人,融第六。幼有自然之性。年四歲時,每與諸兄共食梨,融輒引小者。大人問其故,答曰:"我小兒,法當取小者。由是宗族奇之。"年十歲,隨父詣京師。時河南尹李膺。膺,潁川襄城人。《融家傳》曰:聞漢中李公清節直亮,意慕之,遂造公門。李固,漢中人,爲太尉,與此傳不同也……(張)儉與融兄褒有舊,亡抵於褒,不遇。抵,歸也。《融家傳》:"褒字文禮也。"……官屬耻之,私遣劍客欲追殺。融客有言於(河南尹何)進曰:"孔文舉有重名。"《融家傳》曰:"客言於進曰:'孔文舉於時英雄特傑,譬諸物類,猶衆星之有北辰,百穀之有黍稷,天下莫不屬目也。'"……臨淮公衡,明帝弟,建武十五年立。未及進爵爲王而薨。《融家傳》及《本傳》皆作公,此爲王者,亦誤也。(《後漢書》卷七〇《孔融傳》李賢注引)

大唐氏族志

《大唐氏族志》一百卷,又名《貞觀氏族志》,高士廉等撰。高士廉(567? —647),唐初名臣,貞觀十二年以後,累官至吏部尚書、左右僕射,貞觀二十一年正月卒。事迹見《舊唐書》卷六五、《新唐書》卷九五《高士廉傳》。此書爲唐代最著名的姓氏書之一,有明顯的官方背景,係高士廉等秉承唐太宗旨意編撰,反映了唐初以軍功起家的勳貴新門與以崔、盧、李、鄭、王爲代表的前朝舊族的矛盾,主旨在於備吏部選舉,作爲授官命爵的依據,同時也要用於甄别士庶,其編撰反映了新時代姓氏、門第的興替。由於這類事情在唐代歸吏部主管,故此書的編撰,由吏部尚書高士廉來主持。此後在高宗朝,此事改由宰相李義府、許敬宗主持,對其加以修訂,亦有着複雜的政治鬥争背景。史籍存有多種記録。《舊唐書》卷四六《經籍志上》"雜譜牒類":"《大唐氏族志》一百卷,高士廉撰。"卷三《太宗紀下》,貞觀"十二年春正月乙未,吏部尚書高士廉等上《氏族志》一百三十卷"。卷六五《高士廉傳》:"是時,朝議以山東人士好自矜夸,雖復累葉陵遲,猶恃其舊地。女適他族,必多求聘財。太宗惡之,以爲甚傷教義,乃詔士廉與御史大夫韋挺、中書侍郎岑文本、禮部侍郎令狐德棻等刊正姓氏。於是普責天下譜諜,仍憑據史傳,考其真僞,忠賢者褒進,悖逆者貶黜,撰爲《氏族志》,士廉乃類其等第以進。"卷八二《李義府傳》:"初,貞觀中,太宗命吏部尚書高士廉、御史大夫韋挺、中書侍郎岑文本、禮部侍郎令狐德棻等,及四方士大夫諳練門閥者,修《氏族志》,勒成百卷,升降去取,時稱允當。頒下諸州,藏爲永式。義府耻其家代無名,乃奏改此書,專委禮部郎中孔志約、著作郎楊仁卿、太子洗馬史玄道、太常丞吕才重修。志約等遂立格云:'皇朝得五品官者,皆升士流。'於是兵卒以軍功致五品者，盡入書限，更名爲《姓氏録》。由是搢紳士大夫，多耻被甄叙，皆號此書爲'勳格'。義府仍奏收天下《氏族志》本焚之。"《新唐書》卷五八《藝文志二》"譜牒類"："《大唐氏族志》一百卷，高士廉、韋挺、岑文本、令狐德棻撰。"《貞觀政要》卷七："貞觀六年，太宗謂尚書左僕射房玄齡曰：'比有山東崔、盧、李、鄭四姓，雖累葉陵遲，猶恃其舊地，好自矜大，稱爲士大夫。每嫁女他族，必廣索聘財，以多爲貴。論數定約，同於市賈，甚損風俗，有紊禮經。既輕重失宜，理須改革。'乃詔吏部尚書高士廉、御史大夫韋挺、中書侍郎岑文本、禮部侍郎令狐德棻等，刊正姓氏，普責天下譜牒，兼據憑史傳，剪其浮華，定其真僞，忠賢者褒進，悖逆者貶黜，撰爲《氏族志》。士廉等及進定氏族等第，遂以崔幹爲第一等。太宗謂曰：'我與山東崔、盧、李、鄭，舊既無嫌，爲其世代衰微，全無官宦，猶自云士大夫。婚姻之際，則多索錢物，或才識庸下而偃仰自高，販鬻松檟，依託富貴。我不解人間何爲重之？且士大夫有能立德立功，爵位崇重，善事君父，忠孝可稱；或道義素高，學藝通博，此亦足爲門户，可謂天下士大夫。今崔盧之屬，惟矜遠葉衣冠，寧比當朝之貴？公卿已下，何暇多輸錢物，兼與他氣勢，向聲背實，以得爲榮。我今定氏族者，誠欲崇樹今朝冠冕，何因崔幹猶爲第一等？祇看卿等不貴我官爵耶？不須論數代已前，祇取今日官品、人才作等級，宜一量定，用爲永則。'遂以崔幹爲第三等。至十二年，書成，凡百卷，頒天下。"《唐會要》卷三六《氏族》："貞觀十二年正月十五日，修《氏族志》一百卷成，上之。先是，山東士人，好自矜誇，以婚姻相尚。太宗惡之，以爲甚傷教義，乃詔吏部尚書高士廉、御史大夫韋挺、中書侍郎岑文本、禮部侍郎令狐德棻，及四方士大夫諳練族姓者，普索天下譜牒，約諸史傳，考其真僞，以爲《氏族志》。以崔幹爲第一等。書成，太宗謂曰：'我與山東崔、盧家，豈有舊嫌也？爲其世代衰微，全無官宦人物，販鬻婚姻，是無禮也。依託富貴，是無耻也。我不解人間何爲重之？我今定氏族者，欲崇我唐朝人物冠冕，垂之不朽，何因崔幹爲一等？'列爲第三等，合二百九十三姓，千六百五十一家，分爲九等，頒於天下。""初，《貞觀氏族志》稱爲詳練，至是，許敬宗以其書中不叙明皇后武氏本望，李義府又耻其家無名，乃奏改之。於是委禮部侍郎孔志約、著作郎楊仁卿、太子洗馬史玄道、太常丞吕才等十二人，商量編録，遂立格，以皇朝得五品者，書入族譜，入譜者縉紳士大夫，咸以爲耻，議者號其書爲'勳格'。李義府又奏收《貞觀氏族志》焚之。"《資治通鑑》卷一九五，貞觀十二年正月："吏部尚書高士廉、黄門侍郎韋挺、禮部侍郎令狐德棻、中書侍郎岑文本撰《氏族志》成，上之。先是，山東人士崔、盧、李、鄭諸族，好自矜地望，雖累葉陵夷，苟他族欲與爲昏姻，必多責財幣，或捨其鄉里，而妄稱名族；或兄弟齊列，而更以妻族相陵。上惡之，命士廉等遍責天下譜諜，質諸史籍，考其真僞，辨其昭穆，第其甲乙，褒進忠賢，貶退奸逆，分爲九等。士廉等以黄門侍郎崔民幹爲第一。上曰：'漢高祖與蕭、曹、樊、灌，皆起閭閻布衣，卿輩至今推仰，以爲英賢，豈在世禄乎！高氏偏據山東，梁、陳僻在江南，雖有人物，蓋何足言！況其子孫才行衰薄，官爵陵替，而猶印然以門地自負，販鬻松檟，依託富貴，棄廉忘耻，不知世人何爲貴之？今三品以上，或以德行，或以勳勞，或以文學，致位貴顯，彼衰世舊門，誠何足慕，而求與爲昏？雖多輸金帛，猶爲彼所偃蹇，我不知其解何也？今欲釐正訛謬，捨名取實，而卿曹猶以崔民幹爲第一，是輕我官爵，而徇流俗之情也。'乃更命刊定，專以今朝品秩爲高下。於是以皇族爲首，外戚次之，降崔民幹爲第三。凡二百九十三姓，千六百五十一家，頒於天下。"其書雖亡，佚文亦所剩無幾，但通過上述史文，仍能得其大概。今據諸書，輾轉輯得其佚文二十餘條，以見其概略。

《唐志氏族》，以爲武氏出自姬姓，周平王少子，生而有文在手曰武，遂以爲氏。(《資治通鑑》卷七胡三省注引)

唐司議郎陸柬之書《頭陀寺碑》，前少兩幅，獲于吴郡，世未有此書，内空山字。後筆以《氏族志》檢之，父名山才，遂以爲定。(《書史》)

《唐氏族志》：伯益之後封於萿鄉，因以爲氏。後徙封解邑，乃去邑從衣。(《資治通鑑》卷四三胡三省注引)

《唐貞觀氏族志》，凡第一等則右姓。(《古今合璧事類備要》續集卷一)

鼇,見《氏族志》。(《萬姓統譜》卷五)

旂,見《氏族志》。(《萬姓統譜》卷六)

絇,見《氏族志》。

紆,見《氏族志》。(《萬姓統譜》卷一三)

犀,見《氏族志》。(《萬姓統譜》卷一四)

秉,見《氏族志》。(《萬姓統譜》卷八七)

范,見《氏族志》。(《萬姓統譜》卷九〇)

東方,梁有宿豫士人東方光,唐貞觀中,定德州平原郡八姓,其一東方氏也。(《古今姓氏書辯證》卷二)

按,鄧名世《古今姓氏書辯證》曾多次引及貞觀所修《氏族志》原文,唯未標出書名,而只云貞觀中定姓氏,某州有某姓氏。凡鄧氏此書中稱唐貞觀中定某周氏族郡望幾姓者,均可視爲《氏族志》中文字,而加以輯録。這裏即據此體例録文。下同。

司馬氏……貞觀中,定懷州河内七姓,其一司馬氏。(《古今姓氏書辯證》卷四)

申屠,唐貞觀所定凉州西平郡六姓,有申屠氏。(《古今姓氏書辯證》卷六)

鮮于……唐貞觀所定高陵郡五姓,其一曰鮮于氏。(《古今姓氏書辯證》卷九)

商……唐貞觀所定揚州廣陵郡四姓,其一曰商。

章……唐貞觀所定濮州武陽郡七姓,泉州南安郡六姓,洪州豫章郡六姓,皆有章氏。(《古今姓氏書辯證》卷一三)

倉……唐貞觀所定果州武都郡七姓,一曰倉。

黄……唐貞觀所定虢州江夏郡三姓,泉州安南郡六姓,括州松陽郡三姓,曹州東陽郡十一姓,濮州濮陽郡六姓,皆有黄氏。

皇甫……唐貞觀所定涇州安定郡六姓,其一曰皇甫。(《古今姓氏書辯證》卷一五)

青陽……唐貞觀所定鄭州滎陽四姓,一曰青陽。(《古今姓氏書辯

證》卷一七）

金……唐貞觀所定益州蜀郡三姓，一曰金氏。汾州河西郡四姓，一曰金氏。（《古今姓氏書辯證》卷一九）

閻……唐貞觀所定太原郡十姓，有閻氏。（《古今姓氏書辯證》卷二〇）

賀蘭……唐貞觀所定洛州河南郡十四姓，一曰賀蘭。

相……唐貞觀所定汾州西河郡四姓，其一相氏。（《古今姓氏書辯證》卷三三）

甯，唐貞觀所定青州齊郡四姓，一曰甯氏。（《古今姓氏書辯證》卷三四）

藥，唐貞觀所定果州武都郡五姓，一曰藥。

霍，唐貞觀所定果州武都郡七姓，一曰霍氏。

隋唐定山東八族，其一皆曰郭氏。（《古今姓氏書辯證》卷三八）

邵氏……唐貞觀所定坻丘郡六姓，其一曰獨氏。（《古今姓氏書辯證》卷四〇）

唐太宗既有天下，以地望明貴賤，特詔高士廉、岑文本之屬著姓氏譜，先列天家，次列后族及宰相，凡長孫、宇文，皆登貴姓，而于生民之初得姓受氏之由，源委不可得而辨也。（《五禮通考》卷一四三）

唐貞觀八年條舉氏族事件

《唐貞觀八年條舉氏族事件》,《敦煌遺書總目所引新編》著録爲《唐貞觀八年五月十五日高士廉等條舉氏族奏抄》,敦煌遺書,唐人氏族文書抄本的殘卷,是唐太宗貞觀八年五月十五日吏部尚書高士廉奏疏的抄件,流傳到唐末吐蕃所控制的敦煌地區的民間手抄本,是他爲主編《大唐氏族志》而做的學術準備之一。繆荃孫最早使用這一命名,一九八〇年代,王仲犖先生做此殘卷的《考釋》,覺得繆氏所擬此名妥當,與實況相符,亦承用之。本次輯校,仍然遵用這一命名。原文凡有八十五郡、三百九十八姓。抄本原件今藏國家圖書館,編號北八四一八(位七九),題曰《姓氏録》。殘卷殘存文字四十七行、六十六郡、二百六十六姓,其中殘脱十三姓,殘存二百五十三姓。高士廉之所以領銜起草這個奏疏,是因爲他擔任吏部尚書,主管選舉,需要根據門第高下來甄别士流,爲此就需要編撰新的《氏族志》。而唐太宗也特别希望選舉來壓抑舊門,扶持新門,因此詔高士廉主編《貞觀氏族志》。貞觀六年,唐太宗厭惡山東士大夫門第陵替,猶自以門第、姓氏相矜誇,希望從國家選官制度的層面升降官員,獎勵勳貴,乃詔吏部尚書高士廉,與御史大夫韋挺、中書侍郎岑文本、禮部侍郎令狐德棻等,刊正姓氏,區分等级,以備選舉。士廉等受詔,"普責天下譜諜,仍憑據史傳,考其真僞,忠賢者褒進,悖逆者貶黜,撰爲《氏族志》"(《貞觀政要》卷七)。其書卷數,《舊唐書·經籍志上》《新唐書·藝文志二》、兩《唐書·高士廉傳》《李義府傳》均作一百卷,《貞觀政要》卷七、《唐會要》卷三六《氏族》同,唯有《舊唐書·太宗紀下》作一百三十卷,三字或衍。王仲犖先生的《唐貞觀八年條舉氏族事件殘卷考釋》一文(載其《峼華山館叢稿》,中華書局二〇〇七年版），考訂精審，對於這件敦煌文書底本文字的訛奪且有很好的校補，品質較高，今即以王先生的這個《考釋》本爲底本録文，以備參考。

（前缺）

[晉]陽郡三姓并州：儀、景、魚。

雁門郡三姓[代]（岱）州：續、薄、解。

太原郡十一姓[并州]：[王、郭、霍、蓼、郝、温、昝、]閻、鮮于、令狐、尉遲。

中山郡一姓[恒]（垣）州：甄。

上黨郡五姓[潞]（路）州：包、鮑、連、赫連、樊。

廣平郡四姓冀州：宋、焦、啖、游。

渤海郡四姓冀州：吴、歐陽、高、刁。

高陽郡四姓冀州：紀、公孫、耿、夏。

上谷郡四姓燕州：寇、榮、侯、麻。

范陽郡三姓幽州：盧、鄒、祖。

清河郡七姓貝州：崔、張、黄、尚、傅、路、勒①。

河間郡一姓[瀛]（滆）州：邢。

巨鹿郡三姓邢州：莫、魏、時。

内黄郡一姓相州：扈。

平原郡三姓德州：師、雍、封。

---

① 勒：疑當作"靳"，勒非姓氏。《太平寰宇記》卷五八貝州："清河姓氏六：崔、張、房、尚、傅、靳。"同書卷一三載有鄆州范縣令靳允，其地亦在河北。《通志》卷二九《氏族略五》："靳氏，楚大夫靳尚。漢有靳歙。又汾陽侯靳彊。後漢末范陽令靳先。《後燕録》有太史令雁門靳安。唐金紫光禄大夫靳孝謨，武功人。吏部郎中靳常，館陶人。又居汝南。今望出西河。宋乾德登科，有靳穎。又有靳裁之，潁昌人。靳守中，齊州人。"所舉漢魏間靳姓，均河北人士，無作勒某者，知勒爲靳之形訛。

趙郡二姓趙州：李、眭①。

河内郡九姓懷州：宋、司馬、荀、向、浩、淳于、東、尋、□。

黎陽郡二姓衛州：璩、桑。

河南郡七姓洛州：賀蘭、丘、士、穆、祝、[竇、獨孤]。

弘農郡四姓[虢](郛)州：楊、劉、張、晉。

南陽[郡]十姓[鄧州]：張、樂、趙、滕、井、何、白、鄧、姬、□。

滎陽郡四姓鄭州：鄭、毛、潘、楊。

潁川郡七姓許州：陳、荀、韓、鍾、許、庾、庫。

陳留郡四姓汴州：[阮](元)、謝、衛、虞。

東郡三姓[滑]州：費、成公、上官。

梁國郡三姓宋州：宋、喬、張。

譙國郡八姓亳州：戴、夏侯、桓、嵇、曹、婁、龐、□。

濟陽郡三姓曹州：蔡、丁、江。

汝南郡七姓[豫]州：殷、昌、袁、應、和、荆、梅。

濮陽郡六姓濮州：吴、徐、表、扶、黄、慶。

濟[陰](陽)郡五姓曹州：董、禾、丁、(郄)[都]、苗。

高平郡五姓兖州：[郗](郤)、檀、徐、曹、孫。

濟北郡一姓濟州：氾。

東平郡三姓兖州：萬、吕、畢。

---

① 眭：或爲"睦"之誤。《太平寰宇記》卷六〇河北道九趙州："姓氏：趙郡二姓：李、睦。"載同一條文字，而作"睦"。《通志》卷二九《氏族略五》："睦氏：宋登科睦緯，大名府人。"《路史》卷六："栗陸氏，是爲栗睦……後有栗氏、睦氏。"《寶刻叢編》卷二《漢山陽太守祝睦後碑》："前碑不知所立人名字，兩碑所載官閥、壽考、年月悉同。而此碑有立碑人名氏，及睦氏世次云：'故吏王堂等，竊聞下有述上之功，臣有叙君之德。'其餘文字，亦完可讀。《集古録》。"卷六《唐西明寺上座智遠律師塔銘》："唐前進士彦珍撰，集賢院書手陳瓌書。律師姓睦氏，趙郡人，爲長安西明寺臨壇上座。碑以開元二十五年立。《集古録目》。"明倪謙《倪文僖集》卷一九《丹陽董莊睦氏族譜序》："睦氏之先，望出魯國。五季時，有睦三府君，始自真定，來擇練塘之南句曲山之左居之，是爲丹陽董莊之睦。"均載睦爲漢唐河北古姓氏，似作睦不誤。然姓氏書又有眭姓。《路史》卷一六："采于眭者，又爲眭氏。"卷三〇："眭，後有眭氏。漢眭孟。許遜師眭子烈。"未知孰是。

魯國郡七姓兗州：夏、孔、車、[唐](庚)、曲、栗、齊。

平陽(郡)一姓兗州：孟。

太山郡四姓兗州：胡、周、羊、鮑。

平昌郡一姓兗州：管。

樂安郡七姓青州：孫、任、高、元、薛、門、蔣。

千乘郡一姓青州：倪。

臨甾郡三姓青州：史、甯、左。

成陽郡二姓[青]州：成、蓋。

彭城郡五姓徐州：劉、曹、袁、引、受。

沛郡三姓徐州：朱、張、周。

琅邪郡六姓沂州：王、顔、諸葛、惠、符、徐。

蘭陵郡一姓徐州：蕭。

下邳郡四姓泗州：陳、郤、谷、國。

東莞郡四姓海州：臧、關①、竹、刀。

廣陵郡三姓揚州：戴、高②、盛。

長城郡一姓湖州：錢。

會稽郡七郡越州：虞、孔、賀、榮、盛、鍾離、[謝]。

吴郡四姓蘇州：朱、張、顧、陸。

吴興郡七姓湖州：姚、明、丘、纽、聞、施、沈。

錢唐郡三姓杭州：全、褚、范。

鹽官郡三姓杭州：岑、鄔、戚。

丹陽郡四姓潤州：紀、甘、許、左。

---

① 關："闞"之訛。《太平寰宇記》卷二二河南道二十二海州姓氏："東莞郡四姓：臧、闞、何、公孫。"《通志》卷二七《氏族略三》："關氏……望出隴西、東海。""闞氏，《風俗通》：闞黨童子之後。漢有荆州刺史闞翊。《漢書・藝文志》：闞子著書。後漢末闞宣，下邳人。王僧孺《百家譜》云：'蕭遠娶下邽闞氏之女。'"知作"關"誤。

② 高："商"之訛。《古今姓氏書辯證》卷一三："商……唐貞觀所定揚州廣陵郡四姓，其一曰商。"卷一八游氏："游子肇……子祥，字宗良，高邑文侯。其後有徙居揚州廣陵。隋時間與戴、商、盛，又爲廣陵四姓。"知作"商"是。

東陽郡五姓婺州:菀、姚、習、黄、留、難。

臨海郡台州:屈、譚、靖、弋。

松陽郡四姓括州:黄、瀨、曲、豆。

尋陽郡二姓江州:陶、翟。

豫章郡五姓洪州:熊、羅、章、雷、湛。

武陵郡二姓[朗]州:供、仵①。

長沙郡四姓[潭](譚)州:劉、茹、曾、秦。

武都郡一姓果州:冉。

南安郡五姓泉州:黄、林、單、仇、戚。

以前太史因堯置九州,今爲八十五郡,合三百九十八姓。今貞觀八年五月十日壬辰,自今已後,明加禁約,前件郡姓出處,許其通婚媾。結婚之始,非舊委[悉](怠),必須精加研究,知其囊譜相承不虚,然可爲匹。其三百九十八姓以外,又二千一百雜姓,非史籍所載,雖預三百九十八姓之限,而或媾婚混雜,或從賤入良,營門雜户,慕容商販之類,雖有譜,亦不通。如有犯者,剔除籍。光禄大夫兼吏部尚書、許國公[高]士廉等,奉敕令臣等,天下氏族,若不别條舉,恐無所憑准。令詳事訖,件録如前。

大蕃歲次丙辰,後三月庚午朔,十六日乙酉,魯國唐氏芻苾悟真記。

---

① 供仵:疑爲"龔伍"之誤。《太平寰宇記》卷一四六山南東道五荆州:"武陵郡三姓:卞、伍、龔。"敦煌遺書斯二〇五二號《新集天下姓望氏族譜》:"朗州武陵郡,出五姓:伍、龔、卜、冉、莘。"均記作伍氏,非仵氏,供亦作龔。仵氏之郡望在襄陽,非武陵。《新集天下姓望氏族譜》:"荆州江陵郡,出五姓:能、縣、仵、戎、酒。"《資治通鑑》卷一八六胡注引《姓苑》:"仵姓,望出襄陽。《急就章》有仵終古。"《通志》卷二九《氏族略五》:"仵氏,望出襄陽。《急就章》:仵終古。今莆田多此姓。宣和六年,仵良翰登科,大名府人。"均載爲襄陽、荆州郡望。《通志》卷二八《氏族略四》又曰:"伍氏,芊姓,楚大夫伍參之後也。伍子胥奔吴,其子又爲王孫氏,適齊。漢有伍被,楚人,望出安定。武陵又有五氏,本伍氏,避仇,改爲五。蜀有五梁,晉有始興太守五裔。"似居武陵郡者爲伍姓,五氏從中化出,亦爲武陵郡望,仵姓郡望則不在武陵。

禮記注疏·姓族

《禮記注疏·姓族》,連同下篇輯録之《春秋左傳注疏·隱公八年》,皆唐初學者孔穎達(574—648)撰,以注經的形式,敘述上古賜姓命氏的基本規則,對於後人認識上古姓氏源流有好處,據輯。

同姓從宗,合族屬。異姓主名,治際會。名著而男女有别。注:合,合之宗子之家,序昭穆也。異姓,謂來嫁者也。主於母與婦之名耳。際會,昏禮交接之會也。著,明也。母婦之名不明,則人倫亂也。亂者,若衛宣公、楚平王爲子取而自納焉。疏:《正義》曰:此一節論同姓從宗,異姓主名,明男女有别之事,各隨文解之。同姓從宗者,同姓父族也。從宗,謂從大小宗也。合族屬者,謂合聚族人親疏,使昭爲一行,穆爲一行,同時食,故曰"合族屬"也。異姓主名,治際會者,異姓,謂他姓之女,來爲己姓之妻,繫夫之親主,爲母婦之名。夫若爲父行,則主母名。夫若子行,則主婦名。治,正也。際會,所以主此母婦之名,正昏姻交接會合之事,名著而男女有别者,若母婦之名著,則男女尊卑異等,各有分别,不相淫亂。凡姓族異者,所以别異人也。猶萬物皆各有名,以相分别。天子賜姓賜氏,諸侯但賜氏,不得賜姓,降於天子也。故隱八年《左傳》云:"無駭卒,公問族於衆仲。衆仲對曰:'天子建德,因生以賜姓。胙之土而命之氏。諸侯以字爲謚,因以爲族。官有世功,則有官族。邑亦如之。'"以此言之,天子因諸侯先祖所生,賜之曰姓。杜預云:"若舜生嬀汭,賜姓曰嬀,封舜之後於陳,以所封之土命爲氏。"舜後姓嬀,而氏曰陳,故鄭駁異義云:"炎帝姓姜,太皞之所賜也。黄帝姓姬,炎帝之所賜也。故堯賜伯夷姓曰姜,賜禹姓曰姒,賜契姓曰子,賜稷姓曰姬。"著在書、傳。如鄭此言，是天子賜姓也，諸侯賜卿大夫以氏。若同姓公之子曰公子，公子之子曰公孫。公孫之子，其親已遠，不得上連於公，故以王父字爲氏。若適夫人之子，則以五十字伯仲爲氏。若魯之仲孫、季孫是也。若庶子妾子，則以二十字爲氏。則展氏、臧氏是也。若異姓，則以父、祖官及所食之邑爲氏。以官爲氏者，則司馬、司城是也。以邑爲氏者，若韓、趙、魏是也。凡賜氏族者，此爲卿，乃賜有大功德者。生賜以族，若叔孫得臣是也。雖公子之身，若有大功德，則以公子之字，賜以爲族，若仲遂是也。其無功德，死後乃賜族，若無駭是也。若子孫不爲卿，其君不賜族，子孫自以王父字爲族也。氏族對文爲别，散則通也。故《左傳》云："問族於衆仲。"下云："公命以字爲展氏"是也。其姓與氏散，亦得通。故春秋有姜氏、子氏，姜、子皆姓，而云氏是也。（孔穎達《禮記注疏》卷三四；《稗編》卷三四《姓族》）

春秋左傳注疏·隱公八年

胙之土而命之氏。注:報之以土,而命氏曰陳。《正義》曰:胙,訓報也。有德之人,必有美報。報之以土,謂封之以國名以爲之氏。諸侯之氏,則國名是也。《周語》曰:"帝嘉禹德,賜姓曰姒,氏曰有夏。胙四岳,國賜姓曰姜,氏曰有吕。"亦與賜姓曰嬀,命氏曰陳,其事同也。姓者,生也,以此爲祖,令之相生,雖下及百世,而此姓不改。族者,屬也,與其子孫共相連屬,其傍支别屬則各自立氏。《禮記大傳》曰:"繫之以姓而弗别,百世而昏姻不通者,周道然也。"是言子孫當共姓也。其上文云庶姓别於上,而戚單於下,是言子孫當别氏也。氏猶家也。《傳》稱:盟于子晳氏,逐瘈狗入于華臣氏,如此之類,皆謂家爲氏。氏族一也,所從言之異耳。《釋例》曰:"别而稱之,謂之氏;合而言之,則曰族。"例言别合者,若宋之華元、華喜,皆出戴公向。魚、鱗、蕩,共出桓公。獨舉其人,則云華氏、向氏;并指其宗,則云戴族、桓族,是其别合之異也。記謂之庶姓者、以始祖爲正姓,高祖爲庶姓,亦氏族之别名也。姓則受之於天子,族則稟之於時君。天下之廣,兆民之衆,非君所賜,皆有族者,人君之賜姓,賜族爲此姓,此族之始祖耳。其不賜者,各從父之姓族,非復人人賜也。《晉語》稱:"黄帝之子二十五人,其得姓者十二人。"天子之子尚不得姓,况餘人哉! 固當從其父耳。黄帝之子,兄弟異姓。周之子孫,皆姓姬者,古今不同,質文代革。周代尚文,欲令子孫相親,故不使别姓。其賜姓者亦少,唯外姓嬀、滿之徒耳。賜族者,有大功德,宜世享祀者,方始賜之。無大功德,任其興衰者,則不賜之。不賜之者,公之同姓,蓋亦自氏祖字。其異姓,則有舊族可稱,不世其禄,不盡賜也。衆仲以天子得封建諸侯,故云胙土命氏。據諸侯言耳。其王朝大夫不封爲國君者，亦當王賜之族。何則？春秋之世，有尹氏、武氏之徒，明亦天子賜之，與諸侯之臣，義無異也。此無駭是卿羽父，爲之請族，蓋爲卿乃賜族，大夫以下或不賜也。諸侯之臣，卿爲其極。既登極位，理合建家。若其父祖微賤，此人新升爲卿，以其位絶等倫，其族不復，因故身未被賜，無族可稱。魯挾、鄭宛皆未賜族，故單稱名也。或身以才舉，暫升卿位，功德猶薄，未足立家，則雖爲卿，竟不賜族。羽父爲無駭請族，知其皆由時命，非例得之也。華督生，立華氏，知其恐慮不得，故早求之也。由此而言，明有竟無族者，魯之翬挾、柔溺，名見於經，而其後無聞，是或不得族也。其士會之孥，處秦者爲劉氏。伍員之子，在齊爲王孫氏。《外傳》稱，知果知知伯之將滅，自别其族爲輔氏。如此之類，皆是身自爲之，非復君賜。《釋例》曰："子孫繁衍，枝布葉分，始承其本，末取其别。"故其流至於百姓萬姓。其言自有百姓萬姓，未必皆君賜也。《晉語》稱："炎帝姓姜。"則伯夷炎帝之後，姜自是其本姓，而云賜姓曰姜者，黄帝之後，别姓非一，自以姜姓賜伯夷，更使爲一姓之祖耳，非復因舊姓也。猶后稷别姓姬，不是因黄帝姓也。(《春秋左傳注疏》卷三唐孔穎達疏)

周禮注疏·大宗伯

《周禮注疏·大宗伯》,唐初學者賈公彦(生卒年不詳。隋齊王府文學賈演子。貞觀十六年前不久,爲太學博士。永徽四年二月,爲太學博士兼弘文館學士。撰《周禮疏》五十卷、《禮記正義》八十卷、《儀禮義疏》五十卷。事迹見《舊唐書》卷一八九上、《新唐書》卷一八八《賈公彦傳》)撰,主要論述上古社會飲食、婚姻與氏族血緣之關係,内容與一般的姓氏書不同,有參考價值,據輯。

文王世子曰:"族食世降一等。"《大傳》曰:"繫之以姓而弗别,綴之以食而弗殊。百世而昏姻不通者,周道然也。"注:釋曰:言"使之相親"者,止謂與族人行飲食,即是相親也。云"人君有食宗族飲酒之禮,所以親之也"者,謂人君與族人行食禮,并飲酒之禮,故並言之。《文王世子》曰:"族食,世降一等"者,鄭彼注云:親者稠,疏者稀。假令親兄弟歲四度,從父昆弟,歲三度,從祖昆弟歲二度,族昆弟歲一度,是其一世降一等云。《大傳》曰"繫之以姓而弗别"者,子孫雖有氏族不同,皆繫之以正姓。若魯姓姬,子孫氏曰仲孫,叔孫、季孫之屬。氏族雖異,同是姓姬,故云"繫之以姓而不别"也。云"綴之以食而弗殊"者,謂繼别爲大宗者,與族人行食禮相連綴,序以昭穆,而不可殊異也。云"百世而昏姻不通"者,以繫之以正姓,雖氏族異,昏姻不得通行也。云"周道然也"者,對殷道則不然,以其殷道氏族異,則得昏姻也。引之者證此經,以飲食相親之事,注引《文王世子》,據人君法引《大傳》,據大夫士法,則萬民亦有此飲食之禮也。(唐賈公彦《周禮注疏》卷一八《大宗伯》)

姓氏譜

《姓氏譜》二百卷,又名《姓氏録》,許敬宗主編,孔志約、陽仁卿、史玄道、吕才等十一人編撰。許敬宗(592—672),事迹見《舊唐書》卷八二、《新唐書》卷二二三上《許敬宗傳》。此書乃其於唐高宗顯慶、龍朔中任宰相時主修,最早見《舊唐書》卷四六《經籍志上》"雜譜牒類":"《姓氏譜》二百卷,許敬宗撰。"《新唐書》卷五八《藝文志二》"譜牒類":"《姓氏譜》二百卷,許敬宗、李義府、孔志約、陽仁卿、史玄道、李(吕)才撰。"《通志·藝文略四》"譜系·總譜":"《姓氏譜》二百卷,吕才等撰。"著録作者較爲合實。《舊唐書》卷七九《吕才傳》:"擢授太常丞。永徽初,預修《文思博要》及《姓氏録》。"《册府元龜》卷五六〇:"吕才爲太常丞,高宗永徽初,修《姓氏録》。"皆爲對修書作者的如實記録。《册府元龜》卷五六〇又云:"許敬宗撰《姓氏譜》二百卷。"則爲承襲舊文。《崇文總目》卷二"氏族類":"《姓氏譜》一卷,許敬宗撰。"此一卷本則爲其書在北宋前期之傳本。其編撰背景見《舊唐書》卷八二《許敬宗傳》:"自貞觀已來,朝廷所修《五代史》及《晉書》《東殿新書》《西域圖志》《文思博要》《文館詞林》《累壁》《瑶山玉彩》《姓氏録》《新禮》,皆總知其事,前後賞賚不可勝紀。"《唐會要》卷三六:"顯慶四年九月五日,詔改《氏族志》爲《姓(氏)録》。上親製序,仍自裁其類例。凡二百四十五姓,二百八十七家,以皇后四家、酅公、介公、贈台司、太子三師、開府儀同三司、僕射爲第一等,文武二品及知政事者三品爲第二等,各以品位爲等第,凡爲九等,並取其身及後裔。若親兄弟量計相從,自餘枝屬,一不得同譜。初,貞觀《氏族志》,稱爲詳練。至是,許敬宗以其書中不叙明皇后武氏本望,李義府又耻其家無名,乃奏改之,於是委禮部侍郎孔志約、著作郎楊仁卿、太子洗馬史玄道、太常丞吕才等十二人商量編録。遂立格,以皇朝得五品者書入族譜,入譜者縉紳士大夫,咸以爲耻。議者號其書爲'勳格'。李義府又奏收貞觀《氏族志》焚之。"其書雖然以懷有私見,貶抑舊族,昇降新門,品第人物不公而招致衆多的譏評,但其史學價值仍不可掩。且多達二百卷,爲一空前之姓氏學巨著,在古代除了梁武帝時集合儒臣修纂的《十八州譜》(《隋志二》作六百九十卷,《舊唐書・經籍志上》作七百一十二卷,《梁書》卷三三、《南史》卷五九《王僧孺傳》作七百一十卷,王僧孺撰)外,未有其比,價值之高,可以想見。可惜原書北宋以後全佚,僅剩極少數佚文及相關記載散在諸書,今亦加輯録,以見其略。

初,太宗嘗以山東士人尚閥閲,後雖衰,子孫猶負世望,嫁娶必多取貲,故人謂之賣昏。由是詔士廉與韋挺、岑文本、令狐德棻責天下譜諜,參考史傳,檢正真僞,進忠賢,退悖惡,先宗室,後外戚,退新門,進舊望,右膏粱,左寒畯,合二百九十三姓,千六百五十一家,爲九等,號曰《氏族志》。而崔幹仍居第一……遂以崔幹爲第三姓,班其書天下。高宗時,許敬宗以不叙武后世,又李義府耻其家無名,更以孔志約、楊仁卿、史玄道、吕才等十二人刊定之,裁廣類例,合二百三十五姓,二千二百八十七家,帝自叙所以然。以四后姓、酅公、介公及三公、太子、三師、開府儀同三司、尚書僕射爲第一姓,文武二品及知政事三品爲第二姓,各以品位高下叙之,凡九等,取身及昆弟子孫,餘屬不入,改爲《姓氏録》。當時軍功入五品者,皆昇譜限,搢紳耻焉,目爲"勳格"。義府奏悉索《氏族志》燒之,又詔後魏隴西李寶、太原王瓊、滎陽鄭温、范陽盧子遷、盧澤、盧輔、清河崔宗伯、崔元孫,前燕博陵崔懿、晉趙郡李楷凡七姓十家,不得自爲昏。三品以上納幣不得過三百匹,四品五品二百,六品七品百,悉爲歸裝。夫氏禁受陪門財。先是,後魏太和中,定四海望族,以寶等爲冠。其後矜尚門地,故《氏族志》一切降之。王妃主婿,皆取當世勳貴名臣家,未嘗尚山東舊族。後房玄齡、魏徵、李勣復與昏,故望不減,然每姓第其房望,雖一姓中,高下縣隔。李義府爲子求昏不得,始奏禁焉。其後天下衰宗落譜,昭穆所不齒者,皆稱"禁昏家",益自貴。凡男女皆

潛相聘娶,天子不能禁,世以爲敝云。(《新唐書》卷九五《高儉傳》;《玉海》卷五〇)

初,貞觀中,太宗命吏部尚書高士廉、御史大夫韋挺、中書侍郎岑文本、禮部侍郎令狐德棻等及四方士大夫諳練門閥者,修《氏族志》,勒成百卷,升降去取,時稱允當,頒下諸州,藏爲永式。(李)義府耻其家代無名,乃奏改此書,專委禮部郎中孔志約、著作郎楊仁卿、太子洗馬史元道、太常丞吕才重修。志約等遂立格云:皇朝得五品官者,皆升士流。於是兵卒以軍功致五品者,盡入書限,更名爲《姓氏録》。由是縉紳士大夫,多耻被甄叙,皆號此書爲"勳格"。義府仍奏收天下《氏族志》本焚之。關東魏齊舊姓,雖皆淪替,猶相矜尚,自爲婚姻,義府爲子求婚不得,乃奏隴西李等七家,不得相與爲婚。"(《册府元龜》卷三三七)

按,以上兩段長文,雖非出自許敬宗《姓氏譜》原書,但係宋人據唐代史料改寫,保存了原書大概,因爲能够考見整體,較之那些散見諸書的簡短佚文反而更有意義。雖經改寫,非出原文,但一則内容完整連貫,存文較多,篇幅較長,二則多數引文係對原書内容、體例的介紹,具有依據。儘管此書佚文存世無多,但其修撰詳情及著作體例、基本内容還是通過上述引文大體展現出來,故輯録如上,以備參稽。

按,《姓氏譜》有左氏,有左丘氏,則豈一家之言乎。(《漢藝文志考證》卷三)

《姓氏譜》亦云:夏黄公,姓崔名廓,字少通,齊人,隱居修道,號夏黄公。(《湛淵静語》卷二)

《姓氏譜》:李氏凡十三望,以隴西爲第一。唐時重族望,雖帝系之貴,亦自屈居第三,而讓隴西爲一,則隴西之李,與唐室之李不同族明矣。史官修《唐世系表》,謂皋陶爲堯大理,世爲理氏,紂時有逃難,食李得全,故改理爲李,此附會杜撰以媚時之説,殊不足信。按唐本李暠之後,乃西凉,非中國人,與皋陶之理風馬牛不相及也。而唐帝以李老君爲祖,封爲玄元皇帝,而廟祀之,使史官皋陶大理之説有據,何不直祖皋陶而乃下祖李耳乎?是自相矛盾,可疑甚矣。漢世李廣爲隴西李氏,至唐猶然。然據唐人《姓氏譜》,則隴西與唐室了不相干,而李氏稱隴西

者，往往冒爲唐宗室，又矛盾矣。（《升庵集》卷五〇《李姓非一》條）

眭，人姓，音睦，蓋睦字之省文也……《姓氏譜》，睦同炅。《漢書》注："深闢其穆。"今胡姓亦有眭，音穆，《姓氏譜》未可非也。（《轉注古音略》卷五）

太史令終古出奔商。箋：按《姓氏譜》，紂行亂政，三旬不朝，終古執圖法，泣諫不聽，先奔于商，三年而桀乃亡。（《竹書統箋》卷四）

《姓氏譜》：張氏出自姬姓，黄帝子少昊青陽氏，第五子揮正，始制弓矢，子孫賜姓張。周宣王卿士張仲，其後裔，事晉爲大夫。（《資治通鑑》卷一胡三省注）

《姓氏譜》，州來，吴姓。（《陳檢討四六》卷四）

《姓氏譜》：畢姓，望出東平、太原。（《陳檢討四六》卷六）

唐官姓氏記

《唐官姓氏記》五卷，李利涉撰。李利涉，生卒年不詳。唐太宗、高宗朝人，生活於貞觀、永徽間，與道士成玄英同時，兩人熟識。《新唐書》卷五九《藝文志三》"道家類"成玄英注《老子道德經》二卷條載："玄英字子實，陝州人，隱居東海。貞觀五年，召至京師。永徽中，流郁州。書成，道王元慶遣文學賈鼎就授大義。嵩高山人李利涉爲序，唯《老子注》《莊子疏》著録。"永徽中，玄英坐事流郁州，其《南華真經疏》書成，利涉爲其作序，其時尚自號嵩高山人。或者因與成玄英交往而受到牽連，亦貶官嶺南。其書初本十卷。利涉貶官南方，亡失其半。事迹見《新唐書》卷五八《藝文志二》"譜牒類"《通志·藝文略四》"譜系·總譜"、《郡齋》袁州本三上道家類《南華真經疏》三十三卷解題。據《宋史》卷二〇四《藝文志三》"譜牒類"，李利涉所撰除《唐官姓氏記》外，另有"《姓氏秘略》三卷，又《編古命氏》三卷、《五聲類氏族》五卷"，《玉海》卷五〇《唐官姓氏記》："《志》：李利涉《唐官姓氏記》五卷，初十卷，後亡其半。又《編古命氏》三卷。"又《路史》卷一九、《古今姓氏書辯證》卷一九載李利涉還著有《盛氏譜》。以上五書，唐宋間均有稱引，可見其爲唐初譜牒學專家，在這方面甚有成就。兹據諸書考其生平、著述，將其書列爲存目，佚文則無考，只能存闕。

編古命氏

《編古命氏》，唐高宗朝學者李利涉撰，《新唐書》卷五八《藝文志二》“譜牒類”、《崇文總目》卷二“氏族類”著録，均三卷。《遂初堂書目·姓氏類》作唐李利涉《編古命氏録》。《玉海》卷五〇《唐編古命氏》：“《（中興館閣）書目》：‘永隆二年李利涉撰，三卷。凡二百五十六姓，著胄系之始。其末又載《諸氏族譜》一卷，云梁天監七年，中丞王僧孺所撰，俾士流案此譜，乃通昏姻。貞觀六年，又命高士廉等定氏族，明加禁約云。’《崇文目》同。”《金石録》卷一四、一七、一九、《隸釋》卷五、二四、二五、二七、《寶刻叢編》卷二各有徵引，以證古碑。北宋末年，洪皓還專爲此書寫過跋，指正此類姓氏書記古人姓氏起源，頗有不可信處，當辨析區分，不可全信。見其《鄱陽集》四《跋李利涉命氏編》，可見此書在宋代甚爲流行。入元以後方不見稱引，知亡於宋末元初。今據諸書輯其佚文於下。洪皓所撰跋作爲附録，置于佚文之末。

右《漢國三老袁君碑》。案《元和姓纂》云：袁幹封貴鄉侯，始居陳郡，爲著姓。八代孫良，生昌、璋。昌生安，璋生滂，爲司徒……又此《碑》與李利涉《編古命氏》皆云：‘良，幹五世孫’，而《姓纂》《唐史》皆以爲八代孫。《碑》云：幹，袁生之曾孫，而《唐史》以爲玄孫。諸書皆云幹以討公孫勇功，封貴鄉侯，而《碑》獨作公先勇，又云封關内侯，食遺鄉六百户者，皆莫可考。（《金石録》卷一四《漢國三老袁君碑》）

右《漢梁相費汎碑》，在湖州，其額題“漢故梁相費君之碑”。《碑》云：梁相諱汎，字仲慮，此邦之人也。其先季文，爲魯大夫，有功封費，因絋爲姓。秦、項兵起，避地于此，遂留家焉。余家所收姓氏文字粗備，以諸書參考,頗多柢牾不合。《姓苑》云:費氏,禹後。漢有長房。《蜀志》有丞相禕。又云:今琅邪亦有此姓,音父位反。李利涉《編古命氏》云:費氏,出自魯桓公少子季友,有勳於社稷,賜汶陽之田,封邑于費,子孫氏焉。漢有費將軍,其後有費忠、費柔。柔適蜀爲寧,蜀人忠之,孫徙於荆州,後遷江夏。忠十代孫奕,奕孫禕,又家於蜀。晉平蜀,禕之子承復歸江夏……余嘗考之,此字有兩姓,音讀不同,源流亦異。其一音蜚,嬴姓,出於伯翳。《史記》所載費昌、費中、楚費無極、漢費將軍、費直、費長房、蜀費禕之徒,是其後也。其一音秘,姬姓,出於魯季友,《姓苑》所載琅邪費氏,而此《碑》所謂梁相費君,是其後也……而《編古命氏》以費將軍費禕之徒出于魯季友,亦非也。(《金石録》卷一七《漢梁相費汎碑》;《資治通鑑》卷三七胡三省注)

右《漢逢府君墓石柱篆文》,云漢故博士趙傅逢府君神道。唐李利涉《編古命氏》:北海逢氏,有名絲,字子繡者,爲漢趙王傅。其孫萌,不仕王莽,蓋前漢時人。今逢君北海人,又爲趙傅,疑其是也。(《金石録》卷一九《漢逢府君墓石柱篆文》;《寶刻叢編》卷二《漢博士趙傅逢君神道》)

右《漢劉熊碑》,在今酸棗縣,云君諱熊,字孟,孟下缺一字……案《後漢書》:光武子廣陵思王荆,以讒死,顯宗封其子元壽爲廣陵侯,又封元壽弟三人,皆爲鄉侯。而李利涉《編古命氏》《唐書·宰相世系表》皆云:荆生俞鄉元侯平,平生彪,襲封。今據熊當爲彪之弟,然則於光武乃其曾孫,而曰玄孫者,疑碑誤。(《金石録》卷一九《漢酸棗令劉熊碑》)

右《酸棗令劉熊碑》……李利涉《編古命氏》云:荆生俞卿侯平,平生彪,襲封。(《隸釋》卷五、卷二六《酸棗令劉熊碑》)

有許氏……焦氏譙氏……唐李利涉定譙氏出姬姓,故或謂不出炎帝,而出于曹。(《路史》卷一三)

昭王子成公男,後有成公氏。李利涉《編古命氏》:成公生與李斯男由同時,遂不仕。

召公倩、周西伯夫人紹,兩交,龍不樂,遂娠,生子,有文在手曰盛,因名氏之。年十有八,封之譙侯。晉武公滅譙,有之爲譙氏、焦氏。李利涉《盛氏譜》、孔至之説,同以爲譙侯因爲望。(《路史》卷一九)

譙，舊姓書云：出自姜姓……舉是五事，則姜姓焦國，本無其人。姬姓焦侯，正爲得氏之始。唐人李利涉載其説於《盛氏譜》中，雖略而可采，今參合援引，以定著譙氏譜云。謹按：譙氏出自姬姓，召康公奭輔周成王，爲西伯。夫人姜氏，出游池上，見二黑龍交，欲然不樂，遂有娠。及生子，有文在其手曰盛，因名而氏之。年十有八，封爲譙侯，其地譙國焦縣是也。後裔寖微。至晉武公偁起曲沃，并晉，稍吞滅諸鄰國，始并焦而有其地。子孫因以爲譙氏。亦作焦，譙、焦一也。魏有譙周。晉梓潼太守譙登，高涼將譙朗及明，折衝長史譙昶。後涼吕纂將譙辯。後蜀李壽聘處士譙秀，以爲賓客。（《古今姓氏書辯證》卷一〇）

成公，李利涉《編古命氏》曰：出自姬姓，周昭王子成公男之後。《漢藝文志》有成公生，與李斯子由同時，而不仕。晉成公綏，字子安。有傳。石虎有左校令成公段，以造庭燎不善，被誅。南涼有大司農成公緒。宋棣州成公氏，安仁令斁，生乾州判官恕，恕生三傳出身湘。湘生階州司户純臣。（《古今姓氏書辯證》卷一六）

附　録

姓氏族譜，古人甚重，以辨昭穆，俾之不亂。以别婚姻，俾之不犯。古有史官，漢有官譜，晉有譜局，以隸選舉。又有譜學，以明傳受。宋因晉制，齊梁亦然。元魏遷洛，妄賜逾百，雖别姓族以爲選格，譜系亂華，稽考惟艱。唐興，賜姓多及裔夷。厥後亂離，尤乖古制。屢撰志録，荐肆紛更。路、韋、蕭、孔、兩柳、二李、殷、林之徒，譜學皆明，著書亦衆。各據狀承，莫能諳究，因生祚土，寖失其本。謂僖以謚爲氏，魯僖公之後，不知黄帝之子十有二姓，而僖姓居其一焉。僖十八年，晉文公過曹，僖負羈餽餐，置璧。後十年入曹，令無入僖，負羈之宫，而免其族，稱族則非一家。又五年僖公卒，豈有僖公在位前十五年，子孫以謚爲氏乎？則，僖姓也，非氏也。謂胡以謚爲氏，陳胡公之後，不知胡乃國也，在汝陰之南。魯襄公娶其二女，屢見於《春秋》，則胡以國氏，非以謚也。二百四十二年之間，諸侯以僖公爲謚者數人，豈獨魯乎？《春秋》之前，諸侯以胡爲謚者有,齊豈獨陳乎?不知諸家何據而言?僕作《姓氏指南》,每規其失。昔在雲中,因申繻之對,作詩十四篇,粗論賜命之旨。嘗爲仲堅工部言,仲堅欲得之,會予有疾,未能如約,姑書此以見梗概云。(宋洪皓《鄱陽集》卷四《跋李利涉命氏編》)

姓源韻譜

《姓源韻譜》五卷，曹大宗撰。曹大宗，生卒年不詳，正史無傳，僅知其爲初盛唐之交士人，與張九齡同時或略早，著有本書及《郡國志》二卷。其書唐代史志目録不載，别見他書。《通志·藝文略四》"譜系·韻譜"："《姓源韻譜》四卷，曹大宗撰。《姓源韻譜》五卷。張九齡撰。"《崇文總目》卷二"氏族類"有《姓源韻譜》五卷，當爲張九齡書。《宋史·藝文志二》"譜牒類"："曹大宗《姓源韻譜》一卷。"所著録者當爲其書在宋代之節本。《玉海》卷五〇："《姓源韻譜》五卷，唐曹大宗采諸書述姓氏郡望，以四聲類之。又一本云：'張九齡撰，所存止三卷。'"其書舊籍或簡稱《姓源》《韻譜》《姓源譜》《姓源韻》。唐宋姓氏書如《古今姓氏書辯證》所引者，均出曹氏此書，非張九齡之同名著作，故可作爲本書佚文輯入。從保存在《古今姓氏書辯證》卷三四中的孟氏條文看，此書的編撰跟《元和姓纂》類似，都是先姓氏，後郡望，先北後南，依次叙述，較有條理。只是原文亡佚過多，無法復原，只能按所輯之書的四部文獻次序先後排列。宋洪邁《容齋隨筆》四筆卷九《姓源韻譜》提到一事，説的是宋代新修的同名著作，但所指之誤失亦與本書有關。文曰："姓氏之書，大抵多謬誤。如唐《貞觀氏族志》，今已亡其本。《元和姓纂》誕妄最多。國朝所修《姓源韻譜》，尤爲可笑。姑以洪氏一項考之，云：'五代時有洪昌、洪杲，皆爲參知政事。'予按，二人乃五代南漢僭主劉龑之子。及晟嗣位，用爲知政事。其兄弟本連'弘'字，以本朝國諱，故《五代史》追改之，元非姓洪氏也。此與洪慶善序丹陽弘氏云：'有弘憲者，元和四年，嘗跋《輞川圖》。'不知弘憲乃李吉甫之字耳，其誤正同。"洪邁文中所説，固然不誤，但他僅僅是從考據的角度立論，然姓氏譜牒之書，其用途又豈可是考據一科可以盡之,考據僅爲姓氏類書籍的文獻資料價值之一,其更大的用途在於文化史、民族史的專門研究,從中可以考見民族興衰、部落存亡、種族遷徙、人口流動、家族源流、文化演變,關係甚大。從學術文化的角度言,此類書籍,當如陳寅恪先生所説,可以視爲"一種學術之叢書"(陳寅恪《金明館叢稿二編・馮友蘭中國哲學史上册審查報告》,第247—248頁)看待,對其中資料從不同角度善加利用,並不因爲其部分記載失實就大加貶抑。應當將其視爲中古時代家族地域文化觀念之産物,於此間人物紀事持論之不得不如此之故,有深切之體會、理解之同情,這樣,看似無用的不實的資料,就變爲一有用之材料。何況有用無用,不過一相對問題,洪氏所説的僅是書中的少數條目,得自傳聞,並非屬實,不可作爲研究古人姓氏起源的可靠依據。然而多數姓氏學著作,其所叙述仍然各有根依,不是可以簡單否定的。洪氏所論,即使從文獻史料考據的角度而言,亦有以偏概全之嫌疑,不必全信。以上所論,雖非本書問題,只是出自宋人編撰的同名著作,但洪氏提到的這類問題,書中容或有之,故特於此叙及,以爲説明。

醽,姓也,出《韻譜》。(《原本廣韻》卷五)

《姓源韻譜》云:天水有大隗氏,云出于大隗氏。(《路史》卷三)

農氏,見《姓源》。(《路史》卷一三)

《姓源》,黄帝後忿生,或云出康叔。(《路史》卷一四)

譚,後之覃、談、佼三姓。《姓源》。(《路史》卷一六)

《姓源韻(譜)》有士丏氏,亦作士貞。(《路史》卷二〇)

儲,齊大夫有儲子,《姓源》云:儲人後,繆。(《路史》卷二九)

鬭氏,魯大夫邑,《廣》《集》二韻有闞姓。《姓源》引闞大夫,誤。(《路史》卷三〇)

柄氏,《姓源韻譜》曰:泰山下邑名,居者因以爲氏。

公牛氏,《姓源韻譜》曰:齊公子牛之後。《淮南子》有公牛哀,病七日而化爲虎。(《續通志》卷八五)

公,曹大宗《姓源韻譜》曰:公正無私,九命百里之號,後爲氏焉。

(《古今姓氏書辯證》卷一)

公牛,《姓源韻譜》曰:其先齊公子牛之後。《淮南子》有公牛哀,病七日,化爲虎。

公旗……《姓源韻譜》曰:齊悼公子子旗之後。(《古今姓氏書辯證》卷二)

恭,《姓源韻譜》曰:晉申生謚恭世子,後人以謚爲氏。

龐,出有姬姓。《姓源韻譜》曰,襄陽安衆龐氏,其家富盛,好爲高屋,鄉黨榮之,號曰"龐高屋"。

兒,《廣韻》《姓源韻譜》皆曰,出自吴郡,有兒,生而能語,因以爲氏,音如之反。

遺,《姓源韻譜》曰:魯費宰南遺後。(《古今姓氏書辯證》卷三)

淵,《姓源韻譜》曰,出自高陽氏才子八人,其一曰蒼舒,謚淵,後以謚爲氏。

縣……宜音平聲無疑矣,近世《姓源韻譜》《元和姓纂》皆以此氏入去聲,音黄練切,誤也。(《古今姓氏書辯證》卷九)

喪……唯《姓源韻譜》以爲楚大夫襄老後,誤矣。(《古今姓氏書辯證》卷一五)

留……《元和姓纂》《姓源韻譜》《廣韻》皆曰,衛大夫留封人之後。(《古今姓氏書辯證》卷一八)

箴……《姓源韻譜》曰:衛大夫箴莊子之後,誤矣。(《古今姓氏書辯證》卷一九)

南榮,《姓源韻譜》曰:古有善曝背於南榮者,獻之於君,因以爲氏。

兼,《姓源韻譜》曰,衛公子兼之後,氏焉。(《古今姓氏書辯證》卷二〇)

蛾音蟻,晉大夫蛾析,見《左傳》。《姓源韻譜》以爲音俄,誤矣。

闒音委,《集韻》《廣韻》皆曰人姓,今存之,然已誤矣。《姓源韻譜》曰,《國語》有闒大夫,誤矣。(《古今姓氏書辯證》卷二一)

士貞……《姓源韻譜》曰,晉人,謂之士貞氏。(《古今姓氏書辯證》卷二二)

所……《姓源韻譜》曰,所,《説文》曰,伐木聲也。《詩》曰:"伐木所

所。”古虞衡之官，主伐木，聞聲，遂以爲氏，亦誤矣。(《古今姓氏書辯證》卷二三)

隗……《姓源韻譜》曰：天水成紀隗氏，出自大隗之後，此誤也。(《古今姓氏書辯證》卷二四)

度，漢度安，年十七，爲侍郎。後漢度尚，荆州長史。今詳度安乃慶安世事，《西京雜記》《姓源韻譜》誤也。(《古今姓氏書辯證》卷三〇)

萬……《姓源韻譜》以爲自武王以萬人得天下，因以爲氏，誤矣。(《古今姓氏書辯證》卷三二)

校師，《姓源韻譜》曰：鄭人欲毁鄉校，子産曰：“是吾師也。”因有校師氏，誤矣。

匠，《姓源韻譜》曰：《周禮》，匠人之後。(《古今姓氏書辯證》卷三三)

孟，《姓源韻譜》曰：洛陽孟氏，晉孟欽有左慈之術，苻融欲誅之，而不得。孟嘉九月九日登龍山，賞宴，風落其帽。東海孟氏、鉅鹿孟氏。漢孟敏，嘗於太原荷甑，墜地不顧，郭林宗因勸之令學。晉有幽州刺史孟業，肥大，帝秤之，重千斤。又宋有左僕射孟昶。弟顗，亦爲左僕射。武康孟氏，後凉有昌松太守孟禕。安平孟氏，魏有京兆太守孟康，嘗至郊界，觀農桑，自刈芻飼馬，不煩於人。江夏孟氏，晉孟宗，嘗爲令，自作鮓寄母。又冬泣竹而笋生。《姓源韻譜》載孟氏七望，皆詳明可據，他姓未能稱是，故盡録之。

柄，《姓源韻譜》曰，泰山下邑名居者，因以爲氏。

聖，《姓源韻譜》曰：八愷隤敳，謚聖，後世氏焉。

盛……《韻譜》曰：其先姓奭，後改爲盛。謹按，《韻譜》之説與孔至合而小異。(《古今姓氏書辯證》卷三四)

岳，《姓源韻譜》曰：四岳之後，今南方有之，望出山陽。

述……《姓源韻譜》在《廣韻》之前，凡二書同載姓氏，皆合以《韻譜》爲正。(《古今姓氏書辯證》卷三六)

皕音逼，《姓源韻譜》曰：人姓也。(《古今姓氏書辯證》卷四〇)

《姓源》及《國名紀》並云：成湯時，有貸子國，是貸，子姓也。(《名疑》卷一)

岳……按鄧名世《古今姓氏書辨證》及《姓源類譜》曰：唐堯時，有四岳者，佐堯理天下，因官以命氏，實岳姓所自始。（《金佗稡編》卷四）

南氏……《姓源韻譜》云：盤庚妃姜氏，夢龍入懷，因孕。十二月而生，手把南字，長荆州，因號南赤龍。（《通志》卷二七；《萬姓統譜·氏族博考》卷三）

南氏……又《姓源韻譜》云：亦改爲宇文氏。（《通志》卷二七）

舌……亦人姓，非出越也。唐人作《姓源韻譜》，舌韻中亦引此得之。（《國語補音》卷三）

劉氏譜考

《劉氏譜考》三卷，唐代著名史學家劉知幾(661—721)撰，《新唐書》卷五八《藝文志二》"譜系類"著録，作"《劉氏譜考》三卷、《劉氏家史》十五卷，並劉子玄。"二書入宋以後失傳，佚文諸書未見正面引録。《通志》卷六六《藝文略四》"譜系・家譜"别出"《南華劉氏家譜》一卷。"闕撰人。劉知幾一支，非曹州南華劉氏之後，知作者另有其人，僅書名部分相同。只能據他書輯録相關文字，作爲附録，置于書名之下，以備參考。

附　録

長安四年，鳳閣舍人劉知幾撰《劉氏家史》十五卷、《(劉氏)譜考》三卷，推漢氏爲陸終苗裔，非堯之後。彭城叢亭里諸劉出自宣帝子楚孝王囂曾孫司徒、居巢侯劉愷之後，不承楚元王交，皆按據明白，正前人所誤。雖爲流俗所譏，學者服其該博。(《唐會要》卷三六；《舊唐書》卷一〇二《劉子玄傳》；《册府元龜》卷五六〇)

按，《唐會要》《舊唐書》這段文字係混引，並未表明出自《劉氏家史》還是《劉氏譜考》，而且經過了史官改寫，已非原文，原文必定叙述更爲詳盡明確，非如此簡單，所以仍然不是正式引文，只能作爲附録輯入。

劉氏出自祁姓。帝堯陶唐氏子孫，生子，有文在手，曰"劉累"，因以爲名。能擾龍，事夏，爲御龍氏。在商，爲豕韋氏。在周，封爲杜伯，亦稱唐杜氏。至宣王，滅其國。其子隰叔奔晉，爲士師。生士蔿。蔿生成伯缺。缺生士會。會適秦，歸晉，有子留於秦，自爲劉氏。生明。明生遠。遠生陽，十世孫，戰國時獲於魏，遂爲魏大夫。秦滅魏，徙大梁，生清，徙居沛。生仁，號豐公。生煓，字執嘉。生四子：伯、仲、邦、交。邦，漢高祖也。高祖七世孫宣帝，生楚孝王囂。囂生思王衍。衍生紆。紆生居巢侯般，字伯興。般生愷，字伯豫，太尉、司空。生茂，字叔盛，司空、太中大夫，徙居叢亭里。愷六世孫訥，晉司隸校尉。孫憲，生羡。羡二子：敏、該。敏從子僧利。

京兆武功劉氏，本出彭城。後周有石州刺史懿。

彭城劉氏，又有劉升。

尉氏劉氏，出自漢章帝子河間孝王開，世居樂城。十世孫通，徙居尉氏。

臨淮劉氏，出自漢世祖光武皇帝子廣陵思王荆。子俞鄉元侯平。平生彪，襲封，事繼母以孝聞，世號仁義侯。生玄。玄生熙，魏尚書郎。熙生述，東平太守。述生建，晉永城令，世居臨淮。建生會，歷琅邪内史。從元帝度江，居丹楊。曾孫彦英，宋給事中、通直散騎常侍。二子：隱人、逸人。梁末又徙晉陵。隱人五世孫子翼。

南陽劉氏，出自長沙定王。生安衆康侯丹，襲封三世，徙沮陽。裔孫廙，字恭嗣，魏侍中、關内侯，無子，以弟子阜嗣。阜字伯陵，陳留太守。生喬，字仲彦，晉太傅軍咨祭酒。生挺，潁川太守。二子：簡、耽。耽字敬道，爲尚書令。生柳，字叔惠，徐、兖、江三州刺史，又徙江陵。曾孫虯。

廣平劉氏，出自漢景帝子趙敬肅王彭祖。彭祖生陰城思侯蒼。蒼薨，嗣子有罪不得立，遂居廣平肥鄉。蒼十一世孫邵，字孔才，魏散騎常侍。十一世孫藻。

丹楊劉氏，世居句容。

曹州南華劉氏，出自漢楚元王交之後，自彭城避地，徙南華，築堌以居，世號"劉堌"。隋有東萊令劉晉，字進之。三子：郁、多讓、多退。

劉氏定著七房：一曰彭城，二曰尉氏，三曰臨淮，四曰南陽，五曰廣平，六曰丹楊，七曰南華。宰相十二人。彭城房有滋、文静、瞻。尉氏房有仁軌、琢。臨淮房有禕之。南陽房有洎。廣平房有祥道、景先、從一。丹楊房有鄴。南華房有晏。（《新唐書》卷七一上《宰相世系表一上》）

貞觀政要

《貞觀政要》十卷，唐吴兢（670—749）撰。其中卷七《禮樂第二十九》有一段長文，專論唐代姓氏譜牒之學，載唐初修譜牒書之事，有獨到的文獻資料價值，輯以備考。庫本中文末引用的宋人唐仲友、林之奇的議論，以及注者元代學者戈直的按語，亦不見他書，較有參考價值，一併輯録。

貞觀六年，太宗謂尚書左僕射房玄齡曰："比有山東崔、盧、李、鄭四姓，雖累葉陵遲，猶恃其舊地，好自矜大，稱爲士大夫。每嫁女他族，必廣索聘財，以多爲貴，論數定約，同於市賈，甚損風俗，有紊禮經。既輕重失宜，理須改革。"乃詔吏部尚書高士廉、御史大夫韋挺、中書侍郎岑文本、禮部侍郎令狐德棻等刊正姓氏，普責天下譜牒，兼據憑史、傳，剪其浮華，定其真僞。忠賢者褒進，悖逆者貶黜，撰爲《氏族志》。士廉等及進定氏族等第，遂以崔（民）幹爲第一等。太宗謂曰："我與山東崔、盧、李、鄭，舊既無嫌，爲其世代衰微，全無官宦，猶自云士大夫。婚姻之際，則多索錢物。或才識庸下，而偃仰自高。販鬻松櫝，依託富貴，我不解人間何爲重之？且士大夫有能立德立功，爵位崇重，善事君父，忠孝可稱。或道義素高，學藝通博，此亦足爲門户，可謂天下士大夫。今崔、盧之屬，唯矜遠葉衣冠，寧比當朝之貴？公卿已下，何暇多輸錢物，兼與他氣勢，向聲背實，以得爲榮？我今定氏族者，誠欲崇樹今朝冠冕，何因崔幹猶爲第一等？只看卿等不貴我官爵耶？不論數代已前，只取今日官品、人才作等級，宜一量定，用爲永則。"遂以崔幹爲第三等。至十二年，書成，凡百卷，頒天下。

按，本段文字，亦見《舊唐書》卷六五《高士廉傳》、《唐會要》卷三六，而以《貞觀政要》時代最早，故加輯録。

又詔曰："氏族之盛，實繫於冠冕；婚姻之道，莫先於仁義。自有魏失御，齊氏云亡，市朝既遷，風俗陵替。燕、趙古姓，多失衣冠之緒；齊、韓舊族，或乖禮義之風。名不著於州閭，身未免於貧賤，自號高梁之胄，不敦匹敵之儀。問名唯在於竊貲，結褵必歸於富室。乃有新官之輩，豐財之家，慕其祖宗，競結婚媾，多納貨賄，有如販鬻。或自貶家門，受屈辱於姻婭；或矜其舊望，行無禮於舅姑。積習成俗，迄今未已。既紊人倫，實虧名教。朕夙夜兢惕，憂勤政道，往代蠹害，咸已懲革。唯此弊風，未能盡變。自今已後，明加告示，使識嫁娶之序，務合典禮，稱朕意焉。

唐氏仲友曰：古者重氏姓，故有同姓、異姓、庶姓之別。以天揖時，揖土，揖爲之禮，奠繫世，辨昭穆，史氏掌之，豈容少有混淆。自秦罷侯封，而命氏別族之禮廢。自魏有中原，而華夷之姓，雜然無辨。唐承南北之弊，氏族之書，安得不作。又出英斷，以定高下，不幸遭許、李挾艷后，以焚信書，至見目爲"勳格"，而又納幣逾制，禁昏成敝，使太宗之美意，不得一傳，可勝嘆哉！

林氏之奇曰：善惡貴賤之在天下，猶白黑之不相掩，初不可以一時之私見而決之也。班孟堅作《古今人物表》，止曰羲皇。至于西漢，凡善惡之目，別爲九等，而錙銖之，遂使後世之議，紛然而起，此無他，善惡之在天下，自有公論，而非一時私見所得而決之故也。太宗之論，可謂正當世之失，以合夫天下之公論矣。然猶以一時品秩之高下，而爲後世門户之貴賤，則太宗所見，猶未免於徇流俗之情也。孰若付之公論，使貴者自貴，賤者自賤乎？愚按：人之賢否不同，善惡萬狀，初不可以家世而求之也。以堯舜爲父，而有朱均。以瞽鯀爲父，而有舜禹。伊尹自耕稼而佐成湯，傅説自版築而相武丁，太公自漁釣而爲周太師，此豈以家世而求之邪？況自魏有中原，華夷之姓，雜然無辨。赫連托始於夏后，拓跋推本於軒轅。李氏以玄元爲祖，崇韜認汾陽爲宗。書史失傳，譜牒無據。至若唐之崔、盧、李、鄭，矜其門地，販鬻婚姻，無所不至，太宗深疾斯弊，思欲革而正之，是矣。然猶以一時品級之高下，而爲後世門户之貴賤，則滋惑也。姑以當時言之，當時名臣，無過房、杜。厥後遺愛與公主爲非，杜荷與承乾造逆。將以其父祖之賢德而取之乎？抑以其子孫之叛逆而黜之乎？然此猶在易世之後也。若侯君集與凌烟之圖，而身爲叛逆；許敬宗與登瀛之選，而心極奸邪，又將何以處之乎？夫物之不齊，物之情也，奈何欲定以一時之私見哉！宜其紛紛，而卒無補於事也。（《貞觀政要》卷七《禮樂》）

按，《貞觀政要》本段引文，亦見《舊唐書》卷六五《高士廉傳》，二者文字都比較原始近真，且有互異之處，可以互相比對，故輯録《舊傳》相關文字如下，以備參校：

高儉，字士廉，渤海蓨人……高祖崩，士廉攝司空，營山陵制度。事畢，加特進、上柱國。是時，朝議以山東人士好自矜夸，雖復累葉陵遲，猶恃其舊地。女適他族，必多求聘財，太宗惡之，以爲甚傷教義。乃詔士廉與御史大夫韋挺、中書侍郎岑文本、禮部侍郎令狐德棻等刊正姓氏。於是普責天下譜諜，仍憑據史傳，考其真僞，忠賢者褒進，悖逆者貶黜，撰爲《氏族志》。士廉乃類其等第以進。太宗曰："我與山東崔、盧、李、鄭，舊既無嫌，爲其世代衰微，全無冠蓋，猶自云士大夫。婚姻之間，則多邀錢幣。才識凡下，而偃仰自高，販鬻松檟，依託富貴，我不解人間何爲重之？衹緣齊家惟據河北，梁陳僻在江南，當時雖有人物，偏僻小國，不足可貴。至今猶以崔、盧、王、謝爲重，我平定四海，天下一家，凡在朝士，皆功效顯著，或忠孝可稱，或學藝通博，所以擢用。見居三品以上，欲共衰代舊門爲親，縱多輸錢帛，猶被偃仰。我今特定族姓者，欲崇重今朝冠冕，何因崔幹猶爲第一等？昔漢高祖止是山東一匹夫，以其平定天下，主尊臣貴。卿等讀書，見其行迹，至今以爲美談，心懷敬重。卿等不貴我官爵耶？不須論數世以前，止取今日官爵高下作等級。"遂以崔幹爲第三等。及書成，凡一百卷，詔頒於天下，賜士廉物千段。

大唐姓族系録

《大唐姓族系録》二百卷，柳冲撰。柳冲，生卒年不詳。初唐儒學名家，唐代姓氏學的代表人物，武后、玄宗時人。事迹見《舊唐書》卷一八九下、《新唐書》卷一九九《柳冲傳》。是書爲《元和姓纂》以前唐代最重要、最著名的氏族類著作之一，與《貞觀氏族志》及《元和姓纂》并稱爲唐代三大姓氏書。係睿宗末、玄宗初集合國家力量修成，凝聚了衆多學士的智慧。《舊唐書》卷八《玄宗紀》，開元三年七月"丙午，昭文館學士柳冲、太子左庶子劉子玄刊定《姓族系録》二百卷上之"。卷四六《經籍志上》"雜譜牒類"："《大唐姓族系録》二百卷，柳冲撰。"卷一八九下《柳冲傳》："初，貞觀中，太宗命學者撰《氏族志》百卷，以甄别士庶。至是，向百年，而諸姓至有興替，冲乃上表，請改修氏族。中宗命冲與左僕射魏元忠及史官張錫、徐堅、劉憲等八人，依據《氏族志》，重加修撰。元忠等施功未半，相繼而卒，乃遷爲外職。至先天初，冲始與侍中魏知古、中書侍郎陸象先及徐堅、劉子玄、吴兢等撰成《姓族系録》二百卷奏上。冲後歷太子詹事、太子賓客、宋王傅、昭文館學士，以老疾致仕。開元二年，又敕冲及著作郎薛南金刊定《系録》奏上，賜絹百匹。五年卒。"卷九二《蕭至忠傳》："先天二年，復爲中書令。是歲，至忠與竇懷貞、魏知古、崔湜、陸象先、柳冲、徐堅、劉子玄等撰成《姓族系録》二百卷，有制加爵賜物各有差。"卷一〇二《韋述傳》："述好譜學，秘閣中見常侍柳冲先撰《姓族系録》二百卷，述於分課之外，手自抄録，暮則懷歸。如是周歲，寫録皆畢，百氏源流，轉益詳悉，乃於柳《録》之中，别撰成《開元譜》二十卷，其篤志忘倦，皆此類也。"《新唐書·藝文志二》"譜牒類"："柳冲《大唐姓族系録》二百卷。"《册府元龜》卷五五四："竇懷貞爲左僕射，與侍中魏知古、中書令蕭至忠、崔湜、中書侍郎陸象先、左散騎常侍柳冲、太子詹事徐堅、左庶子劉子元，先天二年三月，奏上所修《姓族系録》二百卷，懷貞已下，加爵賜物各有差。"知經中、睿、玄宗三朝叠修而成，爲初盛唐之交姓氏書的代表作，反映了自《貞觀》《永徽氏族志》修成之後姓氏人物的變化，且多達二百卷，内容之豐厚，叙述之詳盡，除了許敬宗主編的《姓氏録》外，無有其比，其史料價值之高，可想而知。但原書入宋以後，全部散佚，原文不存，而宋祁撰《新唐書》列傳，於《柳冲傳》曾加徵引，雖經改寫，已非原文，然而梗概猶存。其他唐宋舊籍亦頗有稱引者，故加引録，以存其概貌。見於《唐會要》《唐語林》《古今合璧事類備要》的三條記載，雖非佚文，但内容亦與本書有關，其中一條還是經改寫的佚文，故作爲附録置於佚文之末，以備參考。

柳冲，蒲州虞鄉人，隋饒州刺史莊曾孫。父楚賢，大業中，爲河北縣長……冲好學，多所研總。天授初，爲司府寺主簿。詔遣安撫淮南，使有指，封河東縣男。中宗景龍中，遷左散騎常侍、修國史。初，太宗命諸儒譔《氏族志》，甄差群姓，其後門胄興替不常，冲請改修其書。帝詔魏元忠、張錫、蕭至忠、岑羲、崔湜、徐堅、劉憲、吴兢及冲共取德功時望國籍之家，等而次之，夷蕃酋長襲冠帶者，析著别品。會元忠等繼物故，至先天時，復詔冲及堅、兢、與魏知古、陸象先、劉子玄等討綴，書乃成，號《姓系録》。歷太子賓客、宋王師、昭文館學士，以老致仕。開元初，詔冲與薛南金復加刊竄，乃定。後柳芳著論甚詳。今删其要，著之左方。

芳之言曰：氏族者，古史官所記也。昔周小史定繫世，辯昭穆，故古有《世本》，録黄帝以來至春秋時諸侯、卿、大夫名號繼統。左邱明傳《春秋》，亦言："天子建德，因生以賜姓，胙之土，命之氏。諸侯以字爲氏，以謚爲族。"昔堯賜伯禹姓曰姒，氏曰有夏；伯仁姓曰姜，氏曰有吕。下及三代，官有世功，則有官族，邑亦如之。後世或氏於國，則齊、魯、秦、吴；氏於謚，則文、武、成、宣；氏於官，則司馬、司徒；氏於爵，則王孫、公孫；氏於字，則孟孫、叔孫；氏於居，則東門、北郭；氏於地，則三烏、五鹿；氏於事，則巫、乙①、匠、陶。於是受姓命氏，粲然衆矣。秦既滅學，公侯子孫，失其本系。漢興，司馬遷父子乃約《世本》，修《史記》，因《周譜》明世家，乃知姓氏之所由出，虞、夏、商、周、昆吾、大彭、豕韋、齊桓、晉文，皆同祖也。更王迭霸，多者千祀，少者數十代。先王之封既絶，後嗣蒙其福，猶爲彊家。漢高帝興徒步，有天下，命官以賢，詔爵以功，誓曰："非劉氏王、無功侯者，天下共誅之。"先王公卿之胄，才則用，不才棄之，不辨士與庶族，然則始尚官矣。然猶徙山東豪傑以實京師，齊諸田，楚屈、景，皆右姓也。其後進拔豪英，論而録之，蓋七相、五公之所由興也。魏氏立九品，置中正，尊世胄，卑寒士，權歸右姓已。其州大中正、主簿，郡中正、功曹，皆取著姓士族爲之，以定門胄，品藻人物。晉宋因之，始尚姓已。然則别貴賤，分士庶，不可易也。於時有司選舉，必稽譜籍，而考其真僞。故官有世胄，譜有世官，賈氏、王氏譜學出焉。由是有譜局，令史職皆具。過江則爲僑姓，王、謝、袁、蕭爲大；東南則爲吴姓，朱、張、顧、陸爲大；山東則爲郡姓，王、崔、盧、李、鄭爲大；關中亦號郡姓，韋、裴、柳、薛、楊、杜首之；代北則爲虜姓，元、長孫、宇文、于、陸、源、竇首之。虜姓者，魏孝文帝遷洛，有八氏十姓、三十六族九十二姓。八氏十姓出於帝宗屬，或諸國從魏者。三十六族、九十二姓，世爲部落大人，並號河南洛陽人。郡姓者，以中國士人差第閥閲爲之制，凡三世有三公者曰膏粱，有令、僕者曰華腴，尚書、領、護而上者爲甲姓，九卿若方伯者爲乙姓，散騎常侍、太中大夫者爲丙姓，吏部正員郎爲丁姓。凡得入者，謂

① 乙：此必柳芳誤記，乃"卜"之形誤。《古今姓氏書辯證》卷三五："卜，《風俗通》曰：'氏於事者，巫、卜、陶、匠是也。'《春秋》：魯有大夫卜齮魯。莊公車右卜國。劉聰之臣，有卜抽、卜崇、卜幹。"當以此爲正。《名賢氏族言行類稿》卷八，《稗編》卷三四，《重修廣韻》卷一、卷四，《玉海》卷五〇，《資治通鑑》卷五胡三省注，《通志》卷二八《氏族略四》，《午亭文編》卷二一引應劭《風俗通》，均作"卜"，作"乙"乃因文獻傳鈔，草書致誤。據《通志》卷二七《氏族略三》，乙氏屬於"以字爲氏"中的"宋人字"，文云："乙氏，子姓。商湯字天乙，支孫因以王父字爲氏。前燕有護軍乙逸，今襄陽有乙氏。又燕有鴻臚乙歸、揚威將軍乙愛，皆北狄種類。又《河南官氏志》：'乙弗氏改爲乙氏。'或云，望出平原。"而據《通志》卷二五《氏族略一》，卜之得氏則屬於"以技爲氏"，文云："巫、屠、甄、陶、優、卜、匠、豢龍、御龍、擾龍、屠羊、烏浴、路洛、干將。"知《新唐書・柳冲傳》作"乙"誤。

之四姓。又詔代人諸胄，初無族姓，其穆、陸、奚、于，下吏部，勿充猥官，得視四姓。北齊因仍，舉秀才、州主簿、郡功曹，非四姓不在選。故江左定氏族，凡郡上姓第一，則爲右姓；太和以郡四姓爲右姓；齊浮屠曇剛《類例》，凡甲門爲右姓；周建德氏族，以四海通望爲右姓；隋開皇氏族，以上品、茂姓則爲右姓；唐《貞觀氏族志》，凡第一等則爲右姓；路氏《著姓略》，以盛門爲右姓；柳冲《姓族系録》，凡四海望族，則爲右姓。不通歷代之説，不可與言譜也。今流俗獨以崔、盧、李、鄭爲四姓，加太原王氏，號五姓，蓋不經也。夫文之弊，至於尚官；官之弊，至於尚姓；姓之弊，至於尚詐。隋承其弊，不知其所以弊，乃反古道，罷鄉舉，離地著，尊執事之吏。於是乎士無鄉里，里無衣冠，人無廉耻，士族亂而庶人僭矣。故善言譜者，繫之地望而不惑，質之姓氏而無疑，綴之婚姻而有別。山東之人質，故尚婚婭，其信可與也；江左之人文，故尚人物，其智可與也；關中之人雄，故尚冠冕，其達可與也；代北之人武，故尚貴戚，其泰可與也。及其弊，則尚婚婭者先外族、後本宗，尚人物者進庶孽、退嫡長，尚冠冕者略伉儷、慕榮華，尚貴戚者徇勢利、亡禮教。四者俱弊，則失其所尚矣。人無所守，則士族削；士族削，則國從而衰。管仲曰："爲國之道，利出一孔者王，二孔者彊，三孔者弱，四孔者亡。"故冠婚者，人道大倫。周、漢之官人，齊其政，一其門，使下知禁，此出一孔也，故王。魏、晉官人，尊中正，立九品，鄉有異政，家有競心，此出二孔也，故彊。江左、代北諸姓，紛亂不一，其要無歸，此出三孔也，故弱。隋氏官人，以吏道治天下，人之行不本鄉黨，政煩於上，人亂於下，此出四孔也，故亡。唐承隋亂，宜救之以忠，忠厚則鄉党之行修；鄉党之行修，則人物之道長；人物之道長，則冠冕之緒崇；冠冕之緒崇，則教化之風美，乃可與古参矣。晉太元中，散騎常侍河東賈弼撰《姓氏簿狀》，十八州、百十六郡，合七百一十二篇，甄析士庶無所遺。宋王弘、劉湛好其書。弘每日對千客，可不犯一人諱。湛爲選曹，撰《百家譜》以助銓序。文傷寡省，王儉又廣之，王僧孺演益爲十八篇，東南諸族，自爲一篇，不入百家數。弼傳子匪之，匪之傳子希鏡。希鏡撰《姓氏要狀》十五篇，尤所諳究，希鏡傳子執，執更作《姓氏英賢》一百篇，又著《百家譜》，廣兩王所記。執傳其孫冠，冠撰《梁國親皇太子序親簿》四篇。王氏之學，本於賈氏。唐興，言譜者，以路敬淳爲宗，柳冲，韋述次之。李守素亦明姓氏，時謂“肉譜”者。後有李公淹、蕭穎士、殷寅、孔至，爲世所稱。初，漢有鄧氏《官譜》，應劭有《氏族》一篇，王符《潛夫論》亦有《姓氏》一篇。宋何承天有《姓苑》二篇。譜學大抵具此。魏太和時，詔諸郡中正各列本土姓族次第，爲舉選格，名曰“方司格”，人到於今稱之。（《新唐書》卷一九九《柳冲傳》引柳芳《姓系録》；《唐會要》卷三六；《玉海》卷五〇）

附　録

神龍元年五月十八日，左散騎常侍柳冲上表曰：“臣聞姓氏之初，《世本》著其義；昭穆之序，《周譜》列其風。漢、晉之年，應、摯明宗系之説；齊、梁之際，王、賈述衣冠之源。使夫士俗區分，懲勸攸寄，昭之後世，實爲盛典。臣今願叙唐朝之崇，修氏族之譜，使九圍仰止，百代承風，豈不大哉！”上從之。遂令尚書左僕射魏元忠、工部尚書張錫、禮（吏）部侍郎蕭至忠、岑羲、兵部侍郎崔湜、刑部侍郎徐堅、工部侍郎劉洎、左補闕吴兢等重修。至先天二年三月，柳冲奏所備《姓族録》成，上之，凡二百卷。又於今判定，至開元二年七月二十一日畢，上之。（《唐會要》卷三六）

柳冲爲左散騎常侍。中宗神龍三年五月，冲上表曰：“臣聞乾元資始，而庶物形焉。人倫既肇，而族類詳焉。姓氏之初，《代本》著其義。昭穆之序，周譜列其風。漢晉之年，應、摯明宗系之説。齊、梁之際，王、賈述衣冠之源。使夫士庶區分，懲勸攸寄。昭之後代，實爲盛典。自魏太和已降，作者彌繁，或以八族品人倫，或以九等量地胄。爰洎今日，年祀以淹。冠冕之家，興衰不一。胥原欒郤，有降夷品，許史袁楊，一時各盛。豈可以曩時之褒貶，爲當今之軌模？原始要終，有所未允。伏惟應天皇帝陛下誕膺靈命，大庇蒼生，道冠羲軒，風逾韶夏。損益前載，垂範後昆。帝緒皇源，與天冲而比大；良才人物，掩姬漢而飛聲。理當自我作古，牢籠古昔，豈可闕於著紀，無示將來？臣願得叙大唐之隆，修氏族之譜，使九圍仰止，百代承風，豈不大哉，豈不盛哉！”帝從之，遂命尚書左僕射魏元忠及修史官工部尚書張錫、禮部侍郎蕭志忠、岑羲、兵部侍郎崔湜、刑部侍郎徐堅、工部侍郎劉憲、左補闕吴兢等，與柳冲依據《氏族志》，重加修撰，仍令取其高名盛德，素業門風，國籍相傳，士林標準，次復勳庸，克懋榮絶，當朝中外相輝，譽兼時望者，各爲等列，其諸蕃酋長曉襲冠帶者，亦别爲一品，目爲《唐姓族系録》二百卷。（《册府元龜》卷五六〇）

“小子謀餐而已案，此上有脱文。此人豈享富貴者乎！”（劉）幽求聞之，拂衣而出。盧令遽下堦，捉幽求衣，伸謝之，幽求竟去。盧回，謂諸郎官曰：“輕笑劉生，禍從此始。”盧令竟爲宗、紀所排，左遷金州司馬。六月，中宗晏駕。十五日，酺酒間，裴漼卧於私第，幽求忽來詣漼。直入卧内，戴攕耳帽子，著白襴衫，底著短緋白衫，執漼手曰：“裴三，死生一决。”言訖而去。漼大驚，不測其故。謂其妻曰：“僕竟坐與案，此下有脱文非笑此子，恐禍在須臾。”明日原注：時去清明九十九日。中宗小祥，百官率慰少帝。是日，月華門至辰巳後方開。傳聲曰：“斬决使劉相公出。”衣黄金甲，佩櫜鞬，統萬騎，兵士白刃耀日。自宗、紀及前時輕笑者，咸受戮於朝。又唤兵部員外郎裴漼，漼股慄而前。幽求曰：“相識否？”漼答曰：“不識。”劉曰：“幽求與公俱以本官，一例赴中書上任。”其夜，凡制誥百餘首，皆幽求作也。自爲拜相白麻云：“前朝邑尉劉幽求忠貞貫日，義勇横秋。首建雄謀，果成大業。可中書舍人、參知機務。賜甲第一區，金銀器皿十床，細婢十人，馬百匹，錦綵千段，仍給鐵券，特賜十死。”翌日，命金州司馬盧齊卿京兆少尹知府事，載柳冲常侍所著《姓系・劉氏卷》中。（《唐語林》卷三）

右姓。《唐貞觀氏族志》：凡第一等，則爲右姓。路氏《著姓略》，以盛門右姓。柳冲《姓族系録》：凡四海望族，則爲右姓。《六帖》（《古今合璧事類備要》續集卷一）

百氏譜

《百氏譜》五卷,唐裴揚休撰。裴揚休,生卒年里、事迹、時代均不詳,似爲盛唐人。《宋史》卷二〇四《藝文志三》"譜牒類":"蕭穎士《宰相甲族》一卷、裴揚休《百氏譜》五卷、曹大宗《姓源韻譜》一卷。"《玉海》卷五〇:"《唐百氏譜》,《(中興館閣)書目》:'五卷,國子助教裴揚休撰,凡三百五十八姓,漢姓三百七,蕃姓一百二十五。'"《小學紺珠》卷七《百氏譜》:"凡三百五十八姓,漢姓三百七,蕃姓一百二十五。'唐裴揚休《百氏譜》。"《崇文總目》:載有《唐氏譜略》一卷,闕撰人。知爲盛唐譜牒學著作,區分胡漢,略述其郡望、人物。今以佚文無考,姑且存目於此。

皇室新譜

《皇室新譜》一卷,《宋史》卷二〇四《藝文志三》"譜牒類"、《玉海》卷五〇引《中興館閣書目》均作李林甫撰,卷首前有玄宗御製序。當是林甫開元末到天寶中爲宰相時領銜主編,實際撰人則爲玄宗朝集賢學士。因係以初唐舊譜撰成,故曰新譜。《崇文總目》卷二"氏族類"有"《唐新定諸家譜録》一卷,李林甫撰",卷數、撰人同,但從書名看,似非同一書。《新唐書》卷五八《藝文志二》"譜牒類"别有"李衢《大唐皇室新譜》一卷",乃另一同名著作。《玉海》卷五一《唐皇室新譜》:"李衢《大唐皇室新譜》一卷。《崇文目》同。"今本《崇文總目》卷二"氏族類"作"《大唐皇室新譜》一卷",似李衢之書以李林甫之書爲基礎加以擴充改寫而成,故雖爲二書,但内容必大部相同。原著南宋時尚完好,爲王應麟所知見,摘其要點編入《玉海》,入元以後失傳。但《新唐書·宗室世系表》叙李唐皇室之由來演變、皇室宗支,曾予以摘録數千字,《玉海》亦有佚文,兹加輯録,以備參稽。另《北史》卷一百《序傳》卷首有一段長文,述李氏姓氏源流、宗支昭穆,譜系清晰,亦與本書所記部分相合,當是根據魏晉南北朝至唐初隴西或趙郡李氏諸房譜牒改寫,有一定的參考價值,輯存於卷末,以備讀者參稽。

《中興書目》:"《皇室新譜》一卷,李林甫撰,玄宗御製序。"其《譜》言:"李氏之先,出於高陽氏之子咎繇,爲堯理官,以官命族,因爲理氏。其後理證得罪于紂。證之子利正(貞),避難於伊侯之墟,食李而得全,因改理爲李氏。咎繇七代孫,曰乾,字先果。天寶二年三月,追尊爲先天太皇帝。乾生耳,字伯陽。乾封元年二月,追尊爲混元皇帝。天寶三

年三月，又加大聖祖。自此載唐二十帝。”(《玉海》卷五〇)

李氏出自嬴姓。帝顓頊高陽氏，生大業，大業生女華，女華生皋陶，字庭堅，爲堯大理。生益。益生恩成，歷虞、夏、商，世爲大理，以官命族，爲理氏。至紂之時，理徵字德靈，爲翼，隸中吴伯，以直道不容於紂，得罪而死。其妻陳國契和氏，與子利貞逃難於伊侯之墟，食木子得全，遂改理爲李氏。利貞亦娶契和氏女，生昌祖，爲陳大夫，家于苦縣，生彤德。彤德曾孫碩宗，周康王賜采邑於苦縣。五世孫乾，字元果，爲周上御史大夫。娶益壽氏女嬰敷，生耳，字伯陽，一字聃。周平王時，爲太史。其後有李宗，字尊祖，魏封於段，爲干木大夫。生同，爲趙大將軍。生兑，爲趙相。生躋，趙陽安君。二子：曰雲，曰恪。恪生洪，字道弘，秦太子太傅。生興族，字育神，一名汪，秦將軍。生曇，字貴遠，趙柏人侯，入秦，爲御史大夫，葬柏人西。生四子：崇、辨、昭、璣。崇爲隴西房，璣爲趙郡房。崇字伯祐，隴西守、南鄭公。生二子：長曰平燕，次曰瑶，字内德，南郡守、狄道侯。生信，字有成，大將軍、隴西侯。生超，一名伉，字仁高，漢大將軍、漁陽太守。生二子：長曰元曠，侍中。次曰仲翔，河東太守、征西將軍。討叛羌于素昌，戰没，贈太尉，葬隴西狄道東川，因家焉。生伯考，隴西、河東二郡太守。生尚，成紀令，因居成紀。弟向，范陽房始祖也。尚生廣，前將軍。二子：長曰當户，生陵，字少卿，騎都尉。次曰敢，字幼卿，郎中令、關内侯。生禹，字子通。弟忠，頓丘房始祖也。禹生丞公，字丞公，河南太守。生先，字敬宗，蜀郡、北平太守。生長宗，字伯禮，漁陽丞。生君况，字叔干，一字子期，博士、議郎、太中大夫。生本，字上明，郎中、侍御史。生次公，字仲居，巴郡太守、西夷校尉。弟恬，渤海房始祖也。次公生軌，字文逸，魏臨淮太守、司農卿。弟潛，申公房始祖也。軌生隆，字彦緒[①]，長安令、積弩將軍。生艾，字世績，晉驍騎將軍、魏郡太守。生雍，字儁熙[②]，濟北、東莞二郡太守。生

① 字彦緒：《北史》卷一八《叙傳》、《册府元龜》卷五六一作“業绪”。

② 字儁熙：《北史》卷一百《叙傳》、馬令《馬氏南唐書》卷三〇《世裔譜第二十八》、《古今姓氏書辯證》卷二一均作“字雋熙”。

二子：長曰倫，丹楊房始祖也。次曰柔，字德遠，北地太守。雍孫蓋，安邑房始祖也。柔生弇，字季子，前凉張駿天水太守、武衛將軍、安西亭侯。生昶，字仲堅，凉太子侍講。生暠，字玄盛，西凉武昭王、興聖皇帝。十子：譚、歆、讓、愔、恂、翻、豫、宏、眺、亮。愔，鎮遠將軍房始祖也。其曾孫系，平凉房始祖也。翻孫三人：曰丞，姑臧房始祖也。曰茂，燉煌房始祖也。曰冲，僕射房始祖也。曾孫曰成禮，絳郡房始祖也。豫玄孫曰剛，武陵房始祖也。歆字士業，西凉後主。八子：勗、紹、重耳、弘之、崇明、崇産、崇庸、崇祐。重耳字景順，以國亡奔宋，爲汝南太守。後魏克豫州，以地歸之，拜恒農太守，復爲宋將薛安都所陷，後魏安南將軍、豫州刺史。生獻祖宣皇帝熙，字孟良，後魏金門鎮將。生懿祖光皇帝，諱天賜[①]，字德真。三子：長曰起頭，長安侯。生達摩，後周羽林監、太子洗馬、長安縣伯，其後無聞。次曰太祖。次乞豆。定州刺史房。太祖景皇帝虎，字文彬。後周柱國、大將軍、唐國襄公。八子：長曰延伯，生於山東。其後太祖入關，延伯仕北齊，爲散騎常侍。武德四年，追封南陽伯，附屬籍。貞觀初，罷之，與姑臧、絳郡、武陽公三房，號“四公子房”。至開元二十三年，復附屬籍。

南陽公房。

譙王房。

蔡王房。

畢王房。

雍王房。

郇王房。

大鄭王房。

代祖元皇帝諱昺，周安州總管、柱國、大將軍、唐國仁公。四子：長曰高祖，次曰梁王澄，次曰蜀王湛，次曰漢王洪。

---

① 天賜：《舊唐書》卷一《高祖紀》、《古今姓氏書辯證》卷二一、《册府元龜》卷一作“天錫”，《新唐書》卷一《高祖紀》、《太平御覽》卷一〇八引《唐書》、《馬氏南唐書》卷三〇《世裔譜》同《新表》，仍作“天賜”，未知孰是。

梁王房。

蜀王房,後爲渤海王房。(《新唐書》卷七〇上《宗室世系表上》)

高祖神堯大聖大光孝皇帝二十二子,分十五房:曰楚王智雲,曰荆王元景,曰徐王元禮,曰韓王元嘉,曰彭王元則,曰鄭王元懿,曰霍王元軌,曰虢王鳳,曰道王元慶,曰鄧王元裕,曰舒王元名,曰魯王靈夔,曰江王元祥,曰密王元曉,曰滕王元嬰。智雲、元景皆無後。

徐王房。

韓王房,建中元年,詔改爲嗣鄆王房。懿宗即位,復舊。

小鄭王房,稱惠鄭王房。

霍王房。

虢王房。

道王房。

鄧王房。

舒王房,建中元年,改爲嗣郢王房。

魯王房,寶應元年,改爲嗣鄒王房。

江王房。

密王房。

滕王房。

太宗文武大聖大廣孝皇帝十四子:長曰恒山愍王承乾,次曰楚王寬,出繼。次曰吴王恪,次曰濮王泰,次曰庶人祐,附濮王譜。次曰蜀王愔,次曰蔣王惲,次曰越王貞,次曰高宗,次曰紀王慎,次曰江王囂,次曰代王簡,次曰趙王福,次曰曹王明。囂、簡、福皆附曹王譜。

恒山愍王房。

吴王房。

濮王房。

蔣王房。

越王房。

紀王房。

曹王房。

高宗天皇大聖大弘孝皇帝八子：燕王房、澤王房、許王房、太郊章懷太子房。

中宗大和大聖大昭孝皇帝四子。

湖陽郡王房。

睿宗玄真大聖大興孝皇帝六子：讓皇帝房，亦曰寧王房。惠莊太子房，亦曰申王房。惠文太子房，亦曰岐王房。惠宣太子房，亦曰薛王房。玄宗至道大聖大明孝皇帝二十三子。自玄宗以後，諸王不出閤，不分房，子孫闕而不見。（《新唐書》卷七〇下《宗室世系表下》）

按，《新唐書·宗室世系表》上下兩卷，均據李唐皇室族譜修成，而没其出處。引文雖未標明出處，但内容和王應麟《玉海》卷五〇引《中興書目》所載的李林甫《皇室新譜》完全相同，知出此書，據輯。《玉海》引文，末尚有"自此載唐二十帝"之語，知《新表》本段不過摘取《皇室新譜》的要點，下面尚有大段引文，改以表格形式出現，逐一叙述諸房宗支，而未引其原文，諸房表譜之前的諸房總叙，則仍屬《皇室新譜》之文。《皇室新譜》作於天寶間，則當是叙至玄宗而止，故輯録佚文，當至玄宗而止。此後尚有十三帝之事未能入譜，而南宋人所見之本，竟然"載唐二十帝"，知天寶以後之文皆後人補續，未見《新表》，别見柳芳《永泰新譜》、李衢《大唐皇室新譜》《册府元龜》等書，乃肅宗以後姓氏書中文字，别輯入他書。

公諱濤，皇唐太祖景皇帝六代孫也。曾祖道立，嘗典陝、濟、陳二(三)州刺史，封高平郡王。祖景淑，畢國公。父仲康，官至尚書主客郎中、楚州刺史。世秉懿德，爲公族領袖，語在《皇室譜》。（《毗陵集》卷一三《唐故衢州司士參軍李府君(濤)墓志銘并序》）

按，據《毗陵集·李濤墓志》："乾元二年某月日，寢疾終於揚州，春秋若干……大曆九年夏四月二十七日，公長子居介及居佐、居敬、居易奉公之輤柩，歸葬於洛陽……故作銘以紀於石。"知作於唐代宗大曆九年，獨孤及所見《皇室譜》當爲李林甫《皇室新譜》，非柳芳或李衢之同名著作。其時雖然柳芳的《永泰新譜》已經問世，但藏在秘閣，並不外傳，居於洛陽的獨孤及撰寫這篇墓志，無由看到。李衢的《大唐皇室新譜》乃僖宗朝撰成之書，不僅年代要晚於李林甫《皇室新譜》許多，書名亦異，知非出此二書，據輯。

李氏之先，出自帝顓頊高陽氏。當唐堯之時，高陽氏有才子，曰庭堅,爲堯大理,以官命族,爲理氏。歷夏、殷之季,其後理徵,字德靈,爲翼,隸中吴伯,以直道不容,得罪于紂。其妻契和氏,携子利貞,逃隱伊侯之墟,食木子而得全,遂改理爲李氏。周時裔孫曰乾,娶于益壽氏女嬰敷,生子耳,字伯陽,爲柱下史。子孫散居諸國,或在趙,或在秦。在魏者爲段干大夫,段干木,其後也。别孫悝,爲魏文侯興富國之術焉。在趙者曰曇,以功封柏人,武安君牧,其後也。在秦者名興族,爲將軍。生子伯祐,建功北狄,封南鄭公。伯祐生二子:平燕、内德。子信,爲秦將,虜燕太子丹。信孫元曠,仕漢爲侍中。元曠弟仲翔,位太尉。仲翔討叛羌於素昌,一名狄道。仲翔臨陣隕命,葬狄道川,因家焉。《史記·李將軍傳》所云其先自槐里徙居成紀,實始此也。仲翔曾孫廣,仕漢,歷文、景、武三帝,位前將軍,立功沙漠。廣子當户、椒、敢。當户子陵,戰殁匈奴。椒。敢歷侍中、郎中令、關内侯。生子禹,位至侍中。並事具《史》《漢》。禹生承公。承公生蜀郡太守先。先生長宗。長宗生博士况。况生孝廉本。本字上明,生巴郡太守次公。次公生臨淮太守軌。軌字逸文,生積弩將軍隆。隆字業緒,生雍。雍字儁熙,仕魏,歷尚書郎,濟北、東莞二郡太守。雍生柔,柔字德遠,晉舉秀才,爲相國從事中郎、北地太守。柔生弇,字季子,高亮果毅,有智局。晉末大亂,與從兄卓居相國晉王保下。卓位相國從事中郎,保政刑不修,卓率宗族奔于張寔,弇亦隨焉。因仕于張氏,爲驍騎左監。弇本名良,妻姓梁氏。張駿謂弇曰:“卿名良,妻又姓梁,令子孫何以目其舅氏?昔耿弇以弱年立功,啓中興之業,吾方賴卿,有同耿氏。”乃使名弇,歷天水太守、衛將軍,封安西亭侯。卒,年五十六,贈武衛將軍。建初中,追謚景公。子昶,字仲堅,幼有名譽。年十八而亡。建初中,追謚簡公。凉武昭王暠,字玄盛,小字長生,簡公昶之子也。遺腹而誕,祖母梁氏,親加撫育。幼好學,性沈敏寬和,美器度,通涉經史,尤長文義。及長,頗習武藝,誦孫吴兵法。常與吕光太史令郭黁及其同母弟宋繇同宿。黁起謂繇曰:“君當位極人臣,李君必有國土之分。家有騧黄馬,生白額駒,此其時也。”及吕光之末,段業自稱凉州牧,以昭王爲效穀令,而敦煌護軍馮翊郭謙、沙州中從事敦煌索仙等以昭王温毅有惠政,推爲寧朔將軍、敦煌太守。昭王初難之,會宋繇仕於業,告歸,言於昭王曰:"兄忘郭黁言邪? 白額駒今已生矣!"昭王乃從之。尋進號冠軍將軍,稱蕃于業。業僭稱凉王,其右衛將軍索嗣搆昭王于業,乃以嗣爲敦煌太守,率騎而西,昭王命師擊走之。於是晉昌太守唐瑶移檄六郡,推昭王爲大都督、大將軍、凉公,領秦、凉二州牧、護羌校尉,依竇融故事。昭王乃赦境内,建元號庚子,追崇祖考,大開霸府,置左右長史、司馬、從事中郎,備置僚寀。廣闢土宇,屯玉門、陽關,大田積穀,爲東討之資。立靖恭堂以議朝政,閲武事焉。圖讚自古聖帝、明王、忠臣、孝子、烈士、貞女,親爲序頌,以明鑒誡之義。當時文武群公僚佐,亦皆圖讚所志。五年,改元爲建初,遣舍人黄始、梁興間行,歸表於晉。是歲,乃自敦煌徙都酒泉。又以表未報,復遣沙門法泉間行,通表建鄴。于時百姓樂業,請勒銘酒泉,乃使儒林祭酒劉彦明爲文,刻石頌德。又有白狼、白兔、白雀、白雉、白鳩等集于園間,群下以爲白祥,金精所誕,皆應時邕而至。又有神光、甘露、連理、嘉禾衆瑞,請史官記其事。昭王從之。上巳日,宴于曲水,命群僚賦詩,昭王親爲之序。於是寫諸葛亮訓誡以勗諸子焉。昭王以緯世之量,爲群雄所奉,兵無血刃,遂啓霸業。乃修敦煌舊塞。薨,謚曰武昭王,廟號高祖,陵號建世。武昭王十子:譚、歆、讓、愔、恂、翻、豫、宏、眺、亮。世子譚,早卒。後主諱歆,字士業,武昭王第二子也。武昭王薨,府僚奉爲都督、大將軍、凉公,領凉州牧、護羌校尉,大赦境内,改元爲嘉興,尊母尹氏爲太后。在位四年,爲沮渠蒙遜所敗,國亡。武昭王以魏道武皇帝天興二年立,後主以明元皇帝太常五年而亡,據河右凡二世,二十一年。世子重耳,奔於江左,遂仕于宋。後歸魏,位恒農太守,即皇室七廟之始也。後主弟讓,字士遜,雅量凝重,善於謀略。位寧朔將軍,領西羌校尉、輔國將軍、晉敦煌太守、新鄉侯,贈驃騎大將軍,謚曰穆。讓弟愔,字士正,位晉昌、敦煌太守。愔弟恂,字士如,有幹略,位酒泉、敦煌太守,遇家國之難而終。恂弟翻,字士舉,小字武疆,英雄秀出,有雄略,位車騎將軍,祈連、酒泉、晉昌郡太守。翻弟豫,字士寧,位西海太守。豫弟宏,字士讚,位前將軍、中華令。宏弟眺,字士遠,位左將軍。眺弟亮,字士融,位右將軍。寶字懷素,小字衍孫,晉昌太守翻之子也。沈雅有度量,驍勇,善撫接，遇家難，爲沮渠蒙遜囚于姑臧。歲餘，與舅趙唐契北奔伊吾，臣於蠕蠕。其遺衆之歸附者，稍至二千。寶輕身禮接，甚得其心，衆皆爲之用，每希報雪。屬太武遣將討沮渠無諱於敦煌，無諱捐城遁走，寶自伊吾南歸敦煌，遂修繕城府，規復先業。遣弟懷達，奉表歸誠。太武嘉其忠欵，拜懷達散騎常侍、敦煌太守。别遣使授寶使持節、侍中、都督西垂諸軍事、鎮西大將軍、開府儀同三司、領護西戎校尉、沙州牧、敦煌公，仍鎮敦煌，四品已下，聽承制假授。真君五年，因入朝，遂留京師，拜外都大官，轉鎮南將軍、并州刺史。還，除内都大官。文成初，代司馬文思鎮懷荒，改授鎮北將軍，太安五年薨，年五十三，詔賜命服一襲，贈以本官，謚曰宣。有六子：承、茂、輔、佐、公業、冲。公業早卒。承字伯業，少有謀略，初，寶欲歸欵，僚庶多有異議。承時年十三，勸寶速定大計，於是遂決。寶仍令承隨表入賀，太武深相器異，禮遇甚優，賜爵姑臧侯。後遭父憂，居喪以孝聞。承應傳先封，以自有爵，乃以本封讓弟茂，時論多之。承方裕有鑒裁，爲時所重，文成末，以散侯出爲龍驤將軍、滎陽太守，爲政嚴明，甚著聲稱。延興五年卒，時年四十五，贈使持節、大將軍、雍州刺史，謚曰穆。長子韶，字元伯，學涉有器量，與弟彦、虔、蕤，並孝文賜名焉。韶雅爲季父冲所知重。延興中，補中書學生，襲爵姑臧侯，除儀曹令。時修故車服及羽儀制度，皆令韶典焉。遷給事黄門侍郎，後依例降侯爲伯，兼大鴻臚卿、黄門如故。孝文將創遷都之計，詔引侍臣，訪以古事。韶對曰："洛陽九鼎舊所，七百攸基，地則土中，實均朝貢。惟王建國，莫尚於此。"帝稱善，遷太子右詹事，尋罷左右，仍爲詹事、肆州大中正。出爲安東將軍、兖州刺史。帝自鄴還洛，韶朝於路，帝言及庶人恂事，曰："卿若不出東宫，或未至此也。"宣武初，徵拜侍中，領七兵尚書，除撫軍將軍、并州刺史。以從弟伯商同咸陽王禧之逆，免除官爵。久之，兼將作大匠，敕參定朝儀律令。及吕苟兒反於秦州，除撫軍將軍、西道都督、行秦州事，與右衛將軍元麗率衆討之。事平，即真，璽書勞勉，復其先爵。時隴右新經師旅，百姓多不安業，韶善撫納，甚得夷夏之心。孝明初，自相州刺史入爲殿中尚書、行雍州事。後除中軍大將軍、吏部尚書，加散騎常侍。出爲冀州刺史，清簡愛人，甚收名譽，政績之美，聲冠當時。明帝嘉之，就加散騎常侍，遷車騎將軍，賜劍珮、貂蟬各一具，驊騮馬一匹，并衣服寢具。韶以年及懸，車抗表遜位，優旨不許，轉定州刺史、常侍如故。及赴中山，冀州父老皆送出西境，相聚而泣。二州境既連接，百姓素聞其德，州内大安。正光五年，卒於官，年七十二，詔贈帛七百匹，贈使持節、散騎常侍、車騎大將軍、司空公、雍州刺史，謚曰文恭。既葬之後，有冀州兵千餘人，戍於荆州，還經韶墓，相率培冢，數日方還，其遺愛如此。永安中，以剋定秦、隴功，追封安城縣開國伯、邑四百户。(《北史》卷一百《序傳》)

天下郡望姓氏族譜

《天下郡望姓氏族譜》一卷,《新唐書·藝文志》不載,别見《宋史·藝文志三》"譜牒類":"又《天下郡望姓氏族譜》一卷、《唐相譜》一卷,不知作者。"亦見《玉海》卷五〇引《書目》:"《天下郡望姓氏族譜》一卷,李林甫等撰。《崇文目》同。記郡望出處,凡三百九十八姓。天寶中頒下,非譜裔相承者,不許昏姻。"《萬姓統譜·氏族博考》卷一〇:"《天下郡望姓氏族譜》一卷,李林甫撰。"《新唐書·藝文志二》"譜牒類"别有《唐新定諸家譜録》一卷,云"李林甫等"撰。《玉海》卷五〇:"《志》:一卷,李林甫等。"《通志》卷六六《藝文略四》"譜系·總譜"類有"《姓氏譜》二百卷,吕才等撰。"均非此書。《宋史》《玉海》《中興館閣書目》所載,當爲同一書,李林甫主編。北宋初,樂史編撰《太平寰宇記》時,曾於一些唐代州郡名之下,記載有唐代的郡姓,按照開元十五道的順序,依次排列。今存殘文,仍有七十五郡、三百四十八姓。多數和高士廉的《唐貞觀八年條舉氏族事件》及《貞觀氏族志》所記的郡姓相同,少數有出入。王仲犖先生認爲,《寰宇記》記載的是唐後期的郡姓。從内容看,倒是和李林甫等編撰的《天下郡望姓氏族譜》十分相近,記載簡單,僅列郡姓,符合一卷的卷帙篇幅。《寰宇記》所引郡姓,或者即是出自李林甫此書,而部分内容被唐後期某個學者,根據州郡名稱的變化和隸屬關係的調整而加以改易。今原書亡佚,佚文不可見,姑且以《寰宇記》所引郡姓爲内容,以備讀者參考。又,《新唐書·藝文志二》《唐新定諸家譜録》之前,尚載有韋述的《開元譜》二十卷,亦爲開元中成書的綜合性姓氏譜,裏面必然也有對盛唐郡姓的記載。《寰宇記》所引,亦不排除出韋述此書的可能性。因爲不能確定歸屬,故《寰宇記》所引,仍然只能作爲"附録"而録入。書名則權且從《宋史·藝文志》及《玉海》之載，作《天下郡望姓氏族譜》。

附　録

姓氏：陳留郡五姓：防①、謝、何、虞、蔡。（《太平寰宇記》卷一宋河南道一開封府）

姓氏：河南郡九姓：賀②、丘、褚、祝、蘭、竇、南宫、穆、獨孤。（《太平寰宇記》卷三宋河南道三河南府）

姓氏：恒農郡五姓：楊、劉、强、晉、奚。（《太平寰宇記》卷六宋河南道六虢州）

姓氏：潁川郡八姓：陳、荀、鍾、許、庫、于、鮮于、鮮。（《太平寰宇記》卷七河南道七許州）

姓氏：白馬郡三姓：費、成公、上官。

譙郡九姓：殷、周、袁、應、和、荆、梅、齊、汝。

姓氏：滎陽郡四姓：鄭、毛、潘、陽。（《太平寰宇記》卷九河南道九滑州鄭州）

姓氏：梁國郡出三姓：宋、張、喬。（《太平寰宇記》卷一二河南道十二宋州）

姓氏：東平郡四姓：萬、吕、畢、康。（《太平寰宇記》卷一三河南道十三鄆州）

姓氏：濟陰郡五姓：蔡、丁、江、曹、昜。（《太平寰宇記》卷一三河南道十三曹州）

---

①　防：防非古姓，或爲"阮"之訛。《通志》卷二六《氏族略二》："阮氏：商之諸侯國，在岐、渭之間。周文王侵阮徂共，見於《詩》。子孫以國爲氏。後漢有巴吾令阮敦。阮氏惟盛於晉、宋。"

②　賀："賀蘭"之奪。敦煌遺書伯三一九一號《新集天下姓望氏族譜》："洛州河南郡：賀蘭、褚、穆、祝、藺、丘、竇、南宫、獨孤。"《貞觀八年條舉氏族事件》：河南郡七姓，首列"賀蘭"。敦煌遺書斯二〇五二號《新集天下姓望氏族譜》河南郡二十三姓，亦有賀南，無賀氏。《古今姓氏書辯證》卷三三："賀蘭……唐貞觀所定洛州河南郡十四姓，一曰賀蘭。"知作賀蘭是，《寰宇記》"賀"爲"賀蘭"之奪。

姓氏：濮陽郡七姓：吴、徐、房、慶、黄、袁、扶。(《太平寰宇記》卷一四河南道十四濮州)

姓氏：彭城郡六姓：劉、袁、曹、到、徐、巢。

沛郡三姓：朱、張、周。

蘭陵郡一姓：蕭。(《太平寰宇記》卷一五河南道十五徐州)

姓氏：下邳郡出三姓：陳、祁、谷。(《太平寰宇記》卷一六河南道十六泗州)

姓氏：樂安郡九姓：孫、任、高、薛、閻、仲、蔣、房、亢。

千乘郡二姓：倪、庾。

齊郡四姓：史、甯、左、梁。

咸陽郡三姓：成、毋、益[①]。(《太平寰宇記》卷一八河南道十八青州)

姓氏：濟陰郡四姓：苗、董、卞、郄。(《太平寰宇記》卷一九河南道十九齊州)

姓氏：魯國郡七姓：夏、孔、唐、車、顏、粟、宰。

山陽郡三姓：鞏、郄、蹇。

□□郡五姓：胡、周、羊、曹、孫。

平昌郡三姓：管、孟、牟。

□□郡五姓：邵、隸、徐、史、錢。(《太平寰宇記》卷二一河南道二十一兗州)

姓氏：東莞郡四姓：臧、闞、何、公孫。(《太平寰宇記》卷二二河南道二十二海州)

姓氏：琅邪郡六姓：王、顏、諸葛、惠、暢、符。(《太平寰宇記》卷二三河南道二十三沂州)

姓氏：京兆郡八姓：韋、杜、扶、段、宋、田、黎、金。

武功郡二姓：蘇、韓。

---

① 益："蓋"之形訛。《通志》卷二九《氏族略五》："蓋氏，古盍切。漢有蓋公。又司隸校尉蓋寬饒。後漢二十八將，有蓋延。又《官氏志》：'蓋樓氏，改爲蓋氏。'宋有蓋源、蓋沂、蓋寓登科，並大名人。蓋傳，兖州人。"至於益氏之郡望則非青州，乃在關中，《通志》卷二九《氏族略五》："益氏，今望出城陽、馮翊。"

始平郡四姓：馮、龐、陰、宣。(《太平寰宇記》卷二五關西道一雍州)

姓氏：馮翊郡五姓：郭、蓋、雷、黨、吉。(《太平寰宇記》卷二八關西道四同州)

姓氏：武功郡二姓：蘇、韓。

始平郡四姓：馮、龐、陰、宣。(《太平寰宇記》卷二九關西道五華州)

姓氏：扶風郡六姓：馬、竇、班、輔、魯、惠。(《太平寰宇記》卷三〇關西道六鳳翔府)

姓氏：安定郡四姓：梁、席、安、皇甫。(《太平寰宇記》卷三二關西道八涇州)

姓氏：新平郡三姓：古、附、異。(《太平寰宇記》卷三四關西道十邠州)

姓氏：太原十一姓：王、武、郭、霍、廖、郝、温、閻、昝、令狐、尉遲。

晉[陽]郡三姓：魚、儀、景。(《太平寰宇記》卷四〇河東道一并州)

姓氏：西河郡出四姓：任、臨、欒、相里。(《太平寰宇記》卷四一河東道二汾州)

姓氏：平陽郡六姓：柴、解、賈、馬、路、鄧。

晉陽郡二姓：習、景。(《太平寰宇記》卷四三河東道四晉州)

姓氏：高平郡六姓：朱、范、巴、翟、過、獨孤。(《太平寰宇記》卷四四河東道五澤州)

姓氏：上黨郡四姓：包、鮑、樊、上官。(《太平寰宇記》卷四五河東道六潞州)

姓氏：河東郡九姓：裴、柳、薛、費、吕、滿、聶、茹、廉。(《太平寰宇記》卷四六河東道七蒲州)

姓氏：河内郡八姓：梁、何、車、常、荀①、淳于。(《太平寰宇記》卷五三河北道二懷州)

姓氏：魏郡五姓：申、暴、柏、暢、萇②。(《太平寰宇記》卷五四河北道

① 何車常荀：據《唐貞觀八年條舉氏族事件》："河内郡九姓懷州：宋、司馬、苟、向、浩、淳于、東、尋、□。"知"何"爲"向"之訛，"荀"爲"苟"之訛。

② 萇：原訛脱作"長"，據庫本及敦煌遺書斯二〇五二號《新集天下姓望氏族譜》改正。

三魏州）

姓氏：黎陽郡四姓：蘧、桑、衙[1]、柘。（《太平寰宇記》卷五六河北道五衛州）

姓氏：清河郡六姓：崔、張、房、尚、傅、靳。（《太平寰宇記》卷五八河北道七貝州）

姓氏：鉅鹿郡五姓：莫、魏、時、劉、舒。（《太平寰宇記》卷五九河北道八邢州）

姓氏：趙郡二姓：李、睦。（《太平寰宇記》卷六〇河北道九趙州）

姓氏：中山郡五姓：旻、甄、焦、楊、藺。（《太平寰宇記》卷六一河北道十鎮州）

姓氏：高陽郡五姓：許、紀、夏、伏、公孫。

渤海郡三姓：吴、高、歐陽。（《太平寰宇記》卷六三河北道十二冀州）

姓氏：平原縣六姓：師、雍、芮、義、華、東方。（《太平寰宇記》卷六四河北道十三德州）

姓氏：雲陽郡三姓：委、言、幸。（《太平寰宇記》卷七二劍南西道一益州）

姓氏：丹陽郡（出）四姓：許、左、甘、紀。（《太平寰宇記》卷八九江南東道一潤州）

姓氏：吴郡出四姓：朱、張、顧、陸。（《太平寰宇記》卷九一江南東道三蘇州）

姓氏：餘杭郡二姓：暨、隗。

錢塘郡二姓：全、范。（《太平寰宇記》卷九三江南東道五杭州）

姓氏：吴興郡四姓：姚、沈、丘、紐。

長城郡二姓：錢、胥。（《太平寰宇記》卷九四江南東道六湖州）

姓氏：會稽郡七姓：虞、孔、夏、榮、鍾、兹、謝。（《太平寰宇記》卷九六江南東道八越州）

---

① 衙：不知是否“衛”之訛。伯三一九一《新集天下姓望氏族譜》作“衛”，然衙亦古姓。

姓氏:縉雲郡三邑:黄、賴、豐。(《太平寰宇記》卷九九江南東道十一處州)

姓氏:南安郡五姓:黄、林、單、威、仇。(《太平寰宇記》卷一〇二江南東道十四泉州)

姓氏:豫章郡五姓:熊、羅、雷、湛[①]、章。(《太平寰宇記》卷一〇六江南西道四洪州)

姓氏:潯陽郡三姓:陶、翟、騫。(《太平寰宇記》卷一一一江南西道九江州)

姓氏:江夏郡三姓:黄、喻、潘。(《太平寰宇記》卷一一二江南西道十鄂州)

姓氏:廣陵郡四姓:戴、高[②]、盛、游。(《太平寰宇記》卷一二三淮南道一揚州)

姓氏:臨海郡出四姓:邵、屈、戈、續。(《太平寰宇記》卷一三六山南西道四合州)

姓氏:南陽郡十一姓:張、樂、趙、井、何、白、韓、鄧、姫、周、滕。(《太平寰宇記》卷一四二山南東道一鄧州)

姓氏:武昌郡六姓:吴、伍、程、史、龍、郢。

武陵郡三姓:卞、伍、龔。(《太平寰宇記》卷一四六山南東道五荆州)

姓氏:天水郡七姓:權、趙、尹、莊、龍、狄、姜。(《太平寰宇記》卷一五〇隴右道一秦州)

姓氏:隴西郡八姓:李、牛、彭、辛、聞、蹇、艾、蓋。(《太平寰宇記》卷一五一隴右道二渭州)

姓氏:平西郡二姓:申屠、曹。

① 湛:庫本作“諶”,據《貞觀八年條舉氏族事件》及《元和姓纂》卷五,爲“湛”之誤。

② 高:“商”之訛。《古今姓氏書辯證》卷一三:“商……唐貞觀所定揚州廣陵郡四姓,其一曰商。”卷一八游氏:“游子肇,字伯始,襲爵,官至廷尉卿。博綜經史,外寬柔而内剛直,甚有聲稱。子祥,字宗良,高邑文侯。其後有徙居揚州廣陵。隋時間與戴、商、盛,又爲廣陵四姓。”知商氏郡望爲揚州,“高”爲“商”之誤。

武陵[1]郡六姓：賈、陰、索、安、曹、石。（《太平寰宇記》卷一五二隴右道三涼州）

① 武陵：武陵郡爲湖南常德，非隴右道州郡，此必"武威"之誤。又，《太平寰宇記》卷一四六山南東道五荆州已有武陵郡，見上文，此處又重出，亦知此處作"武陵"必誤。

百家類例

《百家類例》十卷，孔至撰。孔至，生卒年不詳。舊籍或訛作孔全、孔志、賈至。字惟微，越州山陰人。唐初内史舍人孔紹安之孫，唐高宗朝禮部侍郎孔若思之子，生活於唐玄、肅宗時。愛好古學，長於著述，歷著作郎。在唐代爲譜學名家，明氏族譜系之學，在這方面與路敬淳、李公淹、殷寅、柳沖、韋述、蕭穎士齊名，各有撰述，爲世所稱。撰有《百家類例》及《姓氏雜録》以紀當代、前朝氏族人物。時韋述及蕭穎士、柳沖皆撰有《類例》，而以至書稱工。與賈至、蕭穎士、源行恭、張有略、張季遐、劉穎、韓拯、陳晉、孫益、韋建、韋收、李華交遊，與蕭穎士尤其交厚。事迹見《新唐書》卷一九九《孔至傳》、卷二〇二《蕭穎士傳》、《李遐叔文集》卷二《三賢論》。《新唐書・藝文志二》及《宋史・藝文志三》譜牒類均未載其《百家類例》，只有韋述之同名著作，但韋書三卷，孔書十卷，顯非一書。此書之撰述，首見《唐會要》卷三六《氏族》："乾元元年，著作郎賈(孔之誤)至撰《百家類例》十卷。其《序旨》曰：'以其婚姻承家，冠冕備盡，則存譜(諸)大譜。所紀者惟尊官清職。傳記本，原分爲十卷，爰列百氏。其中須有部(析)，各於常族注之，通爲百氏，以隴西李氏爲第一。'至貞元中，左司郎中柳芳論氏族，序四姓，則分甲、乙、丙、丁，頒之四海，世族則先山東，載在《唐曆》。"《册府元龜》卷五六〇："賈至爲著作郎，肅宗乾元元年，撰《百家類例》十卷。"撰人誤而成書年代不誤。《玉海》卷五〇《唐百家類例》："韋述《百家類例》三卷、孔至《姓氏雜録》一卷。《會要》：'乾元元年，著作郎賈至，按《賈至傳》，由單父尉拜起居，中書舍人，徙岳州司馬。寶應初，召復故官，不曾遷著作郎，疑是孔至。撰《百家類例》十十六十九卷。'"王應麟所説甚是，此書確爲孔作，非賈作，作賈至乃因名同而誤記。其書之初撰,當在玄宗開元末或天寶中,成書則如前引《唐會要》所載,在肅宗乾元元年。成書之後,還曾因爲升降氏族而引起過權要不滿,甚至産生過放棄撰寫的想法,賴韋述的支持才最後成書,事載《封氏聞見記》卷一〇《討論》、《唐語林》卷二、《何氏語林》卷一三,文曰:"著作郎孔至,二十傳儒學。撰《百家類例》,品第海内族姓,以燕公張説爲近代新門,不入百家之數。駙馬張垍,燕公之子也,盛承寵眷。見至所撰,謂弟埱曰:'多事漢!天下族姓,何關尔事,而妄爲升降!'埱素與至善,以兄言告之。時工部侍郎韋述諳練士族,舉朝共推,每商榷姻親,咸就諮訪。至書初成,以呈韋公,韋公以爲可行也。及聞垍言,至懼,將追改之,以情告韋。韋曰:'孔至休矣!大丈夫奮筆,將爲千載楷則,奈何以一言而自動摇?有死而已,胡可改也!'遂不復改。"《萬姓統譜·氏族博考》卷三:"《百家類例》三卷,韋述撰。"《遂初堂書目·姓氏類》亦有《唐百家類例》。然從唐宋記載看,所著録者當爲韋述之三卷本《百家類例》,非孔至之十卷本《百家類例》。原著在唐末五代戰亂中散佚失傳,故宋代書目未見記載,目前僅剩卷首序文可供輯録,佚文一條未見。兹據諸書輯集相關記載,在條末注明引文出處。

序

序旨曰:以其婚姻成家,冠冕備盡,則存諸大譜。所紀者唯尊官清職。傳記本元分爲十卷,爰列百氏。其中須有剖析,各以當族注之。通爲百氏,以隴西李氏爲第一。(《玉海》卷五〇)

按,《唐會要》卷三六《氏族》引本條,文略異,録以備考:

乾元元年,著作郎賈至撰《百家類例》十卷。其《序旨》曰:"以其婚姻承家,冠冕備盡,則存譜大譜。"所紀者惟尊官清職,傳記本元分爲十卷,爰列百氏,其中須有部折,各於當族注之,通爲百氏,以隴西李氏爲第一。

姓氏雜録

《姓氏雜録》,又名《姓氏古今雜録》《氏族雜録》《姓氏録》《孔至雜録》,一卷,盛唐學者孔至撰,載《新唐書》卷五八《藝文志二》"譜牒類"、《崇文總目》卷二"氏族類"。《通志・藝文略四》"譜系・總譜"訛作孔全。《玉海》卷五〇引《(中興館閣)書目》:"《姓氏古今雜録》一卷,孔至(撰),載氏族冠冕、昏姻之盛,又以方數甲乙紀之。"《宋史》卷二〇四《藝文志三》"譜牒類":"孔至《姓氏古今雜録》一卷。"《遂初堂書目・姓氏類》亦有唐孔至《姓氏雜録》,可見其書宋代仍然流行,至南宋後期到元代以後方不見稱引,知亡於宋末元初。《唐會要》卷三六《氏族》載其撰述年代及著述要旨曰:"乾元元年,著作郎賈(孔之誤)至撰《百家類例》十卷。其《序旨》曰:以其婚姻承家,冠冕備盡,則存譜(諸)大譜。所紀者惟尊官清職,傳記本元分爲十卷,爰列百氏。其中須有部折(析),各於當族注之。通爲百氏,以隴西李氏爲第一。至貞元中,左司郎中柳芳論氏族,序四姓,則分甲、乙、丙、丁,頒之四海。世族則先山東,載在《唐曆》。"《封氏聞見記》卷一〇、《唐語林》卷二:"著作郎孔至,二十傳儒學,撰《百家類例》,品第海内族姓,以燕公張説爲近代新門,不入百家之數。駙馬張垍,燕公之子也,盛承寵眷。見至所撰,謂弟埱曰:'多事漢!天下族姓,何關尔事,而妄爲升降?'埱素與至善,以兄言告之。時工部侍郎韋述諳練士族,舉朝共推。每商榷姻親,咸就諮訪。至書初成,以呈韋公,韋公以爲可行也。及聞垍言,至懼,將追改之,以情告韋。韋曰:'孔至休矣!大丈夫奮筆,將爲千載楷則,奈何以一言而自動摇?有死而已,胡可改也!'遂不復改。"《古今姓氏書辯證》卷三八"若口引":"後魏若口引氏,改爲寇氏,孔志《雜録》曰:引音辰。"根據以上史料,知《姓氏雜録》與《百家類例》原爲二書，非同書異名。從書名及佚文看，《雜録》可能重在録姓氏人物軼聞故事，不以姓氏譜系的記載爲主，主要記述先唐古姓氏，較少涉及當代人物姓氏；《類例》則重在記當代人物家族事迹，二者各有所屬，側重點不同。因此，將一般姓氏書中僅標“孔至”而未著書名的佚文，歸屬於《百家類例》名下，其餘有出處者輯入《姓氏雜録》。

茷……晉襄公車右大夫，乃戎津也，今詳唐孔至《姓氏雜録》。有代北茷眷氏，改爲茂氏，茂當爲茷，必字畫之誤也。（《古今姓氏書辯證》卷一）

齊，晉有武邑侯齊琰。九世孫抗，字遐舉，唐德宗宰相。又瀛州齊氏，有玘，生映，亦相德宗，唐《宰相世系表》全用其説，止除齊惡、豹、明兒三人。隋唐間，有是光乂者，自稱齊姜姓後，改復舊爲齊氏，事見孔至《雜録》。（《古今姓氏書辯證》卷四）

孔至《姓氏雜録》曰：“唐初，定清河張爲乙門。”又曰：“唐張大師、延師、儉師兄弟三人，並列戟，時稱‘三戟張家’。又有張沛、洽、涉兄弟，亦同時列三戟。又開元中，張説張嘉貞同時入相，互爲中書令，時稱大張令、小張令。又唐張萬歲及其子思廉，思廉子景，三世爲太僕。”（《古今姓氏書辯證》卷一三）

羽弗，孔至曰：後魏改爲弗氏。（《古今姓氏書辯證》卷二三）

賀敦，孔至《姓氏雜録》曰：後魏賀敦氏，改爲賀氏。（《古今姓氏書辯證》卷三三）

盛，漢有司徒盛吉，即盛之後，以國爲氏。吉裔孫後漢北地太守苞、吴郡太守憲。憲字孝章，始居譙郡虞城。孔至曰：譙郡盛氏，其先太姜，生季歷。季歷娶太任，生文王，名昌。子召公，名奭，使輔成王，爲西伯，化流召南，廣被江漢，由是興周，隆七百之祚。召公夫人姜氏出游池上，見二黑龍交會，舉目視之，欿然不樂，即有娠，而生一子，手中有文字炳然，即盛字。長年十八，封爲譙侯，因爲望焉。《韻譜》曰：“其先姓奭，後改爲盛。”謹按，《韻譜》之説與孔至合而小異，起於漢元帝名奭，諱奭之字,曰盛妄。意古人有名字同者,指召康公爲商人,商人尚質,名字皆當曰奭,而奭訛爲盛,誤矣。今以《元和姓纂》爲正。

茂,孔至《氏族雜録》曰:代北茂眷氏,改爲茂氏。

茂眷,孔至曰:後魏改爲茂氏。(《古今姓氏書辯證》卷三四)

谷渾,孔至《雜録》曰:後魏改姓渾。

斛粟,孔至《姓氏録》曰:代北斛粟氏,後改爲斛斯氏。(《古今姓氏書辯證》卷三五)

若口引,後魏若口引氏,改爲寇氏①。孔志《雜録》曰:引音辰。

莫那盧,代北三字姓。孔至曰:莫那盧氏,後改姓盧。(《古今姓氏書辯證》卷三八)

隋唐間,有是光又,稱齊後,復爲齊氏,見孔至《雜録》。(《路史》卷一三)

召公俌、周西伯夫人紹兩交,龍不樂,遂娠,生子,有文在手,曰盛,因名氏之。年十有八,封之譙侯。晉武公滅譙,有之,爲譙氏。焦氏,李利涉《盛氏譜》、孔至之説同以爲譙侯,因爲望,其地譙國焦縣。(《路史》卷一九)

---

① 寇氏:《辯證》原作"冠氏",《魏書》卷一一三《官氏志》:"若口引氏,後改爲寇氏。"據改。《北史》卷二七《寇儁傳》:"大統三年,東魏授儁洛州刺史,儁因此乃謀歸闕……十七年,加散騎常侍,遂稱篤疾,不復朝覲。恭帝三年,賜姓若口引氏。"《元和姓纂》卷九:"寇,蘇忿生爲司寇,子孫以官氏焉……讚生臻,後魏七兵尚書。汝南,生儁,西魏司空,賜姓口引氏。"《資治通鑑》卷一二四胡三省注:"《官氏志》:内入諸姓,若口引氏改爲寇氏。"知作"寇"是。

皇家永泰譜

《皇家永泰譜》二十卷，又名《皇室永泰新譜》《永泰新譜》《皇室系圖譜》《皇室新譜》，柳芳撰。柳芳，生卒年不詳。玄、肅、代間人，著名學者，唐代史學名家。事迹見《新唐書》卷一三二《柳芳傳》。是書撰成於唐代宗永泰二年，乃奉代宗之敕修撰。《新唐書》卷五八《藝文志二》"譜牒類"："柳芳《永泰新譜》二十卷。一作《皇室新譜》。"《唐會要》卷三六《氏族》："永泰二年十月七日，宗正卿吴王祇奏修史館太常博士柳芳撰《皇室永泰譜》二十卷，上之。""開成四年正月，敕大理寺少卿李衢修撰《皇后譜諜》。其年閏正月，敕翰林學士柳璟修續《皇家永泰譜》，以永泰初，璟祖考爲史官，嘗撰《皇家永泰譜》二十卷成，上之。至是，復令璟修續其書焉。"《舊唐書》卷一一《代宗紀》：永泰二年"冬十月癸未朔。己丑，宗正卿吴王祇奏上《皇室永泰新論(譜)》二十卷，太常博士柳芳撰。"《太平廣記》卷二二二引《定命録》："柳芳嘗應進士舉，累歲不及第。詣朝士宴，坐客八九人，皆朱紱，亦有畿赤官。芳最居坐末，又衣服粗故，客咸輕焉。有善相者，衆情屬之(目)。獨謂芳曰：'柳子合無兄弟姊妹，無莊田資産，孑然一身，羈旅辛苦甚多。後二年當及第。後禄位不歇，一座之客，壽命官禄，皆不如君。諸客都不之信。後二年，果及第，歷校書郎、畿尉、丞，遊索於梁宋間。遇太常博士有闕，工部侍郎韋述知其才，通明譜第，又識古今儀注，遂舉之於宰輔，恩敕除太常博士，時同座客，亡者已六七人矣。"《册府元龜》卷五六〇："柳芳爲右金吾衛騎曹參軍、史館修撰。代宗命芳撰《皇室系圖譜》。又云：永泰二年，太常博士柳芳撰《皇室永泰譜》二十卷上之。""柳璟爲翰林學士。開成四年閏正月，奏：'今月十二日，面奉進止，以臣先祖所撰《皇室永泰新譜》事頗精詳，令臣自德宗皇帝至陛下御極已來,依舊樣修續。伏請宣付宰臣。'詔:'宜令宗正寺與柳璟計會修撰,仍令户部量供紙筆。'"卷五六一:"柳芳爲右司郎中、集賢學士,精於譜學。永泰中,按宗正譜牒,自武德已來,宗枝昭穆相承,撰皇室譜二十卷,號曰《永泰新譜》。自後無人修續。芳孫璟,開成初爲翰林學士,因召對,言及圖譜事。文宗曰:'卿祖嘗爲皇家圖譜,朕昨觀之,甚爲詳悉。卿檢永泰後,試修續之。'璟依芳舊式,續武德後事,成十卷,以附前譜。"知爲奉代宗之旨修撰的李唐皇室族譜,專載李唐皇室成員族系、姓名、官爵,有特殊的史料價值,可以傳世,且卷帙多達二十卷,則其内容之豐富,可以想見。原書雖然久佚,正面徵引的佚文罕見,但宋人修《新唐書·宗室世系表》《古今姓氏書辯證》,叙李唐皇室宗支,曾經援據改寫,保存了原書梗概。兹據《古今姓氏書辯證》卷二一輯録佚文,存其崖略。其書既然是柳芳"永泰中按宗正譜牒,自武德已來宗枝昭穆相承"撰成的,乃是承襲前文,再加補續,而非另起爐灶,自成一系,則李林甫《皇室新譜》乃至更早的初唐《皇室譜》中的内容,此書亦必盡有,故可作爲輯佚的依據,將已見於《皇室新譜》的叙述李唐皇室姓源及初盛唐宗支昭穆的内容一併輯入。這麽做,一是因爲這些文字多數出自柳芳《永泰新譜》,乃是經鄧名世改寫過的文字,二則從輯佚和閱讀理解的角度考慮,也必須如此,只有這樣纔是對原作的尊重,也才能保持佚文内容的完整和連續性,很有必要。

李,出自嬴姓。顓帝高陽氏生大業,大業生女華,女華生皋陶,字庭堅,爲堯大理。生益,益生恩成①。歷虞、夏、商,世爲大理,以官命族,爲理氏。至紂之時,理徵字德靈,爲翼,隸中吴伯。以直道不容於紂,得罪而死。其妻陳國契和氏,與子利正逃難於伊侯之墟,食木子得全,遂改理爲李氏。利正亦娶契和氏女,生昌祖,爲陳大夫,家於苦縣。五世孫乾,字元果,爲周上御大夫,娶益壽氏女嬰敷,生耳,字伯陽,一字聃,

① 思成:據《新唐書》卷七〇上《宗室世系表上》、《路史》卷一六、《玉海》卷一二五,爲"恩成"之訛。

周平王時爲太史，著《道德經》八十一章，唐明皇用方士説尊爲聖祖混元上德皇帝。伯陽後有李宗，字尊祖，魏封於段，爲干木大夫。一云伯陽子宗仕魏，封於段干，生同。趙相兑，生躋，趙安陽君。二子：曰雲，曰恪。恪生洪，字道宏，秦太子太傅。生興族，字育神，一名汪，秦將軍。生曇，字季遠①，趙柏人侯。入秦，爲御史大夫，葬柏人西。生四子：崇、辯、昭、璣。崇爲隴西房，璣爲趙郡房。崇字伯祐，隴西守②、南鄭公。二子：長曰平燕，次曰瑶，字内德，南郡守、狄道侯。生信，字有成，大將軍、隴西侯。信生超，一名伉，字仁高，漢大將軍、漁陽太守。二子：長曰元曠，侍中。次曰仲翔，河東太守、征西將軍。討叛羌于素昌，戰没，贈太尉，葬隴西狄道東川，因家焉。生伯考，隴西、河東二郡太守。生向，成紀令，因居成紀。弟尚③，范陽房始祖也。尚生廣，前將軍，猿臂善射，才氣天下無雙，匈奴畏之，號“飛將軍”。二子④：長當户，生陵，字少卿，降匈奴者。次曰椒。次曰敢，字幼卿，郎中令、關内侯。生禹、忠。忠，頓丘房始祖也。禹字子通，生丞公，河南太守。生先，字敬宗，蜀郡、北平太守。生長宗，字伯禮，漁陽丞。生君況，字叔干，一字子期，太中大夫。生本，字上明，侍御史。生次公，字仲君，巴郡太守、西夷校尉。弟恬，渤海房始祖也。次公生軌，字文逸，魏臨淮太守、司農卿。弟潛，申公房始祖也。軌生隆，字彦緒⑤，長安令、積弩將軍⑥。生艾，字世績，晋驍衛將軍、衛郡太守⑦。生雍，字儁熙，濟北、東莞二郡太守。二子：長曰倫，丹楊房始祖也。次曰柔，字德遠，北地太守。雍孫蓋，安邑房始祖也。柔生弇，字季子，前凉天水太守、武衛將軍、安西亭侯。生昶，字

① 字季遠：《新表上》、馬令《馬氏南唐書》卷三〇《世裔譜第二十八》作“字貴遠”，疑是。

② 守：此字《辯證》原無，據《新表上》《馬氏南唐書》補。

③ 生向成紀令因居成紀：此處人名順序顛倒，據《新表上》《馬氏南唐書》，尚，成紀令。向，范陽房始祖。

④ 二子：《辯證》原訛作“三子”，據下文及《新表上》《馬氏南唐書》改。

⑤ 彦緒：《新表上》作“業緒”。

⑥ 將軍：二字《辯證》原無，據《新表上》、《北史》卷一百《叙傳》、《馬氏南唐書》補。

⑦ 驍衛將軍衛郡太守：據《新表上》《馬氏南唐書》，爲“驍騎將軍魏郡太守”之誤。

仲堅，涼太子侍講。生暠，字元盛，西涼武昭王、興聖皇帝。十子：譚、歆、讓、愔、恂、翻、豫、宏、眺、亮。愔，鎮遠將軍房始祖也。其曾孫系，平涼房始祖也。翻孫三人：曰丞，姑臧房始祖也。曰茂，燉煌房始祖也。曰冲，僕射房始祖也。曾孫曰成禮，絳郡房始祖也。豫玄孫曰剛，武陵房始祖也。歆字士業，西涼後主。八子，勗、紹、重耳、宏之、崇明、崇産、崇庸、崇祐。重耳字景順，以國亡奔宋，爲汝南太守。後魏克豫州，以地歸之，拜弘農太守，復爲宋將薛安都所陷，後魏安南將軍、豫州刺史。生獻祖宣皇帝熙，字孟良，後魏金門鎮將。生懿祖光皇帝，諱天錫，字德真。三子：長曰起頭，長安侯，生達摩，後周羽林監、太子洗馬、長安伯，其後無聞。次曰太祖。次曰乞豆，後魏定州刺史房。太祖景皇帝虎，字文彬，後周柱國、大將軍、唐國襄公。八子：長曰延伯，生於東山[①]。其後太祖入關，延伯仕北齊，爲散騎常侍。武德四年，追封南陽伯，附屬籍。貞觀初，罷之，與姑臧、絳郡、武陽公三房號"四公子房"。至開元二十三年，復附屬籍。曰南陽公房，屬籍。曰蔡王房、譙王房、畢王房、雍王房、郇王房、大鄭王房。蔡王房。蔡王蔚，周朔州總管、襄武縣公。生西平懷王安。安生平原王瓊、霍山王斑[②]、襄武郡王琛、河間元王孝恭、濟北郡王瑊、漢陽王瓌、濟南王折[③]。折生廬江王瑗。畢王房。畢王璋，生永安壯王孝基。雍王房。雍王繪，生長平王贊。贊生淮陽王道元、淮陽王道明、江夏王道宗。郇王禕案《唐宗室世系》，此郇王禕上宜有郇王房三字。生武陵王伯良、長平肅王叔良、中山王仲良、新興王德良、長樂王幼良。叔良曾孫揚州參軍思誨[④]，生奸臣林甫，相明皇。大鄭王房。鄭孝王亮，生淮南靖王神通、襄邑恭王神符。代祖元皇帝諱昺，周安州

---

① 東山：據《新表上》，乃"山東"之倒。

② 斑：據《新表上》，乃"璡"之訛。

③ 折：據《新表上》，爲"晢"之訛。

④ 叔良曾孫揚州參軍思誨：據《新表上》，思誨爲叔良孫，非曾孫；李林甫方爲玄孫。《舊唐書》卷一〇六《李林甫傳》："李林甫，高祖從父弟長平王叔良之曾孫。叔良生孝斌，官至原州長史。孝斌生思誨，官至揚府參軍。思誨即林甫之父也。"

總管、柱國、大將軍、唐國仁公。四子：長高祖，次代王澄[①]，次蜀王湛，次漢王洪[②]。梁王至曾孫而絶[③]。蜀王房，後爲渤海王房。湛生襄城王容兒、渤海恭王奉慈。高祖神堯大聖大光孝皇帝二十二子，分十五房：曰楚王智雲、荆王元景，皆無後。徐王元興。案《唐書》，元興作元禮。曰徐王房，至五世孫絶[④]。韓王元嘉，曰韓王房。建中元年，改爲嗣鄆王房。元嘉生訓、誼、譔、諶、訥。小鄭王元懿，曰鄭王房[⑤]。元懿生璥、琰、球、璿、琳、璲、珩案《唐書》：高祖子有小鄭王房，稱惠鄭王房，名元懿，生璥等。此作韓王元嘉生懿，懿生璥，世系不合。今照《唐書》添入。嗣王璥，曾孫夷簡，相憲宗。安德郡公琳，孫勉，相德宗。霍王元軌、虢王鳳、舒王元名、魯王靈夔，皆至五世孫絶。道王元慶、江王元祥，曰道王房、江王房，皆至十二世。鄧王元裕、密王元曉、滕王元嬰，皆至孫絶[⑥]。太宗文武大聖大廣孝皇帝十四子：長曰常山愍王承乾，次楚王寬，出繼。次吴王恪，次濮王泰，次庶人祐，附濮王譜。次蜀王愔，次蔣王惲，次越王真，次高宗，次紀王慎，次江王囂，次代王簡，次趙王福，次曹王明。江、代、趙王皆附曹王譜。常山愍王房。承乾子郇國公象，生適之，相明皇。吴王房。恪生成王千

---

① 代王澄：據《新表上》，乃“梁王澄”之誤。《册府元龜》卷二九六：“梁王澄、蜀王湛、漢王洪，皆高祖兄，並早卒，武德初追封。”

② 長高祖次代王澄次蜀王湛次漢王洪：《新唐書》卷七八《宗室傳》：“世祖四子：長曰澄，次湛，次洪，次高祖神堯皇帝。梁王澄，蚤薨，無嗣。武德初，與二王同追封。”所記次序正好相反。

③ 梁王至曾孫而絶：據《新表上》，梁王非至曾孫而絶，尚有玄孫“司門員外郎自下”，乃京兆尹慎名子，梁王第四代孫，知實乃至玄孫而絶。

④ 至五世孫絶：據《新表下》及《舊唐書》卷六四《徐王元禮傳》，徐王非“至五世孫絶”，乃至玄孫而絶，永泰元年，以徐王曾孫延年子前施州刺史諷爲嗣，封嗣徐王，僅傳四世，連同本身計，方有五代。

⑤ 鄭王房：據《新表下》，爲“惠鄭王房”之奪。

⑥ 皆至孫絶：據《新表下》及《舊唐書》卷六四《滕王元嬰傳》，滕王尚有玄孫“嗣王殿中監湛然”，乃至玄孫而絶，此作“至孫絶”誤。

里、朗陵王瑋、嗣吴王琨①。琨生信安王禕、嗣吴王祇。禕生峘、嶧、峴。峘,越國公。嶧,户部侍郎。峴,相肅宗,所謂"欲粟賤,追李峴"者。蔣王房。惲十五子。越王、紀王、曹王房皆多子孫。高宗天皇大聖大宏孝皇帝八子:燕王忠,無子。澤王上金,九子。許王素節,十三子,爲三房。孝恭皇帝弘,無子。章懷太子賢,爲太邠王房。次中宗、睿宗。中宗皇帝四子。節愍太子重俊,爲湖陽郡王房。睿宗皇帝五子②:讓皇帝憲房,曰寧王房。憲生汝陽王③璡、濟陽王嗣莊、嗣寧王琳、潁川公珣、晉昌公班、魏郡公琯、蒼梧公玠、文安公瓘、漢中王瑀④。璡生椿、櫞、榧、榴⑤、栻、相、枵、梗、楓⑥、樞。瑀生楬、梢。梢生諫議大夫景儉。惠莊太子⑦,亦曰申王房。惠文太子房,亦曰岐王房。惠宣太子房,亦曰薛王房。名業,曾孫知柔,相昭宗。自明王以後,諸王不出閤,不分房,子孫闕而不見。其可知者,明皇二十一子,肅宗十四子,代宗二十子,德宗十一子,順宗二十二子,憲宗二十子,穆宗五子,敬宗五子,文宗二子,武宗五子,宣宗十一子,懿宗八子,僖宗二子,昭宗十七子。其封爵名字,皆有本傳。宗室宰相十一人。郇王房有林甫、回。大鄭王房有程、石、福。小鄭王房有勉、夷簡、宗閔。常山王房有適之。吴王房有峴。惠宣太子房有知柔。凡定著三十九房。(《古今姓氏書辯證》卷二一)

---

① 恪生成王千里朗陵王瑋嗣吴王琨:此有脱誤,《舊唐書》卷七六《吴王恪傳》:"有子四人:仁、瑋、琨、璄,並流于嶺表……琨則天朝,歷淄、衛、宋、鄭、梁、幽六州刺史,有能名……長安二年,卒官……開元十七年,以子禕貴,贈工部尚書,追封吴王。"《新表下》亦作"贈吴王琨",知作"嗣吴王"誤。

② 睿宗皇帝五子:《新表下》作睿宗"皇帝六子"。《舊唐書》卷九五《睿宗諸子傳》:"睿宗六子:昭成順聖皇后竇氏生玄宗,肅明順聖皇后劉氏生讓皇帝,宫人柳氏生惠莊太子,崔孺人生惠文太子,王德妃生惠宣太子,後宫生隋王隆悌。"《新唐書》卷八一《睿宗六子傳》同,此作五子誤。

③ 汝陽王:《辯證》原作"汝南王",據《新表下》、《舊唐書》卷九五《讓皇帝憲傳》改。

④ 璡……漢中王瑀:《舊唐書》卷九五《讓皇帝憲傳》作"憲凡十子:璡、嗣莊、琳、璹、珣、瑀、玢、珽、琯、璀等十人",人名及次序多與此異。

⑤ 榴:《辯證》原作"稻",據《新表下》改。

⑥ 栻相枵梗楓:《新表》作"杙相枵楓",無"梗"。

⑦ 惠莊太子:依《辯證》行文體例及《新表下》,"太子"下當奪"房"字。

按，鄧名世所撰本段文字，雖然主要是據《新唐書・宗室世系表》改寫，但也參考了其他資料。而《新表》則是根據唐人奉敕修撰的多種李唐皇室譜撰成。柳芳《永泰新譜》多達二十卷，《新表》及《辯證》有的内容，《新譜》必盡有，故雖非直接引用，仍可作爲輯佚依據，加以編録。

《河南于氏家譜》後序

《河南于氏家譜後序》，于邵（于志寧之後，工部尚書于抱誠次子。天寶中舉進士。代宗朝，歷殿中侍御史，出爲巴梓二州刺史。貶桂州長史。建中元年，爲禮部侍郎。貞元二至四年，頻奉詔撰進樂章，參與宴會。貞元八年八月，位至太子賓客、恒山郡開國公。後自諫議大夫、知制誥，出拜杭州刺史。十一年五月，量移授官，年過七十。左遷衢州，羈旅信安。移江州别駕，終於任，年八十一。在江州，與諫議大夫裴虬有交往，於謫所得其文集四卷，繕寫收藏。大曆中，任中書舍人，編《河南于氏家譜》二卷。著《于邵集》四十卷，宋以後失傳。見《舊唐書》卷一三七、《新唐書》卷二〇三《于邵傳》）撰，乃其自撰《河南于氏家譜》的序文，唐人家譜序的代表作。文載宋李昉等編《文苑英華》卷七三七，據輯。

序曰：邵高叔祖皇尚書左僕射、侍中、太子太師、燕國定公諱志寧，博學多聞，狥忠秉直，爲秦府十八學士。其左、右庶子不道。嘗撰《諫苑》三十篇，《唐書》作二十卷。以諷之。凡有文集若干卷於代。又述作之外，脩集家譜。其受姓封邑、衣冠婚嫁，著之《譜序》，亦既備矣。歷一百七十餘年，家藏一本，人人遵守，未嘗失墜。洎天寶末幽寇叛亂，今三十七年。頃屬中原失守，族類逃難，不南馳吴越，則北走沙朔，或轉死溝壑，其誰與知。或因兵禍縱横，吊魂無所。或道路阻塞，不由我歸。或田園湮没，無可回顧。所以舊譜，散落無餘。將期會同，一有經字。考集不齊，奚疑爲脩集，實難有待。今且從邵一房，自爲數例。有若九祖長房，今太子小保譙國公頎，與邵同升于朝，股肱四聖，爲國元老。邵之弟也。有若九祖第三房，今襄王府録事參軍載，與邵同在京列，保家履道，爲宗室長。邵之兄也，各引才識子弟參定，其宜從而審之，誰曰不可。又以子孫漸多，昭穆編次，紙幅有量，須變前規，亦《春秋》之新意也。今請每房分爲兩卷，其上卷自九祖某公至玄孫止。爲下卷自父考及身已降，迭相補注。即令邵以皇考工部尚書，爲下卷之首，此其例也。且諸房昭穆既同，尋而繹之，可以明矣。後能代習家法，述作相因，從子及孫，從孫及子，孫孫子子，興復宗祧，豈唯兩卷乎？將十部而彌盛矣。其文公第四子安平公房，此疑建平公，已上三房，衣冠人物全少，今與文公第五子齊國公，文公第六子華陽公，文公第七子平恩公，文公第八子襄陽公，文公第九子桓州刺史，併以六房，同爲一卷。就中第五卷已下，子孫皆名位不揚，婚姻無地，湮沉斷絶，寂爾無聞，但存舊卷而已。後有遇之者知之者，以時書之，其五祖、九祖，分今叙在三卷，並録之于後。時貞元八年，歲在壬申，八月朔日，金紫光禄大夫、太子賓客、上柱國、襲恒山郡開國公于邵述。（宋李昉等編《文苑英華》卷七三七于邵《河南于氏家譜後序》）

大唐皇室新譜

《大唐皇室新譜》一卷,李衢撰。李衢,生卒年里不詳。唐文宗至僖宗時人,長于譜學。開成二年六月,爲屯田郎中、修玉牒官,奉詔修《皇唐玉牒》。三年四月,奉詔與沔王府長史林贊等修成《皇唐玉牒》一百五十卷。四年正月,官大理少卿,又奉進止,修《皇后譜牒》。七月,坐贓罪,貶光王府長史。乾符三年仍在世。事迹見《舊唐書》卷一七下《文宗紀下》,《唐會要》卷三、三六、六五,《册府元龜》卷一五三、五六〇,《寶刻叢編》卷一三引《復齋碑録》。除此書外,《宋史》卷二〇四《藝文志三》"譜牒類"别有"李衢《皇室維城録》一卷",亦見《崇文總目》卷二"氏族類",作"《唐皇室維城録》一卷",其下又有"《大唐皇室新譜》一卷,李衢撰",知乃二書,非同書異名。《直齋書録解題》卷八"譜牒類":"《李氏皇室維城録》一卷,屯田郎中李衢、沔王長史林贊修,止於僖宗,蓋昭宗時所録也。"其《大唐皇室新譜》載《新唐書》卷五八《藝文志二》"譜牒類"、《崇文總目》卷二"氏族類"、《通志·藝文略四》譜系·帝系,均一卷。《新唐書》卷五八《藝文志二》"譜牒類"、《宋史》卷二〇四《藝文志三》"譜牒類"、《玉海》卷五〇、又有李林甫《唐室新譜》一卷,爲同名著作。《唐會要》卷三:"開元(成)四年正月,大理少卿李衢奏:'奉進止令修《皇后譜牒》事,伏請降明敕。'奉敕宜依,仍令户部量事供其紙筆。"今其所撰譜牒諸書均亡,佚文直接徵引者一條未見。但《册府元龜》卷一叙李唐皇室姓源及宗族简史,從先秦直到唐哀帝,十分完整,符合《玉海》卷五〇引《皇室新譜》所記的"載唐二十帝"之載,當爲據此書改編之文,茲加輯録。

唐高祖神堯帝，姓李氏，隴西狄道人。其先出自顓頊。顓頊生大業，大業生女華，女華生咎繇。其子孫綿歷虞、夏，代爲理官，遂爲理氏。殷末，有理徵者，直道不容，獲罪於紂。子利貞，逃難於伊侯之墟，食李實得全，又改理爲李氏。周時有李氏虔者，生子曰重耳，字伯陽，周柱下史，道家稱老君。秦將李信，即其後也。信曾孫廣，爲漢前將軍，自此後代爲牧守。廣十六葉孫李暠，是爲凉武昭王。薨，子歆嗣位，爲沮渠蒙遜所滅。歆子重耳，奔於江南，仕宋，爲汝南郡守，復歸於魏，拜弘農太守，贈豫州刺史。生熙，起家金門鎮將，後以良家子鎮於武川，都督軍戎百姓之務，終於位，因遂家焉。生天錫，仕魏爲幢主。大統時，追贈司空公。生太祖景皇帝虎，少倜儻，有大志，好讀書而不存章句，尤善射，輕財重義，雅尚名節，深爲太保賀拔岳所重。元顥之入雒也，從岳擊，平之，以功封晉壽縣開國子、食邑三百户，拜寧朔將軍、屯騎校尉，復與岳破万俟醜奴，留鎮隴西，累遷東雍州刺史，尋轉衛將軍。賀拔岳既鎮隴右，以太祖爲左相、大都督，委以内外軍事。岳尋爲侯莫陳悦所害，太祖哭之甚慟，陰懷復讐之志。時岳兄勝在荆州，太祖星夜赴告，勸勝入關，收岳之衆，勝不能從。俄而周文帝起兵圖悦。太祖聞之，自荆州還。至閿鄉，爲高歡將所獲，送詣雒陽。魏武帝將收關右，見太祖，甚喜，拜爲衛將軍，賜以金帛，鎮關中，因與周文帝平侯莫陳悦。遇高歡入雒，太祖帥師，迎魏武帝於潼關，以功拜驍騎將軍，加儀同三司。遇靈州刺史曹泥擁兵作亂，太祖率兵擊之。時有破野頭賊，屯聚塞下，太祖遣使諭之，皆來降服。遂徵其衆，并力攻泥，四旬而尅，靈州平。會阿至羅部落别道斷其歸路，太祖親率驍鋭襲擊，大破之，悉虜其衆，進封長安縣侯，食邑五百户。太祖不受，讓於兄子康生，周文帝許之。後從文帝破高歡於沙苑，斬級居多。有賊帥梁企定，據河州作亂，太祖以本官兼尚書左僕射，爲隴右行臺總兵，以擊之。部將烏軍長命潛與企定相連，陰圖不軌，太祖斬之以令三軍。賊聞而大懼，不敢戰，遁走河北。太祖將濟師於河，企定率衆降獲男女數萬口以實三輔，進位開府儀同三司，餘如故。南岐州兵楊盆生、馬僧等聚衆反，與梁漢中相影響，太祖以還師，便道擊之，軍大散，遣人諭以禍福，盆生遣使僞降，太祖察知其懷詐，因令軍曰：

“賊既降，可休士放馬，以俟還期。”遣其使反，盆生大喜，遂不爲備，放兵於外營，求糧食，太祖因而趨之。天將曉，圍城已合，外兵不得還，城中大擾，因令壯士排闥而入，無敢動者，軍令嚴肅，秋毫不犯，於是安輯其衆，留别人鎮守，俘盆生以歸。周文帝嘉嘆之，遣使勞問，尋授岐州刺史。遇莫折後熾寇秦州，太祖又討之。軍臨賊境，後熾懼而降，歸，收其精卒數千人。會丁母憂，哀毁過禮。及葬，特給轀輬車。太祖因廬於墓側，負土成墳。優詔起令視事。嘗與周文帝閲武於北山下，時有人爲豹所噬，無敢救者。太祖不暇持杖，趨往捉豹，殺之，周文帝大悦，曰：“公之名虎，信不虚也。”後徙封趙郡公，歷渭、秦二州刺史，復擊叛胡，平之，徙封隴西公，進拜太尉，遷右軍大都督、柱國、大將軍、少師。周受魏禪，録佐命功，居第一，追封唐國公。生世祖元皇帝昞。世祖性至孝，沉深有識量。少爲周文帝所禮。在位十七年，封汝陽縣伯，食邑五百户。尋拜撫軍大將軍、大都督、通直散騎常侍，俄轉車騎大將軍，襲封隴西公。遷驃騎大將軍、開府儀同三司、侍中。隋受禪，襲封唐國公，拜御中正大夫。歷鄜州刺史、安州總管，爲政簡静，甚獲當時之譽。尋遷柱國、大將軍，贈少保，同、華等八州刺史。高祖即元皇帝之世子，母曰元貞皇后。七歲，襲封唐國公。義寧二年，受隋禪，即皇帝位。在位九年，傳位於皇太子，是爲太宗，年七十。太宗母曰竇皇后，在位二十三年，年五十七。太子立，是爲高宗，母曰文德長孫皇后。在位三十四年，年五十六。太子立三十六日，母武太后廢爲廬陵王，立次子相王。六年，又降爲皇嗣，賜姓武氏。太后遂革命，稱周，凡十五年，復以廬陵王爲太子，尋即皇帝位，是爲中宗。在位六年，年五十五。太子立，是爲少帝。母韋庶人臨朝，凡十七日。相王第三子臨淄王隆基平韋氏亂，奉相王即皇帝位，是爲睿宗。在位三年，年五十九。太子立，是爲玄宗，母曰昭成竇皇后。在位四十四年，傳位於太子，是爲肅宗。玄宗稱太上皇，年七十八。肅宗母曰元獻楊皇后。在位七年，年五十二。太子立，是爲代宗，母曰章敬吴皇后。在位十七年，年五十四。太子立，是爲德宗，母曰睿貞沈太后。在位二十六年，年六十四。太子立，是爲順宗，母曰昭德王皇后。在位百八十日，傳位于太子，是爲憲宗。順宗稱太上皇，年四十六。憲宗母曰莊憲王太后，在位十五年，年四十三。太子立，是爲穆宗，母曰懿安郭太皇后。在位四年，年三十。太子立，是爲敬宗，母曰恭僖王太后。在位二年，年十八。弟穆宗第二子江王立，是爲文宗，母曰貞獻蕭皇后。在位十四年，年三十二。弟穆宗第五子潁王立，是爲武宗，母曰宣懿韋皇后。在位四年，年三十二，憲宗第十三子皇太叔立，是爲宣宗，母曰孝明鄭皇后。在位十三年，年五十。太子立，是爲懿宗，母曰元昭晁太后。在位十四年，年四十一，太子立，是爲僖宗，母曰惠安王皇后。在位十五年，年二十七。母弟立，是爲昭宗，在位十六年，年三十八。第九子輝王立，是爲哀帝，母曰積善何太后。在位四年，禪于梁，梁封爲濟陰王。明年薨，年十七。唐自高祖戊寅歲建國，至哀帝丁卯，凡十五代，二十帝，通武后革命，共二百九十年。(《册府元龜》卷一)

新集天下姓望氏族譜

敦煌遺書斯二〇五二號《新集天下姓望氏族譜》,唐後期以郡望編排的姓氏書,作者闕名,當是中唐時期某位博學且於姓氏郡望之學頗有研究者所撰。因此書是繼盛唐李林甫等編撰的《天下郡望姓氏族譜》(一卷)而來的,加上中唐前期新出現的州郡姓氏,故曰"新集"。李林甫此書,《新唐書·藝文志》不載,别見於《宋史·藝文志三》"譜牒類":"又《天下郡望姓氏族譜》一卷……不知作者。"亦見《玉海》卷五〇引《書目》:"《天下郡望姓氏族譜》一卷,李林甫等撰。《崇文目》同。記郡望出處,凡三百九十八姓。天寶中頒下,非譜裔相承者,不許昏姻。"此書既然是承襲李林甫主編之書而來的,則其體例亦當相仿。具體説,是以貞觀十道爲準,道下分州,州下列姓,相依,次第排列。從體例上來看,以州郡繫姓望是它的編纂特色所在。爲了便於讀者披覽和記誦,同時也是爲了醒目起見,作者以諸道州郡爲正文,郡下面的姓氏爲注文,以備後代讀者閱讀,即作者自序所謂"晚長後生,切須披覽。但看注脚,姓望分明"。揣摩其遣詞造句,似其書之編撰,帶有一定程度的警世戒俗意味。序文特别强調了郡望在唐代社會對於士人的重要性,當是有感而發,有爲而作。但原書入宋以後不傳,佚文在傳統載籍中亦無考。而敦煌遺書斯二〇五二號却有此書的抄本,題曰《新集天下姓望氏族譜一卷并序》,卷首的序文保存尚且完好。抄件的末尾,有墨榜白文"家印"二字,表明爲敦煌當地的家藏抄本。背後有補書海州東海郡十姓文字一條,當是流傳中讀者的附加。1980年代,王仲犖先生曾撰有《新集天下姓望氏族譜考釋》一文,載於《敦煌吐魯番文獻研究論集》第二輯,北京大學出版社1983年版。後於2007年收入其首部學術論文集《峼華山館叢稿》。王氏此文對原件重新做了排版，認爲此書當撰于唐德宗大曆十四年以後，唐憲宗元和元年以前，爲中唐前期著作。唐耕耦先生則認爲没有這麽晚，當是唐玄宗朝所作，約爲開元中期以後。華林甫先生認爲乃天寶初到唐肅宗至德二載以前之産物。然均未確證此事，故本次輯校，仍取王仲犖先生之觀點，以爲中唐前期之書。王先生並且對於抄本中的誤文、訛文、奪文、倒文，都有很好的校勘或指正，參考價值較高。今即以敦煌抄本影印件爲底本，以王氏的這個《考釋》爲參校本録文。

序

夫人立身在世，姓望爲先，若不知之，豈爲人子？雖即博學，姓望殊乖。晚長後生，切須披覽。但看注脚，姓望分明。謹録元出州郡，分爲十道如右。

第一，關内道[八]郡

雍州京兆郡，出卌姓：車、杜、段、嚴、黎、宋、秦、鉉、雍、韋、田、粟、於、米、冷、支、員、銻(舒?)、扈、皮、昆、申屠、庚、别、夫蒙、部、豐、禄、史、倫、邢、金、戔、成公、第五、宗、宜、扶、(粟、)計、□、□。

雍州始平郡，出四姓：馮、龐、宣、陰。

雍州武功郡，出四姓：蘇、韓、是、殳。

岐州扶風郡，出十一姓：竇、馬、曾、魯、萬、寇、井、蘇、惠、班、輔。

邠州新平郡，出四姓：古、異、附、虢。

涇州安定郡，出八姓：梁、皇甫、席、伍、胡、安、榮、程。

同州馮翊郡，出八姓：魚、吉、党、雷、印、合、力、寇。

同州郃陽郡，出四姓：支、奉、兖，骨。

第二，隴右道四郡

凉州西平郡，出三姓：申屠、段、池。

凉州武威郡，出六姓：索、石、賈、安、廖、陰。

渭州隴西郡，出十三姓：李、牛、時、辛、董、艾、彭、關、騫、閔、萬、氾、邊。

秦州天水郡，出廿姓：趙、姜、尹、別、嚴、龍、權、秦、上官、□(狄)、桂、莊、郝、皮、雙、智、昆、琴、蒙、玠。

第三，山南道五郡

襄州襄陽郡，出五姓：荔非、蒯、輔、騫、蹇。

鄧州南陽郡，出十七姓：白、韓、滕、樂、鄧、宗、葉、穰、岑、翟、曠、井、趙、姬、仇、鹿、□。

荆州江陵郡，出五姓：能、縣、仵、戎、酒。

朗州武陵郡，出五姓：伍、龔、卜、冉、莘。

鄂州江夏郡，出七姓：李、黄、程、費、任、衙、喻。

第四，河東道[九](十)郡

蒲州河東郡，出十五姓：裴、柳、薛、儲、蕭、衛、聶、應、廉、麥、扈、昏、滿、朗、賈。

汾州西河郡，出十姓：靳、卜、宋、林、植、相里、任、臨、欒、通。

晉州平陽郡，出十二姓：汪、雋、餗[1]、葉、平、柴、巫、景、勾、賈、晉、風。

澤州高平郡，出五姓：范、巴、翟、過、獨孤。

澤州晉昌郡，出五姓：唐、杜、乜、爨、炅。

潞州上黨郡，出六姓：鮑、包、陳、樊、苍[2]、尚。

并州太原郡，出廿七姓：弘、王、郭、郝、温、尉遲、祁、令狐、武、閻、宫、部、孫、伏、砦、霍、問、弓、師、義、柖[3]、酉、廖、易、龍、韶、沈。

代州雁門郡，出五姓：續、解、田、文、狄。

---

① 餗：姓氏書及字書、韻書均未載餗爲姓氏，餗非人姓，作餗或誤。

② 苍：形似苞，然苞非人姓。

③ 柖：或爲“招”之訛。《通志》卷二八《氏族略四》：“招氏，晉步招之後。漢有大鴻臚招猛。”

虢州弘農郡，出七姓：楊、譚、强、晉、虢、裘、□①。

第五，河北[道]十[七](六)郡

冀州渤海郡，出廿八姓：高、吴、歐陽、赫連、詹、喻、李、施、區、金、卿、甘、訾、凌、覃、封、刁、紇干、童、翾、冀、斯、衡、居、倉、闞、鳳、郯。

冀州中山郡，出六姓：甄、焦、藺、仲、郎、宦。

冀州高陽郡，出五姓：許、耿、紀、公孫、蒯。

洺州廣平郡，出八姓：游、程、宋、談、藉、啖、梁、焦。

幽州范陽郡，出九姓：盧、湯、祖、郢、范、簡、張、厲、童。

易州上谷郡，出六姓：侯、榮、麻、燕、寇、谷。

定州博陵郡，出五姓：崔、邸(邴)、壽、幸、濮陽。

瀛州河間郡，出八姓：邢、俞、家、玄、堯、劉、詹、税。

相州内黄[郡]，出四姓：路、駱、扈、厙。

貝州清河郡，出十九姓：張、房、崔、戴、茌、聶、孟、傅、蓋、卓、隋、尚、汲、檀、且、貴、革、舒、路。

邢州鉅鹿郡，出六姓：魏、耿、特、莫、時、舒。

德州平原郡，出[八](七)姓：莘、敬、孟、常、東方、師、内、義。

趙州趙郡，出[七](六)姓：李、司徒、眭、朗、乜、問、闞。

魏州魏郡，出六姓：申、暴、柏、暢、頓、萇。

衛州黎陽郡，出[五](四)姓：璩、桑、衛、析、猗。

懷州河内郡，出十七姓：司馬、常、向、賀、平、車、善、宗、文、淳于、懷、茄、苟、枚、屈、容、□。

第六，淮南道四郡

[揚]州廣陵郡，出十[一]姓：高、支、錢、盛、慶、於、立、戴、游、貢、莉。

楚州山陽郡，出六姓：曲、楚、鞏、念、郄、蹇。

---

① □：所脱或爲"張""奚"二字之一。《唐貞觀八年條舉氏族事件》："弘農郡四姓[虢](郛)州：楊、劉、張、晉。"《太平寰宇記》卷六宋河南道六虢州："姓氏：恒農郡五姓：楊、劉、强、晉、奚。"

廬州廬江郡，出四姓：何、況、門、俞。

舒州同安郡，出二姓：舒、僕固。

第七，河南道廿二郡

洛州河南郡，出廿三姓：褚、穆、獨孤、丘、祝、元、聞人、賀蘭、慕容、商、南宫、古、山、方、藺、慶、閭丘、利、芮、侯莫陳、房、庸、宇文。

許州潁川郡，出十一姓：陳、荀、庾、庫、鍾、柏、許、韓、豆盧、鮮于、焉。

鄭州滎陽郡，出[七](六)姓：鄭、潘、毛、陽、羊、郟、干。

滑州白馬郡，出三姓：成公、費、上官。

汴州陳留郡，出十五姓：阮、何、謝、衛、殷、郭、蔡、典、虞、邊、申屠、伊、智、曲、仝。

宋州梁國郡，出四姓：喬、宋、葛、賓。

亳州譙郡，出十姓：曹、丁、婁、戴、夏侯、嵇、奚、桓、薄、汝。

豫州汝南郡，出廿六姓：周、殷、荆、項、盛、和、宣、南、蔡、梅、袁、鄹、貝、應、厝、汝、昊、言、昌、藍、胙、沙、滿、靳、寧、仲。

曹州濟[陰](陽)郡，出八姓：丁、卞、江、左、蔡、單、曹、郁。

濮州濮陽郡，出六姓：吴、文、扶、黄、慶、濮。

兖州魯國郡，出廿姓：唐、吕、孔、齊、俞、曲、冉、萬、宰、曾、鄒、夏、車、顔、栗、仙、濮、韶、巢、□。

兖州太山郡，出四姓：鮑、羊、胡[母]、斛斯。

兖州平昌郡，出四姓：管、蓋、牟、孟。

鄆州東平郡，出六姓：魏、吕、萬、平、戢(戢)、□。

青州北海郡，出廿六姓：史、成、戚、倪、蓋、譚、郵、晏、查、莫、柯、氾、盡、花、左、甯、終、庾、然、范、娥、開、營、彭、鞠、□。

青州樂安郡，出十[四](二)姓：孫、任、陶、國、長孫、薛、蔣、种、公孫、供、閻、房、賀、曹。

齊州濟[南](陰)郡，出四姓：卞、單、東門、信都。

徐州彭城郡，出十[三](二)姓：劉、朱、到、徐、莊、宛、支、宗、政、龔、巢、幸、磋。

徐州蘭陵郡，出四姓：蕭、繆、万俟、端木。

泗州下邳郡，出八姓：開、余、沈、邳、谷、國、皮、滑。

沂州琅邪郡，出十二姓：王、顏、諸葛、繆、胥、葛、艾、干、惠、暢、苻、乾。

海州東海郡，出十姓：徐、匡、戚、竹、喻、關、綦毋[①]、麋、楚、茅。

第八，江東（南）道二十郡

潤州丹陽郡，出八姓：甘、紀、那、洪、左、洗、鄒、廣。

宣州宣城郡，出四姓：曠、賁、莔[②]、聚。

蘇州吴郡，出五姓：朱、張、顧、陸、暨。

杭州錢塘郡，出[五]（七）姓：范、岑、褚、盛、仰。

杭州鹽官郡，出五姓：翁、戚、東關、忽、延。

杭州餘杭郡，出四姓：暨、隗、戩（戢）、監。

湖州吴興郡，出十六姓：沈、錢、姚、吴、清、丘、放、宣、萌、金、銀、陰、洗、鈕、木、明。

常州晉陵郡，出四姓：蔣、苻、英、周。

越州會稽郡，出十四姓：夏、謝、賀、康、孔、虞、盛、資、鍾離、駱、兹、俞、榮、汎。

處州松陽郡，出[四]（五）姓：勞、賴、葉、瞿曇。

台州臨海郡，出六姓：屈、冷、靖、譚、弌、葉。

婺州東陽郡，出七姓：薊、習、苗、姚、哀、難、□。

歙州歙郡，出五姓：叔孫、方、諫、授、汪。

---

① 綦毋：原訛作"綦母"，據《元和姓纂》卷二改。《經典釋文》卷一七："綦毋，音其，下音無。"自《左傳》始，舊籍多訛作"綦母"。《通志》卷二九《氏族略五》："綦母氏，《左傳》：晉有綦母張。《風俗通》：漢有廷尉綦毋參。《戰國策》：綦母子與公孫龍争辨。大觀登科有綦母賁，南平人。"皆"綦毋"之誤文。

② 莔：《古今姓氏書辯證》卷三二："莔音慢，《集韻》曰：胡莧切，姓也，讀若綻。《姓苑》：又音漏。"

洪州豫章郡,出八姓:羅、雷、熊、除、璩、諶[1]、洪、□。

饒州鄱陽郡,出四姓:饒、芮、鐸、夋(夐)。

江州潯陽郡,出六姓:陶、翟、淳、瞿、騫、步。

袁州宜春郡,出四姓:袁、彭、易、邵。

潭州長沙郡,出六姓:曾、吴、羅、彭、茹、秦。

虔州南康郡,[出四姓]:賴、葉、銀、尋。

泉州南交[安]郡,出四姓:林、仇、弘、單。

第九,劍南道二郡

益州蜀郡,出五姓:郗、文、費、任、郄。

梓州梓潼郡,出四姓:綿、景、文、麋。

第十,嶺南道五府:邕、容、桂、廣、安南等,都管七十州,並[不](下)出人姓望。

① 諶:王仲犖先生據《貞觀八年條舉氏族事件》:"豫章郡五姓:洪州,熊、羅、章、雷、湛。"以爲,諶或湛之訛。然《通志》卷二九《氏族略五》:"諶氏,《姓苑》:'陶侃母諶氏。'今南昌多此姓,望出豫章。"似作諶亦有據。而《元和姓纂》卷五:"湛,後漢大司農湛重。新淦:晉荆州刺史陶侃,母湛氏,新淦人。有湛氏方生。梁有司州刺史僧智。今進士湛賁,袁州人。"均載湛之郡望非洪州,乃袁州、吉州,據此,則作"湛"是。

敦煌石室所出姓氏書殘本四種

《敦煌石室所出姓氏書殘本四種》,敦煌所藏的唐人天下姓望譜之殘卷,經王仲犖等多位學者綴合,仍有六份,即:(1) 斯五八六一號《姓氏書》,當爲初盛唐時期編成的某個全國性的姓氏書的抄件,僅存第七淮南道、第八江南道、第九劍南道。唐耕耦先生定名爲《天下郡望姓望氏族譜殘卷》。(2) 伯三一九一號《新集天下姓望氏族譜》,與斯二〇五二同卷,僅存二十二殘行,二者可以互相取校。(3) 伯三四二一號《氏族志》殘卷,即《新集天下郡望氏族譜》,但與斯二〇五二號文字稍有不同,亦有校勘價值。(4) 伯二九九五號《雜姓氏書》殘卷,與宋代以後流行的《百家姓》頗爲相似,略去郡望,只列姓氏,編排簡單,依照漢字四聲,平仄錯落,四字一句,寫成押韻的韻文,便於記誦。從抄件後面的説明文字看,係晚唐河西地區的某位經生,應當地寺廟的某位沙彌之邀請而抄録,並無體例,隨手所寫。但仍以著姓居前,僻姓居後,按照聲韻編排,顯然别有依據,但又經抄者改寫,可以作爲敦煌當地的童蒙讀物使用。今存殘卷僅有九十姓,抄件的末尾還有抄者自撰的打油詩四句,説明了他此次抄寫此件的緣由。另有斯二〇五二號《新集天下姓望氏族譜一卷並序》、北位七九號《唐貞觀八年五月十日高士廉等條舉氏族奏抄》二種唐代姓氏書的鈔本殘卷,因爲内容較爲豐富,相對完整,前文已經作爲唐人姓氏書加以整理,單獨列出。前面四種,則如果單獨列出則份量過於單薄,必須整合。今以其均爲殘本,遂將其合併爲一書,依次排出,總題曰"敦煌石室所出姓氏書殘本四種",略加校勘,以備讀者參考。

一、伯三一九一號《新集天下姓望氏族譜》,(唐)闕名

(前缺)

(趙郡):眭

□□(郡望名):□、□、李、睦。

□□(郡望名):□□、江、勃、葛。

魏州魏郡:申、暴、柏、暢、萇。

懷州河内郡:宋、向、車、常、尋、苟、司馬、淳于。

衛州黎陽郡:璩、桑、衛、柘。

第六[河南道],廿八郡

洛州河南郡:賀蘭、褚、穆、祝、藺、丘、竇、南宫、獨孤。

齊州濟陰郡,四姓:苗、董、卞、郗。

許州潁川郡,八姓:陳、韓、鍾、荀、于、許、庫、鮮于。

鄭州滎陽郡,四姓:鄭、毛、潘、陽。

汴州陳留郡,五姓:阮、謝、虞、蔡、何。

滑州東(平)郡,三姓:費、成公、上官。

宋州譙國郡,九姓:戴、李、石、譙、曹、[婁](安)、桓、龐、夏(侯)。

徐州彭[城](山)郡,三姓:焉、張、宋。

[徐州]沛國郡,三姓:周、張、朱。

[徐州]蘭陵郡,□姓。

沂州琅邪郡,六姓:王、顏、惠、暢、乾、可。

泗州下邳郡,三姓:陳、祁、谷。

(海州東莞郡,四姓):盛、關、何、公孫。

[第七淮南道],一郡

(揚州廣陵郡,三姓:戴)、高、盛。

(後缺)

二、斯五八六一號《姓氏書》

（前缺）

海州東莞郡，□□

第七淮南道

揚州廣陵郡，□□

第八江南道

越州會稽郡，七［姓］。

湖州二姓長城郡

洪州豫章郡，五姓：能（熊之奪）

潭州長沙郡，五姓：劉。

泉州南安郡，五姓：黄。

卞州武陽郡。□姓。

鄂州江夏郡，三姓。

第九劍南道（後缺）

果州武都郡，二姓。

益州蜀郡，二姓。

太史因堯置九州，今［分爲八十五郡，合三百九十八姓。今貞觀八年］五月十日［壬辰，自今已後，明加禁約。前件郡姓出處，許其通婚媾。結婚之始，非舊委悉，必須精加研究，知其囊譜，相承不虚。然可爲］。

（後缺）

疋偶。其三百九十八姓［以外，又二千一百雜姓］，並非史籍所載，或［媾官混雜，或從賤入良，营門雜户，［慕容］、商價（賈）之類（中有脱文）。上柱國□□甫等奉敕令，□□各别爲條舉，□聽進。

宋姓三［望］

［京］兆郡宋，河内郡宋，廣［平郡宋］。

陽姓三望

中山郡陽，滎陽郡陽，河［□郡陽］。

車姓二望

河内郡車,魯國郡車。

賈姓三望

河東郡賈,平陽郡賈,武[威郡賈]。

□□□望

(後缺)

三、伯三四二一號《氏族志》殘卷

(前缺)

(封)於段,

(昌)意之子,顓[頊]

□氏,承帝嚳之苗裔,文王之[後]。

□氏,承帝顓頊之苗裔,夏禹之[後]。

□氏。

□氏。

始平[郡]四姓:

雍州:馮、龐、宣、陰。

馮氏,承姬姓,周文王裔,畢公高之後。

龐氏,承帝之苗裔,□若[敖]之胤緒,楚王子龐之後。

陰氏,承帝嚳之苗裔,殷武丁封爲陰氏,遂有陰氏生焉。

宣氏。

扶風郡六姓

岐州:馬、竇、班、輔、魯、惠。

馬氏,承顓頊之苗裔(緒),伯益之後。

竇氏,承顓頊之苗裔,夏禹之胤。

班氏,承后稷之苗裔,周文王之胤。

輔氏,承姬姓,周文王之苗裔,武王之胤緒,周[昭](照)王之子。

魯氏,承周[文](成)王之苗裔,魯伯禽之後。

惠氏,承姬姓,周文王之苗裔,魯周公旦之胤緒,魯伯禽之別族,柳下惠之後。

新平郡出一姓,豳(幽)州:古。

古氏,承帝顓頊之苗裔,后稷之胤緒。

(後缺)

四、伯二九九五號《雜姓氏書》

張、王、李、趙,

天、下、多、少。

陰、薩、唐、郎,

[令]狐、杜、韋。

安、康、石、平,

羅、白、□、□。

□、牛、楊、宋,

□,□、□、索。

麴、斉、左、戴,

孔、□、□、容。

落、閻、鄯、霍,

袁、馬、□、□,

常、氾、荆、郭。

橋、徐、翟、量,

裴、陳、龍、羽。

栫、郝、價、温,

柞、泷、岳、談。

彭、嚴、孫、盡,

田、吴、屈、鄭。

樊、饒、吉、段,

侯、朱、武、花。

崔、成、任、多，
泊、渾、蘇、鉗。
苻、傅、星、解，
聞、穆、朝、辛，
申、馮、召、劉。

諱行録

《諱行録》一卷，唐昭宗朝闕名撰，列爲《新唐書》卷五八《藝文志二》“譜牒類”的最後一種書，曰：“《諱行録》一卷。”闕撰人，知爲唐代成書年代最晚的一種氏族學著作，專載中晚唐士人的名諱、行第，帶有鮮明的唐代文化特徵。亦見《崇文總目》卷二“傳記類”，僅有“《諱行録》一卷”五字。又《遂初堂書目·姓氏類》亦有《諱行録》，排在唐人姓氏書之末，可見成書年代甚晚。《宋史》卷二〇三《藝文志二》入“傳記類”，亦曰：“《諱行録》一卷。”下面又有宋敏求“《諱行後録》五卷”，前揭之書皆爲宋人著述，可見此書在五代兩宋甚有影响。《通志》編入卷六五《藝文略三》“傳記·科第”，曰：“《諱行録》一卷，唐由進士中第者姓名，起貞元，訖中和。”中和爲唐昭宗年號，知作者爲唐昭宗時人。《韓集點勘》卷二：“《早春與張十八博士》題注：令狐澄，本作三弟，亦非。楊嗣復行六，非三也。見《白樂天集》。嗣復後入相，《唐史》有傳。澄生長貴胄，而於近時宰輔，亦偶未悉其行次，足知考訂之難，此《諱行録》之可資採證也。《館閣書目》：‘《諱行録》一卷，以四聲編登科進士族系、名字、行第、官秩及父、祖諱、主司名氏，起興元二年，盡大中七年。’其書出於唐季。《新史·藝文志》作《諱行略》，《宋志》作‘録’。至撰書人姓名，則二志俱逸之矣。行，户郎反，或讀本字，非。”今本《新唐書·藝文志二》並不作《諱行略》，或者宋人所見之本不同。《困學紀聞》卷一四：“楊文莊公徽之若璩按：徽之，字仲猷，浦城人，真宗特置侍讀學士，官之，本傳不載其謚。好言唐朝士族，閲《諱行録》，悉能記之。按《館閣書目》：‘《諱行録》一卷，以四聲編登科進士族系、名字、行第、官秩，及父、祖諱、主司名氏。起興元元年，盡大中七年。宋敏求續爲《後録》五卷。’”《玉海》卷一一五《唐進士舉科目記科第覽》:“紹興三十年十月,洪适重編《唐登科記》爲十五卷,一以姚氏爲正。天寶後,則以三本合爲一。《書目》:‘《諱行録》一卷,以四聲編進士族系、名字、行第、官秩,及父、祖之諱、主司名氏,起興元元年,盡大中七年。宋敏求撰《諱行後録》五卷。”云所記人物止于大中七年,與《通志·藝文略三》所説的“止中和”異,或者《通志略》所記者爲唐本舊貌,《困學紀聞》及《玉海》引《館閣書目》所記者則爲南宋傳本,殘闕不全,故有此異。《蘇魏公集》卷五一《龍圖閣直學士修國史宋公(敏求)神道碑》:“公諱敏求,字次道……摭唐人物世系遺事,則有《諱行後録》五卷。”敏求此書既承舊本《諱行録》而來,則唐人原著亦“摭唐人物世系遺事”之書,屬於記人物“族系、名字、行第、官秩”的雜傳記,《崇文總目》及《通志略》入“傳記類”,歸類較爲科學。佚文僅剩四條,聊勝於無。今據諸書輯録如下,以備參稽。

《酬王二十舍人》……今按,王二十涯,亦見《諱行録》。(《原本韓集考異》卷三;《别本韓文考異》卷九)

《赴江陵途中寄贈王二十補闕李十一拾遺李二十六員外三學士》。《集注》:王二十補闕,名涯,字廣津。李十一拾遺,名建,字杓直。李二十六員外,名程,字表臣。見《傳》及《諱行録》。此詩公自陽山令徙掾江陵而作。(《五百家注昌黎文集》卷一)

《將歸贈孟東野房蜀客》。樊曰:《諱行録》云:“房次卿,字蜀客。《登科記》:蜀客,貞元七年登第。(《五百家注昌黎文集》卷五)

《和席八十二韻》。樊曰:席八,或以爲席謙,非也當是席夔。按,《諱行録》:“席夔,行八,貞元十年進士。”(《五百家注昌黎文集》卷一〇)

唐會要·氏族

《唐會要》一百卷,五代學者王溥(922—982)撰。該書卷三六《氏族》保存了唐代氏族學研究的寶貴資料,多係據劉知幾、柳冲、柳芳、韋述等時人姓氏譜牒之書修成,撰寫之時加以改竄,没其姓名,佚文遂變成史文,具體來歷不復可考。兹輯録書中前面關係緊要的六段文字,以備讀者參考。

氏族者,古史官所記,故官有世胄,譜有世官。過江則有僑姓,王、謝、袁、蕭爲大。東南則有吴姓,朱、張、顧、陸爲大。山東則有郡姓,王、崔、盧、李、鄭爲大。關中亦有郡姓,韋、裴、柳、薛、楊、杜爲大。代北則有虜姓,元、長孫、宇文、于、陸、源、竇爲大。各於其地,自尚其姓爲四姓。今流俗相傳,獨以崔、盧、李鄭爲四姓,加太原王爲五姓,蓋不經之甚也。

武德元年,高祖嘗謂内史令竇威曰:"昔周朝有八柱國之貴,吾與公家,咸登此職。今我已爲天子,公爲内史令,本同末異,無乃不可乎?"威曰:"臣家昔在漢朝,再爲外戚。至於後魏,三處外家。今陛下龍興,復出皇后。臣又階緣戚里,位忝鳳池。自惟叨濫,曉夕兢懼。"高祖笑曰:"比見關東人(與)崔盧爲婚,猶自矜伐,公世爲帝戚,不亦貴乎?"

三年,高祖嘗從容謂尚書右僕射裴寂曰:"我李氏昔在隴西,富有龜玉。降及祖禰,姻婭帝王。及舉義兵,四海雲集。纔涉數月,升爲天子。至如前代皇王,多起微賤,劬勞行陣,下不聊生。公復世胄名家,歷職清要。豈若蕭何、曹參,起自刀筆吏也?惟我與公,千載之後,無愧前修矣。"

蘇氏議曰：創業君臣，俱是貴族。三代以後，無如我唐。高祖，八柱國唐公之孫，周明懿、隋元真二皇后，外戚，娶周太師竇毅女。毅則周太祖之婿也。宰相蕭瑀、陳叔達，梁陳帝王之子。裴矩、宇文士及，齊、隋駙馬都尉。竇威、楊恭仁、封德彝、竇抗，並前朝師保之裔。其將相裴寂、唐儉、長孫順德、屈突通、劉政會、竇軌、竇琮、柴紹、殷開山、李靖等，並是貴胄子弟。比夫漢祖蕭、曹、韓、彭門第，豈有等級以計言乎？

武德中，李守素與虞世南論及氏族。初言江左，世南獨相酬對。及言北地諸姓，次第如流，陳其事業，皆有援證。世南但撫手而已，不復能答。嘆曰："肉譜，實可畏。"許敬宗曰："'肉譜'非雅名也。"世南曰："昔任彦升善談經籍，梁代稱爲'五經笥'。今日號倉曹爲'人物笥'矣。"守素以諳時氏族，時人謂之"肉譜"。

貞觀十二年正月十五日，修《氏族志》一百卷成，上之。先是，山東士人，好自矜誇，以婚姻相尚。太宗惡之，以爲甚傷教義，乃詔禮(吏)部尚書高士廉、御史大夫韋挺、中書侍郎岑文本、禮部侍郎令狐德棻，及四方士大夫諳練族姓者，普索天下譜牒，約諸史傳，考其真僞，以爲《氏族志》，以崔幹爲第一等。書成，太宗謂曰："我與山東崔、盧家，豈有舊嫌也？爲其世代衰微，全無官宦、人物，販鬻婚姻，是無禮也。依託富貴，是無恥也。我不解人間何爲重之？我今定氏族者，欲崇我唐朝人物冠冕，垂之不朽，何因崔幹爲一等？列爲第三等。"合二百九十三姓，千六百五十一家，分爲九等，頒於天下。(《唐會要》卷三六《氏族》)

謝氏系譜

《謝氏系譜》，撰人名氏不詳，其人其書見北宋尹洙《河南集》卷一二《宋撰故中大夫守太子賓客分司西京上柱國陳留縣開國侯食邑九百户賜紫金魚袋謝公(濤)行狀》，當爲謝濤或其同輩、先輩，北宋前期人，自述北宋謝氏族姓源流，與成書於南北朝之《謝氏譜》名同實異，據輯。

《謝氏系譜》：自公七代祖已下，官諱具存。始居河南之緱氏。至四代祖，終衢州刺史，葬嘉興，因家江東及鹽官。葬富陽，遂爲富陽人。當錢氏制吴越，故散騎而上，三世不爲朝廷官。(北宋尹洙《河南集》卷一二《宋撰故中大夫守太子賓客分司西京上柱國陳留縣開國侯食邑九百户賜紫金魚袋謝公(濤)行狀》)

文氏家譜

《文氏家譜》,北宋名臣文彦博(1006—1097)撰。司馬光《傳家集》徵引一段,據輯。

元豐三年秋,留守西都,始釁廟而祀焉。一旦,授光以《家譜》曰:"予欲志族世之所從來,及廟之所由立,垂示後昆,而爲我叙其事,款於石。"光竊惟公追遠復古,率禮興化之盛德,不可以無傳,雖自知不文,不敢辭,謹叙而銘之。按《譜》云:文氏之先,出陳公子完,以謚爲氏,與翼祖諱同。至秦,有丕。丕生河東太守教,始家平陽。其後有韶,漢末爲揚州刺史。自韶以來,世乃可譜。韶之六世孫頻,爲後魏北絳太守。頻曾孫顯儁,以别駕從北齊高祖起晉州,就霸業,戰功居多,終兖州刺史。頻之六世孫曰(敬)肅,曰君洪。肅仕隋,爲潁川郡丞,名列循吏,以公直抗宇文述,老卑秩。君洪從高祖起晉陽,爲右衛將軍。太子建成餘黨攻宫門,君洪首奮挺出,戰没。頻之八世孫,曰(敬)暉,曰播。暉,相中宗,誅張易之,奪武后天下,歸之唐。用仇人譏,謫死嶠南。播有史學,官至給事中。君洪之曾孫羽,爲御史中丞。肅之四世孫括,爲御史大夫。括孫晦,爲太子賓客。晦兄昕,爲義成節度使。皞爲散騎常侍,榮冠當時。自顯儁至晦,皆有傳見於史。其家自平陽或遷太平,或遷蒲阪,或遷實鼎。晦之從父昆弟晤,爲北都留守判官,始居介休。晤生汾州參軍檖,檖生館,館生澤州録事參軍,即公之高祖考也。諱沼。曾祖考諱,某仕後唐,歷晉城、天池、平城三主簿。避晉高祖諱,更其氏曰文。歷崞、太谷二令。漢高祖即位,復舊氏,更名某。漢失天下,其支别者自帝於晉陽,復事之,終嵐州録事參軍。祖考諱某,辟石州幕府,弃官歸鄉里。太宗皇帝平晉陽,召之不起。以廟諱故,復爲文氏。考諱某,以儒學進,歷十三官。所至以彊直勤敏,振利攘害,名聞達不可揜,判三司開拆磨勘司,終主客郎中、河東轉運使。其治行之詳,見於故平章事晏公、參知政事王公沂譔《墓志》及《碑》。(北宋司馬光《傳家集》卷七九《河東節度使守太尉開府儀同三司潞國公文公(彦博)先廟碑》嘉祐二年作)

《續家譜》序

《續家譜序》，北宋名臣范仲淹(989—1052)撰，專記宋代范氏家族之由來及《續家譜》之修撰緣起。撰于宋仁宗皇祐二年，有一定的參考價值。文載《范文正公集》補編卷一，據輯。

吾祖，唐相(范)履冰之後，舊有家譜。咸通十一年庚寅，一枝渡江，爲處州麗水縣丞，諱隋。中原亂離，不克歸，子孫爲中吴人。皇宋太平興國三年，曾孫堅、坰、墉、埴、埴、昌言六人，從錢氏歸朝，仕宦四方，終於他邦，子孫流離，遺失前譜。至仲淹蒙竊國恩，皇祐中，來守錢塘，遂過姑蘇，與親族會。追思祖宗既失前譜未獲，復懼後來昭穆不明，乃於族中索所藏誥書、家集考之，自麗水府君而下四代祖考及今子孫，支派盡在，乃創義田，計族人口數而月給之，又葺理祖第，使復其居，以求依庇，故作《續家譜》而次序之。皇祐二年正月八日，資政殿學士、金紫光禄大夫、行尚書户部侍郎、知青州軍事、兼管内勸農事、充青州淄濰登萊沂密徐州淮陽軍安撫使、護軍仲淹述。(宋范仲淹《范文正公集》補編卷一；明葉盛《水東日記》卷八《范氏家譜世系》)

按，本文亦見明葉盛《水東日記》卷八，末句交代出處曰"安撫使范仲淹謹述"，下接云："此譜見於今廣西參將都指揮使范信所譜叙。文正公子純仁生正思，第三子。正思生直方。直方生公興，第二子。公興生良史，良史生士選，長子。士選生光祖，第三子。光祖生文炳，長子。文炳生伯萊，伯萊生叔胄，叔胄生子圉，第二子。子圉生仁傑，第三子。仁傑四子，其第三名檀州，蓋信父也。信之言曰：'吾祖國初辰州教授，謫吏密雲，家焉。教授之子習武事矣。'譜近年所修録，詢其元本，曰：'同楮錢焚之矣。'信有將略，而素以墨聞，其言雖未可憑，而予甚愛公文之簡而質也，故録之。"以其前後相承，有參考價值，故輯録如上。

《歐陽氏譜圖》序

《歐陽氏譜圖序》,北宋文學家歐陽修(1007—1072)撰,概述歐陽氏之族姓源流,自夏禹一直叙述到北宋仁宗朝,自宋以來,被視爲家譜族譜的典範之作,頗爲知名。文載《文忠集》卷七一,内容完整,據輯。本文又見今中華書局點校本《歐陽修全集》卷七四,取以互校,異文較多,各有長短,末段文字的差異尤大,前段四分之三則文字明顯不及庫本之完整少誤,故不取。

吉州廬陵縣,儒林鄉,歐桂里。

歐陽氏之先,出夏禹之苗裔。自帝少康封庶子於會稽,使守禹祀,傳二十餘世,至允常,子曰勾踐,是爲越王。越王勾踐卒,子王鼫與立。傳五世,至王無疆,爲楚威王所滅,其諸族子孫分立於江南、海上,受封於楚,爲歐陽亭侯。亭侯在今湖州烏程歐餘山之陽,子孫遂以爲氏。漢高滅秦,得無疆七世孫摇,復封爲越王,使奉越後。而歐陽亭侯之後,因有仕漢爲涿郡太守者,子孫遂居於北。一居冀州之渤海,一居青州之千乘。居千乘者曰和伯,仕於漢,最顯,世爲博士,以經名家,所謂《歐陽尚書》是也。其居渤海者仕於晉,最顯曰建,字堅石,所謂"渤海赫赫,歐陽堅石"是也。建遇趙王倫之亂,見殺。兄子質以其族奔長沙,由是子孫復居於南。仕於陳者曰頠,威名著於南海。頠之孫曰詢,詢之子通,仕於唐,尤顯,皆爲名臣。其世居長沙,猶以渤海爲封望。自通三世生琮,爲吉州刺史,子孫因家焉。琮八世生萬,萬爲安福縣令,生和。和生雅。雅生效、楚。效生謨、託、訦。託生皇高祖府君。府君生子八人,於世次爲曾祖。今圖所列子孫,皆八祖之後。蓋自安福府君以來,遭唐末五代之亂，江南陷於僭僞，歐陽氏遂不顯，然世爲廬陵大族。而皇祖府君，以儒學知名當世，至今名其所居鄉曰“儒林”云。及宋興，天下一統，八祖之子孫稍復出而仕宦。然自宋三十年，吾先君、伯父、叔父，始以進士登於科者四人。後又三十年，某與麗兄之子乾曜又登於科，今又殆將三十年矣。以進士仕者又纔二人。蓋自八祖以來，傳今百年，或絶或微，分散扶疏，而其達於仕進者何遲而又少也。今某獲承祖考餘休，列官於朝，叨竊榮寵，過其涯分，而才卑能薄，泯然遂將老死於無聞。夫無德而禄，辱也，適足爲身之愧，尚敢以爲親之顯哉！嗚呼！自通而上，其行事見於史。自安福府君而下，遭世故，無所施焉。某不幸幼孤，不得備聞祖考之遺德。然傳於家者，以忠事君，以孝事親，以廉爲吏，以學立身。吾先君諸父之所以行於其躬，教於其子弟者，獲承其一二矣。某又嘗聞長老言，當黄巢攻破江西州縣時，吉州尤被其毒。歐陽氏率鄉人扞賊，賴保全者千餘家，子孫宜有被其陰德者。顧某不肖，何足以當之。傳曰：“積善之家，必有餘慶。”今八祖歐陽氏之子孫甚衆，苟吾先君諸父之行於其躬，教於其子孫者，守而不失，其必有當之者矣。嘉祐四年己亥四月庚午，嗣孫修謹序。

《譜圖》。

景達，生一子。僧寶，生三子。頠，生二子。

盛。

邃。

紇，生四子。詢。亮。德。器。

約，生一子。

詢，生四子。長卿。肅。生一子。顗。倫。通，生二子。

幼明，生一子。袒，生二子。璟。琮。

幼讓。

自琮以下七世，譜亡。琮之八世孫曰彪。彪弟曰萬。萬以下，世次如左。

萬，生一子。和，生一子。

雅，生二子。效，生三子。謨。託。誸。

楚，生三子。堂。□。戊。

託，生三子。鄠。

郴，生八子。俊，生一子。翱，生一子。葛。

仲，生一子。宏，生一子。至。

儀，生四子。猛，生二子。綬。

麗。

谷。生二子。焕。炳。

寬，生四子。曦。

暐。

晃。

煦。

載，生一子。鑒。

伾，生一子。素。生三子。需。曉。藹。

信，生一子。端。無子。

偃，生三子。觀。生二子。昞。修。

旦，生二子。宗古。

宗道。

曄，生三子。宗顏。

宗閔。

宗孟。

佺，生一子。翦，生三子。遲。

凱。

勳。

儆，生三子。潁，生三子。羽。

景。

昱。

顗，生一子。

頊，生一子。

邦。闕。

惟歐陽氏自得姓以來，子孫衆多，而譜隨親疏，宜有詳略。其上世遠而支分疏者，事或具於史，或各見其家譜。今自吉州府君而下，具列如左。

吉州府君諱琮，葬袁州之萍鄉，而子孫始家於吉州。當唐之末，黄巢攻陷州縣，府君率州人扞賊，鄉里賴以保全，至今人稱其德。安福府君諱萬，事迹闕。處士諱雅，字正言，高年不仕，德行稱於鄉里。夫人龍氏。韶陽府君諱效，字德用，爲韶州韶陽主簿。夫人周氏。處士諱託，字達明，隱德不仕，鄉里稱之。凡民有争决之官府者，後多復訴訟。有從處士平其曲直者，遂不復争。夫人王氏。令公府君諱郴，字可封，仕南唐，爲武昌令、吉州軍事衙推官，至檢校右散騎常侍，兼御史大夫。性至孝，兄弟相友愛。有紫芝，一莖兩葩，生於楹，鄉人以爲孝德所感，爲著賦頌。享年九十有四，葬歐桂里横溪保之燕湖。夫人劉氏府君，累贈金紫光禄大夫、太師、中書令。夫人累封楚國太夫人。屯田府君諱偡，第三十六。仕南唐，爲洪州屯田院判官，享年五十七，葬栗源。夫人李氏。處士諱伸，第三十七，守道不仕，享年七十有三，葬滁陂。夫人蕭氏。屯田府君諱儀，第三十八。字象之，仕南唐，舉進士及第，官至屯田郎中。府君之登進士第也，父母皆在，鄉里榮之，乃改廬陵之文霸鄉安德里爲儒林鄉歐桂里，其所居履順坊爲具慶坊。享五十有五，葬官山。夫人王氏。處士諱伾，第三十九。守道不仕。夫人王氏、張氏。静江府君諱信，第四十。仕南唐，爲静江軍團練使。據宋奭所撰《安福太君墓志》，列序八子官封。云信爲静江軍團練使，兼憲秩，南唐官品，疑與今異。享年二十有五，葬曾家莊。夫人郭氏。令公府君諱偃，第四十一。少以文學著稱南唐。耻從進士舉，乃詣文理院上書，獻其所爲文十餘萬言，召試爲南京街院判官。享年三十八，葬吉水之回陂。夫人李氏府君，累贈金紫光禄大夫、太師、中書令，兼尚書令。夫人累封吴國太夫人。處士諱佺，第四十二。晦迹不仕，享年四十有七，葬東田。夫人陸氏。工部府君諱儆，第四十三。仕皇朝，爲許田令，葬奉新，累贈工部侍郎。夫人李氏。處士諱翺，事迹闕。處士諱宏，事迹闕。處士諱猛，葬馬家坑。夫人鄭氏。水部府君諱谷，爲筠州團練副使，官至檢校水部員外郎，葬傳家坑。夫人王氏。封州府君諱寬，爲封州司理參軍，葬早禾坑。夫人邊氏。工部府君諱載，字則之，淳化三年進士及第。歐陽氏自江南歸朝，以進士登科者，自府君始。爲人方重寡言，真宗皇帝嘗自擇御史府君，以秘書丞拜監察御史。後知泗州，毁龜山佛寺，誅妖僧數十人，爲政清廉簡静，所至官舍，不窺園圃，至果爛墮地，家人無敢拾者。官至尚書工部郎中，享年六十有八。夫人金壇縣君米氏。處士諱素，事迹闕。處士諱端，事迹闕。崇公諱觀，字仲賓，事具《瀧岡阡表》。享年五十有九，葬吉水沙溪之瀧岡，累贈金紫光禄大夫、太師、中書令兼尚書令，追封崇國公。夫人彭城郡太君鄭氏，累封魏國太夫人，享年七十有二，祔葬瀧岡。處士諱旦，隱德不仕，事母以孝，爲鄉里所稱。葬烏龜塘。夫人彭氏。兵部府君諱曄，字日華。咸平三年進士及第，官至都官員外郎。歷知桂陽監，端、黄、永三州，所至有能稱，尤長於决疑獄，所得俸禄，分養孤遺，其兄之子修少孤，教之如己子。享年七十有九，葬安州應城之彭樂村。夫人福昌縣君范氏。其後兄子修者，以參知政事，遇今上登極恩，贈府君兵部員外郎。處士諱蒻，事迹闕。處士諱羽，事迹闕。職方府君諱潁，字考叔，咸平三年進士及第，官至尚書職方郎中。歷知萬、峽、鄂、歙、彭、岳、閬、饒八州，爲政務嚴明，有威惠，以本官分司，享年七十有三。家於荆南，遂葬焉。夫人廣陵縣君曾氏。奉職府君諱顗，爲三班奉職。殿直府君諱頊，爲右班殿直。

譜例曰：姓氏之出，其來也遠。故其上世多亡不見。譜圖之法，斷自可見之世，即爲高祖下至五世玄孫，而别自爲世。如此，世久子孫多則官爵功行載於譜者，不勝其繁，宜以遠近親疏爲别。凡遠者疏者略之，近者親者詳之，此人情之常也。玄孫既别自爲世，則各詳其親，各繫其所出，是詳者不繁，而略者不遺也。凡諸房子孫，各紀其當紀者，使譜牒互見，親疏有倫，宜視此例而審求之。（北宋歐陽修《文忠集》卷七一《歐陽氏譜圖序》）

蘇氏族譜

《蘇氏族譜》，自《譜例》以下之五篇文章，均北宋文學家蘇洵(1009—1066)撰，專載蘇氏家族的譜系源流，見蘇洵《嘉祐集》卷一四，乃宋代家譜的代表作，早在宋代就十分知名，後代更是視爲家譜、族譜修撰的楷模，且内容完整，並未殘闕，有特殊的史料價值，據輯。

譜　例

古者，諸侯世國，卿大夫世家，死者有廟，生者有宗，以相次也。是以百世而不相忘。此非獨賢士大夫尊祖而貴宗，蓋其昭穆存乎其廟，遷毁之主存乎其太祖之室，其族人相與爲服，死喪嫁娶，相告而不絶，則其勢將自至於不忘也。自秦、漢以來，仕者不世，然其賢人君子，猶能識其先人，或至百世而不絶，無廟無宗而祖宗不忘，宗族不散，其勢宜忘[①]而獨存，則由有譜之力也。蓋自唐衰，譜牒廢絶，士大夫不講，而世人不載。於是乎由賤而貴者，耻言其先；由貧而富者，不録其祖，而譜遂大廢。昔者洵嘗自先子之言而咨考焉，由今而上，得五世。由五世而上，得一世。一世之上，失其世次。而其本出於趙郡蘇氏，以爲《蘇氏族譜》。它日，歐陽公見而嘆曰："吾嘗爲之矣！"出而觀之，有異法焉。曰："是不可使獨吾二人爲之，將天下舉不可無也。"洵於是又爲《大宗譜法》，以盡譜之變，而并載歐陽氏之《譜》，以爲譜例，附以歐陽公《題劉氏

① 忘：庫本作"亡"，是，觀本句"其勢宜忘而獨存"，即知乃指宗族存亡，非記憶遺忘，此當爲傳鈔之誤或作者筆誤。

碑後》之文，以告當世之君子，蓋將有從焉者。《歐陽氏譜》及永叔《題劉氏碑後》，不具於此。

蘇氏族譜

蘇氏之譜，譜蘇氏之族也。蘇氏出自高陽，而蔓延於天下。唐神龍初，長史味道刺眉州，卒於官，一子留於眉，眉之有蘇氏自是始，而譜不及焉者，親盡也。親盡則曷爲不及？譜爲親作也。凡子得書而孫不得書，何也？以著代也。自吾之父以及吾之高祖，仕不仕，娶某氏，享年幾，某日卒，皆書，而他不書，何也？詳吾之所自出也。自吾之父以至吾之高祖，皆曰諱某，而他則遂名之，何也？尊吾之所自出也。譜爲蘇氏作，而獨吾之所自出得詳與尊，何也？譜，吾作也。嗚呼！觀吾之譜者，孝弟之心，可以油然而生矣。情見乎親，親見於服，服始於衰，而至於緦麻，而至於無服。無服則親盡，親盡則情盡，情盡則喜不慶，憂不弔。喜不慶，憂不弔，則塗人也。吾之所以相視如塗人者，其初兄弟也。兄弟，其初一人之身也。悲夫！一人之身，分而至於塗人，此吾譜之所以作也。其意曰：分而至於塗人者，勢也。勢，吾無如之何也已。幸其未至於塗人也，使之無至於忽忘焉，可也。嗚呼！觀吾之譜者，孝弟之心可以油然而生矣。系之以詩曰："吾父之子，今爲吾兄。吾疾在身，兄呻不寧。數世之後，不知何人。彼死而生，不爲戚欣。兄弟之親，如足如手。其能幾何，彼不相能，彼獨何心。"

蘇氏諱釿，不仕。娶黄氏，享年若干，七月二十六日卒。子祈，無嗣。子福，子宗夐。子昭鳳。子惟讃。子垂象。子垂正。子垂範。子垂則。子惟善。子昭慶。子惟德。子琻。子昭文。子渭。子瑗。子沆。子浩。子漸。子洙。子宗藝。無嗣。子宗瓊。無嗣。子禮。子晫。子昭翰。子文質。子士元。子文圭。子士能。子士良。子士寧。子士嘉。子士宗。子晙。子昭遇，無嗣。子昭遠，無嗣。子昭逸，無嗣。子昭建，無嗣。子暕，無嗣。子祐。子宗靄。子昭玘。子文實，無嗣。子惟忠。子惟恭。子文賨，無嗣。子昭現。子文采。子士祥。子宗著。

子德謙。子永。子諱祐，不仕，娶李氏，享年五十四，七月三十日卒。子允滋。子宗善。子昭圖。子惟益。子允元，子惟吉。子昭越，無嗣。子宗晏，子昭，無嗣。子宗昇。子德榮。子哲。子珵。子瑜。子舟。子德升。子淳。子德元。子汶。子諱杲，不仕，娶宋氏，享年五十一，六月八日卒。子諱序，仕至大理評事，娶史氏，享年七十五，五月十一日卒。子宗晁，無嗣。子澮，子位。子佾。子涣。子洵。子德，子子勳。子慎言。子慶昌。子澄。子復圭。

《族譜後録》上篇

蘇氏之先，出於高陽。高陽之子曰稱，稱之子曰老童，老童生重黎及吴回。重黎爲帝嚳火正，曰祝融，以罪誅。其後爲司馬氏。而其弟吴回，復爲火正。吴回生陸終。陸終生子六人：長曰樊，爲昆吾。次曰惠連，爲參胡。次曰籛，爲彭祖。次曰求言，爲會人。次曰安，爲曹姓。季曰季連，爲芊姓。六人者皆有後，其後各分爲數姓。昆吾始姓己氏[①]，其後爲蘇、顧、温、董。當夏之時，昆吾爲諸侯伯，歷商，而昆吾之後無聞。至周，有忿生，爲司寇，能平刑以教百姓，周公稱之。蓋《書》所謂司寇蘇公者也。司寇蘇公與檀伯達皆封於河，世世仕周，家於其封，故河南、河内皆有蘇氏。六國之際，秦及代、厲，其苗裔也。至漢興而蘇氏始徙入秦。或曰：高祖徙天下豪傑以實關中，而蘇氏遷焉。其後曰建，家於長安杜陵。武帝時，爲將以擊匈奴，有功，封平陵侯。其後世遂家於其封。建生三子：長曰嘉，次曰武，次曰賢。嘉爲奉車都尉。其六世孫

① 昆吾始姓己氏：《潛夫論》卷九《志氏姓》作："已姓之嗣飂叔安……凡因祝融之子孫，已姓之班，昆吾、籍、扈、温、董。"《春秋左傳注疏》卷四八："黄帝之子，己姓之祖也。""疏：注：《正義》曰：《帝系》云：黄帝生玄囂也……《晉語》稱：青陽與黄帝同德，故爲姬姓。黄帝之子十四人，爲十二姓。其十二有姬，有己。青陽既爲姬姓，則己姓，非青陽之後。而《世本》：己姓出自少皞，非青陽也。事遠書亡，不可委悉耳。"賈公彦等《周禮正義序》："少皞金天氏，黄帝之子，已姓之祖也。"《國語》卷七："殷辛伐有蘇，有蘇氏以妲己女焉。"吴韋昭注：殷辛，湯三十世帝乙之子，殷紂也。有蘇，己姓之國，妲己，其女也。""己"或爲"已"之訛。

純，爲南陽太守。生子曰章，當順帝時，爲冀州刺史，又遷爲并州，有功於其人，其子孫遂家於趙郡。其後至唐武后之世，有味道者[①]。味道，聖曆初爲鳳閣侍郎，以貶爲眉州刺史，遷爲益州長史，未行而卒。有子一人，不能歸，遂家焉。自是眉始有蘇氏。故眉之蘇，皆宗益州長史味道。趙郡之蘇，皆宗并州刺史章。扶風之蘇，皆宗平陵侯建。河南、河内之蘇，皆宗司寇忿生。而凡蘇氏，皆宗昆吾樊[②]，昆吾樊宗祝融、吴回。蓋自昆吾樊至司寇忿生，自司寇忿生至平陵侯建，自平陵侯建至并州刺史章，自并州刺史章至益州長史味道，自益州長史味道至吾之高祖，其間世次皆不可紀。而洵始爲《族譜》，以紀其族屬。《譜》之所記，上至於吾之高祖，下至於吾之昆弟。昆弟死而及昆弟之子。曰：嗚呼！高祖之上，不可詳矣。自吾之前，而吾莫之知焉，已矣。自吾之後，而莫之知焉，則從吾《譜》而益廣之，可以至於無窮。蓋高祖之子孫，家授一《譜》而藏之。其法曰：凡嫡子而後得爲譜。爲譜者，皆存其高祖，而遷其高祖之父。世世存其先人之譜，無廢也。而其不及高祖者，自其得爲譜者之父始，而存其所宗之譜，皆以吾譜冠焉。其説曰：此古之小宗也。古者有大宗，有小宗。《傳》曰："别子爲祖，繼别爲宗。繼禰者爲小宗，有百世不遷之宗，有五世則遷之宗。百世不遷者，别子之後也。宗其繼别子之所自出者，百世不遷者也。宗其繼高祖者，五世則遷者也。"别子者，公子及士之始爲大夫者也。别子不得禰其父，而自使其嫡子後之，則爲大宗，故曰"繼别爲宗"。族人宗之，雖百世，而大宗死，則爲之齊衰三月，其母妻亡亦然。死而無子，則支子以其昭穆後之，此所謂"百世不遷之宗"也。别子之庶子，又不

① 有味道者：庫本作"味道、味玄"，或是，此處係併言蘇味道、味玄兄弟，下句方單述味道。

② 昆吾樊：此處表述不確，易致誤解。《春秋左傳注疏》卷四五："陸終氏生六子：長曰昆吾，少曰季連……《楚世家》云：陸終生子六人，坼剖而產焉，一曰昆吾，二曰參胡，三曰彭祖，四曰會人，五曰曹姓，六曰季連。季連，芊姓，楚其後也。昆吾是楚之遠祖之兄也，舊許是宅，昆吾嘗居許地。"《史記》卷四〇《楚世家》："陸終生子六人，坼剖而產焉。其長一曰昆吾。《集解》：虞翻曰：昆吾名樊，爲己姓，封昆吾。《世本》曰：昆吾者，衛是也。《索隱》：《系本》云：其一曰樊，是爲昆吾。宋忠曰：昆吾，國名，己姓所出。"

得禰别子，而自使其嫡子爲後，則爲小宗，故曰“繼禰者爲小宗”。小宗五世之外，則易宗。其繼禰者，親兄弟宗之。其繼祖者，從兄弟宗之。其繼曾祖者，再從兄弟宗之。其繼高祖者，三從兄弟宗之。死而無子，則支子亦以其昭穆後之，此所謂“五世則遷之宗”也。凡今天下之人，惟天子之子與始爲大夫者，而後可以爲大宗，其餘則否。獨小宗之法，猶可施於天下，故爲族譜，其法皆從小宗。凡吾之宗，其繼高祖者，高祖之嫡子祈。祈死無子，天下之宗法不立，族人莫克以其子爲之後，是以繼高祖之宗亡而虛存焉。其繼曾祖者，曾祖之嫡子宗善，宗善之嫡子昭圖，昭圖之嫡子惟益，惟益之嫡子允元。其繼祖者，祖之嫡子諱序，序之嫡子澹，澹之嫡子位。其繼禰者，禰之嫡子澹，澹之嫡子位。曰：嗚呼！始可以詳之矣。百世之後，凡吾高祖之子孫，得其家之譜而觀之，則爲小宗。得吾高祖之子孫之譜而合之，而以吾《譜》考焉，則至於無窮，而不可亂也。是爲《譜》之志云爾。

《族譜後録》下篇

蘇氏之先自昆吾以來，其最顯者，司寇忿生。三代之事，其聞於今不詳。周公作《立政》而特稱之，以教太史。其後周室衰，司寇之子孫亦曰蘇公，遭讒作詩，以刺暴公，名曰《彼何人斯》。惟[①]此二人，見於《詩》《書》，是以其傳至今。自蘇氏入秦，而平陵侯建、典屬國武始顯。遷於趙而并州刺史章、益州長史味道始有聞於世。遷於眉，而至於今無聞。夫是惟譜不立也。自昆吾至《書》之蘇公，五百有餘年，自《書》之蘇公至《詩》之蘇公，二百有餘年。自《詩》之蘇公至平陵侯建、典屬國武，七百有餘年。自平陵侯建、典屬國武至并州刺史章，二百有餘年。自并州刺史章至益州長史味道，五百有餘年。自益州長史味道至吾之高祖，二百有餘年。以三十年而一易世，則七十有餘世也。七十有餘世，亦容有賢不賢焉。不賢者，隨世磨滅，不可得而聞，而賢者獨有七人。七十有餘

① 惟：庫本作“爲”，於義較長。

世,其賢者亦容不止於七人矣。而其餘不傳,則譜不立之過也。故洵既爲族譜,又從而記其所聞先人之行。

昔吾先子嘗有言曰:“吾年少而亡吾先人,先世之行,吾不及有聞焉。蓋嘗聞其略曰:蘇氏自遷於眉而家於眉,山自高祖涇則已不詳。自曾祖釿而後稍可記。曾祖娶黄氏,以俠氣聞於鄉閭。生子五人,而吾祖祜最少最賢,以才幹精敏見稱,生於唐哀帝之天祐二年,而歿於周世宗之顯德五年,蓋與五代相終始。歿之一年,而吾太祖始受命。是時王氏、孟氏相繼據蜀。蜀之高才大人,皆不肯出仕,曰:不足輔。仕於蜀者,皆其年少輕鋭之士,故蜀以再亡。至太祖受命,而吾祖不及見也。吾祖娶於李氏。李氏,唐之苗裔,太宗之子曹王明之後世,曰瑜,爲遂州長江尉,失官,家於眉之丹稜。祖母嚴毅,居家肅然,多才略,猶有竇太后、柴氏主之遺烈。生子五人,其才皆不同。宗善、宗晏、宗昪,循循無所毁譽。少子宗晁,輕俠難制,而吾父杲,最好善,事父母極於孝,與兄弟篤於愛,與朋友篤於信,鄉閭之人,無親疏皆敬愛之。娶宋氏夫人,事上甚孝謹,而御下甚嚴。生子九人,而吾獨存。善治生,有餘財。時蜀新破,其達官争棄其田宅以入覲,吾父獨不肯取,曰:‘吾恐累吾子。’終其身,田不滿二頃,屋弊陋不葺也。好施與,曰:‘多財而不施,吾恐他人謀我。然施而使人知之,人將以我爲好名。’是以施而尤惡使人知之。族叔父玩嘗有重獄,將就逮,曰:‘入獄而死,妻子以累兄。請爲我詗獄之輕重,輕也以肉饋我,重也以菜饋我。饋我以菜,吾將不食而死。’既而得釋,玩曰:‘吾非無他兄弟,可以寄死生者,惟子。’及將歿,太夫人猶執吾手曰:‘盍以是屬子之兄弟。’笑曰:‘而子賢,雖非吾兄弟,亦將與之。不賢,雖吾兄弟,亦將棄之,屬之何益? 善教之而已。’遂卒,卒之歲,蓋淳化五年。推其生之年,則晉少帝之開運元年也。”此洵嘗得之先子云爾。先子諱序,字仲先,生於開寶六年,而歿於慶曆七年。娶史氏夫人,生子三人:長曰澹,次曰涣,季則洵也。先子少孤,喜爲善而不好讀書,晚迺爲詩,能白道。敏捷立成,凡數十年,得數千篇,上自朝廷郡邑之事,下至鄉閭子孫畋漁治生之意,皆見於詩。觀其詩雖不工,然有以知其表裏洞達，豁然偉人也。性簡易，無威儀，薄於爲己而厚於爲人，與人交，無貴賤皆得其歡心，見士大夫曲躬盡敬，人以爲諂。及其見田父野老亦然，然後人不以爲怪。外貌雖無所不與，然其中心所以輕重人者甚嚴。居鄉閭，出入不乘馬，曰："有甚老於我而行者，吾乘馬，無以見之。"敝衣惡食，處之不耻。務欲以身處衆之所惡，蓋不學《老子》而與之合。居家不治家事，以家事屬諸子。至族人有事就之謀者，常爲盡其心，反覆而不厭。凶年，嘗鬻其田以濟饑者。既豐，人將償之，曰："吾自有以鬻之，非爾故也。"卒不肯受。力爲藏退之行，以求不聞於世。然行之既久，則鄉人亦多知之，以爲古之隱君子莫及也。以涣登朝，授大理評事。史氏夫人眉之大家，慈仁寬厚。宋氏姑甚嚴，夫人常能得其歡，以和族人。先公十五年而卒，追封蓬萊縣太君。洵聞之，自唐之衰，其賢人皆隱於山澤之間，以避五代之亂。及其後，僭僞之國，相繼亡滅。聖人出而四海平一，然其子孫猶不忍去其父祖之故以出仕於天下，是以雖有美才而莫顯於世。及其教化洋溢，風俗變改，然後深山窮谷之中，向日之子孫，乃始振迅，相與從宦於朝。然其才氣，則既已不若其先人質直敦厚，可以重任而無疑也。而其先人之行，乃獨隱晦而不聞。洵竊深懼焉，於是記其萬一而藏之家，以示子孫。至和二年九月一日。

大宗譜法

《蘇氏族譜》，小宗之法也。凡天下之人，皆得而用之，而未及大宗也。大宗之法，冠以别子，由别子而列之，至於百世而無窮，皆世自爲處，别其父子，而合其兄弟。父子者，無窮者也。兄弟者，有窮者也。無窮者相與處，則害於無窮，其勢不得不别。然而某之子某，某之子某，則是猶不别也，是爲大宗之法云爾。故爲大宗之法三世，自三世而推之，無不及也。人設二子而廣之，無不載也。蓋立法以爲譜，學者之事也。由譜而知其先以及其旁子弟，以傳於後世，是古君子之所重，而士大夫之所當知也。以學者之事不立，而古君子之所重，與士大夫之所當知者隨廢,是學者之罪也。於是存之《蘇氏族譜》之末,以俟後世君子有採焉。

别子,一世,别子之適子甲。庶子乙。二世,甲之適子丙。庶子丁。乙之適子戊。庶子己。三世,丙之適子庚。庶子辛。丁之適子壬。庶子癸。戊之適子子。庶子丑。己之適子寅。庶子卯。(蘇洵《嘉祐集》卷一四)

邵氏聞見録

《邵氏聞見録》，北宋學者邵伯温（1056—1134）撰。該書卷一六保存有河南甯氏及河南劉氏兩個洛陽大家族的家世事迹的記載，可能係據邵氏所見二家族之家譜改寫而成，内容稀見，較有價值。兹據中華書局版《邵氏聞見録》卷一六輯録。

河南甯氏，其先錢塘人，名承訓者，事吴越王，以才武稱。錢氏歸朝，授左侍禁。子直，大中祥符元年，姚曄榜登甲科，爲明州慈縣令，卒。妻李氏，更嫁任恭惠公布。直有子，李置於甯氏族人以去。族人家破，有故老媪收養之。任公守越州，客或問甯氏子無恙，公愕然。歸問夫人，夫人泣曰："初不欲以兒累公，留於甯氏之族。族破，今流落矣。"任公閔焉，多以金帛求得之。年五歲，公教育之如己子。遂冒任姓，名適。公知樞密院，欲官之。夫人泣辭，且謂適曰："汝甯氏子，家破無所歸，能力學以取名，吾死不恨矣。"適發憤讀書，景祐初，登進士第。夫人方爲之喜。夫人死，任公謂適曰："前不欲任以官者，成其志也。今當再薦，以示無間，其無辭。"適泣謝。遂以公薦轉太常寺太祝，又奏其子以官。任公薨，適解官持喪如父服。自聞於朝，乞還姓甯氏，因納任公所奏之官。有旨許歸姓，不許納官。與任氏兄弟相持而哭，乃别去。故任、甯世爲婚姻，適更名，後通籍。贈其父直爲太常博士。終尚書職方員外郎、福建路運判。若子若孫若曾孫數十人，多知名士，遂爲洛陽大家。

河南劉氏自名環雋者，事齊、魏爲中書侍郎。子坦，事隋文帝，贈尚書右丞。子政會，事唐高祖、太宗，爲洪州大都督。既死，太宗手敕曰："政會昔預義舉，有殊勳，贈户部尚書，謚襄，配享高祖廟，圖形凌烟閣。"

子元意①襲爵，封渝國公，事太宗，尚南平公主。弟元象，主客郎中。元育，益州刺史。元意之子名奇②，長壽中，爲天官侍郎，論則天革命，下獄死。弟循，金吾衛將軍。子慎知，幼居父喪，奉其母居伊南。一日，群盗至，衆走，慎知獨不動。盗怪問，則曰："母老且病，不可行，唯有同生死耳。"盗感其義而去，一方賴之以免。弟超，河南少尹。微，吴郡太守。微之子褩，開元中，以功臣之後，賜進士第，爲濟州東阿縣令，服後母喪以毁卒。子藻，秘書郎。弟全成、方平，皆有文。方平之子符，寶曆二年擢第，至户部侍郎，贈司徒。八子：崇龜、崇彝、崇聖、崇魯、崇謩、崇珪、崇瓌、崇玗，皆有官。崇珪子岳，天福四年登進士第，事後唐明宗，爲吏部侍郎，贈司徒。子温叟，事本朝太祖皇帝，爲御史中丞。太祖一日，與數謁者登正陽門之西樓，温叟自臺歸過其下，或告温叟當避，温叟不顧。明日，求對，面謝曰："陛下御前樓，則六軍必有希賞賜者，臣所不避者，欲陛下非時不御樓也。"太祖大悦，出内帑三千緡，付有司自罰。太宗尹開封，知其貧，以五百千錢遺之，温叟受而不辭，對其使扃記於西廂。至明年，太宗復遣其使餉以酒，使者視其扃記如故。歸白其事，太宗嘆息曰："吾之錢尚不肯受，况他人者乎！"仍命輦歸，以成其美名。憲臺故事：月給湌錢一萬，不足以贓罰充之。温叟惡其名，不取。太祖因與太宗從容論廷臣之有名節者，太宗以送錢事聞，太祖嘆美久之。後求退，太祖曰："俟朕選有守道正直如卿者，即可代。"子炤，太宗朝，爲贊善大

① 元意：連同下文之元象、元育，均玄意之避改。《舊唐書》卷五八、《新唐書》卷九〇《劉政會撰》均作"玄意"，《舊唐書》卷一七九《劉崇望傳》作"政會生玄意，尚太宗女南平公主，歷洪、饒八州採訪使。玄意生奇，位至吏部侍郎"。

② 元意之子名奇：《舊唐書》卷五八、《新唐書》卷九〇《劉政會撰》均作"次子奇，長壽中爲天官侍郎"，似誤。《舊唐書》卷一七九《劉崇望傳》作"玄意生奇，位至吏部侍郎。奇生慎知，仕至獲嘉令"。《古今姓氏書辯證》卷一八："環雋字仲賢，北齊中書侍郎、秀容懿公。弟仕雋，生坦，字寬夫，隋大理卿、昌國縣伯。坦生政會，唐民部尚書、邢襄公。生玄意，字深之，汝州刺史、駙馬都尉。玄意生天官侍郎奇。奇生獲嘉令慎知。慎知生東阿令褩。褩生藻，字茂實，秘書郎。藻生符，字端期，蔡州刺史。八子，皆登進士第。"

夫。燁[①]，登進士第，爲龍圖閣直學士、權開封府。明肅太后朝獨召對。后曰："知卿名族十數世，欲一見卿家譜，恐與吾同宗也。"燁曰："不敢。"后數問之，度不可免，因陛對，爲風眩仆而出，乞出知河南府。再召，懇避不行，求爲留司御史臺，以卒。燁七子：𪹚、几、先、亢、忱、兆、兢。几登科，嘗因陛對奏仁宗不進家譜事，上稱嘆久之。忱爲監司、郡守，有聲。子唐老，元祐爲右正言。自北齊至本朝，五百餘年，而劉氏不衰。洛陽多大家，世以譜牒相付授。甯氏、劉氏。尤爲著姓，有可傳者。（宋邵伯温《邵氏聞見録》卷一六）

① 燁：《續資治通鑑長編》卷一〇三作"曄"，文曰："（宋仁宗天聖三年正月，）是月，以龍圖閣直學士、刑部郎中劉曄知河南府。曄先代郡人，後魏遷都，因家河南。唐末五代之亂，衣冠舊族多離去鄉里，或爵命中絶，而世系無所考，惟劉氏自十二代祖北齊中書侍郎環雋以下，仕者相繼。環雋生隋大理卿坦，坦生唐渝國公政會，由政會至曄，十一世皆葬河南，而世牒具存。曄嘗權發遣開封府事，獨召見，太后問曰：'知卿名族，欲一見卿家譜，恐與吾同宗也。'"

馬氏南唐書·世裔譜

《馬氏南唐書·世裔譜》，北宋學者馬令（生卒年不詳。江蘇宜興人，生活於宋神、哲、徽宗時，事迹見《直齋書録解題》卷五僞史類）崇寧中撰，載《馬氏南唐書》卷三〇，專述南唐李氏姓源族系。雖然承襲舊説，未予考證，云南唐李氏家族承襲李唐皇室而來，乃是皇支，所記不一定可信，但在唐宋姓氏類文獻中，畢竟屬於内容完整，未曾殘闕的一種，仍有參考價值，據輯。

嗚呼！《春秋》之法，疑以傳疑，信以傳信，可不慎乎！先主以幼稚轉徙民，故其所祖，難于考究。案徐鉉《江南録》，承建王恪後，而《五代史》著《南唐世家》，亦以恪係四親廟，是亦傳疑之意歟？作《世裔譜》。

皋陶爲士師，期于無刑而治，其好生之德，于天下則盛。德之流光，宜肇祀于百世矣。故歷虞、夏、商，世爲大理，以官命族，爲理氏。至紂之時，有理徵者，爲翼，隸①中吴伯，弗合于紂，抱道而死。其妻陳國契和氏，與子利貞，避亂于伊侯之墟，食木子得生②，遂改理爲李氏。利貞亦娶契和氏女，生昌祖，爲陳大夫，家于苦縣。生彤德。彤德曾孫碩宗，周康王時，賜采邑于苦縣。五世孫乾，字元果，爲周上御史大夫，娶益壽氏女嬰敷，生耳，字伯陽，一字聃，周平王時爲太史，著書九篇以明道德。至唐祖之，以爲玄元皇帝。其後有李宗，字尊祖，魏封于段，爲子木大

① 隸：《南唐書》原訛作"肄"，據《北史》卷一百《序傳》、《新唐書》卷七〇上《宗室世系表上》、《册府元龜》卷五六一改。

② 食木子得生：據《北史》《新表》《古今姓氏書辯證》卷二一、《名賢氏族言行類稿》卷三五，"生"爲"全"之訛。

夫，守道不屈。生同，爲趙大將軍。生兑，爲趙相。生躋，趙陽安君。二子：曰雲，曰恪。恪生洪，秦太子太傅。生興族，字育神，秦將軍。生曇，字貴遠，趙伯人侯。入秦，爲御史大夫，葬柏人西。生四子：崇、辨、昭、璣。崇字伯祐，隴西守、南鄭公。生二子：長曰平燕，次曰瑶，字内德，南郡守、狄道侯。生信，字有成，大將軍、隴西侯。生超，一名伉，字仁高，漢大將軍、漁陽太守。生二子：長曰元曠，侍中。次曰仲翔，河東太守、征西將軍。討叛羌于素昌，戰没，贈太尉，葬隴西狄道東川，因家焉。生柏考[①]，隴西、河都二郡太守。生二子，曰尚，曰向。尚，成紀令，因居成紀，生廣，前將軍，與匈奴大小七十餘戰，匈奴畏之。二子：長曰當户，生陵，字少卿，慷慨有大志，爲騎都尉，陷匈奴。次曰敢，字幼卿，郎中令、關内侯。生禹，字子通。弟忠。禹生丞公，河南太守。先[②]字敬宗，蜀郡、北平太守。生長宗，字伯禮，漁陽丞。生君况，字子期，博士、議郎、太中大夫。生本，字上明，郎中、侍御史。生次公，字仲君，巴郡太守、西夷校尉。弟怙[③]。次公生軌[④]，字文逸，魏臨淮太守、司農卿。弟潛。軌生隆，字彦緒，長安令、積弩將軍。生艾，字世績，晉驍騎將軍、魏郡太守。生雍，字儁熙，濟北、東莞二郡太守。生二子：長曰倫，次曰柔，字德遠，北地太守、武衛將軍、安西亭侯。生昶，字仲堅，凉太子侍講。生暠，字元盛，西凉武昭王、興聖皇帝。十子：譚、歆[⑤]、讓、愔、恂、翻、豫、宏、眺[⑥]、亮。愔曾孫系。翻孫三人：曰丞，曰茂，曰冲。曾孫曰成禮。豫元孫曰剛。歆字士業，西凉後主[⑦]，八子：勗、紹、重耳、宏之、崇明、崇産、崇庸、崇祐。重耳字景順，以國亡奔宋，爲汝南太守。後魏克豫州，以地歸之，拜恒農太守，復爲宋將薛安都所陷，後魏安南將軍、豫州刺史。生

① 柏考：據《北史》《新表》《辯證》《類稿》，爲"伯考"之訛。
② 先：依本書行文之例及《新表》《辯證》，"先"前當奪"生"字，指丞公生先。
③ 怙：據《新表》《辯證》，爲"恬"之訛。
④ 軌：據《北史》《新表》《辯證》，乃"軌"之訛。
⑤ 歆：據《北史》《新表》《辯證》，乃"歆"之訛。
⑥ 眺：據《北史》《新表》《辯證》，乃"眺"之訛。
⑦ 主：《南唐書》原訛作"生"，據《北史》《新表》《辯證》改。

獻祖，諱熙，字孟良，後魏金門鎮將。生懿祖，諱天賜，字德真。三子：長曰起頭，長安侯。生達摩，後魏羽林監[①]、太子洗馬、長安縣伯，其後無聞。次曰太祖，諱虎。次乞豆。虎，西魏時賜姓大野氏，與李弼等八人，號“八柱國”。周閔帝受魏禪，虎已卒，乃追録其功，封唐國公。虎生世祖，諱昞，襲封唐公。昞生高祖于長安，體有三乳，性寬仁，襲封唐公。隋文帝相周，復高祖姓李氏。煬帝南遊天下，盜起，高祖兵二萬起自太原，敗宋老生于霍邑，有衆二十萬。遂入京城，立代王侑爲皇帝，遥尊煬帝爲太上皇，改元義寧，高祖進封唐王。五月戊午，隋帝遜于位，高祖即位，是爲大唐。

憲宗子建王恪，先主之始祖也。恪，元和元年始封。時緇青[②]節度使李師古死，其弟師道丐符節，故詔恪爲鄆州大都督、平盧軍、錙[③]青等節度大使。長慶元年薨，無子，以宗室子爲嗣，史亡其名。其後，有李超者，或以爲建王後。懿、僖之時，宗室世遠，遂與異姓之臣雜而仕宦，至或流落民間。超之子志，爲徐州判司。志生榮，號李道者。榮生先主，先主即位，是爲南唐。（馬令《馬氏南唐書》卷三〇《世裔譜第二十八》）

① 後魏羽林監：據《新表》《辯證》，“後魏”乃“後周”之誤。

② 緇青：據《舊唐書》卷一四《順宗紀》，爲“淄青”之誤。

③ 錙：據《舊唐書》卷一四、一五《憲宗紀》，爲“淄”之誤。

夢溪筆談·雜志

《夢溪筆談》二十六卷、補筆談四卷,北宋學者沈括(1310—1095)撰。該書卷二四有一則筆記,專論漢唐社會重視氏族、講郡望的時代風尚,罗列歷代譜牒之學的代表作家作品,部分内容還涉及天竺等外國族姓,有特殊史料價值,輯以備考。

士人以氏族相高,雖從古有之,然未嘗著盛。自魏氏銓總人物,以氏族相高,亦未專任門地。唯四夷則全以氏族爲貴賤。如天竺,以刹利、婆羅門二姓爲貴種,自餘皆爲庶姓,如毗舍、首陀是也。其下又有貧四姓,如工巧、純陀是也。其他諸國亦如是。國主、大臣,各有種姓,苟非貴種,國人莫肯歸之。庶姓雖有勞能,亦自甘居大姓之下,至今如此。自後魏據中原,此俗遂盛行於中國,故有八氏、十姓、三十六族、九十二姓。凡三世公者,曰膏粱;有令、僕者,曰華腴;尚書領、護而上者,爲甲姓;九卿、方伯者,爲乙姓,散騎常侍、太中大夫者,爲丙姓;吏部正員郎,爲丁姓。得入者,謂之"四姓"。其後遷易紛争,莫能堅定。遂取前世仕籍,定以博陵崔、范陽盧、隴西李、滎陽鄭爲甲族。唐高宗時,又增太原王、清河崔、趙郡李,通謂"七姓"。然地勢相傾,互相排詆,各自著書,盈編連簡,殆數十家。至於朝廷爲之置官譔定,而流習所徇,扇以成俗。雖國勢不能排奪。大率高下五等,通有百家,皆謂之"士族"。此外悉爲庶姓,婚宦皆不敢與百家齒。隴西李氏乃皇族,亦自列在第三,其重族望如此。一等之内,又如岡頭盧、澤底李、土門崔、靖恭楊之類,自爲鼎族,其俗至唐末方漸衰息。(《夢溪筆談》卷二四《雜志一》)

姓　解

《姓解》三卷，北宋邵思景祐二年撰。邵思，生卒年不詳。宋仁宗時人，係出雁門邵氏，著有本書及《野説》三卷、《唐書類苑》二卷。事迹見《宋史·藝文志三》《藝文志四》、《通志》卷六九、《直齋書録解題》卷八、《玉海》卷五〇。其《姓解》時代要早於錢明逸《熙寧姓纂》及吴可幾《千姓編》，爲成書年代較早的宋代姓氏書。首見《宋史·藝文志三》“譜牒類”：“邵思《姓解》三卷。”《直齋書録解題》卷八“譜牒類”：“《姓解》三卷，雁門邵思撰，以偏旁字類，爲一百七十門，二千五百六十八氏。景祐二年序。”《通志·藝文略四》譜系·總譜：“《姓解》三卷，邵思撰。”《玉海》卷五〇《景祐姓解熙寧姓纂》條：“景祐二年，邵思撰《姓解》三卷，凡一百七十門、二千五百六十八氏，以偏旁類次。自序云：‘歷代功臣名士，布在方册者，次第而書，所以恢張世胄。其餘疏族異望，削之。”明陸深《儼山外集》卷三〇《蜀都雜抄》：“蜀人多奇姓，今《百家姓》以爲出於宋朝，故首以趙、錢、孫、李，尊國姓也。我朝《千家姓》亦以朱奉天運起文，然未見有天姓者，而蜀姓或有出於二家外。自魏、晉以來，取才於門閥，故姓氏尤重。唐重八姓，論相於此，至不許與他姓爲婚姻。自八姓而下，凡有三百五十姓。宋嘉祐中，亦有《千姓編》。雁門邵思撰《姓解》，則分爲一百七十門，至有二千五百六十八氏。漢潁川太守聊氏，復有《萬姓譜》。古姓之存於今者鮮矣。”《通雅》卷二〇：“自子長删《世本》爲《世表》，旁行邪上，并效《周譜》，此劉杳所引也。《漢溝洫志》，王横亦引《周譜》。後漢有《鄧氏官譜》，應劭、王符皆有《姓氏篇》。何承天乃作《姓苑》。《吴志》：薛綜定《五宗圖》。晉摯虞作《族姓昭穆記》。南齊賈淵，祖弼之、父匪之，世傳譜學……唐有高士廉《氏族志》、路敬淳《衣冠譜》、王元感《姓氏實論》、柳冲《大唐姓族系録》二百卷。柳芳注論甚詳，作《永泰新譜》。李利涉《唐官姓氏記》、韋述《開元譜》、張九齡《姓源韻譜》、林寶《元和姓纂》。八姓外，三百五十姓。宋景祐雁門邵思《姓解》，百七十門，二千五百六十八氏。錢明逸撰《熙寧姓纂》。紹興中，鄧名世有《姓氏書辨證》，鄭樵爲《氏族略》。長沙丁維皋撰《百族譜》，周益公序又嘗修《姓源韻補》，容齋常譏之。"知原書乃承襲歷代姓氏之學的傳統，根據歷代姓氏所出的不同情況，屬於同一系列的代表性著述。原著乃是分門叙姓，列爲一百七十門，二千五百六十八氏，編次頗有條理，其做法跟鄭樵《通志·氏族類》不無相似。因係承襲古姓氏書之傳統說法删改成書，未加細考，故在得姓命氏的細節上與正統經史之載多有不合，而遭到鄧名世等人的駁斥。但其保存古説，記載故實之功，仍不可没，故加輯録，以見其略。

序

歷代功臣名士，布在方册者，次第而書，所以恢張世胄。其餘疏族異望，削之。(《玉海》卷五〇引)

箴，衛有鍼。邵氏《姓解》作箴，皆音針。(《路史》卷二四)

頮氏……邵氏《姓解》曰:《史記》有頮當。(《續通志》卷八五)

冲，邵思《姓解》曰:《風俗通》，漢有博士冲和。(《古今姓氏書辯證》卷一)

中央，《姓解》曰:中央氏，古帝號，其後以爲姓。

公西，孔子弟子公西赤，字子華。公西輿如，字子上。公西葴，字子晳。皆魯人，邵氏《姓解》以赤與華爲二人，誤甚矣。

公泥，《姓解》曰:《左傳》:季武子庶子公泥氏，誤矣。

公舌，《姓解》曰:《左傳》:晉大夫有公舌赤，誤矣。

公甲，魯哀公二年，大夫公甲叔子與析朱鉏戰吴人于夷，吴人獲叔子。邵氏《姓解》以公甲叔及公甲叔子爲二人，誤矣，今駁去公甲氏。

公牽，《姓解》曰：《世本》：齊公子牽之後，有公牽氏。

公晳，《史記》《家語》有孔子弟子公晳哀。邵氏《姓解》以爲公析哀，蓋祈析二字相近，而林（寶）、邵（思）二家之説，容有一誤，今附見之。（《古今姓氏書辯證》卷二）

支離，《姓解》曰：《莊子》有支離疏，誤矣。（《古今姓氏書辯證》卷三）

茬，《姓解》曰：人姓也。

舉音矍，《姓解》曰：椒舉之後。

毒音攜，出《姓解》。（《古今姓氏書辯證》卷四）

頽，出自《左傳》，周大夫頽叔之後。《姓解》曰：《史記》有頽當，誤矣。頽當姓韓，封弓高侯，故韓王太子也。（《古今姓氏書辯證》卷五）

嫣，《姓解》曰：漢有嫣説。（《古今姓氏書辯證》卷九）

朝讀朝暮之朝……《姓解》曰：紂臣有朝涉，不勝其誤。謹按，邵意以謂斮脛者朝姓而涉名，豈知乃晨涉水者，紂斮其脛，見淫刑之甚，不可謂之人姓名也，今駁去。（《古今姓氏書辯證》卷一〇）

曹牟，《姓解》曰：《先賢傳》有兖州刺史曹牟君卿，平昌人。（《古今姓氏書辯證》卷一一；《續通志》卷八八）

霞露，出《姓解》。（《古今姓氏書辯證》卷一二）

形成，邵氏《姓解》曰：《史記》有此姓。（《古今姓氏書辯證》卷一七）

緱音鉤，《姓解》曰：《王子晉别傳》有緱氏山，陳留有緱氏山，緱姓也。

葴，黄帝子得姓者十四人，其一曰葴氏。邵氏《姓解》曰：葴與箴，皆音針。（《古今姓氏書辯證》卷一九）

甘先，出《姓解》。

甘莊，出《姓解》。（《古今姓氏書辯證》卷二〇）

是人，《姓解》曰：《北齊・方技傳》：由吾道榮學於是人氏。

比，《姓解》曰：商有少師比干。（《古今姓氏書辯證》卷二一）

寋音蹇……邵氏《姓解》，音愆。

晥，《姓解》曰：音緩。

扁，《姓解》曰：音卞。《莊子》有扁子，爲孫休師。（《古今姓氏書辯

證》卷二五)

左公,邵氏《姓解》曰:左氏,衛左公子。(《古今姓氏書辯證》卷二六)

右行,《姓解》曰:晉賈華爲右行,其後氏焉。漢有御史中丞右行綽……邵氏惟此一説稍有據。

受西,《姓解》曰:《後魏書》有受西氏。

范師,《姓解》曰:《姓苑》有范師利方。(《古今姓氏書辯證》卷二八)

弄,《姓解》曰:吐蕃王姓,唐太宗嘗以公主妻弄贊。

利,《姓解》曰:楚公子食采於利,其後氏焉。今爲蜀利州。(《古今姓氏書辯證》卷二九)

胙,《姓解》曰:左氏,周公之胙嗣,因有胙氏。(《古今姓氏書辯證》卷三〇)

鋭,邵氏《姓解》曰:齊鋭司徒後。

太陽,《姓解》曰:《神仙傳》有太陽子,白日昇天。

祭公,《姓解》曰:祭公謀父之後。(《古今姓氏書辯證》卷三一)

䡝音運,《姓解》有此氏。

炭,《姓解》曰:《西京雜記》有長安人炭虬。(《古今姓氏書辯證》卷三二)

鄧陵,邵氏《姓解》曰:《韓子》有鄧陵子。(《古今姓氏書辯證》卷三四)

鍣音鏃,《姓解》曰:天口切。

卜梁,《姓解》曰:楚文王子,食采諸梁,爲卜梁氏。《莊子》有卜梁倚①。

叔梁,《姓解》曰:孔子父曰叔梁紇。(《古今姓氏書辯證》卷三五)

墨夷……邵氏《姓解》曰:宋公之子目夷之後。古有墨夷皋。(《古今姓氏書辯證》卷四〇)

朱襄氏,有巢氏没,數閲世,而朱襄氏立,于是多風,群陰閟曷,諸陽

① 卜梁倚:《續通志》卷八五引作"卜梁猗",《萬姓統譜》卷一三七同。《藝文類聚》卷二〇、《初學記》卷一七:"《莊子》曰:'夫卜梁倚者,有聖人之才,而無聖人之道。'"知作"倚"是,"猗"爲"倚"之形訛。《元和姓纂》卷九作"上梁,《莊子》有上梁倚。"人名不誤而姓氏誤。原文見《莊子·大宗師》:"夫卜梁倚,有聖人之才,而無聖人之道。我有聖人之道,而無聖人之才。"知作倚是,倚誤爲猗,乃因字體形近,草書更易致訛。

不成，百物散解，而果蓏草木不遂，遲春而黄落，盛夏而痁痎，乃令士達作五絃之瑟，以來陰氣，以定群生。令曰：來陰都于朱，故號曰朱襄氏。後有朱襄氏。邵氏《姓解》。（《路史》卷九）

有祭氏、謀氏、訾氏、祭公氏……祭公氏，見《姓解》。

邵（氏）《姓解》有卨、契二氏。

墨夷，見邵氏《姓解》。（《路史》卷一九）

《春秋公子譜》：郰出姒氏。邵《姓解》：一作鄹。（《路史》卷二三）

頯，邵云（氏）：《姓解》云：頯，人姓。（《路史》卷二八）

蹇……又有寋氏，《姓解》：音愆。（《路史》卷二九）

卨氏，《姓解》曰：音薛，契之後，世以爲氏。

舉氏，《姓解》曰：楚椒舉之後，以名爲氏。

犀氏……邵氏《姓解》曰：姓書元有此氏。

左公氏，《姓解》曰：衛左公子洩之後。

白公氏，《姓解》曰：楚白公勝之後，有爲氏者。

受西氏，《姓解》曰：後魏有受西氏。（《續通志》卷八五）

冲，《姓解》：漢博士冲和。（《續通志》卷八六）

扁，《莊子》有扁子，爲孫休師。《姓解》：音卞。（《續通志》卷八七）

《楊氏世譜》序

《〈楊氏世譜〉序》，北宋學者楊傑（生卒年不詳。字次公，安徽無爲人。嘉祐四年進士及第，官至提點兩浙路刑獄。事迹見《宋史》卷四四三《楊傑傳》）撰，記楊氏源流演變，乃家族史。文載其《無爲集》卷八，據輯。

楊氏，姬姓也。其先曰尚父伯僑，蓋周武王第三子唐叔虞之後，始封爲楊侯。楊侯生文，文生突，晉之公族，食邑於羊舌。突生職，惠公上卿。職生肸，字叔向，亦曰叔譽，晉太傅，食采楊氏邑。肸生伯石，字食我，以邑爲氏，號曰楊石伯。石生章，征東大將軍、華山侯。始居華陰。章生欵，字太初，秦上卿。後除弘農，始作家譜，以示子孫。欵生碩，字弘遠，隱居華山仙谷，見五星聚東井，知漢必興。後爲太史。碩生喜，字幼羅，從漢擊項羽，封赤泉侯，謚曰嚴。喜生敷，字伯宗，襲封赤泉侯，謚曰定，其後爲新昌院。敷生胤，字無害，襲封赤泉侯。胤生敞，字君平，任大司農、御史大夫，封安平侯，預謀立宣帝，拜大丞相。敞生忠，封安平侯，謚曰頃。忠生譚，字君公，大鴻臚卿屬國、安平侯。譚生寶，字稚淵，漢明帝三詔不出，謚曰静節先生。嘗有靈雀銜環之瑞。寶生震，字伯起，漢太尉，稱"關西孔子"，畏四知，惟忠孝清白，以傳子孫。震生奉，字季節，後改名衆，字君師，任諫議大夫、河東太守。遷中書侍郎。奉生旉，漢黄門侍郎，其後爲東垣宜陽房。旉生纂，字叔緒，獻帝時太中大夫，封常山王。纂生品，字文璨，魏文帝時太中大夫。品生國，字彦高，晉武帝時弘農令。國生準，晉太常。準生林，其後爲滎陽房。又蜀中院譜，林乃準之後。林生鉉。鉉生結，仕慕容氏，中山相。結生繼。繼生暉，洛州刺史，謚曰簡。暉生恩，河間太守。恩生鈞，魏朝越國公，謚曰恭。鈞生儉，一名倫，字景則，西魏時，封夏陽靖侯。倫生文异，字文殊，隋刑部尚書。文异生安仁。安仁生德。德生立①。立之孫曰隱朝，爲郜陽令。隱朝生燕客，臨汝令。燕客生寧，國子祭酒。寧生漢公，字用乂，爲天平軍節度使、檢校户部尚書。其後爲淮南院蜀院、閩院。漢公生範，字憲之，楚州刺史。範生玢，字表文，吏部尚書、監察御史。其後爲揚州丹陽房。玢之孫徽，字隱父，初自靖康里挈族來淮南，是爲淮南府君。徽生南宅府君舄橐、皋府君杲。杲生濡須府君德明。德明生富，字文翁，次大夫復，字庶幾，次試秘書省校書郎寓，字晏之。富生僖、价、佸、僎、佃。復生傑、傳、伋、作、佺。寓生侁、仲、依。傑生洙、滋、泳、浩。傳生滂。伋生濛、汶。作生枹、樸、榛。佺生涇、洞。洙生堯叟。滋生襲吉、襲圭，是爲淮南院子孫。熙寧元年，同南海監郡、尚書郎。沆及其子上卿、客卿、列卿會於豫章，兩院各出世諜，若合符契。至元豐四年秋，傑以禮官准詔祀華嶽，乃拜太尉祠，冢訪講堂藏書穴，酌阿對泉於龍岡，道過好陽，省五公墳，畫圖隱碑以歸，參考宗支，得閿鄉、華陰《譜》本末尤詳。元祐五年歲次庚午，三月吉日，重書於會稽妙峰亭。第四十七世大宋左朝請郎、尚書禮部員外郎傑序。（宋楊傑《無爲集》卷八《楊氏世譜序》）

① 文异生安仁安仁生德德生立：《唐代墓志彙編》元和一〇五錢徽《唐故朝議大夫……楊府君（寧）墓志銘并序》作："公而上六代隋内史令曰文異，五代皇朝銀青光禄大夫、瀛洲刺史曰峻，高祖賀州臨賀令諱德立，大王父檀州長史諱餘慶，大父同州郃陽令諱隱朝，王考汝州臨汝令、贈華州刺史諱燕客。"知德立非二人單名德與立，乃一人之名，《楊氏世譜》或誤分一人爲二人。又，《世譜》中之安仁，《墓志》作峻，亦異，或者所舉爲其字，各舉一端，故有此不同。

許氏世譜

《許氏世譜》，北宋學者王安石(1021—1086)撰，專記許氏之姓氏起源及族系宗支演變，有一定的參考價值。文載《臨川文集》卷七一，據輯。

伯夷，神農之後也。佐堯、舜有大功，賜姓曰姜。其後見經者四國：曰申，《詩》所謂"申伯"者是也。曰吕，《書》所謂"吕侯"者是也。曰齊。曰許，《春秋》内書"齊侯許男"是也。周衰，許男嘗從大侯侵伐會盟，竟於春秋。及後世復國，而子孫以其封姓。然世傳有許由者，堯以天下讓由，由不受，逃之箕山，箕山上蓋有許由冢焉。其事不見於經，學者疑之。或曰：由，亡求於世者耳。雖與之天下，蓋不受也。故好事者以云。而由與伯夷，其生後先，所祖同不同，莫能知也。漢興，許氏侯者六人。柏至侯盎[①]、宋子侯瘛、嚴侯猜。此三侯者，其始以將封，而史不書其州里。平恩侯廣漢、博望侯舜、樂成侯延壽，此三侯者，同産昆弟也。以外戚起於宣、元之世，昌邑人也。盎孫昌，嘗爲丞相。延壽及廣漢弟子嘉，嘗爲大司馬。至王莽敗，許氏始皆失其封云。後漢會稽有許荆者，循吏也。許慎者，以經術顯。許峻者，爲《易林[②]》

① 柏至侯盎：《史記》卷九六《張丞相列傳》："及今上時柏至侯許昌。《集解》：'徐廣曰：高祖功臣許温之孫，謚哀侯。'"知南朝古本作"温"，或作史源不同之故。《漢書》卷一六《高惠高后文功臣表》仍作"柏至靖侯盎"。

② 易林：《隋書》卷三四《經籍志一》易類："《易新林》一卷，後漢方士許峻等撰。梁十卷。"知荆公此處作"易林"，若非使用簡稱，則爲誤舉書名。

傳於世。許楊者，治鴻隙陂[①]，有德於汝南，汝南之民報祭焉。許靖者，避地交州，後入蜀，先主以爲太傅，與從弟劭，俱善論人物。劭兄虔，亦知名，世稱平輿淵，有二龍焉。慎、峻、楊、靖，皆汝南人也。許褚者，家於譙，以忠力事魏，封侯牟鄉。許慈者，家南陽，入蜀，父子爲博士。司馬晉時，有許攻[②]者，東陽人也，德行高，察孝廉，不起，老於家。其子曰生，亦有至性焉。初，許氏爵邑於周，子孫播散四方，有紀者猶不乏焉。至昌邑始大者，間興於汝南。其後祖高陽者爲最盛，然高陽之族，不見其所始。有據者，仕魏，歷校尉、郡守，生允，爲鎮北將軍。允三子，皆仕司馬晉，奇，司隸校尉。猛，幽州刺史。奇子遐，侍中。猛子式，平原太守。自允至式，皆知名。允後五世詢，司馬晉嘗召官之，不起。詢孫珪，爲旌陽太守於齊。珪生勇慧[③]，齊太子家令、冗從僕射。勇慧生懋[④]，篤學，以孝聞，卒於梁，爲中庶子。懋生亨，爲陳衛尉卿，嘗領史官，次齊梁時事。有子善心，爲之卒業。是時，有許紹者，善心族父也。通守夷陵，治有恩，流户自歸數十萬，卒有勞於唐，爵安陸郡公。圉師、欽寂、欽明，其後也。圉師，紹少子，寬博有器幹，别自封平恩。勇與敬宗俱龍朔中宰相。欽寂，謂紹曾大父也。萬歲中，帥師當契丹，爲所敗，執以如安東，使説守者降。至安東，曰："賊今且破滅，公勉守，無忘忠也。"契丹即殺之。是歲，弟欽明亦遇殺。欽明爲凉州都督，案行卒，與突厥遇，亦執使降。至靈州，顧爲庾言，告守者所以破賊。兄弟將兵，一旦同以身殉

① 鴻隙陂：《後漢書》卷八二上《許楊傳》作"鴻郤陂"，李賢注："陂在今豫州汝陽縣東"。

② 許攻：據《宋文鑑》卷一二六引《許氏世譜》、《晉書》卷八八《許孜傳》、《建康實録》卷七、《萬姓統譜》卷七六，爲"許孜"之形訛。

③ 珪生勇慧：《梁書》卷四〇《許懋傳》："許懋字昭哲，高陽新城人，魏鎮北將軍允九世孫。祖珪，宋給事中、著作郎、桂陽太守。父勇惠，齊太子家令、冗從僕射。"《南史》卷六〇《許懋傳》、《陳書》卷三四《許亨傳》仍作"慧"。蓋惠、慧雖字義不同，但用作人名時可以互通。

④ 勇慧生懋：《隋書》卷五八《許善心傳》作"許茂"，云："許善心，字務本，高陽北新城人也。祖茂，梁太子中庶子，始平、天門二郡守，散騎常侍。父亨，仕梁，至給事黄門侍郎。在陳，歷羽林監、太中大夫、衛尉卿，領大著作。"蓋修《隋書》者與前代修梁陳二史之作者所見材料、所據史料不同，故致文字互異。

邊鄙,賢者榮之。敬宗者,善心子也。始以公開郡於高陽,與其孫令伯[1]以文稱當世。天寶之亂,敬宗有孫曰遠,與張巡以睢陽抗賊,自以不及巡,推巡爲將,而親爲之下。久之,食已盡,煮茶、紙以食,猶堅守,賊所以不得南向以睢陽,蔽其鋒也,卒與俱死者,皆天下豪傑義士云。唐亡,遠孫儒,不義朱梁,自雍州入于江南,終身不出焉。儒生稠,沈毅有信,仕江南李氏,參德化王軍事。稠生規,好道家言,不以事自慁,嘗羈宣、歙間,聞旁舍呻呼,就之曰:"我某郡人也,察君長者,且死,願以骸骨屬君。"因指橐中黄金十斤,曰:"以是交長者。"規許諾,敬負其骨千里,并黄金置死者家。家大驚愧之,因請獻金如兒言,以爲許君壽,規不顧,竟去。於是聞者滋以規爲長者,卒葬池州,後以子故,贈大理評事。生遂、遜、迴三子。遂善事母,里母勵其子,輒曰:"汝獨不慚許伯通乎!"祥符中,天子有事於泰山,加恩群臣,遜當遷,讓其兄遂。天子以遂試將作監主簿。遂子俞,字堯言,名能文章,大臣屢薦之。有與不合者,官以故不遂。嘗知興國軍大冶縣,縣人至今稱之。俞兩子:均、坩,爲進士。遜字景山,嘗上書江南李氏,李氏嘆奇之,以爲崇文館校書郎。歲終,拜監察御史。後復上書太宗,論邊事,宰相趙普奇其意,以爲與己合,知興元府。起鄭侯廢堰以利民。治澧、荆、揚三州,爲盜者逃而去。其事兄如事父,使妻事其長姒如事母。故人無後,爲嫁其女如己子。有子五人:恂,黄州録事參軍。恢,尚書虞部員外郎。怡,今爲太子中舍,簽書淮南節度判官廳公事。元,今爲江淮荆湖兩浙制置發運使。平,泰州海陵主簿。五人者,咸孝友如其先人,故士大夫論孝友者,歸許氏。元以國子博士發運判官七年。遂爲其使,待制天章閣。自天子、大臣,莫不以爲材。其勞烈方在史氏記,余故不論,而著其家行云。迴字光遠,其事母如伯通之孝,事其兄如景山之爲弟也。慷慨有大志,少嘗仕李氏,後不復仕,與其兄俱葬顔村。有子會,爲進士。方壯時,亦慨,然好議天

---

① 孫令伯:《舊唐書》卷八二《許敬宗傳》、《資治通鑑》卷二〇二、《通典》卷一〇四作"敬宗孫太子舍人彦伯",《新唐書》卷二二三上《奸臣傳上》、《大唐新語》卷九作"敬宗孫彦伯",此作"令伯",或誤記。

下事，今爲太廟齋郎。

臨川王某曰：余譜許氏，自據以下，其緒傳始顯焉。然自許男見於周，其後數封，而有紀之子孫多焉。考是論之，夫伯夷之所以佐其君治民，余讀書，未嘗不喟然嘆思之也。傳曰：盛德者必百世祀。若伯夷者，蓋庶幾焉。彼其後世忠孝之良，亦使之遭時沐浴舜禹之間，以盡其材，而與夫夔、皋、羆、虎之徒，俱出而馳焉，其孰能概之耶？（《臨川文集》卷七一；《宋文鑑》卷一二六《許氏世譜》）

麈史·姓氏

《麈史·姓氏》，宋儒王得臣(1036—1116)撰，指出譜牒不修所带來的多重危害，及譜牒不可以不知的道理。文載其《麈史》卷下，爲該卷首條。兹據《知不足齋叢書》本輯録。

姓　氏

譜牒不修也久矣。晉東渡，五部亂中原，衣冠流離而致然也。夫京房之先，姓李也；牛洪之先，尞姓也；疏之後，乃爲束；是之後，乃爲氏。閩中人避王審知，而沈氏去水，而姓尤。南中多危氏，有惡其稱者，或改爲元，如此類甚多。況元魏據洛，諸鹵喜中原之姓，擇而冒之者益衆，則譜不可以不知也。古人凡著文集，其末多載系世次一篇，亦子長、孟堅《叙傳》之比也。在唐時尚多姓譜之學，今或罕言之。歐陽文忠公、蘇洵明允，各爲世譜。文忠依《漢年表》，明允放《禮》，以大宗、小宗爲次，雖例不同，皆足以考究其世次也。竊怪文忠，以謂不知姓之所自，而昧昭穆之序，則禽獸不若也，其譏呵亦至矣。然歐陽氏得姓凡幾年，其間文學之士，蓋亦多矣，文忠公始爲之譜，斯言恐未爲得也。(宋王得臣《麈史》卷下)

朱氏世譜

《朱氏世譜》，北宋學者朱長文(1039—1098)撰，叙述朱氏家族之歷代源流，文載《樂圃餘稿》卷九，據輯。

高辛氏有才子，曰朱虎，臣於堯。當舜之舉益以虞也，蓋嘗薦虎代己。自虎之後，遂氏以朱。歷夏、商，無聞焉。周有朱張，以逸民顯。其後在齊者曰毛，在魏者曰亥，在楚者曰英。而譜氏族者，以謂高辛氏之後，有六終，産六子。其第五子曰安，周武王克商，封安苗裔俠於邾，附庸於魯，後爲楚所滅，子孫去邑爲氏，此亦朱氏之所出也。二漢之間，魯有家，吴有買臣，平陵有雲，杜陵有博，宛有岑暉，會稽有儁，沛有浮、寓。寓爲司隸校尉，坐黨錮誅。子孫自相遠，避難丹陽，遂籍吴郡。吴時有治，有然，有桓，頗著勞烈。陸機詩云："八族未足侈，四姓實名家。"四姓者，朱、張、顧、陸也。迄于江左，間出顯者。唐有敬則，實相武后。逮唐衰，譜牒淪涣，其詳莫究。至我高祖，爲越州剡人。高祖諱滋，會董昌亂越，錢氏據杭，隱居田里，涵德匿耀，鄉人尊之。武肅王嘗召置幕府，卒辭以去。年八十九卒，生于唐乾符之丙申，卒于本朝乾德平蜀之歲，葬剡之游謝鄉。有子四人：長曰某，次曾祖也，次曰承厚，次曰承福。曾祖諱瓊，百行完粹，達于從政。錢氏以宗子守明州，高選僚屬，仕于四明，遂家焉。卒葬于鄞縣。生四子：長曰曙，次曰昉，次曰萬季，吾大父也。昉生正倫、公言、公輔。正倫，三班奉職。吾大父諱億，始來京師，太宗皇帝召對便殿，仍命以官。自壯年越于耆齡，其所歷皆有功最，接人和，待物厚，取與義，治家嚴，賙親戚不吝，以内殿崇班、閤門祗候守邕州，卒，葬于蘇州吴縣南峰山西，贈刑部尚書。生五子：長曰炳，才高文奇，不幸未仕而死。次先君也。先君諱公綽，少從學范文正公，爲高弟。以辭章魁冠士林。擢進士第，仕至光禄寺卿。歷彭州、廣濟軍、舒州太守，民聞至而喜，去而思。有智謀才術，而未盡其用也。曜早世。次公彦，長洲主簿。次公愿，今以宣德郎致仕。先君生六子：長曰長文，宣德郎、太學博士。次百藥，早卒。次仲方，明州象山尉。次季端，潁昌府節度推官。次叔暐，早卒。次從悌，瀛州防禦推官、監陳留酒税。自承厚之曾孫曰昱，與大父同徙姑蘇。昱生何，登進士科，爲循州司户參軍，卒。何生二子：曰嗍，曰虎。嗍今爲朝散郎、通判楚州。高祖之諸孫在剡，居宋村□山者曰德昌，曰德倪。德昌之子曰仁賞。德倪之子曰仁長，曰仁遇，曰仁盛。四人者，各有子，皆服先疇，不失舊業。嗚呼！自伯虎著名于《帝典》，儀父見美于《春秋》，發源既長，釃派不絶。逮本朝之興，昂顯于荆，巽顯于揚，符顯于蜀，寀稱于宋，其他列于朝者亦衆。而華亭朱氏，至郡守、監司者三人，于東南爲盛。惟姑蘇之族，遷自會稽，祖考濟美，艱難勤苦，夙夜事事，用克有家。施及子孫，繼襲簪紱，乃爲之譜，以示于後。在我後人，追孝于前哲，繼志于奕世，勿墜厥緒，勿隕厥聲，豈不休哉！紹聖二年九月，明堂禮畢後五日，裔孫長文謹識。（宋朱長文《樂圃餘稿》卷九《朱氏世譜》）

千姓編

《千姓編》一卷，北宋學者吴可幾著，嘉祐八年成書，署名採真子。吴可幾，生卒年不詳。字少卿，浙江安吉人，生活於宋仁、英、神宗時，自號采真子。與弟知幾均好古博學，著《千姓編》，凡姓氏所出，悉有源委，時號二吴。父死，兄弟廬墓三年，忽平地泉出，因號"孝子泉"。事迹見《萬姓統譜》卷一〇、《浙江通志》卷一一五、卷一八四。其《千姓編》乃宋代譜牒之書，名見《宋史·藝文志三》"譜牒類"："採真子《千姓編》一卷。"《通志·藝文略四》譜系·總譜："《千姓編》一卷，吴可幾撰。"《郡齋讀書志·後志》卷一"譜諜類"："《千姓編》，右不著撰人。"《遂初堂書目·姓氏類》亦有《千姓編》，時代次于《元和姓纂》《十史姓纂》，早于《古今姓氏書辯證》。《直齋書録解題》卷八"譜牒類"："《千姓編》一卷，不著名氏。末云：'嘉祐八年，采真子記。'以《姓苑》《姓源》等書，撮取千姓，以四字爲句，每字爲一姓，題曰《千姓編》。三字亦三姓也。逐句文義，亦頗相屬，殆千字文之比云。"明陸深《儼山外集》卷三〇《蜀都雜抄》："蜀人多奇姓……自魏、晉以來，取才於門閥，故姓氏尤重。唐重八姓，論相於此，至不許與他姓爲婚姻。自八姓而下，凡有三百五十姓。宋嘉祐中，亦有《千姓編》。雁門邵思撰《姓解》，則分爲一百七十門，至有二千五百六十八氏。漢潁川太守聊氏，復有《萬姓譜》，古姓之存於今者鮮矣。"宋陳舜俞《都官集》卷一三《次韻吴少卿致政自詠》："掛冠歸故里，尋壑具巾車。蘭蕙庭階茂，交遊世路疏。一壺新漏箭，吴公自作漏箭。千姓舊囊書。吴公作《千姓編》以自遣。寄問從公客，家金有幾餘。"以上宋明文獻記載，亦可供今人了解其人其書。從中可知，此書乃其晚年掛冠致政之後撰作，用以自遣。其書名和編撰體例來看，作者編著此書的主要目的是爲了普及姓氏譜牒之學，讓人掌握這方面的常識，故每一姓氏都記載簡單，僅敘來源，不及後代，四字爲句，韻文格式，體例有異於一般姓氏書。

《千姓編》云：周任，商大史。（元金履祥《論語集注考證》卷八）

梨……《千姓編》：黎侯之後，唐有黎幹，此蓋借用。（《漢隸字源》卷二）

唐封梁山爲梁伯。《千姓編》云：平王少子唐。（《路史》卷一九）

周……《千姓編》云：商太史。（《路史》卷二六）

鄘，《千姓編》，臨淮人。（《路史》卷三〇）

𡍮，見《千姓編》。（《續通志》卷八八）

仰氏，五代有仰仁詮，爲刺史。《千姓編》云：今新安、吴興皆有此姓。（《新安志》卷一）

舊經以《千姓編》云：蕡雲，陶唐時居白鶴觀，遂冠之仙隱門。（《嘉定赤城志》卷四〇）

《千姓編》云：朱，高陽之後，周封于邾，後爲楚所滅，子孫乃去邑，氏朱。望出沛國，又吴郡，或曰朱氏盛大者，有九族，吴郡居其一。今郡之穹窿山有朱氏墓碣，字已漫滅。其可讀者云：一十六世四百二十九年，居下邳。自平始三年避地，至會昌壬戌，凡八百四十二年，籍于吴。此唐時子孫追叙其先過江歲月也。（《姑蘇志》卷三五）

干、于，皆姓也。干，古寒切。干，《姓編》云：望出滎陽、潁川。（《雲谷雜紀》卷二）

《左氏傳》載逄丑父。逄字，陸德明無音，《千姓編》乃歸在逄字門下，與逄類同。（《甕牖閑評》卷一）

同，姓書舊無同氏，唯《千姓編》曰：《前凉録》有同善。（《古今姓氏書辯證》卷一）

皮氏，《千姓編》曰：望出下邳。唐末有襄陽皮日休，蘇州刺史。生光業，光業生元帥府判官文璨，文璨生子良仕兒。

惟，吴氏《千姓編》曰：後魏威帝后，有惟氏。（《古今姓氏書辯證》

卷三）

長……姓書未有此氏，唯《千姓編》列爲長沮之後。（《古今姓氏書辯證》卷一三）

經，《千姓編》曰：望出平陽。（《古今姓氏書辯證》卷一七）

彊，彊氏，依《千姓編》，移入上聲。（《古今姓氏書辯證》卷二七）

貝，《千姓編》曰：今吴越多此姓。宋常州貝氏，褏生俛，俛生沂，沂生寶，政和五年上舍。

對，《千姓編》曰：《急就章》有對若芳。（《古今姓氏書辯證》卷三一）

室，宋朝有遼相室昉之子种，歸朝，爲諸衛將軍，見《千姓編》。（《古今姓氏書辯證》卷三六）

略，《姓苑》曰，零陵人。《千姓編》曰，吴有略統誤矣。（《古今姓氏書辯證》卷三八）

受，音到，見《直音》，又見《千姓編》。

瀑，見《千姓編》。（《萬姓統譜》卷一〇四）

扁鵲姓……《千姓編》乃音辮，云：《莊子》有扁慶子。（《雞肋編》卷上）

堅、甄……《千姓編》通作二音。（《雞肋編》卷中）

《千姓編》：周，姬姓國也，望出汝南。（宋施元之《施注蘇詩》卷七《與周長官李秀才遊徑山二君先以詩見寄次其韻二首》其一注引）

《通志·氏族略》序

《通志·氏族略序》,南宋學者鄭樵(1104—1162)撰,爲其生前撰寫的氏族學研究的最重要之文,將他多年來對於姓氏譜牒之學的研究心得和盤託出,内容精煉,見解獨到,具有很高的史學研究價值,後代有多書引用或沿襲其説,兹加輯録,以備參稽。

臣謹按:(史書之體,)司馬遷曰"書",班固曰"志",東觀曰"記",華嶠曰"典",張勃曰"録",何法盛曰"説",諸史通謂之"志"。然志者,古史之名,今改曰略。略者,舉其大綱云。

自隋、唐而上,官有簿狀,家有譜系。官之選舉,必由於簿狀。家之婚姻,必由於譜系。歷代並有圖譜局,置郎、令史以掌之。仍用博通古今之儒,知撰譜事。凡百官族姓之有家狀者,則上之,官爲考定詳實。藏於秘閣,副在左户。若私書有濫,則糾之以官籍。官籍不及,則稽之以私書。此近古之制,以繩天下,使貴有常尊,賤有等威者也。所以人尚譜系之學,家藏譜系之書。自五季以來,取士不問家世,婚姻不問閥閲,故其書散佚而其學不傳。

三代之前,姓氏分而爲二,男子稱氏,婦人稱姓。氏所以别貴賤,貴者有氏,賤者有名無氏。今南方諸蠻,此道猶存。古之諸侯,詛辭多曰"墜命亡氏,踣其國家",以明亡氏則與奪爵失國同,可知其爲賤也。故姓可呼爲氏,氏不可呼爲姓。姓所以别婚姻,故有同姓、異姓、庶姓之别。氏同姓不同者,婚姻可通。姓同氏不同者,婚姻不可通。三代之後,姓、氏合而爲一,皆所以别婚姻,而以地望明貴賤。於文,女生爲姓,故姓之字多從女,如姬、姜、嬴、姒、嬀、姞、妘、婤、姶、姺、嫪之類是也。

所以爲婦人之稱,如伯姬、季姬、孟姜、叔姜之類,並稱姓也。奈何司馬子長、劉知幾謂周公爲姬旦,文王爲姬伯乎?三代之時,無此語也。良由三代之後,姓、氏合而爲一,雖子長、知幾二良史,猶昧於此。

姓氏之學,最盛於唐,而國姓無定論。林寶作《元和姓纂》,而自姓不知所由來。漢有《鄧氏官譜》,應劭有《氏族篇》,又有潁川太守聊氏《萬姓譜》。魏立九品,置中正,州大中正、主簿、郡中正功曹,各有簿狀,以備選舉。晉、宋、齊、梁因之。故晉散騎常侍賈弼、太保王弘、齊衛將軍王儉、梁北中郎諮議參軍、知撰譜事王僧孺之徒,各有《百家譜》。徐勉又有《百官譜》,宋何承天撰《姓苑》,與後魏《河南官氏志》,此二書,尤爲姓氏家所宗。唐太宗命諸儒撰《氏族志》一百卷,柳冲撰《大唐姓系録》二百卷,路(敬)淳有《衣冠譜》,韋述有《開元譜》,柳芳有《永泰譜》,柳璨有《韻略》,張九齡有《韻譜》,林寶有《姓纂》,邵思有《姓解》。其書雖多,大概有三種:一種論地望,一種論聲,一種論字。論字者則以偏旁爲主,論聲者則以四聲爲主,論地望者則以貴賤爲主。然貴賤升沈,何常之有?安得專主地望?以偏旁爲主者,可以爲字書。以四聲爲主者,可以爲韻書,此皆無與於姓氏。凡言姓氏者,皆本《世本》《公子譜》二書,二書皆本《左傳》。然左氏所明者,因生賜姓,胙土命氏,及以字以謚,以官、以邑五者而已。今則不然,論得姓受氏者,有三十二類,左氏之言隘矣。一曰以國爲氏,二曰以邑爲氏,天子諸侯建國,故以國爲氏,虞、夏、商、周、魯、衛、齊、宋之類是也。卿大夫立邑,故以邑爲氏,崔、盧、鮑、晏、臧、費、柳、楊之類是也。三曰以鄉爲氏,四曰以亭爲氏。封建有五等之爵,降公而爲侯,降侯而爲伯,降伯而爲子,降子而爲男。亦有五等之封,降國侯而爲邑侯,降邑侯而爲關内侯,降關内侯而爲鄉侯,降鄉侯而爲亭侯。學者但知五等之爵,而不究五等之封。關内邑者,温、原、蘇、毛、甘、樊、祭、尹之類是也。但附邑類,更不别著。裴、陸、龐、閻之類,封於鄉者,故以鄉氏。麋、采、歐陽之類,封於亭者,故以亭氏。五曰以地爲氏。有封土者,以封土命氏。無封土者,以地居命氏。蓋不得受氏之人,或有善惡顯著,族類繁盛,故因其所居之所而呼之,則爲命氏焉。居傅巖者,爲傅氏;徙嵇山者,爲嵇氏。主東蒙之祀,則爲蒙氏；守橋山之家，則爲橋氏。鄅氏，因鄅班食於鄅門；潁氏，因考叔爲潁谷封人。東門襄仲，爲東門氏；桐門右師，爲桐門氏，皆此道也。隱逸之人，高傲林藪，居於禄里者，呼之爲禄里氏；居於綺里者，呼之爲綺里氏，所以爲美也。優倡之人，取媚酒食，居於社南者，呼之爲社南氏；居於社北者，呼之爲社北氏，所以爲賤也。又如介之推、燭之武，未必亡氏，由國人所取信也，故特標其地，以異於衆。凡以地命氏者，不一而足。六曰以姓爲氏。姓之爲氏，與地之爲氏，其初一也。皆因所居而命，得賜者爲姓，不得賜者爲地。居於姚墟者，賜以姚，居於嬴濱者，賜以嬴。姬之得賜，居於姬水故也。姜之得賜，居於姜水故也。故曰因生以賜姓。七曰以字爲氏，八曰以名爲氏，九曰以次爲氏。凡諸侯之子，稱公子。公子之子，稱公孫。公孫之子，不可復言公孫，則以王父字爲氏。如鄭穆公之子曰公子騑，字子駟。其子曰公孫夏，其孫則曰駟帶、駟乞。宋桓公之子曰公子目夷，字子魚。其子曰公孫友，其孫則曰魚莒、魚石，此之謂以王父字爲氏。無字者則以名。魯孝公之子，曰公子展，其子曰公孫夷伯，其孫則曰展無駭、展禽。鄭穆公之子，曰公子豐。其子曰公孫段，其孫則曰豐卷、豐施。此諸侯之子也，天子之子亦然。王子狐之後，爲狐氏。王子朝之後，爲朝氏是也。無字者以名，然亦有不以字而以名者。如樊皮，字仲文，其後以皮爲氏。伍員字子胥，其後以員爲氏，皆由以名行故也。亦有不以王父字爲氏，而以父字爲氏者。如公子遂之子，曰公孫歸父，字子家，其後爲子家氏是也。又如公孫枝，字子桑，其後爲子桑氏者，亦是也。亦有不以王父名爲氏，而以父名爲氏者，如公子牙之子，曰公孫兹，字戴伯，其後爲兹氏是也。又如季公鉏，字子彌，其後爲公鉏氏者，亦是也。以名字爲氏者，不一而足，左氏但記王父字而已。以次爲氏者，長幼之次也。伯、仲、叔、季之類是也。次亦爲字，人生其始也，皆以長幼呼。及乎往來既多，交親稍衆，則長幼有不勝呼，然後命字焉。長幼之次，可行於家里而已，此次與字之别也。所以魯國三家，皆以次命氏，而亦謂之字焉，良由三家同出，其始也一家之人焉，故以長幼稱。十曰以族爲氏。按《左傳》云："爲謚因以爲族。"又按《楚辭》云："昭、屈、景，楚之三族也。"昭氏、景氏，則以謚爲族者也。屈氏者，因王子瑕食邑于屈，初不因謚，則知爲族之道多矣，不可專言謚也。族近於次，族者，氏之别也，以親别疏，以小别大，以異别同，以此别彼。孟氏、仲氏，以兄弟别也。伯氏、叔氏，以長少别也。丁氏、癸氏，以先後别也。祖氏、禰氏，以上下别也。第五氏、第八氏，同居之别也。南公氏、南伯氏，同稱之别也。孔氏、子孔氏，旗氏、子旗氏，字之别也。軒氏、軒轅氏，熊氏、熊相氏，名之别也。季氏之有季孫氏，仲氏之有仲孫氏，叔氏之有叔孫氏，適庶之别也。韓氏之有韓餘氏，傅氏之有傅餘氏，梁氏之有梁餘氏，餘子之别也。遂人之族，分而爲四。商人之族，分而爲七。此枝分之别也。齊有五王，合而爲一，謂之五王氏。楚有列宗，合而爲一，謂之列宗氏，此同條之别也。公孫歸父，字子家，襄仲之子也。歸父有二子，一以王父字襄仲爲仲氏，一以父字子家爲子家氏。公子郢，字子南，其後爲子南氏，而復有子郢氏。伏羲之後，有伏、虙二氏，同音異文。共叔段之後，有共氏，又有叔氏，又有段氏。凡此類，無非辨族。十一曰以官爲氏，十二曰以爵爲氏。有官者以官，無官者以爵。如周公之兄弟也，周公爲太宰，康叔爲司寇，聃季爲司空，是皆有才能，可任以官者也。五叔無官，是皆無才能，不可任以官者也，然文王之子，武王、周公之兄弟，雖曰無官，而未嘗無爵土。如此之類，乃氏以爵焉。以官爲氏者，太史、太師、司馬、司空之類是也。雲氏、庾氏、籍氏、錢氏之類，亦是也。以爵爲氏者，皇、王、公、侯是也。公乘、公士、不更、庶長，亦是也。十三曰以凶德爲氏，十四曰以吉德爲氏。此不論官爵，惟以善惡顯著者爲之。以吉德爲氏者，如趙衰，人愛之如冬日，其後爲冬日氏。古有賢人，爲人所尊尚，號爲老成子，其後爲老成氏。以凶德爲氏者，如英布被黥，爲黥氏，楊元感梟首，爲梟氏。齊武惡巴東王蕭子響爲同姓，故改蕭爲蛸。後魏惡安樂王元鑒爲同姓，故改元爲兀。十五曰以技爲氏，此不論行，而論能。巫者之後爲巫氏，屠者之後爲屠氏，卜人之後爲卜氏，匠人之後爲匠氏。以至豢龍爲氏，御龍爲氏，干將爲氏，烏浴爲氏者，亦莫不然。十六曰以事爲氏，此又不論行能，但因其事而命之耳。夏后氏遭有窮之難，后緡方娠，逃出，自竇而生少康，支孫以竇爲氏。漢武帝時，田千秋爲丞相，以年老，詔乘小車出入省中，時號車丞相。其後因以車爲氏。微子乘白馬朝周,兹白馬氏之所始也。魏初平中,有隱者,常乘青牛,號青牛先生,兹青牛氏之所始也。十七曰以謚爲氏。周人以諱事神,謚法所由立。生有爵,死有謚,貴者之事也。氏乃貴稱,故謚亦可以爲氏。莊氏出於楚莊王,僖氏出於魯僖公。康氏者,衛康叔之後也。宣氏者,魯宣伯之後也。文氏、武氏、哀氏、繆氏之類,皆氏於謚者也。凡複姓者,所以明族也。一字足以明此,不足以明彼,故益一字,然後見分族之義。言王氏則濫矣,本其所系而言,則有王叔氏、王孫氏。言公氏則濫矣,本其所系而言,則有公子氏、公孫氏,故十八曰以爵系爲氏。唐氏雖出於堯,而唐孫氏又爲堯之别族。滕氏雖出於叔繡,而滕叔氏又爲叔繡之别族,故十九曰以國系爲氏。季友之後,傳家則稱季孫,不傳家則去孫稱季。叔牙之後,傳家則稱叔孫,不傳家則去孫稱叔,故二十曰以族系爲氏。士季者,字也,有士氏,又别出爲士季氏。伍參者,名也,有伍氏,又别出爲伍參氏,此以名氏爲氏者也。又有如韓嬰者,本出韓國,加國以名,爲韓嬰氏。如臧會者,本出臧邑,加邑以名,爲臧會氏。如屠住者,本出住鄉,加鄉以名,爲屠住氏。故二十一曰以名氏爲氏,而國、邑、鄉附焉。禹之後爲夏氏,杞他奔魯,受爵爲侯,又有夏侯氏出焉。嬀姓之國,爲息氏,公子邊受爵爲大夫,又有息夫氏出焉,此以國爵爲氏者也。白氏,舊國也,楚人取而邑之,以其後爲白侯氏,故二十二曰以國爵爲氏,而邑、爵附焉。原氏,以周邑而得氏。申氏,以楚邑而得氏。及乎原加“伯”,爲原伯氏,以别於原氏。申加“叔”爲申叔氏,以别於申氏,是之謂以邑系爲氏。魯有沂邑,因沂大夫相魯,而以沂相爲氏。周有甘邑,因甘平公爲王卿士,而以甘士爲氏,故二十三曰以邑系爲氏,而邑官附焉。師氏者,太師氏也。史氏者,太史氏也。師延之後,爲師延氏;史晁之後,爲史晁氏,此以名隸官,是之謂以官名爲氏。吕不韋爲秦相,子孫爲吕相氏。酈食其之後,爲食其氏。曾孫武,爲侍中,改爲侍其氏,此以官氏爲氏者也,故二十四曰以官名爲氏,而官氏附焉。以謚爲氏,所以别族也。邑而加謚,如苦成子之後,爲苦成氏;臧文仲之後,爲臧文氏。氏而加謚者,如楚鬭子之後,爲鬭子氏;鄭共叔之後,爲共叔氏。爵而加謚者,如衛成公之後,爲成公氏;楚成王之後,爲成王氏,故二十五曰以邑謚爲氏，二十六曰以謚氏爲氏，二十七曰以爵謚爲氏也。

按，古人著複姓之書多矣，未有能明其義者也。有中國之複姓，有夷狄之複姓。中國之複姓，所以明族，有重複之義，二字具二義也。以中國無衍語，一言見一義。夷狄多侈辭，數言見一義。夷狄有複姓者，侈辭也，一言不能具一義，必假數言而後，一義具焉。其於氏也，則有二字氏，有三字氏，有四字氏。其於音也，則有二合音，有三合音，有四合音。觀譯經潤文之義，則知侈辭之道焉。臣昔論中國亦有二合之音。如者、焉二合爲"旃"，者、與，之、與，二合爲"諸"之類是也。惟無三合、四合之音。今論中國亦有二字之氏，惟無三字、四字之氏，此亦形聲之道，自然相應者也。二十八曰代北複姓，二十九曰關西複姓，三十曰諸方複姓，此皆夷狄二字姓也。三十一曰代北三字姓，侯莫陳之類是也。三十二曰代北四字姓，自死獨膊之類是也。此外則有四聲，又有複姓。四聲者，以氏族不得其所系之本，乃分爲四聲以統之。複姓者，以諸有複姓而不得其所系之本者，則附四聲之後，氏族之道終焉。

五帝之前無帝號，有國者不稱國，惟以名爲氏，所謂無懷氏、葛天氏、伏羲氏、燧人氏者也。至神農氏、軒轅氏，雖曰炎帝、黄帝，而猶以名爲氏，然不稱國。至二帝而後，國號唐、虞也。夏、商因之，雖有國號，而天子世世稱名。至周而後，諱名用謚，由是氏族之道生焉。最明著者，春秋之時也。春秋之時，諸侯稱國，未嘗稱氏。惟楚國之君，世稱熊氏，荆蠻之道也。支庶稱氏，未嘗稱國，或適他國，則稱國。如宋公子朝，在衛則稱宋朝。衛公孫鞅，在秦則稱衛鞅是也。秦滅六國，子孫皆爲民庶，或以國爲氏，或以姓爲氏，或以氏爲氏，姓氏之失，自此始。故楚之子孫，可稱楚，亦可稱芊。周之子孫，可稱周子南君，亦可稱姬嘉。又如姚恢改姓爲嬀，嬀皓改姓爲姚，兹姓與氏渾而爲一者也。

自漢至唐，世有典籍討論兹事，然皆出於一時之意，不知澄本正源。每一書成，怨望紛起。臣今此書則不然，帝王列國世系之次，本之《史記》，實建國之始也。諸家世系之次，本之《春秋世譜》，實受氏之宗也。先天子而後諸侯，先諸侯而後卿大夫士，先卿大夫士而後百工技藝，先爵而後謚，先諸夏而後夷狄，先有紀而後無紀，繩繩秩秩，各歸其宗，使千餘年湮源斷緒之典,燦然在目,如雲歸于山,水歸于淵,日月星辰麗乎天,百穀草木麗乎土者也。臣舊爲《氏族志》五十七卷,又有《氏族源》《氏族韻》等書,幾七十卷,今不能備,姑載其略云。(《通志》卷二五《氏族略第一·氏族略序》)

《古今姓氏書辯證》序

《古今姓氏書辯證序》，南宋學者鄧名世（生卒年不詳，江西撫州人，南宋高宗朝，官至著作佐郎，於姓氏譜牒之學造詣尤高）的名著《古今姓氏書辯證》的兩篇序文，載其《古今姓氏書辯證》庫本卷首。前序爲宋徽宗宣和六年閏三月二十七日武陽高棐撰，後序爲宋孝宗乾道四年三月朔其孫鄧椿年撰，二文對於鄧氏此書的撰寫背景、成書過程、寫作目的，及氏族譜系之學的不可不講求、姓氏書的不可不作，做了簡要的交代，頗有參考價值，據輯。

原序二首

天下有不可不學者，有終身不必學者。道德仁義，君子之所學也。詩書禮樂，君子之所學也。天文地理、陰陽卜筮之書，雖不可不學，亦不必學，知之則近於星翁曆官，不知不害爲君子。然而君子之於天下，所以耻一物之不知者，誠亦有用焉爾。是故學者必自致知格物始，一物不格焉，非所謂善學也。古之君子，所以大過人者，無他焉，下學而上達，無理事精粗之别而已。若夫姓氏之書，是亦君子之所不可不學也。何則？因生賜姓，胙土受氏，其來尚矣。世次既遠，茫昧儻恍，幾若不可窮究。然而以今觀往古，古亦猶今也。以古觀後世，今亦猶古也。吾心造太極，太極造天地，古亦非今，皆自我而觀之，何物不可知？何事不可學？何道不可備？而況於天文、地理乎？而況於姓氏之書乎？棐總角讀書，旁搜博采，實有志於此。而學校驅之科舉，汩之志卒不遂，爲之長太息者屢矣。臨川鄧氏元亞，以絶人之資，邁往之氣，於書無所不觀，於事無所不學。自幼挾策,一覽無遺。以故淹通文史,馳騁貫穿,上下數千載間,猶滄溟巨浸,不可涯涘。《詩》《書》之外,尤深於《春秋》,議論反覆,皆有證據,亹亹可聽,使人忘倦。又推其餘力,作《古今姓氏書辯證》數百十萬言,參訂得失,無一字無來處,是誠古人之用心也。一日,攜以過棐,俾爲序,冠諸編首。棐曰:"此書已成一家言矣,尚何待不腆之文,表見於世? 愧非肉譜,不得是正,姑論其不可不學者,書於卷末。"元亞,文昌先生之孫,舊名命世,棐爲更其一字,曰"名世"云。宣和六年閏三月二十七日,武陽高棐書。

先君太史公,生平留意姓氏之學,雖飲食夢寐弗置也。尤喜稱道名公卿大夫家人物之盛、勳業之懿,以詔子弟。故《古今姓氏書辯證》,凡三本焉,其五卷者,成書於宣、政之間,時諱學史,方貧賤中,無書檢閱,闕文甚多。其十四卷者,後稍銓次增補之。蓋成書於建炎之初,是時晦迹窮山,攜幼避地無虚辰。昨給禮,上于法宫者是也。然居懷未滿之意,其後蒙恩,備數太史之屬者八年,始盡得銓曹命官,脚色册烏府班簿,檃括次序之,稍稍備矣。紹興辛酉冬,放歸山,樊家書稍備。會韓衢州美成同寓臨川,借其家藏《熙寧姓纂》《宋百官公卿家譜》稽考參訂之。及將易簀,謂椿年曰:"《姓氏》未成全書,死不瞑目。"椿年泣奉以周旋,罔敢失墜。既卒哭,奉門人吴曾狀,如浮梁,乞銘於侍讀尚書程公。公見椿年,慟哭,首問遺書手澤所在,椿年具以實對。公嘆曰:"子能嗣先君之志,吾亡友有子,可賀,門户其庶幾乎!"别未數月,又以書來趣,曰:"子讀禮之暇,不宜墜先志。《姓氏》宜亟成書,遷延歲月,則編稿倒亂,難記臆矣。宜速,俾老夫一觀!"椿年既得是語,乃盡裒手澤,遺編斷稿,又取宋名公文集、行狀、墓志,訂證次序之,釐爲四十卷,即此本也。椿年孤陋寡聞,貧病不偶,幸不墜先志者,尚書公賜也。謹再拜書諸卷末,以告當代好古博雅君子焉。乾道四年三月朔,牛馬走椿年謹書。(宋鄧名世《古今姓氏書辯證》卷首)

左氏博議·譜牒論

《左氏博議·譜牒論》，原名《隱公問族於衆仲》，南宋學者吕祖謙(1137—1181)撰，載於其《左氏博議》卷二。清張尚瑗《三傳折諸·左傳折諸》卷一摘引此文，作吕伯恭《譜牒論》。此次輯録，爲標題醒豁起見，改用此名。所輯文字，專論上古之人的姓命氏之源，且結合唐宋以來氏族之學的發展變化，做了針對性的歸納總結，并有自己的議論和發揮，對於認識姓氏之學與古代社會有益，據輯。

《(春秋左氏傳)隱(公)·八年》:“無駭卒，羽父請謚與族。公問族於衆仲。衆仲對曰:‘天子建德，因生以賜姓。胙之土而命之氏。諸侯以字爲謚，因以爲族。官有世功，則有官族，邑亦如之。公命以字爲展氏。”天下之事簡則易知，繁則難知，此理之常也。至於氏族之説，則反是焉。氏族莫繁於古，而知之者甚易。氏族莫簡於今，而知之者甚難。三代之時，曰姓者，統其祖考之所自出者也，百世而不變者也。曰氏者，别其子孫之所自分者也，數世而一變者也。天子建德，因生以賜姓，因其所由生以賜姓。若舜由嬀汭，故陳爲嬀姓。其得姓雖一，而子孫别而爲氏者，不勝其多焉。有以王父之字爲氏者矣，且如陳伯袁之後，而爲袁氏。齊公子高之後，而爲高氏。衛公子惠孫之後，而爲孫氏。宋公子樂父之後，而爲樂氏。宋司寇牛父之後，而爲牛氏。魯閔子騫之後，而爲騫氏。是皆以王父之字爲氏者也。有以先世之謚爲氏者矣。杜預曰:“或便即先人之謚稱以爲族。”有以所居之官爲氏者矣。祭仲，初爲祭封人掌封疆者，後以爲氏。有以始封之邑爲氏者矣。如文王封子時叔於沈，故其後爲沈氏。武王封太伯曾孫於閻，故其後爲閻氏。晉穆族封少子成師於韓，故其後爲韓氏。晉獻公封畢萬於魏,故其後爲魏氏。宋公子段食於褚,故其後爲褚氏。宋太公食於蕭,故其後爲蕭氏。楚賁皇食於苗,故其後爲苗氏。晉叔向食於楊,故其後爲楊氏。杞之後食於婁,而爲婁氏。越之後食於歐山之陽,而爲歐陽氏。是皆以始封之邑爲氏也。枝分派别,千塗萬轍,初若參錯紛亂而難考,及徐而視之,有綱有條,猶指諸掌焉。孟、仲、季、臧、東門、子叔,同出於魯也。孟穆、伯仲、子季、文子、臧僖伯、東門、襄仲、子服、昭伯、叔孫氏是也。游、國、豐、印、公孫、伯張,同出於鄭也。游吉、國參、豐卷、印堇父、公孫洩、伯張之類是也。向、華、蕩、樂、鱗、魚、仲、老,同出於宋也。向宜、華督父、蕩意、諸樂、吕、鱗朱、魚石、仲幾、老佐是也。欒、高、崔、國、叔、仲、東郭,同出於齊也。欒子雅、高傒、崔夭、國歸父、叔仲還、仲孫湫、東郭偃是也。尋其流,可以知其源。尋其葉,可以知其根,抑何易耶?自秦漢以來,氏族之制,出於上之所賜,下之所更者,絶無而僅有。至於世守一氏,傳千餘年而不變者,天下皆是也。其變非若古之屢,其列非若古之多,可謂簡而易知矣,然人罕有能辨氏族之源者。王之氏,一也,吾不知出於元城之王耶?後漢王充,會稽人,其先自魏郡元城徙居於此。宜春之王耶?前漢宜春侯王訢之後。邛成之王耶?前漢邛成侯王奉光之後。奉光,宣帝皇后父。劉之氏,一也,吾不知出於陶唐之劉耶?《高祖贊》:漢帝本系出自唐帝。降及于周,有秦作劉。奉春之劉耶?劉敬説高帝都關中,高帝封敬爲奉春君,賜姓劉。元海之劉耶?晉趙劉元海,本匈奴種。漢光武時内附,號南匈奴。其能明辨而不惑者鮮矣。氏之馬者,未必能辨其爲馬服之馬,趙奢因封馬服君,其後遂轉而爲馬氏。及馬矢之馬也。後漢馬隆,其先本姓馬矢氏。氏之石者,未必能辨其周衛之石,周石速、衛石碏。及後趙之石也。後趙石勒,本羯種。古之氏族繁而知之者反多,今之氏族簡而知之者反少,在古則宜難而反易,在今則宜易而反難,其説果安在耶?蓋由譜牒之明與廢而已。譜牒明則雖難者猶且知之,況其易者乎?譜牒廢則雖易者猶不知之,況其難者乎?吾以是知譜牒之學,不可不講也。世之學者仰則欲知天文,俯則欲知地理,大則欲知治亂興衰之迹,小則欲知草木蟲魚之名,至於己之氏族,吾祖者之所自出,則茫然不知,豈可不耻乎?不知吾祖考氏族之所自,是固可耻也。乃若吾一身之間,視而不知視之所自,聽而不知聽之所自,言而不知言之所自,動而不知動之所自,以至喜怒哀樂,皆不知其所自,是又大可耻也。不知吾祖考氏族之所自,問諸明譜學者足矣。不知吾一身視聽言動、喜怒哀樂之所自,將問諸何人乎?噫!(南宋吕祖謙《左氏博議》卷二)

《婺源茶院朱氏世譜》後序

《婺源茶院朱氏世譜後序》，南宋學者朱熹(1130—1200)撰，叙述宋代朱氏家族朱熹一枝的姓系源流，文載明程敏政撰《新安文獻志》卷一八，據輯。

熹聞之，先君子太史吏部府君曰：吾家先世，居歙州歙縣之黄墩，《舊譜》云：長春鄉呈坎人。相傳望出吴郡。秋祭率用魚鱉。《舊譜》云：有諱介者，世數不可考矣。又按奉使公《聘遊集目》云：系出金陵，蓋唐孝友先生之後。考之《唐書》，孝友先生諱仁軌，自爲丹陽朱氏，而居亳州永城，以孝義，世被旌賞，一門閥閲相望，而非吴郡之族。奉使公作《先吏部詩》，又云："迢迢建業水，高臺下鳳凰。鼻祖有故廬，于今草樹荒。"不知何所指也。唐天祐中，陶雅爲歙州刺史，初克婺源，乃命吾祖領兵三千戍之，是爲制置茶院。府君卒葬連同，子孫因家焉。生三子，仕南唐，補常侍。丞之號，今族譜亦不見。其後亦有散居他郡者。已上並見吏部所録蘆村府君作《歙溪府君詩序》。熹按：今連同别有朱氏，舊不通譜，近年乃有自言爲茶院昆弟之後者，猶有南唐補牒，亦當時鎮戍將校也，蓋其是非不可考矣。先吏部於茶院爲八世孫。宣和中，始官建之政和，而葬承事府君於其邑，遂爲建人。於今六十年，而熹抱孫焉，則居閩五世矣。淳熙丙申，熹還故里，將展連同之墓，則與方夫人、十五公、馮夫人之墓皆已失之。因亟詢訪，得連同兆域所在，乃率族人言於有司，而後得之。其文據藏於家，副在族弟。然而三墓者，則遂不可復見。癸卯五月，辛卯，因閲舊譜，感世次之易遠，骨肉之易疏，而墳墓之不易保也，乃更爲序次，定爲《婺源茶院朱氏世譜》，而并書其後如此，仍録一通，以示族人十一世以下來者未艾。徽、建二族，自今每歲當以新收名數，更相告語而附益之，庶千里之外，兩書如一，傳之永遠，有以不忘宗族之誼。至於薰村府君，其墓益遠，居故里者，尤當以時相率展省，更力求訪三墓所在，而表識之，以塞子孫之責。而熹之曾大父王橋府君，無他子，其墓在故里者，恃有薄田，於其下得以奉守不廢。當質諸有司，以爲祭田，使後之子孫，雖貧無得鬻云。九世孫宣教郎、直徽猷閣主管台州崇道觀熹序。（明程敏政《新安文獻志》卷一八朱熹《婺源茶院朱氏世譜後序》）

《湖州葉氏族譜》序

《湖州葉氏族譜序》，南宋學者葉適（1150—1223）撰，明代學者葉盛（1420—1474）輯，專述先秦至唐宋葉氏宗族的支派源流，文載葉盛《水東日記》卷一八，係據其所見葉夢得撰《湖州葉氏族譜前叙》《後叙》之明代傳本撰成。雖爲轉述口气，但基本照録原文，未加删改，内容相對完整，較有參考價值，據輯。

南陽郡葉縣南頓鄉高貴里葉氏，湖州烏程，承璲之後。睦州新定，承碩之後。建之建安，承遊之後。衢之西安，承願之後。歙州新安，承續之後。漢有尤者，爲太尉。尤生太中大夫禕。禕生長樂太守嘉。嘉生二子：光爲侍中，原爲武陵令。原生南頓太守宗，宗生雁門太守仲。仲生雲夢令穎。穎生太中大夫望。自尤以下，嘉、光、宗皆别爲祖，合葉公之後爲六族，皆葬南陽，以南陽郡葉縣南頓鄉高貴里爲定著。漢末天下亂，望以建安二年渡江，僑居丹陽句容，子孫始有居丹陽者。望之夫人陳氏生一子遂。遂生成胤，成胤二子：長琚，次璲。琚四子：長碩，次儉，次遊，次願。碩二子：長曠，次豫。豫二子：長績，次續。琚以下，各以其族散居四方，派别不一。

縉雲派。儉字臣父，晉折衝將軍、括蒼太守，徙居縉雲。十三世曰乾昱。乾昱四世曰法善，以方技顯於唐。皆世居縉雲括蒼州永嘉郡。唐大曆十四年，更名處州，故居處州者皆祖儉，而以松陽縣移風鄉爲定著。

烏程派。夢得七世祖彪，生贈刑部侍郎逵，事吴越刑部。夫人永安郡太君羊氏，葬湖州。葉氏始自縉雲遷湖州，而居烏程者，以烏程縣雪川鄉中書里爲定著。

長洲派。夢得曾祖贈金紫光禄大夫諱綱，葬蘇州寶華山，遂爲吴郡人，而以長洲縣道義鄉爲定著。

葉本攝，音訛爲今稱。遍求姓氏之書，自唐以來，始僅得於有道。及見歙州之《碑》，本末亦不完。晚獲《睦州譜》，稍知源流。今圖所載，凡再絶再續，皆因書之存亡。自尤至儉，得於《睦州譜》。自儉至玄尚，得於有道及歙州之《碑》。九世祖而下，則得於家牒。《睦州譜》雖詳，間亦殘缺，文字多牴牾。今世傳《唐姓氏譜》一卷，列河南八姓，葉居其一，不知河南葉氏何所承？其尤曰周太尉。太尉非周官，繇望推而上至尤，纔七世。望以漢末渡江，則尤實事漢，故定爲漢，此皆可考者。其歷載墳墓，則有潁州太守重、同州太守、樂安侯參墓。冀州有輔國將軍、冀州刺史、章武侯擇，鎮北將軍、北平太守、紹林别駕、伏波將軍仰墓。近祖幽州，有光禄大夫、關内侯、幽州刺史陵墓。則葉蓋嘗有徙北者。荆州武威縣又有奉二代墓，南康郡又有迴九代墓，而歙州之《碑》，又載其三從祖儀同三司善，生朝議郎、婺州武義縣丞君操等，皆莫知其世次。《元和姓纂》諸書皆載吴郡尉雄，《譜》與《碑》乃獨無有，此其不可考也。葉氏受封，望渡江之事，若可據，故取之以補闕文。而不可考者，不可盡棄，故復存之，以待後之知者。已上皆宋觀文殿學士、崇慶軍節度使、知樞密院事夢得所撰《湖州葉氏族譜》前後兩叙中所云。（《水東日記》卷一八）

《家譜》後序

《家譜後序》，南宋學者李石（？—1181）撰，連同下文輯録的《代家德麟作重修家譜序》，均其資州李氏家族的宗族譜系的序文，文載其《方舟集》卷一〇，據輯。

祖父望子孫者甚厚，吾爲子孫，而自薄其身，是薄祖父也，其可乎？吾宗譜系，先御史府君始修之，一行之善、一藝之長，必爲之傳，而登官籍，致饒給者，則載其誌銘焉，所以從善勸後，其意厚矣。迄今二百年，子孫益衆，富若貴者，誌銘多夸詞，處約者，家傳亦或缺焉。故稽誌銘之所載，求故老之所傳，斂華就實，自御史立傳之後，皆續傳焉。而誌銘之實，亦在是矣。有不及載者，則其後凋落，無所考訂，故不敢强爲之辭。大抵續傳之作，皆本先御史崇善勸後之美意，而其要則以行義爲先，而宦達次之，致富饒者又次之。欲使族人皆自力於知行，並進之學，而汲汲務外之習，或稍息。聿修厥德，毋忝爾所生。吾族之人，尚其勉之。（《方舟集》卷一〇《家譜後序》）

代家德麟作《重修家譜》序

家有譜，所以别生分類，以著不忘，非欲相誇以門地也。吾宗得姓受氏，自洛而歙而睦，蔓衍四出，至於源同派别，有不可考者。故先御史府君實自玄英以下，定其可知者爲譜，而先監場府君又續修之。今逾百年，生齒日繁，昭穆失紀，耆年宿德，問之茫然。後生晚出，將爲途人。譜其可不修乎？德麟不揣，輒因舊譜，訪問諸族，補其未備者而續書之，尊卑之序，瞭然在目，天理未泯，或可以起其敦睦之良心焉。嗟乎！今吾爲兄弟子侄者，多至數百人，遠或千里外，原其所自，皆出於一人之身也。且以吾一身，而子若孫或數人。數人之愛吾，未嘗有異也，以吾愛子孫之心，推之父、祖，則父、祖之愛吾兄弟子侄者，詎有異乎！父、祖之心未嘗異，而吾蔽有己，而越秦其視，甚者或之以自厚，則於父、祖之心何如也。吾族之人，亦嘗有思於此乎？故又併著其説於《譜》後云。
（《方舟集》卷一〇《代家德麟作重修家譜序》）

《後杜應氏宗譜》序

《後杜應氏宗譜序》，南宋學者陳亮（1143—1194）撰，叙述南宋永康後杜應氏家族之姓系源流，文載《龍川集》卷一五，據輯。

應自周武王之子封於應，以國爲氏，其子孫散處殽、函、瀍、洛，世業有光。漢有曰曜，隱淮南山，時稱"商山四皓，不如淮陽一老。"曰邵，篤學博覽，著《漢官儀》，删定律令，獻帝朝，拜太尉。魏有曰瑒、璩，昆季並以文學貴顯，三人承明。宋有曰文臣任，中散大夫、右文殿修撰，隨高宗南渡，占籍永康，遂爲永康人。子子和，登孝宗淳熙中進士第，題詩有"三紅"之句，時號"三紅秀才"。刺郡至觀察使，掌中軍都督府事。其子贅居東陽葛府，傳二世。至大六，諱莊，同兄大五講書，始自葛府復永康。大五居縣西三里頭，大六贅居後杜杜氏。生二子：文中、文正、行曾。曾傳端，端傳昌，泝自中散東遷，凡七世。士珪則端行，字德璋，登宋咸平中解榜，官至廣東廉訪司副，以才名著稱。嘗慟其先世汴譜無聞，且懼來裔迷厥所出，乃肇自中散至大六，凡五世，又斷自大六爲後杜始祖，至昌一，凡若干世，定爲一帙，本末源流，鑿鑿不紊，可謂尊祖烈矣，間徵余序其首簡。余惟世系之不明久矣。昔唐貞觀中，詔温彦博等撰《氏族》，首皇族，次外戚，而黄門侍郎崔氏（民）幹爲第三，凡二百九十三姓、千六百九十一家。降及五季，舊本殘缺，雖有譜，如無也。世之愚不肖，昧其先世，往往妄引貴族名賢以爲之宗。生悖其親，死誣其祖，良可悲夫！今應氏之譜，尊卑奠，昭穆明，簪紱光聯，克稱厥後。所載者皆耳目親擊，豈以杜正倫、郭崇韜前車之覆當戒耶？有裨益於名教，尚矣！夫表功德，厚親族，制婚姻，明人倫，皆譜乎寓，其可輕而忽之哉！余故序之，匪徒爲士珪告，且以爲應氏後人式云。（南宋陳亮《龍川集》卷一五《後杜應氏宗譜序》）

學林·同姓

《學林·同姓》,南宋學者王觀國(生卒年不詳。宋徽宗至高宗朝人)撰,記上古同姓異氏之事,提到由於年代久遠,史書記載世次脱誤,後世無考,譜系散亡,同姓異姓,婚姻無别的情况,有社會認識價值。文載其《學林》卷三,兹據中華書局點校本輯録。

《史記·本紀》:"虞舜父曰瞽瞍,瞽瞍父曰蟜牛,蟜牛父曰句望,句望父曰敬康,敬康父曰窮蟬,窮蟬父曰帝顓頊。"又:"夏禹之父曰鯀,鯀之父曰帝顓頊。"觀國案:舜、禹同時人也,同出於顓帝之系,是爲同姓。然自顓帝歷六世而至舜,自顓帝歷二世而至禹,何其遠近不等之甚耶?其世次脱誤,司馬遷不能究,而又不言闕疑,故後世無所考焉。蓋自戰國迄于秦火,譜系散亡,而同姓異姓,混而無别。《春秋左氏傳》曰:"昔周公弔二叔之不咸,故封建親戚,以藩屏周。管、蔡、郕、霍、魯、衛、毛、聃、郜、雍、曹、滕、畢、原、酆、郇,文之昭也。邘、晉、應、韓,武之穆也。凡、蔣、邢、茅、胙、祭,周公之嗣也。"蓋文之昭十六國,皆文王子,爲文之同姓也。武之穆四國,皆武王子,爲武之同姓也。周公之嗣六國,皆周公之同姓也。同姓不可爲婚,所以别人倫也。故陳司敗,問"昭公知禮乎,君取于吴,爲同姓,謂之吴孟子,君而知禮,孰不知禮?"蓋吴實泰伯之後,與魯同姓也。魯昭公取吴姬,是爲取同姓。魯人諱取同姓,故謂之孟子。孟子,其字也。《春秋》:哀公十二年五月甲辰,孟子卒,不書姓,不稱夫人,不言薨,不言葬小君,皆因魯人諱之,《春秋》不改,但書曰"孟子卒"而已。以言其不用夫人禮者也。《左氏傳》曰:晉侯有疾,鄭伯使公孫僑如晉聘,且問疾。叔向問曰:"寡君之疾病。"子産曰:"内官不及同姓，男女辨姓，禮之大司也。今君内實有四姬焉，其無乃是也乎？四姬有省，猶可，無則必生疾矣。”杜預曰：“同姓姬四人也。”春秋之際，同姓之禮已紊矣。晉假道於虞以伐虢，宫之奇諫曰：“泰伯、虞仲，太王之昭也。虢仲、虢叔，王季之穆也。爲文王卿士，勳在王室，藏於盟府，將虢是滅。何愛于虞？且虞能親於桓、莊乎？桓、莊之族何罪，猶尚害之，况以國乎？”杜預曰：“桓叔，莊伯之族，晉獻公之從祖昆弟。獻公患其偪，盡殺之，當時同姓，猶路人也，無罪而且殺之，而况于婚，豈有禁哉！”《前漢·元后傳》曰：王莽自謂黄帝之後，姓姚氏。八世至舜，以嬀爲姓。至周，封于陳，爲胡公。十三世奔齊，姓田氏。田和有齊國，稱王。至漢，失國，齊人謂之“王家”，因以爲氏。後徙魏郡元城，爲魏郡人。《王莽傳》曰：“莽妻，宜春侯王氏女。”顔師古注曰：“王訢爲丞相，封宜春侯，傳爵至孫咸。莽妻，咸之女。”《莽傳》又曰：“姚、嬀、陳、田、王氏，凡五姓，予之同族也。皆以爲宗室。其元城王氏，勿令相嫁娶。”《前漢·王訢傳》曰：“訢代車千秋爲丞相，封宜春侯，薨。子譚嗣。譚薨，子咸嗣。王莽妻即咸女。”顔師古注曰：“莽本以與譚姓不同，祖系各别，故爲婚娶。”觀國案：莽自序曰：齊人謂之王家，因以爲氏。後徙魏郡元城，爲魏郡人。蓋雖徙元城，爲魏郡人，然得王姓則自齊也。《王訢傳》曰：“王訢，濟南人也。”訢雖無家譜可考，然據列傳云“濟南人”，則是亦齊之王氏也。訢、莽同爲齊之王氏，則同姓矣。若夫以元城、濟南爲異，是異居也，非宗異[1]也。（《學林》卷三）

---

① 宗異：或爲“異宗”之倒文。庫本即作“異宗”，與上文“異居”合，疑是。

容齋隨筆·姓氏不可考

《容齋隨筆》卷六《姓氏不可考》及《唐書世系表》二條，南宋初學者洪邁(1123—1202)撰，指出古代姓氏書記載之混亂與不可信，各個姓氏源流演變之難以確考，及沈約《宋書·自序》及歐陽修《新唐書·宰相世系表》記載沈氏家族世系之錯誤，對於今人更好地利用古代姓氏書，正確認識《宋書·自序》及《新唐書·宰相世系表》的錯誤，頗有好處。兹據中華書局點校本輯録。條首之條目文乃作者之原文，故仍予保留。

姓氏不可考

姓氏所出，後世茫不可考，不過證以史傳，然要爲難曉。自姚、虞、唐、杜、姜、田、范、劉之外，餘蓋紛然雜出。且以《左傳》言之：申氏出於四岳，周有申伯，然鄭又有申侯，楚有申舟，又有申公巫臣，魯有申繻、申棖，晉有申書，齊有申鮮虞。賈氏，姬姓之國，以國氏。然晉有賈華，又狐射姑亦曰賈季，齊有賈舉。黄氏，嬴姓之國，然金天氏之後，又有沈、姒、蓐、黄之黄，晉有黄淵。孔氏出於商，孔子，其後也。然衛有孔達，宋有孔父，鄭有孔叔，陳有孔寧，齊有孔虺，而鄭子孔之孫，又爲孔張。高氏出於齊，然子尾之後，又爲高彊，鄭有高克，宋有高哀。國氏亦出於齊，然邢有國子，鄭子國之孫，又爲國參。晉有慶鄭，齊有慶克，陳有慶虎，衛有石碏，齊有石之紛如，鄭有石臭，周有石尚，宋有石彄。晉有陽處父，楚有陽丐，魯有陽虎。孫氏出於衛，而楚有叔敖，齊有孫書，吴有孫武。郭氏出於虢，而晉有郭偃，齊有郭最，又有所謂郭公者。千載之下，遥遥世祚，將安所質究乎？(《容齋隨筆》卷六)

容齋隨筆·唐書世系表

唐書世系表

《新唐·宰相世系表》皆承用逐家譜牒,故多有謬誤。内沈氏者,最可笑。其略云:"沈氏出自姬姓,周文王子聃叔季,字子揖,食采於沈,今汝南平輿沈亭是也。魯成公八年,爲晉所滅。沈子生逞,字脩之,奔楚,遂爲沈氏。生嘉,字惟良。嘉生尹戌。戌生諸梁。諸梁子尹射,字脩文。其後入漢,有爲齊王太傅、敷德侯者,有爲驃騎將軍者,有爲彭城侯者。"《宋書·沈約自叙》云:"金天氏之後。沈國,在汝南平輿。定公四年,爲蔡所滅。秦末有逞者,徵丞相,不就。"其後頗與《唐表》同。按:聃季所封,自是一國,與沈了不相涉。《春秋》:成公八年,晉侵沈,獲沈子揖。昭二十三年,吴敗頓、胡、沈、蔡之師于雞父,沈子逞滅。定四年,蔡滅沈,殺沈子嘉。今《表》云聃季,字子揖,成八年,爲晉所滅,是文王之子,壽五百餘歲矣。逞爲吴所殺,而《表》云奔楚。《宋書》云秦召爲丞相。沈尹戌爲楚將,戰死於柏舉,正與嘉之死同時,而以爲嘉之子。尹射書於《左傳》,三十四年,始書諸梁,乃以爲其子。又春秋時人立字,皆從子及伯仲,豈有脩之、惟良、脩文之比。《漢列侯表》豈有所謂敷德、彭城侯?《百官表》豈有所謂驃騎將軍沈達者?沈約稱一時文宗,妄譜其上世名氏、官爵,固可蚩誚,又不分别兩沈國。其金天氏之裔,沈、姒、蓐、黄之沈,封於汾川,晉滅之。春秋之沈,封於汝南,蔡滅之,顧合而爲一,豈不讀《左氏》乎?歐陽公略不筆削,爲可恨也。(《容齋隨筆》卷六)

梁谿漫志

《梁谿漫志》十卷，南宋學者費衮（生卒年不詳。字補之，江蘇無錫人。生活於宋高、孝宗時。事迹見《四庫全書總目》卷一二一）撰。該著卷三、卷九各有一則筆記，論唐代重視氏族的風氣，對於認識唐代社會的特點不無價值，輯以備考，據《知不足齋叢書》本録文。

氏族之訛久矣。凡、蔣、邢、茅胙、祭，周公之裔也。此三者，實一姓也，自分爲三派，寖遠寖忘，則爲三姓矣。退之所謂"徐與秦俱出韓，與何同姓"之類是也。揚子雲於蜀無他揚，今此揚姓不復見，亦皆雜於楊矣。錢鏐有吴越，吴越之人避其諱，以劉去偏傍而爲金。王審知據閩，閩人避其諱，以沈去水而爲尤，二姓實一姓也。今之稱複姓者，皆從省文。如司馬則曰馬，諸葛則曰葛，歐陽則曰歐，夏侯則曰侯，鮮于則曰于。如此之類甚多，相承不已，複姓又將混於單姓矣。唐永貞元年十二月，淳于姓改爲于，以音與憲宗名同也。至今二于，無復可辨。如豆盧，蓋唐大族，欽望、瑑、革，皆嘗爲相，而此姓今不復見，其殆混於盧邪？（《梁谿漫志》卷三《氏族》）

唐自太宗命高士廉等撰《氏族志》，本惡山東人士崔、盧、李、鄭自矜地望，乃更以皇族爲首，是亦自矜隴西著姓也。然魏證（徵）、房元（玄）齡家，皆盛與山東諸族爲昏，由是舊望不減。至顯慶中，許敬宗等又升后族爲第一等，於是益尚門閥，諂諛之徒，不稱人以官，而呼之爲郎，猶奴之事主，蓋當時門地高者，以此名爲貴重。宋廣平呼張易之爲卿，天官侍郎鄭杲謂宋曰："中丞，奈何卿五郎？"宋曰："以官言之，正當爲卿。

足下非張卿家奴,何郎之有[1]?”楊再思爲宰相,而呼張昌宗爲“六郎”。安禄山兼三鎮節度使,而呼李林甫爲“十郎”。裴坦之子勛,至呼其父爲“十一郎”。明皇不以天子爲貴,而自呼爲“三郎”。當時獻《五角六張賦》者,亦呼其君爲“三郎”,流弊可駭如此。(《梁谿漫志》卷九《唐重氏族》)

① 宋廣平呼張易之爲卿……何郎之有:按,此語原出《舊唐書》九六《宋璟傳》、《資治通鑑》卷二〇七武后長安三年九月丁酉條,原文較長,乃記一次宴會談話,必有所本。

路 史

《路史·國姓衍慶紀原》,連同下文輯録之《氏姓之牒》,均南宋學者羅泌(生卒年不詳。字長源,江西廬陵人,生活於宋高宗、孝宗朝)撰,兩篇文章中有相當多的篇幅,敘述先秦至唐宋氏族起源,爲宋代譜牒學的名著。其中《國姓衍慶紀原》《氏姓之牒》兩篇,爲作者在氏族譜牒之學方面的專論,且書中所述,並未與鄭樵、章如愚等宋人同類著述相重複,作者還對傳統姓氏書中古老相傳的多種錯誤失實之處做了很多的揭露和指正,對於前人沿襲舊説、不加分析的做法亦多有指摘,針對性很强,對於讀者科學、批判地利用古姓氏書有一定的指導作用,故加輯録,以備參考。

國姓衍慶紀原

氏族之興,所繇來遠矣。自一姓以上,推而至於有國有家者,均不可不原所自來也。不原所自來,而區區於五廟七廟、目前之奇偶昭穆是講是究,則先公風化之所繇,前代甄陶之所致者,豈不因是泯没?而後代之雲礽,更相承繼,將欲追尋族系於數千百年之上者,不知何所考信哉。况國姓之淺深,尤有係於國脉之修短。世運之盛衰,天命人心之去留者,而可以置而不論歟?昔秦皇燔簡編,薄姓系,君子竊嘆其斁倫。魏帝捨托跋,紀元氏,君子深責其背祖。太史公作《堯舜本紀》,謂其源皆出於黄帝,後世目以爲良史。唐史臣作《世系表》,先宗室而後宰相,後世指爲全書。蓋祖宗積累之源流,千萬世享國之明驗,倘録其小而遺其大,詳於臣而略於君,豈不爲一代紀録之闕文耶?恭惟國家列聖相承，太祖、太宗以英睿定大業，真宗、仁宗以忠厚守成憲，高宗、孝宗以謨斷成中興之功，自開基至今日，甲子逾四周，繼今日以往，固將傳之無窮。而趙氏得姓之因，歷諸儒討論，猶莫之核。議者徒見《史記》所載程嬰、杵臼之事，遂以爲趙氏得姓爲始於此，而不知其不止此也。又徒見《左氏》所記趙朔、趙武之事，遂以爲趙氏得姓，或由於是，而不知其不止是也。抑徒見《史記》所謂造父以徐方功封於趙城，爲趙氏，及張説《氏族對》以韓、陳、魯、衛、許、鄭、若、魏與趙氏並言，遂又以爲趙氏得姓以國，而不知其亦不止於國也。嗟乎！處劉漢之朝，而不知劉氏之爲堯後；居李唐之世，而不知李氏之爲少昊裔者，皆考訂有所未到，况居堂堂天朝，而不知天派之所自來，可乎！我國家之有天下也，詔有司講求趙氏得姓之由。大中祥符間，作玉清昭應宫，復詔儒臣講求趙氏得姓以來有名可知者三十六人，繪祠兩廡。元豐間，郎臣又以前星不曜，乞訪程嬰、杵臼墓而廟之。其於氏族，非不以爲重也，而副墨之子不能將明聖意，推而上之，德厚功積，源深流遠之效，而獨安於淺見，溺於成説，例推援造父之後，抑不知夏氏之季，已有諱梁字者，見於正史，則趙氏得姓，其不止於造父也明矣。商氏之初，亦有諱隱字者，官爲牧師，則趙氏得姓，其不止於造父也審矣。戰國中，衛平嘗以名梁者言於宋元王。後魏中，李譜亦以諱隱者言於寇謙之曰：三六之上有弘真正尊者，姓趙，名道隱，得道於商初。及《百家諜》《風俗傳》《易是類謀》俱言，張、王、李、趙皆黄帝之所賜姓，抑又知趙氏得姓，其不止於造父也，亦校然矣。竊況程嬰、杵臼之事，俱爲無有，同括屠岸事，乂（又）皆不得其實，是尚得爲至論乎！大抵百尋之木，生於千仞之崗，其根之蟠於下者，與枝幹嘗相等。百川之水，朝於衆宗之海，決亦不自潢潦無根源者起。商有天下六百餘載，蓋孕育於六百餘年之契。周有天下卜年八百，亦固自夫八百餘年之后稷，有以胚胎於其先也。趙氏得姓，於今蓋歷四千餘歲，而後太祖武皇始爲天下，根可謂深，源可謂遠。重之以明德，厚之以仁政，享年有永，奚必智者而後知之歟？家國之壽，何以異於人？惟善攝者護嗇，元氣必長，演而過之，道德以繕俗，仁義以膏本，則膺期過歷，固非客龜短筮之所能知也。仙源積慶，臣嘗於所述《路史》辨之詳矣。庸復纂載，

以備史官之採擇。(《路史》卷三一《國姓衍慶紀原》)

氏姓之牒

古者有史官,左史記言,右史記事,而氏族之牒,别自一家也。是故有内傳,有外傳,而又有《世本》之書,不可節也。太史公作《史記》,乃以其族舊之逐國,與人天下,謂之紀、傳,于是事類始有棄大而録小,太史公可也。而自固以下,不之能改,是爲得與?歐陽子之紀唐氏也,爰表世系,蓋欲景文之爲臣,而世不之知,遂使宰相、宗室至今異傳,諒可嘆也。予述《路史》,既歸天下之氏姓,而特異高辛氏族姓之多,乃爲之紀,而復嘆後世氏族之不講也。夫氏姓之著人倫之所由,叙風俗之所由,篤亦政教之甚急也。而世咸忽之,使不明焉。然則俗之澆惡,豈惟民之罪哉?古者司商以協民姓,民庶之家,無妄改也。後世官歷之書,反著天老乞姓之文,此何爲邪?若是而欲氏族之不亂,不可得矣。武爲蝮,揚爲梟,蕭爲蛸,孫爲厲,此惡號也,亦必有由焉。王爲可頻,李爲徒何,楊爲普陋如,而蔡爲大利稽,此夷語也,然而猶可稽也。奈何氏姓之書,不知其由,乃復妄爲之説。如以雙姓爲出蒙,雙奇姓爲出伯奇,愚出愚公,度出度支,軍本冠軍,皇本三皇,兒因語兒,終因六終,春則自于春申,有則自于有巢,居本于先且居,西本于西門豹,謂爲象麗之變,謂冷爲冷倫之訛,芻因于牛哀之食芻,兹因于才子之宣兹,審出于面勢之審曲,此何典故?又若以童爲出老童,而洪出于共工,箕出商紂,伊由唐堯,昌由昌意,累出累祖,聃出于聃叔季載,而卑本于卑耳之國,其妄繆何可概邪?上世書必同文,而後世儒流,視爲小伎,漫不之習,無惑乎氏姓之失其統也。且以名山非必從山名,鳥非必從鳥,草木之名豈皆傍施草木蟲魚之字?奚必側設蟲魚,是則國邑之名,古之從邑者甚少。今也不原其始,而謂郲、郳、酆、郱、郕、邳、鄹、鄐、郾、鄅、鄣、鄶、鄣、鄯、郍、郿、邧、鄚、郇、邵、郋、鄘、郉、郎、鄩、鄚、郶、郇、邦、郜、郕、郲、鄸、郰、郾、鄘之類,皆因失國,避難而去邑,不知從邑者,乃後世之俗制,古希有也。《張納碑》言:張本張星。《柳敏碣》言:柳因柳宿,果何據邪?盧、雷、陳、甄,既云聲轉，仇、求、棗、棘，則謂仇改，惟不學之過哉，亦不識字之所致也。往予嘗謂王羲之弄筆寫林禽爲來莉，而世亦千年弗知，反爲説曰："果孰莉來，而以爲名？"俗儒之可笑，類如此。東方生曰：來，來爲棗，而棗陽，本棘陽也。予以是知文士、士棘，祇棘據之改爲棗，非避仇也。昔者，魯之公索氏將祭而忘其姓，人以是龜其必亡。而隨之文帝惡隨之從辵，乃去其辵以爲隋，不知隋自音妥。隋者，尸祭鬼神之物也，守祧既祭則藏。其隋亦云釁、殺、裂、落，肉之名也。卒之，國以隋裂而終，則書名之讖，其禍如是。然則君子可不知所戒哉。今夫百齡之木，柯十而枝百，條十同，葉萬同，一根抵也。使盼其葉，而曰是云本遠，是不由于其幹，可乎？是故循其枝而求其本則易，從其本而求其末則難。三代之君，獨商、周爲長世，故其爲氏姓也尤繁，此不得不紀也。予述《路史》，又綴《國名紀》，而後天下之氏姓始大定，循而索之，則民德歸厚矣，豈徒區區之虚文哉！（《路史》卷三五《氏姓之牒》）

古今合璧事類備要·氏族門

《古今合璧事類備要》，南宋學者謝維新（生卒年不詳。字去咎，建安人，生活於宋寧宗、理宗時，曾爲太學生）撰。兹輯録其中編者自撰的論上古姓氏的一段文字，以爲佚文。

姓氏之來尚矣。古者天子賜姓命氏，諸侯賜族，其實一也。然所以不同者，姓統其祖考之所自出，雖百世而不變；氏别其子孫之所自分，凡數世而一變，故言姓則在上，言氏則在下也。至於族訓，亦氏之别名也。其名雖殊，其實未嘗不一。故黄帝之子二十五人，而得姓者十有四。姬姓者二人，其十一人，曰酉、祁、已、滕、臧、任、荀、釐、姞、嬛、衣，餘皆德薄，不足録。然則姓、氏、族皆不輕矣。自是以降，堯本姓伊祁，其後有别以劉氏、范氏者。舜本姓姚，其後有别以虞氏、陳氏者。夏本姒姓，商本子姓，周本姬姓。其後又有别以夏后氏、有扈氏、有男氏、斟尋氏、彤城氏、褒氏、費氏、杞氏、繒氏、辛氏、宣氏、斟氏、戈氏、有殷氏、來氏、宋氏、空桐氏、雉氏、北殷氏、目夷氏、沈氏、閻氏、韓氏、于氏、應氏，已不勝其多，况裂爲侯國，而其國又各有命族之典。如孟、仲、季、臧、東門、子叔，同出於魯。游、國、封、印、公父、伯張，同出於鄭。向、華、蕩、樂、鱗、魚、仲、老，同出於宋。欒、高、崔、國、叔、仲、東郭，同出於齊，尤不可勝數矣。自秦而降，氏族之制，出於上之所賜，下之所更者，亦絶無而僅有。至於世守一氏，傳千萬年而不變者，天下皆是也。今散見于後，兹不縷叙焉。（南宋謝維新《古今合璧事類備要》續集卷一《氏族門·姓氏歷代源流》）

闕里譜系

《闕里譜系》，南宋學者黄震(1213—1280)輯録或編撰，專載孔子家世譜系，叙至五十四代而止，原文具載于《黄氏日抄》卷三二。據文末所附黄氏撰寫的《序録》，此書係元豐八年孔子四十六代孫孔宗翰，據其家藏孔氏舊譜刻版，當是歷代往下遞修而成，非此譜成於宗翰之手。宋理宗景定三年，孔子五十一代孫孔應，"又附入紹興五年以後至景定三年"之事，始末乃具。此前，宋神宗元豐八年，孔宗翰"始以舊《譜》鋟板。紹興二年，四十八代孫端朝，逃虜難南奔，生生所資，皆失之，獨此《譜》山中人得之，轉以見歸，因爲序録。紹興五年，洪興祖守廣德軍，刊于郡齋。景定三年，五十一代孫應，得今台州太守時，差添廣德軍通判，又附入紹興五年以後至景定三年云。"這個孔應的續補本及北宋孔宗翰刊版的舊譜，原名均作《闕里譜系》。爲黄震所知見，編入其讀書雜記《黄氏日鈔》。《宋史》卷二〇四《藝文志三》"譜牒類"著録闕名"《闕里譜系》一卷"，《玉海》卷五〇引《中興書目》亦載有"《闕里譜系一作世系》一卷"，《文淵閣書目》卷一亦有"《闕里譜系》一部一册"，以上三志所著録者，均此書在宋元明初之傳本。與黄氏所輯録者當爲同一書，與《宋史·藝文志》同卷前面的"黄恭之《孔子系葉傳》三卷、《文宣王四十二代家狀》一卷"屬於同類文獻，皆宋人撰述的記載孔子後裔的名人族譜。其書文字簡要，叙述有法，記載孔子家族後裔多至五十一代，可説是孔子一支自東周末迄於南宋末的相對完整的家族譜系，内容專門。中間從第十八代到二十二代世系，條文殘缺，當是北宋舊譜原貌，非後代傳本殘缺。其書具有特殊的史料價值。兹據《黄氏日鈔》文淵閣四庫全書本輯録，適當取校他書，改正訛奪，以備讀者參考。

孔子，周靈王二十年己酉，當魯襄公二十一年十月庚子生。年三十三，適周。明年，魯亂，適齊。年四十三，自齊返魯。年五十二，當定公十九年，爲中都宰。遷司空，遷大司寇。明年，會夾谷。二十二年，隳三都。二十四年，攝行相事，誅少正卯。齊人歸女樂，季桓子受之，三日不朝。孔子行，遂適衛。年五十七。明年，過宋，適鄭，遂至陳。居三歲，去陳，適衛。衛不用，將西，見趙簡子。臨河不濟，自衛復如陳。時魯定公二十七年也。哀公四年，孔子自陳遷蔡。明年，如葉，又還蔡。六年，有陳、蔡之阨。楚昭王迎之，得免。昭王卒，孔子自楚反衛，年六十四。哀公十一年，魯以幣召孔子歸，而删《詩》，定《書》，繫《易》，年六十九。哀公十四年，魯西狩，獲麟，乃因《史記》，修《春秋》，至獲麟而止。哀公十六年，孔子卒，年七十四。其先，宋人也。周成王封微子啓於宋，以奉湯祀。啓弟微仲衍，生宋公稽。稽生丁公申。申生愍公共。共生弗父何。自何而下，世爲宋大夫。何生宋父周。周生世父勝。勝生正考父。正考父生孔父嘉。其後奔魯，遂爲魯人。嘉生木金父。木金父生睪夷父。睪夷父生孔防叔。防叔生伯夏。伯夏生紇，字叔梁，爲陬邑大夫，娶顔氏女。徵在，禱於尼丘，生孔子，因名丘，字仲尼。二代鯉，字伯魚，學通儒術。魯哀公以幣召之，稱疾不行。年五十，先孔子卒。忠，孔子兄之子，在七十子之列。三代伋，字子思，對孔子以其父析薪，其子弗克負荷，是謂不肖。孔子忻然曰："其克昌乎？"對魯穆公以除非法之事，行周公伯禽之政化，不能用，乃適衛。嘗言："當吾先君，周制雖衰，君臣國位，上下相時，若一體然。夫欲行其道，不執禮以求之，則不能入也。今諸侯力争，競招英雄，以自輔翼，伋於此時，不自高，人將下吾。不自貴，人將賤吾。時移世異，各有宜也。"於是在衛，緼袍無表，二旬九食，著書四十七篇，曰《中庸》。教授弟子孟軻之徒數百人。年六十二。四代白，字子上。嘗請所習於子思。子思曰："先人有訓焉，學必由聖。故夫子之教，必始於《詩》《書》，而終於《禮》《樂》，雜説不與焉。"白通習群書，又善兵法。齊威王召白爲國相，年四十七。五代求，字子家，通習儒道，有遁世之志。楚召，不仕，年四十五。六代箕，字子京。爲魏相，年四十六。七代穿，字子高，博學沈静，有遁世志。楚、魏、趙皆召之，不仕。嘗折公孫龍“白馬非馬”之辨，著儒家之語十二篇，名《讕言》。讕音粲。年五十一。八代順，字子慎，魏安釐迎以爲相，改嬖寵之官，以事賢才。奪無任之禄，以賜有功。諸失職者謗之。九月，致仕，曰：“不出十年，天下其盡爲秦乎！”秦莊王召之，不行。魏以孔子後嗣，封魯文信君。年五十七。三子：鮒、騰、樹。九代鮒，字子魚，該覽六藝。秦并天下，召爲魯國文通君。拜少傅。秦焚書，乃歸，藏書屋壁，自隱嵩山。陳涉起，聘爲博士，遷太傅。仕六旬，言不用，退，卒於陳，年五十七。著《孔叢子》。騰字子襄，長九尺六寸。漢高帝祠孔子，封爲奉嗣君。亦嘗爲惠帝博士。遷長沙太傅。年五十七。樹字子文，鮒幼弟。十代忠，字子貞。該習有高志，爲博士，年五十七。生武及安國。《家語》以爲子襄生季中，季中生武及安國。隨字元路，鮒之子。聚字子産，樹之子。以將軍破楚陔下，封蓼侯，年五十三，謚夷。十一代武，字子威，爲武帝博士，至臨淮太守。早卒。安國字子國，孝武博士。至太守。訓注經籍。臧，聚之子，嗣蓼侯。歷位九卿，遷御史大夫。辭，乞爲太常，典臣家業。十二代延年，博覽群書。武帝時，爲博士，轉太傅。遷大將軍，年七十一。卬，安國之子，傳家學，特善《詩》《禮》。琳，臧之子，嗣蓼侯，亦傳家學。十三代霸，字次孺。幼有奇才。昭帝時，爲博士。宣帝時，爲大中大夫。選任皇太子經。遷詹事，爲密相。元帝即位，拜太師，拜爵關内侯，號褒成侯，奉夫子祀。年七十二。驩，卬之子，爲博士。善《春秋》三《傳》。黄，琳之子，坐事失侯。茂，黄之弟，大司徒光以其祖有功德，而邑土廢絶，封關内侯。十四代福，襲封關内侯，奉孔子祀，年六十二。捷，福之弟，列校尉諸曹。喜，捷之弟，列校尉諸曹。光，喜之弟，字子夏，經學尤明。歷輔成、哀、平三世。王莽盛，憂懼，辭位，年七十。宣，聚之玄孫，長安公士詔復家。立，驩之子，善《詩》《書》，教授數百人。吉，鮒五代孫。以殷後，封殷紹嘉公。十五代房，襲封關内侯。永，光兄之子，封寧鄉侯。放，光之子，歷侍郎，嗣博山。元，立之子，爲校書郎，與楊雄友善。何齊，吉之子，封宋公。十六代均，字長平，好學，有大才，襲封關内侯。平帝更封魯公、褒成侯，追謚夫子爲褒成宣尼公。王莽簒位，拜太尉，辭疾，還鄉，年八十一。奮，捷之孫，通《左氏春秋》。後漢行武都太守。

奇，奮之弟，著《左氏義詁》。子建，元之子，不仕王莽。闕里荆棘，自除。尚，霸之曾孫，鉅鹿太守。十七代志，光武拜大司馬。上幸魯祠，孔子封褒成侯。嘉，奮之子，城門校尉。作《左氏説》。仁，子建之子，潛後漢太子少傅。避地會稽，遂爲郡人。孟從王肅學闕。二十三代嶷，襲封奉聖亭侯。啓，衍之子，廬陵太守。竺，潛之子，吴南昌太守。二十四代撫，晉舉孝廉，辟太尉掾，襲封奉聖亭侯。爲豫章太守。恬，竺長子，吴侍中，選部尚書，晉湘東太守。冲，竺次子，丹陽太守。奕，竺少子，全椒令，有惠化。二十五代懿，東晉襲封奉聖亭侯。愉，恬長子，晉左僕射，餘不亭侯。侃，冲子，大司農。倫，奕長子，黄門郎，注《儀禮》一卷。群，奕少子，少知名，晉御史中丞。二十六代鮮，恢廓有大度，好學，善誘誨。宋文帝以爲奉聖亭侯，後改封崇聖侯。誾，愉之子，建安太守。汪，愉之子，廣州刺史。安國，愉之子，晉左僕射。《舊譜》避漢武博士諱安國，但云名國。祇，愉之子，晉郡功曹史。坦，侃之子，晉散騎常侍，有集五卷。嚴，倫之子，領尚書，有集五卷。二十七代乘，博學有才俊，魏舉孝廉，封崇聖大夫。晉，誾之長子，尚書令。静，誾次子，宋侍中。倏，汪之子，江夏太守。混，坦之子，嗣當考。道民，嚴之子，宣城内史。静民，嚴之子，散騎侍郎。福民，嚴之子，太子洗馬。道隆，山陰人，位至侍中。況，群之孫，丞相掾。二十八代靈珍，後魏封崇聖侯。祐，晉之子，有至行。靈符，静之子，會稽太守。靈運，静之子，著作郎。幼，倏之子。靈産，道隆子，光禄大夫。廞，沉之子，廷尉、光禄大夫。景偉，安國孫，齊散騎常侍。二十九代文泰，襲封崇聖侯。年五十八。道徽，祐之子，守志業，不仕。珪，靈産子，爲齊高帝掌詞筆，終散騎常侍。湛之，靈符子。深之，靈符子，宋比部郎。琇之，靈運子，宋江夏内史，有吏能。琳之，廞之子，以草書擅名。宋侍中、御史中丞，有集十卷。璩之，廞之子，揚州從事。滔景，僖子，梁海鹽令。遥之，冲五世孫，宋尚書左丞。靈龜，揚七世孫，後魏國子博士。三十代渠，襲封崇聖侯，北齊文宣帝改封恭聖侯。後周宣帝進封孔子爲鄒國公，立後因改封鄒國公。臻，琇之子，尚書三公郎。珮，遥之子，齊通直郎。曄，遥之子，中書侍郎。士邈，琳之子，揚州中從從事。總道，徽兄之子，有操行，除竟陵王侍郎，不至。代，滔之子，歷清要。碩靈，龜之子，後魏南臺丞。三十一代長孫，襲封鄒國公，年六十四。休源，珮之子，梁都官尚書，有集十五。幼孫，臻之子。梁無錫令。虔孫覬，宋御史中丞，尋陽王右軍長史、行會稽郡事。道存，士邈之子，南海太守，長名嘗監修祖廟。範，岱之子，博涉書史。得仁，範從祖弟。安齊，碩之子，青州法曹。三十二代嗣哲，隋文帝時應制登科，襲封鄒國公，煬帝改封紹聖侯。雲童，休源長子，東揚州别駕。宗範，休源少子，陳中書黄門侍郎。奐，幼孫之子，陳中書令，有集十五卷。長公，覬之子。微，長公從父弟，穎達，八歲，日記千餘言。大業中，舉明經高第，仕至司業、祭酒、常侍。撰《五經孝經正義》，有集五卷。年七十五。三十三代德倫，唐太宗封褒聖侯。伯魚，宗範子，陳散騎常侍。紹安，奐第五子，唐中書舍人，有集五十卷。紹新，奐之子，以文學知名。紹忠，奐之子，鄱陽東曹掾。志玄，穎達長子，唐國子司業。志約，穎達少子，禮部郎中。思政，德仁孫，端州刺史。三十四代崇基，武后時，襲封褒聖侯。德紹，伯魚子，隋秘書省正字。稱，紹安長子。禎，紹安次子，絳州刺史。高宗御名。紹安少子，贈蒲州刺史。惠元，志玄子。自穎達後，三世爲司業。琮，志約子，洪州都督。圭，志亮子。三十五代璲之，明皇時，襲封褒聖侯。開元二十七年八月，追謚孔子爲文宣王，亦改璲之爲文宣公。昌寓，德紹子，正觀中，對策高第，爲膳部郎中。季詡，楨之子，登制科，終左補闕。若思，稱長子，禮部侍郎。仲思，若思弟，給事中。立言，惠元子，祠部郎中。闕言，惠元子，黄州刺史。務本，穎達族孫，滄州東光令。三十六代萓，襲封文宣公。舜，昌寓子，監察御史。至，若思子，著作郎，明氏族學。如珪，務本子，海州司户。三十七代齊卿，德宗中，襲封文宣公。齊參，舜之子，寶鼎令。岑父，如珪子，著作佐郎。巢父，岑父弟，仕至御史大夫，陝華招討使。三十八代惟時，元和十三年兵解，襲封文宣公。惟昉，兖州參軍。充符，齊參長子，事親至孝。隱嵩山。克讓，齊參子。述睿，齊參子。德宗召拜諫議大夫。載，岑父長子。貞元二十七年，及第。戣，岑父子，舉進士，仕至禮部尚書，年七十四，韓愈銘其墓。威，岑父子，及第，掌澤潞書記，知盧從史必敗，謝病歸。戢，岑父子，舉明經，仕至京兆尹、御史大夫。戳，岑父幼子。三十九代策，明經及第，襲封文宣公。敏行，述睿子，仕至集賢學士。温資，太子少保。温質，戣長子，四門博士。温孺，戣之子，明經。温憲，戣之子，明經。温裕，戣第四子，舉進士，天平軍節度使。温業，戢長子，第二人及第，爲吏部侍郎。温諒，戢之子。四十代振，懿宗咸通四年，狀元及第，仕至刑部員外郎，襲封文宣公，年七十四。拯，振之弟，中和二年，狀元及第。歷侍郎。郁，拯之弟。絢，温質子，及第。綸，温質子，及第，歷殿院。纁，温質子，狀元及第。緯，温孺子，狀元及第。相僖宗、昭宗。緣，明經及第。照，及第。織，戣之孫。緼，戣之孫、緒，温裕子，曲阜令。績，温諒子。四十一代昭儉，襲封文宣公。述，郁之子。昌明，照之子，第七人及第。昌庶，照之子，及第，爲虞部郎中。昌廣，織之子。昌弼，緯之子，及第，仕至散騎常侍。昌序，緯之子，及第，仕至散騎常侍。昌鵬，織之子。邈，第五人及第，仕至諫議大夫。遘，織之子，乾符令。四十二代光嗣，泗水縣令，陵廟主。莊，昌庶子，晉太常少卿。四十三代仁玉，長七尺，善六藝，襲封文宣公。後周高祖謁祠廟，令兼監察御史。承恭，莊之子，將作監。四十四代宜，幼聰悟。本朝乾德四年，拜章闕下，叙家門故事，授曲阜縣主簿。太宗命爲皇子宰，襲封文宣公。憲，仁玉次子，及第，工部侍郎致仕。勗，仁玉少子。勗長子道輔，知鄉郡，在具慶下侍立，年八十九。四十五代延世，魁梧大度，真宗朝，襲封文宣公。延澤，宜次子，及第，贈諫議大夫。延渥，宜幼子，知集州清化縣。延之①，道輔，勖長子，及第。仁宗朝，以剛毅直亮聞天下，知諫院，爲御史中丞，請明肅皇太后歸政天子。郭后廢，伏閣争，得罪，後復召爲御史中丞。出知鄆州，道病卒。良輔，勗次子，慷慨，長於吏才，官至大理寺丞。彦輔，勗少子，幼聰悟，性至孝，官至國子博士。四十六代聖祐，襲封文宣公，無嗣，以堂弟宗愿承襲，與聖祐共爲一代。宗愿者，延澤之子，博涉，魁岸，孝睦。嘉祐中，祖擇之言前代封孔子後者，在漢魏曰褒成，曰宗聖，在晉宋曰奉聖，後魏曰崇聖，北齊曰恭聖，後周及隋，封鄒國，唐初曰褒聖。開元中，謚孔子爲文宣王，遂封其後爲文宣公，是以祖謚而加後嗣也，乃改封宗

① 延之：依行文體例，此二字下當有脱文，脱去其兄弟次序及官爵。

愿爲衍聖公。舜亮,道輔長子,左中散大夫致仕。著粹藉。宗翰,道輔次子,刑部侍郎,與兄皆鎖廳及第。宗壽,良輔長子,承議郎。宗質,良輔次子,仙源丞。漢英,彦輔長子,幼慧,博覽。宗愨,彦輔次子。四十七代若蒙,襲封衍聖公。元祐元年,改封奉聖公。若蒙坐事廢,以弟若虚襲封。若愚,宗愿子。若拙,宗愿子,及第。若升,舜亮長子,贈朝奉大夫。若谷,舜亮次子,朝散郎致仕。傳,舜亮少子,舊名若古,博極群書,操行介潔。建炎中興,拜疏闕下,叙家門舊典,始寓居三衢,於是孔氏有因仕,而家於霅川、新安、臨川、鄂渚者,皆自衢而分。傳知邠、峽、撫三州,有政績,自號杉溪。所著《白氏六帖》《文樞要紀書》及《東家雜記》《杉溪集》,官至中散大夫,年七十五。恢,朝散大夫。惇,朝散大夫。忱,文林郎。恂,奏議郎。右宗翰四子。若涉、若陟、若訥、若水、若晦、若時,右宗壽六子。若采,迪功郎。先是,崇寧三年,詔孔子後與親屬一名判司簿尉。孔宗哲承之。宗哲死,若采繼之。若惠,右宗,一二子。若璞、若盤,漢英二子。若鑑、若初,及第。若師、若冲、若符、若鼎、若缺,凡宗穀七子。四十八代端友,襲封衍聖公。端操、端廉,皆端友弟。端本、端裕、端民,皆若虚子。端弼、端雅、端稟、端立,皆若愚子。端中、端申,皆若拙子。端節,朝散大夫。端夫、端義、端臣、端智、端直、端愨,皆若升子。端朝,若升子,爲若谷後。宣和四年,始以幸學賜第,仕至一臨江軍。端問,仕至奉新丞,著《沂川集》。端守、端己,侍杉溪渡江,歷官五十年,介潔不阿,年八十一。端位,常德府録參。端植,武康丞。端隱,江陵察推,皆傳之子。松,恢之子,宣義郎。淵,將仕郎,與潛皆惇之子。埙,忱之子,承議。端言、端行,端缺字,皆若訥子。四十九代王斤,紹興二年,襲封衍聖公。王丙、瑋、玫,皆端操子。行可、璨,皆端己子,俱以學行稱,皆奉祠,壽俱八十。璋,端位子,奉祠,壽九十。瑑、玲、瑞、瑢、瓆,端植之五子。五十代搢,襲封衍聖公。珪、瓌、瑀、瓚,知和州。珹、瑨、琇、王,蘭溪簿。璪,左藏庫。瓅,迪功。□,迪功,石埭簿尉。瑄,從事郎。璹,漳州闕。珉,迪功。珣、華夫,迪功,浙東帥參。枚、持,天富場,闕。仕。揆,將仕。拂、攖、攬、掖、拹、擇、掞、搏、抑、攄,迪功。撝闕、掾、括。龍好學,從真西山游,進書,充柯山精舍上長,從隆聖時,揔、揀、援、扔、拱，篤學，有文集。搏，復之、揵、揮。五十一代文遠，襲封衍聖公。歷吉州隆興府通判。文述、文遘，防護鄉井，補官。文逸、文達，博學。文迥、文邁、文適、文悉、文郁、文恭、文遜、文志、文揆，應選、應發，同請鄉舉，出官。文玆、文通、文達、應得，元龍之子。淳祐元年，臨雍賜第。今爲台州，有德政。應符、應禧、應祥、文模，登寶祐元年第，知湘潭縣。文進、文遹、文振、文敏，鄉舉。文質、文彬。五十二代萬春，襲封衍聖公。萬齡，肇慶府推官。萬鈞、萬鎰、萬鍾，皆文遂子。萬程、萬里、萬頃，皆文遘子。萬榮、萬崇，文逸子。萬善、萬古、萬嘉，文迥子。德祖、嗣祖，文邁子。和孫、監請，文志子。萬佑、萬全、隆孫、萬石、萬裕、萬中、庭詠、謨言、詔謂、熠、萬憲、萬東、萬同、萬有。孔子嫡派，許赴國子監試，始於淳祐十二年七月，蔡察院奏請。五十三代洙，襲封衍聖公，嘗添差通判平江府。泗，萬齡子。沂，萬程子。演、瀾、淵、津，言之四子。

右《闕里譜系》，元豐八年，四十六代孫宗翰，始以舊譜鋟板。紹興二年，四十八代孫端朝，逃虜難，南奔，生生所資，皆失之，獨此譜山中人得之，轉以見歸，因爲序録。紹興五年，洪興祖守廣德軍，刊于郡齋。景定三年，五十一代孫應，得今台州太守，時差添廣德軍通判，又附入紹興五年以後至景定三年云。（《黄氏日抄》卷三二）

《姜山族譜》序

《姜山族譜序》，亦黄震撰，序其宗人黄秀發所撰之《姜山族譜》，載《黄氏日抄》卷九〇，據輯。

千枝一本，耳萬派一源耳。林林總總者偏天下，其初皆一人之身耳。然木有幹，水有脉，次第之來，可尋也。人之序，烏乎尋？曰："在古有小宗、大宗，在後世以名字爲行耳。"余宗人秀發，一日謂余曰："我祖太傅公，唐末持節鄉郡，聚族姜山，世以一字加名之上，若下以志别無紊者。自從祖德器甫，初以父命，後其兄。已而兄有子，復還其初。族或謂其嘗穆也，不以與昭齒，自是名字錯出，不復各於其行。雖欲如程氏春祭祖先之禮，自始祖而下，高祖而上，合祭之，昭穆尊卑，其將焉考？"乃圖爲譜，使名雖不以行别，而行則可以圖别焉。余謂此篤倫理之大者，敬述其語，序其所圖之意云。(《黄氏日抄》卷九〇)

《王氏族譜》序

《王氏族譜序》，連同下篇《書蔣氏族譜後》，均南宋末學者陳著（1214—1297）著，成於宋理宗朝，敘述王、蔣二家族之譜系，及作譜之因由，文風古奥，有南宋後期儒者的理學氣息，文載其《本堂集》卷三七。以其出宋人之手，年代較早，内容完整，風格獨特，故加輯録。

古者有氏族則宗事爲莫重，其世家至自置宗簿、宗尉，自注云："陽羨州孝侯廟碑》，并《溧陽史氏家譜》亦載此。如有司。然世降而下，宗法廢，人心漓，貧富忌，則貧者不得爲族；官民分，則民者不得爲族；聚散疏密之不齊，則散者疏者不得爲族。甚而服未盡而以途，人視等而上益遠，益可知已。于是乎族不可無譜，使其有如張公藝家九世同居，未之譜，猶可諉。然亦止于九世，而公藝家不多見無已，必如《杜祁公家世譜》。自三代以來，千餘歲不絶，而非敢望于今之時，姑有能于中葉以後，譜其所可譜，豈不賢于無譜者。吾于吾鄉得一人焉，王氏子立孫是也。其先唐銀青少師敬玘，瑯琊人，在明州，節度十將。至天祐二年，卒于官，葬于奉化之萬竹堡。高祖昌。曾孫海。祖玩。父洞。男三行、賞行、考行、孚備，見之墓碣。前乎高祖，後乎三子，皆無從考，不知更幾世。而念四府君爲家萬竹之始，此無譜之過也。今觀立孫所以譜，所以自序沿流，而遡源，而闕其前之所，不知由本而存支，而略其遠之所不能及考之也，確布之也，秩人心天理，流貫於數百年，宗族之中，其用心豈可與草木同腐輩同日語？然立孫，范出也。王氏之子子孫孫，脉其家傳，何啻千百，而無一念及此，乃于十二世之後，負而來者倡爲之，可謂無忝所託。雖然，成之難，續之尤難，顧其來者何如耳？余與有連審其爲人，于名利不竭，蹶于怨仇,不宿怒,門外是非,揮手謝去。鍥薄事一毫不以掛口。諸子玉、雪、照、映,稱其家純如也。忠厚參層,有造物在,何患乎? 此譜之不百世哉? 序《行葦》之詩者,於睦族必歸之忠厚。此吾于《王氏宗譜》亦云。立孫,字之朝,自萬竹斗門已三十餘年矣。歲甲午孟春人日,四明遺耄陳某書序。(南宋陳著《本堂集》卷三七《王氏族譜序》)

書《蔣氏族譜》後

嗚呼！今而後，知天理人倫之無世變也。《蔣氏宗譜》，於世次必明其本支，於墳墓必詳其地理，於祭薦必志其時節，善矣！懼其宗族之汗漫，或尊卑失其序，而爲之定其名第。子弟之苟且，或奔走怠其事而爲之，藉其歲月，計慮周密，雖百世可也。（今之人，族未至服盡），已視爲行路人；葬未至數世，已委之爲樵牧地。無知者，流淫于祭非鬼，而祖若宗，或敢以妖厲目之，於霜露乎奚感，甚而五服内，其生其死，有不相聞。一繩以禮，有不從長者命，絲髮則有忘等分，凶凶者滔滔，良可哀也。今乃獨條其所當重，嚴其所當行，而一歸之譜，古道庶乎，其在蔣氏之後，有能自外於此譜者，吾不之信。嗚呼！今而後，知天理人倫之無世變也。譜之者，其後人應和，書於譜後者。丹霞山人陳某戊子歲書。（南宋陳著《本堂集》卷四五《書蔣氏族譜後》）

書《河南上程氏宜振録》後

《書河南上程氏宜振録後》，南宋文士程文（生卒年代事迹不詳，僅知其爲南宋新安程氏家族後代，與《宜振録》的作者程彦明同時）撰，文載《新安文獻志》卷二四，乃《宜振録》之跋文，旨在闡述《宜振録》之作意，論述程氏家族之族系源流，旁及家譜用途。指出了宋世以後譜牒之學不講，士人不明族姓來源的害處，反映了宋人對於家譜族譜用途的認識，有一定的資料價值，據輯。

右《宜振録》若干卷，凡天下之程姓，咸在焉？曰：不然也，是特河南之一派焉耳。河南有二程夫子，此其後歟？曰：未也，河南夫子，胄出中山。中山之胄，出自新安之黄墩，實忠壯公之裔，陳末播遷而北者也。河南有上程聚，蓋古程國，伯休父所受封也，衣冠世守，彌久益盛。元魏時，以兩河大族徙實雲中，又以官徙沙漠，子孫散處諸郡，皆謂河南，此其雲中之派，而彦明所修譜也。然則黄墩之族何自？曰：自伯休父東晉司馬氏同遷江南，有爲新安太守，而遂家焉。江南有程氏，自此始。新安爲河南之小宗，而二程又新安之小宗。上程固河南之大宗，而雲中又上程之小宗也。文以《家譜》考之，由忠壯而上，十有五世，而與河南之譜。通河南而上，望出廣平。嗟乎！譜書之不行於世久矣。譜也者，所以示一本也，定親疏，維遠近，敦孝敬，莫近於譜。而士大夫家，往往忽之而不講，或講之而不甚急，何哉？是使子孫相率而爲塗人也。程氏受姓以來，枝分蔓衍，南宗北族，誠有若風馬牛者。一旦合堂，同席而坐，雖百世之下，四海之遠，猶曰吾宗人也。情誼之厚，藹然如一家，豈非以譜之可尋邪？若汾陽之拜墓，梁公之辭像，子騫之華胄，杜固之異族，此皆譜之不明，而昧夫一本之義者也。昔者聖人作《易》，自太極生兩儀，兩儀而四象，四象而八卦，散而爲六十有四，播而爲四千九十有六，以至於不可窮，即末而求同，愈遠而愈大，苟要其本不同焉者寡矣。是故乾坤震巽，有不同而同出於四象，陰陽太少有不同而同出於兩儀，兩儀同出於太極。今彦明與文在程氏子孫之中，亦猶二卦之在四千九十六中也。四千九十六卦，同出一太極。則文與彦明族人之身，其初同出於一人。雖微譜可知，而況譜之足徵乎？故文雖不敢自附於彦明，而彦明亦無得而外文者，其本一也。彦明既爲《宜振録》，又譜旁親外戚之在服者，又將博求天下之凡爲程氏子孫世次，將會爲大譜，俾譜無不系之族，族無不傳之譜，彦明之用心厚矣，庶幾明夫一本之義者。國家承平已久，文教大張，民德日趨於厚，有好事者，必來取法，則譜書之行，當自彦明始，不獨爲吾宗喜，又將爲天下賢士大夫望也。（《新安文獻志》卷二四程文《書河南上程氏宜振録後》）

古今源流至論·歷代世譜

《古今源流至論·歷代世譜》,連同下篇輯録之《氏姓》,均南宋學者林駉(生卒年不詳。字德頌,福建寧德人。生活於宋光宗、寧宗時)編撰。《歷代世譜》見該書後集卷七,乃論歷代姓氏源流之長文。文章開宗明義,首先指出明世系、知譜牒的重要性,接着從多方面指出了上古經書、正史及譜牒記事陳陳相因,其叙帝王將相姓氏起源,多有不可信者,因著此論,以"掃歷代附會之説,接上世統傳之正",意在昌明趙宋統系之正,言論帶有强烈的宋世特徵,林氏亦特富宋儒氣息。全文以論帶述,富有鮮明的歷史批判意識,與漢唐間一般姓氏書之平面客觀叙述有較大的區别。以其較有參考價值,故加輯録。

能言其祖,郯子見稱。《左·昭公十七年》:"郯子來朝。昭子問曰:'少昊氏鳥名官,何也?'郯子曰:'吾祖也,我其知之矣。'"不識其先,籍談貽笑。《左·昭十五年》:"晉荀躒如周,籍談爲介。王曰:'諸侯皆有鎮撫王室,晉獨無有,何也?'談曰:'諸侯之封,皆受名器於王,故薦彝器。晉居深山,王靈不及,其何以獻?'王曰:'叔氏其忘諸乎? 密須之鼓,闕鞏之甲,唐叔受之。女司典之後,何故忘之?'籍談不能對。"甚矣,世系不可不明也! 夫世系,明逆順之理,别親疏之分。封侯之所以久長,統緒之所以繼述,其有關於世教也至矣。古者别生分類而作汩作,時則有著姓氏之書,奠世系,叙昭穆,而命小史,時則有姓氏之官,璇源仙派,繩繩有序,金枝玉葉,秩秩可考,故訂正甚易也。自諜譜久廢,源流無據,掘起草野之夫,而求附聖明之後。生長夷狄之部,而僭紊帝王之裔。噫! 可嘆矣! 竊嘗論之,且五帝之相承,三王之繼禪,無非出於黄帝之後。考之史遷《世表》,黄帝二世,而顓帝三世,而高辛四世,而唐堯至舜，則八世焉。此帝之世系出於黄帝明矣。《史記·世表》："黄帝生昌意，昌意生顓頊，顓頊生窮蟬，窮蟬生敬康，敬康生句望，句望生蟜牛，蟜牛生瞽瞍，瞽瞍生舜。"四世而禹二十世，而湯至武王則二十一世焉，此王之世系出於黄帝又明矣。同上。黄帝生昌意，昌意生顓頊，顓頊生鯀，鯀生禹。又《世表》：從黄帝至湯，二十世。從湯至紂，三十世。從黄帝至紂，四十九(六)世。又《世表》：從黄帝至武王，二(三)十一世①。是雖史遷世掌天官，能知諜譜之詳，而亦帝王盛世歷歷有書若官也。世之執茫昧之説者曰：契生於卵，后稷人迹，世系無可考也。《史記》：契因元鳥卵而生，稷因履巨人迹而生。泥五德之説者曰："高辛以水生木，夏禹以土生金。"世系又不必信也。漢劉向及子歆論帝王相授，以五行相生。噫！稷、契之事，特經、傳欲以見天命精微之意。《史記》褚先生云。五德之説，又特起於漢儒附會之私，皆不可以實論也。見上。吾惟觀史遷《世表》一書，而知帝王源流之傳耳。彼秦起西戎，特一醜類，託於柏翳之所出，若難信也。况吕政受命，寄身不韋，而亦玷柏翳之後，可乎？《史記》：大費生大廉。大廉元孫曰中衍，中衍元孫曰中潏，生蜚廉。蜚廉生惡來、季勝②。惡來之後，爲秦。又，秦本西戎之裔。又《史記·秦記》：始皇，莊襄王子也，名子楚，爲質於趙，見吕不韋姬，悦之。不韋，陽翟大賈也，其姬有娠，而獻於子楚，生始皇。漢起沛中，特一亭長，本於唐堯之所出，似無疑也，况鄙哉劉裕，亦冒元王，而亦玷唐堯之後，可乎？《漢高祖贊》：漢承唐運。又《高祖紀》：高祖少爲亭長。又《宋紀》：劉裕，稱漢楚元王之後。曹魏之興，肇於宦者曹騰，而以爲曹叔振鐸之裔，夫何僭！矧嵩本養息，姓氏無考耶？曹操本嵩子，嵩本曹騰養子。蓋騰，後漢時宦官。又魏武作《家傳》，自云曹叔振鐸之後。周武封母弟振鐸於曹。唐祖之始，肇於隴西北道，而以爲出於皋陶，夫何僞！矧以理爲李，尤爲不經耶。《唐紀》：高祖諱淵，隴西人也。又《唐宗室世系》：李氏出自嬴姓，帝顓頊高陽氏，生大業，大業生女華，女華生皋陶，字庭堅，

---

① 按，此注中所列上古帝王世數與《史記·三代世表》所列者多數不合，未可爲據。

② 季勝：《古今源流至論》原訛作"李勝"，《史記》卷五《秦本紀》："蜚廉復有子，曰季勝，《正義》：音升。季勝生孟增，孟增幸於周成王，是爲宅皋狼。"《潛夫論》卷九："舜賜姓嬴。後有仲衍，鳥體人元，爲夏帝大戊御嗣。及費仲生惡來、季勝。武王伐紂，并殺惡來。季勝之後，有造父，以善御事周穆王。"據改。

爲堯大理。歷虞、夏、商，世爲大理，以官命族，爲理氏。至後利正（貞）逃難於伊侯之地，食木子得全，改理爲李氏。唐蓋其後也。甚者晉之敬塘，西夷裔也，而改姓石氏，可乎？《五代史·晉紀》：石敬塘，其父臬棙雞，本出於西夷，其姓石氏，不知其得姓之始也。唐之克用，朱邪族也，而冒姓李氏，可乎？《五代史·唐紀》：李克用，其先蓋出於西突厥，本號朱邪，後伐黄巢，賜姓爲李氏。嗚呼！杜正倫求齒於城南諸杜，君子所鄙。唐杜正倫與城南諸杜昭穆素遠，求同譜，不許，銜之。諸杜所居，號杜固，世傳其地有壯氣，故世衣冠世。倫既執政，建言鑿杜固川流如血，自是南杜稍不振。郭崇韜哭子儀之墓，識者羞之。《五代史·郭崇韜傳》：崇韜以其姓郭，因以爲子儀之後。崇韜伐蜀，過子儀墓，下馬號慟而去，聞者頗以爲笑。況帝王正統，使醜類卑族，混而無別，君子安得不辨之哉！此無他，自秦以後，姓氏無書，毋怪乎夷夏貴賤之混。噫！掃歷代附會之説，接上世統傳之正，吾於我朝見之。昔太祖之肇開區夏，應明宗天，生聖人之禱。《五代史》：明宗焚香，禱於宫中："朕本夷人，願天早生聖人，爲天下主。"或以太祖應之。太宗之克紹先烈，驗玉帝薦祉之祥。開寶九年，上曰："晉王必爲太平天子。"十月，有神降于盩厔縣，自言黑煞將軍，玉帝之輔也。云：太上宫闕已成，晉王有仁心。上崩，太宗即位。誠天命之所眷。然仙源積慶，天派分潤，君子不可不求源流之出。愚嘗觀李攸《景命萬年》之録也，謂始基之祖曰："平水有勞，皂游銘功。"則知出於伯益也，尚矣。紹興中，李攸作《景命萬年録》，趙氏之先，於秦共祖。大費與禹平水土。舜曰："咨爾費，贊禹功，其錫皂游。"爾後嗣將大費佐禹，調駒鳥獸，是爲柏翳。柏翳生大廉。大廉元孫曰仲衍。其後季勝。季勝三世造父，以功封趙城，子孫因氏焉。又觀蘇轍《聖祖》之記也，謂始基之祖。曰："惟我聖祖，肇自皇世。"則知本於柏翳也又明矣。蘇轍《筠州聖祖殿記》：周制：天下都邑，立后稷祠，而唐禮①：州祀老子，蓋二祖之德，光配天地。凡有社有民，不可以弗享。維我聖祖，肇自皇世。知越周、唐，威神在天，靈德下降。禪符癸丑，始詔四方萬國，咸建祠宫。嗟夫！舜以孝而育虞，禹以功而孕夏。契之後爲商，稷之後爲周，獨益未也。天之

① 禮：《古今源流至論》原訛作"澧"，據《蘇轍集》卷二三《筠州聖祖殿記》改。句意蓋謂唐之禮制，諸州皆祀老子，非謂澧州祀老子。

報益,其在我朝乎?或者且曰:邵博言,今之章奏,不當名廣漢,則本朝廣漢之後也。君子曰:是益之後,在漢爲京兆也。《聞見録》:今章奏不當名廣漢。按《國史》《會要》:本朝,廣漢之後也。或者又曰:吴處厚言:廟食宜及程嬰、杵臼。有功社稷,則本朝趙武之後也。君子曰:是益之後,在春秋,爲趙氏也。魏泰《東軒筆録》:元豐中,吴處厚上書云:"昔程嬰、公孫杵臼,全趙氏之孤,最有功於社稷,而皆死忠義,廟食弗顯,宜有崇厲。願訪冢墓,飾祠加封。"詔封嬰爲誠信侯,杵臼爲忠智侯。然泝其流,測其源,其在奏鮮粒民之始歟?昔益始封之日,帝舜曰:"爾後嗣將大。"信矣夫!噫!帝王世系,皆出於黄帝,吾得之遷史《世表》。國朝世系實出於伯益,吾得之李攸、蘇轍,夫何疑哉!(《古今源流至論》後集卷七《歷代世譜》)

古今源流至論·氏姓

子長之序司馬氏所出也，其先司馬適晉，後復奔魏。子雲之序揚氏所出也，其祖食采晉陽，後爲陽侯。二公之序詳矣。然按之《春秋》，隨會奔秦，後自秦入魏，入魏而還晉，豈有自晉而奔魏之理？則知子長之説也妄。考之張衡言，晉士大夫食采於陽，爲楊氏。食我有罪而楊氏滅，無有所謂楊侯者，則知子雲之説也疏。嗚呼！子長、子雲，漢大儒也，所序又復自姓也，本末源流，錯繆無據。愚欲以一己之見而論他人之譜諜，噫！難矣哉！雖然，亦不可不論也。古者姓氏之權出於上，故姓氏易明。後世姓氏之權出於下，故姓氏難考。夫爲齊爲魯，爲宋爲衛，賜氏以國也；爲戴爲武，爲宣爲穆，賜氏以謚也。賜氏以官，則若司寇司馬；賜氏以爵，則若王孫公孫；賜氏以字，則若孟孫叔孫；賜氏以居，則若東門西門。三烏五鹿，以志賜也。巫、卜、匠、陶，以事賜也。籍談之籍，以其司晉之典；董狐之董，以董晉之史。凡此，皆上所命也。自夫王制不明，私意妄改，往往有紛錯變亂之失。嗟夫！表功德，厚親族者，姓也。制婚姻，明人倫者，姓也，其可輕乎哉！邾子之後，去邑而爲朱氏；邢叔之後，去邑而爲于氏。疏氏至束晳，去足以爲束；橋氏至周文帝，去木而爲喬。此以字而訛其姓也。夏啓封支子于莘，而其後爲辛氏；周武王封虢叔於西虢，而其後爲郭氏。步揺氏訛爲慕容，奚氏訛而爲稽，此以聲相近而訛其姓也。趙奢因封馬服君，其後轉爲馬氏；田千秋因乘小車，其後轉爲車氏。京房，本李姓也，推律而姓京。陸羽不知所出也，筮易而姓陸。慶純因避安帝諱，轉爲賀氏。禿髪賀以魏太武謂與同源，轉爲源氏。楚人以項籍之故，而易籍爲席。閩人以王審知之故，而易沈爲尤。是數者，非更姓之私乎？灌孟，本張姓也。爲灌嬰舍人,而冒爲灌氏;員凝之,本劉姓也,慕伍員忠烈,而冒爲員氏。李元諒,本安姓也,養於閹尹,而冒爲駱氏。衛青本鄭姓,而冒姓衛。鄭注本魚氏,而冒姓鄭。是數者,非冒姓之僞乎?切嘗深究其弊,自族别而爲姓,姓别而爲望,望别而爲房,故姓多則訛其族,望多則訛其姓,房多則訛其望,必然之理也。今夫劉氏一族,自堯陶唐氏至秦,爲劉氏,而其姓有六。嬀氏一族,自舜别爲姚氏。至齊王建之子,别爲王氏,而其姓有四。若是,則姓多而訛其族。杜氏一姓,自枝伯之後,爲杜城杜氏;王赫子威之後,爲濮陽杜氏,一姓而五望。張氏一族,自常山王耳之後,爲河間張氏;至唐相亮,爲鄭州張氏,一姓而十望。若是,則望多而訛其姓。清河崔氏,一望而三房;博陵崔氏,一望而四房;趙郡李氏,一望而六房;隴西李氏,一望而四房。若是,則房多而訛其望。甚者夷狄之部,而冒中國之族;臣下之卑,而同天子之姓,尊卑混淆,貴賤無别,尤君子所不滿者。知遠之劉,出於沙陀部人,能無累於劉累之後?敬瑭之石,出於西夷部種,能無累於石碏之後?此夷狄之僭也。婁敬以漢帝賜氏爲劉,安抱玉以唐帝賜姓爲李,此臣下之僭也。嗚呼!王制不明,私意妄改,其弊一至此歟?惜哉!噫!孰知我朝先正,嚴於氏姓之别乎?希文少依母氏,冒朱姓,已稱朱學究也。既長,知其世家,泣從范氏。嗚呼!其視滕公隨外家而姓孫,所見遠矣。武襄遠祖,狄梁公已有誥身可驗也,公以一時遭際,不敢凂梁公之後。嗚呼!其視郭崇韜哭子儀之墓,所得多矣!若夫司馬之呼,聳聞大遼;小范之稱,驚動西夏,則知姓氏以人物而榮。子厚無行,有玷郇公。京、卞憸人,借名端明,則知姓氏以人物而辱。或榮或辱,皆由人物。彼區區改姓冒姓,何益哉!(南宋林駉《古今源流至論》後集卷七《氏姓》;明唐順之《稗編》卷三四《氏族》)

游宦紀聞

《游宦紀聞》，南宋文人張世南(生卒年不詳。約南宋後期人，生活於寧宗、理宗朝)撰。該書卷一〇載有一段文字，記五代名儒楊凝式之家世、事迹，係《楊凝式年譜》《楊凝式家譜》《楊凝式傳贊》三者的組合，具有家譜、家傳的性質和色彩，史料價值較高。原件乃高宗朝黄長睿手書，其子黄詔傳録，或者即出自黄詔先人之手。建炎庚戌歲(建炎四年，1130)，張世南得其傳本於饒州德興縣太寧資福寺。兹據中華書局點校本輯録。

黄秘書長睿父之子詔，紀其尊人建炎庚戌，在平江圍城中，失去楊凝式書一册，并其先人手書《楊傳》，以無别本，念念不忘。是歲四月，復寓饒之德興太寧資福寺，偶録遺文，遂見之，喜甚。予偶得其本，恐終失墜，今紀其《年譜》《家譜》《傳贊》於此。

唐咸通十四年，癸巳，凝式是年生，故題識多自稱“癸巳人”。唐天祐四年，丁卯，是年夏，朱全忠篡唐，凝式諫其父唐相涉，宜辭押寶使。涉懼事泄，凝式自此遂陽狂，時年三十五。《五代史補》言時年方弱冠，誤也。晉天福四年己亥三月，有《洛陽風景》四絶句詩，年六十七。據詩云“到此今經三紀春”，蓋自丁卯至己亥，實三十年，則自全忠之篡，凝式即居洛矣。真蹟今在西都唐故大聖善寺勝果院東壁，字畫尚完，亦有石刻。書側有畫像，亦當時畫。又廣愛寺西律院，有壁題云“後歲六十九”，亦當是此年所題。此書凡兩壁，行草大小甚多。真蹟今存，但多漫暗，故無石刻。天福六年辛丑。是年六月，有《天宫寺題名》，稱“太子賓客”，時年六十九。真蹟今在此寺東序，題維摩詰後。又吏部郎榮輯家，有石刻一帖，無年，但云“太子賓客楊凝式，暮春奉板輿，至自真原”等語。其末云“清和之月，復至”，當是此年前後也。天福七年，壬寅。是年，有《真定智大師詩》二首，時年七十。真蹟在文潞公家，刻石在從事郎蘇太寧家。晉開運元年，甲辰。是年(，歲在甲辰。)四月十五日，有《看花詩》八韻，時年七十二，題於洛陽一僧舍書勝上。後云“維晉九載”。今刻石在湖州前殿中侍御史劉燾家。開運二年乙巳。是年五月，於天宫寺題壁，論維摩經等語。八月，再題“太子少保”，時年七十三。真蹟今在此寺東序，并辛丑題，同刻石。開運四年，丁未。是年二月，前七月，有《寄惠才大師左郎中詩》三首，稱：“會同丁未歲”，會同，即契丹入晉改元之號也，時年七十五，稱“太子少傅”。真蹟在文潞公家，刻石在蘇太寧家。周廣順三年，癸丑。是年，於長壽寺華嚴東壁題名，時年八十一。後又“題院似禪心静”等二詩，稱“太子少師”，亦應是此年。真蹟今爲人移去，石刻亦不存，人或得舊本耳。又有與其從子侍御者家問二帖，後題“廣順癸丑歲孟夏月”，真蹟在洛陽士人家。又有《判完契》五十餘字，在洛陽故職方郎李氏家者，刻之，無年，但稱“七月十六日，太子少師楊草名”，亦應是廣順中也。

又《家譜》云：唐脩行楊氏，系出越公房，本出中山相結。次子繼，生洛州刺史暉。暉生河間太守恩。恩生越恭公鈞，出居馮翊。至藏器，徙潯陽。唐相楊收之父，曰遺直，生四子，名皆從“啓”，曰：發、假、收、嚴，以四時爲義。故發之諸子，名皆從“木”。假之子從“火”，收之子從“金”，嚴之子從“水”。嚴生涉。涉生凝式。而收乃藏器之兄，涉之伯也。《新五代史記・唐六臣傳》乃以收爲涉之祖，嚴之父，非也。又《傳》云①：楊凝式，字景度，隋越公素之後，唐相涉之子也。天資警悟，工草、隸，善屬文。昭宗時，第進士，爲度支巡官。再遷秘書郎、直史館。梁開平中，爲殿中侍御史、禮部員外郎。去從西都，張全義辟爲留守巡官。梁相趙光裔器其才，奏爲集賢殿直學士，改考功員外郎。唐同光初，以比部郎中知制誥。改給事中，史館修撰、判館事。明宗立，拜中書舍人。

① 又傳云：三字《游宦紀聞》中華書局本原無，據《游宦紀聞》四庫本補。

長興中，歷右散騎常侍，工、禮、户三侍郎。後以疾免，改秘書監。清泰初，遷兵部侍郎，復以疾歸洛。晉天福中，遷太子賓客。尋除禮部尚書致仕。開運中，宰相桑維翰表起爲太子少保、分司。漢乾祐中，歷少傅、少師。周廣順中，再請老，以尚書右僕射致仕。顯德初，改左僕射、太子太保。元年冬，薨於洛陽，年八十二，《舊史》云：年八十五，誤也。贈太子太傅。初，凝式父、祖，世顯於唐。至涉，相哀帝。時方賊臣陵慢，王室殘蕩。賢人多罹患。涉受命，泣語凝式曰："世道方極，吾嬰網羅，不能去，禍將及，且累汝。"朱全忠篡唐，涉當送傳國寶，凝式諫曰："尊爲宰相，而國至此，不爲無過。乃更持天子印紱與人，雖保富貴，如千載史筆何！"時全忠恐唐室舊臣，不利於己，往往陰訪群情。疑貳之間，及禍者甚衆。涉常不自保。忽聞凝式言，大驚曰："汝赤吾族矣！"凝式恐事泄，因佯狂，而涉以謙持，終免梁禍。凝式雖仕歷五代，以心疾閑居，故時人目以"風子"。其筆迹遒放，宗師歐陽詢與顔真卿，而加以縱逸。既久居洛，多遨游佛道祠，遇山水勝概，輒留連賞詠。有垣墻圭缺處，顧視引筆，且吟且書，若與神會，率寶護之。其號或以姓名，或稱"癸巳人"，或稱楊虚白，或稱希維居士，或稱關西老農。其所題後，或真或草，或不可原詰。而論者謂其書，自顔中書後，一人而已。其佯狂之迹甚著，卜第於尹居之側，遇入府，前輿後馬，猶以爲遲，乃杖策徒行，市人隨笑之。常迫冬，家人未挾纊。會有故人過洛，贈以綿五十兩、絹百端，凝式悉留之，修行尼舍，俾造袜，以施崇德、普明兩寺飯僧。其家雖號寒啼飢，而凝式不屑屑也。留守聞其事，乃自製衣給米遺之。凝式笑謂家人曰："我固知留守必見賙也。"每旦起將出，僕請所之，楊曰："宜東游廣愛寺。"僕曰："不若西游石壁寺。"凝式舉鞭曰："姑游廣愛。"僕又以石壁爲請，凝式乃曰："姑游石壁。"聞者撫掌。凝式詩什，亦多雜以恢諧。少從張全義辟，故作詩紀全義之德云："洛陽風景實堪哀，昔日曾爲瓦子堆。不是我公重葺理，至今猶自一堆灰。"他類若此。石晉時，張從恩尹洛。凝式自汴還。時飛蝗蔽日，偶與之俱。凝式先以詩寄從恩曰："押引蝗蟲到洛京，合消郡守遠相迎。"從恩弗怪也。然凝式詩句自佳，及至洛後，以詩贈從恩云。其題壁有"院似禪心静，花如覺性圓。自然知了義，争肯學神仙”，清麗可喜也。尹洛者，皆當時王公，凝式或傲然不以爲禮，尹亦以其耆俊狂直，不之責也。凝式本名家，既不遇時，而唐、梁之際，以節義自立，襟量宏廓，竟免五季之禍，以壽考終。洛陽諸佛宫，書迹至多。本朝興國中，三川大寺刹，率多頽圮，翰墨所存無幾，今有數壁存焉。士大夫家，亦有愛其書帖者，皆藏弆[①]，以爲清玩。世以凝式行書，頗類顔魯公，故謂之“顔楊”云。贊曰：唐季[②]不綱，朱晃乘時盗國，一時公卿大夫，迫於凶威，魚伏鼠遁，能全節者無幾，故大臣[③]奉璽紱，駿奔畀之，惟恐居後。而凝式乃能諫父，以千載史筆爲耻。因兹陽狂，弗與世網，優游卒歲，言足以厲俗，智足以全生。正諫似直，吏隱如愚，豈特甯武子、東方朔之流乎？世徒知陽狂可笑，而不言其所以狂；徒知墨妙可傳，而不言其挺挺風烈如此。諫涉之事，《新》《舊史》皆弗書，復不爲立傳，可勝嘆哉！余因彙次筆迹，遂爲之傳，使百代之下，知凝式者，不特以工書與陽狂而已。（宋張世南《游宦紀聞》卷一〇）

① 弆：《游宦紀聞》中華書局本原訛奪作“去”，據《游宦紀聞》庫本改。
② 季：《游宦紀聞》中華書局本原訛作“李”，據《游宦紀聞》庫本改。
③ 大臣：《游宦紀聞》中華書局本原訛作“六臣”，據《游宦紀聞》庫本改。

群書考索·氏族篇

《群書考索·氏族篇》,南宋學者章如愚(生卒年不詳。字俊卿,婺州金華人,慶元中登進士第)撰,宋代氏族學研究的重要論文,綜合了自杜預、裴駰、鄭樵以來諸多姓氏書的内容,較有參考價值,輯以備考。據廣陵書社2008年影印本録文。

古者有姓有氏,有族姓出於一,而百世不可易者,謂之姓。别其枝派,各取以爲號者,謂之氏。合而言之,一派之所出者,謂之族。如齊本姜姓,則姜氏之正派者,便是吕氏。其他如申國、許國之類,雖同出於姜姓,而枝派却别。後世姓氏淆亂,俱失其從來。今之姓,方古之氏也。古者天子建國,賜姓命氏,姓氏,所以别其族類之所出也。自三代之衰,稱姓者以國,或以族,或以地,或以官。子孫各本於其祖,不可改也。後世非有親者附之屬籍,或加於盜賊、夷虜,以逆賊、異類爲同宗,然則古之賜姓者别之,今之賜姓者亂之也。夫爲天親,不可以人爲,而强欲同之,豈循禮乎!上瀆其姓,下忘其祖,非先王之制,不可爲後世法也。裴駰注《史記·帝紀》曰:"天子賜姓命氏,諸侯命族。族者,氏之别名也。姓者,所以統繫百世,使不别也。氏者,所以别子孫之所出也。故《世本·論篇》,言姓則在上,言氏則在下。古書所稱百姓,皆謂百官,蓋民無姓也。"唐張説曰:"古未有姓,自炎帝之姜、黄帝之姬,始因所生地而爲之姓。其後天子建國,因生以賜姓。黄帝二十五子,而得姓者十四,德同者姓同,德異者異。"《左氏春秋傳》言:天子建德,因生以賜姓,胙之土,命之氏。諸侯以字爲氏,以謚爲族。堯賜伯禹姓曰姒氏,曰有夏。伯益姓曰姜氏,曰有吕。下及三代,官有世功,則有官族,邑亦如之。後世或氏於國，則齊、魯、秦、吴。氏於謚，則文、武、成、宣。氏於官，則司馬、司徒。氏於爵，則王孫、公孫。氏於字，則孟孫、叔孫。氏於居，則東郭、北門。氏於志，則三烏、五鹿。氏於事，則巫、乙①、匠、陶。於是受姓命氏，燦然衆矣。枝分派别，初若參錯，徐而考之，有綱有條，猶指諸掌。孟仲、季臧，同出於魯也穆伯子文子僖伯。游、國、豐、印，同出于鄭也吉參卷童父。向、華、蕩、樂，同出於宋也宜督父、意、諸吕。欒、高、崔、國，同出於齊也子雅傒、大歸父。如陳伯袁之後，而爲袁氏。齊公子高之後，爲高氏。衛公子衛孫之後，爲孫氏。魯閔子騫之後，爲騫氏。是以美之，字爲氏也。如文王封子聃叔於沈，故其後爲沈氏。晉穆叔封少子成師於韓，故其後爲韓氏。晉獻公封畢穆、伯子、文子、僖伯、吉參、童父、宜督父、意諸吕、子雅、傒、大歸父萬於魏，故其後爲魏氏。越之後食於歐山之陽，而爲歐陽氏，是皆以所封之邑爲氏也。如黄帝之子能制弓矢，爲弓之長，因爲張氏。周史佚也，世守其官，因爲史氏。周平王少子，有文在手曰武，因爲武氏。金日磾以獲匈奴祭天金人，因以爲金氏，是皆以一時之事爲氏者。也此數者，皆以表功德，明人倫，奈何至其久則不然。故聲相近則訛其聲，字相近則訛其字。如夏啓封支子於莘，而其後爲辛氏。周武王封虢叔於西虢，而其後爲郭氏，是皆以聲相近而訛其姓也。如邾子之後，去邑而爲朱氏。邘氏之後，去邑而爲于氏，皆以字相近而訛其姓也。甚者如趙奢因封馬服君，其後轉而爲馬。婁敬因漢高

① 乙：當作“卜”，其誤乃承《新唐書·柳冲傳》所載中唐柳芳之言，今《新唐書》卷一九九《柳冲傳》記柳芳論氏族起源之語，確作“氏於事，則巫、乙、匠、陶”。由于《新唐書》的巨大影響，自宋以後，很多書都記作“巫乙匠陶”，載於《風俗通》的應劭之載，作爲原文，反而很少提及，仿佛柳芳不誤而應劭誤。《困學紀聞》卷二〇：“柳芳論氏族曰：‘氏於事，則巫、乙、匠、陶。’按《風俗通》：乙當作卜。若璩按：今《風俗通義》無，則王氏所見，猶全本。”《小學紺珠》卷七：“氏於事，則巫乙匠陶。《風俗通》：巫卜。”《重修廣韻》卷一：“巫……又姓，《風俗通》云：氏於事，巫、卜、陶、匠是也。漢有冀州刺史巫捷。”卷四：“匠……又姓，《風俗通》云：‘凡氏於事，巫、卜、陶、匠是也。’”《通志》卷二八《氏族略四》：“以技爲氏。巫氏，《風俗通》：凡氏於事，巫、卜、匠、陶也。”“匠氏，《風俗通》：‘氏於事者，巫卜陶匠是也。’古有匠石。”《古今姓氏書辯證》卷一一：“陶，姓書云：出自陶唐氏之後，以國爲姓，誤矣。謹按，《風俗通》曰：‘氏於事者，巫、卜、陶、匠。’”卷三三“匠氏”、三五“卜氏”同，知“乙”乃“卜”之形訛，草書致誤，當據改。

祖所賜，其後轉而爲劉氏。田千秋因乘小車，遂轉而爲車氏。灌夫因以灌嬰所薦，遂薦而爲灌氏。京房吹律，而爲京氏。陸羽筮《易》，而後爲陸氏。吴是，本儀氏，儀也，因孔融之嘲而改曰是。晉嵇康，本奚姓也，因家嵇山，而改曰嵇。束皙，本疏廣之後，因避難，而改爲束。賀循，本慶普之後，因避諱，而改爲賀。第五倫，其先齊諸田之族也，田氏之族衆，以次爲氏，而因曰第五。左思，其先齊之公族也，以其左右公子之名，故因爲氏，而改曰左，是又皆率意以更其姓也。至其後世，相去既遠，又安能辨其祖之所自出邪？夫祁氏一族，至堯，别而爲陶唐氏；至夏，别而爲御龍氏；至商，别而爲豕韋氏；至周，别而爲唐杜氏；至晉，别而爲范氏；至秦，别而爲劉氏，凡六别其姓焉。媯氏一族，至舜，别而爲姚氏；至胡公，别而爲陳氏；至敬仲奔齊，别而爲田氏；至齊王建之子，别而爲王氏，凡四别其姓焉，是豈非姓多而訛其族乎？今夫杜氏，一姓也，惟杜伯之後，不遷者爲杜城杜氏。至漢建平侯延年之後，則爲京兆杜氏。晉當陽侯翦[①]之後，則爲襄陽杜氏。如子寬[②]之後，則爲亘之杜氏[③]。赫子威之後，則爲濮陽杜氏，是杜氏一姓，而五望也。張氏一姓也，而常山王氏[④]之後，則爲河間張氏。留侯良之後，則爲武城張氏。

---

① 晉當陽侯翦："翦"必"預"之誤。據《元和姓纂》卷六、《晉書》卷三《武帝紀》、卷三四《杜預傳》、《新唐書》卷七二上《宰相世系表二上》、《古今姓氏書辯證》卷二四，當陽侯爲杜預，襄陽杜氏之祖。孫晧平，以功，進爵當陽縣侯。該支起源於西晉當陽侯杜預，史無當陽侯杜翦，知作"翦"屬作者章如愚之誤記。

② 如子寬："恕少子寬"之奪誤。《新唐書》卷七二上《宰相世系表二上》、《古今姓氏書辯證》卷二四："洹水杜氏，出自戴侯恕少子寬，字務叔。"

③ 亘之杜氏："洹水杜氏"之形訛。《元和姓纂》卷六杜氏列有洹水一望，無亘之一望，地名中亦無亘之。文云："洹水：狀稱，與京兆同承延年後。石趙時，從事中郎杜曼，始家鄴。後徙洹水。七代孫君賜，隋樂陵令。生正元、正藏、正倫、正儀、正德。正藏，唐長安尉，生僑。僑生咸、損。咸，工部郎中。正倫，中書、黄門侍郎，同三品、度支員外尚書、中書令、襄陽公。"《新唐書》卷七二上《宰相世系表二上》："洹水杜氏，出自戴侯恕少子寬，字務叔。"知"亘之"乃"洹水"之誤。

④ 常山王氏：觀上下文可知，"王氏"當爲"張氏"之誤。王氏並無常山一望，張氏則確有起於常山者。據《史記》卷八九《張耳陳餘列傳》、《漢書》卷三二《張耳陳餘傳》，張氏起于常山張黶、張耳。漢高祖立張耳爲常山王，治信都，更名襄國，張氏自此昌盛。《通志》卷二七《氏族略三》："張氏世仕晉，晉分爲三。又世仕韓，此即晉（轉下頁）

北平侯之後,則爲中山張氏。後漢廣陵太守綱之後,則爲馮翊張氏。後漢蜀郡太守睦之後,則爲吴郡張氏。晉司空華之後,其一徙居河東,則爲河東張氏。其一徙居河南,則爲河南張氏。漢相安世,居繁水,則爲魏郡張氏。唐相鎬,世居平原,則爲汲郡張氏。唐相亮,又爲鄭州張氏。是張氏一姓,而十望也。劉氏一姓也,而楚元王交之後,則爲南華劉氏。景帝弟子趙欽肅王之後,則爲廣平劉氏。長沙定王之後,則爲南陽劉氏。光武子廣陵思王之後,則爲臨淮劉氏①。章帝子河間孝王之後,則爲尉氏劉氏。唐相文静、唐相瞻,則爲彭城劉氏。其劉氏一姓,而六望也。若是,則豈非望多而訛其姓乎?非特此也,至其弊,則若河南劉氏,則出於匈奴冒頓,能無累於劉漢之後乎?安東王氏,則出於阿布思。營州王氏,則出於高麗,能無愧於周、齊之後乎?柳城李氏,則出於契丹。代北李氏,則出於沙陁。李正已則出於高麗,李寶臣則出於奚種,能無

(接上頁)之公族,以字爲氏者。譜家謂黄帝子少昊青陽氏,第五子揮爲弓正,觀弧星,始制弓矢,主祀弧星,賜姓張氏,此非命姓氏之義也。按,晉有解張,字張侯,自此晉國世有張氏,則因張侯之字以命氏,可無疑也。趙有張談,韓有張開地。趙、韓分晉,皆張侯之裔也。漢有張耳、張釋之。”又,下文列舉張氏十望,意謂以下十望皆自常山張氏出,乃述常山張氏與此後十望之關係,非謂十望皆自常山王氏出。據《元和姓纂》卷五正文及岑仲勉《元和姓纂四校記》,張氏十二望,無常山;王氏二十五望,亦無常山。有河内、河間、鄚郡,皆常山張氏之後,知作“常山王氏”或係作者撰寫之筆誤或知識性錯誤,亦不排除爲後世傳鈔之誤。然因原文如此,多半爲作者筆誤,故不能校改。宋林駉《古今源流至論》後集卷七:“張氏一族,自常山王耳之後,爲河間張氏。至唐相亮,爲鄭州張氏,一姓而十望。若是,則望多而訛其姓。張氏自常山王耳之後,則爲河間張氏。留侯良之後,則爲東武城張氏。北平侯蒼之後,則爲中山張氏。後漢太守綱之後,則爲馮翼張氏。後漢蜀郡太守睦之後,則爲吴郡張氏。晉司空華之後,其一徙居河東,則爲河東張氏。其一徙居河南,則爲始興張氏。漢相安世,居緊(繁)水,則爲魏郡張氏。唐祖鎬,世居平原,則爲汲郡張氏。唐相亮,又爲鄭州張氏,凡有十望。”據此文,則“常山王氏”或爲“常山王張耳”之誤。

① 廣陵思王之後則爲臨淮劉氏:原訛作“廣陵恩王之後則爲臨進劉氏”,《元和姓纂》卷五劉氏:“臨淮:漢光武子廣陵思王荆,子孫居臨淮。”《新唐書》卷七一上《宰相世系表一上》、《古今姓氏書辯證》卷一八:“臨淮劉氏,出自漢世祖光武皇帝子廣陵思王荆,子俞鄉元侯平,平生彪,襲封。”據改。

愧於皋陶之後乎？此後世之弊也。蓋自秦滅學之後，公侯子孫，失其本末。漢興，司馬遷乃約《世本》，修《史記》，因《周譜》明世家，乃知姓氏之所由出。虞、夏、商、周、昆吾、大彭、豕韋、齊桓、晉文，皆同祖也，更王迭伯。漢高祖徒步有天下，命官以賢，詔爵以功，誓曰："非劉氏，無功而王者，天下共誅之。"遠至公卿之胄，才則用，不才則棄之。不辨士與庶族，然則始尚官矣。然猶徙山東豪傑，以實京師，舉諸田、屈、景，皆右姓也。魏立九品，置中正，尊世胄，卑寒士，權歸右姓。晉、宋因之。于時有司選舉，必稽籍而考其真僞，故官有世胄，譜有世官，由是有譜局令史。江左則僑姓，王、謝、袁、蕭爲大。東南則爲吴姓，朱、張、顧、陸爲大。山東則爲郡姓，王、崔、盧、李、鄭爲大。關中亦號郡姓，韋、裴、柳、薛、楊、杜首之。代北則爲虜姓，元、長孫、宇文首之。虜姓者，魏文遷洛，有八氏、十姓、三十六族，皆其宗屬部落也。郡姓者，以中國士人，差第閥閲爲之制。曰膏粱，曰華腴，而又有甲姓、乙姓、丙姓、丁姓，謂之四姓。北齊因仍，凡舉秀才，非四姓，不在選中。唐太宗以山東士人尚閥閲，雖族已衰，而子孫猶負世望，至有賣婚之弊，由是詔高士廉等，考天下之譜牒，進忠良，退凶惡，先宗室，後外戚，退新門，進舊望。左膏腴，右寒畯，合爲九等，號曰《氏族志》。夫自秦、漢以來，氏族之制，出於上之所賜。下之所更者，絶無而僅有。至於世守一氏，待千餘年而不變，其别非若古之多。然人罕有辨氏族之原者。如王氏一也，吾不知其出於元城之王邪？宜春之王邪？卬城之王邪？劉氏一也，吾不知其出於陶唐之劉邪？見《高祖贊》奉春[①]之劉邪？元海之劉邪？晉、趙元本匈奴其能明辨而不惑者鮮矣。氏之馬者，未必能辨其爲馬服之馬，及馬矢之馬也後漢馬隆先，本馬矢氏。氏之石者，未必能辨其爲周之石周石速，衛之石石碏[②]，及後趙之石也。古之氏族繁，而知之者反多。今之氏族簡，而知之者反少，其

① 奉春：此見《史記》卷九九《劉敬叔孫通列傳》："於是上曰：'本言都秦地者，婁敬。婁者，乃劉也。'賜姓劉氏，拜爲郎中，號爲奉春君。""《索隱》：按，張晏云：春爲歲之始，以其首謀都關中，故號奉春君。"

② 周之石周石速衛之石石碏：原作"周衛之石周石速石碏衛之石"，有倒誤，據庫本乙删改。

説果安在邪？蓋由譜牒之明與廢也。竊考自古善論姓氏者，魯有衆仲，晉有胥臣，鄭有行人子羽，皆能探討本原。自炎、黄而下，如指諸掌。後世如《漢鄧氏官譜》、應劭《風俗通》、王符《潛夫·姓氏篇》、晉摯虞之《族姓昭穆》、賈弼之《姓氏簿》晉太元中、賈執之《姓氏英賢》、宋何承天之《姓苑》、王僧孺之《百家譜》、唐柳冲之《姓系録》、韋述之《開元譜》、柳芳之《永泰新譜》、李守素之"肉譜"、蕭穎士、孔至之《百家類例》，皆以名儒世學，疲精歲月，而後成書。唐張九齡而下，至宋諸儒，益盡信之，然而因陋就誣，不可以訓。自應劭以來，所著大議，如齊、秦、晉、楚，本非國姓，亂其族系。他姓尚多有之，良由應劭一誤，後世相沿，未知有改故也。獨林寶作《元和姓纂》，稍能是正。歐陽修作《唐宰相表》，凡九十三族，尤爲精詳。至鍾、陳、韓、高之氏，亦有訛舛。近世名儒，又有作《古今姓氏辨證》之書者，此譜牒之學也。昔李義府不得與於李崇德之譜，乃傳致其罪。杜正倫不能齒於城南之譜，乃鑿通其渠。今欲定譜牒而核僞真，使天下後世，知所以尊祖敬宗之道，必能因其所是，正其所非，以刊一定之書，如成周小史之所職者，以頒行於天下，俾天下明其本系之所自出，則世系之混殽、昭穆之紊亂，其何慮歟！（《群書考索》後集卷三四《氏族》）

《王氏族譜》序

《王氏族譜序》，連同以下輯録之《泰和胡氏族譜序》《吴氏族譜序》等兩篇序文，均宋末元初文學家劉辰翁（1232—1297）撰，文載其《須溪集》卷六。兹據四庫全書文淵閣本輯録。

生物一本。今言陳、胡者曰："舜後"，未有曰"吾瞽出也。"言司馬、歐陽者本禹，未有曰："吾自鯀也。"故譜之所傳，世之所及，必有可稱者耳。計其間絶續轉徙，陵夷湮没，何可勝數！而居然十世、百世不亂，姑即吾身而論，爲士者有幾？士而不失業而遷者有幾？推而上之，其無名若字，如阿大、第五者，豈其少哉！而阿大、第五，至今云者，亦獨以其仕耳。吾鄉金地王氏北來，季稚以十八世孫譜宋而上，又譜金地而上，則推極其本，自黄帝而下，盛哉！雖槐陰與馬糞何别已。皋陶、庭堅，忽諸多矣！又南又北，得不失姓？難士大夫數世忘祖，聞遥遥以掩口，獨先河後海，跋涉不墜，又難。按，王氏有嬀姓，有姬姓二，有外國姓四。至晉，始分琅琊、晉陽，不同譜。然濟稱恬從兄，則二譜又似未嘗不同也。季稚一本之帝王，似矣。禮：諸侯不敢祖天子，大夫不敢祖諸侯，毋亦以黄帝而上，有未始無始也者，而金地稱長者曰始祖，亦非也。非其有田若祠，以存至此。後世豈知有長者哉！是其存也，又不以譜也。嘗記賈丞相初牒，胄試，賈於族微有憾，揚言曰："天下士夫無它賈，求即與牒。"館中共贊："我公廣大。"得張子《西銘》，意是日適客倡賈都。都參有孫秘書者，素狎，起驚曰："將無求牒試耶？"四坐笑不能忍，似道亦笑而沮，試言生物一本，安處此？（《須溪集》卷六《王氏族譜序》）

《泰和胡氏族譜》序

先生有小史，以奠系世，其歸在厚人倫。後世反崇華胄，自損其實，而他冒其名，雖華非其所當，於其人奚益？假如言劉者宗漢，不知婁敬之劉，得爲漢乎？言李者宗唐，不知徐勣之李，得爲唐乎？胡之受姓以來，貴且華者，莫逾漢太傅廣。譜胡者，孰不詫廣爲冠冕？惟泰和胡叔俊，獨知廣，黄姓，而遡其自出之派，則本於河東，以及於金陵。叔俊，固知辨名實者。其交予，名文可者，叔俊族子也。其人狷狹多奇，尤喜賦新句。觀其志，要有所樹立，不欲苟附借於人。予嘗問其世文，可告以叔俊自叙如此。予因詰之曰："自宋以來，貴且華者，又莫逾忠簡公爾。不祖太傅，然則忠簡公後乎？"曰："吾非其後，固其族也已。五季時，有諱贇者，字文美，官金陵。子三人，辟地來吉：伯公霸，居廬陵、仲公真、季公陽，皆居泰和。公真之後，有曰衍，擢進士，爲朝奉大夫。公陽之後，有曰箋，爲南城縣丞。叔俊出衍後，而吾出箋派，詩禮簪紱，炳如也。印以楊文節公所爲《福榮堂記》，井然不可誣妄。雖不忠簡，其族固不辱有胡，豈可概言隴西，而混稱瑯琊者哉！"予聞其言，而益壯泰和胡之世有其人也。又復之曰："剛簡登第，人問忠簡言非其祖，卒能以直聲振當世，爲廬陵異日忠簡。况胡本舜之遠胄也，希舜之人，即舜之徒。摳衣於鄒魯門牆者，奚必以剛簡、忠簡爲泰山哉！後二年，文可續叔俊《垂絲圖》爲《流慶圖》成，偕叔俊子景純過予，求弁一語，遂書前言，以加諸首。

（《須溪集》卷六《泰和胡氏族譜序》）

《吴氏族譜》序

吾州盛世大族相望，屋高下如畫圖，花木成陰，羔豚合樂，老者顧少者而嘆，猶有生不及見承平之恨。其傴隘喬遷者，又別爲宗。綿瓜蔓葛，至不相聞知，類以爲己業。所致八邑，惟永新大夫數姓固然。一日，襄城之慘，儒坑鬼餒，方知天涵地育，未必皆祖有功而宗有德也。杵漂焉留，獨遜緜者，吴氏。吴氏有譜，楊東山所爲引。邑燼譜亡。宰邑者故紙得之，不知何等物也，以與蒙菴吴仁叟如棄。蒙菴寶之，與俱。於是亦屢破屢劫，復不知僵前仆後，間何能自保。每相過，求予叙斯譜不置。屬予屢病，相愛不敢强。又數年，蒙菴死，死猶筆之，舉扶間，以爲請。其子若婿屢道之，忍辭，則披示舊，載而告之曰："予所稱遜綿，惟吴氏，非獨爲是邑言之也。"蓋其所存者，匹夫之業，而國不與焉。故千百國之會朝，不足以易荆蠻之至德，而延州來之歸，喜見書策，雖黄池之霸，猶一吷焉。曰："公第一者，不必其名也，載之令甲。而稱君者，不必其爵也。此非譜之所得，而譜也，此邑上中院派，來自廬山。其歸廬山者，爲咸淳尚書，爲德祐京尹，下者猶監司、太守滿門。然一名第一，辛苦不可望。今爲庶此譜，有科目者，表而出之，班班自南唐，至近年愈甚，盛惜也。觀止此，使科目不廢，學不墜，皆將有列於上陳，如蒙菴者，尤吾望焉。此則事之可感者也。"吾故論其綿綿於譜之外，科之外者，使其萬子孫，永永其遜焉，則繼此譜者，其不益又盛於此也？勉之。（《須溪集》卷六《吴氏族譜序》）

《趙氏族譜》序

《趙氏族譜序》，連同下文輯録之《題西秦張氏世譜後》，均宋末文學家牟巘(1227—1311)撰，文載其《牟氏陵陽集》卷一三、卷一六。兹據四庫全書文淵閣本輯録。

尚論其世，世必有詩，宗則專焉，族則廣焉。予觀自昔華宗茂族，遭時多艱，宗譜散亡，夷於民庶，往往弗克自保，况其族乎！劉知幾作《宗史》，又作《譜考》，如云："彭城叢亭里諸劉，不承楚元王之類"，按據非不精，然後世凡言劉氏，悉曰彭城。而知幾之《宗史》《譜考》，不復論矣。蘇明允作《譜族》，又作《譜引》，如云："眉之有蘇，自唐神堯時郡刺史蘇味道父子始，以親盡，不書"之類，書法非不嚴，然近世凡言甲乙氏族，必曰江卿，而明允之《譜》與《族》，亦不復存矣，可勝嘆哉！東平趙氏，避靖康之難，舉族過江。蓋五季劉漢，鳳翔節度曰平章曄之後也。其六世左丞公，被遇政、宣時。猶子侍郎公，受知淳熙間。進用天地間，吉凶同穴，憂喜聚門，雖皆不得老壽以終，其後乃益蕃衍。而十一世諸孫某，又能作《祖趙族譜》於世變之餘，不亦賢乎！譜有圖，倣年表，爲旁通，繼之以譜，綱舉目張，繩聯珠貫，不盡用蘇《譜》例，族無疏戚，隨長幼，皆以次第書。其散居某所，則見附注。外繼某氏，則見《因親録》。姓之本始，則見《紀原》。至於志狀本末，姻戚閥閱，見聞墜軼，則皆見右集與《摭遺》焉。積數歲，然後成，蓋衆譜所不及，勤矣！備矣！某字仲德，博學，工文詞。其爲是《譜》，實緒成先推官之志。首挈淳熙舊序，具述遺訓，列於譜之前後，尤惓惓。訪祖塋而念荒隔，感時物而嘆喬寄也，勉子弟而致期望也。孝慈忠厚，申重懇至，發於内心，可以上對左丞侍郎公，無

所忝。後之人,欲知其心,觀其譜可也。甲辰十月旦,陵陽牟某書於下方云。(《牟氏陵陽集》卷一三《趙氏族譜序》)

題《西秦張氏世譜》後

古者命將出師，固將除殘暴，定禍亂，拯民水火中。《易》之“師”曰：“以此毒天下。”而民從之，非尚殺也，在師中吉，故能上承天寵，三膺錫命，以有開國承家之慶。若太公望克於牧野，封於營丘，子孫數百年，與周興衰是矣。漢初，封功臣四百十有五人，帶礪之盟，爰及苗裔。而太初百年之間，見侯者五，迺有不盡然者焉。及觀張楧仲實，譔其祖《忠烈王世譜》，其事始益信。蓋王起行陳，靖康之勤王，紹興之戡難，皆身冒矢石，争天下於群虎狼之口，豈非以殺止殺，德在生民，功在社稷，而澤流子孫歟？矧王之爲將，未嘗妄殺，薦達偏裨，待士卒有恩，意此其所以能以殺止殺也。自三班以來，三世三公，皆以王貴。王位極人臣，分茅胙土，施及其後，四子名冠，以子諸孫，名冠以宗宗之。下則取五行相生爲次。王弟之子孫，亦如之。節鉞之重，師保、公侯之貴，易名之美，後先相望，有光史册，何其盛也！後有登進士第者，上舍釋褐者，有與殛韓而復以忤時貶者，任守關而竟以殺使死者，非但重紱叠組而已。越至於今，則有濟甫，年高德邵，爲族之望。仲實其子，務學而通，至於國器之雅而秉禮，如晦之敏而急義，皆予之所識者。其未識若性之，若仲芳，守其内而無求於外，積善以遺其子孫，蓋可尚矣。近歲名門華閥，凋落居多，惟張氏克持其世，詩書不墜，是可書譜。略效《太史公年表》，爲旁通書之，至六七世未艾，歷官概見於左。而於本宗卒葬特詳，尊其所自出，亦《蘇氏譜法》也。王字伯英，仲實以楧爲名。嘗奉父兄之命，復先廟，修《家傳》。又爲《世譜》，而叙其首，示不忘本。來求余，語既具論之，抑予聞典午渡江，重氏族，嚴譜狀。雍州是爲郡姓。張氏本三秦，固當在江北四姓之列，而其勳勞名位，子孫文物之盛，又如此。是譜也，後之人尚寶藏之。(《牟氏陵陽集》卷一六《題西秦張氏世譜後》)

隨隱漫録

南宋後期學者陳世崇(1245—1308)編撰的學術筆記《隨隱漫録》卷四載有一段論姓氏類别、源流、演變的文字,十分精要,對於讀者瞭解宋以前的古姓氏頗有用處。兹據上海涵芬樓藏本輯録,以近人夏敬觀校本參校。

《傳》曰:"因生賜姓,胙土命氏。"及字、謚、官、邑,六者而已。今推廣爲十七類:一曰以國爲氏。五帝之前,有國者不稱國,以名爲氏,所謂無懷氏、葛天氏、伏羲氏、燧人氏者也。神農、軒轅,雖曰炎帝、黄帝,猶以名爲氏。至唐、虞、夏、商、周而後,以國爲氏。諸侯亦然,魯、衛、齊、宋之類是也。支庶稱氏,適他國則稱國。如宋公子朝,在韓則稱宋朝。衛公孫鞅,在秦則稱衛鞅。二曰以邑爲氏。原以周邑而得氏,申以楚邑而得氏。魯有沂邑,因沂大夫相魯,而以沂相爲氏。周有甘邑,因甘平公爲王卿士,而以甘士爲氏。三曰以鄉爲氏。四曰以亭爲氏。封建五等,降國爲邑。邑有關内侯、鄉侯、亭侯。關内邑者,温、原、蘇、毛、甘、樊、祭、尹之類是也。封於鄉者,以鄉氏。封於亭者,以亭氏。五曰以地爲氏。居傅巗者,爲傅氏。徙稽山者,爲稽氏。主東蒙之祀者,爲東蒙氏,守橋山之塚者,則爲橋氏。祊氏,因祊班食於祊門。穎氏,因考叔爲穎谷封人。東門襄仲,爲東門氏。桐門右司,爲桐門氏。隱於甫里綺里者,爲甫里氏、綺里氏。六曰以姓爲氏。姓之爲氏,與地之爲氏,皆因所居而命也。得賜者爲姓,不得賜者爲地。居姚墟者,賜以姚。居嬴瀆者,賜以嬴。姬之得賜,居於姬水。姜之得賜,居於姜水。七曰以字爲氏。八曰以名爲氏。諸侯之子,稱公子。公子之子,稱公孫。公孫之子,以王父字爲氏。如鄭穆公之子,曰公子騑,字子駟。其子曰公孫夏,其孫則曰駟帶、駟乞。宋威公之子,曰公子目夷,字子魚。其子曰公孫友,其孫曰魚莒、魚石。魯孝公之子,曰公子展。其子曰公孫夷伯,其孫曰展無駭、展禽。鄭穆公之子,曰公子豐。其子曰公孫段。其孫曰豐卷、豐施。天子之子亦然。王子狐之後,爲狐氏。王子朝之後,爲朝氏。如公子遂之子,曰公孫歸父,字子家,其後爲子家氏,父字爲氏者也。季孫鉏,字子彌,其後爲公鉏氏,父名爲氏者也。九曰以次爲氏。伯、仲、叔、季之類是也。十曰以族爲氏。族近於次者,氏之别也。孟氏、仲氏,别兄弟也。丁氏、癸氏,别先後也。祖氏、禰氏,别上下也。第五氏、第八氏,以同居别也。孔氏子孔氏,旗氏子旗氏,字之别也。軒氏、軒轅氏,熊氏、熊相氏,名之别也。季氏之有季孫氏,仲氏之有仲孫氏,叔氏之有叔孫氏,嫡庶之别也。十一曰以官爲氏。太史、太師、司馬、司空是也。十二曰以爵爲氏、皇、王、公、侯是也、十三曰以謚爲氏。莊氏,出於楚莊王。康氏,出於衛康公。魯僖公、宣公之後,爲僖氏、宣氏。文、武、哀、謬皆是也。十四曰以吉德爲氏。趙衰,人愛之如冬日,後爲冬日趙氏。吉有賢人爲老成子,後爲老成氏。十五曰以凶德爲氏。英布被黥,爲黥氏。楊感梟首,爲梟氏。十六曰以事爲氏。夏侯氏遭有窮之難,后緡方娠,逃出,自竇而生少康,支孫以竇爲氏。漢武帝詔丞相田千秋,乘小車,出入省中,後因以車爲氏。十七曰以技爲氏。巫者之後,爲巫氏。以至卜氏、匠氏、豢龍、御龍、干將氏者,亦莫不然。三代之後,姓氏混矣。(宋陳世崇《隨隱漫録》卷四)

《王氏家譜》記

《王氏家譜記》，宋末元初文學家林景熙(1242—1310)撰，記宋末王氏家族的人物、品行，文載其《霽山集》卷四。以出宋人之手，據輯，從《知不足齋叢書》本録文。

歸德府，古亳都也。周興，封微子，奉殷祀，遂爲宋，帶河襟汴，一望平曠，亘數百里，皆桑麻區。王氏，中原著姓，其居府之睢陽者，往往性樂幽潛，不以名耀，雖其子孫，有弗及知，若明之推官之先是也。閲其譜，曾祖、祖二世不書諱，墓在黄岡北，爲黄流吞齧，今無復存。父諱某，不仕，以樸行稱，墓于忠信村之鳳凰岡，松櫝如故。夫人時氏、韋氏，祔而藏。時有淑質，生二子：曰珪，曰瓚。瓚先逝。韋性嚴重，綜理内外。生一子，曰昕，是爲推官。常逸其夫於事，而勞其子於學，明之以儒飾吏。初試淛東宣慰司，令史考滿，授將仕佐郎，鎮江、丹陽簿，次江淛行省掾。時内外宰嘉其才，皆舉爲助。外剡先上得旨，充本省檢校，轉承事郎，常州路晉陵縣尹。今承務郎，杭州路推官。明之剛毅之資，深沉之器，遇事慷慨，不撓不私，豈五王忠義與日月懸，英聲烈聞，漸于是邦者，耿未堙與？將忠厚世積，祖菑父播，而不食其秋與？是遺後人與？明之號忠溪。忠，父教也。聞于父教，而復以教其子孫，溪將增而深溢而遠矣。夫論人者，必論其風土之素。齊多詐，趙多俠，魯多儒。先儒謂殷之餘民，可與共患難。殷既墟矣，歷文、武、成、康，數世而猶未能奪其心，至於姬轍己東，陽樊之人，不肯事晉，即遷於河洛者之子孫，其先固在亳也。噫！忠義之俗遠矣，獨唐乎哉？故併其事，附見於《王氏家譜》云。(宋林景熙《霽山集》卷四《王氏家譜記》)

《隱居通議·劉氏族譜》序

《隱居通議》三十一卷,元代學者劉壎(生卒年不詳。字起潛,南豐人,生活於宋末元初)編撰。其中卷一六輯録有宋理宗淳祐庚戌歲(淳祐十年,1250)江樓劉氏子孫劉方石掞撰之《江樓劉氏族譜序》一文,以其爲宋人著述,故加輯録。兹從庫本摘録,以備讀者參考。

吾宗之劉,其源甚遠,逮族兄太史掞嘗爲《江樓劉氏族譜序》,所以紀迹流派者,具備兹録,以示我後之人使無忘其世本云。其序曰:劉氏,堯之後。散居江南者,漢高祖封其弟元王交於楚而衍之也。唐季,有自鄱杖一劍,徙居南豐,又自南豐分而之廣昌,之新城,之建寧。江樓八居士寶藏初徙時劍,劍長三尺許,有北斗星文,志天漢元年鑄。紹定庚寅,劫火,黄冠得之,呪符水云:密國曾公致堯銘居士墓,載有牛六十頭,手鈔古書數百卷。居士作江樓,密公爲賦,五言長韻,見《皃繹集》。其叔子與荆公爲同門婿。荆公之父益之,出守韶州,居士同游石仙巖,和詩,有刻石在。初,慶歷詔州縣立學宫,居士一力任其費。曾易占作記,實子固十八歲少筆。居士生四子,四子之子生孫,孫生子,衆而多微,波流星散,譜系益落缺,不能盡詳。惟予大父泰夫府君,與從祖光夫及定夫二先生,三派子孫,尚習詩書,别刊善譜,可得而考。其他昔爲士而今無後,與今有後而不爲士者,不能具載。予老病日侵,自度進不能頌清廟,退無可吟梁甫,思息景山樊間。中巷德恭翁李大年弟兄,力學而任。運所居先廬,猶是南唐時柱石,誠之永豐官滿,因而塗墍之。定夫師象山,號子路,與里人黄幾先、彭明甫相講學。予外舅丹霞翁來南豐,訪定夫及沈德中。後嘆息久之,此譜故可考也。太史公作古帝王聖哲世系,採摭四方異聞甚備，而卓然可稱述者殊少。予聞盛德必有後，蓋不在乎元來雲礽之多，而在乎風流文采之不可湮没也。今劉氏之族，不繫乎風俗之媺惡，不關乎文墨之興衰，若不必存而存之，仰存吾祖而已。後譜綱目成，題曰《江樓劉氏族譜》，諱炎水村。大父諱止。象山高弟畀大年，今年七十有七，喟然而嘆曰："有是哉！誠之下世而不見矣。分三家子弟，脱其稿，世守之，使後之識予心者有稽焉。"淳祐庚戌立春日，世孫方石掞序。(《隱居通議》卷一六《劉氏族譜序》)

《清江皮氏世譜》序

《清江皮氏世譜序》，連同以下輯録之二十七篇族譜序跋，均元代名儒吴澄(1249—1333)撰，載其《吴文正集》。所輯二十八篇序跋，均文字簡短，措辭精當，有歐陽修古文的古雅之氣及宋元理學名儒的醇正之風，均記宋元江西、浙江、湖南一帶地方家族之世系源流。多數姓氏，均能條分縷析，自唐宋以迄金元，原原本本，正其本源，詳其枝葉。部分文章夾叙夾議，觀點鮮明，感慨深沉，啓人心智。各篇序跋的主要内容有二，一爲該家族姓氏之得氏原因及族系傳衍簡史，二爲族譜家譜之修撰緣由。此外往往連帶叙及唐宋兩代對於譜牒世系之事的重視程度，提到宋元以來宗譜衰而家譜興，宗法姓氏之學不講，家譜修撰則蔚然成風的事實，反映出頗爲不同的時代風尚，對於我們認識唐宋社會之轉型及朝代更迭、人口遷移與東南地方開發之複雜關聯，具有較高的社會認識價值和文史考證的資料價值，據輯，均從庫本《吴文正集》録文。

長沙、醴陵之皮，分而爲新淦、安國之皮，再分而爲清江、崇學之皮，有商焉，有農焉，有士焉，有預貢者，有擢科者，以至於有百里之宰，有千里之侯。其於醴陵參政公之宗，亦可謂無忝矣。雖然，范宣子言："其虞夏以來，保姓受氏之遠，而叔孫穆叔，以立德、立功、立言告。"夫德之立，功之立，言之立，三者有其一，則光其祖，顯其族，莫大乎是，而非徒世宦之謂。南雄總管之子潛，示予世譜，故以穆叔之告范氏者告皮氏，皮氏勉諸。(元吴澄《吴文正集》卷三二《清江皮氏世譜序》)

《井岡陳氏族譜》序

有起自犁鋤之公相，有降在皂隸之世家，從古以然。爲人子孫者，思自立而已矣。族姓之或微或著，何算焉。能自立歟？雖微而浸著；不能自立歟？雖著而浸微。盛衰興替，亦何常之有？惟自立之爲貴。豐城井岡陳思，式譜其族，自殿中丞始。而中丞於晉公爲伯兄，其族可謂著矣。余欲其知所警，知所勉也，而爲題其端。苟有省於是，則亢身、亢宗，其庶幾乎？（元吴澄《吴文正集》卷三二《井岡陳氏族譜序》）

《廬陵王氏世譜》序

自宗子法廢，而族無統。唐人重氏族，故譜諜家有。唐以後不能然，苟非世貴富，多文儒，族之派系，往往湮淪而莫考。廬陵王氏自河東遷江南，至今廿有餘世，名隸選舉者衆矣。中行述世譜，以傳庶幾，不忘本者。王氏子孫繼此，能自修以振於時，則此譜之傳，將愈久而愈光。

（元吴澄《吴文正集》卷三二《廬陵王氏世譜序》）

《詹氏族譜》序

樂安多詹姓，而崇仁簿一族，文物尤盛。詹族多文儒，而貢士叔厚君學行尤卓，何也？其學同乎理，其行殊乎俗也。嘗仿《歐陽氏世譜》，譜其族，所以孝夫本原，仁夫支派者，用意甚厚，斯亦足以見其學行之一端。至於家庭父子之告語，俾敦天秩，隆學殖，貧賤者明義，富貴者好禮，則其言可爲天下後世之丕訓，非但可施之一族而已。噫，叔厚君不可復得。子世忠以所修族譜示予，予閱視竟，於是爲識其右方，而重有慨焉。（元吴澄《吴文正集》卷三二《詹氏族譜序》）

《豐城縣孫氏世譜》序

同造里之孫，豐城，鉅族也，泝唐沿宋，五六伯年，子孫蕃衍，綿延以至於今，代有科名而官不甚貴，家有恒産而貲不甚富，人人被服儒術。其間通經通史，工文工詩之人，卓爾不群，求之它姓，鮮或可儷。雖遭曆運遷革之餘，一族聚處，彬彬文物，視昔無衰殺也。其里距吾崇仁之境，僅隔一嶺，風聲氣習，大略相似，而予嘗與其族之耆俊游，故知之爲悉。泰定元年秋，予在京，閲其世譜。第一譜，吴興以後曠數百年，失其系。第二譜，五世以後亦闕一二世，莫詳所自，姑置勿論斷。自第三譜南唐倉監行琰爲初祖以來，凡十六世。其六世宋元祐戊辰進士永豐知縣發，號曰敷山。其七世紹興乙卯進士江州司理褒，號曰楚山。其八世，迪功郎奇，號曰玉隱，皆以能詩聞。亦有雜著，當時稱爲三孫。其九世淳熙甲辰特奏名、監潭州南嶽廟約之，於乾道癸巳，始仿歐陽《譜》，譜其族。其十一世紹熙癸丑進士、臨湘知縣伯温，於慶元已未，輯事迹以附其譜之左方。前之譜未及載，後之事迹未及録者，咸淳乙丑，其十二世沅廣之。大元至治辛酉，其十四世隱求又廣之。譜之重修，已再而三，事迹之續編，亦再而三矣。考據之審，纂述之勤，豈一耳目之力哉。於此不惟見孫族才人之盛，而舊家文獻之足徵，其可無夫子之宋之杞之嘆也？與示予譜者，沅之族孫隱求之族兄用拙也。（元吴澄《吴文正集》卷三二《豐城縣孫氏世譜序》）

《鄧氏族譜》後序

金谿多著姓，爲撫州五邑之甲，鄧其一也。鄧自初祖至三四世，派别爲六，第六派尤盛。鄉部所貢士，太學弟子貢進士科及第出身者不一。仕于邑，仕于郡，爲部使，爲朝官，俱有之。宋懲唐末藩鎮之弊，兵農判爲二，農不知兵，而募無籍之人爲兵，國勢之弱，由此。靖康之變，金谿鄧氏與傅氏起民兵，翼衛有功，終宋之世不廢，民皆習戰，猶有周、唐之遺風。二百年間，鄰寇無敢犯邑，以鄧、傅民兵故也。宋亡矣，而鄧之子孫，猶有貴富者，豈特與國咸休而已哉！今通山縣主簿希顔，在宋時，咸淳癸酉秋貢，以詩賦選中第一名，與予素厚善。因觀其族譜，爲志其末云。（元吴澄《吴文正集》卷三二《鄧氏族譜後序》）

《羅山曾氏族譜》序

鄫之去邑而氏曾，猶邾之去邑而氏朱也。曾以國滅，改氏未及百年，而武城子輿父子，以學顯于魯。歷秦、漢、晉、隋、唐，又千有餘年，而南豐子固兄弟，以文顯于宋。子輿師孔而友顔氏，子固祖韓而禰歐陽，其聲實，殆將與天地日月相終始。曾氏之有此，它族之所無也。予於曾氏之傳系，嘗獲觀南豐、松江二族所叙記，而知武城之後，在漢爲都鄉侯都鄉之後、王莽時，避地豫章。豫章境内南城之甘山，有曾崇仁之鹹溪，亦有曾蓋，皆都鄉苗裔也。甘山之族，一留居水口，一徙居藤山，一徙居南豐者，於子固爲四世祖。計其伯仲季之離居，當在唐末五代間。而鹹溪之族，有遷于吉之松江者，卒葬金龜。惟其葬之地，楊曾所卜，則其自鹹溪而遷松江者，亦在唐末五代間。松江之六世，有居羅山者。其八世，有居流坑者。予家距鹹溪十里，知之爲詳。其族雖不大熾盛，然比它族，人丁最蕃衍，年代最久遠。自盛唐時已然。松江之有鹹溪而分藤山，南豐之自甘山而分先後，蓋同其時。甘山、鹹溪爲二宗原，藤山、松江乃其支派。而或疑鹹溪之曾出自藤山者，無乃考之未詳歟？夫藤山分自甘山之時，鹹溪已有分適松江者矣。焉有數百年前之宗原，反出於數百年後之支派也哉？大凡族系，惟據譜諜，信以傳信，疑以傳疑。苟以意料而臆説，則必至抵牾。曾，聖賢之後也。羅山之派，派自松江，而居近鹹溪。至于今，尚存詩書禮義之風，將有復興之漸。予觀其族譜，識而歸諸曾氏。（元吴澄《吴文正集》卷三二《羅山曾氏族譜序》）

《廬陵婁氏家譜》序

婁姓之顯，在漢莫顯於建信侯，在唐莫顯於譙郡公。宋之季，四明之婁，亦有一二著名者。今廬陵歸仙之譜，本譙郡第七子之系。在宋，擢科者幾十，與貢者幾三十，然未有卓然名世者也。婁天章以其父止善所脩家譜徵序語予，謂族之顯晦，不專繫乎富貴貧賤也。苟位極乎公卿，財雄乎鄉里，一時固號顯族矣。數代之後而消歇，則昔之赫赫以顯者，能保其不昧昧以晦耶？然則何以使之常顯而不晦？曰：魯叔孫穆子所云是已，在乎德立、功立、言立也。夫立也者表，表在天地間，久而不僨不蹎也。世之譜其族者，不知其幾。至今人稱歐譜、蘇譜者何與？以永叔、明允之言立故也，是豈以富貴而顯哉？功之立，則漢建信，唐譙郡，其人也繼。今婁氏之子孫，能如先世之立功，斯亦漢唐之婁也。況或能立德，則又有過於二人者乎？婁氏子孫勉之，它人之序奚足恃，所以久存其譜者，蓋不在是也。（元吴澄《吴文正集》卷三二《廬陵婁氏家譜序》）

《睢陽王氏家譜》引

王氏最蕃衍於天下。考之姓氏書，其所自出不一，大率皆古王者後。典午南遷，爲江左右族。系亦有二，曰臨沂之王，曰太原之王。今睢陽之王，不知出自何系。杭州推官《家譜》，曾大父、大父無名諱，而墓爲河流所齧。其譜當以諱。用娶時氏、韋氏，葬忠義村鳳凰岡者，爲第一世。用生珪，生贇，生昕，爲第二世。昕初從事浙東宣慰司，授將仕佐郎，主丹徒縣簿，擢充江浙省掾，調省檢校，轉承事郎，晉陵縣尹。又轉承務郎、杭州推官。推官能吏治，有聲績，宜足以昌其子孫。夫它族之譜，蓋以存既往譜之者何？恐久而失次不可稽，故而睢陽之譜，蓋以俟方來譜之者何？俾三世至于百世，續續而書也。漢于公高其門，曰："吾爲吏多陰德，子孫必興。"王氏之有譜，意亦若此與？永嘉林君記之，而予復有言，是爲《睢陽王氏家譜引》。（元吴澄《吴文正集》卷三二《睢陽王氏家譜引》）

《青雲吴氏族譜》序

初,建昌之吴主崇仁簿,婿于青雲鄉之張而家焉。其地曰蕭家巷,後改稱石橋,浸以蕃衍。宋淳熙丁酉、庚子、癸卯,如山如陵,禮翼相繼與鄉貢。嘉熙戊戌,方叔入太學。淳祐乙巳,遂爲釋褐進士,族之文聲大振。邑南之滄原,臨川之彭澤,皆其分派也,亦可謂盛矣。時運既更,凡舊族鮮不陵替,獨此族之人治儒業,有恒産,視昔未替,非其先世之所積者,厚所遺者遠而然歟?以視予者,其十九世孫任字景尹,故爲識其端云。(元吴澄《吴文正集》卷三二《青雲吴氏族譜序》)

《横岡熊氏族譜》後序

族可不譜乎？上無以志本原之所自，中無以志枝條之所分，下無以志流派之所繫，不譜不可也。熊氏，鉅族也。在上古則三皇之最盛，在中古則五伯之最彊，所從來遠矣。天下諸郡之熊未論，姑以豫章一郡之熊言之。其族之别，奚翅數十族，而昭穆莫相通也，何也？同姓而不同譜，無可考也。苟親族之譜不傳，則數世之後，其枝條流派，亦將如旁族之不可考，此熊氏原翁所以汲汲於譜横江之族與？自叙其譜幾千言，文辭博贍，如廣藪深澤，群奇衆怪，層見叠出。觀其文之浩瀚滂沛，不可羈束，因以占其族之蕃衍昌大，未可涯涘云。（元吴澄《吴文正集》卷三二《横岡熊氏族譜後序》）

《豐城徐氏族譜》序

豐城富城鄉之徐，自宋末資政公以宿學碩望在朝，鄉里遂稱爲名族。公既歿，而宋祚終，今雖時異事殊，然族之人，猶有好習儒，耻作非者，其可期於復盛也與？資政族曾孫宗禮之子本，以其族譜示予，爲識其左而還之。（元吴澄《吴文正集》卷三二《豐城徐氏族譜序》）

《珠溪余氏族譜》序

華蓋山之東麓，有脩谷，曰珠溪，余氏一族居之，靡它姓間雜且三百年矣。其初一人之身，蕃衍至二三百户，六七百口。雖無甚富之家，亦無甚貧之人，皆有土田，或自食其力，以給父母妻子之養，尚質實，不尚浮虚，所謂“山深民俗淳，縣遠官事少”者。逮予之外舅玉甫始爲儒，應宋末進士舉。玉甫之族孫璲，嗣爲儒，應今日進士舉。璲慎行循理，庶幾乎學有根柢。譜其族，自祖傳四世、五世，二幹分五支十世。而五支之分，凡三十有一，亦族之盛大永久者哉！或有去故里，居于它所，尋究裒集，紀録罔遺，惇本厚倫之道也。予是以嘉之而序焉。（元吴澄《吴文正集》卷三二《珠溪余氏族譜序》）

《東川陳氏族譜》序

家之有隆有替，猶國也。天朝得南土以來，微賤崛起，赫赫稱雄者，比肩接踵。舊家之能如昔者，固間有之，而亦寡矣。樂安東川之陳，自宋代號爲著姓，既富且文。入國朝五十年，而族之隆，視昔未替，它族鮮或能及也。非其先世之所積者，厚所遺者遠而然與？庭芝敦謹士，多子多孫，而皆肯學。萃族中之不隊其世者，重修族譜以示後人，所期一族之子子孫孫，殆未易涯涘也。庭芝名文秀云。（元吴澄《吴文正集》卷三二《東川陳氏族譜序》）

《桐木韓氏族譜》序

宋東都百六十餘年間，氏族之大，莫盛於韓、吕二家，而韓氏二族，尤莫盛於桐木韓家。桐韓繇参政忠憲公億始盛。其盛也，非但名位、功業而已，皆知以禮義、學問爲事。少師維兄弟，常親二程。南渡後，丞相絳五世孫元吉，最厚朱、吕。其寓洪者，予識國、材、梓。炌、炣，其二子也。是爲忠獻第四子職方繹之後。國芳，桂之子。炳正，是爲忠獻第六子。丞相績[1]之後曰垚，曰珪，則忠獻第二子舍人綜之後，於梓爲諸孫行。春秋之晉，大國也。國猶競，而世家貴族，已或降在皂隸。自金人取中原，皇元一四海，更二大變，而韓氏至于今有子孫。宋之祚已終，韓之澤未泯。炳正以其族譜示予，卷首南澗公一序，足徵之文獻也。因有感於家國隆替興亡之故，而志其左，以寄悲慨云。（元吴澄《吴文正集》卷三二《桐木韓氏族譜序》）

---

① 績：據《宋史》卷三一五《韓億傳》，億八子：綱、綜、絳、繹、維、縝、緯、緬，無績，績或縝之誤。

《宜黄譚氏族譜》序

宜黄譚氏之族，宋末號爲盛大家，富而有貴焉。其在國朝，受朝命亦五六，然盛大者一二支而已，衰微者固多也。甚則絶族有舊譜而不該遍。今之新譜，上所逮知者，推爲第一世之祖，下所逮見者，載至十五世之孫。懔懔然，懼久而失其緒，紊其次也，其心蓋厚，其慮蓋遠矣哉。修譜者，誰十世孫觀也。（元吴澄《吴文正集》卷三二《宜黄譚氏族譜序》）

《竇氏世譜》序

燕山竇諫議，一椿五桂，自宋興之初，逮宋亡之後，傳至于今，餘三百年，乃有住世間而出世間者。尚友箕子管幼安於千載之上，是豈但與它族之賢子孫相等倫而已哉！斯人爲誰？諫議公之十三世孫，名神清，字神清者也。（元吴澄《吴文正集》卷三二《竇氏世譜序》）

《龔氏族譜》序

樂安諸鄉之族，其久且蕃者，龔坊之龔，其一也。蓋出宋初，至於今十六傳，中更寇禍，室廬燬而譜牒逸。一德字汝明者，始追修之。克昌字士龍者，又補完之。任字希尹者及士龍，俱叙其端。唯恐前之遠而迷其原，後之多而紊其派也，立心厚矣。在先雖未有甚貴甚富之家，而亦鮮有不才不肖之人。敦尚詩書，持循禮法，各務本實，以殖其生，依稀淳古之風焉。張子曰："子孫賢，族將大。"然則龔族之渟涵而未大發洩也，其將有俟，張子之言豈誣也哉！（元吴澄《吴文正集》卷三二《龔氏族譜序》）

《宜黄吴氏族譜》序

吴爲宜黄崇仁大姓也舊矣，而宜黄之吴，自朝散大夫公以五舉特奏名佐邑，奉直大夫公以一舉正奏名參制置司議，遂以貴顯。又其一初也，奉直之子有世禄而官至儒林者，有世禄而官至通直者，有鄉貢而恩科如其祖者。其孫一與貢，一登科，而其曾孫一，又有以武爵仕者。其元孫一人貢於宋，一人仕於國初，爲永春主簿。予與主簿君交遊如親兄弟，惜其不得年以卒之。二十四年，其從子京玉以其伯父所修族譜示予，覽之慨然。噫！吴自朝散以來至於今，殆將十世，而六世之間，正科者二，特科者二，貢者凡五，仕者凡七，富而賢者，振振如也，其族可謂盛也已。覘國之興者，以其人才之衆。驗家之興者，以其子孫之賢。吴氏之興，其未替也夫。予悲主簿君之不可復見，故爲書此而還其譜，且以徯於其族之子孫云。（元吴澄《吴文正集》卷三二《宜黄吴氏族譜序》）

《龍雲李氏族譜》序

嬴秦以前，國國有本系；李唐以前，家家有譜牒。宋以後微矣。賢士大夫往往自譜其族，如歐陽氏，如老蘇氏，其章章可稱者也。予所見諸族之譜不一，或志在追遠，或志在合異，不免涉於傳疑。今觀永豐龍雲李氏之譜，譜其所可知而已，遠不必追也，異不必合也，確乎其爲傳信之書，可以爲脩家譜者之法矣。譜自諱德昌字天德者始。譜之者，其八世孫慧孫字景能。以示余者，其九世孫濟老字濟可。嘉其譜之善，而識其端者，臨川吴澄也。（元吴澄《吴文正集》卷三二《龍雲李氏族譜序》）

《宜黄曹氏族譜》序

凡世之望族，莫不以仕宦科名而顯。宜黄未置縣以前，有曹姓，膺郡檄監黄田鎮。鎮既陞縣，留而不去，家于縣西之十五里，今其地名曹坊，監鎮爲曹初祖。其三世，當宋熙寧間，以特恩官太常奉禮郎者。其五世，有以邊賞，由承節郎遷保議郎者。又有一家父子三人，俱以捍寇功補承節郎者。至六世靖康丙午鄉貢，終攸縣丞者，奉禮之曾孫將也。至七世崇寧乙酉鄉貢，次年丙戌登科者，保義之孫時脩。第八世嘉定丙子鄉貢者，保義之曾孫萬也。逮九世尤盛。開禧丁卯鄉貢，嘉定戊辰登科者，工部員外郎錫也。繼此鄉貢者，次貢庚午金旁罣也。次舉癸酉，其弟鎰也。又次舉丙子而金旁罣，與其從弟鑑、族父萬，聯貢焉。嘉熙戊戌入學者，鏜也。金旁罣再鄉貢。嘉定癸未，又入學。十世而其子衎，端平甲午鄉貢，嘉禧乙未登科，仕至衡陽縣令。應升亦與族父鏜同年入學，應旂以寶祐戊午轉運司貢，名金同是年鄉貢，林咸淳癸酉鄉貢，而宋之儒科止矣。曹族登科者三，入學者三，貢于鄉，貢于運司，貢于國學者十三四，特科而官，廕授而官，子貴而官者累累有，在宋季所以號宦族儒族，而望於其邑者也。宋祚已，訖其子孫能保守家産，傳習儒業者，猶有人。其十一世直翁，名金之子也。嘗因其族譜，類韓一世至十世之年壽卒葬，及仕不仕頗周悉。其十三世，理衎之曾孫也。又以其舊譜求予序。予嘉其克世先世之美，將期後世之昌也，不自隕隊，可稱曹氏之賢子孫，乃爲序其譜云。（元吴澄《吴文正集》卷三二《宜黄曹氏族譜序》）

《巴塘黄氏族譜》序

樂安一縣，四鄉之富家大姓非一。予幼年稔聞衆口夸談宗支之蕃衍，文物之光華，聲譽之烜赫者，巴塘之黄爲盛。相去雖不甚遠，而足迹未嘗一造。間在它處邂逅其族之士流，不滿十數，老年便道經由，行人指示諸黄興隆之地，徒有蒿萊瓦礫，闃寂慘愴，爲之傷心。然不獨諸黄之居爲然也，及今乃見其族譜，頗究黄族舊日聲譽之所以然。它族有唐五代以來五六百年之家，或三四百年之家，而黄於宋祥符七年甲寅，始自華容僑寓于此，蓋止父子兩人。第二代葬。其第一代考妣之二，喪于巴塘。第三代兄弟凡四。其仲生康定庚辰，距來時二十七年矣。兄弟悉巴塘所生也。其初力穡務本，一再傳後。家産漸饒，叔氏無曾元，惟伯仲季裔胄衆多，仲爲最，伯次之，季微不及。逮宋既南渡，浸浸雄大，子孫日趨於文。祥符甲寅，越百九十一年，爲嘉泰甲子，肇端預鄉貢。寶慶乙酉至咸淳甲戌五十年間，而貢于鄉郡者九，貢于漕司者二，升于太學者亦二，正科仕爲縣宰，官承議者一，特科仕爲縣倅，官從事者一，太學舍選，庭對仕于京國官修職者亦一，此黄族極盛之時也。今稍衰替，而猶有人不隊世資，不廢儒業。淳熙末，名筠者譜其族系。紹定庚寅，冠燬譜亡。寶祐中，名栝者重修，名崇實者將鋟木，不果。景定中，名楷者因栝所脩而增續之，名三傑者作序。皇元至大戊申，名紹復者潤色舊譜，鋟之以傳，并刻初三代所葬地圖。九栝之孫復亨，又備其所未備，請予序之。予觀黄族之盛雖不如昔，而其苗裔汲汲欲傳其譜於遠久，黄氏其將復振乎？昔之作序者字用之，老儒飽學，予七十年前所識。令之請序者字見可，俊秀能文，近年數數過從焉。（元吴澄《吴文正集》卷三二《巴塘黄氏族譜序》）

《吕城劉氏族譜》序

樂安忠義鄉、吕城之劉雲蓋鄉，雙龍之分派也。族人雖不甚蕃衍，而吾所及見心術皆良善，倫紀皆篤厚，習尚皆文雅，無它族輕浮澆薄，詭譎粗鄙之俗。昔有東甫，娶吾祖姑。季平、季德，祖姑之二子也。季説與予同歲生，老而愈欵密。其餘之尊卑長幼，亦多舊識。祐甫治進士，尚書義馳聲。子季行，儒業行俱修，不忝其先，拳拳用意於族譜之一事。既成，有檄，檄其族有序，序其譜。韓子云："仁義之人，其言藹如也。"讀其檄與序，信矣夫。而予所以嘉其族之良善篤厚文雅者，豈溢美哉！季仁之子祖衡，季説之子潤之，持季行所述示予，故爲識其卷端，而歸諸劉氏。(元吴澄《吴文正集》卷三二《吕城劉氏族譜序》)

《金谿吴氏族譜》序

嘗見《番易吴氏世譜》，推而上之，以達于番君。又推而上之，以達子(于)延陵季子，續續相承，罔有間斷，蓋悉心勤意，參合諸郡諸族之譜而成。自喜其備，予獨疑焉。夫吴以國氏，儻非其後以改姓、以冒姓、以異姓爲後亂其族，則天下之吴，無一不出於泰伯仲雍，不待世系可考而始可信也。司馬氏作《史記》時，諸國譜諜具存，然《燕世家》，召公九世至惠侯，已缺其傳次名謚。彼有國之君也，漢初去古未遠，尚有不可考者，况國滅宗散，子孫降爲士庶人，而由周至今，寥寥將二千載，果何所稽憑，何所證驗，而一一皆欲譜其世，得其名哉？昔南豐曾氏自叙，遡漢都卿侯，上接子輿、子晳，歐陽公不以爲是，豈非欲其傳信也乎？今觀金谿譜，以宋初諱詞者爲初祖，傳至于今，十有四代，如《荆國王丞相世家譜》所不載，族分派而失其次者，不追補而强合。譜其所可知，不譜其所不可知，最爲得其實。其族貲産盛文儒，盛宋之季，以科名顯者相踵。而宋亡矣，詩書禮義之習，逮今猶前日，其盛未替也。予嘉其譜之善，故識其端，以爲駕虚翼僞，自欺自誣者之戒云。(元吴澄《吴文正集》卷三二《金谿吴氏族譜序》)

《雲蓋鄉董氏族譜》序

唐改臨川郡爲撫州，疆域之廣，亞於洪、吉、贛，而文物聲明，甲於大江以南之西。宋三百年間，一家一族，儒宦之盛，樂、曾、王、蔡、晏五姓爲首稱。爵位之崇，王、曾、晏最，樂、蔡次之。科名之稠，曾、蔡、晏最，王、樂次之。樂安雲蓋鄉之董，計其科名，多於曾、蔡與晏，校其爵位，亦在樂、蔡之上，而論者不以擬于撫之五姓，何也？蓋宋南渡以前，董極盛之時，猶隸于吉。紹興中年，撫增置樂安一縣，始割吉之雲蓋鄉隸撫，由是董氏乃爲撫之屬民。今董之隸撫也久矣，則尚論撫之世族，其可遺董氏乎？董之裔有慶，重修族譜甚悉，其弟天泰持以示予，予于是而益詳董氏之盛，每貢舉之年，預薦名或七或六，或五或四。自祥符八年乙卯至咸淳七年辛未，擢進士科近三十人，武舉、特奏，世賞異路，而仕者不與通，撫之六族，而論仕宦之衆，莫之與倫。至于今，從事辭章者不匱。雖然，昔晉范匄具陳其家族曆(歷)千數百年之久，而魯叔孫豹以爲保姓受氏，世祀之不絶，不若立德、立功、立言之不朽。六族之儒科仕宦則均，而惟南豐曾氏、荆國王氏可以當言之立。繼此董氏之子孫，儻能立功、立德，則其不朽之實，將與孔門之顔、閔，周室之太、召，有商之伊、傅，唐虞之皋、契並其德，立其功。立下視曾、王二氏之言，立且不足貴，而超越五族，蓋有在科名爵位之外者。董氏之子孫其懋哉。（元吴澄《吴文正集》卷三二《雲蓋鄉董氏族譜序》）

《中山趙氏家譜》序

人之爲人也，有大經焉，有大本焉。其當然者，與生俱生；其固然者，不與死俱亡也。而能不虧天地之畀付者，幾何人哉！中山趙德齊，自叙家譜，以《述祖》四言詩及《思親》五言詩，聯繫于後，哀死事生，篤近追遠，藹然良知良能之發見，惻愴懇至，字字由衷，與身不行其事，而口姑爲是辭者，迥絶不侔也。嗚呼，德齊於倫紀之大經若是，真篤行君子哉！雖然，二五之運，參差雜糅，氣質所賦，不一概也。肫肫切實者，或不能不晻曖乎其大，廓廓高明者，或不能不忽易乎其小。自聖人以下，鮮有不偏。予始遇德齊，敬其端慤而已，浸浸親密而與之語，乃知其洞徹大本，如披雲霧而睹日月也。蓋涉曆(歷)二氏，約而歸之。吾聖人既升切實之堂，又入高明之室，斯世也而有斯人也，即纍然山澤之癯，被褐懷玉，世莫之知，抑亦以知我者希爲貴歟？昔臧武仲言：有明德而不當世，其後必有達者。弗父何宜有宋而不有？故其後有正考父之賢，孔尼父之聖也？夫以神明之胄，於今爲庶，而希賢希聖，猶有其人，則所謂明德不當世而其後有達者，詎不信矣乎？德齊名由，齊秦康惠王之苗裔云。(元吴澄《吴文正集》卷三二《中山趙氏家譜序》)

題吴德昭《世家譜》

世家譜何爲而作也？使爲人子孫者知所本始也。吴自太伯居勾吴，爲一初開國之祖。季子邑延陵，爲百世受氏之宗。源同流分，曼衍乎天下。番易宗人，以番君譜示予，觀之，油然有尊祖敬宗之心。吾夫子稱太伯之至德，太史公稱季子之仁心慕義，俱以其讓也。讓者，禮之端。予願與德昭共勖，以無忝於先德。（元吴澄《吴文正集》卷五六《題吴德昭世家譜》）

跋長清趙氏《述先録》

集賢趙克敬以《盧龍世家譜》來眎，濮尹趙子敬又以《長清述先録》來眎，譜克敬作，録亦克敬作也。蓋盧龍之趙，以遼太師、衛國公爲初祖。衛公之子十有二。按譜，克敬在第五支下，而子敬述其父、祖，至曾祖止，以上不可考。曰："聞之先人出自衛公第七支。克敬所譜不載，故特爲之録，以補其闕。"嗚呼！遼始終二百年，所得中國之地，燕山一道耳。衛公，遼之重臣，子孫世禄不絶。遼之未亡也，必無去其國，而分適他國者。盧龍而長清，不知自何年始，其在金人，有中土之後乎？蓋不可詳矣。夫文無所於稽，人無所於詢，雖夫子不能以徵杞、宋之禮，况喪亂流離之餘，而推明一家之繫乎？長清之趙，三世以醫科濟人慈祥，豈弟而不規利。子敬爲吏廉平，是皆有陰德陰功，宜足以昌其後。而子敬之子，有方進進於學者繼。自今子子孫孫，果能使才行聞於時，勳名見於世，自立自成，日大日衍，則長清，一盧龍也。嗚呼！由昔觀今，盧龍信有光於長清。由後觀前，安知長清不有光於盧龍也哉？長清之子孫，其勉旃。（元吴澄《吴文正集》卷五八《跋長清趙氏述先録》）

題《盧龍趙氏世家譜》後

唐自中葉以降，河朔弗靖，豈無雄傑生於其間歟？抑有之，而沉泯弗獲振奮，以見於世與？盧龍趙公思温，生唐末，材勇絶倫，事幽燕而幽燕弗能存，歸沙陀而沙陀弗能有。值遼室將興，遂爲開國功臣，贈太師、衛國公。子孫蕃衍，爵禄累世不絶。衛公十二子，其五特進延威。特進二子，其二節度使匡禹。節度八子，其七團練使爲翰。團練三子，其長團練使相之。生七子，七之三，曰團練使湑。生六子，六之二曰觀察使公，爲觀察之子鎮國鎔。鎮國之子驃騎居常，九世皆仕於遼。驃騎生建春、徵士植。徵士生玟，仕金，爲三司使。三司生鈍軒、逸士鉉。逸士生穆，今爲集賢司直，以其世家譜示予。予覽之竟，爲之喟然嘆曰：朱三移唐祚，中原無人，五十三年，更八姓十四主。遼人起自荒服之外，乘時拓疆，得中夏燕山一道，年代獨久，屹然與宋氏對峙，爲兄弟之國。金人因之，而有天下之半。皇元一之，而有天下之全。遼、金至於今日，國統三易，而趙氏一家，歷仕三國，垂四百年，綿綿若此，何其盛也！中更亂離，諜記湮没。司直君考詳纂述，無所遺墜，於以見其祖宗根本之遠，族屬枝葉之廣，賢已！司直君字克敬，賢而知學，是以能然。嗚呼！趙氏之昌，其未艾哉！（元吴澄《吴文正集》卷五八《題盧龍趙氏世家譜後》）

趙郡李氏世譜

《趙郡李氏世譜》,連同下文輯録之《闕里譜系序》,均元初學者趙孟頫(1254—1322)撰。該譜簡要記述了李氏的姓氏源流及趙郡李氏的宗支譜系。在唐代李氏諸房譜牒盡亡的情況下,此文的編撰尤爲難得,加以出名儒之手,尤爲可貴。文載其《松雪齋集》卷六,據輯。

李氏,嬴姓,帝顓頊之後。大業生女華。女華生皋陶,字庭堅,爲堯大理,以刑法助教化。歷虞、夏、商,子孫守其官,以官爲氏。至紂之時,理徵字德靈,以直道不容於朝。其妻陳契和氏,與子利貞,避難伊侯之墟,食木子得全,改理爲李。利貞亦娶契和氏,生昌祖,爲陳大夫。五世孫碩,受采地於宗周康王,食苦。碩孫乾,字文果,周上御史大夫。娶益壽氏女嬰敷,生耳,字聃,一字伯陽,柱下史,掌三皇五帝之書。耳自著書,名《老子》,其言至深。周道衰,去,西之流沙,不知其所終。孫宗,字尊祖,魏大夫,世所稱段干木,即其人也。孫兑,相趙惠文王。惠文王有沙丘之難,兑發兵救之,微兑,趙幾不全。自兑,始居趙郡,爲趙郡李氏之祖。六世孫曇,字貴遠,入秦,爲御史大夫,葬柏人西。四子:崇、辨、昭、璣。崇字伯祐,秦隴西守,是爲隴西李氏之祖。孫信,字有成,大將軍,滅燕,斬燕太子丹,始皇帝稱之,以爲能。孫廣,漢前將軍,匈奴號之爲“飛將軍”。十六世孫暠,西涼武昭王,爲唐始祖,追尊興聖皇帝,此其尤盛者也。璣生牧,相趙,封武安君,北破林胡,拓地千餘里,西却秦人之師。始皇帝用頓弱之説,縱反間於趙,趙殺牧,秦滅趙。牧弟齊,居中山,尚食監高袪爲文帝言,以爲賢將者也。牧孫左車,仕陳餘,封廣武君。漢大將韓信聞陳餘不能用廣武君之策,乃敢下兵井陘,擊陳餘泜水上。信已破陳餘,購千金求廣武君,師事之。曾孫秉,字世範,漢潁川太守,徙潁川。六世孫修,字伯游,後漢太尉。生膺,字元禮,司隸校尉。中常侍張讓弟翔,爲野王令,無道,殺孕婦,畏膺,棄官歸京師,匿讓舍合柱中。膺率吏攻翔,殺之。生瓌、瓚、瑾。曹操微時,數從瓚遊。瓚以意厚之,語子宣等曰:"孟德,英雄也。天下亂,非孟德不能定。張孟卓、袁本初雖與吾親舊,皆不足依。"孟卓名超,廣陵太守。本初名紹,冀州牧。後諸子果賴操得免於難。及操破紹,乃舉家還趙郡。瑾四世孫楷,字雄萬,晉司農丞、治書侍御史。避趙王倫之難,北徙常山。五子:輯、晃、芬、勁、叡。叡字幼黄,高平太守,居巷東,爲東祖。勁字少黄,治書侍御史,與兄芬居巷西,爲西祖。輯字護宗,高密太守。自楷時徙平棘,自平棘復徙柏人。子慎敦,世甚微。從叔晃,還趙郡。晃字仲黄,鎮南府長史,共稱南祖。其别宗,爲江夏、遼東、漢中三房,子孫咸盛。魏、齊、周、隋之世,多爲大官。至唐,位宰相者十七人:曰游道,曰藩,曰固言,曰日知,曰敬玄,曰伸(紳?),曰元素,曰絳,曰嶠,曰珏,曰懷遠,曰吉甫,曰德裕,曰泌,曰磎,曰鄘,曰安期。蚤能以功名著於世者,泌與吉甫父子。泌字長源,少年慕神仙不死之術,隱華山。天寶之亂,肅宗使人訪得之,帝與俱出入軍中,指之曰:"衣黄者聖人,衣白者山人。"繼相代宗、德宗,受命於艱難之際,使唐室再造,危而復安,大概皆泌之功也。所與共事者,乃李輔國、盧杞之徒,能以智自免,故君子以泌比張子房。吉甫之系,出西祖子隆,字太彝,後魏阜城令。六世孫祖威,唐倉部郎中。生思行,嘉州刺史。孫栖筠,爲工部侍郎。關中舊仰鄭、白二渠溉田。而豪戚壅上游取磑利且百,所奪農用十七。栖筠奏毁之,歲益租二百萬。平盧行軍司馬許杲將潰卒渡江東,欲爲變。拜栖筠浙西觀察使。杲懼而逃,拜御史大夫。元載竊國柄,横甚,代宗倚栖筠使圖之。栖筠見帝牽制不時決,憂憤而卒。子吉甫,字弘憲,自代宗時以姑息御藩鎮,有終身不易地者。吉甫相,歲中易三十六鎮。劉闢反於蜀,李錡反於吴,用吉甫計,卒斬闢與錡。每爲憲宗言藩鎮不奉命,則朝廷不尊,伐叛之謀,當以時決。李逢吉沮其功,心甚恨之。及吴元濟擅立,則自請至淮西招之,不從,必俘以爲獻。會暴疾卒。吉甫長於政事,所推多賢士大夫,盡其職。元和之治,視貞觀、開元,蓋庶幾焉。生德裕,字文饒,力學,卓犖有大節,尤善著文。徐州王智興紿天子,築壇度僧,資國家大福。德裕爲御史中丞,言江淮間失男子六十萬人,非小變,詔止之。徙劍南節度使,建籌邊樓,按南道山川與蠻相出入者,圖之左;西道山川與吐蕃相出入者,圖之右。部落衆寡,饋餉遠邇,曲折咸具。召習邊事者與共計,敵情僞盡知之。請安定人爲甲,解州人爲弓,杭州人爲弩,器械必犀利,率户二百,取一人教戰,復勿事,緩則農,急則兵,分爲十一軍,號"雄邊軍"。武宗立,召相德裕。唐自中葉數困於西戎,党項、回鶻、吐蕃,更相誅亂邊。德裕以數應之,使勢蹙,不虒甝爲大變。是時兵屢勝,瀕河將盡惴不敢動。武宗之治,號爲中興。宋盛時,系趙郡而達者,昉字明遠,饒陽人,周開封尹。宋太祖時,貶道州司馬,再貶延州別駕。治生爲終老計,遣使召之,久而後至。太祖望見昉,大喜曰:"趙普不妄薦人。"昉再相,持重知大體。嘗舉王旦,謂必爲太平宰相,後果如其言。沆字太初,臨洺人,相真宗,日取四方水旱盜賊奏之。王旦參知政事,以爲細事不足煩上聽。沆曰:"人主少年,當使知艱難。不然,血氣方剛,不留意聲色狗馬,則土木甲兵禱祠之事興矣。吾老,不及見君他日之憂也。"大中祥符之際,丁謂等以天書惑帝,治宫室,費財鉅萬萬。王旦欲諫,則業已同之;欲去,則上遇之厚,不忍去,大以爲恨。寇萊公薦丁謂,沆不用。準怒曰:"謂才不足用耶?準言不足聽耶?"沆曰:"謂不可使在人上。"準曰:"謂可使在人下乎?"沆嘆曰:"君必悔之。"謂相,果逐萊公,故世稱沆爲聖相。迪字復古,濮陽人,舉進士第一,與王曾並相,於國家大計,多所匡正。《昉傳》以爲德裕次子比部員外郎渾之後,居饒陽五公里。金末,裔孫成,避亂徙博陵,葬祖父博陵西北。亂甚,徙河南。久之,復還河北,居瀛州之參户,又爲參户人。三子:謙、榮、瑄。謙字仲默,生信、德。信生遜、遯、遷、適。德生造、達、適、遐。榮字茂之,勤於爲生能,斥其餘以與人,鄉里稱爲長者。生秀、世英。秀字子實,有大才,幼孤,以善事母稱,嗛口之食,便體之衣,有不須也,未有須而後具焉者。母亦甚安之,遂不忍去其母而仕。教子弟嚴,以身率之,故子弟能力學,以自赴於成人,饒陽之緒,幾至是而復生。迪字光道,大元吏部郎中,有能名。

生逸、通。世英字仲傑，生遜、述。遜，漢陰主簿。生植。述，太子洗馬。瑄生義、居仁。義生某。居仁生道。道生高麗。吴興趙孟頫曰：余官太史氏，識光道，屬余序其世家。余乃爲泝沿，得其世次如上，而次叙之。李氏之出趙郡者，傳二千餘年，達者不可勝數，蓋皋陶之烈也。今光道賢而能官，祖、父皆有積德，其後當益大云。（元趙孟頫《松雪齋集》卷六《趙郡李氏世譜》）

《闕里譜系》序

《闕里譜系序》，亦趙孟頫撰。所序之書，爲元初學者孔濤的《闕里譜系》一卷，略叙其家世事迹及作序之由。孔氏此書，載《浙江通志》卷二四四“經籍四·史部·譜牒類”：“《闕里譜系》一卷，元孔濤著，見黄溍《孔君墓志》。”元黄溍《文獻集》卷九上《承直郎潮州路總管府知事孔君(濤)墓志銘》：“君諱濤，字世平，姓孔氏，先聖之四十三世，曰後周曲阜令、襲封文宣公贈兵部尚書仁玉……君所爲詩，尚俊邁，文渾厚，不事纖巧。有《存存齋稿》，未及詮次，惟《闕里譜系》一卷爲成書。”然此《闕里譜系》久已失傳，唯有趙氏序文賴其文集得以保存，今據《松雪齋集》卷六輯録。

魯國孔君文昇以書抵僕，示以《闕里譜系》，求僕爲之序，且自叙其世家曰：“文昇十二世祖諱檜，後唐同光間，避亂，自闕里來居温州之平陽。檜生奕，奕生源，源生賓，賓生麗水縣丞會，會生平，平生達，達生公志，公志生處州司户參軍師古，師古生炳，炳生貴敬，貴敬生潼孫，是爲文昇皇考。始家於杭。宋德祐末，職教建康。當是時，大兵渡江，道梗不可南，因又家焉。至元廿八年，以官事赴大都，道卒臨清。文昇忍死，扶柩歸葬建康，而諸孤長者方十歲，小者未離乳抱。家貧累衆，不能復歸温州，既又娶於溧陽，攜諸孤就外氏以居，遂爲溧陽人矣。竊懼久而忘其所自來，故切切然以譜系爲急。僕嘗謂人之得姓，始皆一也。至其末流餘裔，往往不知其所從來者，歷年之多，遷徙之不常，而文獻之不足徵也。今孔君自曲阜而温，自温而建康，自建康而溧陽，凡三徙矣。其視温之族，已若温之視曲阜矣。數世之後，愈遠而愈疏。譜系之作，其可緩乎？子曰："夏禮，吾能言之，杞不足徵也。殷禮，吾能言之，宋不足徵也，文獻不足故也。"孔君清修好學，故能繼紹先志，纘述家譜，使後世子孫，知本支之傳愈久而不忘。夫禮者，所以教民不忘其所自生也。君子謂孔君於是乎知禮。謹按，自先聖至平陽府君，凡四十二世。至文昇，凡五十四世繼。自今子子孫孫，修先世之志，勤勤以譜系爲事，雖百世可知也。歷年雖多，遷徙雖不常，尚何久而忘之之懼乎？君字退之，今爲浙西廉訪掾云。（元趙孟頫《松雪齋集》卷六《闕里譜系序》）

《張氏宗譜》序

《張氏宗譜序》，連同以下輯録之《廬陵羅氏世譜序》《臨川危氏族譜序》《書茅生家譜》《書江陵唐氏族譜後》《題潘伯潤家譜》《書張子仁少監族譜後》等六文，均元代學者袁桷(1266—1327)撰，載其《清容居士集》卷二二、卷四九，分别概述了宋末元初張、羅、危、茅、唐、潘、張七個地方姓氏之氏族源流，並略述了譜牒之學的源流演變，及他對於族譜修撰方法和意義的個人見解。袁氏在元代久居史職，見多識廣，得見皇家秘笈，懂得宗譜修撰，敘述有法，編次有據，其所撰之族譜序文，較之一般作者之作水準要高，據輯。

宗以族言，斯古也；别以爲宗，記始也。大宗非諸侯之制也。居小宗而遺大宗，自鄭氏《大記》之釋失之，缺其大宗。小宗乎何取？然則曷爲大宗也？大宗之法，不施於庶昆弟，謂之别者，大夫、學士，悉有宗也。天子以國，諸侯以封，世守其祀，莫敢爲宗，下于庶人，而言宗焉。遺其大宗，不可也。大夫、士有常宗，由大宗而爲小宗，小宗不可以承祖，故分而言之。小宗之嫡，斯大宗矣，此繼别之義也。張氏之各得爲宗也，奈何張譜始於東平？東平，其大父善也。東平之長子禮，爲豐縣丞。豐縣，東平之大宗也。其季義居於東昌，死復葬焉。有子五人：長曰叔温，爲高沙屯官，東昌之大宗也。古者適於他國，皆别爲宗。國一而地異，别之義斯近矣。張譜軼於兵，逆而數之，首豐縣之禰，悉張氏子孫，更數十百年，宗不能易也。高沙之禰，居東昌合豐縣，爲小宗。始，高沙爲大宗，宗各有别，尊祖之道斯備矣。張姓出于姬，至周而氏著。祖于韓，其得望者十二，曰襄陽、洛陽、河東、始興、馮翊、吴郡、平原、清河、河間、中山，曰魏，曰蜀。東平譜祖以上名，不得而次。合賢與貴侈，而書之失。近據遠譜，其疑矣。惟貴與賢不偕同也，誠貴矣，非賢不能傳。使果賢邪，雖弗貴焉可也。張氏之先墓，隤於河，族厄于逃。今若孫若曾，咸曰别爲始者，猶邇也。至東昌而復别，何敢忘之？太和之季，叔恭、敬父則曰，爲譜辨宗，百世猶今也。且昔之不幸，吾猶慊恧焉，噫！敬父之心思，而深肅肅然，念其先，敏儒以自持，其興也，於是乎在。敬父今爲宗正府左右司都事。大德丁未，作亭于東昌之墓旁，表曰“宗會”，翰林學士廣平程公爲之記，太子文學魏郡元君復初系之以詩，而俾余爲譜。史官袁桷述。（元袁桷《清容居士集》卷二二《張氏宗譜序》）

《廬陵羅氏世譜》序

黄帝二十五宗，距唐堯猶未遠，世系昭穆混錯，若不可考。置而不論者，謂其詳不可聞也。禮莫詳於周，展親别宗，强本弱枝之慮，品式備具。不數百年，難生於所親，兵車日尋，卒之顛覆儥絶。何也？其所以繼之者，非其道也。禮生於人情貴貴親親。禮之大經，繇貴而失親，聖如周公，猶不能以制。宗法之不講，所由來舊矣。後漢鄭康成謂諸侯之别子爲大宗，自大夫、士而下，皆不當有，由是常宗之法廢。貴爲王公，其所以承攝者，止於五世，鄭氏之説誤也。譜諜學廢，姓氏殽雜，獨孔氏子孫更數千百年，歷歷可紀，而姬氏享國八百餘祀，秦漢之際，已散軼，僅存後王，盛衰抑無以議爲矣。或者謂孔子垂世立訓，貴不以位，故其所傳久遠。然考諸傳記，蠻夷小邦，率一姓數十世。噫！立禮以辨位，位尊而益争。昔之聖人，夫豈不知其有是哉？消長之理，相尋於無窮，其不可詰者，數存焉耳矣。《廬陵羅氏譜》，繇唐至今爲世凡十有五，爲派凡十有八，旁行邪上，如指諸掌。合職方氏小史之記，貴盛累葉者，亦莫能並統宗合源，一其所尚，必有其道，參差不齊，物之理也。先之以孝謹，終之以卑讓，黜爵貴德，雖百世可推也。桷也公侯之子孫，因羅氏之譜諜，將有感夫昔時之興廢，企焉若不及，而終之以自勉者，亦羅氏譜之微旨也。延祐丙辰八月，史官袁桷序。（元袁桷《清容居士集》卷二二《廬陵羅氏世譜序》）

《臨川危氏族譜》序

姓氏之學，魏晉以下無稽焉。歐陽子作《宰相世系》，切切然將私其親，然卒數世亡軼，是則凡言譜諜者，缺之，焉得矣。氏族混於周之東遷，祖以爲氏，猶之可也。别族改氏，因其官簿，以相沿襲，益繁多矣。繇是爲賜姓爲缺文，一氏而兩望，同源而别派，至於推律觀物，慕風嚮化，雜然而前陳。其避禍者，託焉以自逃，承宗繼絶，漫不可考。竄易傅會，紛然莫能辯者，數千百年皆是也。宗法之不講，所從來久。謂百世不遷者，德如后稷也，斯可矣。后稷而不能，則凡爲吾徒者，得無懼乎？孟子有言曰："君子之澤，五世而斬。"均小人而言之，何邪？昔之親盡，蓋見于孟子，然而私淑之道，充孟子而能爲之者，吾於危氏之《譜》，其殆庶幾矣。夫遠而不可明者，理之常也。究其初，以合乎貴賤貧富，其心博，其旨微，將使夫困者通，盈者持。危氏之盛，循環無窮，於是乎有考焉，是矣。維漳州大夫，於桷曾大父樞密越公同淳熙進士，同一科，同著作，同爲番陽文敏公之門人。其弟南昌君、族祖正肅公，實銘其墓。桷來京師，族孫有成。嘗曰："兩家疇昔若是，譜非子叙不可。"不幸有成卒，其弟歸其骨于臨川，遂不負其言而序之。（元袁桷《清容居士集》卷二二《臨川危氏族譜序》）

書《茅生家譜》

余待罪翰林，嘗草《三茅君加封制書》，深以爲神仙家功行纍積，子孫必盛。茅則希姓，則今江南茅氏，豈其苗裔也與？或曰：三茅君既仙去，安得有後？余應之曰："老子爲道祖，老子之子宗，五傳而爲王太傅。今李姓皆祖，則茅氏之祖也，夫何疑？吾鄉公相家，受原伯魯之誚，厚貲腴田，談笑立棄，其困辱有下於皂隸，甚者發丘壟，惡言其家世之盛。靖觀茅氏之自重，有泚其顙者多矣。漢氏以試籀書，始得爲吏。而唐宋制，令玉册官必通文詞者，始得爲。茅氏守藝，猶近於儒者之事矣。盛德若不足，老子之旨尚勉哉，必有以興復矣。（元袁桷《清容居士集》卷四九《書茅生家譜》）

書《江陵唐氏族譜》後

集賢修撰番易吴公善，作《江陵唐府君墓銘》，叙述世系，於質肅公八世矣。府君之子洞雲，願揭德正傳，俾桷有述焉。繼質肅公立朝偉節，在《宋史》，而獨減死令，莫定是否，敢於府君之《志》而詳言之。熙寧元年，著謀殺已傷自首者，減二等爲定律。主是議者，王安石、許遵也。非是議不得行者，參知政事唐公、御史中丞吕公獻可，判刑部劉孝叔、御史劉公玉、錢安道、翰林學士司馬公也。許遵在《宋·循吏傳》，蘇黄門深取之，且謂其年高多子孫，繇減罪之報。桷考《宋史》，則減殺議，自登州婦人殺夫自首始。唐公論爲綱常本，王、許之議非也。公以新法憤死，後詳定敕令者，卒於是而兩疑焉。宜定律曰："謀殺自首，減等，如遵議。在天屬如唐公議。"若是，則兩得之矣。公之子淑問，爲名御史，是唐公亦誠有後哉。唐故餘杭大族，侍讀學士詢實，同所自。其居江陵，繇公父殿直君始。質肅公事實，紀其諸孫，在朝者歷歷可考。宋社既亡，衣冠故緒，闔郡不能以一二觀。吴君所爲《銘》，則世次猶可考也。抑嘗聞之，鮑靚以司隸系孫爲道士，王遠知以琅邪太傅孫爲茅山觀主，皆知名當時。今洞雲佐治開元宫，居京師二十年，貞幹善謀，其源委有自來矣。夫樂道人之善，儒者之事。質肅公之不得伸於一時，事若有待庸書碑陰，以告夫爲史官者有考焉。（元袁桷《清容居士集》卷四九《書江陵唐氏族譜後》）

題《潘伯潤家譜》

幼歲聞寧海藩繁昌公，以文學、政事得名，群公交薦，久官江淮。其猶子伯潤，嘗從以行，飛箋急檄，一時爭稱道之。科舉既廢，假館浙右。辱其講授者，皆楚楚可觀。然而剛不容物，論事直見底蘊，脂韋者良忌之。每語繁昌公，輒涕洟見于顔面。繁昌死，無後，逃難蕩析，而伯潤垂白，服斬衰以繼。晚歲手書宗譜，以示其子，惓惓于繁昌尤切。噫！今世以田宅、財物爭爲後，若繁昌之死，當掉去不顧矣！伯潤所爲，誠足以警厲薄俗。子孫其有興者，願書此以俟。至治三年十月，袁桷書。（元袁桷《清容居士集》卷四九《題潘伯潤家譜》）

書張子仁少監《族譜》[1]後

張侍中曾孫忠文公叔夜、忠確公克戩，皆以死節表表，著靖康《宋史·忠義傳》。兄弟並立，餘人不能兼也。後其子孫入南，一在四明，一在福唐。紹興推恩，蓋首及之。都水少監張君子仁，蓋其裔孫。惓惓以宗譜未備，綱羅附綴，支分而派别之，歷歷在指掌。其勤且勞，積二十年始成焉。族譜散軼，皆由兵戎之遷徙。晉世故家，南北隔絶，各立譜系。元魏以來，賜姓紛雜，譜莫能考。歐陽子作《宰相表》，用志良苦，而私爲渤海譜，猶有缺文，是則爲譜者誠不易矣。今子仁能追考其所自，又復以職業自見光于前人。其官都水，興廢舉軼，廟堂以其諳歷，陞其官以居，然子仁有不懌者。桷曰："胡安定先生以水利爲一科，故其弟子，若羅、適、顧、臨，皆爲名監司。水土職在司空，古尤不輕。世以善理財穀爲能吏。厥今漕渠之粟，歲致千萬石，數倍遼海，不害于民，而京師益以羨，吾知考治行者，必以子仁爲首。夫何慊然！"因書其宗譜，且以勉焉。

（元袁桷《清容居士集》卷四九《書張子仁少監族譜後》）

① 譜：庫本原訛作"講"，據正文改。

《防里歐陽氏族譜》序

《防里歐陽氏族譜序》,連同以下輯録之《彭氏族譜序》《白石周氏族譜序》等四文,均元代文學家歐陽玄(1273—1358)撰,見其《圭齋文集》卷七。兹據《四庫全書》文淵閣本輯録。

歐陽氏之初,望出兩郡,千乘中絶。今存者,皆渤海裔也。其譜牒視他姓氏,宜爲易考。又自唐以後,譜學久廢。我文忠公最先倡之,其譜牒視他姓氏,宜爲先備。今或不能,然則以子孫衆多,轉徙不常也。吾家自趙宋淳熙丁酉,高祖八府君自防里遷瀏之馬渡,曾大父宜軒先生自馬渡遷長沙,大父澹軒先生及先太常渤海伯,復居于瀏。聞八府君在時,間歲一至防里。由曾大父而下,仕學四方,至者蓋鮮。獨幸我族屬不可鄙夷,而得叙其世次焉。頃予在朝,防里族兄奇翁先生,遣侄勞予京師。去年謁告南歸,又勞予于家,且囑叙其譜焉。余方約爲譜亭之行,當得備詢而悉載之。未幾,予環之使,至是以不果來也。因念吾宗之盛,儒者又多,譜或不一,致貽先正巽齋公之恨。然以予今日之事觀之,又何恨乎昔人耶!雖然,族譜之作,將以重倫紀,厚風俗,使其子孫知源委之所自,足矣,必求如唐人之譜學,自受姓以來皆有可考,則固有難者矣。無已,則用吾文忠公之法,姑叙防里之近者焉,則庶乎其可訪求也。譜留予所半載,迨將北行,乃叙而歸之奇翁,以俟他日。(元歐陽玄《圭齋文集》卷七《防里歐陽氏族譜序》)

《彭氏族譜》序

分宜彭氏，其先東漢長平侯宣，居淮陽。傳九世，至北齊陳留王樂，居安定。又八世，唐禮部侍郎景直，居瀛州。子構雲，避天寶之難，遷江右。傳四世，爲安定王玗，居廬陵。玗兄弟五人，爲太尉者四。子十一人，人皆檢校太傅、太保、六曹尚書、諸鎮刺史。孫二十七人，相繼登進士第，爲顯宦。五世孫嗣慶，復遷分宜縣南之珠溪。今珠溪族甚盛，或隱于林麓，或顯于王門，卓犖豪傑，世不乏人。或明經而修進士之業者，殆不可量。予嘗讀《彭氏家傳》，王雄據一方，士馬精鋭，數與淮陽争衡。湖南馬楚爲之請于後唐，錫爵崇貴。迹其材智英毅，豈下五季諸雄哉！惟能自處冲抑，不竊位號，故其子孫衆多，美譽不墜，此殆鬼神之福謙者歟？《傳》又言：王享年九十有八，繼學不衰，子弟從授二戴《禮》及《春秋》千餘人。非有絶人之資，不至是也。抑彭氏世有聞人，爵爲侯王。長平侯以文學，陳留王以武功，安定王資兼文武繼，自今爲子孫桀䨅，先訓箕裘，先業文武，以應國家之需，則是顯融者，豈有既哉！珠溪之彭，吾防里之歐陽，族望相同，婚姻相繼，故叙是譜不辭。（元歐陽玄《圭齋文集》卷七《彭氏族譜序》）

《白石周氏族譜》序

六朝以來,家有譜系之學,又有譜系之書。《隋・經籍志》載天下郡國族譜若干卷、《吉州譜》八卷,洪都、袁州稱是。江右諸郡,詳他郡也。唐世,此學此書盛行。五季淆亂,四方割據。馬殷在湖南,獨能輕徭薄賦,又招納賢者,故中州名家士,多歸之。後以希聲兄弟争國,士稍稍散去。今觀《廬陵周氏族譜》,言其先世避地江淮,丁馬氏亂,復徙金陵。蓋唐末自中州依馬氏。及亂而遷此,亦當時之一族也。但《譜》云"江淮",當作"江湖",殷境土未嘗及淮。考之馬氏失國既久,南唐始亡。周氏府君羡仕唐,至僕射,理宜然也。由僕射迄今,冠蓋不絶,屢遷而不替,則周氏之德,其盛可知矣。孫名師韓者,有志於譜久,備録而刻之。猶子諒,以刻本至京,眂余,求志其帙。夫譜學廢譜,書亡已久。余何幸,見古道於周氏。然余嘗以杜君卿作《通典》時,譜書具存,而杜不紀録,爲可恨。今則無所於購矣。適承敕修《經世大典》,偶見《周譜》,因附著予感於斯,且志吾廬陵之人,尊尚氏族,其來甚遠也。(元歐陽玄《圭齋文集》卷七《白石周氏族譜序》)

《後林周氏譜》序

廬陵周叔量，以其族譜謁余，序其端。予序南北大姓多矣，求其自受姓以來，世系不絶，歷歷然可考者鮮，蓋由世變相承，或斷續，於南北六朝之離合，或散逸於五季列國之紛争，往往而是也。唯代有聞人出而振起之。及有卓識之士，當世變之來，善擇地以處，則族可至不絶，譜可至不隳也。予觀周氏始遷周原，迨漢之爵徹侯者，有其人，又降而爲魏博士。歷晉至北周，爲長安之周，其盛涉隋。至唐中葉，府君璟，顯融于時。至四世威，遭世有難，避地金陵。五世矩，事南唐爲御史。晚愛廬陵山水之秀可居，遂依郡公楊竦而家焉。即今之西昌。宋初有曰史館學士，有曰光禄僕射，皆傑然表於其族。淳化而下，宦業日盛。朝廷賜其所居里曰"爵譽"。六世倩，又嘉安成泉石之勝，曰後林，而徙居之。内附後，子孫亦能輯其前聞，由是詩書之澤，與爵譽相輝暎，蓋九世于兹矣。叔量受知當揆，被選爲公府掾，會有特旨省臺，通用南北士，遂應令，首爲御史臺掾。遷臺照磨，進中書檢校官。因思近代名公卿，有自以先世或閾於偏方，不獲有聲於中國。及貴，徙居中州，頗爲士論所少。今觀叔量之際遇，則爲子孫相攸，唯當以山水風俗之美。若地里之僻左，自當遇大同之世，推一世之公也。雖然，居者種德以芘其後，行者畜學以發其身，亢宗之道，在是而已爾。叔量名浩，學行偉然，時譽歸之。後林周氏之復盛，其昉於斯乎。(元歐陽玄《圭齋文集》卷七《後林周氏譜序》)

《廬陵中州劉氏族譜》序

前代藝文志,載郡縣氏族書甚多。士君子若唐路氏、宋吕氏,明譜牒之學,學者亦不乏人。近世氏族書散失,士於譜學無聞。中州故家,屢更兵燹。仕者投牒天官,曾大父、大父,或犯其諱,其族譜可知矣。江南内附,多不煩干戈。承平既久,冠蓋之族,幸遭明時,涵濡深仁,往往治其家譜。不知者以爲一家之私事,知者則以昇平之氣象,可觀於此。至正壬午十月,余訪族,就醫於宜陽,道經南泉,與中州劉君西巖及宗海會于山中,出其所修族譜眎余,徵余叙其事。廬陵劉氏之顯者獨多於郡中,州族自廣平來。始祖紹聞府君,傳至今,歷十有七世,詩禮相仍,簪紱相踵。試閲其編,支分派别,昭然在目。西巖、宗海二君之用心,可謂勤矣。予族宜陽而家瀏,居間屢欲訪族,而阻疾。聞族有善醫,往即之。中途見《劉氏族譜》,私竊自喜,知吾族之必可訪。疾已者幾半,故因其請,而樂叙其帙端。紹聞歸宋,積官運使。其子有與金陵李氏姻戚者,蓋大姓也。其詳見王城山先生及宗海《自叙》云。(元歐陽玄《圭齋文集》卷七《廬陵中州劉氏族譜序》)

題《劉氏族譜》

《題劉氏族譜》《題莆田黃氏族譜》二文，均元代文學家許有壬(1287—1364)撰，載其《至正集》卷七二，敘宋末元初長沙劉氏、莆田黃氏之宗族姓氏源流，附帶敘及“唐宋士族亡其宗譜，名門右族，莫究世次”的情況，論及編修族譜的必要性。文筆雖簡，但内容質實，對於瞭解和考證宋元地方宗族發展及移民史、人口史，都不無價值。兹據文淵閣四庫全書本輯録。

長沙劉彦恭，奉《家譜》請言，由其本求其支，茫洋棼錯，殆不可知。精索締視，則某先某後，皦乎其各有合也。士大夫家貴知其族。及蕩於兵，宰相世系之隆，子孫有不知其自出者，況齊民乎！士大夫家能有其譜者，百不一二也。彦恭之先世有聞人，考明德業，進士有聲，早卒。彦恭相其弟某幼冲，于成譜之蔓衍，後又可知已。歐陽子用太史公《史記・表》、鄭玄《詩譜略》，上起高祖，下止玄孫，多而不亂，遠而無窮，彦恭其亦究此乎？予嘉彦恭能子，故進之。士子講學，此其先者也。彦恭勉之。(元許有壬《至正集》卷七二《題劉氏族譜》)

題《莆田黄氏族譜》

宗法廢而族姓之辨興，氏族之志立，無乃違其原柢，而即其支流乎！經殘禮壞，其亦愈於已乎！人一身其來尚矣，少而至於多，近而至於久，則不得不分。分而益多以久，至親盡而爲途人，勢也。使多而不紊，久而不迷，則圖譜之作，可少哉！唐宋士族亡其宗譜，名門右族，莫究世次。宋歐陽公因采太史公《史記·表》、鄭玄《詩譜略》，依其上下旁行，作爲《譜圖》，百世不易之法也。雖其言稍過於激，議者取其大可也。而乃指擿詆訐，猶法家括索，真少恕哉！武昌水陸提舉莆田黄君，出其《族譜》，自晉晉安守元方而下，迄於今，簪纓世家，絶無而僅有者也。世遠系紊，固或不免。視世之漫，不能究其先者有間矣。諸黄自叙其譜者，元豐而後，濟濟有人。因其語而有以與之。夫世之能世其世者，世其德也，非爵禄之謂也。富貴烜赫，未必華其宗，而謹德力學，不墜世訓者，休光可百世也。惟其發之於既盈，不期而至，不得已而出，措諸事業而不悖，揆之世訓而有光，其庶幾乎！若夫少不齒仕流爲憤恨，以譜圖爲入仕急務，非所望於黄氏也。提舉試以語諸族人，將有感於予言者也。（元許有壬《至正集》卷七二《題莆田黄氏族譜》）

《孔氏譜系》後題

《孔氏譜系後題》，元末文學家宋濂(1310—1381)撰，文載其《文憲集》卷一二，主要内容是指出其明初所見之兩種孔氏譜系著作在記述孔氏世系傳衍方面之矛盾，分析其致誤之原因，及此次爲《闕里譜系》一書作序撰跋之因由，可與本書前面輯録之《闕里譜系》一文相對讀，據輯。

神明之胄，莫盛於闕里孔氏，宜其文獻有足徵者。今竊觀其二家譜牒，則互有得失，姑舉其一二辯之。一譜云，順一名謙，生鮒騰、樹。鮒生隨。騰字子襄，生忠。忠生武安國。武生延年。延年生霸。霸生福。福生房。房之從弟某，生尚。安國生卬。卬生驩。驩生立。立之從弟吉，生何齊，樹一作袝，生聚，聚一作彦。生臧，臧生琳，琳生黄、茂，茂生宣。一譜云，謙生鮒、滕、樹、袝。鮒生育。滕生彦貞。彦生成貞，一名忠，生武。武生安國、延年。延年生霸。霸之下不甚殊。安國生黄、卬、茂。黄之曾孫尚，生疇，疇生賢。卬生驩吉。驩吉生立、何、齊。立生元。元生子建。茂生宣。樹三傳至琳，其後不書。袝生最。最生讓。讓生員。據前譜言之，則安國與武爲兄弟，黄、茂皆琳之子。而驩、吉爲兩人，尚乃霸之曾孫，樹即是袝，聚一名彦，實樹之子也。據後譜言之，則延年與安國爲兄弟，黄、茂皆安國之子，而驩吉只一人，尚乃黄之曾孫，袝即非樹，彦實滕之子也。濂竊考之，後譜謂武生延年、安國者，據《史記》；前譜謂忠生武安國者，據《家語》及《前漢書》，固各有所依憑。第司馬遷與安國同時，而班固乃出遷後，《家語》亦漢之諸儒所録，似當以《史記》爲正也。《孔叢子》云：子國生子卬。子卬生仲驩。子國，安國字也。太史公云:安國生卬,卬生驩。皆不聞言驩吉者,非特此也。《漢成紀》:綏和元年二月,封吉爲殷紹嘉侯。三月,進爵爲公。《恩澤侯表》:綏和元年二月,孔何齊以殷後,孔子世吉之嫡子,封紹嘉侯。或者,雖疑父子不應同封,而吉固自爲一人明矣。《漢劉琳府君碑》:鉅鹿太守孔尚撰。尚自言,承曲阜伯之裔,自伯魚至武,十世無封。曲阜者,唯安國有之。尚爲黄之曾孫,亦無疑者。若鮒,雖與祔同音,蔡文侯、昭侯相去五世,皆名。中古人尚質,未必若是拘拘,有以二字音同而疑無此人,其亦過哉。孔氏五十五代孫克仁,以譜圖未備,有志於纂修之事,間請濂撰序,以冠篇端。濂恨讀書不博,兼之老懶多病,舊學廢忘,無以究知其詳,因略疏所聞,綴之卷末。孔氏孫子以學行知名者,代有其人,而克仁亦以文章家自顯,幸爲起其疵繆焉。濂既爲孔君題《闕里譜系》一書,復謂之曰:"孔氏傳至四十二代光嗣,遭孔末之難。末乃灑掃户孔景之後,欲冒襲封,於是盡殺諸孔氏。時光嗣爲泗水令,其妻張夫人生仁玉。始九月,夫人遂秘養之。及長,再襲封。卒贈兵部尚書。兵部生四子:曰宜,曰憲,曰冕,曰勖。今之南北裔,如曲阜之崇聖苗、孔二村所居,及若古一名傳,端友、端朝之遷衢,端植之遷鄂,瑄之遷撫,瓚之遷吴興,皆其子孫,固不可以不謹其傳,而於正、外二支,尤所當明辯之也。頗聞前輩言,元貞二年二月,官中所定户版,闕里正支爲户凡一十有二,分爲五位。所謂五位者,則太子中舍、國子博士、中散大夫、侍郎襲封也。若外院孔氏,乃闕里子孫灑掃户,每歲輸入祭祀錢者。其爲户凡三十有一,分爲五院。所謂五院者,則宅上、洙泗、三傳、文登、寧陵也。子宜述其事,庶幾他日有所於考,而無涇渭混淆之患。"孔君曰:"此克仁之志,願爲我續書之。"辭不獲命,復爲附麗,題識之左,以爲後來纂修者之一助云。(明宋濂《文憲集》卷一二《孔氏譜系後題》)

南村輟耕録·氏族

《南村輟耕録·氏族》,元代學者陶宗儀(1316—?)撰,載其《南村輟耕録》卷一,主要記載元代民衆的姓氏族系,下分蒙古、色目、漢人、金人四個類别,分類記載,反映了氏族之學在蒙元統治下的新變化。而蒙元疆域的遼闊、部族之衆多、等級之森嚴,在這份名單中也隱約可見。以其較有時代特色,世人重視,且文字簡要,兹據中華書局點校本輯録。

氏　族

蒙古七十二種:

阿剌剌	扎剌兒歹	忽神忙兀歹	瓮吉剌歹
晃忽攤	永吉列思	兀魯兀	郭兒剌思
别剌歹	恰烈歹	禿别歹	八魯剌忽
曲吕律	也里吉斤	扎剌只剌	脱里别歹
塔塔兒	哈答吉	散兒歹	乞要歹
列术歹	顔不花歹	歹列里養賽	散术兀歹
滅里吉歹	阿大里吉歹	兀羅歹	别帖里歹
鑾歹	也可抹合剌	那顔吉歹	阿塔里吉歹
亦乞列歹	合忒乞歹	木里乞	外兀歹
外抹歹	阿兒剌歹	伯要歹	捏古歹
外剌歹	末里乞歹	許大歹	晃兀攤
别速歹	顔不草歹	木温塔歹	忙兀歹
塔塔歹	那顔乞台	阿塔力吉歹	忽神
塔一兒	兀魯歹	撒术歹	滅里吉

阿火里力歹	扎馬兒歹	兀羅羅歹	答答兒歹
別帖乞乃蠻歹	也可林合剌	瓮吉歹	术里歹
忙古歹	外抹歹乃	朵里別歹	八憐
察里吉歹	八魯忽歹	哈答歹	外剌

色目三十一種：

哈剌魯	欽察	唐兀	阿速
禿八	康里	苦里魯	剌乞歹
赤乞歹	畏吾兒	回回	乃蠻歹
阿兒渾	合魯歹	火里剌	撒里哥
禿伯歹	雍古歹	蜜赤思	夯力
苦魯丁	貴赤	匣剌魯	禿魯花
哈剌吉答歹	拙兒察歹	禿魯八歹	火里剌
甘木魯	徹兒哥	乞失迷兒	

漢人八種：

契丹	高麗	女直	竹因歹
术里闊歹	竹温	竹赤歹	渤海女直同

金人姓氏：

完顔漢姓曰王	烏古論曰商	乞石烈曰高	徒單曰杜
女奚烈曰郎	兀顔曰朱	蒲察曰李	顔盞曰張
温迪罕曰温	石抹曰蕭	奥屯曰曹	孛术魯曰魯
移剌曰劉	斡勒曰石	納剌曰康	夾谷曰仝
裴滿曰麻	尼忙古曰魚	斡准曰趙	阿典曰雷
阿里侃曰何	温敦曰空	吾魯曰惠	抹顔曰孟
都烈曰强	散答曰駱	呵不哈曰田	烏林答曰蔡
僕散曰林	术虎曰董		

古里甲曰汪(《南村輟耕録》卷一《氏族》)

南村輟耕録·陶氏二譜

《陶氏二譜》,載《南村輟耕録》卷一六,摘録自南宋文人王質所著的《雲韶堂紹陶録》,其中《栗里譜》爲東晉著名文學家陶淵明的年譜,《華陽譜》爲齊、梁間著名隱士陶弘景的年譜。二人皆東晉南朝著名隱逸之士,又是陶姓中最著名的兩個人物,故陶宗儀做爲重點來對待,特别關注,加以引用。而王質之所以作此二《譜》,也是因爲他於宋孝宗淳熙中遭受讒言,而被貶落,奉祠山居,以陶潛、陶弘景皆棄官遺世,故引爲同調,因作此書,以繼其風。王質的原文,今見文淵閣四庫全書本《紹陶録》卷上,雖爲原書,但文字反而不及《南村輟耕録》所引者好。《輟耕録》所引版本不僅時代更早,接近王質生活的南宋孝宗朝,而且文字也更完整少誤,故此次輯録,不取庫本《紹陶録》爲底本,僅用作參校,仍以《輟耕録》爲底本録文。

陶氏二譜

宋泰山王質所著《雲韶堂紹陶録》,《録》中首載《栗里》《華陽》二譜。惟先生之大節高風,流播千古。而質者,乃能次第其出處,作爲年譜,且以名吾書紹陶之志,是可尚已,遂録于此云。

書《陶栗里譜》

元亮高風,發於宋、晉去就之際。君曾祖事晉,懋著勳勞。自宋武帝芟元復馬,逆揣其末流,即不出。武帝將收賢士,以繫人心。見要,亦不應。陶、謝皆世臣，君世地色言俱僻，而靈運爲武帝秉任，最後乃欲詭忠義，雜江海。遠公送君過虎溪，而却靈運，不入蓮社，素心皆所鑒知。譜具左方。

興寧三年，乙丑，晉哀帝。

君生於潯陽柴桑。今德安縣楚城市是。父軼名。《命子》詩云："於穆仁考，澹焉虚止。寄迹風雲，置玆愠喜。"陶氏自侃以武功擅世，後裔稍襲故風，多流亂岐，蓋折翼之祥，發之旁派。傳淡傳君父子，皆以隱德著稱。侃女適孟嘉。嘉女適君父。是生君。其氣所傳，造化必有可言者。

太元元年，丙子，晉武帝。

君年十二，失母。《祭妹文》云："慈妣早世，我年二六。"

大元九年，甲申。

君年二十，失妾。《楚調》詩云："弱冠逢世阻，始室喪其偏。"妻翟氏偕老，所謂"夫耕於前，妻鉏於後"，當是翟。湯家，湯莊、矯、法、賜，四世以隱行知名。亦柴桑。

大元十九年，甲午。

君年三十。有《歸園田》詩云："誤落塵網中，一去三十年。"初爲州祭酒，當在其前。不堪，乃解歸，故云"久在樊籠裏，復得返自然"。尋亦却主簿。

隆安四年，庚子，晉安帝。

君年三十六。五月，有《從都還阻風規林》詩，當是參鎮軍，銜命自京都上江陵，故在始作《鎮軍參軍經曲阿》詩後。父在柴桑，故云"一欣侍温顔"。又云"久游戀所生"。父爲人度不肯適都，當是已舍單行，見《還舊居》詩。軍僚差彊郡吏，故云"時來苟冥會，婉孌憩通衢。投策命晨裝，暫與田園疏。"

隆安五年，辛丑。

君年三十七。正月，有《游斜川》詩，云："開歲倏五十"，方三十七，作五日是。當是故歲五月還潯陽，今歲七月適江陵。有《赴假還江陵夜行途中》詩。留潯陽逾年，當是予告在鄉，至是往赴。云"閒居三十載"，自未參鎮軍以前,得三十六年,當是不堪勞役,遂起歸意。故云:“詩書敦宿好,園林無俗情。如何捨此去,遥遥至南荆。”《失父祭妹文》云:“昔在江陵,重罹天罰。觸事未遠,書疏猶存。”當是妹自武昌報江陵時,父在柴桑。

元興二年,癸卯。

君年三十九。正月,有《始春懷古田舍》詩。當是自江陵歸柴桑,復適京都。宅憂居家,思溢城,故有《懷古田舍》。又云:“良苗懷新”。十二月,有《與從弟敬遠》詩云:“寢迹衡門下”,在都亦當是處野。

元興三年,甲辰。

君年四十。有《連雨獨飲》詩云:“僶俛四十年”。有《飲酒》詩云:“是時向立年,志氣多所耻。遂盡介然分,終死歸田里。”當是在壬辰、癸巳,爲州祭酒之時,所謂“投耒去學仕”。又云:“冉冉星氣流,亭亭復一紀。”至是,得十二年。

義熙元年,乙巳。

君年四十一。三月,有《爲建威參軍使都經錢溪》詩,當是故歲自都還里,即吉。庚子,始事鎮軍,繼事建威。中經罹憂,至是,得六年,復銜命至都,其家尚未歸柴桑。《還舊居》詩云:“疇昔家上京,六載去還歸。”往來時經鄉間,不常留,稍成疏,故云:“阡陌不移舊,邑屋或時非。履歷周故居,鄰老罕復遺。”至是,始定居,斷他適。十一月,有《歸去來辭》。九月,家留柴桑,身往彭澤。至是,免歸,當是不堪軍役,故求縣。不堪縣役,故歸家,所謂“風波未定,心憚遠役。”彭澤去家百里,公田足以爲酒。少日,眷然有歸與之情,平生之志始決,見《序》及《辭》甚詳。《失妹》所謂“情在駿奔,自免去職”。是歲,劉將軍録尚書。

義熙三年,丁未。

君年四十三。有《祭程氏妹》文。自乙巳至是,所謂“服制再周”。

義熙四年,戊申。

君年四十四。有《六月遇火》詩云:“奄出四十年”。

義熙五年,己酉。

君年四十五。有《九日》詩。

義熙六年，庚戌。

君年四十六。有《西田穫早稻》詩。

義熙七年，辛亥。

君年四十七。有《祭從弟敬遠文》云："絶粒委務，考槃山陰。晨采上藥，夕閑素琴。"當是同志，見文甚詳。

義熙十年，甲寅。

君年五十。有《雜詩》云："奈何五十年，棄官來歸。"至是，得十年，故云"荏苒經十載，暫爲人所羈。"

義熙十一年，乙卯。

君年五十一。有《與子儼等疏》云："年過五十。"又云："見樹木交蔭，時鳥變聲，亦復欣然。五六月，北窗下卧，遇凉風暫至，自號羲皇上人。"見《疏》甚詳。

義熙十二年，丙辰。

君年五十二。有《下潠田舍穫》詩云："曰余爲此來，三四星火頹。"當是得此，在癸丑、甲寅之間。

義熙十四年，戊午。

君年五十四。《楚調》云："僶俛六九年。"召爲著作佐郎，不應。是歲，宋公爲相國。

元熙元年，己未，晉恭帝。

君年五十五。王休元爲江州，自造不得見，遣其故人龐通之等，齎酒於半道栗里要之，即引酌野亭，休元出與相聞，極歡終日。嘗九日把菊無酒，休元餉之。有《九日閑居》詩，所謂"秋菊滿園，時醪靡至"，當是未獲所遺。休元在江州，幾六載，未審的在何年。自乙巳至丁卯，訖死未嘗他適，獨暫爲休元入州。

永初元年，庚申，宋武帝。

君年五十六。同隱周續之召至都，爲顔延之連挫。義熙間，檀韶爲江州，邀續之，在城北講禮讎書。有《示周掾祖謝》詩云："馬隊非講肆，校書亦已勤。"又云："但願還渚中，從我潁水濱。"江城尚不欲周往，奚況京師。劉遺民亦同隱。有《和劉柴桑》詩云："挈杖還西廬。"又云："春醪解飢劬。”其還以春，有《酬劉柴桑》云：“嘉穟眷南疇。”又云：“慨然知已秋。”其還至是及秋。初自西廬移南村，有《移居》詩云：“聞多素心人，樂與數朝夕。”又云：“過門更相呼，有酒斟酌之。”遷居殆爲遺民之徒。尋還西廬，度相距亦不遠，與遺民更相酬酢不改。賞文析義之時，未審的在何年。或恐劉柴桑似縣令，劉或嘗爲此縣，存此呼。或有命不爲，猶續之嘗命爲撫軍參軍，不就，因呼周掾，皆不可知。但非時爲宰者語，皆冷交，非熱官。《丁柴桑》詩云：“秉直司聰，于惠百里。”此乃當官無疑。尋詩，鍾情於劉，過厚於周。遺民自隱之餘無聞，續之在隱之中微婉。君與周、劉，號“潯陽三隱”。校情義，稍有淺深。是歲，宋武帝踐祚。

景平元年，癸亥。晉營陽王。

君年五十九。顔延之爲始安，過潯陽日，造飲酣醉。臨去，留二萬錢，悉送酒家。相知久間，驟見益驩。延之未審何時來柴桑。所謂“自爾分居，及我多暇。伊好之洽，接檐鄰舍。”當是不詣劉穆之之時。又未審何時去柴桑，當是爲豫章世子參軍之時。據《誄》，參《傳》，略見。

元嘉三年。丙寅，宋文帝。

君年六十二。檀道濟爲江州。時抱羸疾，多瘠餒，往候，饋以梁(粱)肉，不受。

元嘉四年，丁卯。

君年六十三。有《自祭文》云：“律中無射。”《擬挽歌》詩云：“嚴霜九月中，送我出遠郊。”當是杪秋下世。顔延之《誄》云：“視化如歸，臨凶若吉。藥劑弗嘗，禱祠弗恤。”其臨終高態，見《誄》甚詳。君平生好談歸盡。蕭統以爲：“處百齡之内，居一世之中。倏忽白駒，寄寓逆旅。與大塊而榮枯，隨中和而放蕩。豈能勞於憂畏，役於人間。”最知深心。形贈影答，神釋本趣，略見所謂“縱浪大化中，不喜亦不懼。應盡便須盡，無復獨多慮。惟患不知，既已洞知，安坐待此，夫復何言。”杜甫許避俗，未許達道，識者更詳之。

書《陶華陽譜》

通明高風，發於梁、齊、宋去就之際。君祖、父皆食宋禄，身又生宋代。自齊高帝代宋，旋引去。梁武帝代齊，益退藏。平時以師待君。然大節有定操，豈復以恩禮推移。暫至丹陽，應簡文之命，不少至京都。慰武帝之懷，抑何其堅忍。壯年果於遺世，照之審，故判之不疑，譜具左方。

孝建三年，丙申，宋世祖。

君生於丹陽秣陵，今上元縣冶村是。母郝氏，夢兩天人持爐爇香來前，有娠。今世爲君，再世爲孫思邈。兩世肇啓於郝，故其兆先形。當是本居天仙趣，報盡還入人趣。植根弗凡，受形亦異。生以火年火月，又夏至極陰日，悉禀純陽，多起飛心，累功積行，所升當益高。推佛言，參君迹，略見。

大明四年，庚子。

君年五歲，常持荻畫灰，學書。

泰始元年，乙巳，宋明帝。

君年十歲。得葛洪《神仙傳》，即有志養生。語人，仰青天。睹白日，不覺爲遠。及長，博讀書，遂解文武諸伎。自後天文、地理、人事，雖至淵妙，咸臻底極。當時已罕傳，歷年愈遠，行世寖稀。梁傳所載十二種，今傳惟三種，傳不能紀十種。《唐志》所載九種，今傳惟四種，傳有志無八種，傳無志有五種。《本草》後人增衍，考正益詳，間與《集注》差異。

元徽二年，甲寅，宋蒼梧王。

君年十九。蕭將軍録尚書，引爲諸王侍讀。故事：止典文學，無他務。除奉朝請。故事：止奉朝會請召，本不爲官。雖在宦途，亦居静地。及求縣，乃不遂，緣勢可見。

永明十年，壬申，齊世祖。君年三十七。家貧，求宰縣，不遂，脱朝服，挂神武門去，止句曲山，體即輕捷。性嗜山水，所歷必吟咏盤旋不已。語人："吾見朱門廣厦，雖適其華樂，而無欲往之心。望高巖，瞰大澤，知難立止，自常欲就之。永明中求禄，得輒差舛。不爾，豈得爲今日之事,亦緣勢使然。”此語甚真。是事先有根,次有緣,次有勢,相符乃入,所謂“道生之,德畜之,物形之,勢成之,惟難契”,故曠世難就。

隆昌元年,癸酉,齊鬱林王。

君年三十八。沈約爲東陽,屢要不至。自棲句曲不出,所謂“遍歷名山,求訪仙藥。”或未然。一至句章,禮育王塔。一至丹陽,應太子召,他適皆無考。又言,往東陽從孫游嶽,授符圖經法,亦無考。惟楊羲靈寶五符,傳句容葛粲,粲以傳陸修静,陸以傳孫許翽。《二景歌》,東陽章靈民出都遇得,以與孫。度所得止在秣陵、句曲之間,非遠適而後傳。

永元元年,己卯,齊東昏侯。

君年四十四。在句曲,築樓,高三層,身處其上,弟子居其中。賓客至其下,與物遂絶。不娶,無子,它眷亦不通。先斷此根,可議他事。特愛松風,庭院皆植松,聆響爲樂。閑獨游泉石。此門忌濁便清。神仙上景多雲霞,下景多山水,物多金玉,色多紫碧,它皆類是。所謂熟之、養之、覆之。若欲成瓣,必加將護,大要離塵换境爲上。

中興元年,辛巳,齊和帝。

君年四十六。蕭都督至新林,遣弟子戴猛之迎謁。初,齊末作《水丑木之歌》,至是,援讖文,成梁字,令弟子進之,遂以梁建國。後覆没,亦預言。《朱點己巳》詩嘆朝陽重離七元,卒驗。雖隱茅山,不却人主詢謀。中大通初,獻善勝、成勝二刀。度武帝狃陳慶之覆魏洛陽,好大之心寖侈,參會侯景,大觸駭機,豈盡忘救世者,但觀時耳。早慕張良甚深,黄石編書,蓋傳真秘諜兵法。其間餘事,推己及物,亦致平緒術。此門隱除魔,顯定亂。學道者問及,君著《水鏡》《握鏡》,當是早爲,豈掛晚念。

天監元年,壬午,梁高祖。

君年四十七。梁武帝在西邸,與游。及即位,恩禮彌篤,問訊弗絶,屢招不出。畫兩牛一牧,放水草之間,一金絡頭人執杖驅之,知不可復致。旁族季直,亦不肯事梁。武帝嘗嘆:‘梁有天下,遂不見此人門風,何繇乃爾!”

天監四年,乙酉。

君年五十。移居積金澗，泉石益奇，無蛇虎，有佳木及雜藥。初乏青林，及來居，皆自茂。在句曲東壟。

中大通元年，己酉。

君年七十四。遇異人宣闓，以《本草》，用蝱蟲、水蛭之屬，傷物，遲一紀，可解形。至期，果化，尸解，凡十餘種。世傳闓自青城來句曲，先升。以君聞帝，録其積水之功，化後爲蓬萊都水監，見《仙傳》及《拾遺》，甚略。今《茅山》相傳稍詳，但微涉異。

大同二年，丙辰。

君年八十一。隻眼或方。夢勝力菩薩授《菩提記》，乃詣鄮縣，禮阿育王塔，自誓受戒。世傳吕巖從鍾離權受劍訣，後二百餘年，來參黄龍惠南，始竟佛言，不修正覺，别得生理，休止深山大島，絶於人境。報盡還來，散入諸趣。晚年始堅此願。《唐志》有所著《草堂法師傳》。當時佛教雖隆，禪宗未開。圓覺以大通五年至，以是年去，留臺城十九日，度君不及相見。

大同六年，庚申。

君年八十五。逆尅亡日，仍爲《告逝》詩。及卒，顔色如常，香氣彌山。《華陽頌》云："號期行當滿，亥數未終丁。迨乃承唐世，將賓來聖庭。"化後，一遇丁亥，爲陳臨海王光大元年。再遇丁亥，爲唐太宗貞觀元年。升平之盛，降古所稀。聖庭當是此時。初，隋文帝輔周，以國子博士召孫思邈，不應，密言："後五十年，有聖人出，吾且助以濟人。"宣政元年至貞觀元年，適滿五十年。應命來見，太宗官之，不受，辭歸太白山。風素極類隱居。它無種不類。形有轉移，神無變易。自是至丁卯，獨孤信鎮洛陽之時，正七歲。至丁亥，太宗召至長安之時，得八十七歲。暮齡有少容，所以驚嗟。盧照鄰稱其"自謂生開皇辛酉"，當時已不信。若爾，豈得聖童之稱，博士之召？貞觀丁亥，方二十七歲，豈得少容之嘆？若言數百歲，豈得七歲弱冠之譽？度思邈之生，適繼隱居之没，其爲後身何疑。《挺契頌》又云："重離倘或似"，謂簡文與武帝俱非令終。又云："七夕乃扶胥"，謂武帝凡七改元。世稱推戴爲策立。侯景嘗爲懷朔鎮功曹吏，至是篡梁，稱漢，故云扶胥。所謂"篇中字皆有義旨"。後人自以篇中事求之,則《機萌》一頌二十字,顧豈虛設! 矧又彰明。《業運頌》又云:"濟神既有在,去留從所宜。"神既濟矣,在於何所。華原孫氏,即其所在也已。當知佛言"報盡還來",及"舍生趣生",至確可信。識者更推之。(《南村輟耕録》卷一六)

《章氏族譜》序

《章氏族譜序》，明初文人王禕（？—1372。字子充，浙江義烏人。明代文學家，洪武五年正月，奉命齎詔往昆明招諭雲南，十二月二十四日遇害，事迹入《明史》卷二八九《忠烈傳》）撰，敘述宋代章氏家族源流支派，乃地域性家族史文獻，内容爲唐宋姓氏書所無，有一定的參考價值，兹據其《王忠文集》卷五輯録。

《龍泉章氏族譜》四篇，二十一世孫溢之所著，而章氏有譜，自溢始。前乎此非無譜也，蓋其族盛於建之浦城，而分於處之龍泉。其居温之永嘉、婺之永康者，亦本於浦城，與龍泉爲同祖。四族子孫，碩大繁衍，在故宋時，每間歲或數年輒爲會，會則各出譜牒，互考而續書之，曰《慶系圖》，則其族各有譜舊矣。龍泉之譜，尤稱詳備，然皆薦經兵燹，亡軼弗存。溢爲是恩，乃因本房小譜及歷代墳記之僅存者，復旁搜遠採，裒集而次第之，著爲是書，本支原派，秩然有序，於是章氏號爲東南巨族者，益可考不誣，則其族之有譜，雖謂始於溢可也。夫氏族，古史官之所記也。周有小史，定世繫，辨昭穆，故有《世本》，録黄帝以來至於春秋諸侯卿大夫名號、統系。左丘明以爲天子建德，因生以賜姓，胙之土而命之氏。諸侯以字爲氏，以謚爲族，邑亦如之。自後受姓命氏，日益衆多。遭秦滅學，公侯子孫，失其世。及漢興，司馬遷約《世本》，修《史記》，因《周譜》，明世家，人乃知姓氏所由出。終漢世，有《鄧氏官譜》、應劭《氏族篇》、王符《姓氏論》。魏、晉以來，有司選舉，必稽譜牒，以考真僞。故官有世胄，譜有世官。宋何承天作《姓苑》，復以充廣前志。至唐，有《貞觀氏族志》《元和姓纂》、路敬淳《姓略》、柳冲《族姓系録》，當世薦紳之流，無不明乎姓氏之學者。自王學之後，喪亂相仍，譜牒俱廢，士大夫之習其學者遂鮮矣。嗚呼！崇德貴功，尚論氏族，此聖人所以維持天下，别婚姻，辨族類，厚風俗，扶世教，大宗小宗之法，所賴以久存者也。自宗法壞而門地盛，門地盛而譜牒興。及譜牒既亡，人始不知其本矣。章氏序系，所從來者遠。今溢獨勰勰焉，推念本始，而究心於譜牒，迄能以亡而爲完，尊尊親親之道，藹然可見，其可不謂知所本哉！雖然，論氏族之盛衰，由子孫之賢否。若漢之袁氏、楊氏、陳氏，唐之柳氏，宋之戚氏、吕氏，其操義風概，累世不替，皆足以厲天下，矯異代，豈徒以貴富之故乎！章氏在異時嘗顯矣。然則世濟其美，而令聞長，世固有不在彼而在此者。溢字三益，方以宏才粹德，嚮用於時。古稱能世其家，庶其在是矣乎！（明王禕《王忠文集》卷五《章氏族譜》）

《隴西汪氏世譜》序

《隴西汪氏世譜序》，明初學者楊榮（1371—1440。字勉仁，福建建安人。建文二年進士，授編修。成祖時，官至文淵閣大學士。英宗正統五年卒，年七十，贈太師，謚文敏。事迹見《明史》卷一四八《楊榮傳》）撰，述宋元明初隴西王氏家族譜系。另有明汪福撰之同名著作，不分卷，見《千頃堂書目》卷一〇"譜系類"撰，乃另一書。序文見《新安文獻志》卷九六下，據輯。

世之所謂世臣舊家多矣，能使勳業之盛愈遠有耀，子孫之傳愈隆而不替，繼繼繩繩，歷數百年如一日者，又豈多見哉！予觀隴西汪氏之譜，而深有羨焉。蓋其作於前者，既克有功德於民；承於後者，又莫不勵忠孝，建勳業，有光厥祖，宜其垂聲振華，歷金、元而逮於今日也。然則論世臣舊家之盛者，孰有越於汪氏哉！汪之先，連世爲隴右古族。都總管傳三世，曰世顯。元拜便宜總帥，專制秦鞏等二十餘州事。世顯子七人：長忠臣，鞏昌便宜副總帥。次德臣、直臣、良臣、翰臣、佐臣、清臣，俱有功，至大官。而德臣、良臣尤顯。孫十有九人，多居將相，而惟正尤著。自其身以及孫、曾，終元之世，百八十餘人，追封王者三，封公者七，尚主者二，其他列朝著典藩方，分符建節，聯珪叠組，爲時顯人者不可勝紀。於戲，何其勝哉！忠臣之後，曰庸者，别諱靈真，保元季，襲都總帥、資善大夫、陝西行中書省左丞。洪武初，以其所守故地版圖來歸，太祖皇帝嘉之，授昭勇大將軍。鞏昌等處都總府都總帥，後罷總帥府，改授安遠將軍。鞏昌衛世襲指揮同知，迨今又四世矣。庸傳義。義二子：長福，字伯昇，調守滁州衛。嘗修輯其宗譜。次壽，字永年，今任陝西都指揮僉事，掌鞏昌衛事，俱克紹先緒者也。永年間以伯昇所輯宗譜來請予序，予重其意，不獲有辭。夫譜非但以推本原之遠，聯族屬之衆，而誇閥閲之華也，蓋將以昭先德，示後人，思所景仰而紹續之也。始舉其顯著者，爲汪氏子孫言之。世顯當元太宗時，金亡，郡縣望風納款，獨世顯爲金城守者三年。已而度勢不可支，欲全活一道之民，乃爲金發喪，登陴哭三日，始率衆歸附。元帥平蜀，功居諸將右，卒贈推忠協力佐運功臣、太師、隴西公，謚義武，追封隴右王，此其作於前者。至若德臣之事憲宗，良臣、惟正之事世祖，或膽略威名，敵不敢近，或所過禁俘掠，發粟賑饑，或治蜀留意，撫循人民，便安其卒。謚、贈、封爵，俱不減其祖、父，是皆資兼文武，世篤忠貞，豐功盛烈，烺烺炳炳，播諸史傳。而家乘所載者，又不可殫録。入我國朝，則庸之保境恤民，勳蹟尤偉，此其承於後者也。嗟夫！莫爲於前，雖美弗彰。莫繼於後，雖盛弗傳。汪氏子孫，數世以勳業相承愈遠，有耀愈隆，不替如此。爲其後人者，烏可不思景仰而紹續之邪？若然，則爲斯譜之榮，爲世臣舊家之光，雖累數十百世，詎有涯哉！此伯昇、永年惓惓修譜之意，而予之所樂告者也，是爲序。

（《新安文獻志》卷九六下《大學士建安楊文敏公隴西汪氏世譜序》）

水東日記·陸放翁家訓

《水東日記·陸放翁家訓》,連同下文輯録之《各姓宗圖》,均明代學者葉盛(1420—1474)輯録編撰,分别見其《水東日記》卷一五、卷一八,前者爲其所輯録的山陰陸氏家訓,原題《太史公緒訓》,出自陸游祖父陸佃之手;中間敘及山陰陸氏之家族史,對於瞭解和認識山陰陸氏的姓系源流有好處。後者爲作者據當時史料編撰的十多個明代前期地方姓氏的宗圖,雖然不够全面,但是仍具有一定的史料價值。此次輯録,據中華書局1980年版《水東日記》點校本録文。

陸放翁家訓

今山陰陸氏譜,有唐觀察使庶《吴郡陸氏四十九枝族譜》、歐陽修《唐書·陸氏宰相世系表》《平江府慧感夫人家藏譜序》《衢州陸氏太常左卿緯遺譜》《宋餘杭陸氏周宰譜》《慶元陸氏宗系後譜録》《吴郡陸氏家乘》《山陰陸氏重修二十九枝宗系》,蓋自齊元侯通爲一世,至今,凡六十又三世矣。玆録《放翁家訓》於此,元題曰《太史公緒訓》。

昔唐之亡也,天下分裂,錢氏崛起吴越之間,徒隸乘時,冠屨易位。吾家在唐,爲輔相者六人,廉直忠孝,世載令聞。念後世不可事僞國,苟富貴,以辱先人,始棄官不仕,東徙渡江,夷於編氓。孝悌行於家,忠信著於鄉,家法凛然,久而弗改。宋興,海内一統。祥符中,天子東封泰山,於是陸氏乃與時俱興,百餘年間,文儒繼出,有公有卿,子孫宦學相承，復爲宋世家，亦可謂盛矣。然游於此，竊[1]有懼焉。天下之事，常成於困約，而敗於奢靡。游童子時，先君諄諄爲言，太傅出入朝廷四十餘年，終身未嘗爲越産。家人有少變其舊者，輒不懌。其夫人棺纔漆四會，婚姻不求大家顯人，晚歸魯墟，舊廬一椽不可加也。楚公少時，尤苦貧，革帶敝，以繩續絶處。秦國夫人嘗作新襦，積錢累月乃能就，一日覆羹，污之，至泣涕不食。太尉與邊夫人方寓宦舟，見婦至，喜甚，輒置酒，銀器色黑如鐵，菓醢數種，酒三行而已。姑嫁石氏，歸寧，食有籠餅，亟起辭謝曰："昏耄不省是誰生日也。"左右或匿笑，楚公嘆曰："吾家故時，數日乃啜羹，歲時或生日，乃食籠餅，若曹豈知耶！"是時楚公見貴顯，顧以啜羹食餅爲泰，愀然嘆息如此。游生晚，所聞已略，然少於游者，又將不聞。而舊俗方以大壞，厭藜藿，慕膏梁(粱)，往往更以上世之事爲諱。使不聞此風，放而不還，且有陷於危辱之地，淪於市井，降於皂隸者矣。復思如往時，父子兄弟相從，居於魯墟，葬於九里，安樂耕桑之業，終身無愧悔，可得耶！嗚呼！仕而至公卿，命也。退而爲農，亦命也。若夫撓節以求貴，市道以營利，吾家之所深耻，子孫戒之，尚無墜厥初。乾道四年五月十三日，大中大夫、寶謨閣待制游謹書[2]。（明葉盛《水東日記》卷一五）

---

① 竊：《水東日記》中華書局點校本原作"切"，據《水東日記》庫本改。

② 寶謨閣待制游謹書："書"下原有大段長文，亦出陸游祖父陸佃之手，爲其所撰《太史公緒訓》之一部分，但與姓氏無關，故不録。

水東日記·各姓宗圖

《各姓宗圖》，載明葉盛撰《水東日記》卷一八，文中敘及張、黄、王、梁、孔、耿、邵、郭、葉、盧等十餘個南北地方姓氏，文字簡要，記載清晰，具有一定的參考價值。編排和風格也與一般的姓氏譜牒之書不同，乃明代流行的地方風格，在姓氏學史上具有不同於前的標志性意義，兹據中華書局點校本輯録。

李墟張氏

		輗
觀國賓	希恭	
		軏

石浦黄氏

			邦彦	立本	麒	宗慶
					麟	宗善七子
					鳳	彦庸三子
瑩潭	輔之	君舉				
			國寧	鼒	敬	瑄
				鼎		琚
				鼐		

黄氏自邦彦以上，皆儒師。瑩潭、輔之有詩文，陳琳宗古家有録本。

毛澳邵氏

七官　金氏　仲達顧氏　德名余氏宋氏顯

邵氏盛蕩之族，七官人娶金元七總管第六女。按公所生五男二女，豈官人所娶，乃五男以下之長女耶？蓋鄉俗行第不分男女，故云。

廟涇郭氏

文　通甫　清嫁葉明，寅嫁金安。

壽四　文富　忠甫　信　昭　宗瓛

蕭墅張氏

大總把千十四郎　秋岩貴一　管氏新之辛一　王氏仲芳辛七振宗景氏榮祖張氏伯璿瑞祁氏世隆

庶生娶景五娘振宗千十四郎貴一辛一①

千五十八公一云千十二公　吉甫　嗣宗方氏繼先莊氏　世昌

小總把千七郎　大官人　泰講王

二官人

三官人

四娘子

五益大師

大字乃壽樂公手寫，旁注小字，見馬氏所藏分書，并宗支小圖，説見後。

總把某　振祖梅村　傑漢傑　伯庸　僖公謹

倫公叙基　潤

偉公奇場

侶　壆

僖以上，見袁子英文，基以下及梅村漢傑四字，則里杜師壆所云。張日東又云，嘗見東墳庵内有碗一枚，上②煉“漢材”二字，豈又漢傑兄弟耶？

張千九郎　慶一郎　張千八郎廿八娘

---

① 此十六字中華書局本《水東日記》原無，據《水東日記》庫本補。

② 上：此字中華書局本《水東日記》原無，據《水東日記》庫本補。

男方付一方付二

沈慶四娘夫方四十三郎

女方二娘小四娘

沈慶八娘夫徐慶三郎徐付五娘夫吴官二

張千二公　千十三郎　千十九郎,娶陳六娘

填房廿郎　張升一郎

大女阿三娘,贅沈七十五郎

小女阿四娘,瞽

千十六郎　升二郎

張千十郎　千五郎　三十七郎

千十八郎　升三郎

女貴一娘夫印二官

大總把千十四郎男貴一管氏男辛一王氏辛六本康平遠子,娶方二娘

張千十二公　辛七庶生娶景五娘

小總把千七郎男一官二官三官四娘五益大師

右馬氏所藏《張氏宗圖》,外有張新之至元五年四月分書云:"室王無子,皇慶二年,求康平遠子爲義男,名張嗣宗,娶方,生一男一女。後於至治元年,庶生男振宗,娶景,見分者張妙正、張俊卿、張伯壽印,月湖朱君寶云。"

震之顧氏　世華杜氏

士賢

士能珉

士良　繼宗　瑜

僧寺經疏云:震之後九皋所圖,乃振字。其云桂皋,而蕭墅普安橋所鑱,又云:"元統二年三月張桂高建",高字亦不同。

梅村　漢傑　伯庸

小總把

桂皋　振之　世華

士能云：此圖乃九皋所書，九皋尚有《子細宗圖》，爲士能倉卒失去。

君厚顧氏徐氏尤氏士安金氏鵬翼九皋 吴氏尹氏璿　覲

叔瑜　璣

玉

衡　昂　皞日東衵

遠

曠

皞亦里杜師也。

南戴王氏

祥卿

伯廣舉之　孟禮　凱

瑞卿　璵天騏　綱

孟智　信

紀

璿叔衡復

震　楫

巽

益

璣叔政恒

經

緯

河南梁氏

某元重慶同知　某岷山同知陞桂陽府判官，家崑山。玉前婺州經歷　長女適祁州知州楊姓。次男瓅大谷簿。

右見吕普庵所作《楊夫人銘》。

孔章①宋奉議大夫、四川重慶府同知。仲德宋承德郎、山西平陽府通判。澤民元迪功郎、婺州路經歷。國用明將仕郎、太原府太谷縣主簿。孟鏞山東館陶縣、四川萬縣主簿。棟　　昱山西平定州知州。

右見梁氏相傳。

上艾耿氏

守直金教授　復元知事　文推官　承祖大祝　綱國朝教諭　九疇尚書　裕簡討②

耿之先，本真定東鹿桂子隆花村人。金初，徙山西樂平孔子里。遠祖昉，任平定軍宣武第十指揮使，遂爲平定人。守直之父升夫婦，死元兵，有功於其鄉云。（明葉盛《水東日記》卷一八）

① 孔章：庫本作“孔彰”。

② 簡討：庫本作“檢討”，是。

大學衍義補

《大學衍義補》,明代學者丘濬(1421—1495)撰。該書卷九四有一段文字,摘録自前代舊史,特别是鄭樵的《通志·氏族略序》,主要内容是概述譜系之學的由來及興廢。以其文字簡潔,且文末叙及明代勳臣武胄襲替世官所行用的家族譜系制度,有一定的參考價值,據庫本輯録。

臣按:古者封建之制行,分土列爵,各有分地,各有分民。而在其邦國者,亦各有其國之私書,所謂志者是也。志雖作於侯國,而籍則掌於王官。其事之大者,在奠繫世,辨昭穆焉。後世封建之制廢,仕者無世官,無分地。然魏晉以來,官有簿狀,家有譜系,官之選舉,必繇於簿狀;家之婚姻,必繇於譜系。歷代並有圖譜局,置郎、令史以掌之,仍用博通古今之儒知撰譜事。凡百官族姓之有家狀者,則上之官,爲考定詳實,藏於秘閣,副在左户。若私書有濫,則糾之以官籍。官籍不及,則稽之以私書,所以人尚譜牒之學,家藏譜系之書。自五代以來,其書散佚不傳,非獨無官①秘閣左户之藏,而士大夫能通譜牒之學者,蓋亦鮮矣。今制,惟勳臣武胄有世官者,襲替之際,具其宗圖,藏在所司,而文臣之初應舉入官者,亦一具家狀。既仕之後,不復究矣,此亦一缺典也。(明丘濬《大學衍義補》卷九四)

① 無官:依文意,似當爲"官無"之倒。

稗編·氏族·論氏族譜

《稗編》一百二十卷,明代散文家唐順之(1507—1560,事迹見《明史》卷二〇五《唐順之傳》)編撰之類書,仿南宋章如愚《山堂考索》,薈萃群言,區分類聚,欲使萬事萬物,貫通於一書。《氏族·論氏族譜》見該書卷三四,爲其氏族學論文。儘管其多因襲舊文,所引書名人名,多與原本不合,中多文字訛奪,但綜合了多個不同來源的記載,對於讀者瞭解漢唐氏族學之概况有用,故加輯録。

初,太宗命諸儒撰《氏族志》,甄差群姓,其後門胄興替不常,(柳)冲請改修其書。帝詔魏元忠、張錫、蕭至忠、岑羲、崔湜、徐堅、劉憲、吴競及冲,共取德功時望國籍之家,等而次之,夷蕃酋長襲冠帶者,析著别品。會元忠等繼物故,至先天時,復詔冲及堅、競與魏知古、陸象先、劉子玄等討綴,書乃成,號曰《姓系録》。開元初,詔冲與薛南金復加刊竄,乃定。後柳芳著論甚詳,今删其要,著之左方。芳之言曰:氏族者,古史官所記也。昔周小史定系(繫)世,辨昭穆,故古有《世本》,録黄帝以來至春秋時諸侯、卿大夫名號、紀統。左丘明傳《春秋》,亦言天子建德,因生以賜姓,胙之土,命之氏。諸侯以字爲氏,以謚爲族。昔堯錫伯禹姓曰姒,氏曰有夏。伯尼姓曰姜,氏曰有吕。下及三代,官有世功,則有官族,邑亦如之。後世或氏於國,則齊、魯、秦、吴。氏於謚,則文、武、成、宣。氏於官,則司馬、司徒。氏於爵,則王孫、公孫。氏於字,則孟孫、叔孫。氏於居,則東門、北郭。氏於志,則三烏、五鹿。氏於事,則巫、(卜)、匠、陶。於是受姓命氏,粲然衆矣。秦既滅學,公侯子孫,失其本系。漢興,司馬遷父子乃約《世本》,修《史記》,因《周譜》,明世家,乃知姓氏之所由出。虞、夏、商、周,昆吾、大彭、豕韋、齊桓、晉文,皆同祖也。更王迭霸、多者千祀,少者數十代。先王之封既絶,後嗣蒙其福,猶爲彊家。漢高帝興,徒步有天下,命官以賢,詔爵以功。誓曰:"非劉氏王無功侯者,天下共誅之。"先王公卿之胄,才則用,不才棄之,不辨士與庶族,然則始尚官矣。然猶徙山東豪傑以實京師,齊諸田、楚屈、原(景),皆右姓也。其後進拔豪英,論而録之,蓋七相五公之所由興也。魏氏立九品,置中正,尊世胄,卑寒士,權歸右姓已。其州大中正、主簿、郡中正、功曹,皆取著姓氏,士族爲之以定門第,品藻人物。晉、宋因之,始尚姓已,然其别貴賤,分士庶,不可易也。于時有司選舉,必稽譜籍,而考其真僞,故官有世胄,譜有世官,賈氏、王氏譜學出焉。由是有譜局令史,職皆具。過江則爲僑姓,王、謝、袁、蕭爲大。東南則爲吴姓,朱、張、顧、陸爲大。山東則爲郡姓,王、崔、盧、李、鄭爲大。關中亦號郡姓,韋、裴、卿[①]、薛、楊、杜首之。代北則爲虜姓,元、長孫、宇文、于、陸、源、竇首之。虜姓者,魏孝文帝遷洛,有八氏十姓、三十六族九十二姓。八氏十姓,出于帝宗屬,或諸國從魏者。三十六族九十二姓,世爲部落大人,並號河南洛陽人。郡姓者,以中國士人差第閥閲爲之制。凡三世有三公,曰膏梁(粱)。有令、僕者,曰華腴。尚書領、護而上者,爲甲姓。九卿若方伯者,爲乙姓。散騎常侍、大中大夫者,爲丙姓。吏部正員郎,爲丁姓。凡得入者,謂之四姓。又詔代人諸胄,初無族姓。其穆、陸、奚、于,下吏部勿充猥官,得視四姓。北齊因仍,舉秀才、州主簿、郡功曹,非四姓不在選。故江左定氏族,凡郡上姓第一,則爲右姓。魏太和,以郡四姓爲右姓。齊浮屠曇剛《類例》,凡甲門爲右姓。周《建德氏族》,以四海通望爲右姓。隋《開皇氏族》,以上品茂姓則爲右姓。唐《貞觀氏族志》,凡第一等則爲右姓。路氏《著姓略》,以盛門爲右姓。柳冲《姓族系録》,凡四海望族則爲右姓。不通歷代之説,不可與言譜也。今流俗獨以崔、盧、李、鄭爲四姓,加太原王氏,號"五姓",蓋不經也。夫文之弊,至于尚官。官之弊,至于尚姓。姓之弊,至于尚詐。隋承其弊,不知其

① 卿:據《新唐書》卷一九九《柳冲傳》,知爲"柳"之誤。

所以弊，乃反古道，罷鄉舉，離地著，尊執事之吏，於是乎士無鄉里，里無衣冠，人無廉耻，士族亂而庶人僭矣。故善言譜者，繫之地望而不惑，質之姓氏而無疑，綴之婚姻而有别。山東之人質，故尚婚婭，其信可與也。江左之人文，故尚人物，其智可與也。關中之人雄，故尚冠冕，其達可與也。代北之人武，故尚貴戚，其泰可與也。及其弊，則尚婚姻者先外族，後本宗。尚人物者進庶孽，退嫡長。尚冠冕者略伉儷，慕榮華。尚貴戚者狥勢利，亡禮教。四者俱敝，則失其所尚矣。人無所守，則士族削。士族削，則國從而衰。管仲曰："爲國之道，利出一孔者王，二孔者彊，三孔者弱，四孔者亡。"故冠婚者，人道大倫。周、漢之官，人齊其政，一其門，使下知禁，此出一孔也，故王。魏晉官人尊中正，立九品，鄉有異政，家有競心，此出二孔也，故彊。江左、代北，諸姓紛亂不一，其要無歸，此出三孔也，故弱。隋氏官人，以吏道治天下，人之行不本鄉黨，政煩於上，人亂於下，此出四孔也，故亡。唐承隋亂，宜救之以忠厚，忠厚則鄉黨之行修，鄉黨之行修則人物之道長，人物之道長則冠冕之緒崇，冠冕之緒崇則教化之風美，乃可與古參矣。晉太元中，散騎常侍河東賈弼譔《姓氏簿狀》，十八州百十六郡，合七百一十二篇，甄析士庶無所遺。宋王弘、劉湛好其書。弘每日對千客，可不犯一人諱。湛爲選曹，譔《百家譜》，文傷寡省。王儉又廣之。王僧孺演益爲八十（十八）篇，東南諸侯自爲一篇，不入百家數。弼傳子匪之，匪之傳子希鏡。希鏡譔《姓氏要狀》十五篇，尤所諳究。希鏡傳子執，執更作《姓氏英賢》一百篇，又著《百家譜》，廣兩王所記。執傳其孫冠，冠撰《梁國親皇太子序親簿》四篇。王氏之學，本於賈氏。唐興，言譜者以路敬淳爲宗，柳冲、韋述次之。李守素亦明姓氏，時謂"肉譜"者。後有李公淹、蕭穎士、殷寅、孔至，爲世所稱。初，漢有《鄧氏官譜》，應劭有《氏族》一篇，王符《潛夫論》亦有《姓氏》一篇，宋何承天有《姓苑》二篇，譜學大抵具此。魏太和時，詔諸郡中正，各列本土姓族次第，爲舉選格，名曰《方司格》，人到于今稱之。士人以氏族相高，雖從古有之，然未嘗著盛。自魏氏銓總人物，以氏族相高，亦未專任門地，惟四夷則全以氏族爲貴賤。如天竺，以刹利、婆羅門二姓爲貴種，自餘皆爲庶姓。如毗舍、首陁是也。其下又有貧四姓，如工、巧、純、陁是也。其他諸國，亦如是，國主大臣，各有種姓，苟非貴種，國人莫肯歸之。庶姓雖有勞能，亦自甘居大姓之下，至今如此。自後魏據中原，此俗遂盛行于中國。故有八氏十姓、三十六族九十二姓，凡三世公者，曰膏梁(粱)。有令、僕者，曰華腴。尚書令、護而上者，爲甲姓。九卿、方伯者，爲乙姓。散騎常侍大中大夫者，爲丙姓。吏部正員郎，爲丁姓。得入者，謂之"四姓"。其後遷易紛争，莫能堅定，遂取前世仕籍定，以博陵崔、范陽盧、隴西李、榮(滎)陽鄭爲中族。唐高宗時，又增太原王、清河崔、趙郡李，通謂七姓。然地勢相傾，互相排詆，各自著書，盈編連簡，殆數十家。至於朝廷爲之置官譔定，而流習所狥，扇以成俗，雖國勢不能排奪。大率高下五等，有百家，皆謂之士族，此外悉爲庶姓，閹宦皆不敢與百家齒。隴西李氏乃皇族，亦自列在第三，其重族望如此。一等之内，又如崗頭盧、澤底李、土門崔、靖恭楊之類，自爲鼎族，其俗至唐末方漸衰息。(明唐順之《稗編》卷三四)

續通志·氏族略·總叙

《續通志》六百四十卷，乾隆後期四庫館臣奉敕纂。書中之《氏族略》叙事自五代始，因鄭樵《通志·氏族略》之舊目，參考同異，斟酌損益之，有《鄭志》所無而增補者，有《鄭志》所有而删併者，各於本門小序詳述端委。其中《氏族略·總叙》乃修書儒臣另纂之專文，叙述重在金、元氏族，不與唐宋姓氏書重複，有一定參考價值。《氏族略四·總論》則參考郑樵《通志·氏族略》，説明儒臣此次修撰《續通志·氏族略》的體例和做法，意在"廣明義類，分别源流"，内容與《總叙》不重複，兹據庫本輯録。

總　叙

臣等謹按：氏族分合，古今不同。三代而上，姓合而氏分，男子稱氏，女子言姓，故姬姓一也。而周之子孫，氏凡百數。周官：小史辨昭穆，奠系世，瞽矇誦詩，并誦系氏，以詔於王。侯國亦有國史，掌其系牒，良以姓氏分而難稽，其制不得不詳也。自封建罷爲郡縣，則氏族統而合於姓，姓氏合而易識，史官之牒亦略矣。然賜姓出宗，避諱避仇之例起，混淆紊錯，棼如亂絲。北魏又以代北之氏更易漢姓，世遠年湮，後人往往有不能辨者。故官有簿狀，家有譜系，歷代有圖譜局，置郎、令史掌之，以備選格，通婚姻。唐世領以宰相，其鄭重猶然若此。五季至宋，譜牒之學，略而不講，鄭樵通帝王以來迄於五季，約一書志之文，而爲略，其有功於氏族，非淺鮮也。若夫遼元起自朔陲，金源興於東徼，風俗敦厖，民情質樸，合族而處，因地而别，貴有號而賤無氏。遼世祇有耶律與蕭二姓，其餘皆稱部族，猶然太古之遺也。金源有白、黑姓，以别貴賤，載《百官志》。元代有蒙古、色目姓，以分内外，載於陶宗儀《輟耕録》。然考諸史傳，所見僅半。而史傳所載，多有不在此數者。則《百官志》《輟耕録》，不足以該金、元二代之氏族明矣。又其中雖有以號以國以官，以名如《鄭志》所分之類，然寥寥數條，不能據爲典要，故祇就《國語解》之例，以部族、姓氏分門，可以包舉，而號、國、官名，僅摘取標題於總論，以備義例焉。其《百官志》《輟耕録》附於論末，加按以辨其疵誤。至於部統、族分稱謂，有時小異。有去族而從部者，如元后妃傳奇氏之爲索隆噶氏，巴約特氏之稱欽察氏是也。有合部族而稱者，如《金史》之諾延温都思忠、《元史》之特爾格舒穆嚕愛辛是也。凡此之類，皆仍史文，以爲區别，庶於二代史族，有條而不紊矣。夫班固之斷代爲書，爲鄭氏所譏。兹遼、金氏族之見於元者，不十數氏，且譯音互異，反以滋後人之惑，不若各從其代之爲無弊也。再鄭氏著録，漢姓以三十二類，别受姓命氏之源。凡類所不能盡者，以四聲收之，其體例精而博矣，而姑存其略，所遺尚多。因考姓氏諸書，擇其典而確者，依類補之，無則闕之。間有鄭氏不詳所自，而他書可補者，亦不嫌於重載。又四聲韻中，稀僻之姓，所收不過三之一，補之何可勝補。今惟有人可據者録之，空姓概從其略。竊以明代稀姓之多，其故有三一。金、元之裔，改漢姓者一。革除之際，變姓名者一。苗蠻之族，登仕版者，倘不爲之詳載，恐暨乞誤呼，話諸莫辨，非所以資博聞矣。故所補稀姓，或古有今無者，載古人。或古今通有者，載其源始，而以宋明人繼之。或《鄭志》已載而有宋明人可續者，亦爲摘録，附於各韻之末，使稀僻之姓，可以瞭然指掌耳。今纂《遼金元氏族》三卷、《總論》一卷、《鄭志補遺》四卷，省去總目，一例而序，述其大略，爲書凡八卷云。(《續通志》卷八一《氏族略總叙》)

續通志·氏族略·總論

氏族略四·總論

臣等謹案：鄭樵《氏族》一略之後，著《總論》十有三篇，所以廣明義類，分别源流，參稽譌誤者，至周而至核。踵其書者，所當稟爲成式，依例以立文者也。然遼、金、元三朝氏族，與漢姓記録不同，論例亦自殊别。雖仍十三篇之大旨，而取裁則有小異焉。曰賜氏。鄭氏於賜姓，各注於本氏之下。今遼、金、元之外，宋、明兩朝賜姓，無可附見，因别立《賜姓》一篇。《五朝彙》載其本氏，下削而不注。曰改氏。仍《鄭志》例，曰有故改氏。凡《鄭志》改惡氏，及避諱、避仇諸例，可以包舉矣。曰冒氏。五季之君，多起沙漠，往往無姓氏者，或因所依而冒之，亦《鄭志》受氏之義。至生而有文，其言多誕，後世不概見焉。曰省言。同鄭例，曰以號，曰以國，曰以官，曰以名，蓋即遼、金、元氏族，仍就以部以姓，中取其可考者，區分標目，以存義例。曰同族異氏。曰别族同氏。衹據三朝之氏族分合，言之而不及漢姓者，以漢姓棼如亂絲，不能一一釐定也。其明賜元人姓名，《明史》多不詳本姓，亦姑闕之。曰金白、黑姓，曰元、蒙古、色目姓，以《金百官志》及陶宗儀《輟耕録》所載，多有史傳所不詳，附録之以備考。至鄭氏《字譌》《音譌》二篇，今三史之人、地、官名，涉於三朝國語者，音、字俱譌，謹依譯音改正，無庸另立。蓋以因文起例，不必盡襲鄭氏，而其義無不同耳。（《續通志》卷八四《氏族略四·總論》）

引用書目

十三經注疏　阮元等　中華書局一九八〇年版
仲氏易　毛奇齡　影印文淵閣四庫全書本
尚書序　孔安國、孔穎達　影印文淵閣四庫全書本
大戴禮記　戴德　影印文淵閣四庫全書本
樂書　陳暘　影印文淵閣四庫全書本
春秋釋例　杜預　影印文淵閣四庫全書本
惠氏春秋説　惠士奇　影印文淵閣四庫全書本
左氏博議　吕祖謙　影印文淵閣四庫全書本
左傳附注　陸粲　影印文淵閣四庫全書本
論語集注考證　金履祥　影印文淵閣四庫全書本
經典釋文彙校　黄焯　中華書局二〇〇六年版
重修玉篇　陳彭年、吴鋭、邱雍　影印文淵閣四庫全書本
説文繫傳考異　汪憲　影印文淵閣四庫全書本
漢隸字源　婁機　影印文淵閣四庫全書本
康熙字典　陳廷敬、張玉書　中華書局一九五八年版
原本廣韻　闕名　影印文淵閣四庫全書本
重修廣韻　陳彭年、邱雍　影印文淵閣四庫全書本
五音集韻　韓道昭　影印文淵閣四庫全書本
廣雅疏證　王念孫　中華書局二〇〇四年版
俗書刊誤　焦竑　影印文淵閣四庫全書本
史記　司馬遷　中華書局一九五九年版
漢書　班固　中華書局一九六二年版

後漢書　范曄　中華書局一九六五年版
三國志　陳壽　中華書局一九五九年版
晉書　房玄齡等　中華書局一九七四年版
宋書　沈約　中華書局一九七四年版
南齊書　蕭子顯　中華書局一九七二年版
梁書　姚思廉　中華書局一九七三年版
陳書　姚思廉　中華書局一九七二年版
魏書　魏收　中華書局一九七四年版
北齊書　李百藥　中華書局一九七二年版
隋書　魏徵　中華書局一九七三年版
南史　李延壽　中華書局一九七五年版
北史　李延壽　中華書局一九七四年版
舊唐書　劉昫等　中華書局一九七五年版
新唐書　歐陽修、宋祁等　中華書局一九七五年版
舊五代史　薛居正　中華書局一九七六年版
宋史　脱脱等　中華書局一九八五年版
資治通鑑　司馬光等　中華書局一九五六年版
資治通鑑考異　司馬光　四部叢刊本
續資治通鑑長編　李燾　中華書局一九九二年版
建康實録　許嵩　中華書局一九八六年版
漢藝文志考證　王應麟　影印文淵閣四庫全書本
國語補音　宋庠　影印文淵閣四庫全書本
戰國策校注　鮑彪、吴師道　影印文淵閣四庫全書本
吴越春秋　趙煜　影印文淵閣四庫全書本
路史　羅泌　影印文淵閣四庫全書本
貞觀政要集校　吴兢、謝保成　中華書局二〇〇三年版
馬氏南唐書　馬令　四部叢刊本
元和郡縣圖志　李吉甫　中華書局一九八三年版
太平寰宇記　樂史　中華書局二〇〇七年版

方輿勝覽　祝穆　中華書局二〇〇三年版
山海經　郭璞、郝懿行　上海古籍出版社二〇一五年版
新安志　羅願　中華書局宋元方志叢刊本
嘉泰會稽志　施宿　中華書局宋元方志叢刊本
嘉定赤城志　陳耆卿　中華書局宋元方志叢刊本
姑蘇志　王鏊　影印文淵閣四庫全書本
水經注校證　酈道元、陳橋驛　中華書局二〇〇七年版
長安志　宋敏求　中華書局宋元方志叢刊本
御定月令輯要　影印文淵閣四庫全書本
唐六典　李林甫　中華書局一九九二年版
通典　杜佑　中華書局一九八八年版
續通志　四庫館臣　影印文淵閣四庫全書本
唐會要　王溥　中華書局一九五五年版
文獻通考　馬端臨　中華書局一九八六年版
崇文總目　王堯臣　粤雅堂叢書本
郡齋讀書志校證　晁公武、孫猛　上海古籍出版社一九九〇年版
遂初堂書目　尤袤　影印文淵閣四庫全書本
直齋書録解題　徐小蠻、顧美華　上海古籍出版社一九八七年版
集古録　歐陽修　影印文淵閣四庫全書本
寶刻叢編　陳思　叢書集成本
史通　劉知幾　四部叢刊本
鹽鐵論校注　桓寬、王利器　中華書局一九九二年版
潛夫論箋校正　王符、汪繼培、彭鐸　中華書局一九八五年版
風俗通義校注　應劭、王利器　中華書局一九八一年版
黄氏日抄　黄震　影印文淵閣四庫全書本
韓非子新校注　韓非、陳奇猷　上海古籍出版社二〇〇〇年版
卮林　周嬰　影印文淵閣四庫全書本
荀子集解　荀况、楊倞、王先謙　中華書局一九八八年版
大學衍義補　丘濬　影印文淵閣四庫全書本

淮南子集釋　高誘、何寧　中華書局一九九八年版
金樓子　蕭繹　知不足齋叢書本
莊子集釋　郭慶藩　中華書局一九六一年版
能改齋漫録　吴曾　影印文淵閣四庫全書本
雲谷雜紀　張淏　影印文淵閣四庫全書本
容齋隨筆　洪邁　上海古籍出版社一九九六年版
野客叢書　王楙　中華書局一九八七年版
日知録集釋　黄汝成　岳麓書社一九九四年版
唐開元占經　瞿曇悉達　影印文淵閣四庫全書本
書斷　張懷瓘　影印文淵閣四庫全書本
歷代名畫記　張彦遠　影印文淵閣四庫全書本
法書要録　張彦遠　影印文淵閣四庫全書本
書史　米芾　影印文淵閣四庫全書本
佩文齋書畫譜　影印文淵閣四庫全書本
齊民要術今釋　賈思勰、石聲漢　中華書局二〇〇九年版
證類本草　唐慎微　影印文淵閣四庫全書本
世説新語箋疏　劉義慶、劉孝標、余嘉錫　上海古籍出版社一九九三年版
封氏聞見記校注　封演、趙貞信　中華書局二〇〇五年版
蘇氏演義　蘇鶚　中華書局二〇一二年版
夢溪筆談　沈括　四部叢刊本　中華書局二〇一五年點校本
麈史　王得臣　知不足齋叢書本
學林　王觀國　中華書局一九八八年版
敬齋古今黈　李冶　中華書局一九九五年版
甕牖閑評　闕名　影印文淵閣四庫全書本
賓退録　趙與時　影印文淵閣四庫全書本
邵氏聞見録　邵伯温　中華書局一九八三年版
游宦紀聞　張世南　知不足齋叢書本
梁谿漫志　費衮　知不足齋叢書本

齊東野語　周密　中華書局一九八三年年版
隨隱漫録　陳世崇　上海涵芬樓藏本
南村輟耕録　陶宗儀　中華書局一九五九年點校本
隱居通議　劉塤　影印文淵閣四庫全書本
水東日記　葉盛　中華書局一九八〇年版
顔氏家訓集解　顔之推、王利器　中華書局一九八〇年版
意林　馬總　四部叢刊本
困學紀聞　王應麟　上海古籍出版社二〇一五年版
小學紺珠　王應麟　影印文淵閣四庫全書本
儼山外集　陸深　影印文淵閣四庫全書本
元和姓纂(附四校記)　林寶、岑仲勉、郁賢皓、陶敏　中華書局一九九四年版
古今姓氏書辯證　鄧名世　影印文淵閣四庫全書本
名賢氏族言行類稿　章定　影印文淵閣四庫全書本
姓氏急就篇　王應麟　影印文淵閣四庫全書本
萬姓統譜　凌迪知　影印文淵閣四庫全書本
編珠　杜公瞻　影印文淵閣四庫全書本
藝文類聚　歐陽詢　上海古籍出版社一九九九年版
北堂書鈔　虞世南　影印文淵閣四庫全書本
龍筋鳳髓判　張鷟、劉允鵬　影印文淵閣四庫全書本
初學記　徐堅等　中華書局二〇〇四年版
事類賦　吴淑　影印文淵閣四庫全書本
太平廣記　李昉等　中華書局一九六一年版
太平御覽　李昉等　中華書局一九六〇年版
册府元龜　王欽若等　中華書局一九六〇年版
白孔六帖　白居易、孔傳　影印文淵閣四庫全書本
事物紀原　高承　影印文淵閣四庫全書本
職官分紀　孫逢吉　影印文淵閣四庫全書本
記纂淵海　潘自牧　影印文淵閣四庫全書本

古今源流至論　林駉　影印文淵閣四庫全書本
群書考索　章如愚　廣陵書社二〇〇八年版
古今合璧事類備要　謝維新　影印文淵閣四庫全書本
玉海　王應麟　廣陵書社二〇〇七年版
山堂肆考　彭大翼　影印文淵閣四庫全書本
稗編　唐順之　影印文淵閣四庫全書本
韻府拾遺　影印文淵閣四庫全書本
大唐新語　劉肅　中華書局一九八四年版
東軒筆録　魏泰　中華書局一九八三年版
唐語林校證　周勛初　中華書局一九八七年版
雞肋編　莊季裕　影印文淵閣四庫全書本
何氏語林　何良俊　影印文淵閣四庫全書本
廣弘明集　道宣　四部叢刊本
法苑珠林校注　道世、周叔迦、蘇晉仁　中華書局二〇〇三年版
雲笈七籤　張君房　中華書局二〇〇三年版
杜詩詳注　杜甫、仇兆鰲　中華書局一九七九年版
五百家注昌黎文集　魏仲舉　影印文淵閣四庫全書本
李義山文集箋注　李商隱、徐樹穀、徐炯　影印文淵閣四庫全書本
范文正公集　范仲淹　影印文淵閣四庫全書本
范仲淹全集　范仲淹　鳳凰出版社二〇〇四年版
河南集　尹洙　影印文淵閣四庫全書本
文忠集　歐陽修　影印文淵閣四庫全書本
無爲集　楊傑　影印文淵閣四庫全書本
蘇魏公文集　蘇頌　中華書局一九八八年版
傳家集　司馬光　影印文淵閣四庫全書本
臨川文集　王安石　影印文淵閣四庫全書本
嘉祐集箋注　蘇洵、曾棗莊、金成禮　上海古籍出版社一九九三年版
施注蘇詩　蘇軾、施元之　影印文淵閣四庫全書本

蘇轍集　蘇轍　中華書局一九九〇年版
樂圃餘稿　朱長文　影印文淵閣四庫全書本
方舟集　李石　影印文淵閣四庫全書本
龍川集　陳亮　影印文淵閣四庫全書本
晦庵集　朱熹　影印文淵閣四庫全書本
攻媿集　樓鑰　四部叢刊本
本堂集　陳著　影印文淵閣四庫全書本
須溪集　劉辰翁　影印文淵閣四庫全書本
牟氏陵陽集　牟巘　影印文淵閣四庫全書本
霽山集　林景熙　知不足齋叢書本
吴文正集　吴澄　影印文淵閣四庫全書本
松雪齋集　趙孟頫　影印文淵閣四庫全書本
清容居士集　袁桷　影印文淵閣四庫全書本
至正集　許有壬　影印文淵閣四庫全書本
圭齋文集　歐陽玄　影印文淵閣四庫全書本
文憲集　宋濂　影印文淵閣四庫全書本
文獻集　黄溍　影印文淵閣四庫全書本
王忠文集　王褘　影印文淵閣四庫全書本
陳檢討四六　陳維崧　影印文淵閣四庫全書本
文選　蕭統、李善　上海古籍出版社一九八六年版
文苑英華　李昉等　中華書局一九六六年版
新安文獻志　程敏政　影印文淵閣四庫全書本
宋文鑑　吕祖謙　影印文淵閣四庫全書本
敦煌遺書總目索引新編　敦煌研究院　中華書局二〇〇〇年版
唐代墓志彙編　周紹良、趙超　上海古籍出版社一九九二年版
峭華山館叢稿　王仲犖　中華書局二〇〇七年版

後　記

這本書是我主持的 2017 年度全國高校古委會資助項目的結項成果，是我獨著或與他人合著的第八種古籍整理著作（前七種分别是《李賀集》〔校注彙評本〕《晉唐兩宋行記輯校》《全唐文作者小傳正補》《全唐五代筆記》《唐宋館驛與文學資料彙編》《元和姓纂新校證》《漢唐兩宋行記叙録》）。其來源始于我和陶敏教授自 2001 年到 2012 年這十二年來的學術合作，與導師陳尚君教授多年來對我的學術指導也有着非常密切的關聯。如果説，陶老師的研究是這本書的近源，那陳老師的研究就是它的遠源。推源溯流，飲水思源，世上萬事皆有根源，並没有無本之木，無源之水。所以我不能不追述到我的二位恩師，對他們的引導和教育表示由衷的感激。

早在我 1998 年 9 月進入復旦大學攻讀文學博士學位的時候，我就多次聽到本師陳尚君先生在不同場合下談到了唐人林寶的《元和姓纂》一書，從不同角度指出了此書的重要性，並由此而談到了岑仲勉先生的名著《元和姓纂四校記》，説此書是岑先生的學術代表作，二十世紀文史考據學最傑出的成果。又認爲林寶和岑仲勉的這兩本書，都有着非同尋常的學術價值，却爲世人所忽視，常常以爲冷僻無用之書，其實是個很大的誤解。由於對其學術價值缺乏應有的認識，又妨礙了人們對此二書的充分利用，讓這兩部名著長期處於無人理睬的尷尬境地。後來，我又於 2001 年 7 月進入湘潭師範學院（2003 年秋，與鄰近的湘潭工學院合併組建爲湖南科技大學）中文系工作，跟隨陶敏先生研究唐代文學，主要從事唐代文獻史料考訂和唐代文學的跨學科研究這兩項工作。在長期的文獻閲讀和檢索過程中，我看到陶敏先生很多的論文和著作，都高頻率地引用到或提及《元和姓纂》一書，附帶還提到很多的姓氏書。陶先生爲了考證這些姓氏書中所記的人物、史事，用到了大量的石刻史料（主要是唐人墓誌），此外，《全唐文》《全唐詩》中的衆多資料亦徵引繁多。查考這些姓氏文字的來源和文獻流傳，發現都是些唐宋古人編撰的佚書或亡書。像他這樣的對於中古姓氏書的頻繁徵引和嫻熟運用，不能不引起我的關注和思索，至于他所擅長的將地下之石刻與紙上之遺文互相釋證的研究方法，尤其賦予我以文獻資料運用上的直接的啓示。我注意到，他和陳尚君先生合著的《唐才子傳校箋》第五册，他和我合著的《元和姓纂新校證》，以及他独著的《全唐詩人名考證》《全唐詩人名彙考》《全唐詩作者小傳補正》，提到的姓氏書，引用的石刻文獻，尤其繁多，考證亦頗精密，爲我的研究樹立了榜樣。2001年以來，我跟隨陶敏先生陸續完成了《唐代文館制度及其與政治和文學之關係》《全唐五代筆記》《全唐文作者小傳正補》《元和姓纂新校證》等四個課題。由於研究的需要，我無數次地翻閱過《元和姓纂》一書，不僅從中瞭解到《姓纂》本身的巨大學術價值，更由此而逐漸認識到古姓氏書輯佚的重要性和必要性。我使用的是中華書局1994年版的《元和姓纂》，其實主要是岑仲勉先生的《元和姓纂四校記》，孫望、郁賢皓、陶敏先生1980年代應中華書局之約完成了此書的整理，以校理岑先生的《四校記》爲主，對於《姓纂》本身的諸多問題，限于整理目的和全書體例，而未能一一涉及。2009年到2012年這三年，我全力編撰《全唐文作者小傳正補》，考證三千多位唐文作者的家世、生平，期間需要大量使用《元和姓纂》及《古今姓氏書辯證》等記載先秦兩漢、魏晉隋唐人物事迹的學術著作，對姓氏書的內容和編撰體例的瞭解，因此又增添了一層，對其意義和價值也有了許多真切具體的認識，于是逐漸萌發了要整理姓氏佚書的願望。

2012年農歷十二月，陶敏老師的癌症到了最後關頭，全身劇痛，都痛到了無法挪動脚步的程度。12月31日凌晨5點40分，他從科大東苑他的家中給我打來電話，叫我過去聽他交代後事。主要是講一些他手中的未完事宜：第一件事情就是要我負責續完他的未完稿《元和姓纂新校新證》，並代其撰寫《前言》一篇，説明我和他此次再作新校新證之原委。他還讓我撰寫研究論文一篇，並且建議我將文章發表到《古籍整理出版情況簡報》上去，向學界説明我們對此書的系統看法，和做新校證的必要性、可能性，後來因這本書在遼海出版社順利出版，我就没有再去撰寫這個擬定要寫的姓氏學論文了。2012 年 12 月 31 日那天上午 8 點多，我和陶敏老師併排坐在他家中的沙發上，親眼看到陶老師的手提電腦中，已經有了這個新校證的書稿的大部，正文已經做到了第十卷。他爲了説明他的研究工作進展的具體情況，還把相關文件都一一打開給我看了，並教我怎麽操作，發現他竟然連版都排好了，只剩下少部分未能做完。另外，書稿的撰寫由于他開始得比較晚(2011 年纔開始)，加之那時候他又身患癌症，有病在身，未能來得及做全面細緻的加工，校證工作做得較爲簡單粗糙，留下不少遺漏，因此他特地交代我，要我將稿子從頭到尾再仔細地修訂兩遍。陶老師生前還準備向中華書局的編輯俞國林先生寫信，介紹他對自己這部未完稿的安排，説明他委托我來續完此稿。他對我説，此稿已經説好了，確定在中華書局出版，是他 2007 年在北京首都師範大學做客座教授時，在一次飯桌上和中華的徐俊先生和俞國林先生説定的。我續完以後，書的作者署名，我排第二，陶老師列第一。以上所述，是陶先生臨終之前對我所作的學術交代中提到的四件事情之一，列於首位。

2014 年下半年，我完成了手中的科研項目，開始著手續完陶先生的遺稿《元和姓纂新校證》，爲此而需要大量地翻閲查找以《元和姓纂》爲中心的中古姓氏書。由於長期的接觸，我把《元和姓纂》這本書都讀熟了，翻爛了，對姓氏書的感情因此也更深了。2016 年以來，又經進一步的文獻查閲和調查研究，將姓氏佚書作爲科研項目的决心更加堅定了。2016 年以來，以姓氏書的輯佚和校勘爲中心，我陸續從中古目録學著作、類書及其他子史集部著作中發現了數以百計的姓氏佚書和數十篇單篇文章。在不斷的文獻接觸和閲讀理解中，我逐漸感到，古代姓氏書，是一個有獨特價值的文獻類别。雖然現存文獻撰保存相對完整的著作只有《元和姓纂》《古今姓氏書辯證》《名賢氏族言行類稿》《姓氏急就篇》等寥寥四部書，但典籍中保存的佚文及稱引之文，仍有不少。

儘管資料很有用，但是内容冷僻，年代久遠，其中冷僻的姓氏、稀見的人物，相當繁多，不便理解，文獻分布又過於零散，很不便於閱讀和利用。要對這些文獻史料善加利用，首要的工作就是要從文獻輯佚的角度，對這些文獻進行系統的搜集整理，并借鑑文獻校勘和考證的功夫，對這些史料做系统的校勘、標點、考證、辨僞。

基於以上的認識和考慮，我於 2016 年 8 月開始了這個項目研究，著手從事古姓氏書的輯佚工作。由於姓氏書的編撰和流行，主要的時代都在中古，故取名“中古姓氏佚書輯校”。2017 年 5 月，我將這個項目向全國高校古委會提出申請，希望批準爲高校古委會項目。由于選題較好，編撰科學，9 月份即得到批准，立項資助爲當年的古委會項目。同年 11 月，我將書稿的正文和目録提供給鳳凰出版社，希望該社能够出版此書。12 月，也得到批准，確定爲該社 2018 年出版的圖書之一。因爲從立項資助到出版都很順利，我也因此而信心倍增，加快了整理進度。從 2017 年 11 月到 2018 年 3 月，我利用教學工作的餘暇，全力從事此書的整理和編輯。到 2018 年 2 月，全部的輯佚工作已經完成。3 月份，又完成了《目録》《前言》《引用書目》和《後記》等四個輔助性文件的編撰工作。隨後，又於 3 月中旬，將全套稿件一次性地發送給了鳳凰出版社的編輯李相東先生，交由該社編輯出版。到此爲止，就只剩下校對書稿清樣這項收尾的工作了，全部的項目研究工作結束了，算是大功告成了。

以上所述，即是此書的由來及編撰的經過。至於著作本身的學術價值，那就只能交給讀者去評判了，是者自是，非者自非，何必多言。

最後還得附帶性地提及一筆：《元和姓纂》是古代最重要的姓氏書，本來按照學理，作爲一部中古姓氏書的輯佚著作，本書是應該以林寶《元和姓纂》爲輯佚的重點的。但是由於《元和姓纂》一書，經過了從清代的四庫館臣到今人陶敏的反復整理和加工，加上本師陳尚君先生手中還有一部《元和姓纂》的校勘輯佚稿件。陳老師多年研究唐五代人的生平事迹，在此領域辛勤耕耘，積累深厚，早有全面輯録、恢復《姓纂》原貌的宏願，只是限於人事，未能較快地完成而已。但他在不久的將來肯定會完成此書,這是完全可以期待的。他曾跟我數次談到,他自己多年以來,一直在積極從事《姓纂》一書的輯校和復原,已經輯出的《姓纂》佚文,早在 2014 年就已多達五百多條,其調查研究之深入,輯録佚文所獲之多,由此可見一斑。成就如此至高,我顯然是無法超越他的。基於這種情況,爲了避免重複無益的勞動,本書特地回避了《姓纂》的輯佚。是爲説明,還得請讀者諒解。

李德輝

2018 年 3 月 20 日初稿

2019 年 3 月 6 日校畢